日本社会变迁研究 第二卷

中国日本史学会 东北师范大学东亚研究院 编

纪念中国日本史学会成立四十周年论文拔萃

江苏人民出版社

图书在版编目(CIP)数据

日本社会变迁研究:纪念中国日本史学会成立四十周年论文拔萃. 第二卷/中国日本史学会,东北师范大学东亚研究院编. —南京:江苏人民出版社,2021.8
ISBN 978-7-214-26488-6

Ⅰ.①日… Ⅱ.①中… ②东… Ⅲ.①社会变迁—研究—日本 Ⅳ.①K313.07

中国版本图书馆 CIP 数据核字(2021)第 162083 号

书　　　名	日本社会变迁研究——纪念中国日本史学会成立四十周年论文拔萃 第二卷
编　　　者	中国日本史学会 东北师范大学东亚研究院
责 任 编 辑	赵　嵥
装 帧 设 计	许文菲
责 任 监 制	王　娟
出 版 发 行	江苏人民出版社
地　　　址	南京市湖南路 1 号 A 楼,邮编:210009
网　　　址	http://www.jspph.com
照　　　排	江苏凤凰制版有限公司
印　　　刷	苏州市古得堡数码印刷有限公司
开　　　本	718 毫米×1 000 毫米　1/16
印　　　张	118　插页 16
字　　　数	1 732 千字
版　　　次	2021 年 8 月第 1 版
印　　　次	2021 年 8 月第 1 次印刷
标 准 书 号	ISBN 978-7-214-26488-6
定　　　价	398.00 元

(江苏人民出版社图书凡印装错误可向承印厂调换)

文集编委会

主　　编	杨栋梁	韩东育		
执行主编	程永明	董灏智		
编辑委员	汤重南	宋成有	张　健	周颂伦
	徐建新	李　卓	胡令远	王新生
	郑　毅	张跃斌	江　静	宋志勇
	胡　澎	刘岳兵	王铁军	张晓刚
	戴　宇	毕世鸿	赖正维	

目 录

资产阶级革命与明治维新　吴廷璆　武安隆 ········ 001
明治维新和明治政权性质的再探讨　吕万和 ········ 022
权威重构与明治维新　杨栋梁 ········ 034
明治维新时期日本近代国家转型的契约性　刘 轩 ········ 060
王政复古政变至明治初期的日本皇室改革　张艳茹 ········ 081
《五条誓文》若干用语析义　宋成有 ········ 101
论述日本讨幕派　伊文成 ········ 115
论岩仓具视从封建贵族到资产阶级改革家的演变　韩文娟 ········ 132
岩仓使团与日本近代化　孙 承 ········ 146
日本近代文官制度形成沿革考析　万 峰 ········ 163
日本近代天皇制的政治三元素　蒋立峰 ········ 183
论日本近代政治体制的演变　汪 淼 ········ 198
论日本近代民主制的建立　武 寅 ········ 221
论日本自由民权运动的性质及其历史地位　沈才彬 ········ 240
战前日本政党政治的特点及历史地位　姚玉民 ········ 256
明治时期日本人的自我认识　杨宁一 ········ 271
面向西方世界的诉求与告白
　　——新渡户稻造的《武士道》与明治日本　戴 宇 ········ 286

日本的"近代"与"近代的超克"之辩
　　——以丸山真男的近代观为中心　唐永亮 ……… 299
日本知识阶层在吸收外来文化中的作用及心态　武安隆 ……… 321
近代转型时期日本社会经济分析　李小白 ……… 333
试论日本的地主制与早期资本主义的发展　王新生 ……… 344
日本资本主义制度确立时期的财政政策　湛贵成 ……… 359
日本对外战争的隐秘逻辑(1592—1945)　韩东育 ……… 376
从《謇謇录》看日本侵华的诡秘逻辑　孙立祥 ……… 406
民族扩张理论与明治时期日本思想界　许晓光 ……… 426
近代日本中国认识的原型及其变化机制　刘岳兵 ……… 453
何如璋是否向日本人提供过情报
　　——与孔祥吉先生商榷　刘晓峰 ……… 476
清末琉球王国在华的复国运动　赖正维 ……… 484
琉球漂民事件与日军入侵台湾(1871—1874)　米庆余 ……… 508
甲午战争前后日本对华观的变迁
　　——以报刊舆论为中心　王美平 ……… 528
康有为《日本书目志》资料来源考　王宝平 ……… 557

资产阶级革命与明治维新

吴廷璆　武安隆

明治维新,是19世纪后半期在一个亚洲封建国家里发生的一场巨大的社会经济变革运动。日本人民在这场斗争中,推翻了长达260多年的德川幕府领主统治,抗拒了西方殖民主义者的侵略,胜利地取得了民族独立,发展了资本主义经济。如列宁所说,不到半个世纪,日本已同美国一样,显示出西欧类型的"经济上的(资本主义的高度的特别迅速的发展)、政治上的(代议制度)、文化上的和民族上的""最先进的资本主义国家"的"全部基本特征"[①],并成为"新兴的帝国主义强国"[②]。这一历史现象,不但为当时世界各国所瞩目,直至今天,还受到东西方的普遍重视和研究。同时,也由于这一问题的复杂性,在学者间引起了长期的争论。

我们曾经指出过明治维新是一场资产阶级革命[③],本文的目的不在于重新对此加以论证,而是想对"资产阶级革命说"所遇到的一个理论问题——"没有资产阶级的资产阶级革命",谈谈自己的看法,文中兼及其他一些有争议的问题,请读者批评指正。

[①] 列宁:《统计学和社会学》,见《列宁全集》第23卷,第282—283页。
[②] 列宁:《帝国主义是资本主义发展最高阶段》,见《列宁全集》第22卷,第267页。
[③] 见吴廷璆:《明治维新和维新政权》,《南开大学学报》(哲学社会科学版),1964年7月。

一、日本资产阶级革命的历史条件

资本主义关系在封建制度的母体内孕育之后，不断发展壮大，破坏封建制度，但旧制度在封建主阶级维护下并不会自行退出历史舞台，于是资产阶级革命成为新社会的助产婆，实现封建经济形态向资本主义经济形态的嬗变。

一般说来，在资产阶级革命之前，资本主义已达到一定程度的发展，资产阶级革命的主观因素——资产阶级已成为阶级，并有能力在革命形势到来时，对参加革命的各个阶级如农民、城市平民、成长中的工人阶级、城市小资产阶级等实行政治领导，通过国内战争，推翻封建制度，完成或部分地完成资产阶级革命的历史任务。

明治维新之前，日本基本上是一个封建领主制的国家，资本主义尚在萌芽，资产阶级没有形成，当然，它不可能去领导明治维新。于是，主张明治维新是资产阶级革命的人，常被认为是主张"没有资产阶级的资产阶级革命"，似乎在逻辑上有很大缺陷。这种看法是否妥当？试从理论和史实两个方面来探讨这一问题。

马克思和恩格斯在《共产党宣言》中说：

> 资产阶级由于开拓了世界市场，使一切国家的生产和消费都成为世界性的了。……过去那种地方的和民族的自给自足和闭关自守状态，被各民族的各方面的互相依赖所代替了。物质的生产是如此，精神的生产也是如此。各民族的精神产品成了公共的财产。民族的片面性和局限性日益成为不可能，于是由许多民族的和地方的文学形成了一种世界的文学。
>
> 资产阶级，由于一切生产工具的迅速改进，由于交通的极其便利，把一切民族甚至最野蛮的民族，都卷到文明中来了。……它迫使一切民族——如果它们不想灭亡的话——采用资产阶级的生产方式；它迫使它们在自己那里推行所谓文明制度，即变成资产者。一句话，它按照自己的面貌为自己创造出一个世界。[1]

---

[1] 马克思、恩格斯：《共产党宣言》，见《马克思恩格斯选集》第1卷，第254—255页。

在前一段中，马克思、恩格斯指出，由于建立了资本主义的世界市场，一切国家的生产和消费都成为世界性的了。闭关自守的状态必然被各民族的互相往来和互相依赖所代替。在这种历史条件下，一切民族被强制卷入资本主义文明之中。不管它们愿不愿意，国际资本主义的强大影响，将使它们不可能再继续保持以前的状态。马克思、恩格斯这里所说的"野蛮民族"，当然指的是那些还处在前资本主义生产方式中的国家。这些国家只有两条道路可供选择：要么灭亡，要么采用资本主义生产方式。前者意味着变成西方资本主义列强的殖民地和附属国，后者则意味着否定原来落后的生产方式，实现从封建制度向资本主义制度的更迭。但要做到这一点，必须首先打倒代表和维护旧生产方式的封建统治者，也就是说，必须进行资产阶级革命。马克思、恩格斯更明白地指出，落后民族推行文明制度就是"变成资产者"。

从上述马克思和恩格斯两段论述中可以理解：（1）后进国家为"采用资产阶级的生产方式"而进行的资产阶级革命，并非完全是内部因素自然发展的结果，而是在世界资本主义的强烈影响下"提前"发生的；（2）后进国家为"采用资产阶级的生产方式"进行资产阶级革命时，那里并不一定就有现存的"资产者"，毋宁说"资产者"是此后"变成"的。马克思、恩格斯这里所说的被强制采用资本主义生产方式的后进国家的资产阶级革命，不正是"没有资产阶级的资产阶级革命"吗？因而在理论上"没有资产阶级的资产阶级革命"并不是不可理解的。马克思、恩格斯虽没有进一步论述这种形式的资产阶级革命，但指明了它的历史条件和特点，马克思、恩格斯这一论述的科学性，已为后来的历史所证明。东方国家在当时和后来所经历的，大致就是上述两种道路。前者可以印度为代表，后者可以日本为代表。

就在马克思、恩格斯做出上述论断的20年之后，日本发生了"采用资产阶级的生产方式"的明治维新，其条件与特点都和马克思、恩格斯所说的一样。以下试考察一下日本资产阶级革命的内部根据和外部条件。

17世纪中期在日本确立的德川幕藩体制，是日本封建社会的最后阶段，远在元禄时代（1688年—1703年），它的社会经济矛盾已开始暴露。到了德川后期，幕藩体制更陷入封建危机之中。主要表现在：农业耕种面积停滞不前①，农村人口减少②，歉收、饥馑频仍③，从幕府到各藩都陷于财政危机④，武士阶级尤其下级武士严重贫困化，幕府旨在解救封建危机的改革屡次失败⑤，等等。这种情况，再加上风起云涌的农民起义和城市贫民捣毁运动的打击⑥，幕藩体制已陷入走投无路的境地。

伴随封建制度的没落，18世纪中叶以后，日本封建社会内部产生了资本主义关系。明治维新前夜已比较广泛地存在着资本主义家庭劳动，在经济发达地区，工场手工业已在一些重要行业中发达起来，但当时它们大多是分散性的，即以家庭手工业为基础、由包买商组织起来的工场作坊⑦。就是这种分散性的工场手工业也由于农奴制的存在，阻碍它向资本主义生产方式发展⑧。幕末日本占重要地位的棉纺业仍以商业资本的批发型家庭工业为主。日本资本主义的这种发展远未达到资产阶级革命前夜英国和法国的生产水平，资产阶级刚刚诞生，数量不多，加上幕藩领主长期锁国，并对工商业实行种种限制，使他们既同国外市场缺乏联系，又难发展资本主义经营方式，经济实力十分薄弱。他们(又被称为豪农豪商)往往兼有寄生地主、富农和农村资

---

① 明治维新前160年间，日本耕种面积一直停滞在290万至300万町步未见发展。见石井宽治：《日本经济史》，东京大学出版会，1978年，第12页。
② 日本人口自享保年间到幕末一百数十年间，一直停留在2800万至3000万左右。(参阅本庄荣治郎：《日本人口史》，日本评论社，1941年，第37—39页。)苏联学者认为，从1726—1846年的120年中，日本的人口总共增加1.35%。大约每年增长0.01%。"这种情况不仅在任何一个欧洲国家没有，就是在亚洲其他国家也是没有的，这说明在18世纪末到19世纪前半叶，日本的封建危机比其他亚洲国家都深刻。"见加尔别林：《日本资产阶级革命的社会经济前提》，载爱依杜斯主编：《日本历史问题》(论文集)，莫斯科，1959年，第98页。
③ 据梅森三郎《凶荒志》，整个德川时代，严重的歉收共计130次．据小鹿岛果《日本灾异志》，严重的饥荒共35次。其中最大的是享保、天明、天保"三大饥馑"。
④ 幕府长期以来入不敷出，依靠改铸劣质货币和征收御用金弥补亏空。自天保三年至十三年，由改铸金银货币所得收入最多时占岁入的51.4%(天保十二年)，最少时也占23.2%(天保七年)。(见《温知丛书》，第五编，第39页。)财政收入建立在这种基础上，足见其危机严重。各藩大都债台高筑，如长州藩天保初年欠债银八万贯目，萨摩藩文政末年欠三都债银500万两等等，其他各藩也都大同小异。
⑤ 德川幕府前后进行过享保、宽政、天保三大改革，多以失败告终。
⑥ 据统计，1590—1867的278年间(大致是整个德川时代)共发生农民起义2809次，平均每年10.1次。明治维新前夕，起义最为频繁，1861—1867的7年间，共发生起义194次，平均每年27.8次。见青木虹二：《农民起义的年次研究》，新生社，1960年，第13、18页。
⑦ 平田四郎：《关于近代产业史的研究成果》，《三田学会杂志》，第36卷，第10期。
⑧ 山田舜：《明治维新的理论问题》，御茶水书房，1978年，第43页。

产阶级的几重性质，和封建关系有不可分割的联系，所以缺乏西欧资产阶级那样鲜明的阶级性①，没有形成独立的政治力量。他们一方面剥削佃农和家庭小生产者，另一方面也受领主和特权大商人的压迫剥削，对幕藩统治有着强烈的不满，他们之中不少人以所谓"草莽志士"的身份参加了维新运动。

但是，这并不等于说幕末日本根本没有产生资产阶级革命的条件。开港前后，日本行庄制家庭工业已有迅速发展，缫丝技术更发达，在工场手工业里特别显著。后来江户棉织业行庄更联合向美国订购纺织机，萨摩藩主岛津茂久也向英国买织机办厂，这是不可忽视的现象。因为即使在英国，直至十七八世纪产业革命前夕，纺织工业还是为商业资本所支配，批发行包买制(putting-out system)的家庭手工业在毛纺织业的近代化发展中起着极重要的作用②。资本主义关系的发展，农业生产的停滞，人民群众反封建斗争的激化，说明旧的生产关系已成为新的生产力发展的桎梏，革命已在徐徐酝酿之中。尽管资本主义还很薄弱，但它毕竟表明资本主义的发展已经成为经济过程本身的要求。

同时，日本资产阶级革命又受到外部条件的作用：一是西方资产阶级意识形态长期而持久的影响，二是1853年后资本主义列强入侵所激起的革命形势。

如上所引，马克思、恩格斯指出由于资产阶级开拓了世界市场，连"各民族的精神产品"也成了世界各国可以共同享有的"公共的财产"。若从1715年新井白石写成《西洋纪闻》算起，到明治维新前夜，西方资产阶级文明在日本已流传了一个半世纪，尽管德川幕府闭关锁国，资产阶级的意识形态还是像毛毛雨一样浸润了日本的知识界③。开港后，更有不少有为青年武士，如井上馨、伊藤博文、福泽谕吉、寺岛宗则、五代友厚、西周、加藤弘之、森有礼

---

① 关于豪农豪商的阶级特性，参看田中彰：《明治维新政治史研究》，青木书店，1978年，第142—159页。
② A.P. 威兹华斯、J. 德·曼：《棉布贸易和工业地区兰开夏，1600—1780》。(Alfred P. Wadsworth and Julia de Lacy Mann. The Cotton Trade and industrial Lancashire 1600—1780，London，1931，Book Ⅱ，Ⅲ.)
③ 在日本开国之前，自1744年至1852年，108年间，日本翻译西方书籍的学者共117人，译书总数约500部(穗亭主义：《西洋学家译述目录》)。

等到西方国家学习,有的还写了详细的见闻录①。由此使日本进步的知识分子,在对资本主义的认识上完成了一个巨大的飞跃。一开始,他们还只感到荷兰等资本主义国家"精于医术及诸般技艺"(杉田玄白),到明治维新前夕,他们对资本主义国家的认识已深化到"觉彼之文物制度颇有优于我处,乃隐怀移植之志望"(大隈重信)。这种认识在逻辑上的必然发展是以资本主义制度代替封建制度。日本下级武士阶层中的许多知识分子,正是由此走上资产阶级革命的道路,充当了明治维新的领导人。因此资产阶级意识形态长久而持续的作用,是资本主义不发达、资产阶级不成熟的日本有可能发生资产阶级革命的重要条件之一。在观察中国的社会主义革命时,这种情况就表现得更为突出。社会主义的生产方式来源于资本主义所创造的生产力。而旧中国资本主义发展不充分,还没有资本主义工业化,中国依然能够在完成新民主主义革命即资产阶级民主革命之后立即实行社会主义革命,其中一个重要条件,正如毛泽东同志所指出的"十月革命一声炮响,给我们送来了马克思列宁主义",中国的先进分子由此得出"走俄国人的路——这就是结论"②。中国实现社会主义革命的例证,有助于说明为什么日本在资本主义发展不充分的条件下有可能发生资产阶级革命。马克思主义经典作家并未为革命规定相应的经济发展指标,机械地把资产阶级革命的实现和资本主义的发展程度联系起来,忽视革命思想传播对于后进国家革命运动的指导和推动作用,是不符合这些国家革命运动的实践的。

　　1853年后欧美资本主义列强的直接入侵是日本资产阶级革命的催化剂。众所周知,1853年后,美、俄、英、法等资本主义国家侵入了日本。闭关锁国二百多年的日本,一旦门户洞开就造成了无法收拾的后果。由于生丝、茶叶输出的急剧增加③,虽然在一定程度上促进了商品生产和流通的发展,

---

① 如1860—1868年间,仅藩士出身的幕吏所写的就有玉虫左太夫《航美目录》、柴田刚中《日载—英法行》、福田作太郎《英国探索》等(沼田次郎、松泽弘阳编:《日本思想大系·西洋见闻集》,岩波书店,1978年)。
② 毛泽东:《论人民民主专政》,见《毛泽东选集》,合订本,第1476页。
③ 根据英国领事的商业报告,1859—1867年,日本对外贸易输出总额9年间增长13倍。其中生丝占输出总额的50%～80%。见楳西光速编:《日本经济史大系》(5),东京大学出版会,1965年,第6页。

但同时却由于黄金外流①,物价飞涨②,以及在低关税下棉布等洋货大量输入,本国的纺织业遭到严重打击,从而造成了封建经济的大混乱,包括下级武士在内的人民生活更加贫困,反封建的人民运动更加高涨。更严重的是,日本由于被强加给以治外法权、协定关税、片面最惠国待遇、居留地为主要内容的不平等条约,迅速濒于西方列强半殖民地的境地。开国后仅仅几年工夫,日本就陷入深刻的封建危机与民族危机之中。

就当时日本人民的历史任务来说,即使在生产力水平和其他各方面的发展水平都还较低时,是否就不能进行革命呢?列宁在十月革命后指出,历史发展的顺序可以有颠倒的特殊性,即只要有了革命形势,便可能用与西欧国家不同的方法夺取政权,然后来发展生产力③。列宁讲的虽然是十月革命前夕俄国的情形,但在一定意义上可以用来说明明治维新的特性。

1866年—1867年,列宁所说革命形势的三大主要特征④一时俱现:幕府不再能独把政柄,向天皇低头要求敕许缔约。它发动征长战争,强藩拒不出兵。这显示统治阶级"不可能照旧不变地维持自己的统治";由于发动战争,增加军事赋役,商人囤积粮食,米价暴涨,造成"被压迫阶级的贫困和灾难超乎寻常的加剧";人民群众到处发动起义,政治中心京都、大阪为"可好啦"运动所席卷,起义群众不仅袭击封建统治阶级,还袭击外国侵略者,并使幕府政权陷于瘫痪。当时英国驻日公使阿礼国(Sir R. Alecock)在谈到日本的形势时写道,"大变化发生在统治者和人民的基本关系上,整个封建势力被深刻地摇撼,它的政治社会机构在和欧洲短暂的接触冲击下被粉碎。这一切在骚乱、暴力、流血中不断进行。新的社会基础能否建立,不得不是一个大问题。"(《大君之都》)

在外国资本主义列强入侵的压力下,日本封建社会内部固有的矛盾全

---

① 当时的金银比价,国际市场为1:16,而日本仅为1:5,西方商人根据通商条约所取得的殖民主义权益,大量进口白银,换走了日本的黄金,开港仅半年,日本黄金外流即达一百万两,见竹越与三郎:《日本经济史》第7卷,第308页。转引自楫西光速等:《日本资本主义的成立》第1卷,东京大学出版会,1955年,第146页。
② 关于币制混乱、物价暴涨的具体情况,参见山口和雄:《幕末贸易史》,中央公论社,1943年,第238—241页。
③ 列宁:《论我国革命》,见《列宁选集》第4卷,第690—691页。
④ 列宁:《第二国际的破产》,见《列宁选集》第2卷,第620—621页。

面爆发,而统治者本身已无力解决任何矛盾,于是资产阶级革命登上历史舞台。

二、下级武士在日本资产阶级革命中的作用

明治维新史研究中有一种意见认为,"把一切变革都视为阶级斗争乃是马克思主义的基础命题,不论在什么样的国家的资产阶级民主主义革命的历史中,也不曾有过由封建的统治者集团的末辈——下级武士,站在它的先头来进行的那样的资产阶级革命。"①持这种意见者似以"人们的社会存在决定人们的意识"这一马克思主义的观点作为其论断的依据。但历史上许多问题往往是复杂的,"剥削的存在,永远会在被剥削者本身和个别'知识分子'代表中间产生一些与这一制度相反的理想。"②对幕末下级武士的情况便须进行具体的分析。

远自16世纪末丰臣秀吉实行兵农分离政策,日本的下级武士便大都住在城市里。他们参与剥夺农民剩余劳动,处于最不利的地位。商品经济发达后,他们中的绝大多数只能从领主手里领取一定数量的禄米。据估计,武士的平均收入为35石以下,和农民的经济水平不相上下③。每当领主财政困难时,首先牺牲他们的利益,大批削减俸禄,甚至只给禄米的一半(半知)。以至于有些下级武士的生活困苦到"冬穿单衣夏穿棉,无处安身,借居陋室,比下贱者犹不如"④。开国后物价暴涨,经济混乱,下级武士又首当其冲,以致根本无法指靠武士的收入养家活口,他们不得不另谋生路。德川时代的国学者大江季彦在《经济评论》中说,"俸禄菲薄之士,赖手工制作以给不足。以一人15俵之禄米,养五六口之家,何以为生?如日唯习武,荒于制作,则饿死外别无良策。"⑤福泽谕吉对丰前(今大分县)中津藩下级武士的生活,也做了同样的记述:"家中如有三五儿女或老人,岁入即不足以供给衣食。

---

① 服部之总:《明治维新讲话》,中译本,第16页。
② 列宁:《民粹主义的经济内容》,见《列宁全集》第1卷,第393—394页。
③ 诺曼:《日本维新史》,中译本,第19页。
④ 武阳隐士:《世事见闻录》,卷一,改造社,第25页。
⑤ 转引自楫西光速等:《日本资本主义的成立》第1卷,第150—151页。

故家人凡堪力役者，不问男女，或作手工，或事纺绩，唯艰辛以为生计。虽谓'兼业'，实则以兼业为本业，反以藩之公务为兼业也。"① 《甲子夜话》中所说的"米泽的笔，长门的伞，锅岛的竹笠，秋月的印盒，小仓的油布雨衣"②等，都是下级武士的副业产品。据大岛昭在《仙台藩下级藩士的手工业者化》一文中所做的研究，在仙台藩"几乎全部下级武士都兼营手工业"③。佐久间象山在其上书中也说，从事手工业者"武家之中过半数矣"④。可知这种现象是十分普遍的。

下级武士改事他业，除上述情况之外，还有经营商业的。据19世纪初《江户保甲长条陈》：商店250家中，出身武士浪人的达48家。也有武士作批发行资本家的⑤。还有一些下级武士为谋生计，宁愿放弃族籍，成为无主的浪人，设塾教书或从事医生、作家等自由职业。如果说，后几种情况尚属少数，还不具有重大的社会意义，那么，下级武士的手工业者化却是幕末社会广泛存在、不容忽视的阶级关系新变化。当下级武士的主要生活来源，由依靠禄米而转变为依靠手工业劳动收入时，意味着阶级地位的转换。下级武士能否得到禄米，这并不是一件小事。日本的下级武士和欧洲的骑士不同，后者有封地，他们和封建领主制是共命运的。而日本下级武士大部分不掌握土地，只有禄米把他们和领主制联在一起。这是日本封建统治者内部依附关系的特征。它使下级武士和领主制的关系比较脆弱。封建末期，货币经济发达，禄米不敷生活，生活失去保证，主从关系便难以维持。事实上，幕末出现大批下级武士从统治阶级中游离出来的现象。他们大部分成了小生产者，少数人成为城市小资产阶级知识分子的自由职业者或无业浪人。

由于下级武士生活条件、阶级地位的变化，他们的观念也随之发生变化。这种变化，当时一些有头脑的人都看得很清楚。如福泽谕吉在描述了中津藩下级武士从事手工业劳动之后评论道："其状如此，实非纯然之士族，

---

① 福泽谕吉：《旧藩情》，引见福地重孝：《士族和士族意识》，春秋社，1956年，第71页。
② 松浦静山：《甲子夜话》，第一卷，国书刊行会本，第267页。
③ 转引自楫西光速等：《日本资本主义的成立》第1卷，第151页。
④ 《象山全集》上卷，第70页。
⑤ 引楫西光速等：《日本资本主义的成立》第1卷，第151页。

或称职人(手工业者)可也。以忙于生计,子弟之教无暇顾及。下等士族颇乏文学等高尚之教,自贱而有商工之风。"①武阳隐士也指责下级武士"养成町人、职人心胸,不知义礼耻辱"②。这不正是说明他们的思想意识已与商人和手工业者如出一辙了吗?他们中的很多人终至"恨主如仇",认识到幕藩体制无可迷恋,寄希望于新的出路。如果说英国的新贵族是因为采取了新的剥削方式而能够和资产阶级联盟,那么日本的下级武士却是由于采取了新的谋生手段而能够参加资产阶级革命。归根结底,都是因为他们的阶级地位在革命之前已经发生了广泛深刻的变化。

下级武士能够参加乃至领导日本的资产阶级革命,还因为他们有一支在当时的日本来说最进步的知识分子队伍。与轻视文化的欧洲骑士不同,日本武士(士)从来就是一个垄断文化的阶层。在下级武士中,出现了不少优秀的儒学者、国学者、兰学者和洋学者。尤其是兰学者和洋学者,通晓西方语文,掌握了输入日本的西方各种知识。他们中的一些人往往设塾授徒(如绪方洪庵开办"适适斋",学生多至 3000 人。又如师事兰学家佐久间象山的吉田松阴开设"松下村塾",以新知识教授学生),在幕末的日本培养出一大批向往资本主义的进步知识分子。明治维新中,这批下级武士出身的知识分子,有的成为资产阶级的政治家、财政家、军事家、外交家,有的成为资产阶级的思想家、教育家、科学家,有的成为工业家、企业家,像伊藤博文自许的那样,作了明治国家的"庙堂栋梁材"。

西欧国家资产阶级革命前,大都经历了文艺复兴和启蒙运动这样的思想准备阶段。在资本主义因素十分微弱、市民阶级没有形成的东方国家,则没有出现过鲜明的人文主义和理性主义的思想运动。在这些国家中,先进阶级革命领导权的形成,一般表现为由进步知识分子接受国外传来的革命思想,初步完成向先进阶级世界观的转变,从而和本国的革命运动相结合,并指导革命运动不断前进。日本的下级武士正是幕末日本社会中唯一能提供这种进步知识分子的阶层。

---

① 福泽谕吉:《旧藩情》,引见福地重孝:《士族和士族意识》,第 71 页。
② 武阳隐士:《世事见闻录》卷一,第 53 页。

当然，也不能把下级武士中的进步知识分子理想化,过高估计他们的思想和政治水平。如前所述,他们中的一些人,一开始只不过是朦胧地向往资本主义,在开国的冲击下,为寻找自己和日本民族的出路起而斗争,后来才在斗争中不断地提高了自己的觉悟。如,有些人起初是带着国学派的"经世致用""公武一和",儒家水户学的"大义名分""华夷之辨"等思想参加幕政改革和尊王攘夷运动的。在运动的实践中,特别是经历了"安政大狱"(1859年)、"八·一八政变"(1863年)、列强炮击下关和讨伐长州(1864年)等教训后,认识到尊王攘夷政策的错误,毅然采取了讨幕开国的主张。这是讨幕派站到资产阶级立场来的最鲜明的表现。讨幕派是尊攘派武士转变策略后和豪农豪商结成的革命同盟。此后,在讨幕派的领导下,通过一年半的戊辰战争,推翻了德川封建领主政权,建立了地主资产阶级联合专政的明治政权。所以,即使是进步的下级武士,也并非早已涤除了封建意识,换上资产阶级的崭新思想,然后再把事前拟定的资本主义纲领一一付诸实施。这样的估计,或试图这样要求他们,都不能说是历史主义的态度。正因为如此,一直到 1868 年 3 月 14 日《五条誓文》发表,我们仍然读不到一份像样的称得起是资产阶级政纲的文件。但《五条誓文》毕竟出现了不同于德川政权的封建政策,传达了资产阶级的信息。如"万机决于公论""盛行经纶""官武一途,以迄庶民各遂其志""求知识于世界",等等。下级武士出身的维新领导人,能够随着形势的发展,不断把革命引向深化。在通过国内战争夺取政权之后,立即把移植资本主义的政治制度和经济制度、全面发展资本主义提上了议事日程。最突出的事例是 1871 年岩仓使节团的出访,当时国内形势不稳,暗杀政府要员及农民起义时有发生。在这种情况下,政府的主要领导人率领庞大使团,遍访欧美 12 国,历时 1 年零 10 个月,实在是日本历史上空前的外交壮举。岩仓使团的任务虽然是三个①,但它的重点却放到调查和研究资本主义各国的文物制度这一点上。使节团到达美国后,由伊藤博文起草、交岩仓具视、木户孝允、大久保利通共同研究确定的使节团工作要点,充分表现了维新领导人在废除封建领主制后,把日本迅速引向资本主义道

---

① 参见久米邦武:《特命全权大使美欧回览实记》(一),岩波书店,1977 年,第 404 页。

路的迫切愿望。该文件称,"东洋诸国现行之政治风俗,不足以使我国尽善尽美。而欧美各国之政治、制度、风俗、教育、营生、守产,皆超绝东洋。由之,移此开明之风于我国,将使我国国民迅速进步至同等化域。"①这段文字明确地否定了东方各国当时的封建制度,而把欧美的资本主义制度视为"超绝东洋"的理想制度,准备尽快在日本建立起来。这种认识,这种决心都不是敌视资本主义制度的封建统治者所能达到的。如果不具有资产阶级的世界观,这种作为是不可想象的。诚然,像大久保利通、木户孝允、伊藤博文等类人物,出身于武士阶级,势必具有不少封建意识,但主要的应看他们头脑中居于支配地位的是什么政治观点。如果资产阶级思想不居支配地位,难道能够把日本引向资本主义道路吗?

另外,日本的下级武士能够领导日本的资产阶级革命,还因为他们具有政治斗争经验和组织能力。日本的资产阶级不像英法资产阶级那样,有过参加国会或三级会议的政治斗争经历和相应的组织能力。而下级武士早在西南各藩的改革中已崭露头角,他们在尊王攘夷斗争阶段增长了才干和见识,逐渐摒弃了依靠少数人进行阴谋活动的斗争方式,开始组织藩际的活动。他们拥有一大批有勇气、有谋略、有能力的活动家和组织者。日本不成熟的资产阶级正是找到了这些向往资本主义的下级武士作为自己的政治代表,而自身则宁居幕后提供资金。事实证明,下级武士不但能在国内战争阶段组织胜利的军事进击,还能在战后逐步清除领主势力,全面实行资产阶级改革,发展资本主义。

以上我们根据史实证明,一部分下级武士从统治阶级中分化出来,参加并领导了资产阶级革命。这样的观点是否不符合马克思主义的阶级斗争学说呢?当然不是。明治维新的革命主力无疑是戊辰战争前后各地风起云涌参加起义暴动的广大农民、商人、手工业者、称为草莽浪士的豪农豪商以及被新政府解散乃至镇压的长州奇兵队、长野的赤报队等人民武装②。但维新领导者则无疑是西南强藩下级武士为首的倒幕派。怎样理解这种现象

---

① 伊藤博文意见书,见大久保利谦编:《岩仓使节团研究》,宗高书房,1976 年,第 189 页。
② 井上清:《日本军国主义》第 1 卷,东京大学出版会,1954 年,第 207—208 页;依田憙家:《日本近代国家的形成和革命形势》,八木书店,1971 年,第 299—339 页。

呢？马克思和恩格斯在《共产党宣言》中早就指出，"在阶级斗争接近决战的时期，统治阶级内部的、整个旧社会内部的瓦解过程，就达到非常强烈、非常尖锐的程度，甚至使得统治阶级中的一小部分人脱离统治阶级而归附于革命的阶级，即掌握着未来的阶级。所以，正像过去贵族中有一部分人转到资产阶级方面一样，现在资产阶级中也有一部分人，特别是已经提高到从理论上认识到整个历史运动这一水平的一部分资产阶级思想家，转到无产阶级方面来了。"①

马克思和恩格斯的这段话，有如下三层应予特别注意的意思：（一）在阶级斗争接近决战的时期，统治阶级内部产生了强烈而尖锐的瓦解过程，使得其中的一部分人有可能游离出来归附革命阶级。（二）在资产阶级与封建主阶级决战时，封建贵族中曾有一部分人转到资产阶级方面来。（三）在无产阶级与资产阶级决战时，那些对历史的发展趋势已有所认识的资产阶级思想家，比较容易转到无产阶级方面来。上述（一）和（二）可以直接回答，封建统治阶级中的一部分人能否转到革命方面来，以及在什么样的历史条件下进行这种转变，（三）则可以启示我们，统治阶级中对历史发展趋势有所了解的知识分子比较容易发生这种转变。我们认为，领导维新讨幕的下级武士，正是在这样的历史条件下具有这种转变可能的知识分子。

由于下级武士阶级地位发生变化，并且其中进步的知识分子具有政治斗争经验，所以能够充当日本资产阶级革命的领导者。在资产阶级尚未形成独立的政治力量，而又必须进行资产阶级革命的情况下，下级武士之充任领导，可以说是不可避免的。这也正是明治维新不同于西方资产阶级革命的重要特点。

三、资产阶级革命的彻底性问题

在确定某一革命的性质时，应以什么为主要根据呢？我们以为，首要的依据应是它所完成的是什么性质的任务，而不是看它由什么阶级领导。即

---

① 马克思、恩格斯：《共产党宣言》，见《马克思恩格斯选集》第1卷，第261页。

制,废除了贵族对国王的一切封建义务,使贵族领主对于自己的土地取得了资产阶级的私有财产权,但地主压迫农民的封建制度却原封未动。无论是长老派、独立派,甚至平等派,谁也不主张废除地主土地所有制,自耕农成为地主贵族的牺牲品。最后,英国革命以资产阶级与封建贵族妥协告终。所以有人认为,在这种意义上,英国资产阶级革命是未完成的[①]。再就美国独立战争而言,通过战争取得了美国的独立,同时也扫除了北美殖民地的封建因素(如长子继承制、代役税等),但奴隶制度却在南方发展起来。虽然奴隶制种植经济也有为资本主义工业服务的一面,但作为一种落后制度,它起着阻碍资本主义发展的反动作用。独立战争80多年以后,美国不得不进行第二次资产阶级革命——南北战争。按照马克思的话说,这是两种社会制度——奴隶制度和雇佣劳动制度的斗争。南北战争消灭了奴隶制度,并在资产阶级民主的基础上解决了土地问题,从而为资本主义的迅速发展开辟了更广阔的道路。就是比较彻底的法国革命,也并未能一举扫除全部封建势力。因此,列宁精辟地指出:"一切先进国家在一百二十五年以至更早以前(英国在1649年)进行它们的资产阶级民主革命时,留下了可以说在相当程度上并没打扫干净的'奥吉亚斯的牛圈'。"[②]他更深刻地揭示出这一现象的根源:"对资产阶级有利的是依靠旧制度的某些残余,例如君主制度、常备军等来反对无产阶级。对资产阶级有利的是资产阶级革命不过分坚决地扫除旧制度的一切残余,而留下其中的某一些,就是说,要这个革命不十分彻底,不进行到底,不坚决无情。"[③]这充分说明,一次资产阶级革命不能彻底地完成革命的全部任务;或多或少地保留旧制度的残余几乎成为一种规律性的现象。

因之,列宁在谈到怎样理解"资产阶级民主革命的完成"时,还进一步指出,"一般说来,这个词可以有两种理解。如果把它用在广义上,那就是指资产阶级革命的客观历史任务的解决,资产阶级革命的'完成',也就是能够产生资产阶级革命的这个基础本身的消灭,资产阶级革命的整个周期的完成。

[①] 科思敏斯基、列夫茨基主编:《英国17世纪的资产阶级革命》,俄文版,第14页。
[②] 列宁:《十月革命四周年》,见《列宁选集》第4卷,第566页。
[③] 列宁:《社会民主党在民主革命中的两种策略》,见《列宁选集》第1卷,第541页。

从这个意义上来说,例如法国资产阶级民主革命到 1871 年才算完成(它是在 1789 年开始的)。如果把这个词用在狭义上,那就是指单个的革命,指几次资产阶级革命中的一次革命,或者说几个'浪潮'中的一个'浪潮',它冲击旧制度,但不能把它冲垮,不能消除产生以后的资产阶级革命的基础。从这个意义上来说,德国 1848 年的革命,是在 1850 年或是在 50 年代'完成的',但 60 年代革命高涨的基础丝毫没有因此而消失。法国 1789 年的革命,可以说是 1794 年'完成的',但 1830 年、1848 年革命的基础丝毫没有因此而消失"[1]。列宁这段话十分精辟地说明,应从两种意义上去理解"资产阶级民主革命的完成"。广义的"完成"是指整个资产阶级革命的全部历史任务的完成,也就是说,今后再也不可能产生资产阶级性质的革命了,只要有革命发生,必然是无产阶级革命。按照列宁这一思想,日本资产阶级革命整个周期的完成,无疑应在第二次世界大战后民主改革完成之时。从此之后,日本不可能再产生资产阶级性质的革命了。狭义的"完成",是指整个周期中单个革命事件的结束,它不能把旧制度完全冲垮,因之革命后还会产生资产阶级革命。在这个意义上,对旧制度第一次冲击的完成应在 1889 年帝国宪法公布和 1890 年帝国议会召开之时,它标志着明治维新这次资产阶级革命的结束。

根据列宁上述论断,我们认为在明治维新研究中似应考虑如下两点:(1)明治维新作为一次资产阶级革命运动,不可能把旧制度全部冲垮,只要它完成了诸如夺取政权、废除领主制、形成近代民族国家、保护并发展资本主义、挽救了民族危机这样一些重要的资产阶级革命任务,就有资格称作资产阶级革命。(2)资产阶级革命任务的完成,既然从广义上说,"是指能够产生资产阶级革命的这个基础本身的消灭",那么任何一次资产阶级革命运动(包括法国大革命在内)只能是整个革命的一个段落。所以,像苏联史学家那样,单单挑出明治维新说它是"未完成"的资产阶级革命,不仅说明不了任何问题,反会导致概念的混乱。至于从狭义上说,明治维新作为一次对旧制度的革命冲击,就更谈不上是什么"未完成"的了。

---

[1] 列宁:《政论家的短评》,见《列宁全集》,第 16 卷,第 197—198 页。

主张明治维新是封建改良，乃至主张它是一次"不彻底"的或"未完成"的资产阶级革命论者，他们有一个共同理由，即维新后日本保留了地主制和天皇制。这里，我们就分析一下明治维新后的地主制和国家形态究竟是什么性质的问题。

关于地主制。幕末日本社会中居于统治地位的封建制度就是领主制。地主制不仅不是与领主制与生俱来的旧事物，反而是作为瓦解领主制的因素而出现的新事物。地主要求自己的土地所有权得到确认，要求独占农民的剩余劳动，反对领主加给他们的年贡负担，因而反对幕藩体制，反对封建领主制度。如前所述，地主往往又是商人和工场手工业资本家，他们和下级武士联盟进行了资产阶级革命。在这种情况下，当然不能指望他们在革命胜利后实行自我剥削，以满足农民的土地要求。即使地主不是革命阵营中的重要力量，那在资产阶级革命中（如在法国大革命中）也是不会消灭地主制的①。这是因为，新地主的土地所有和领主的土地领有不同，即它不是凭借封建权力的领有。在法国革命中，1792 年 6 月 10—11 日通过的《分配公有土地法令》曾明文规定，不是依靠封建权力的和平占有的土地不在分配之列②。否定不是凭借封建权力的地主所有，必然会导致否定一般土地私有权；而主张私有权神圣不可侵犯的资产阶级是不会这么做的。

总之，消灭地主制的土地政策，在消灭领主制的资产阶级革命时代，是无论如何也提不出来的。尤其在后进国，资本主义的物质前提极端缺乏，资产阶级政权更须凭借地主土地所有制进行资本的原始积累。因而，只有在无产阶级领导下的民主主义革命，或在资产阶级领导下，旨在反对封建残余的民主主义性质的革命和改革，才有可能消灭地主制。第二次大战后，美国占领军在日本实行的农地改革，就属于后者这一类型。

如上所述，美国在第一次资产阶级革命——独立战争进行中，扫除了北美社会中的封建因素，但在战后，奴隶制却大泛滥。作为一种阻碍资本主义发展的反动制度，奴隶制和封建制所起的作用并没有很大差别。但是谁也

---

① 参阅河野健二：《法国革命与明治维新》，上山春平：《历史分析的方法》。
② 见吴绪、杨人楩选译：《十八世纪末法国资产阶级革命》，生活・读书・新知三联书店，1957 年，第 106 页。

不会根据奴隶制在革命后发展的事实,去否定独立战争的资产阶级革命性质。因而,明治维新后地主制发展的事实,也不足以成为否定明治维新的资产阶级革命性质的依据。

关于国家的政权形态。根据欧洲历史的经验,资产阶级革命后,一般确立起立宪政体。于是,有的学者便以此为标准,用以反证明治维新不是资产阶级革命。他们根据维新政权具有天皇专制的特点,指出它是一个封建专制主义即"绝对主义"(Absolutism)的政权。但正如马克思所说,即使在资产阶级革命后的法国,为了消灭地方割据,巩固中央集权,也"不得不继续发展君主专制制度已经开始的工作。即使国家政权更集中更有组织,……增加它的机构、它的独立性和它控制现实社会的超自然威势……"①。因而,具有专制的外形,不一定就有"绝对主义"的实质,不能把政体和国体混为一谈。历史上很多同一国体的国家,并未采取同样的政体。认定只有立宪政体才是资产阶级专政的国家形式,似乎缺乏根据。

不可否认,明治维新后建立起来的明治政权,在外貌上近似英、法革命前的绝对主义王权,但它毕竟不具有封建领主政权的阶级实质。英、法的绝对主义君主是整个封建领主阶级的总代表,在资产阶级革命到来时,所有的封建领主都是集合在国王的旗帜下与革命对垒的。而明治政权却是在打倒封建领主政权——德川幕府之后才得以建立的。所以不应把一个本质上是领主阶级的政权和一个反对领主阶级的政权强塞到一个概念中去。那么,明治政权是不是和普鲁士的绝对主义王权相同呢?二者不是都具有自上而下发展资本主义的机能吗?我们认为,两国的情况也是根本不同的。如前所述,明治政权是通过国内战争打倒领主政权之后建立的,它是政权从一个阶级(领主阶级)之手转入另一个阶级(下级武士所代表的地主资产阶级)之手的结果。而普鲁士的绝对主义王权却是一个未经革命改造的封建政权,它只不过是适应资本主义的发展而逐步修改自己的面貌而已。两者是不能相提并论的。

另外,当我们在观察东方社会的现象时,不可忘记它具有不同于西方的

---

① 马克思:《〈法兰西内战〉初稿》,见《马克思恩格斯全集》第17卷,第584页。

发展特点和历史文化传统，不应用西方标准来衡量东方。如议会和民主，在西方是有传统的，古代的希腊和罗马就有共和制度，封建社会中也有诸如英国国会和法国三级会议之类。在资产阶级革命之后，资产阶级的议会制度比较易于确立。而长期处于君主专制下的东方，即使在资产阶级革命时，也不能不借用"尊王斥霸""王政复古""大政奉还"等"托古改制"的旧形式。革命后，也不可能马上采用一个人们不熟悉的政体。这里有一个模仿、移植和习惯的过程。何况当时日本需要一个强有力的政权来完成除旧布新的任务。所以我们认为，以是否建立立宪政体为标准来判定是否发生了资产阶级革命的观点，至少是不准确的。

也有一些学者，看到明治维新后掌权的并非资产阶级而是下级武士，看到初期议会中的代表不少是贵族，便认定它是一个封建藩阀专制的政府，因而明治维新没有实现政权的转移，也就不是一次资产阶级革命。这种用直接掌权者是否全属资产阶级来判定政权性质的观点也是难以成立的。因为并非日本如此，在大部分国家中，资产阶级在革命后都不能全部独自掌权。恩格斯根据对英、法政治史的研究，曾对此作过明确的论述，他说，"看来这似乎是历史发展的规律：资产阶级在欧洲任何一个国家都不能——至少是不能长期地——像中世纪的封建贵族那样独自掌握政权。即使在封建制度已经完全消灭了的法国，资产阶级作为一个整体，也只是在很短的时期内完全掌握了政权"。"在英国，资产阶级从来没有掌握过全权。甚至1832年的胜利，也还是让土地贵族几乎独占了政府所有的高级职位。富裕的中等阶级对此表示了温顺的态度。"[①]值得注意的是，恩格斯把这种资产阶级在革命后不能独自掌权的现象看作"似乎是历史的规律"。既然英法资产阶级都不能独自掌握政权，日本的资产阶级何以能跳出这种"历史的规律"呢？问题不在于由谁来掌权，而在于掌权者在按照哪个阶级的意志行事。比如说，下级武士出身的国家领导人，在"富国强兵""殖产兴业"的旗帜下，把国库的金钱冠冕堂皇地交给新兴资本家、资产阶级化的武士、豪农及技术官僚

---

① 恩格斯：《〈社会主义从空想到科学的发展〉英文版导言》，见《马克思恩格斯全集》第22卷，第356页。

们去发展资本主义,岂不比资本家本身直接掌权更有利于资产阶级及其国家吗?

综上所述,一次资产阶级革命不可能把封建因素完全打扫干净,因而"彻底"的资产阶级革命是极其罕见的。明治维新由于幕末革命形势而出现,通过国内战争,推翻了封建领主制度,实现了政权从一个阶级到另一个阶级之间的转移,并为资本主义的发展开辟了道路,从而具备了资产阶级革命的基本特征和社会经济内容,所以即使保留了较多的封建因素,也不足以否定它的资产阶级革命性质。同时,正是由于大多数资产阶级革命都不彻底的历史事实,我们认为,明治维新完全是一次资产阶级革命。如果为了说明它的特点以区别于典型的资产阶级革命,那么称它为"后进国的资产阶级革命"可能更妥切一些,因为明治维新之有异于西方先进国家的革命,几乎全部是资本主义发展的后进性所造成的。

(作者吴廷璆、武安隆,南开大学历史研究所,原文刊于《日本史论文集》,生活·读书·新知三联书店,1982年)

明治维新和明治政权性质的再探讨

吕万和

明治维新和明治政权的性质问题是日本近代史研究中聚讼纷纭的一个焦点。而明治维新,作为一个历史时期,究应如何断限？日本学者的意见也异常分歧[①]。本文以1853年日本被迫"开国"为其起点,以1894年"日英新约"的签定和甲午战争的爆发为终点,着重谈谈明治维新和明治政权的性质问题。笔者认为,要回答这个问题,应先考察维新时期日本经济结构的变化。

一、维新时期存在三种经济成分

德川时代幕藩体制的基础是封建领主制。推翻德川幕府,继之以"废藩置县"和"地税改革",日本的封建领主制被摧毁,此后乃存在着三种经济成分:资本主义经济、地主经济和个体经济。问题的关键是要对三种经济成分的比重作出大致的估计。

明治前期统计数字不全。日本官方没有这三种经济成分的统计资料,我们也没有找到日本学者关于这三种经济成分的估算结论。据笔者所接触,似以大川一司的统计测算资料追溯最远,数字也最完全。从他所编的《日本经济的成长率》一书中,我们可以摘出以下数字并编成下表:

---

① 参阅《日本的历史》第24卷,小学馆,1976年,第21—24页。

表1　1878年及1893年日本工农业产值① 　　（单位：亿日元）

年代	工场工业(1)	矿业(2)	家内工业(3)	农业(4)	蚕茧(5)	畜产(6)	林产(7)	水产(8)	总计(9)	物价指数(10)
1878年	0.40	0.01	0.37	2.24	0.23	0.07	0.25	0.16	3.73	41.7
1893年	2.31	0.08	1.68	4.44	0.59	0.13	0.50	0.44	10.17	41.7
十五年间增长率	5.78倍	8倍	4.55倍	1.98倍	2.57倍	1.86倍	2倍	2.75倍	2.73倍	

我们试图借助这张产值表来估计各种经济成分的比重。这里有数据不足的困难，我们力求不影响基本结论。上表各类产值中，工场工业是指雇工五人以上的民间工场工业（不包括官营和地方官营工业）。家内工业有四种情况：雇工五人以下的小工场、问屋制家内工业、独立劳动者、家庭副业。前两种属于资本主义经济，后两种属于个体经济。按什么比例划分，无可依据②，兹暂各按50％估算。农业可以按佃耕地和自耕地的比例来划分地主经济和个体经济。佃耕地的比重，1878年可按30％估计，1893年可按40％估计③。森林和矿山都属于自然力。其经济性质应视经营方式而定。在封建徭役制废除以后，森林、矿山的大规模经营、采伐、运输等等都离不开雇佣劳动。在这种情况下，按照马克思的说法，森林、矿山占有者所取得的收入属于资本主义利润或超额利润或超额利润的转化④。当然，这其中也包含其他经济成分，但因缺乏数据，兹全部暂按资本主义产值估算，再设法冲抵。蚕、畜、水产等全部暂按个体经济估算。这样，我们便可得出如下粗略的估算公式：

资本主义产值＝(1)＋(2)＋(3)×50％＋(7)

---

① 据大川一司：《日本经济的成长率》第72、46、50各页统计表。矿产值缺，按"所得值"推算。物价指数是五年平均数，以1928—1932年为100。增长率系笔者计算。工场工业、家内工业的解释据该书第70、71等页。

② 据大石嘉一郎主编：《日本产业革命的研究》（下），第86—87页所引资料，1899年及1905年，京都西阵机户中，"问屋制家内工业"约占60％强，小型手工工场约占28％。这种高比例并不能代表全国情况。

③ 佃耕地所占比重，各书推算微有出入。大久保利谦的《近代史史料》所选用的数字是：1872年约占28.9％（推算数），1892年占40.1％（实际数）。

④ 参阅《资本论》中译本，第3卷，下，1975年，第866、871页。

地主经济： 1878 年产值＝(4)×30%

1893 年产值＝(4)×40%

个体经济： 1878 年产值＝(3)×50%＋(4)×70%＋(5)＋(6)＋(8)

1893 年产值＝(3)×50%＋(4)×60%＋(5)＋(6)＋(8)

按上述公式估算，则可编成下表：

表 2　1878 年及 1893 年日本各种经济成分之产值及比重的估算　（单位：亿日元）

年代	资本主义 产值	资本主义 比重	地主经济 产值	地主经济 比重	个体经济 产值	个体经济 比重	总计 产值	总计 比重
1878 年	0.845	22.7%	0.672	18%	2.213	59.3%	3.73	100%
1893 年	3.73	36.7%	1.776	17.5%	4.664	45.8%	10.17	100%
增长率	4.41 倍		2.64 倍		2.11 倍		2.73 倍	

上表估算的缺点是：(1) 林业产值完全作为资本主义产值，失之偏高。(2) 家内工业中的两种成分各按 50% 估算，可能偏高偏低。但是，总体来看，对资本主义产值（特别是 1893 年）的估算不是偏高而是偏低。因为：(1) 官营和地方官营的工业产值很大，应属于国家资本主义[①]。(2) 铁路、海运、电信等交通运输事业发展很大，如按资本额推算，其产值当在四五千万日元[②]。(3) 土木建筑业中资本主义产值不低[③]。农、牧、水产中也有少量资本主义产值[④]。这几类资本主义产值，足以抵销林业产值中的高估部分而大大有余。

概略言之，似乎可以说：1878 年，日本国民经济中，资本主义成分约占 20% 多一点，地主经济约占 18%，个体经济约占 60%。1893 年，资本主义经济的比重上升到占 35%～40%，个体经济的比重约为 45% 左右，地主经济也有发展，但在比重上则降至 17% 以下。

[①] 明治初年日本官营工厂产值数字很缺乏。安藤良雄：《近代日本经济要览》第 59 页有 1882 年至 1884 年间陆军省、大藏省、农商务省所属企业产值，合计约六七百万日元。海军省所属不详。

[②] 前引书第 8 页；1895 年运输通信业年产值 3900 万日元，建设业为 4800 万日元。另据《日本经济统计总观》第 550 页及 852 页有关数字推算，运输业年产值亦接近四五千万日元。

[③] 前引书第 8 页；1895 年运输通信业年产值 3900 万日元，建设业为 4800 万日元。另据《日本经济统计总观》第 550 页及 852 页有关数字推算，运输业年产值亦接近四五千万日元。

[④] 1893 年，农业（包括水产）公司资本额为 254 万日元。

明治维新后,地主经济在一段时期内有较大的发展,在农村中占有一定的统治地位,这使近代日本经济带有封建性的特征,但它毕竟不是主导的经济成分。过分夸大地主经济的地位,说它是"天皇制的固有基础",是不确切的。

至于个体经济,列宁在论述俄国农奴制改革后的情况时说:"农民在多大程度上摆脱了农奴主的统治,他就在多大程度上处于金钱的支配之下,处于商品生产的条件之下,处于对不断出现的资本的依赖地位。"[①]日本地税改革后,农村中占主要成分的个体经济也是如此。

资本主义经济的主导性不仅表现在比重上,而且表现在它的地位和作用上。它掌握经济命脉,通过金融网、交通网、商业网对个体经济和地主经济都起着支配作用。1893年,日本铁路已有三千多公里通车,小商品经济不仅受国内资本主义市场支配,而且与国际市场息息相关,蚕丝就是显著的例子。资本主义企业的先进性再加上明治政府的各种保护政策,使它在兴起后一段时间内获利很大。1883年大阪纺织公司开工后四五年间,每半年红利平均高达16.5%[②]。地租、公债之不断转化为资本,秘密就在这里。资本主义经济成分的主导性也表现在这里。

二、资产阶级居于主导地位

在阶级关系方面,与论证明治维新和明治政权性质有关者主要有三点:(1)地主阶级与资产阶级何者居于主导地位。(2)华族阶级性的转化。(3)天皇家的阶级性格。

关于资产阶级与地主阶级的人数,大桥隆宪所著《日本的阶级构成》一书提供了下述数字[③]。(单位:万人)

[①]《农民改革和无产阶级革命》,《列宁全集》第17卷,第103—104页。
[②] 有泽广已监修:《日本产业史》,日本经济新闻社,1966年,第23页。
[③]《日本的阶级构成》,岩波书店,1971年,第26—27页。

年　代	寄生地主	资本家	附注
1888 年	4.5	1.3	寄生地主,指占有土地五町步以上者。资本家,指拥资十万日元以上或雇工五人以上者。
1899 年	5.0	4.9	
1909 年	16.9	19.8	
1920 年	17.3	30.6	
下略			

上表说明,地主阶级在人数上多于资本家仅仅是1899年以前的事。但此表所列地主以占有土地五町步①为起点,资本家则以拥有资本10万日元或雇工5人为起点。两者相比,显然后者标准偏高。如果把资本家的标准降至雇工4人以上,并相应降低其财产额,其人数当大大增加,双方人数对比的转化也将提前数年。再看实际财力:1890年前后,日本全国年收入在5万日元以上的大富翁共24人,其中华族13人,实业家9人,地主只有2人②。这24名大富翁中,第一、二名都是三菱家族的(岩崎久弥年收入近70万日元,岩崎弥之助年收入25万日元)。两名最大的地主是久次米庄三郎和本间光辉,名列第20和24位,年收入各为5万日元左右。1890年全国年收入两万日元以上者共104人,其中实业家49人,华族38人,地主仅14人。资产阶级的经济力量是地主阶级望尘莫及的。

关于华族:1888年,华族全年收入共36.1万日元,其中股红占68.4%,公债利息占17.5%,土地收入占14.1%。1897年,全国华族224名,年收入总额125.9万日元,其中股红占79.2%,公债利息占8.3%,土地收益(包括林野收入在内)仅占12.5%。他们的财产总值共1666.8万日元,其中股票价值1334万日元,公债价值208万日元,两者合计占92.5%;土地价值仅占7.5%③。华族已经转化为大资产阶级。

关于天皇家:天皇是日本统治阶级的总代表,不应当脱离日本国家的性质来孤立地论证天皇的阶级性和皇室财产的经济性质。即使就皇室财产本

---

① 五町步合75华亩。按地价约值2000日元。
② 大桥隆宪:《日本的阶级构成》,岩波书店,1971年,第17页。
③ 大石嘉一郎主编:《日本产业革命的研究》下,第114—115页。

身而言，也不能笼统地说封建剥削占主要地位。皇室财产的扩大是十九世纪八十年代的事。1890年皇室"御料地"扩大到365万町步（后经整理数字下降）。但大部分是森林。其中耕地占多少？户田慎太郎说：1890年的情况不清楚，1940年所占耕地是4万町步[①]。1893年皇室林野收入约近55万日元，其后超过百万日元[②]。1896年皇室森林面积是208万町步。林野收入，如前所述，不能笼统地说是封建剥削。皇室财产中有相当大的部分是股票。1887年，皇室货币财产共788万多日元，其中有610万日元是日本银行、横滨正金银行和日本邮船公司的股票。1893年皇室货币财产增至1500多万日元[③]。1899年，全国103家大公司中持股5000股以上的大股东共98名（华族银行除外），天皇家名列第一，共持有231 266股，占98名大股东持股总额的10.44%[④]。综合以上情况，说天皇的身份首先是大资本家，其次是大地主，岂不是更符合实际吗？

三、明治政权是带封建性的特权大资产阶级专政

政权的性质取决于它维护什么样的经济基础，代表哪个阶级的利益，哪个集团的代表在政权中占据主要统治地位。对于明治政权，通行的提法是"地主资产阶级专政"或"资产阶级地主专政"。这种含混不清的提法未必能表达明治政权的本质。

前述关于经济结构的分析可以证明：明治政权所维护的主要是资本主义经济。它肯定地主经济的合法地位，并使之有所发展，其目的是要通过它来剥削农民，为资本主义提供原始积累。当这二者发生矛盾的时候（这是不可避免的），明治政府是使地主阶级从属于资产阶级，而不是相反。它用主要来自地税的国家收入补助特权大资产阶级和支付华族的公债利息。地税

[①] 户田慎太郎：《天皇制经济基础的分析》，第77—79页，转引自《服部之总著作集》4，第316页。
[②] 《近代史史料》，第219—220页。
[③] 《近代史史料》，第219—220页。
[④] 《时事新报》1899年3月29日至4月7日报道。被调查的103家企业分别为铁路31家、纺织21家、银行16家、制造业10家、交易所8家、船运3家、其他14家。另《日本产业革命的研究》（下），第112页写作98名大股东，可能是遗落了4月7日的补充报道。该报道补充了排名第38位的大股东。

很重,而营业税迟到 1897 年才开征。自 1879 年至 1890 年,农林业者的赋税负担率(在其年收入中所占比重)最高为 23.6%,最低为 8.8%,一般为 16% 左右;同一时期,工商业者的赋税负担率则最高为 4.4%,最低为 2.4%,一般为 3% 左右①。明治初年要求减轻地税,是地主阶级与明治政府矛盾的集中反映之一。日本中小地主在一定限度内能够参加"自由民权运动",其经济根源就在这里。

  明治维新的领导骨干主要是倾向资产阶级改革的下级武士。在倒幕运动期间,支持他们的主要是与幕府有深刻矛盾的西南强藩和社会上的"草莽"人士(即城乡资产者和新兴地主富农)。到了戊辰战争时期,三都特权商人转向倒幕,并成为新政府财政上的主要支持者。他们当中,以三井为代表,迅速在新政府培植下转化成为带封建性的近代财阀。明治政府废除了旧藩主和武士阶层,它当然不是领主的政权或武士的政权。但它并不是简单地废除,而是积极帮助旧藩主和那些有作为的武士转化为近代金融家、企业家。岩崎弥太郎、五代友厚、涩泽荣一都是显著的例子。1880 年国立银行股权中,华族握有股权 44%,士族握有股权 31.86%②。为了鼓励华族投资铁路,政府规定土地免税拨用,在修筑期间每年保证股红 8%③。十九世纪八十年代的"铁路投资热"正是在这种特殊保护政策下形成的。三菱海运公司更是明治政府一手培植的。特权大资产阶级掌握国家经济命脉,是明治政权的主要支柱。

  明治维新的领导集团在新政府成立后有所分化,取得优势并长期掌握政权的是以大久保利通、伊藤博文、井上馨、山县有朋、大隈重信等为代表的一派。这一派与特权大资产阶级关系更加密切,其主要成员曾参加 1871 年至 1873 年的"岩仓使节团",历访欧美各国,长达一年零八个月。这段经历对于他们转化为大资产阶级政治代理人是有重大作用的。特权大资产阶级日益操纵明治时代的政治。1881 年自由党与改进党相互攻讦,其根源是三井、三菱两系统所属海运公司的竞争。大隈重信是三菱公司的忠实代理人,

---

① 《岩波讲座日本历史》第 14 卷,1975 年,第 187 页。
② 守屋典郎:《经济史》,东洋经济新报社,1965 年,第 50 页。
③ 《工部省沿革报告》,转见《近代史史料》,第 114 页。

井上馨被称作"三井的小店伙"。黑田清隆与五代友厚的勾结造成"盗卖北海道官产事件"（1881年）。山县有朋与野村三千三（山城屋和助）的勾结则有"山城屋事件"（1872年）。明治当权者与特权大资产阶级之间的联系不是蛛丝马迹，而是几乎一目了然的。但与地主阶级之间则很少看到这种程度的联系。地主阶级的势力主要在农村基层政权。这说明它是明治政权统治日本人民的一个重要的阶级基础；但在中央决策机构中不占主导地位。这又说明，地主阶级毕竟是资产阶级的附庸。否认或者夸大地主阶级的统治地位都是不符合实际的。

综合以上分析，结论则是：经过明治维新，日本社会从封建社会转变为带封建性的资本主义社会。其经济是封建主义从属于资本主义的经济，其政治是地主阶级从属于资产阶级的政治，其政权是带封建性的特权大资产阶级专政。所谓"带封建性"，是说这个大资产阶级，其主体不是来自幕末中小工商业者的发展，而是来自旧封建藩主、公卿、武士、政商（特权商人）的转化。它与地主阶级结成联盟，利用封建性的地主经济和上层建筑为其服务。所谓"特权"，是说这个大资产阶级集团的发展，主要不是依靠自由竞争，而是凭借其固有的财力、权力和明治政权的特殊保护。在世界近代史上，俄、普、奥、意等国也曾出现这种类型的大资产阶级专政，都是世界资本主义开始进入垄断而这些国家国内资本主义和自由资产阶级却很少发展的历史条件下的产物。这类国家大都疯狂推行军国主义，除俄国后来发生十月革命外，其他都发展为军事封建法西斯。明治政权也是如此。

四、明治维新是不彻底的资产阶级革命

关于明治维新的性质，历来有"绝对主义""资产阶级革命""不彻底的资产阶级革命""革命和改革""民族运动"等说法。笔者认为，应称作"不彻底的资产阶级革命"。

何谓"革命"？从历史唯物主义观点来看，似应包含两重含义：其一是说，它所解决的矛盾属于社会变革；其二是说，它解决矛盾的方式是采取了起义、暴动、国内战争等暴力夺取政权的手段。必须兼顾这两重含义，才能

科学地判断什么是"革命",什么是"改革",什么是"起义"或"暴动"。仅仅考察是否实现社会变革,还不足以区别"革命"和"改革"①。因为,在社会主义革命以前,剥削制度的更替,既有通过暴力革命方式实现的,也有通过非暴力的改革方式(包括宫廷政变)实现的。列宁说:"从马克思主义观点来看,革命究竟是什么意思呢? 这就是用暴力打碎陈旧的政治上层建筑,即打碎那由于和新的生产关系发生矛盾而到一定的时机就要瓦解的上层建筑。"②列宁这段话正是从"社会变革"和"暴力夺取政权"双重含义上来确定"革命"的定义。把"明治维新"称作"革命"而不称作"改革",也正因为它符合这双重含义。戊辰国内战争历时一年又五个月。倒幕派战死三千五,幕府方面战死四千七。虽不算激烈,毕竟打了仗,流了血。它不同于日本历史上的大化革新,也不同于十九世纪后半叶俄、普、奥等国的资产阶级改革。

五、关于"民族运动"说

明治维新使日本赢得了民族独立。但把明治维新称作"民族运动",或者过分强调它的民族意义而低估它的资产阶级革命意义,则未必恰当。历史的事实是:明治维新运动虽从"攘夷"开始,但在斗争过程中却放弃了这个口号而采取了"开港讨幕"的战略③。这个战略转变是正确的,因为,对外矛盾的克服取决于国内矛盾的解决。明治维新的主要内容也是对内进行社会变革而不是对外进行民族斗争或对内进行民族统一。从国内情况来看,日本民族在明治维新以前已经形成,德川时代虽有某种割据,但基本上实现了封建统一。日本从封建统一走向资本主义统一,从封建民族发展为资本主义民族,是进行社会变革的结果而不是进行民族斗争的结果。从对外关系来看,不平等条约的废除,民族独立的获得,也主要是实现了社会变革、赢得

---

① 阿加耶夫:《明治维新是革命还是改革?》一文(译文见《世界历史译丛,1980 年第 1 期》)从"历史类型学"角度专论此问题。但作者认为"革命,也就是社会变革",这就把"革命"与"改革"混同起来;而且,不可避免地混同"革命"与"改良"(因为,"改革"与"改良"在俄文中常为一词),如何划分"历史类型"?
② 《社会民主党在民主革命中的两种策略》,《列宁选集》第 1 卷,第 616 页。
③ 高杉晋作庆应元年三月二十三日函。转见大久保利谦编:《近代史史料》,第 33 页。

了自身富强的结果。当然,不能由此得出结论说:无须进行严重的反侵略斗争就能获得独立和富强;但却可以说,富强是民族独立的基础,没有富强就不可能有巩固的独立,这是明治维新的一条重要经验。

六、关于"绝对主义"论

长期以来,日本马克思主义史学界占主导地位的是"绝对主义"论,认为明治维新是一种封建改革,是"从纯粹的封建体制国家向封建主义的最后政治形态绝对王权的转变。"① 这派学说重视揭露明治政权的军事封建性和专制主义,指出它与法西斯主义的联系,号召日本人民为争取人民民主而斗争,有不可磨灭的功绩。如果割取明治初年一段历史(例如1868年—1871年)来观察天皇制政权,说它是"绝对王权",并非全无根据。但从维新的全过程来看,则不能这样说。

绝对主义本来是一种关于政体的学说,产生于十七八世纪。它主张国家应当拥有绝对的权力,不受任何法律、习惯、道德或势力(教皇、领主、议会、贵族等)的限制。在理论上,它并不专指君主制,实际则适应当时君主专制的需要。后来则成为专制主义的同义语。在欧美有权威性的《社会科学百科全书》最新版中,"绝对主义"(Absolutism)这个条目已经并入"专制政治"(Autocracy)②。从马克思主义观点看来,绝对不受任何限制的专制权力是不存在的。国家总是阶级的国家,最高统治者总是一定阶级或集团的代表。马克思和恩格斯对欧洲封建社会末期普、法等国的"绝对主义"王权作了分析,指出它是使旧封建势力与新兴资产阶级势力"暂时""保持平衡"的政权③。所谓"保持平衡",是使资本主义从属于封建主义而不是相反。这种旧政权或者是被逐渐强大的资产阶级所推翻(法国),或者经过长达几十年的演变在特定条件下达到质的改变(普鲁士)。明治政权则不是如此。它不是旧政权而是新政权。它成立不久就废除了领主制,它一贯使地主阶级

---

① 服部之总:《明治维新史》,河出书房,1956年版,第22页。
② "Enyclopaedia of Social Science",纽约,1948年及1972年版,"绝对主义"条。
③ 参阅《马克思恩格斯选集》第1卷第179页,第4卷第168页,第2卷第519—520页。

从属于资产阶级。它既未被资产阶级所推翻,也看不到后来有什么特定条件下的"质变"。它当然不是欧洲封建社会末期的那种绝对王权。

说明治维新是"不彻底的资产阶级革命",所谓"不彻底",其含义和标准是什么?曾有一种意见认为,资产阶级民主革命有两个特征,一是"主权在民",二是"农民得到了解放",并以此为标准来衡量明治维新,否认它是革命①。这种观点是混淆了人民民主革命与资产阶级民主革命的区别。任何资产阶级革命,包括最彻底的法国大革命也不可能完全实现"主权在民",不可能彻底解放农民②。这种"不彻底性",是一切资产阶级革命所共有的。明治维新的"不彻底性"则不仅如此。它不仅没有给人民以民主,而且未能给一般中小资产阶级以充分的民主。它不仅未能彻底解放农民,而且以沉重的地税妨碍农业中资本主义的发展,妨碍中小地主向资产阶级转化。总之,它未能为自由资本主义和自由资产阶级的发展提供充分的条件,而是凭借国家权力,发展带封建性和垄断性的国家资本和特权财阀资本③。这种特权财阀资本不仅残酷剥削、压榨日本劳动人民,也使日本一般中小工商业者受到某种压抑。不仅没有人民民主,而且没有充分的资产阶级民主,这是理解日本近代史的一个关键。只有明确指出这种不彻底性,才能理解明治时期随着经济发展而同时发展着的军事封建毒癌。才能理解,在劳动人民阶级斗争主流的侧面,存在着时断时续的一般资产阶级民主主义、自由主义的潮流。才能理解,民主与反民主(与之相联系则是军国主义与反军国主义、战争与和平、对华侵略与对华友好)是在日本近代史上划分进步与反动的标志。如实地承认明治维新是一次不彻底的资产阶级革命,不仅没有取消人民民主革命的任务,而且肯定了联合中小资产阶级及一切具有自由倾向的和平民主势力的可能性和必要性。对这种可能性和必要性认识不足,是近代日本未能广泛形成反对军国主义法西斯的统一战线,未能强有力地

---

① 服部之总:《明治维新讲话》,中译本,第6—7页。
② 欧洲资产阶级革命以雅各宾政府所颁布的三个土地法令最激进,但没有,也不可能从法律上废除地主制。
③ 参阅中村政则:《日本资产阶级的构成》一文(收入《日本产业革命的研究》下册,着重参阅第94、123等页)。

抑制军国主义法西斯势力的一个重要原因。迄今为止的论著对这一点的阐述似乎很不充分,这和对明治维新性质的认识是有关系的。

(作者吕万和,天津社会科学院日本研究所,原文刊于《世界历史》1981年第2期)

权威重构与明治维新[*]

杨栋梁

19世纪中叶,中国和日本都面临来自西方扩张的威胁和压力,正如"中学为体、西学为用"或"东洋道德、西洋艺术"等当时流行的口号那样,两国都曾有过在晚清中国称作"洋务运动"、在幕末日本称作"幕藩工业"[①]的治标不治本的尝试。然而,日本发生明治维新以后,两国的发展分道扬镳。中国封建统治依旧,殖民地危机加深;日本则破旧立新,成功实现近代国家转型。由此,明治维新占据了世界近代史一页,亦成为迄今为止常议常新的国际性研究课题。[②]

---

[*] 本文是教育部人文社会科学重点研究基地重大项目"一战后日本的'转向'与对外战略误判研究"(批准文号:17JJD770010)的阶段性成果。

[①] 1840年鸦片战争后,为了防止外敌入侵,德川幕府和地方藩国引进西方生产技术,兴办了一批官办矿山、制铁厂、造船厂及兵工厂。

[②] 明治维新研究成果汗牛充栋,但在研究视角、方法及其重要问题的看法上,还存在争议。关于明治维新史观,在日本,有战前官方修史机构秉持的"皇国史观"(如6卷本《维新史》等)、为德川幕府鸣不平的"幕府史观"(如《德川庆喜公传》等)、为维新功勋歌功颂德的"藩阀史观"(如《大久保利通传》等)、马克思主义史观(如"讲座派"和"劳农派")等;在欧美,学界的主流是近代化论(如赖肖尔、戈登、比斯利等);在苏联和中国,居主导地位的马克思主义史观强调生产力、生产关系和人民斗争的作用。关于明治维新发生的原因,国际学界普遍认为幕末资本主义经济处在家庭手工业阶段,故"外压"是直接动因,但日本学界力图证明幕末开国前资本主义经济发展已处在制度变迁前"临界"状态。关于明治维新的领导力量,中外学界基本认同明治维新由封建统治阶级下层的下级武士(亦称"草莽志士")领导,但对"豪农""豪商"、人民群众在明治维新中的作用评价不一。关于明治维新的性质,日本学界的"讲座派"(山田胜太郎、野吕荣太郎、平野义太郎、羽仁五郎、服部之总、井上清、远山茂树、芝原拓自、田中彰、中村哲等)认为,明治维新是封建统治阶级内部政变的"王政复古",是"从纯粹的封建国家向封建主义的最后政治形态绝对王权 (转下页)

近代中日两国的发展何以出现如此巨大反差？核心所在是日本发生了明治维新而中国没有。明治维新的重要性"有如英国革命之于英国,法国革命之于法国",而其取得成功的关键,就在于"王政复古"后"获得了一个愿意并能够实施改革的领导集团"。①

对此,我国学者吴廷璆、武安隆曾就明治维新是一场"没有资产阶级的资产阶级革命"做过精辟论述,指出下级武士便是这场革命的替代主体。②日本学者高桥龟吉则感叹道:"如此一系列对封建制度的破坏,是当时的武士阶级事前普遍想象不到的。不仅是一般的武士,即使是推进革命的主要势力也大多如此。他们原本是在尊王攘夷的旗帜下动员倒幕势力的,然而完成倒幕后却摇身一变主张开国,成了狂热的移植西欧文明的领导者。倒幕是依靠诸侯的兵力实现的,按照传统的想法,诸侯们以为新政府必然会给予他们更大的权力。然而事实正好相反,他们昔日的家臣掌握了政府实权后,通过废藩置县剥夺了他们的祖传权力。舍命参加倒幕的大多数武士曾幻想打败幕府后会加官晋爵、荣华富贵,岂料昔日的战友一旦成为新政府首脑,便全部废除武士阶级特权,始则减俸,终则以金禄公债了断。"③

欧美学者也同样注意到日本式近代转型过程与欧洲的不同。美国哈佛大学教授安德鲁·戈登指出:"在欧洲,推翻封建特权之动力来自新兴阶级,特别是城市资产阶级;在日本,明治时代带头攻击旧有秩序的人却是武士,属于原来体制内的精英。"④戈登认为:"若将 1868 年的政治、经济、社会以至文化各方面情况与十年后的日本比较,其转变是如此令人大吃一惊,完全

(接上页)(君主专制)转变"(服部之总:《明治维新史》,河出书房,1956 年,第 22 页),是封建的改良主义运动;"劳农派"(山川均、猪俣津南雄、土屋乔雄等)则认为,明治维新是一次不彻底的资产阶级革命;赖肖尔等欧美学者多持"革命"说或"近代化"说;苏联和中国学界的主流观点是"明治维新资产阶级革命说"(茹科夫、加尔别林、周一良、吴廷璆、吕万和、伊文成、汤重南、宋成有等)。

① 威廉·G. 比斯利:《明治维新》,张光、汤金旭译,江苏人民出版社,2012 年,第 1—2 页。
② 详见吴廷璆、武安隆:《资产阶级革命与明治维新》,中国日本史研究会编:《日本史论文集》,生活·读书·新知三联书店,1982 年,第 197—221 页。
③ 高桥龟吉:《日本近代经济形成史》第 2 卷,东洋经济新报社,1968 年,第 22—23 页。
④ 安德鲁·戈登:《日本的起起落落:从德川幕府到现代》,李朝津译,广西师范大学出版社,2008 年,第 74 页。

尾张、越前、土佐、佐仓、上田等藩主"禁闭""隐居""谨慎";朝廷中的青莲院尊融亲王、内大臣一条忠香等公卿受到"辞退""出家""谨慎"处分。对尊王攘夷派的下层藩吏、藩士及脱籍浪人的处分更加严厉,水户藩家老安岛带刀切腹,水户藩士茅根伊予介、鹈饲吉左卫门、越前藩士桥本左内、长州藩士吉田松阴等斩首,萨摩藩士日下部裕之进等流放远岛。① 安政年间发生的这场大镇压,史称"安政大狱"。

然而,打击面过宽、杀戮过重的井伊高压政治未给幕府带来福音。1860年3月,水户、萨摩藩的18名尊攘派武士在江户幕府的樱田门外偷袭成功,旨在重振幕府权威的井伊直弼壮志未酬,被刺死在前往幕府的乘辇中。

在天皇至尊、将军至强的二元政治下,"朝廷赖武家而愈尊,武家仰朝廷而愈隆,"②二者相互认可又相互制约,由此实现了政治制度顶层建构的平衡。幕府中央权力与藩国地方权力的相互认可亦各得其所,实现了次级建构的平衡。这一兼顾各方权益的制度安排,保证了幕府权威在两个半世纪的统治中未遇到真正意义的挑战。当然,随着商品经济的侵蚀和社会矛盾的积累,幕府统治力趋于弱化也是事实。然而,当其面对1858年对外签署通商条约和将军继嗣问题同时发酵时,幕府的应对不但激起举国反对浪潮,而且引起统治集团内部分裂。由此,幕府权威跌落,独裁统治动摇,从而拉开了近代社会转型期国家权力重构的序幕。

二、权威解构的博弈

井伊之死标志着幕府擅权时代的结束。幕府尚存,但昔日权威不在。一场权威重构、争夺国家最高统治权的历史剧正式上演,登台演出的主角是幕府、朝廷、地方实力派大名以及草莽志士③四种势力。这四种势力的目标都是要掌握国家统治权或统治主导权,除了表面上都宣称"尊王"外,在开国

---

① 吉田常吉:《安政大狱》,吉川弘文馆,1991年,第329页。
② 伊东多三郎:《江户幕府的成立与武家的政治观》,《历史学研究》,第131—132页。
③ "草莽志士",时指有匡世济民之志、地位低微的下级武士及脱籍浪人,与之志同道合的"豪农"和"豪商"亦可归于此类。

还是攘夷、佐幕还是倒幕上，又存在尖锐的路线分歧，权威重构的博弈波诡云谲。

1860—1864年上演了这出历史剧的上半场，舞台中心是幕府和朝廷，两旁显著位置站立的是萨摩、长州、土佐等强藩藩主，其身后则是草莽志士。剧情的发展是沿着怎样"公武合体"、是否"攘夷"、佐幕还是倒幕等焦点问题展开的。

井伊死后，幕府已不敢在政治上用强。为了收拢人心，再次向朝廷求助，试图通过与皇室联姻加强朝幕关系，在"公武合体"①的新体制下维持统治。1860年，幕府奏请孝明天皇敕准皇妹和宫下嫁给将军家茂，并为取悦孝明天皇，抚平其对"违敕签约"的不满，在老中联署的上奏中表示"无一人愿与外夷交易"②，支吾搪塞地表达了不日攘夷的态度。1862年2月，家茂与和宫成婚，由是"公""武"之间连上了一条脆弱的血缘纽带，一度紧张的朝幕关系趋于缓和。孝明天皇同意"公武合体"亦属无奈，毕竟朝幕合作要比皇室大权旁落向前迈进了一步，关键是如何在合作中掌握最高决策权，再沐昔日皇权的荣光。萨、长、土等外样强藩赞同"公武合体"，但他们所关心的是如何使"公武合体"成为朝廷、幕府和强藩的联合执政，以便在新体制中占有一席之地。手无实力的天皇和手握实力的大名相互借力，都在打着各自的算盘。

争夺统治权的博弈，第一回合在幕府与朝廷公武合体派（或可称为"体制派"）之间展开。1862年6月，朝廷敕使大原重德在萨摩藩主岛津久光率领的千余藩兵护卫下到达江户，传达天皇改革幕政的谕旨。幕府被迫为"安政大狱"受害者平反，处罚了与安政大狱和违敕签约有关的幕府官员，削减了井伊家领地，一桥家主德川庆喜和会津藩主松平庆永被"平反"后，分别出任将军"后见职"（监护人）和幕府政事总裁。此轮博弈，朝廷开向幕府发号施令之端，幕府唯命是从，高下立分；萨摩仰仗天威，风头出尽。

---

① "公"指天皇为首的朝廷，"武"指幕府。"公武合体"意指朝廷与幕府合作，联合执政。
② 坂田吉雄：《明治维新史》，第129页。

件。1867年夏季,要求"改革世道"的"可好了"示威运动蔓延全国。至此,幕府统治的社会基础已经坍塌,"民心已离将军,幕府何足惧,"①推翻幕府已是人心所向。

下半场第一回合的博弈始于草莽志士夺回长州藩政权。幕府"第一次征长"后,一直冲在尊王攘夷最前线的长州藩志士终于醒悟,攘夷不现实,藩主不足恃,幕府不倒,日本无望,其运动方针遂由"尊王攘夷"向"尊王倒幕"转变。为了打倒幕府,长州志士除了继续采取"尊王"的策略外,还采取了如下两大具有决定性意义的行动。一是1865年春,高杉晋作、伊藤博文领导的奇兵队、力士队等草莽武装发起长州藩内战,一举夺回长州藩政,建立了第一个反幕武装根据地。二是1866年1月,经土佐藩豪商、脱籍藩士坂本龙马斡旋,向为宿敌的萨摩和长州化干戈为玉帛,长洲藩木户孝允与萨摩藩西乡隆盛共同签署"讨幕密约",建立了第一个草莽志士联合的萨长军事同盟。1866年6月,幕府为消灭长州的反幕割据势力,下令萨摩等30余藩出兵第二次征讨长州,但强藩萨摩按兵不动,长州草莽武装初战告捷,两军对峙中,将军家茂病故,幕府遂以治丧事大为由撤兵,倒幕派实际上获胜。

第二回合的博弈始于"第二次征长"后的"沉寂",终于1867年末的"王政复古"。1866年底德川庆喜继任将军后,当务之急是处理家茂丧事和处理幕府政务,已无力对倒幕势力采取攻势;同年12月孝明天皇驾崩后,不满15岁的睦仁继位,朝廷中以岩仓具视为首的倒幕派公卿占据了上风;土佐藩主抛出"公武合体"改进版方案,为实现"公议政体"而奔走;倒幕派志士上下串联,紧锣密鼓地准备与幕府武力对决。暗流涌动,一场推翻幕府统治的社会风暴即将来临。

1867年6月,成功策动萨长结盟的坂本龙马,又把幕府将军"奉还大政"和"公议政体"为核心内容的"船中八策"②,口授给土佐藩前藩主山内容堂的心腹后藤象二郎,后藤深以为是。于是,坂本、后藤与西乡隆盛、小松带

---

① 南条范夫:《暴力日本史》,光文社,1971年,第228页。
② 主要内容有政权归还朝廷,万机决于公议,起用公卿诸侯等天下有才之人,重新制定典章,扩充海军,建立保卫京都的亲兵,重新制定与外国交际的规约等。参见平尾道雄监修:《坂本龙马全集》,光风社,1980年,第394页。

刀分别代表土佐和萨摩，缔结了旨在敦促幕府和平交权的"萨土盟约"。接着，坂本又促成萨摩、土佐和安艺三藩达成类似约定。经过上述两手准备，山内容堂拟定了自以为对将军"恩义两全"的"奉还大政建议书"，派遣后藤于10月3日递交给幕府。10月14日，走投无路的将军庆喜向天皇提出"奉还大政"辞呈。翌日，天皇允奏。

辞官的幕府将军和劝退有功的强藩诸侯，都在等待新一轮权力分配安排，而在草莽志士的策动下，萨、长、艺诸藩的"勤王"武装却在火速开进京都，接管了皇居禁门警备，把天皇这块"玉"牢牢控制在手，发动政变的时机已经成熟。

1867年12月9日，天皇颁布"王政复古大号令"，诏告废除幕府，组成有栖川宫炽仁亲王为总裁、公卿和强藩大名为议定、勤王志士为"参与"的"三职"政府。当晚，新政府成员皇族3人、公卿8人、大名5人、勤王派草莽志士15人，在皇宫小御所召开会议，讨论幕府将军德川庆喜的善后处理问题。在岩仓具视和大久保利通的控制下，会议做出庆喜辞掉一切职务、交出所有直辖领地决定。事实上，大久保和西乡隆盛等倒幕派会前已做好准备，即如其复岩仓具视咨询书所言："今般赖阁下英明决断，得以建立王政复古基础。大令一发必生混乱，然一旦动起干戈，为二百余年太平旧习所污染之人心，反可天下耳目一新而成平定中原之盛举，当务之急乃以决战死中求生。"①可见，倒幕派已不想给幕府复辟留下任何机会，就是要乘势把庆喜逼上绝路，庆喜俯首听命则已，若兴兵反抗，正可宣布其为朝廷叛逆，举国征讨，根除后患。

在下半场博弈中，倒幕派成功夺取政权主要基于三点原因。一是顺应了民意，而"得民心者得天下"；二是"批判的武器当然不能代替武器的批判，物质力量只能用物质力量来摧毁，"②拥有联合起来的强大武装实力才是推翻幕府的根本保证；三是按照中国"名不正则言不顺，言不顺则事不成"的古训，采用尊王倒幕策略，取得了"挟天子以令诸侯"的预期效果。

---

① 《明治文化全集》第2卷，日本评论社，1928年，第8页。
② 马克思：《黑格尔法哲学批判导言》，中共中央马恩列斯编译局编：《马克思恩格斯选集》第一卷，人民出版社，1972年，第9页。

三、新权威的建构

"王政复古"政变后,新权威的建构经历了三个阶段,期间既经受了来自体制外的血与火的挑战,也度过了来自体制内的暗流险滩,最后以1889年颁布《大日本帝国宪法》为标志,完成了制度化定型。

第一阶段的任务是铲除佐幕势力,废除幕藩分封体制,实现高度中央集权。

幕府方面接到新政府做出的将军庆喜"辞官纳地"决定后怒不可遏,立即向朝廷提出"讨萨表",要求"清君侧",同时集结万余佐幕军向勤王军(政府军)发起进攻。但是,1868年1月3日至4日,佐幕军在大阪、京都交界的鸟羽、伏见决战中溃败,随后政府军大举东下,追剿"朝敌"庆喜和佐幕"叛军"。3月14日,睦仁天皇在京都紫宸殿向神明宣誓,其《五条誓文》为"广兴会议,万机决于公论;上下一心,盛行经纶;官武一途以至于庶民,各遂其志,人心不倦;破旧来之陋习,基天地之公道;求知识于世界,大振皇基。"①4月11日,德川庆喜接受幕府军事总裁胜海舟劝告,不战而降,交出江户城。7月,改江户为东京。8月,睦仁天皇继位大典在紫宸殿隆重举行。9月8日,根据中国《易经·说卦传》中"圣人南面而听天下,向明而治"一语,改元"明治"。10月,将军府邸改作皇居。1869年3月,明治政府迁至东京办公。5月,幕府海军副总裁榎本武扬率领的最后一支佐幕武装在北海道箱馆五棱郭被歼。至此,佐幕势力灭亡,新政府站稳了脚跟,为进一步实现中央集权奠定了基础。

明治政府接收江户后,陆续在没收的幕府直辖地和佐幕诸藩领地上设置府县,由政府派员管理,戊辰讨幕战争中勤王及保持中立的二百余藩国则维持藩制,藩主一如既往号令一方。当时的情景如木户孝允所言:朝廷无一兵一卒,只能仰赖萨长等强藩,而强藩手握重兵,是乃"尾大不掉之弊"。②对于藩国林立问题的严重性,兵库县知事伊藤博文也看得很透彻,他在

---

① 日本历史学研究会编:《日本史史料》4(近代),岩波书店,1999年,第82页。
② 大久保利谦等编:《近代史史料》,吉川弘文馆,1965年,第55页。

1868年底提出的"废藩建议"中指出:"苟欲使我国与海外各国并立,实行文明开化之政治,天性同体之人民,贤愚各得其所,上下均沐圣德,莫如使全国政治归一。欲使政治归一,须铲除如今各藩各自拥兵、互相抗衡之弊端,使其权力悉归朝廷。苟非一切政令法度皆出自朝廷,无敢犯者,则不能使海内人民免于偏颇之法令,服于同一之德化也。且欲抵御外侮,伸张皇威于海外,若兵制各不相同,指挥不一,则决不能实现也。夫天地之间,物力合则强、离则弱乃自然之理。"①伊藤还建议说,对识大体、顾大局、愿意交回领地的诸侯,天朝应以礼待之,使其与公卿同列,进爵位、赐俸禄,成为我国之贵族,亦应效仿各国议事之体制,任其为上院议员。

但是,政府初建,强制收回诸藩、特别是那些勤王有功的强藩权力毕竟不是上策,处理不好会再生动乱。为此,明治政府采取了两步走策略,第一步是让藩主自愿"奉还版籍"。擒贼先擒王,1869年1月,在政府参与木户孝允、大久保利通、大隈重信等人劝诱下,萨摩、长州、土佐、肥前等勤王倒幕中贡献最大的四大强藩藩主联名签署《奉还版籍上奏文》,表示"现奉上版籍,任凭朝廷处置。愿应予者与之,应夺者夺之。"②强藩带头,其余诸藩唯恐落后,纷纷上表以示忠心。6月,明治政府批准各藩"奉还版籍"申请,同时任命274名藩主为藩知事,继续主持藩政,但规定藩收入的十分之一为藩知事家禄,余者为藩财政收入,原家臣的俸禄改由藩财政担负,从而釜底抽薪,事实上割断了旧家主与家臣经济上的授受关系。同日,宣布公卿、大名一律改称"华族",中下级武士等家臣一律改称"士"。由此,一心期待重新获得新政府领地授权的藩主们哑巴吃黄连,但为时已晚。

第二步是"废藩置县"。这一举措意味着彻底剥夺旧领主残存的权力,同时也意味着新政府面临更大风险。明治政府是在各地勤王武装支持下建立并打败幕府的,但"没有军队的新政府远不是稳定的政权,"③勤王藩兵作为藩主的私人武装,首先是听命于藩主,其次才是跟随藩主效忠朝廷。一旦政府与藩主闹翻,藩兵的向背实难预测,而拥兵4万余众的萨摩藩主岛津氏

---

① 春畝公追颂会编:《伊藤博文传》上卷,统正社,1944年,第416—417页。
② 历史学研究会编:《日本史史料》4(近代),岩波书店,1997年,第86页。
③ 户部良一:《逆说的军队》,中央公论社,1989年,第26页。

若与政府翻脸,后果不堪设想。为防不测,"废藩置县"之前,政府由三职制改为太政官制,增补萨摩的西乡和土佐的板垣退助为参议,各要害部门则由大久保、大隈、山县有朋、副岛种臣、大木乔任等草莽志士出身的维新功臣掌控,政府成员中已难觅大名身影。同时"借鸡生蛋",任命西乡隆盛为总督,组建由萨长土三藩选送的近万名"御亲兵"守护京都,此举既解决了政府手中无兵的燃眉之急,亦有稳住强藩之深意。经过周密准备,1871 年 7 月 14 日,天皇颁布《废藩置县诏书》,诏曰:"朕唯此更新之际,欲内以保安亿兆,外以与各国对峙,宜使名实相副,政令归一。前者朕听纳诸藩奉还版籍之议,新命各知藩事,使之各奉其职。然数百年因袭之久,或有其名而不举其实,将何以得保安亿兆而与各国对峙哉?朕深为之感叹。故今废藩为县,是务必除冗去繁,去有名无实之弊,无政令多歧之忧。"①废藩置县的主要措施包括:全国一律废除藩制,实行府县制,由政府任命官员管理;藩知事华族身份和待遇不变,但要一律辞掉现职并举家迁往东京居住;各藩财政及其债务由政府接管。至此,全部收回了藩主的领地领民权,实现了"王土王民"的中央集权。

在"奉还版籍""废藩置县"过程中,德川时期其他封建法律法规也被陆续废除。1869—1872 年,撤销国内主要道路关卡,取消人口迁徙和职业选择限制,取消秽多、非人等贱民身份,允许未任官职的华族和士族从事农工商业。与此同时,军事制度改革进展迅速,一方面,"废藩置县"切断了旧藩主与家臣团的主从关系,随着藩主前往东京居住和家臣团的解散,以藩为单位的组织性军事对抗几无可能;另一方面,明治政府把临时征调的御亲兵变为常备近卫军,并以各地的勤王藩兵为基础,设立了东京、大阪、熊本和仙台等维持地方治安的四镇台,初步建立了由政府直接管辖、兵力超过 3 万的"国军"②。接着,为了改变国军的成分,于 1872 年底发布《征兵令》,《征兵告谕》曰:"我朝上古之制,海内皆为兵员",然武家统治以来,武士"抗颜坐食",以致"朝纲颓驰,兵权遂坠武门之手,国为封建之势,人有兵农之分。降

---

① 日本历史学研究会编:《日本史史料》4(近代),第 90—91 页。
② 户部良一:《逆说的军队》,第 23 页。

至后世,名分全泯,其弊不可胜言",而今大政维新,列藩奉还版图,"士已非从前之士,民亦非从前之民,均为皇国一般之子民,报国之道本应无别"。①翌年实施征兵令后,又增加了名古屋和广岛镇台。这些制度变革,强化了中央集权和政令归一,树立了新政府权威,为全面展开的近代化改革吹响了前奏。

"版籍奉还"和"废藩置县"虽然从政治层面解决了中央集权的体制性障碍,但作为日本社会基础的阶级构成并未发生根本改变,失去主君的庞大武士集团处于高度游离和动荡状态。对于新权威来说,其挑战既有来自政府内部的近代派与守旧派、近代派中渐进派与激进派之间的斗争,又有来自失落武士阶层随时可能爆发的骚乱威胁。此间大浪淘沙,明治政府决策层经过政治路线上的打"左"和打"右",厘清了治国理政的方针和路径;经过两次组织上的重新洗牌,"纯化"了寡头政治的组织成分。

第一次政治洗牌是"明治六年政变"(1873年),权力争斗在政府上层的近代派(内治派)与守旧派(征韩派)之间展开。美国学者纳吉塔则认为,这是一次"功利主义"与"理想主义"之争。②

废藩置县后,明治政府对"内政如何改革,法律如何确定,政治上采取何种方略,外交上以何为准"③等重大问题尚无清晰的路线图。为了求知识于世界,1871年12月23日,派遣以右大臣岩仓具视为特命全权大使的使节团赴欧美考察,参议木户孝允、大藏卿大久保利通、工部大辅伊藤博文、外务少辅山口尚芳作为副使随行。《派遣特命全权大使事由书》强调:"内政外交,其成其否,实在此举。"④至1873年9月全员回国,使节团出访历时20个月,耗资100万日元(占明治政府1872年财政总收入的2%以上),访问美、英、法、德、俄、意和奥匈帝国等12个国家,耳闻目睹近代欧洲文明,完成了以欧美为是、向西方看齐的"洗脑"。

当时,明治政府的主要席位为萨、长、土、肥四藩的倒幕功臣所瓜分,这

---

① 大久保利谦等编:《近代史史料》,第84页。
② 特索·纳吉塔:《当代日本政治的思想基础》,贺雷译,第61页。
③ 大久保利谦:《岩仓使节的研究》,宗高书房,1976年,第161—162页。
④ 大久保利谦:《岩仓使节的研究》,第184页。

些功臣原本在尊王倒幕上立场高度一致,但对幕府倒台后如何治理国家,思想上却存在严重分歧。守旧派领袖西乡隆盛认为:"察方今国内形势,发生内乱征候已显,故宜谋划远略,将其郁勃气锋移外,扬国威于海外。"①岩仓使节团出访期间,留守政府已接受西乡建议,内定西乡出使朝鲜,若朝鲜不恭,便出兵征韩。岩仓使节团于9月回国后,政府又召开三次会议讨论征韩问题,西乡隆盛、板垣退助、副岛种臣、江藤新平和后藤象二郎等五参议赞成,右大臣岩仓具视和大久保利通、木户孝允、大隈重信、大木乔内等四参议反对,理由是"内治优先"。岩仓认为:"整顿国政,富国文明进步乃燃眉课题。"②大久保提出七条反对征韩理由,认为国家百废待兴、列强觊觎日本之际,"今若猝然兴兵,必致百事终止,前功尽弃。"③出访前力主征韩的木户也改变了态度,认为:"内地本也,外属末也。后本先末决非策之得者。仰愿明确内外本末之差,勿误先后、缓急之别,首先宜抚我民,养我力,不怠义务,不失方略,名正而言顺,然后徐图两国(指朝鲜和琉球),虽事在数年之后,谁人嫌迟乎?"④从表面看,两派争论的焦点在于对外扩张的条件是否具备和时机是否成熟,但深层意蕴却在于是否保留士族特权及其赖以生存的封建制度,在于要不要深化改革。在双方互不让步的僵持状态下,工于权谋的大久保利通秘密通过宫内省渠道,说服天皇委任右大臣岩仓具视代理病倒的太政大臣三条实美主持政务。岩仓接手政务后,于10月23日上奏反对征韩,翌日天皇奏准,敕书曰"嘉纳汝具视之奏状,汝宜奉承朕之意。"⑤"嘉纳"一语表明,在外征与内治两派势力不分伯仲的两难选择中,明治天皇既不是左右逢源的骑墙态度,也不是勉为其难的选边站队,而是欣悦地接受了近代派主张。"圣裁"是不可抗拒的终极裁判,征韩论战遂以岩仓、大久保为首的"内治派"——近代派取胜告终,西乡等五参议愤而辞职。

西乡等"征韩派"下野后,以"日本的俾斯麦"大久保为核心的"内治派"

---

① 宫内厅:《明治天皇纪》第三,吉川弘文馆,1969年,第118页。
② 芝原拓自:《世界史中的明治维新》,岩波书店,1977年,第177页。
③ 小西四郎:《日本全史》第八卷(近代1),东京大学出版会,1962年,第324页。
④ 烟山专太郎:《征韩论实相》,早稻田大学出版部,1908年,第214页。
⑤ 宫内厅:《明治天皇纪》第三,第150页。

控制了政府,其清晰的治国理政思路是,以铁腕政治破旧立新,强力推行富国强兵、殖产兴业、文明开化三大政策,通过改革引领日本向近代转型。1873—1876 年的重大举措是:颁布士族"废刀令",使士族身份与农工商"平等";发行金禄公债,一次性"买断"士族的世袭俸禄,进而挥动政策魔杖,允许一纸无法即时兑现的金禄公债成为银行创业的原始资本;全面推行地税改革,废除领主土地所有制,建立"一地一主"的土地私有制和以货币为完税形式的近代农业税收体系;大力推行"殖产兴业"政策,兴办近代工业,移植资本主义生产方式;推行"邑无不学之户,家无不学之人"的全民义务教育,移风易俗,举国掀起"欧化"之风;建立警察制度,加强中央对地方的控制。这些破除"旧有陋习"的改革表明,内治派是以欧美为师的近代派。

　　疾风暴雨式的改革,改变了传统的社会权利分配结构,有人欢喜有人忧,而失落感最强的莫过于士族,特别是那些在勤王倒幕中立下汗马功劳的骄兵悍将。英国学者比斯利指出:"大多数武士骚乱发生在萨摩、长洲和肥前等'尊皇主义藩国'的事实告诉我们明治维新运动的某些特征。那些为打倒德川幕府做出贡献的普通武士,绝大多数在这样做的时候,根本没有想要把他们领袖在 1873 年底采取的政策引入日本。"[①]士族对政府的不满,起初是以暗杀政府要人的手段泄愤,政府参与横井小楠、广泽真臣和兵部大辅大村益次郎成为明治初年的牺牲品,及至西乡等五参议下野及政府随后废除士族世袭俸禄,更是直接引爆了各地士族的有组织反抗。1874 至 1876 年,接连发生了前司法卿江藤新平率领三千余众占领佐贺县政府的"佐贺之乱"、熊本县士族冲入熊本镇台府杀死镇台司令的"神风连之乱"、前政府参议前原一诚在山口县发动"萩之乱"等。1877 年 2 月,没落士族的精神领袖西乡隆盛在鹿儿岛打出"敬天爱民""新政厚德"和"清君侧"的反旗,响应者四万余众,明治政府倾全国之力征讨叛军,历时半年,终以六千余人战死、近万人负伤的沉重代价平息了叛乱。

　　西南战争上明治政府的胜出,事实上宣告了新权威的最终确立。在长达十年的权力博弈中,明治政府通过戊辰战争首先清除了佐幕势力,实现了

---

① 威廉·G. 比斯利:《明治维新》,张光、汤金旭译,第 396 页。

中央政府的权力重置。然后通过"版籍奉还"和"废藩置县"分阶段扫除了幕府体制的封建残余,建立了中央高度集权的政治体制。最后通过内部权力斗争和镇压士族骚乱,从根本上改变了明治政府的社会阶级基础,为推动日本的近代社会转型准备了政治前提。

四、新权威的形塑

第一次政治洗牌不仅清除了明治政府中的守旧势力,而且借助镇压各地武士骚乱清算了封建社会的阶级基础残余,从根本上稳固了明治政府的统治权力。此后,日本的权威构建开始从政权争夺转变为制度模式选择,由此迎来了明治政府的第二次政治洗牌"明治十四年政变"(1881年)。围绕制定宪法和召开国会等问题,明治政府内部近代派中的渐进派和激进派之间展开激烈角逐,两派的领军人物分别是伊藤博文和大隈重信。

西南战争后,没落士族已失去有组织武力反抗的能力,但政府内部的权力斗争仍在继续。与西乡等人不同,板垣退助下野后,选择了以和平方式争取国家权力的道路,即以士族知识分子为骨干,动员民众开展自由民权运动,斗争的口号和目标是开设国会、减轻地税和修改条约。1877年西南战争鏖战正酣之际,自由民权运动亦进入高潮,以至发出从"明治第一次变革"进入"明治第二次变革""独裁政体"向"立宪政体"过渡的呼吁。1879年后,面对强大的舆论压力,伊藤博文、山县有朋、黑田清隆、山田显义、井上馨等政府要员先后表态,原则同意开设国会,但又一致认为开设国会和制定宪法须循序渐进,唯独政府参议大隈重信主张采用英国式议院内阁制,他在1881年3月的秘奏中建议:"以宸裁制定宪法","1882年末选举议员,1883年初召开国会"。[①] 大隈的激进方案惹恼了大久保死后掌握实权的伊藤博文。同年7月,伊藤致函右大臣岩仓:"熟读大隈建议,实属意外之激进论,然以博文鲁钝之辈,究难追随骥尾,""其大主张竟如此背驰,实不胜遗憾惶恐之至。数度思考,舍与阁下协同罢免该官外别无手段。"[②] 但是,仅凭此事

[①] 大久保利谦等编:《近代史史料》,吉川弘文馆1965年,第161页。
[②] 大久保利谦等编:《近代史史料》,第164页。

便让大隈下台未免理由不足，毕竟参议发表意见也是天皇的主张。恰在此时，福泽谕吉控制的《东京横滨每日新闻》爆出政府丑闻：政府参议、开拓使长官黑田清隆，欲将政府投资 1490 万日元的北海道国有资产，以 38 万余日元、30 年无息偿还的条件，出售给萨摩同乡五代友厚经营的关西贸易商会。于是舆论哗然，攻击矛头直指政府。然而，陷于被动的伊藤却由此找到了置大隈于死地的机会，趁着大隈陪同天皇到外地巡幸，伊藤在朝廷重臣中大造舆论，也即政府参议会讨论该问题时只有大隈反对，因此定是大隈故意向他控制的报界泄露了消息。10 月 11 日，天皇返京，伊藤立即递上除大隈外全体参议联署的奏表，要求罢免大隈职务并获天皇裁准。大隈被逐出政府后，农商务卿河野敏镰、统计院干事兼太政官大书记官矢野文雄、统计院少书记官犬养毅、统计院少书记官尾崎行雄、财务检查院一等检查官小野梓等大隈派政府官员亦联袂辞职。

"明治十四年政变"是明治政府的又一次组织清洗，政变后以伊藤博文为首的萨长官僚牢牢控制了政府，将明治以来的藩阀统治亦即政治学意义的寡头政治①推向了极致。明治政府从制度到精神两个层面进行了新权威形塑。

在制度层面的权威形塑上，为了平息自由民权运动，防止大隈下野后与自由民权派合流与政府对抗，驱逐大隈第二天，明治政府即以天皇名义颁布《召开国会敕谕》，宣布"兹以明治二十三年（1890 年）为期，集合议员，召开国会"，同时警告"若仍有故求躁进、煽动事端、妨害国家治安者，将处之以国法"。② 1882 年 3 月，伊藤博文奉命卸掉政府参议等现职，带领伊东巳代治、西园寺公望等赴欧洲考察宪法 16 个月，从而"了解了国家组织大要，掌握了巩固皇室基础、大权不致旁落的大诀窍。"③1884 年，制宪准备正式启动，伊藤领导了宪法等各项法律的起草工作。在此期间，先后颁布《华族令》，增授维新元勋为华族，授予 512 名新老华族爵位；成立以维新元勋为成员的天皇

---

① 参见 J. 马克·拉姆塞耶等：《寡头政治：帝国日本的制度选择》，邱静译，江苏人民出版社，2017 年。
② 大久保利谦等编：《近代史史料》，第 167 页。
③ 春畝公追颂会编：《伊藤博文传》中卷，第 296 页。

学问",目的是让每个日本人都有"忠君爱国"的"日本魂"。①

明治时期的日本,实质上实行了少数维新功勋与天皇结盟的高度集权的寡头政治,以天皇为首的寡头们既相互依赖又相互利用,共同主宰了这个国家,而从制度和精神两个层面建构的近代天皇制,无疑又为这一"国体"的合理性和寡头统治的权威性罩上了一层保护伞。对于有着千年封建统治历史、社会神权意识浓厚、时代呼唤变革的日本来说,大乱需要大治,大治需要强权,在推翻幕府封建统治和推进近代转型过程中形成的寡头政治,把一个内部分崩离析的社会整合为对外"举国一致"的民族国家,不能说不是一种成功。

明治时期确立的这一寡头政治体制虽然现实且有效,但还不是近代社会的理想政治形态。这一制度设计给明治日本带来了即期的"成功",却未能避免未来日本的"不幸"。随着社会发展和时代的进步,近代天皇制逐渐暴露出其固有弊端。明治宪法中关于军部归天皇直接统率、不受政府及议会节制等制度设计的缺陷,一时为统揽军政大权且拥有不可挑战权威的"元老"②级寡头政治家的存在所遮掩,但当一代寡头渐次退出政治舞台后,原初的平衡不再,新的权威重构势在必行。历史发展的进程表明,明治末期政党政治的兴起,打破了寡头政治垄断,但政党内阁"所表现出来的执政能力或施政效果未能满足民众的期待",③于是类似幕末的政府犹存但权威不再的局面再次出现,以致军部"挺身而出"后左右了天皇,控制了政府,压倒了议会,吓坏了财阀,建立了军部法西斯寡头统治,领导了倒行逆施的"昭和维新"和以国家命运为赌注的十四年对外侵略战争,结果正如日本学者井上清所指出的那样:"十九世纪末叶,除欧美以外,在东亚的一角,像彗星那样登上历史舞台的唯一近代帝国主义国家大日本帝国,从1895年开始把中国领土台湾变成殖民地以来,经历了半个世纪,又像彗星那样消失了。"④

---

① 德富苏峰:《大正青年与帝国的前途》,神岛二郎编:《德富苏峰集》,筑摩书房,1978年,第284页。
② 1889年起由明治天皇敕许的"元老",共有伊藤博文、黑田清隆、山县有朋、井上馨、松方正义、西乡从道、大山岩、西园寺公望、桂太郎9人,多数具有担任首相的经历,享有向天皇推荐首相人选、回答天皇"对重大问题咨询"等"匡扶大政"的特权。
③ 周颂伦、张东:《天皇制与近代日本政治》,世界图书出版公司,2016年,"前言"第3页。
④ 井上清:《日本历史》下册(中译本),天津人民出版社,1974年,第915—916页。

结语

始于1853年佩里扣关、终于1889年颁布宪法的明治维新①,争夺和维护国家最高权力构成了一条显在的主线,而以"顺天应人"为准绳测度的权威变化,则构成了规定权力重构方向的又一条潜在主线,明治维新研究只有充分把握这两条主线及其二者间的辩证关系,才能发现日本式近代转型的特点,进而抓住事物本质及其一般发展规律。

其一,关于权威重构的社会动因。开国签约和将军继嗣问题的同时发酵,成为压垮德川幕府独裁统治的最后一根稻草。在开国签约问题上,"时势"与"民心"出现乖离,幕府从中国鸦片战争的"殷鉴"中知时势而开国,但昧于时势的大众却出于本能的民族自卫意识,压倒性地主张"锁国"和"攘夷",结果"理性"的幕府陷于孤立,而盲目排外却形成了"多数的暴政"②,想不出"夷""民"两全应对之策的幕府由此威信大跌;在将军继嗣问题上,祸起萧墙,德川氏家族内部的分裂,无异于自毁长城;幕府将两大难题交与朝廷和大名"公议",不仅是思想上缺乏自信的表现,也是政治上自我破坏武、公家"法度"的自杀行为。由是,幕府权威走向解构,新一轮权威重构成为必然。

历时性审视新旧权威解构与重构的全过程可以发现,初期的权力之争是在幕府、朝廷和强藩等封建统治阶级上层展开,危机四伏的幕府希冀在"公武合体"的新体制下继续掌握实际统治权;见风使舵的天皇以复辟皇权为行为准则,其麾下的朝廷公卿在推动天皇主政上目标一致,但在攘夷抑或容夷、倒幕抑或存幕的路径选择上不无分歧;打着尊皇敬幕旗号的西南强藩,无非要在新体制下提高地位,分享部分权力;忧国忧民的下级武士,此时还只是跟在各自主公身后。但是,从1865年起,走上前台的下级武士把斗争方针由"尊王攘夷"变为"尊王倒幕",组织领导了由草莽志士、朝廷公卿和

---

① 关于明治维新的起讫时期,学界尚存分歧,本文采用了学界的主流看法。
② 托克维尔曾在《美国的民主》一书中提出"多数的暴政"概念,意在强调"人民的多数在管理国家方面有权决定一切"也不是绝对的,因为真理有时掌握在少数人手中。

西南强藩联手的倒幕同盟,从而迫使幕府将军"奉还大政",一举实现"王政复古"。随后通过戊辰战争消灭幕府,通过"废藩置县"铲除地方封建割据势力,进而在高度集权的寡头政治体制保障下,推行了使日本迈入近代的"维新"。诚然,如此评价下级武士的领导地位,并不意味无视民众在倒幕维新中的作用。幕末席卷全国的市民暴动和农民起义,撼动了幕府统治的基础,"没有人民群众的斗争,下级武士和少数贵族根本不可能推翻幕府,"[1]但是一个无法改变的事实是,冲在倒幕最前线并建立新政权的毕竟是下级武士及其精英。倒幕中下级武士发挥主导作用的理论意义在于:比之于全民性参与,尽管下级武士主导的统治阶级内部权威重构斗争相当惨烈,但因占社会绝对多数的被统治民众相对处于"看客"位置,故无论时间还是规模,权威重构所带来的破坏和社会震荡还是要轻得多,这就大为减轻了近代转型的社会成本。

其二,关于权威重构的手段和策略。幕府血腥镇压尊攘派、维新政府无情清剿佐幕势力及士族叛乱的史实表明,明治维新中权威的解构与重构,始终与暴力的强制手段相伴。在倒幕和维新的过程中,"尊王"策略的运用,直接影响了明治维新进程。幕府独裁统治动摇后,错综复杂的幕府、朝廷、强藩、下级武士之间的博弈一度呈现均势,最终打破均势是靠"尊王"实现的。与中国"有德者居之""王侯将相宁有种乎"等传统政治观念不同,日本自大和朝统一以来未发生易姓革命,等级身份制度及其传统观念根深蒂固,以至幕府统治时期天皇虽大权旁落,但精神权威犹在。于是下级武士精英们为使自身行为站在法理和道义的制高点,始终抓住天皇不放,打着天皇旗号发号施令,最大限度地利用天皇权威,从而打破了权力博弈的均势,实现了王政复古并向近代转型的目标。

当然,如此评价下级武士的"策略",并不意味天皇只是一块被利用的"玉",事实上,天皇也有自身的愿望、野心和冲动,其与下级武士精英之间并非单纯的利用与被利用关系,而是相互利用、相互借力关系,"利用"和"借力"也是自身毫无实力的天皇所选择的"策略"。并且,正如孝明天皇诏令攘

---

[1] 伊文成等著:《明治维新史》,第24页。

夷和改革幕政、明治天皇裁断征韩论争及罢免大隈的表现那样，天皇的作用无可替代，且其行为中明显含有强烈的独立判断色彩。从这一角度看，如果说天皇、部分朝廷公卿和下级武士精英是明治维新的共同胜者，那么世袭天皇显然又是胜者中的最大赢家。

其三，关于权威重构的性质。日本自7世纪大化革新起进入封建时代，在1867年底"王政复古"乃至1871年"废藩置县"的时点上，除了可以确认权力更替外，尚不能确证制度变迁的发生。但是，从此后推行废除身份制、地税改革、工业化政策、市场化制度、征兵制、义务教育、修改不平等条约、立宪和开设国会等举措看，"维新"性质凸显，而所有这些"革命性"的制度变革无疑都是由武士阶级推动的，是武士阶级自己完成了本阶级的最后"革命"。

与原生形态的欧洲资产阶级革命不同，如果对明治维新的性质做出资产阶级革命的界定，那就势必涉及所谓革命主体的阶级属性问题。明治维新案例所提示的理论意义在于：封建社会晚期，在当事国资本主义经济及其新生资产阶级尚未发展到要"革命"程度、但外部存在资本主义"先进模式"并对当事国形成压力的特定历史环境下，一切"物质的生产"和"精神的生产"都成了"公共的财产"。于是，封建统治阶级中部分"不想灭亡"的思想"异化"份子，有可能接受已经成为"公共的财产"的先进模式，并作为资产阶级革命的替代主体领导变革。从这个意义上说，明治维新正是通过幕末维新过程中的权威解构、权威建构和权威形塑，武士阶级凭借着"拿来"的"公共的财产"，逐渐实现了自身向资产阶级的"革命"性蜕变。

（作者杨栋梁，南开大学世界近现代史研究中心、日本研究院，原文刊于《世界历史》2019年第2期）

明治维新时期日本近代国家转型的契约性*

刘 轩

相对于世界主要国家的近代转型来说,以明治维新为标志,日本的近代国家转型跨越时间最短、社会震荡最小而社会变革度最高。面对西方列强的殖民威胁,日本虽然被迫签订了不平等条约,却没有爆发大规模的对外战争。明治维新虽然结束了长达 260 多年的江户幕府统治,但幕府将军德川庆喜却和平移交了政权,德川家族实现了安全维系,大批幕府重臣转身变成了新政府官僚。明治维新引起了日本国家权力结构的剧烈变动、经济体制的深刻变革和武士身份的根本革命,却没有发生大规模的长期社会震荡。1871 年 12 月 14 日,伊藤博文代表岩仓具视使节团在美国旧金山发表"日之丸演说"称:"数百年巩固成立的封建制度,不放一枪一弹,不流一滴血,一年以内被废除了。如此惊人成绩是政府与人民共同努力而实现的。今天我们正在一起迈向进步和平之路。试问在中世纪,哪一个国家不经历战争能够打破封建制度?"[1]

日本何以较为平稳地实现了近代国家转型,并成功走上了资本主义发展之路? 日本学者已经出版了大量相关著作和论文,并形成了多个不同史观和学术流派,如以王政复古史观、皇国史观、藩阀史观或旧藩史观、佐幕史

---

* 本文是教育部人文社会科学重点研究基地重大项目"一战后日本的'转向'与对外战略误判研究"(批准文号:17JJD770010)的阶段性成果。

[1] 泷井一博编:《伊藤博文演说集》,讲谈社,2011 年,第 14 页。

观等为代表的绝对主义维新观[1]，以福泽谕吉、田口卯吉等为代表的启蒙主义文明史观，以自由民权论者为代表的立宪主义史观，还有马克思主义维新观和民族主义维新观等。[2] 马克思主义学者在批判王政复古史观、藩阀史观的过程中，围绕明治维新的性质等问题形成了讲座派和劳农派的长期论战，并深刻影响了战后的日本历史研究。一些学者则强调明治维新是一场反抗外来压迫、维护日本民族独立的"民族革命"。[3] 20世纪70年代以后，日本学者注意应用新的理论和方法，不断拓展明治维新的研究领域、研究对象，出版了多部专门史、地域史或研究史等方面著作。明治维新研究会汇集相关学者已经发行了15期《明治维新史研究》，并出版了12卷本《讲座明治维新》。

国内关于明治维新的研究始于清末。黄遵宪的《日本国志》、康有为的《日本变政考》等不仅对维新变法和辛亥革命具有重要指导意义，而且深刻影响了清末和民国时期国人对明治维新的认识。新中国成立后，国内对明治维新的研究不断推进，并先后提出了"不彻底的资产阶级革命说"[4]"革命和改革两个发展阶段说"[5]"近代民族民主运动范畴的资产阶级改革运动说"[6]等观点。1981年《世界历史》编辑部汇聚国内相关学者编辑出版了《明治维新再探讨》。伊文成、马家骏等1987年出版《明治维新史》则系统梳理了国内外明治维新的最新成果。此后国内明治维新相关的论文虽然偶有出现，但相对较为沉寂。近年来，国内对明治维新与日本近代国家转型的研究逐渐走向深入，相继出版了李文著《武士阶级与日本的近代化》（2003）、宋成有著《新编日本近代史》（2006）、唐利国著《武士道与日本的近代化转型》（2010）、吕理州著《明治维新》（2014）等著作。国内关于明治维新与日本近代国家转型的研究，由于时代特点、史料限制和意识形态等因素的影响，主要集中在思想文化、政治制度和经济发展等领域，对明治维新时期的社会变

---

[1] 大久保利谦：《王政复古史观与旧藩史观、藩阀史观》，《法政史学》，1959年第12期。
[2] 池田敬正：《明治维新观的变迁》，《社会问题研究》，1965年第3—4期。
[3] 冈义武：《近代日本政治史》第一卷，创文社1962年版，第89页。
[4] 周一良：《关于明治维新的几个问题》，《北京大学学报》（人文科学版），1962年第1期。
[5] 吴廷璆：《明治维新与维新政权》，《南开大学学报》（哲学社会科学版），1964年第7期。
[6] 万峰：《日本近代史》，中国社会科学出版社，1978年，第164页。

革给予了较大关注,但是,对于萨长以外的其他社会主体的历史活动,特别是对幕末江户幕府的政策措施和历史作用等关注较少。

本文试图在吸收国内外最新研究成果的基础上,应用历史制度分析的理论和方法,在系统梳理幕末维新时期日本的政治制度结构、社会关系变动和基础社会共识的基础上,通过考察幕府将军及阁老、天皇及朝廷公家、强藩大名及武士等的时局认知、政治构想和行动选择,阐明日本近代实现平稳国家转型的历史根源,揭示东方国家实现契约性国家转型的制度机理。

一、幕藩封建关系下的契约政治行为

19世纪40年代以后,西方列强不断袭扰日本。1853年,面对"佩里来航"后的严峻形势,日本各界被迫探索社会变革之路。幕府将军及幕僚、各藩主及其武士、天皇及各公家等,基于自身的国际视野和特定的社会关系,分别提出了"开国""海防""攘夷""尊王"等政治主张,一些地方还出现了"勤王党""天狗党""精忠组"等武士组织。然而,相对于江户幕府的对外认识来说,许多地方大名,特别是中下级武士的时局认识具有一定的朴素性和盲目性,由中下级武士推动的"攘夷"行动多数具有激进的、盲目排外性质。"攘夷"运动虽然造成了一定的社会影响,并一定程度上形成了全国性"攘夷"共识。但是,直到大政奉还之前,决定日本政局走向的政治主体始终是幕府将军、阁老、诸侯大名和日益发挥作用的天皇和朝廷公家。天下大名和武士依然是以幕府为中心,共同抵御外侮。吉田松阴在狱中仍然不忘告诫:"兄弟虽阋于墙,然外御其侮。大敌在外,岂国内相责之时耶?唯当与诸侯协心,规谏幕府,共策强国之远图。"[1]

面对幕末国内外形势的急剧变化,日本社会普遍认识到,传统的幕藩体制已经难以适应时代发展要求,必须进行全方位变革,建立一个强力的中央政府,以领导日本抵御西方列强。但是,对于如何改造现行幕藩体制,建立何种权力体系,谁来领导这场政治变革等,日本社会主要政治主体之间根本

---

[1] 山口教育会编:《吉田松阴全集》第4卷,岩波书店,1939—1940年,第25页。

无法简单达成共识。幕府将军及阁老,天皇朝廷及各公家,诸侯大名及其各武士团体等,基于自己的政治立场和时局认识,开始谋求挽救民族危机的国家转型之策。"到了幕末,尊皇论明显成了一个政治标语,即使在这种情况下,它也未必意味着反幕论乃至倒幕论,更何况是反封建论。"①

为应对"佩里来航"的外交困境,幕府老中阿部正弘主政时期,他打破了由谱代大名垄断幕政的传统惯例,主动咨询德川齐昭、岛津齐彬、松平庆永、伊达宗城等亲藩大名、外样大名,共同谋划海防御敌之策。幕府一方面上奏天皇朝廷,申明西方列强殖民威胁的严峻性,一方面传令天下大名、旗本和御家人,号召群策群力,共赴国难。阿部正弘放宽参觐交代限制,制订造船计划,积极谋划海防新政。幕府任命水户藩主德川齐昭为海防挂顾问,参与幕政。由此开启了日本近代史上的"公议"政治。② 对于幕府发出的"公议"号召,天下诸侯和武士积极响应,共提交 700 多份建议书,其中包括驱逐论、避战论、有条件交易论和开国论等各种意见。然而,众说纷纭的"公议"意见,不仅无法形成行之有效的御敌之策,反倒使幕府陷入外交舆论的困境之中。

在江户幕府时代,曾经长期禁止天皇及公家干预国家政事,并为此制定了《禁中并公家诸法度》。依据天皇大政委任的政治逻辑,将军代表国家处理一切政务。深处京都御所的天皇,养尊处优的公家,加上许多偏居一隅的大名及武士,很难全面了解国内外政治形势,其信息来源只能依据幕府的奏报和各种道听途说。阿部正弘开启的天下"公议",打破了幕府钳制政论的自我限制,并以正式文告形式向天下扩散了殖民侵略威胁和幕府面临的外交困境。日本从此进入"公议舆论"的处士横议时代,幕府内部、朝廷公家、各地诸侯以及武士之间出现了尖锐对立和分裂。这为天皇及公家干预政治和诸侯大名参与朝政创造了有利的政治条件。因此,福地源一郎认为,老中阿部正弘开启的天下咨询,不仅动摇了幕府统治天下的正统性,同时也急剧提高了地方诸侯和武士的参与意识,并由此放宽了江户时代 260 年来对诸

---

① 丸山真男:《日本政治思想史研究》,王中江译,生活·读书·新知三联书店,2000年,第 288 页。
② 渡边修二郎:《阿部正弘事迹:日本开国起源史》(上),东京印刷株式会社,1910年,第 155—160 页。

藩和武士的束缚,特别是参觐交代的放宽和造船计划的实施,一定程度上削弱了幕府权威和国家统治能力。①

在幕府统治集团内部,围绕将军继承权和日美通商条约的敕许等问题,井伊直弼派和一桥庆喜派形成了尖锐的对立。1858年以后,主张开国的幕府大老井伊直弼无视国内外政治局势的急剧变化,试图通过强权专制手段重振幕府权威。为了尽力排除水户、萨摩等强藩对幕府政治的干预,井伊直弼支持纪伊藩主德川庆福成为将军继承人,并擅自指示签署了《日美通商条约》,还残酷镇压了各藩及朝廷的反对势力,制造了"安政大狱"。安政大狱波及皇族、公家、诸大名、藩士、幕臣乃至寺院僧侣和一般庶民,遭到处分者多达百人。

井伊直弼的集权开国政策遭到各地攘夷势力的猛烈反对。1860年,井伊直弼在樱田门被刺杀,幕府的集权开国政策遭受重创。从幕末国内外政治形势走向看,很难简单评判井伊直弼的集权开国政策存在方向性问题。然而,面对民族存亡的殖民威胁和不断高涨的"攘夷"浪潮,现存的幕府体制下的谱代大名专权体制,既不能灵活应对西方列强的殖民威胁,也无法有效调动各藩之力集体御敌,最终导致幕府集权开国道路走向破产。与之相对,樱田门之变极大增强了尊王攘夷运动的社会声势,加剧了天下诸侯和武士对幕府的离心倾向,严重削弱了幕府统治能力。此后,幕府统治集团不得不屈从于"尊王攘夷"运动的潮流压力,不断讨好"天皇朝廷"和争取强藩支持。

以江户为中心的幕府集权政治因为樱田门之变而宣告结束。大老井伊直弼的被杀,标志着幕藩体制下的封建契约关系开始走向解体。伴随着天皇权威的逐渐增强,幕府权威和权力不断遭到削弱。一方面迫于国内外形势压力,幕府不得不调整其统治政策,努力向天皇朝廷示好,并尽力争取与强藩大名合作,试图借助京都朝廷来重振幕府权威。另一方面,各地强藩大名开始积极联络天皇朝廷,并借助朝廷干预幕府政治。与此同时,曾经被德川幕府严禁介入政治的天皇朝廷也不断发声,干预幕府事务。"因为这时已经开国,原来的开国论、攘夷论失去了生存余地。名义上虽然还是开国论、

---

① 福地源一郎:《幕府衰亡论》,民友社,1883年,第20—34页。

攘夷论,其实质已经转变为公武合体论和王政复古论。"①

为缓和与朝廷和强藩的关系,幕府积极推动"公武合体"运动,并解除了因安政大狱而遭受处分的公家及大名的限制。1862年,通过"和宫降嫁",促成了将军德川家茂与天皇之妹的和亲。其后,萨摩藩主之父岛津久光借助公家的力量,在"无位无官"背景下,严重违背幕府禁令,率领萨摩藩兵进入京都,并直接上书朝廷,要求拱卫京都,而且还打破江户幕府260多年的统治惯例,与敕使大原重德一起前往江户传达天皇敕令,逼迫幕府改革。如果说"和宫降嫁"是幕府主动推动"公武合体"的策动之举,那么,岛津久光入京和江户宣敕则是强藩参政的政治宣示。此后,以京都为中心,代表京都权威的天皇、朝廷公家,代表幕府势力的一桥庆喜(德川庆喜)、松平庆永、松平容保等,代表强藩势力的萨摩、长州、土佐等大名及武士,为争夺参与中央政治决策而展开了政治上的合纵连横。

第一,"公武合体"运动中的参预会议尝试。在岛津久光的提议下,天皇任命一桥庆喜、松平春岳、山内容堂、伊达宗城、松平容保、岛津久光为朝廷参与,正式参与朝议,由此强藩大名获得了参与京都朝廷事务的正式身份。此后,经幕府将军批准,各参与大名可以进入老中事务所,参与幕府政治。"公武合体"政治初步形成。参与会议的设立及其运作,是以京都为中心的"公武合体"政治的一次重要尝试,尽管这种政治模式只是昙花一现,但其成立本身即宣告了以江户为中心的幕藩体制的根本瓦解。"伴随着幕府权力的衰退,公武合体的内容从最初天皇对幕府政治的原盘确认,后来变为幕府尊重天皇的意志,再后来变成服从朝廷的命令,最终演变为尊重参与会议体制下强藩诸侯大名的政治发言权。"②

第二,长州藩的攘夷行动及其挫败。在参与会议的运行前后,长州、萨摩、土佐等强藩积极联络公家和幕府阁老,逼迫幕府彻底改革。长州藩在攘夷派主导下,联络朝廷的攘夷公卿,借助孝明天皇的攘夷情结,积极推动全国攘夷行动,并逼迫将军宣布攘夷。长州藩士真木和泉和久坂玄瑞等不断

---

① 井野边茂雄:《维新史考》,中文馆,1943年,第57页。
② 坂田吉雄:《明治维新史》,未来社,1960年,第161—162页。

采取恐吓或胁迫手段，压制朝廷公家的反对意见。长州藩对天皇朝廷的过度把持，引起了幕府及其他各藩的极度不满。幕府代表一桥庆喜联合京都守护松平容保以及其他公家，在萨摩藩的支持下，发动了"八·一八政变"，解除了长州藩对宫门的警卫职权，命令长州藩兵退出京都，并借此驱逐了三条实美等七公家。为了重新夺回京都政治主导权，长州藩命令军队向京都进发，并攻打天皇御所禁门，引发"禁门之变"。最终被幕府和萨摩联合军队击溃。至此，长州藩攘夷势力被赶出京都，京都朝廷开始进入半独立于江户幕府的"一会桑"①政权时代。

第三，萨摩藩的联幕行动与萨长同盟。在西南诸藩之间及各自内部，围绕"尊王"、"攘夷"、"开国"、"佐幕"等问题，存在着复杂矛盾与冲突。对于西南诸藩来说，在外来威胁日益严峻的背景下，其共同矛盾尚不在于如何倒幕，而在于如何挽救民族危机。他们之所以高调"尊王"，并积极推动公武合体运动，意在借助"尊王"之举，改革幕府统治，实现强藩参政的目标。在京都政局变动中，萨摩藩曾经积极与幕府合作，支持幕府的"八·一八"政变和"禁门之变"，坚决驱逐长州藩，并由此与长州结下了深怨。但是，在第一次征长战争中，西乡隆盛代表幕府与长州藩谈判，最终双方达成和平协议，避免了幕长之间的直接战争冲突。此后，经过土佐藩士坂本龙马、英国驻日公使哈里·帕克斯等人的斡旋，萨长之间缔结了针对京都"一会桑"政权的共同行动盟约。② 从萨长盟约签订后的历史发展看，萨摩藩事实上严格遵守了上述盟约，即反对幕府再次征伐长州，拒绝幕府的出兵要求，但当时萨摩藩并没有直接打出"倒幕"的旗帜。即使是被第二次征伐的长州，也仅仅停留在"武备恭顺"的地步。③ 基于此盟约，萨摩藩拒绝参加第二次长州征伐。萨长同盟的建立，事实上为幕府最终退出历史舞台准备了重要组织前提。

---

① "一会桑"政权：指当时在京都的一桥庆喜（将军后见职，后担任禁里总督）、会津藩主松平容保（为京都守护职）、桑名藩主（为京都所司代，兄弟二人负责整个京都的治安），可参见家近良树《孝明天皇与一会桑——幕末维新的新视点》，文艺春秋，2002年。
② 无何有乡主人：《木户孝允》，民友社，1897年，第45—47页。
③ 松浦玲：《坂本龙马》，岩波书店，2008年，第100—101页。

第四,四侯会议的"公议"政治再尝试。德川庆喜就任第十五代将军以后,面对行将崩溃的幕府统治,德川庆喜希望通过改革幕府机构,建立中央集权体制,并借助天皇权威重新掌握政治主动权。然而,以萨摩为首的西南诸藩试图通过天皇朝廷,极力牵制德川庆喜的独裁行动。围绕长州处分和兵库开港先后顺序问题,岛津久光、松平春岳、伊达宗城、山内荣丰等诸侯与德川庆喜将军、二条摄政等多次举行会议协商,史称"四侯会议"。四侯会议是以萨摩为首的西南强藩与幕府之间以"公议"形式进行又一次权力重构尝试,虽然其结果给人以势均力敌的表象,但德川庆喜的强势操作,事实上是强藩参政探索的失败。[1] 四侯会议后,萨摩藩等决定放弃奔走数年的公武合体路线,准备武力倒幕。萨摩藩与岩仓具视等秘密商议,并通过中山忠能、正亲町三条实爱、中御门经之等公家获得了讨幕密诏,倒幕战争一触即发。

第五,萨土同盟与"大政奉还"建议书。作为参预会议和四侯会议的主要成员,土佐、越前等藩曾经长期致力于公武合体运动和幕政改革。四侯会议失败后,京都政局处于大变动的前夜。幕藩体制的传统秩序已经难以为继,但各政治主体之间难以形成基本共识,日本的政治走向扑朔迷离。曾经盛行一时的公武合体论逐渐被人抛弃,王政复古论成为逐渐时代主流。伴随着天皇的政治地位日益提高,幕府和大名的关系、雄藩之间的关系、大名与武士的关系、各藩武士集团之间的关系等都处于剧烈变动中。[2] 在土佐藩内部,勤王派和佐幕派一直存在激烈斗争。坂本龙马向土佐藩参政后藤象二郎提出了"船中八策",建议通过大政奉还,建立君主立宪制国家,并极力呼吁无血倒幕。后藤象二郎在征得土佐前藩主山内容堂同意的基础上[3],秘密联络萨摩等藩,希望共同提出"大政奉还"建议书。[4] 土佐藩与萨摩藩通过秘密会谈,签订了《萨土两藩盟约书》,强调匡正国体,实现王政复

---

[1] 佐佐木克:《松平春岳与明治维新》,《福井县文书馆研究纪要》,2011 年第 8 期。
[2] 井上勳:《大政奉还运动的开展过程》,《学习院大学文学部研究年报》,1973 年。
[3] 岩崎英重:《坂本龙马关系文书》(一),日本史籍协会,1926 年,第 297 页。
[4] 佐佐木克:《幕末政治与萨摩藩》,吉川弘文馆,2004 年,第 372—373 页。

古,政刑归于一君,政柄归于列侯。① 其后,随着倒幕形势的急剧变化和萨摩藩的内部对立,萨摩藩最后决定武力倒幕,并取消了与萨土盟约。② 最后,迫于倒幕战争即将爆发,土佐藩单独向德川庆喜提交了"大政奉还"建议书。

江户幕府末期,幕府统治日渐衰微,西南强藩势力不断增强。到"大政奉还"前,幕府统治集团一直试图通过改革幕政,加强海防,以应对西方列强的殖民威胁。为此,幕府放宽参觐交代限制,推动天下"公议"政治。借此,天皇朝廷开始染指幕府政治,强藩大名则一方面联络天皇朝廷和幕府,试图借机参与中央决策,一方面进行广泛的合纵连横,加强藩际联系。幕末主要政治权力主体试图在维系幕藩体制的前提下实现"公武合体",并通过"参与会议""四侯会议"等契约政治形式进行"公议"尝试,以图实现国家政权的权力重构。但这些尝试最终都以失败而告终。江户幕府已经无力重建中央权威,天皇朝廷和西南诸藩已经丧失了继续维系幕藩体制的耐心。

二、明治新政府的契约政治构建

江户幕府末期,面对西方列强的殖民威胁,幕府与天皇朝廷虽然没有拿出什么行之有效的御敌方策,但幕藩体制依然得以正常运转,天下强藩大名虽然试图参与政权,但他们都是在坚持幕藩体制和遵守封建契约关系的前提下介入江户政治的。"幕末改革与明治维新之间的连续性和变异性,体现了倒幕与维新两大运动的历史逻辑。从某种意义上说,倒幕运动衍生于幕末改革。持续的改革,产生了幕府始料未及的效果:一方面,改革成为幕府颠覆力量逐步积累的过程。……另一方面,德川家族利益首位、囿于独裁传统等幕府自身存在的痼疾,将幕府统治推向反面。"③

面对萨长倒幕派的战争威胁和土佐的"大政奉还"建议,德川庆喜认识

---

① 马场恒吾:《伊藤博文》,潮文阁1942年,第82页。
② 家近良树:《萨土盟约的缔结与破约:与讨幕名目获得问题相关联》,《季刊日本思想史》,1994年第2期。
③ 宋成有:《从幕末改革到明治维新:连续性与变异性的互动》,《日本问题研究》,2018年第4期。

到，彻底改革幕府甚至废除幕府，已经是必然趋势。然而，问题的根本在于如何进行幕府改革。在未来的政权结构中，德川庆喜及德川家将处于何种地位。最后，德川庆喜力排众议，决定接受土佐藩的建议，向天皇提出大政奉还。与此同时，命令曾经留学荷兰的西周和津田真道进京，设计"大政奉还"后的国家政权改革方案。德川庆喜希望通过"公议政体"形式，代替原来的江户幕府。然后自己作为天下诸侯之一参加诸侯会议，并凭借自己的政治经济优势重新掌握国家政权。[1] 德川庆喜设计的公议政体方案虽然得到了土佐和越前藩等诸侯支持，却遭到了萨长等倒幕势力的强烈反对。倒幕派担心德川庆喜凭借原幕府势力重新左右政坛，因而强烈要求德川庆喜辞官纳地，彻底驱逐德川庆喜，从根本上清除德川庆喜的影响。因此，直到戊辰战争爆发，日本政局始终处于不明朗状态。

面对德川庆喜突然提出的"大政奉还"，缺乏执政能力的天皇朝廷感到无所适从。以倒幕派公卿为中心的天皇朝廷虽然立即批准了大政奉还，但又不得不要求德川庆喜在新政推出之前继续负责处理国家外交等紧急政务。与此同时，天皇命令天下诸侯赴京，共商国是。对于共商国是的敕令，多数诸侯大名抱持观望态度，迟迟不肯上京。围绕大政奉还后的政体形式，强藩之间及其内部也展开了激烈争论。会津藩、桑名藩、纪州藩等佐幕派及幕府阁僚，密谋酝酿大政再委任运动，试图让德川庆喜重新掌握国家权力。萨长等倒幕势力则积极准备武力倒幕。土佐、尾张、越前等中间派势力则极力调和各方关系，力图实现和平转型。

为打破僵局，12月9日，在萨摩等藩兵保护下，萨摩、尾张、越前、土佐等诸侯、武士与岩仓具视等少数公家在小御所举行密谋会议，并以天皇名义颁布了"王政复古大号令"，宣布废除摄关、幕府等官职，设立总裁、议定、参与三职制，要求德川庆喜辞官纳地。从表面看来，经过小御所会议的"宫廷政变"，废除了延续千年的摄关政治，并以"王政复古"形式建立了明治新政府。然而，对于德川庆喜的未来地位等问题，新政府内部难以达成一致意见。尾张、土佐、越前等大名虽然在德川庆喜处置问题上对倒幕派有所让

---

[1] 松浦玲：《明治维新私论：亚洲式近代的摸索》，现代评论社，1979年，第119页。

步,但他们支持德川庆喜作为一介诸侯参与新政权建设。甚至连积极策动宫廷政变的岩仓具视也同意德川庆喜在辞官纳地之后授予其议定职位。

明治新政府主要以萨长等军事同盟为基础,土佐、佐贺、越前、尾张等诸侯虽然参与了新政府建设,但他们与萨长之间仅仅是一种松散的政治联合。对于德川庆喜来说,小御所会议的宫廷政变虽然给他以极大的政治冲击,但德川庆喜依然掌握着京都、大阪、江户等地的强大军事力量,一旦战争爆发,胜负难料。小御所会议后,佐幕各藩则强烈要求讨伐萨摩。为避免京都的内战,德川庆喜解除了会津、桑名两藩的禁门守卫之职,率领幕臣离开京都,转往大阪。在新政府的"议定""参与"等官僚中,公议政体派占据较大比例。在辞官纳地问题上,一些中间势力派同情德川庆喜。在新政府内部,随着大量公家、藩主开始担任议定、参与等要职,倒幕派越来越难以把握局势。为了避免两败俱伤,德川庆喜与萨长联盟之间、明治新政府与其他各藩之间,都在努力探寻实现有效和解的权力重组方案。因此,在"大政奉还"以后,日本政局事实上处于势均力敌的混沌状态之中。

对于积极发动宫廷政变的萨长等倒幕势力和岩仓具视等公家来说,如果不能迅速扭转在新政府中的被动局面,很可能导致以德川庆喜为首的幕府势力重新夺取政权。[①] 因此,倒幕派急于挑起战争冲突,以逼迫中间派做出选择。为此,萨摩藩雇用浪人在江户挑起骚乱,进而引起了幕府与萨摩在江户的直接冲突。消息迅速传到关西,佐幕派强烈要求讨伐萨摩。德川庆喜发表《讨萨表》,命令军队向京都进发,双方军队在京都伏见、鸟羽发生冲突,导致戊辰战争最终爆发。伏见、鸟羽之战的突然爆发,使日本上层复杂的社会关系迅速转化为两个敌对阵营,迫使那些犹豫观望的诸侯不得不选边站队。因此,在一定意义上说,以萨长同盟为首的西南诸藩的联合行动,只是大势所趋下的暂时组合。对于萨长之外的其他各藩来说,加入萨长为首的明治新政府阵营,更多的是幕府结束后时局僵持到无法调和之后的被迫选择。然而,由于伏见、鸟羽之战以佐幕派的失败而告终,西南诸藩的选择最终确定,基本注定了明治维新的历史走向。

[①] 三谷博:《维新史再考》,日本广播协会,2017年,第300—302页。

戊辰战争是一场没有幕府的倒幕战争。因为在戊辰战争爆发之前，德川庆喜已经向天皇奉还大政，并辞去了将军之职。戊辰战争爆发前，日本事实上处于无幕府、无将军而有明治新政府的政治状态。因此，除伏见、鸟羽之战可以说是倒幕派与佐幕派之间的军事较量外，后期的戊辰战争很难说是一场倒幕战争，而应是一场全日本的政治统一运动。从戊辰战争的历史进程看，除伏见、鸟羽之战，会津战争及其事后处理等较为惨烈外，包括上野战争、东北战争、箱馆战争等都只是小规模的战斗。面对西南诸藩的联合进攻，除新选组、彰义队、会津藩等进行强烈抵抗外，多数诸侯大名都是以观望态度应对征讨战争的。戊辰战争虽然冠以各种战争的名义，然而，以江户的无血开城为代表，戊辰战争主要是通过和平谈判形式实现天下统一，妥协谈判成为结束戊辰战争的最重要形式。

伏见、鸟羽之战后，德川庆喜主动放弃大阪，回到江户，并归隐寺院。此后，法国公使罗修斯曾多次面见德川庆喜，表示支持幕府对抗明治新政府的进攻。然而，德川庆喜始终没有组织有效的抵抗，而是寻求与明治新政府的全面妥协。① 表面看来，江户无血开城是胜海舟与西乡隆盛谈判的结果，但其背后则得到了德川庆喜的默许和支持。当时的江户不仅拥有强大的幕府武装，而且许多幕臣要求坚决抵抗。江户开城后，板仓胜静、大鸟圭介、榎本武扬等幕臣继续东北等地抵抗，有的坚持长达一年之久。大批幕臣的坚决抵抗，事实上从侧面证明了德川庆喜主动放弃抵抗所承受的巨大压力以及和平过渡的重要价值。

在戊辰战争进行过程中，明治政府不断加强和完善制度建设。1868 年 4 月 21 日，明治政府颁布政体书，确立了府藩县三治制治理结构。原幕府的直辖地被收归中央政府以后，分别设立府和县。直辖地以外的其他地区由原来的藩主进行统治。因此，戊辰战争结束后，明治政府虽然名义上实现了对全日本的政治统一，然而，对于直辖地以外的藩属地区，明治新政府的统治能力十分薄弱，太政官令等在处理各藩事务方面基本不具备强制力。到 1871 年废藩置县前，全日本共有 3 府、40 县和 261 藩，其中政府直辖的府

---

① 涩泽荣一:《至诚与努力》，荣文馆书房，1916 年，第 536—537 页。

县土地仅占全国土地的四分之一。

早在明治新政府建立之前,萨摩藩士寺岛宗则就曾经建议藩主将土地和人民返还朝廷。明治新政府建立后,木户孝允先后两次提出版籍奉还。① 姬路藩主酒井忠邦还与伊藤博文一起向政府提出了版籍奉还建议书。1869年,萨摩、长州、土佐、肥前等经过事前协商,最后以四藩藩主名义联名向明治政府提出了版籍奉还上奏书。② 随后,其他各藩也纷纷效仿,申请版籍奉还。明治政府批准了各藩的版籍奉还申请,同时颁布太政官令,"废除公家诸侯之称,改成华族"。明治新政府任命各藩主为知藩事(藩知事)。知藩事作为中央政府任命的地方官,负责管理藩内事务。此后,明治政府又重新修改藩制,规定藩厅官员设置与府县相同,知藩事的家庭收入(家禄)与藩财政实行分离。藩财政收入的10%为知藩事的家庭收入,其他收入则用于支付藩厅经费和藩内职员的俸禄。

版籍奉还虽然形式上实现了中央政权的政令统一,但以藩为单位的独立兵权和财权等依然存在,并对以萨长土肥为首的中央政权构成巨大威胁。在戊辰战争过程中,中央政府和各藩债务急剧增加,财政危机日益严重,许多改革事业无力有效推进。明治政府建立之初,伊藤博文等曾经建议全面废藩,实行郡县制,建立中央集权国家,并得到木户孝允的支持。大隈重信向太政官建议,要求实行"全国一致之政体",强调要建设新型国家,必须废除府藩县三治制。③ 但是,以大久保为首的多数政府首脑最终执行了一条渐进主义的协商路线。

对于各藩来说,幕末社会的急剧动荡和商品经济的发展,导致财政支出不断增加。特别是经历二次征长战争、戊辰战争之后,一些小藩和戊辰战争中的"朝敌"藩,财政危机十分严重。废藩置县之前,鸟取藩、名古屋、熊本、南部藩等13藩已经向明治政府提出了废藩申请。④ 1871年,经过秘密协商,萨长首脑初步达成废藩置县协议,其后又获得了三条实美、岩仓具视等

---

① 松尾正人:《废藩置县研究》,吉川弘文馆,2001年,第11页。
② 维新史料编纂事务局编:《维新史》第五卷,维新史料编纂事务局,1941年,第686—699页。
③ 大隈重信:《大隈参议全国一致之议论》,早稻田图书馆藏,1870年。
④ 维新史料编纂事务局编:《维新史》第五卷,第771页。

公家以及土佐藩、佐贺藩的支持,最终形成了废藩置县的行动方案。为了顺利推动废藩置县,明治政府在西乡隆盛等协助下,通过萨、长、土三藩献兵形式,组建了中央直属军队,以确保明治政府对各藩的军事优势。① 7月14日,明治政府召集在东京的知藩事开会,宣布废除所有藩国,全国设置3府302县,实行府县二治制。原藩主不再担任知藩事,改由中央政府直接委任的县令。中央政府负责承担各藩的全部债务和藩士家禄,废除各藩藩札,由明治政府发行的纸币加以兑换。因此,废藩置县是在特定历史背景下以政府命令与和平赎买形式实现的。对于废藩置县,岛津久光等旧大名虽然心存不满,但整个废藩置县过程始终没有发生以藩为单位的大规模军事叛乱。

从版籍奉还到废藩置县,明治政府采用了渐进主义推进路线。戊辰战争之后,明治政府没有立刻实行废藩置县,而是经历了版籍奉还的缓冲过程。首先使藩主成为中央政府任命的知藩事,从而否定了传统的藩主世袭制,并实现了藩财政与藩主财产的分离。经过两年左右的藩内治理和改革,日本社会逐渐形成了废藩置县的广泛社会认同,于是明治政府果决定废藩置县。实际上,废藩置县是以明治政府与各藩缔结的政治契约形式废除了延续数百年的大名领国制。

废藩置县是由曾经代表各藩利益的武士代表,即后来成为明治政府核心的藩阀代表共同合作推动的。一方面,作为明治新政府的中央官僚,他们有着对国家前途的共同忧虑,有着对新型政权的建设冲动;另一方面,基于各自藩属利益和地位,彼此之间又存在着诸多矛盾。在废藩置县问题上,萨、长、土、肥等之所以能够达成共同行动契约,不仅在于他们存在着共同利益,更在于他们面临着共同威胁。戊辰战争结束后,绝大多数诸侯大名仍然拥有各自的兵权、财权,相对于推翻幕府统治的西南诸藩来说,其他二百多个大名诸侯的继续存在,将永远是一种令人寝食难安的潜在威胁。共同的敌人迫使以萨长为首的西南诸藩可以暂时搁置彼此的矛盾,而在涉及生死存亡的关键问题上不断达成一致,坚决推动废藩置县和各项改革事业。

---

① 胜田政治:《废藩置县:明治国家产生之日》,讲谈社,2000年,第157页。

三、契约性近代国家转型的形成逻辑

从明治维新的历史演进过程可以看出,自"佩里来航"以后,日本经历了复杂而剧烈的国家政治变革。面对西方列强的殖民威胁,幕府和强藩曾经在"公议"旗帜下通过"参与会议""四侯会议"等形式探索过国家政权转型之路。"公议"道路失败后,在以萨长同盟为首的倒幕势力压力下,德川庆喜以"大政奉还"的被动性和平契约形式,间接阻止了即将爆发的内战。戊辰战争开始后,经过伏见、鸟羽之战的失败,德川庆喜力排众议,努力推动江户无血开城,以自己的政治生命换取了国家的平稳转型。戊辰战争中的个别战役虽然具有战争暴力性质,但和平谈判下的妥协性契约成为解决戊辰战争的最主要方式。明治政权确立后的版籍奉还和废藩置县更不失为政府与藩主之间、西南各藩阀之间通过契约形式实现平稳转型的典范。可以说,在整个明治维新时期,决定日本国家转型的重大政治变动主要是以"公议"、协商、谈判等契约政治形式推动的,并以政治盟约、合作协议、主动申请或政府决策等形式实现的。幕府与大名之间、萨长及西南诸藩之间、西南诸藩与东北诸藩联盟之间、明治新政府内各藩阀之间,经过反复的公议、公论、协商、谈判,不断达成同盟性、妥协性或被动性合作协定,最终实现了从幕府旧政权到明治新政权的平稳过渡,初步完成了日本的近代国家转型。

明治维新之所以能够实现契约性近代国家转型,首先与幕藩体制下的封建分权结构密切相关。江户时代形成的幕藩体制既不同于中世西欧的封建制,也不同于中国明清时代的大一统,而是一种"幕府集权和诸藩分权"与"将军至强和天皇至尊"的二元政治结构[1]。"近世的日本是由两个君主和二百多个小国家群组成的双头、联邦的政治体制"[2]。"德川氏与大名特别是外样大名间的关系,原则上采用的是传统的封建恩给关系(依据大名的誓词和个人的忠诚给予他们领地,并加盖朱印),大名则原则上在自己的领地上具有独立立法、自我武装、自行征税的权利,只有在幕府面临战事时,才具

---

[1] 宋成有:《新编日本近代史》,北京大学出版社,2006年,第10—14页。
[2] 三谷博:《维新史再考》,第5页。

有承担军役——需自己掏腰包的义务。"①幕府虽然以大政委任名义保持着对中央政权的绝对垄断,但诸侯大名对藩内事务则享有绝对垄断权力。幕府将军与大名之间构成领主家臣式的封建契约关系。"封建制的基本框架就是个人通过书面契约所建立的君臣关系。……透过此一契约订立仪式构建起来的君臣共同体,乃是封建治理秩序之基本社会单元。"②

在幕府体制下,以御三卿、御三家为中心的亲藩大名监国制和以谱代大名为中心的中央决策体制,通过彼此之间的相互监督与制衡,有效保证了德川幕府二百多年的稳定统治。然而这种分权式封建体制,虽然有利于内部相互监督与彼此制衡,却不利于有效调动全国力量抵抗外来威胁。"国家能力"是指国家将自身意志转化为现实的能力,它等于国家实际实现的干预程度与国家希望达到的干预范围之比。③江户幕府末期,"将军至强"的幕藩体制受到来自强藩大名的严峻挑战,幕府的统治权威和统治能力不断下降。在"尊王攘夷"运动的推动下,天皇日益成为凝聚民族主义的动力源泉。强藩大名凭借其自身的政治经济优势不断提出自己的政治诉求,并积极寻求在京都朝廷、幕府以及各藩之间的合纵连横。当地方诸侯大名在特定历史背景下呈现契约性联合时,幕府统治将难以为继。

日本各地诸侯大名基于特定地域关系和相对独立性,加之幕府对大名关系的长期严密监控,大名之间关系复杂,相互猜忌,因而一般难以简单建立同盟关系。江户时代末期,尽管幕府对天下诸侯的控制能力已经相当微弱,但迫于幕藩体制下的制度依赖关系,除萨长两藩形成倒幕同盟外,直到戊辰战争爆发之前,绝大多数诸侯大名始终处于观望和骑墙之中。因此,幕藩体制下的分权性封建结构、地方诸侯大名的独立性和天皇权威的不断提升,客观上为各藩之间缔结行动契约提供了一定的制度前提。

其次,幕末维新过程中各政治权力主体间的力量对比关系及其变动性是导致契约性近代国家转型的现实动因。面对西方列强的殖民威胁和国内政治经济变动,作为幕末日本社会的最主要政治权力主体,幕府统治集团已

---

① 丸山真男:《丸山真男讲义录》(第六册),唐永亮译,四川教育出版社,2017年,第160页。
② 姚中秋:《华夏治理秩序史:封建》上册,海南出版社,2012年,第6页。
③ 王绍光:《安邦之道:国家转型的目标与途径》,生活·读书·新知三联书店,2007年,第5页。

经认识到幕藩体制难以为继,改革势在必行。然而,仅仅依靠幕府自身的努力,根本无法找到切实可行的改革方案。因此,幕府不得不转而寻求天皇朝廷和强藩大名的支持。西南诸藩通过幕末改革,在经济上取得了一定的进步,但是,任何一藩的综合实力,都无法与幕府相提并论。各诸侯大名之间相互独立,彼此互不统属。除幕府之外,其他大名更不具备一呼百应的领导能力。萨长两藩虽然缔结了具有联合防御性质的萨长同盟,但依然不敢轻易公开对抗幕府。土佐、佐贺、越前、尾张等强藩既与幕府保持密切关系,又希望幕府进行根本性变革,更不会轻易认同萨长的主张。一些强藩大名虽然进行了广泛的合纵连横,但主要是以和平协商形式展开的,他们试图在维系传统封建关系的基础上推进幕末政治变革,尽量避免发生大规模内战。

戊辰战争爆发前,幕府、各藩和天皇朝廷构成幕末政治的最主要政治主体,社会活动主要是以藩为单位进行的,藩主是各藩行动的最终决策者。戊辰战争爆发后,随着明治新政权作用的日益加强,西乡隆盛、大久保利通、木户孝允、板垣退助、大隈重信等各藩武士逐渐进入国家政权中心。明治政府的主要决策者已经不再是原来的藩主,而是以萨长藩阀为中心的中央官僚。这些曾经的藩属武士虽然依然保留着对各藩的从属关系,但其更大程度上是作为明治政府中央官僚而存在。"绝对主义国家向现代民主国家的转型,是一个复杂的过程。……绝对主义国家培育了资产阶级;而正在兴起的商业阶级反过来成功地驯服了君主制国家。他们成功地挑战了贵族关于政府是一种出身特权的主张,并且慢慢地用'政府是拥有财产的平民的天然领地'原则取而代之。"[1]曾经对武士拥有绝对权力的藩主们,伴随着其家臣参与中央政权的角色转换,逐渐失去了对原来武士的控制力。作为藩阀代表的中央官僚,虽然仍然以本藩势力为基础,但他们已经逐渐打破了原来的藩国附属性,形成了在中央政府中跨越藩际界限的协作关系,并凭借这种跨越藩界的协作关系,逼迫原来的大名诸侯不得不接受版籍奉还和废藩置县的制度安排。对于参与明治维新的绝大多数藩属武士来说,明治维新是从藩属政治主体向国家政治主体的逐步转化过程,他们由原来的藩属身份契约

---

[1] 郑永年:《全球化与中国国家转型》,郁建兴译,浙江人民出版社,2009年,第28页。

关系逐渐转化为国家所属的职务契约关系。

再次,"富国强兵"等社会共识是实现契约性国家转型的社会基础。"尊王之说自下倡之,国会之端自上启之,势实相因而至相逼而成也。何也？欲亡幕府,务顺人心。既亡幕府,恐诸藩有为德川氏之续者,又务结民心。"[1] 从日本近代国家转型过程可以看到,民族危机、民族矛盾虽然一直是日本社会关注的焦点,甚至成为许多重要历史事件的导火索。然而,在日本,民族冲突或民族战争却始终没有成为近代国家转型的主要原因。"19世纪非西方国家进行所谓'防御性现代化'源于类似的对外国侵略和征服的担忧。权力分散和缺少现代化改革的状况,只有在社会没有受外部威胁时才能维持。"[2] 与之相对,以民族危机为契机,围绕"开国""攘夷"等问题,各政治权力主体之间的权力角逐和秩序重建则构成了幕末日本政治变动的主题。幕府与天皇朝廷、幕府与各藩、各藩之间以及藩内武士集团之间,各种斗争相互交错,枝节横生。随着时代的发展,各阵营之间及其内部关系不断调整,矛盾的焦点最后逐渐集中于西南诸侯倒幕势力与德川庆喜幕府之间的领导权争夺。"外国的思想刺激了日本的国家观念。日本的国家观念产生之日,就是各藩的观念灭亡之日。各藩的观念灭亡之日,就是封建社会的颠覆之日。"[3]

对于德川庆喜来说,接受土佐藩的大政奉还建议,主动向天皇奉还大政和辞去将军职务,并不是在武力逼迫下进行的,而是推动国家政权和平过渡的一种契约性行为。大政奉还之后,德川庆喜不仅没有处于萨长的控制之下,而且完全有能力和条件继续组织大规模的对抗行动。相对于萨长等倒幕势力来说,德川庆喜依然拥有较大政治主动权和相对的外交优势。然而,德川庆喜最后主动接受了明治新政权提出的条件,不仅辞官纳地,而且还极力阻止了幕臣的抵抗行动。在幕府统治集团中,并不是所有幕臣和大名都认可大政奉还的和平解决方式。然而,绝大多数幕臣和佐幕派事实上服从了德川庆喜的不对抗路线,主动选择了和平过渡,从而避免了大规模内战的

---

[1] 陈铮编:《黄遵宪全集》(全二册),中华书局,2005年,第929页。
[2] 亨廷顿:《变化社会中的政治秩序》,王冠华、刘为等译,上海人民出版社,2008年,第140页。
[3] 德富猪一郎:《吉田松阴》,民友社,1908年,第87页。

爆发。这种在国家前途命运问题上的妥协,虽然不乏德川庆喜自身存在的尊王思想影响,但从根本上说,还是来自于德川庆喜对"富国强兵"等国家转型目标的民族主义认同。"相对于世界历史上许多国家所经历的类似过程而言,日本政治变革中诸种势力对国家、民族利益表现出了较为高度的重视,变革过程本身也较为平稳、渐进、有序。"[1]

对于日本等东方后起国家来说,近代国家转型的直接刺激在于西方列强的殖民威胁,国家转型的首要目标是带有民族主义色彩的"富国强兵",而不一定是西方资产阶级革命时期所倡导的民主与自由。卢梭、洛克等社会契约思想虽然为后来的法国大革命等提供了精神食粮,但对于缺乏启蒙土壤的幕末日本社会来说,它既不符合天下诸侯的"公议舆论"诉求,又不能直接渗透到中下级武士的民族主义思想骨髓,因而无法为幕末维新提供现实可行的行动路径和精神动力。从东方后进国家的历史实践看,民主与自由更可能是近代国家转型中的副产品,而不是主产品。这里当然不是说要轻视民主、自由的社会变革价值,而是说相对于特定历史阶段来说,东西方近代国家转型的时代原因和价值理念确实存在着巨大的差异性。洛克、卢梭等的社会契约思想曾经成为法国革命的旗帜,但却未能成为日本等东方国家近代转型的历史动因。推动东方国家历史转型的直接动因更大程度上是西方列强的殖民侵略。因此,相对于卢梭式的民主革命来说,明治维新更大程度上是基于"富国强兵"等社会共识下的政权重组和制度再建。正是基于这种带有鲜明民族主义色彩的转型目标的广泛社会共识,才促使明治维新的政治权力主体之间更容易达成推动近代国家转型的共同行动契约。

结语

明治维新不是萨长藩等维新志士人为设计的制度变革,也不是由基层百姓直接发动的社会革命,而是主要政治权力主体之间围绕中央政权的权力重构和制度再建。明治维新虽然结束了长达260多年的江户幕府统治,

---

[1] 李文:《武士阶级与日本的近代化》,河北人民出版社,2003年,第156页。

建立了以天皇为中心的明治新政府,废除了封建大名领国制和武士身份制度,但这些重大社会变革主要是通过政治协商形式完成的。作为幕末的主要政治权力主体,幕府将军、阁老、天皇、朝廷公家、诸侯大名、武士及后来的藩阀等,通过一系列的契约政治协商和契约政体构建,最终实现了中央政权的和平过渡和制度构建,平稳推动了日本的近代国家转型。

近代国家转型是指从封建国家向近代立宪国家的演进和变革。依据政治权力主体之间在近代国家权力重组和制度构建中的行动方式、政策手段及暴力程度,近代国家转型可以分为契约性转型和强制性转型。契约性转型是指政权权力主体之间主要通过协商、合作或同盟等形式进行权力重构和制度再建的转型模式。强制性转型是指主要是依靠暴力革命手段,通过彻底推翻旧政权和建立新政权来实现国家政权更迭的转型模式。契约性转型与强制性转型是一个相对概念,事实上没有绝对的契约性转型,也没有绝对的强制性转型。相对于强制性转型来说,契约性转型主要依靠组织间协商等契约行为或缔结同盟协定等契约构建形式,较为温和、平稳地实现从传统政权向近代政权的过渡。但是,契约性转型并不意味着完全排除强制性、军事性手段的存在。

明治维新时期日本的近代国家转型是一种典型的契约性转型,它为东方后进国家推动近代国家转型提供了一个契约性历史版本。从明治维新的历史演进可以看到,一个国家的近代转型,是走契约性转型之路,还是走强制性转型之路,主要取决于国家政权的组织结构强度、政治权力主体关系的变动性与转型目标的社会共识度三个因素。国家政权的组织强度是国家转型的制度前提,政治权力主体关系的变动性是国家转型的现实动因,转型目标的社会共识度为国家转型提供精神动力和社会基础。三者相互影响,互为条件,共同决定着近代国家转型的路径、方式和社会震荡程度。一般来说,国家政权的组织结构强度越弱,政治权力主体关系变动性越低,力量差距越小,国家转型目标的社会共识度越高,则越易于实现契约性国家转型。

明治维新是日本近代国家转型的起点和重要路径。日本近代国家转型的结果并不能逆向推理近代转型的原因。日本近代的国家转型曾经面临多重道路选择,并不必然走向后来的"明治维新"。江户末期,日本既可能因为列强侵略而成为欧美等殖民地，也可能因为萨长等的倒幕运动而陷入长期内战，还可能通过将军德川庆喜的主动改革而直接推进近代化。在日本近代国家转型的过程中，以萨长为首的西南诸藩，作为明治维新的主要推动者和制度变革的主宰者，其历史作用不可低估。幕府将军德川庆喜主动退出政治舞台的历史抉择，事实上直接改变了日本近代国家转型的发展路径。否则，日本近代国家转型可能以幕府与西南诸藩之间的大规模内战形式展开，"明治维新"的历史可能被完全改写。

（作者刘轩，南开大学世界近现代史研究中心、日本研究院，原文刊于《世界历史》2018年第6期）

王政复古政变至明治初期的日本皇室改革

张艳茹

从历史上看,日本皇室制度及天皇的政治、社会地位是随形势不断变化的,幕末至明治维新时期更是如此。维新政府的建立始于庆应三年十二月九日(1868年1月3日)[①]的王政复古政变,从那时到1877年(明治十年)西南战争结束,是日本从幕藩体制走向中央集权体制的奠基期。在短短的十年时间里,日本国家的政治模式、身份制度、经济制度等都发生了根本性变革。在这个过程中,天皇及皇室的政治地位、参政方式乃至生活方式也随之发生剧变。

关于明治天皇及近代天皇制,学界积累了数量庞大的资料汇编及研究成果。日本学界在二战前有渡边几治郎等对明治天皇及其辅弼者的记录和研究,虽然渡边秉持的是官学、尊皇的立场,但其著作中所用的部分材料还是可以批判地再利用。战后,井上清、松蒲玲等学者从反思和批判近代天皇制的角度进行了大量研究,给我们呈现了天皇制研究的另一个侧面。1976年出版的两辑《"天皇制"论集》[②]可以说是战后至20世纪70年代中期以唯物史观史学家为核心的学者所做的天皇制研究的成果汇总,也反映了该时期学界的关注点和争论点,如围绕绝对君主制的讨论等。之后,随着学界对

[①] 明治五年12月3日日本改用公历,该日为公历1873年1月1日,改历前日本采用旧历纪年。本文中1873年1月1日以后的时间标示为公历。

[②] 三一书房编集部编:《"天皇制"论集》(一、二),三一书房,1976年。

相为左右大臣,职制为'掌辅佐天皇、统理大政、总判官事'。这个官制进而在明治四年七月废藩置县时进行了根本变革,改为太政官三院(正院、左院、右院)制。正院为天皇亲临亲裁万机之最高官厅,作为新官制的《太政官职制》开篇即写有高倡'天皇亲临'的文字。太政官制下设太政大臣一人,加上左右大臣共计三大臣为最高的天皇辅弼者,并且参议和各省卿也定位为辅弼者。就这样,天皇亲临、亲裁、辅弼的体制渐趋完备,符合王政复古理想的天皇亲政主义的一应制度得以具体化。"[①]

值得注意的是,在这些制度变革和调整中,伴随形势的发展,天皇周边的旧公卿势力和藩主们逐渐被排除出政治核心决策层。在发布"王政复古大号令"时,"虽然宣布是王政复古,但摄政、关白被废止了。这样一来自平安朝以来的这些传统官职轻易地就被排除掉了"[②]。废除传统的摄政、关白职位,除了有革新政体的意识之外,还有其现实背景。幕末各政治势力的思想见解各异,朝廷内部也是如此。1867年前后,在朝廷中握有决策权的五摄家(二条、近卫、一条、九条、鹰司)、议奏、武家传奏中的重要人物基本都倾向于公武合体。例如,庆应三年十月十四日(1867年11月9日),德川庆喜提出大政奉还后,就是这些人商议如何处置此事。"翌十五日,在御所内的小御所,摄政二条齐敬、左大臣近卫忠房、右大臣一条良实、前关白近卫忠熙、权大纳言九条道孝作为五摄家的代表,朝彦亲王等三位亲王、内大臣炊御门家信以及议奏、武家传奏等集会讨论庆喜的政权奉还之事。"[③]他们倾向建立以德川庆喜为最重要辅相的公武合体政府。而朝廷中的倒幕派公卿,如中山忠能、三条实美、岩仓具视、正亲町三条实爱、中御门经之等,除了三条实美是出身上级公家外,其余基本上都是出身所谓大臣家、诸家等中下级公家。因此,一旦废除了摄政、关白等职,朝廷内部原来掌权的上层公家就被排除在了新政府的政治核心之外,也即排除了朝廷中的公武合体派和

[①] 大久保利谦:《大久保利谦著作集(1)明治维新的政治过程》,吉川弘文馆,1986年,第245—246页。
[②] 笠原英彦:《天皇亲政:从佐佐木高行日记看明治政府和宫廷》,中央公论社(中公新书),1995年,第83页。
[③] 伊藤之雄:《明治天皇》,第48—49页。

亲幕势力。如此一来，出身中下级公家和中下级武士阶层的倒幕实力派才有机会掌握政治决策权并革新人事。

因为近世日本有严格的身份等级秩序，"复古大号令"发布时，出身中下级武士的萨、长等藩中的实力人物如西乡隆盛、大久保利通等是没有资格面见天皇的，围绕在天皇身边的仍然是倒幕派公卿及部分藩主。从"王政复古政变"发生后颁布的三职制的人事配置来看，核心是参与政变的公卿及藩主。在"王政复古政变"策划阶段拟定的三职名单中，总裁、议定、参与人选均是倒幕派公卿和藩主。① 政变发生后才对参与名单做了增补，作为倒幕主力的岩仓具视等下级公家和萨、长等中下级武士出身者均只任参与职，且增补后的名单并未列出中下级武士出身的参与的名字，而是仅写了"尾藩三人、越藩三人"等，即从参加倒幕的五藩中各选出了三名藩士任参与。② 从这种情况看，"三职制"确实是完全以倒幕派为核心的，彻底排除了原来五摄家等朝廷高级官僚，但"三职制"还是以出身决定职位高低的。

睦仁天皇即位时，他身边的倒幕派公卿主要有其外祖父中山忠能，以及岩仓具视、中御门经之、东久世通禧、三条实美等，他们通过中冈慎太郎、坂本龙马等联络协调西南倒幕强藩，是倒幕势力的重要组成部分。摄政、关白被废除后，他们在王政复古初期的政治制度建设中起了主导作用，尤其是岩仓具视。出身公家的岩仓等除了有作为政治家的个人抱负外，复兴皇室始终是他们的目标。明治新政府建立后，最初政令多以诏敕的形式发布，而诏敕多由上述倒幕派公卿审定，并且掌握上奏权的也是这些人。当然大多诏敕并非他们亲自起草，而是由其幕僚或倒幕派藩士草拟。幕僚中比较有名的如追随岩仓的玉松操，他出身下级公家，是比较极端的尊皇攘夷论者，王政复古期很多诏敕都是由他草拟的。③ "（1867年）九月，具视和中山忠能、正亲町三条实爱、中御门经之共同计议王政复古之大举，忠能等建议可采酌

---

① 关于政变发生时的"小御所会议"上确定的三职名单，可参见佐佐木克：《从幕末到明治（1853—1890）》，孙晓宁译，北京联合出版公司，2017年，第251页。
② 具体名单可参见日本国立公文书馆藏"废除摄关幕府等、新置三职"，《太政典类·第一编·庆应三年—明治四年·第十五卷·官制·文官职制一》，https://www.digital.archives.go.jp/das/image/M0000000000000826710，2018年6月8日。
③ 多田好问编：《岩仓公实记》（下卷1），皇后宫职出版，1906年，第61页。

建武中兴之制度建立官制,岩仓则认为以建武中兴之制度为范本不足取,便就此事咨询于(玉松)操,操曰虑及实施王政复古规模宏大,在建立官制之时当以神武帝肇基为参照,以图谋寰宇之统一、以万机维新为规准。岩仓认可玉松操的说法,于是新政府之官职制度多听从操之所言。"①玉松操当时的建议正符合岩仓的心思,实施王政复古并不是要让政权回归朝廷旧权门之手或变更执政的武家,而是要实现国家之统一,并便于"万机维新"。

后来伴随维新政局的演进,戊辰战争爆发,要将倒幕进行下去必须依靠萨、长等的武力及西乡隆盛、木户孝允、大久保利通等的领导力,前文也曾提到王政复古政变是倒幕派公卿和萨、长等强藩联合发动,在政变成功后,参与政变建立功勋的萨、长等的实力人物必然会要求成为政治核心。随着三职制到太政官制的历次改革,在政治决策中,出身各藩的政治实力人物发言权逐渐增大。1868年,在重要的改元明治问题上,主要由出身各藩的中下级武士构成的参议层也能够坐在末席参与讨论,具陈吉祥与否,最后由首席大臣定夺。②另外,据大久保利谦的研究,作为新政府施政方针的"五条誓文"是木户孝允在由利公正、福冈孝弟提交给岩仓的施政建议草案基础上修改而成的。③到庆应四年闰四月二十一日(1868年6月11日)公布《政体书》,改三职制为太政官制时,西乡隆盛等中下级武士出身者才真正进入了核心决策层。

在幕末维新时期,天皇是各势力争取的对象。倒幕势力称天皇为"玉",以天皇的权威作为倒幕活动正当性的来源及收揽人心的旗帜。维新政府是以发动政变的形式建立,在政局不稳的情况下,天皇也是新政府正统性、权威性的来源。但从目前能看到的幕末到废藩置县前后的史料来看,能体现天皇主体能动性的政治活动的资料少之又少,主要是岩仓具视、大久保利通、木户孝允等倒幕维新实力派推动了政治变革。尽管在这个过程中未能体现天皇个体的能动性,但在复古口号下,天皇及皇室在整个国家及新建的政治体制中被置于核心地位,天皇所代表的权力的主导性增强。通过对政

---

① 多田好问编:《岩仓公实记》(下卷1),第60页。
② 关于讨论的具体情形,可参见多田好问编《岩仓公实记》(中),第539—540页。
③ 大久保利谦:《大久保利谦著作集(1)明治维新的政治过程》,第32—65页。

归朝廷、天皇亲政的宣传以及大量以诏敕形式发布政令，天皇在形式上被定位为主导变革的核心，伴随体制的重构，旧体制下天皇身边的传统公卿势力逐渐被倒幕势力所替代。

二、迁都及大规模行幸

江户时期的天皇基本不涉及军事，也几乎不到京都以外的地区，维新政府成立后开始采取措施改变这种状况。"讨幕派在进行戊辰战争的同时，开始着手进行宫廷改革。最初的动议可以说是有名的大久保的'迁都大阪'论。大久保在建白书中反复强调不能重蹈'建武中兴'的覆辙，主张要以迁都为契机让主上能尽到'作为民之父母的天赋之职责'。大久保的目的可以归纳为将天皇带出京都这一点。"[1]大久保利通直接在上奏中表明，深宫玉簾后的天皇，除了公卿之外其他人无法拜见，有悖于身为民之父母的天赋职掌。大久保认为迁都是"一新之机会，以简易轻便之途，拔除数种之大弊"。[2] 后来因中山忠能等公卿的强烈反对，迁都大阪未能实现。迁都虽然未能实现，但岩仓还是认为大久保的建议是千古之卓论，他上奏提议行幸大阪。庆应四年三月至闰四月（1868年4月至6月）的行幸大阪成为睦仁天皇行幸京都以外区域的开端，这也是发布亲征大号令后，宣扬天皇亲政的又一重要举措。大阪行幸结束回京都后，维新政府将天皇读书、理政的御学问所搬到了原幕府将军在京都的驻地二条城，天皇向公卿们发布了万机亲裁的谕旨。

大阪行幸后，庆应四年闰四月（1868年6月），时任东征大总督军军监的江藤新平向岩仓建议为稳定东国人心，希望天皇能尽快行幸江户。同年六月（1868年8月），已经在江户的大木乔任、木户孝允等正式向三条实美提议天皇东幸。这一动议遭到了大部分公卿的激烈反对，后就东幸出发时间、路途安排、天皇人身安全、身体健康状况等种种问题也出现各种争议，甚至连倾向倒幕派的中山忠能、大原重德等公卿也极力反对。大久保就此慨

---

[1] 笠原英彦：《天皇亲政：从佐佐木高行日记看明治政府和宫廷》，第83页。
[2] 大久保利通的大阪迁都建议书全文，可参见多田好问编《岩仓公实记》（中），第284—286页。

叹:"此度东幸,京师之腐儒、愚生议论百出,甚至有阻止撵舆之说。"①天皇东幸途中还真发生了大原重德策马追到大津,请天皇回京都的事件。② 尽管有上述诸多波折,但最终在大久保、岩仓、木户等的斡旋和推动下还是实现了天皇东幸。

天皇东幸途中历时 22 天,明治元年③十月十三日(1868 年 11 月 26 日)抵达江户,当天江户城改称东京城。"关于将江户改称东京,据木户的书信所载,也是木户、岩仓、大久保等决定的。"④之所以将江户改为"东京",是与京都作为西京相对应,缓和反对迁都的声浪。在幕藩体制下,天皇在京都、奈良等畿内地区保持着影响力,但对关东地区和东北地区则影响力很弱。东幸无疑是向幕府势力长期占据的关东地区宣布天皇权威,展示天皇政治之下的天下一统。天皇在宣布将江户改称东京的诏书中有此内容:"朕今亲裁万机,绥抚亿兆。江户为东国之第一大镇,四方辐辏之地,宜亲临以听其政。故今改江户为东京,此为朕海内一家、东西同视之体现,众庶应体会此意"。⑤ 江户是德川幕府所在地,但诏书中丝毫未提及这一点,而是再次重申天皇亲政和海内一家,有意识地淡化了武家统治,强调天皇对整个国家的统治权。"对于天皇东幸,以朝臣为首的反对意见很强烈,因此东京被正式确定为首都是后来的事了。但是,不顾反对强制进行的东幸正是'皇国一体,东西一视同仁'这一理念的体现,同时也是对积极主动的天皇观的体现和宣传。"⑥

天皇东幸也暂时将天皇带离了旧公卿的包围。明治元年时,睦仁天皇还是 16 岁的少年,在东京期间,他接受的教育课程和模式比在京都时有所改变,加入了一些新式教育。另外,因为东京有海湾,天皇得以观摩海军发

---

① 渡边几治郎:《明治天皇的圣德重臣》,千仓书房,1942 年,第 32 页。
② 宫内厅编:《明治天皇纪》(1),吉川弘文馆,1968 年,第 838—839 页。
③ 因庆应四年九月八日(1868 年 10 月 23 日)改元明治,故庆应四年与明治元年为同一年。本文中,该年度九月八日之前日期年号用"庆应四年",九月八日之后日期年号用"明治元年"。
④ 伊藤之雄:《明治天皇》,第 71 页。
⑤ 日本国立公文书馆藏:"江户改称东京",《太政典类·第一编·庆应三年—明治四年·第一卷·制度·诏敕·临御亲裁·禁令·布令揭示》,https://www.digital.archives.go.jp/das/image/M0000000000000825738,2018 年 6 月 11 日。
⑥ 安丸良夫:《近代天皇观的形成》,刘金才、徐滔等译,北京大学出版社,2010 年,第 156 页。

炮并试乘了军舰。除此之外,天皇还在东京接见了英、法、荷兰等国公使及外交人员。这些在当时保守的京都是难以实现的,即使是倒幕派公卿中也有很多人反对这些举措。

明治元年十二月(1869年1—2月),天皇还幸京都,次年三月(1869年4月)再度回到东京。该年十月(1869年11月),皇后也抵达东京。同年,伴随版籍奉还的实施,公家、诸侯的称谓都被废止,改称华族。"政府发布命令要求华族原则上都居住在东京。……这一命令等同于强制居住在京都(几乎都住禁里御所周边)的公家华族移住东京。"[①]进而,"明治四年二月到四月,在岩仓的主导下,决定将京都御所的内廷移到东京皇居。并于四月六日,由大纳言德大寺实则为敕使前往孝明天皇陵,奉告因形势所迫京都还幸延期及在东京举行大尝会之事"[②]。到此时,迁都东京已成为既成事实。行政中心迁往东京对于日本国内一统和中央集权体制的建立有重要意义。

除迁都东京外,在明治初期,天皇还实现了多次大规模的行幸。首次行幸是庆应四年三月二十一日(1868年4月13日)开始的大阪亲征行幸,虽然当时新政府刚刚成立,但天皇行幸的行程安排还是非常严密周到,随从以公卿为主,护卫职能由备前、萨摩、长州等藩藩兵担任。行幸过程中,天皇视察了萨摩等各藩藩兵的操练,召见了部分议定、参与,还会见了英国特派全权公使等,这些都是打破以往惯例的。[③] 行幸过程凸显了亲征、亲政的色彩。大阪行幸之后紧接着是行幸江户,从此拉开了明治时期若干次大规模行幸的序幕。"在明治国家的形成期,反复实施地方行幸。其中明治五年的行幸近畿、中国、九州地方及明治十八年的行幸山阳道等六大行幸尤其有名。行幸的范围大,且行程在一个月以上可以说是其最大特色。"[④]很多著作中有关于行幸情形的记载,天皇到各地都受到当地民众的隆重欢迎和朝拜,他也

---

① 佐佐木克:《东京奠都和东京迁都》,明治维新史学会编:《讲座明治维新3　维新政权的创设》,有志社,2011年,第115页。
② 伊藤之雄:《明治天皇》,第88页。
③ 大阪行幸行程参见尾佐竹猛:《明治的行幸》,东兴社,1944年版,第36—41页。
④ 笠原英彦:《天皇亲政:从佐佐木高行日记看明治政府和宫廷》,第99页。

通过赐酒、和歌往复等方式加强与民众的交流。这些行幸对于稳定维新之初的政治局面，特别是增加地方社会对新政府的认同感起了极大作用。

"古代以来，行幸除京外行幸，还有狩猎行幸及朝觐行幸等各种形式。明治初年在行幸地方之前进行了诸省行幸及行幸臣下邸。"[1]行幸诸省厅起到了加强新成立的政府机构内部认同的作用。行幸臣下宅邸也有褒奖他们的功勋的意思。在行幸安排方面，新政府也小心地保持对萨、长等藩重要人物的同等对待，如对大久保和木户邸的行幸等。

通过这些大规模行幸，神秘的、深宫中的天皇得以到日本各地、到民众中，有力地塑造了代表国家和国民全体的天皇形象。不仅如此，迁都及行幸也扩大了天皇接触的政治人物的范围。在历次行幸中，岩仓、大久保、西乡、木户等轮流陪同在侧，途中他们和天皇有很多直接交流。因文章篇幅所限，此处只举最早的大阪行幸时的例子。大久保第一次直接向天皇上奏事项就是在天皇行幸大阪之时。当时，他并未随天皇同行，但在岩仓等的安排下，他于庆应四年四月九日（1868年5月1日）到大阪拜谒天皇，上奏京都及关东状况。"这是藩士首次拜谒天皇，大久保极感荣幸和感激。……通过天皇行幸，只允许公家及藩主拜谒天皇的传统政治空间开始坍塌。"[2]在大阪行幸时，不仅大久保，木户孝允、后藤象二郎等也接受了天皇的咨问，为天皇进讲、分析时势。"在行幸中，福羽美静进讲了《古事记》，亦进讲了汉籍。四月十七日，长藩的木户孝允、土佐藩的后藤象二郎被招至设在东本愿寺的天皇临时驻所，就国家形势、万国之大势等接受天皇咨问。木户讲述了嘉永癸丑美舰渡来、就中安政戊午年之狱以来天下之形势，从万延、元治到甲子禁门之变、长藩举兵、勤王、王政复古之始末，分析了世界之形势。后藤亦上奏了其熟知的大政奉还始末，分析了海外形势。"[3]这些举措打破了长期以来的等级身份制度下的惯例，增强了天皇和倒幕维新实力派间的依存感，也开阔了天皇的眼界，加深了其对时势的理解。

---

[1] 笠原英彦：《天皇亲政：从佐佐木高行日记看明治政府和宫廷》，第99页。
[2] 伊藤之雄：《明治天皇》，第62页。
[3] 渡边几治郎：《明治天皇的圣德　重臣》，第24页。

三、祭祀体制的完善

近代日本在思想领域形成极端天皇崇拜，可以说肇始于维新之初的天皇宣传。倒幕派在维新中迫切需要解决的是行动的正当性、合理性的问题。虽然年幼的睦仁天皇站在倒幕派一边，但批评他们是挟天子以令诸侯的声浪甚高。"虽然天皇至高无上的权威性被正面提出，但毫无疑问这与一个施粉描眉的十五岁少年是不相符的。既然天皇的权威无法体现在个人的领袖能力上，那就只有向传统的神授能力去寻求其根据，因此，必须通过天照大神以来的圣性继承和祭政一致来强调天皇神权的权威性。……维新政权的领导者们之所以突然起用在幕末政治过程中仅属旁流的国学家和神道家，推动明治初年宗教政策的发展，就是因为他们在这些人的神道学说和国体论中找到了天皇绝对权威的根据，而这正是他们所需要的。"[①]明治初年，平田（笃胤）国学的门人及出身津和野藩的大国隆正的门人等在神道及教育领域培育了巨大的势力。前文提到的给天皇进讲《古事记》的福羽美静就是出身津和野藩，是大国隆正的弟子。福羽后来任天皇侍读，1877年设侍补制后又任侍补，是明治一十年代的天皇亲政运动的主要参与者之一。津和野藩毗邻长州藩，一开始就参与了王政复古运动。明治维新后，神道事务局中的要职主要由该藩的人占据。

江户幕府时期的天皇权力更多体现在祭祀、叙位、赐姓等方面，改元、颁历也是天皇的重要权力。新政府成立后开始着手推动"祭政一致"，强调天皇的祭祀权和统治权的统一。"'祭政一致'国家构想的中心是祭祀天照大神和皇室祖神（皇祖皇宗）"[②]，并将民间祭祀也纳入这一体系。新政府认为恢复和扩大神道祭祀体系是加强天皇权威及号召力的重要手段，在国家统合中也能发挥作用。实现"祭政一致"的首要举措是重大政令采取神道祭祀的形式发布。庆应四年三月十三日（1868年4月5日），政府颁布了"祭政一致"的布告。次日的"五条誓文"也是以神道"誓祭"的形式发布，"这开了国

[①] 安丸良夫：《近代天皇观的形成》，刘金才、徐滔等译，第127—128页。
[②] 岛薗进：《国家神道与日本人》，李建华译，社会科学文献出版社，2015年，第19页。

家在推行国家意志时举办神道仪式的先例"①。

除以神道形式发布政令外,新政府还着手整顿原有各祭祀体系,以确立皇家祭祀在各种祭祀中的统领地位。1868 年,天皇在行幸江户途中先到祭祀皇祖神的伊势神宫进行了参拜,到关东地区后,又参拜了大宫的冰川神社,将其定为武藏国镇守社并封为敕祭神社。② 参拜伊势神宫,应可看作近代国家开始讲述万世一系神话之伊始。③ 而参拜冰川神社则有向关东地区宣布将该地区的神社祭祀纳入皇室祭祀体系的意图在内。明治元年十月十七日(1868 年 11 月 30 日),天皇在赐给冰川神社的敕书中称:"崇神祇、重祭祀,乃皇国大典、政教基本。然中世以降,政道渐衰,祀典不举,遂驯致纲纪不振,朕深慨之。方今更始之秋,新置东京亲临视政,将先兴祀典、张纲纪,以复祭政一致之道也。乃以武藏国大宫驿冰川神社为当国镇守,亲幸祭之。自今以后,岁遣奉币使,以为永例。"④这个敕书将兴典祀和张纲纪并列,反映了当时政府的认识,即通过典祀来示范和彰显纲纪秩序。敕书中也出现了"以复祭政一致之道"的说法,即主张祭与政是相辅相成的,强调祭的重要性。

与此同时,政府开始着手完备宫中祭祀体系及设施,强调天皇亲祭,天皇是万世一系的神圣血统的代表,凸显其高贵性和唯一性。"明治维新时期对皇室祭祀的大规模扩充,其指导思想是回归古代的'祭政一致',但并不是像古代那样把祭祀的大半委托给专门的祭祀职,而是必须由天皇亲自充当主持者,即'天皇亲祭'。"⑤天皇到东京后,相继将一些祭祀场所从京都迁到东京,东京皇居中的祭祀场所贤所等也开始修建。同时,天皇亲祭的皇室祭祀数量大为增加,天皇亲自担当祭司的祭祀增加到了 13 个,其中,只有新尝祭是自古以来就在宫中举行的祭祀,神尝祭以前都是由祭司在伊势神宫举

---

① 岛薗进:《国家神道与日本人》,李建华译,第 9 页。
② 日本国立公文书馆藏:"定武藏国大宫驿冰川神社为当国镇守社、敕祭社",《太政典类·第一编·庆应三年—明治四年·第一卷·制度·诏敕·临御亲裁·禁令·布令揭示》,https://www.digital.archives.go.jp/das/image/M0000000000000835238,2018 年 6 月 12 日。
③ 约翰·布林:《仪礼和权力:天皇的明治维新》,第 27—29 页。
④ 村上重良编:《近代日本诏敕集》,新人物往来社,1983 年,第 40 页。
⑤ 岛薗进:《国家神道与日本人》,李建华译,第 21 页。

行,明治时期起也改在宫中举行,由天皇主祭,其余的 11 个祭祀均为新创出来的。①

明治政府不仅增加了天皇主祭的祭祀,也非常重视祭祀仪式的庄重、隆重程度。明治四年十一月(1871 年 12 月),明治天皇即位后最重要的祭祀大典大尝祭在东京举行,除祭祀地点变更外,祭祀仪式、流程和先前相比也做了很大变革,且极为隆重。因为大尝祭举行之时已实现了废藩置县,整个国家政治开始向统一的中央集权化快步迈进。在这种背景下,大尝祭具有非凡的政治意义。早在庆应四年(1868 年),神祇官在上呈给太政官的建议中就说:

> 仲冬卯日天皇亲祭天地神祇,辰巳之日御临悠纪主基之两帐,尝两国(当时选定甲斐国为悠纪之斋国、安防国为主基之斋国)之新谷,赐宴群臣。以卯辰巳三日完成整个仪式,此为秉大尝祭之真义,君臣天下共奉其天职,三日之大仪式是为祭政惟一者也。
>
> 今上于今千载之回运之际掌握八洲,改衰颓修饰之虚礼,恢复隆盛纯粹之本体,尽感格皇天之天职,更始之重事在于此。②

从此建议书中可看出大尝祭之隆重与意义所在。大尝祭主祭是天皇,但"君臣天下"都应是参与者,整个仪式体现的是"祭政惟一",天皇的地位和世间的秩序是神所赋予,每个人应守其天职。祭祀之前的准备和祭祀流程非常复杂。值得注意的是,在祭祀临近时,神祇省的官员先到各地的大神社奉告此事,这些神社包括伊势神宫、贺茂御祖神社、贺茂别雷神社、男山八幡宫、冰川神社、皇灵殿等,此行动大概有再次宣示天皇主祭地位及皇室祭祀在整个祭祀体系中的主导地位的目的。

上述仪礼、仪式在当时具有重要的象征意义,也起到了思想统合的作用。除了昭示给世间的这些诏敕、仪礼、仪式之外,在制度方面,新政府也采取了再兴神祇官、强化神社体系、打压其他宗教等措施。特别是新政府建立初期对佛教、基督教采取了比较极端的打击措施,后来才慢慢有所修正。

---

① 岛薗进:《国家神道与日本人》,李建华译,第 23 页。
② 多田好问编:《岩仓公实记》(中),第 955 页。

为明确以天皇为主祭的祭祀体系,明治初期禁止了很多比较低俗的民俗信仰和民俗形式,并通过各种方式让政府官员及民众参与祭祀。明治元年十一月十八日(1868 年 12 月 31 日),因天皇在东京,由神祇官在京都代为主持新尝祭,睦仁天皇在东京进行了遥拜,在东京的三等官以上的官员参列。新尝祭和前面提到的大尝祭都要求各地民众以多种形式参与。另外,还通过颁布历法将国家的节假日与这些祭祀关联起来。"1872 年 11 月 23 日,明治政府规定乡村要举行元始祭、孝明天皇例行祭祀的遥拜仪式、神武天皇即位遥拜仪式,1873 年 1 月日本改用新历,同时废除五个传统农耕节日,增加神武天皇即位日和天长节。同年 10 月将元始祭等八祭祀作为国家的祭祀日＝公休日,后来又增加了春秋的皇灵祭,祭祀日的整体框架就这样被定下来。"①

维新政府通过对祭祀体制的大力重构,一方面开始了对所谓万世一系的皇统的宣扬,另一方面也试图借此维护政权的稳定及促进社会秩序的重建。根据当时的资料,主导这些事务的还是以岩仓为首的政府中的实力派,且具体的推进者、执行者已不完全是先前的高等公卿和神官,而是部分替换为倒幕派中的津河野藩等势力。

四、宫中制度改革及君德培养

在围绕天皇做各种宣传和制度建设的同时,岩仓、木户、大久保、西乡等也主导进行了一系列宫廷内的制度改革。幕末时,深宫中的天皇周边都是女官和公卿,很难接触到外界。其政治活动以宫内祭祀和裁决朝廷中事务为主,也仅通过武家传奏和幕府沟通。宫廷内的日常事务则主要由女官打理。

维新政府成立初期,在经历了迁都、天皇行幸等问题上与天皇身边的近侍公卿的交锋后,大久保、木户等深感作为天皇侍者的部分公卿保守无能,对改革旧制是非常大的障碍。同时,宫中制度及习俗十分烦琐、保守,与时

---

① 安丸良夫著:《近代天皇观的形成》,刘金才、徐滔等译,第 173 页。

代相脱节。在宫中女官主导之下,更是难以培养出英迈的君主。

睦仁天皇准备东上行幸江户在宫中女官和旧公卿中引起极大骚动。天皇接见外国使节一事也曾在宫内引发大乱,据说宫内女官痛哭声一片。在天皇行幸大阪过程中,大久保利通觐见天皇一事也曾引起天皇生母中山庆子的极大不满。她认为,以其出身根本没有资格升到那么高的职位并觐见天皇。与此相对,出身中下级武士的大久保等也猛烈批判旧公卿们的守旧无能。明治元年十二月(1869年1月),大久保陪同天皇从东京还幸京都,他曾向岩仓抱怨天皇身边的侧近侍者不堪辅弼之任,自此他不断阐述实施宫中改革和天皇教育的必要性,目的是"将天皇从古色苍然的公家旧习中解放出来,培养为质朴刚健的君主,使其据于国家机轴"①。"木户等也持相同意见,常说堂上公卿之辈不解维新之旨,拘泥于旧弊而不能辅弼圣上,实甚为遗憾之事。"②最初还是女官掌管天皇周边事务时,木户等不得不想方设法讨取她们欢心,如天皇行幸时给她们带土特产等。对于宫中女官制的弊端,大隈重信曾说:"自古以来宫中最为恐怖的弄权者是御局,作为宫中女官的御局有难以想象的大权。在将军家,对大奥中的老女、女中等有权力的女官,连阁老有时也颇为忌惮,而京都宫中的御局的权力实比之更盛,连关白也对此感到棘手。即使是御一新之后,持此种保守思想的御局的权力仍颇为强大。……外界已充满维新之空气,而宫内古老的保守陋习丝毫未变。三条、岩仓诸公在宫中有可信任的势力,且充满革新的锐气,在外断行改革,扫除前路之障碍,无论何种困难,都以非常之勇气开拓进取。但即使以三条、岩仓这样的雄略,在大奥中也无法施展,唯余闭口了事。"③

实际上,面对上述情况,岩仓等并未放弃努力,而是寻找时机以间接迂回的方式进行宫中改革,其中最主要的两项措施是改革女官制度和实现天皇近侍的人事更迭。改革的主导者还是当时的实力派政治人物。"应参议木户、大久保的政治改革主张,明治三年十月二十七日,右大臣三条实美、岩仓、大纳言德大寺实则及参议大久保等在岩仓邸会合,决定了天皇的辅导

---

① 笠原英彦:《天皇亲政:从佐佐木高行日记看明治政府和宫廷》,第90—91页。
② 渡边几治郎:《明治天皇的圣德 重臣》,第31页。
③ 渡边几治郎:《明治天皇的圣德 重臣》,第32—33页。

(教育)、勤勉节约、人员整顿等事项。"①

在进行了各种讨论及准备后,明治四年(1871年),宫中改革终于启动。这一年,伴随废藩置县,先前过渡性的府藩县三治制度被废止,郡县制开始在全国实施,废藩置县的实施真正为建立中央集权的政治体制打下了基础。与此相应,中央政府的体制也再度革新。公卿、诸侯出身者进一步被排除出各要职,萨长土肥等西南雄藩出身者占据了政府中枢。宫中改革正是在这种大背景下才得以进行。推动这次改革的主力是岩仓、大久保、西乡。他们先是设法先让西乡的亲信、出身萨摩的吉井友实入宫担任宫内大丞,担当改革先锋。笠原英彦的书中说吉井出任宫内大丞是大久保斡旋的结果,而渡边几治郎在其著作中更倾向于是西乡隆盛的意向。同时,《岩仓公实记》也多处提到幕末时岩仓和吉井会面,通过吉井与萨藩倒幕派联络等内容,吉井也是岩仓比较信任的人。可见吉井这一人选,是多方共识的结果,也是审慎的选择。吉井入宫担任宫内大丞可以看作宫中重大改革的发端,因为在此之前很长一段时间都是出身公家的人任天皇侧近中的要职。吉井入宫后,天皇侍从也有所调整,"从长州、土佐、萨摩、熊本的旧藩士中选出了八人,辞掉了旧公家的六人,由此,宫中开始充满刚健勇武的风气"②。不但如此,在此次改革中,宫廷内的部分女官被免职,由皇后直接主持后宫,开始改变以往女官支配天皇身边事务的局面。明治五年五月(1872年6月),岩仓等再次进行了宫中大改革,又罢免了典侍以下的女官三十六人。之后,吉井友实在写给岩仓的信中说:"宫内的事情有今般之进一步变革,减少了以一、二典侍为首的三十六人,后宫由皇后一手主持。如您所知,彼禁中之所谓高级女官结成一块,为朝廷上永年之烦恼,此节除此百年之大害,实感欣悦安心。"③

在进行了上述改革后,再遇有革新之事时,来自宫廷的阻碍明显变少。后来,宫廷生活方式以及服饰、礼仪等也相继发生变化。1873年3月,明治天皇剪发并停止了化妆,在出身武家的侍从熏陶下也开始显现男子汉气派。

---

① 伊藤之雄:《明治天皇》,第88页。
② 德永弘伦:《近现代日本的诸相:大日本帝国的光和影》,菁柿堂,2014年,第18页。
③ 渡边几治郎:《明治天皇的圣德 重臣》,第43—44页。

除上述通过实施宫中改革，实现了天皇侧近的人事更替之外，岩仓等也特别注重天皇的教育。当时，他们的很多上奏书和建议书中多次提到君德培养。木户孝允在庆应四年（1868年）写给山本复一的信中提到他向岩仓强调了君德培养的重要性。① 同年一月二十五日（1868年2月18日），岩仓就"政体建定、君德培养、议事院创置、不可迁都"四事向三条递交了意见书，申请提交朝廷讨论，就君德培养一事，他建议"选拔公卿诸侯征士之中笃实严谨或器识高远或兼通和汉洋之学问者为侍臣或侍读"②，致力于培养君德。

岩仓所提出的设立侍读或侍补的建议并未立即实施，在天皇教育方面最开始的变革是增加课程设置。睦仁天皇幼年时在外祖父中山忠能家成长到5岁，之后入宫，9岁时被立为"储君"。入宫后，睦仁在皇宫中接受了以儒学为主的教育，"天皇命权中纳言正亲町实德为祐宫（明治天皇幼时宫号）的习字指导，到八岁时由有栖川宫炽仁接任，同时让伏原宣明担任读书师范，开始读《孝经》。睦仁成为皇太子两个月后，读完了《大学》，开始读《中庸》。那之后好像读了《论语》。庆子也教他做和歌和习字，并且非常严格。"③睦仁即位时还是十五岁的少年，即位后所受的教育并未中断。在他即位之初，依旧由其生母中山庆子教授和歌和习字，中山忠能则教授《禁秘抄》等记载宫廷礼仪的书籍。他另外所学还是以日、汉古典为主。后来天皇东幸江户时，教育内容有所增加，最重要的是加入了精读《神皇正统记》和骑马课程。前文曾提到，在大阪行幸时，福羽美静就曾向天皇进讲《古事记》，该书宣扬皇权神圣，对后来的日本国体论产生了重要影响。睦仁天皇很喜欢骑马课程，而在以前，骑马是被禁止的。

正式迁都东京后，天皇年龄也有所增长，配合政府的文明开化的口号，他所学课程中又加入了西洋史、法学和德语。当时，他所学的西洋史教材是中村正直翻译的英国人塞缪尔·斯迈尔斯（Samuel Smiles）所著的《自助论》（$Self$-$Help$），中村将其译为《西国立志篇》。在此之前的明治三年（1870

---

① 渡边几治郎：《明治天皇的圣德　重臣》，第51页。
② 多田好问编：《岩仓公实记》（中），第686—687页。
③ 德永弘伦：《近现代日本的诸相：大日本帝国的光和影》，第11页。

年)前后,宫中开始设侍讲,元田永孚从明治四年五月(1871年6月)开始任侍讲,侧重讲儒学的君臣关系及君主应该具备何种德行等。加藤弘之也曾任侍讲,讲欧美政体及外国历史文化等。值得注意的是,上述课程设置中有不少相冲突的思想,既想复古又要放眼世界,从现实效果来看,这些矛盾并不容易调和,明治初期启蒙和保守思想并存且斗争这一点在天皇教育问题上也能显现出来。而明治天皇个人好像更喜欢元田永孚所讲授的儒学课程,也与他更为亲近。在这些专设课程之外,西乡、大久保、木户等,不管是谁伴随天皇行幸或有谒见天皇的机会,都不忘给他讲为政之道。这些教育的目的是培养一个眼界开阔的圣君明主。

通过宫中制度改革和重视天皇的教育问题,宫中的一些旧弊被革除。天皇侧近的变更也让武士阶层武勇、忠诚的特点影响了宫廷,削弱了旧势力对天皇个人的影响,也减小了政府各种改革所遇到的阻力。

结语

王政复古政变本质上是一场军事政变,倒幕派除了依仗萨、长等藩的人力、物力、财力外,天皇是最重要的筹码。并且,在发布"复古大号令"后,佐幕势力并未自动瓦解,很多中立藩也处于摇摆、观望状态。在当时情境之下,宣示武装政变的正当性,打破武家政权存在的合理性,争取观望中的各藩加入倒幕阵营等,对维新政权能否存续至关重要。解决这些问题需要高举王政复古旗号,宣传武家执政是天皇委托,在武家执政不力的情况下,天皇自然要收回其执政资格,这样一来,政变就有了充分的正当性,动用武力反抗天皇的幕府一方也自然可被定性为"朝敌"。同时,维新是一场剧变,新政府运行初期,各项制度未及完备,政府对全国的控制力很弱,鉴于对幕府时期分权体制导致国家贫弱的反思,以及建立"举国一致"体制的社会共识,新政府展开了建立中央集权体制的探索,但在政局不稳的情况下,新制度、新政策的实施需要具备一定有效性和权威性,统治集团的更替亦需要得到国家各阶层的认可。因此,如何维持政权和社会的稳定、实现国家的统合也是新政府直面的问题。这种情况下,天皇也是新政府权威性和凝聚力的来源。再者，维新政变是在倒幕派公卿和萨、长等强藩联合的基础上实现的，而复兴皇室始终是倒幕派公卿的政治目标。维新政权建立初期，这些公卿握有非常大的决策权，在制度设置上也有很大发言权，强化皇权是他们进行制度设计的目标。基于上述形势需要，再加上岩仓等公卿的推动，王政复古政变至明治初期，政府采取了诸种举措塑造了天皇作为政权主体和主导变革的核心的形象。这些举措包括：宣示政归朝廷，围绕天皇亲政设立官制；迁都东京，组织大规模天皇行幸；宣扬"祭政一致"，完备宫中祭祀体系及设施，强调天皇亲祭和最高主祭地位；改革宫中制度和实施带有近代色彩的天皇教育。这些改革在实施过程中都曾遇到很大阻力，但还是在"政出一途"的社会共识之下，凭借岩仓具视等人强大的政治能力推行了下去。

所谓"王政复古"并非指单纯的政权回归朝廷，天皇及其代表的皇权不等同于朝廷整体，经过复古政变，围绕在天皇周边的政治势力已发生根本变化。倒幕派通过"王政复古政变"及多次政治调整，排除了两方面的势力，一是将幕府及亲幕势力直接定性为"朝敌"；二是废除了摄政、关白制度，将传统的五摄家等绝大部分公卿中的高层排除出了政治核心。在排除这些势力之后，在长期以来的身份等级观念影响下，出身中下级公家和武士阶层的倒幕实力派并未能直接成为政府中地位最高者，政治实力和政治地位出现了不匹配的状况，这种状况在维新政府建立之初持续了一段时间。明治前十年，正是通过不断的制度调整，中下级公家及武士阶层出身者才凭借政治能力真正占据了政府核心。若非武装政变及颠覆性的制度变革，在古代日本严格的等级制度之下，上述变化是不可能实现的。从这个角度看，"王政复古"是以复古之名进行的政权重构。

从王政复古政变到明治初期，围绕皇室的诸种改革是当时激烈社会变革中的重要组成部分。从上文看，这些举措有外在形势的需要，也有内在的用意，要解决维新政变的合理性，维新政权的正统性、权威性、凝聚力等问题，同时也糅合了岩仓等复兴皇室的抱负及中下级武士出身者打破传统政治格局的强烈愿望。在如此复杂的背景下，这一时期围绕天皇的改革，突出特点是强调天皇与政府的关系，树立天皇权威。另外，王政复古虽然是倒幕和进行政治改革的宣言，但具体变革措施如何及建立一个什么样的政府则是逐步摸索进行的，维新政府成立初期，很多制度设置及施政措施都体现了临时性和仓促性的特点。例如，从三职制改太政官制，再到太政官体制建立初期的频繁制度调整，以及政府内基于不同政治理念的政治冲突频发，都是这种探索过程的体现。同理，当时对天皇及皇权的塑造也显现了功利性和盲目性。在政权经过转换期进入稳定期之后，新的问题随之而来。明治十年以后，随着天皇逐渐成年，其政治能动性增强。同时，在维新初期，因为有共同的敌人幕府，倒幕派能够联合起来，但幕府被推翻后，倒幕派内部的势力之争开始凸显，实力政治人物因政见不同或权力争夺而矛盾不断。当政府内矛盾爆发时，需要位于政治体制核心的天皇出面裁决。再加上明治初期各种改革急剧推进，民众对维新有巨大期待，而改革结果往往并不尽如人意，特别是自由民权运动兴起后，批判、反对藩阀有司独占权力的声浪日高。在上述背景下，特别是西南战争及大久保利通被刺杀后，以天皇侍补们为核心的部分政治势力迅速展开行动，试图推进真正的天皇亲政亲裁，导致政府非常被动。由于早期对天皇权力和权威的塑造，使天皇及皇权成为政治体制中一种特殊的存在，当天皇意志和政府决策之间出现冲突时该如何处理，以何种形式限制君权滥用，同时又能充分发挥其统合力，这些成为很难把握的问题。在近代日本政治体制走向制度化的过程中，特别是之后建立明治宪法体制的过程中，如何定位君权成为非常棘手的难题。在意识形态领域，对"政教一致"的宣传更为后来的极端天皇崇拜埋下了祸端。

（作者张艳茹，中国社会科学院历史理论研究所，原文刊于《世界历史》2019年第3期）

《五条誓文》若干用语析义

宋成有

1868年4月6日（旧历三月十四日），明治政府以天皇率群臣向天神地祇、皇祖列宗宣誓的方式，发布了《五条誓文》。我国的日本史研究者对誓文给予了高度评价，充分肯定了它的历史地位，称之为明治政府的施政纲领、新政方针。但对其若干用语的解释，却语焉不详乃至误解，或者各执一词，意见分歧，从而在无形中影响到对《五条誓文》的总体评价与理解。所以笔者认为有必要加以考析，辨明其语义。

一、关于"会议"和"公论"

（一）"会议"

此语和"公论"皆见于誓文第一条"广兴会议，万机决于公论"。我国学者或将其视为日常的会议，或释之为大名会议，公卿、大名与藩士的联席会议而否认其近代会议性质；而苏联、欧美学者却肯定其为近代会议，如"国民会议"或"立法会议"（широкое собрание）、"会议"（assembly）、"审议会议"（deliberative assembly），等等。[1]

---

[1] А. л. Гальбелин：《Очерки новой истории Японии 1640—1917》，Издательство восточной культуры，москва1958，p197；W. G. Beasley：The Mei-Ji Restorntion，Standford University 1972，p323；E. O. Reischauer：Tradition and Transformation，Boston 1978，p503.

在现代汉语中,"会议",通常指有组织有领导地商议事情的集会,或一种经常商讨并处理重要事务的常设机构或组织。"议会",则指西方国家的最高立法机关,一般由上、下两院组成,议员经选举产生,也称议院、国会[1]。假使当年誓文制定者们把"广兴会议"写成"广兴议会",可能会避免误会。笔者认为,誓文中虽写作"会议",但其所指却是近代议会或议会政治。理由是:

第一,"广兴会议"条的原稿文字中已含有议会政治思想。其初稿乃是起草者由利公正的"万机决于公论,勿行私论",句中虽无"会议"字样,但此句是由利作为《议事之体大意》,即建立新政体的议政原则提出的。而这一原则即由利一贯主张的"参照西洋立法"、"集众知、取公议",体现为国君之下,由判政、参政以及选举产生的公议人、国民总代表公议国政[2],这种新政体源出欧美议会政治。后经福冈孝梯修改,此条变成"兴列侯会议,万机决于公论"。会议的具体形式是设上、下议政所,前者由亲王、公卿、议定大名和在京诸侯组成,拥有对议案的提议、决定权;后者由藩士参与和经选拔、推荐的征士、贡士组成,仅有附议权。[3] 前者诸侯人数居多且握有重权,相当于贵族院,后者相当于众议院。这显然也是对欧美议会政体的粗浅模仿。

第二,福冈稿再经木户孝允删改定稿,去"列侯"而保留"会议",遂为"广兴会议",此处的"会议"仍以由利、福冈稿的议会政治为基础,虽内含着尊王意识。此一改动,与木户的会议观直接有关。这种会议观是开国后王政复古思潮与欧美议会政治思想相融合的产物。一方面,木户和西乡隆盛、大久保利通等以"光大并恢复皇威为目的",伺机武力倒幕,实现王政复古,缔结《萨长同盟》[4];另一方面,木户又与主张公议政体论的坂本龙马交往甚密,对以龙马《船中八策》为蓝本的《萨土盟约》中关于设立上、下议事院、议事官选任的主张表示理解,亲笔记录在案。1868年2月,木户率先主张版籍奉还,"制定事关前途的不朽规则",即制定宪法,翼赞"皇谟",建立天皇集权

---

[1] 中国社会科学院语言研究所:《现代汉语词典》,商务印书馆,1980年,第498、1357页。
[2] 三冈丈夫:《由利公正传》,光融馆,1916年,第320、321、324页。
[3] 维新史料编纂会:《维新史》第5卷,吉川弘文馆,1983年,第519、520页。
[4] 木户公传记编纂所:《松菊木户公传》上卷,明治书院,1927年,第599、722页。

制,初步提出君主立宪的政体构想。① 不久,木户即参与誓文定稿,因此,他的"广兴会议"不可能与近代议会政治无缘。1871 年至 1873 年赴欧美考察期间,木户着重调查议会制度,派人把孟德斯鸠论述议会政治的著作《法意》日译为《万法精理》,并作序称"诸国据此书而举治绩者盖不少矣",故译之"以助日本国家治绩"。② 在日益倾向议会政治的过程中,木户对"会议"的提法也愈加明确。1873 年称之为"人民会议""国议院",如"法国之议会";1875 年称之为"民选议院",并说此"乃余平生之持论",表示"以建立君主立宪为定说""采用西洋议院制度"③。可见,木户的"会议"即指议院制度,但必须是在天皇君临之下。

第三,从"广兴"的字义和实践上看,"会议"应为议会政治。把欧美议会制度移植于日本,会因日本的基本国情、文化传统、生产力发展水平和阶级力量构成与欧美存在巨大差距而造成各种社会问题。对由此而出现的社会动荡,当年的日本政治家已有认识。木户认为"维新之日尚浅,至知识增进,设立人民会议,自然不得不耗费许多岁月",否则"变更政体虽形式上徒有其表,但人智悬隔,突然如同欧洲文明政府行事,实在难上加难";因此,他主张渐进方针,避免"轻举妄动之弊"。④ 因而定稿誓文时,并非平白无故地在"会议"前面写上"广兴"两字。

从日语的字义上说,"广兴"之"广",意为"广阔""频繁""从容不迫""扩展"等,"兴",同"起",意为"唤醒""振兴""创建""设立""发生"等。⑤"广兴",即逐渐地创立,而非一蹴而就,这与木户渐进主义的主张相符。从实践上看,仅从 1868 年至 1869 年中央议政机构的调整,就有 1868 年闰四月设立内含上下两局的议政官、5 月设贡士对策所、12 月开公议所并制定日本首部议会法《公议所法则案》,1869 年 3 月设待诏局、待诏院、7 月改公议所为集议院、8 月合并待诏院等。地方各藩也纷纷设立藩议院、

---

① 《松菊木户公传》上卷,第 901 页。
② 《松菊木户公传》下卷,第 1542、1543 页。
③ 《松菊木户公传》下卷,第 1571、1625、1833、1808 页。
④ 《松菊木户公传》下卷,第 1571、1625 页。
⑤ 新村出编:《广辞苑》,岩波书店,1983 年,第 2063、321—322 页。

议事所、集议所、众议院等议会机构,上上下下有条不紊地掀起"广兴会议"的热潮。

第四,明治朝野人士经常把"会议"解释成"议会"。由利解释"广兴会议"说:"我在维新之初即关注会议问题,去西洋访问时用许多时间调查村会、县会和国会",主张在日本建立议会。① 民权派理论家马城台二郎把"广兴会议"条解释为"开设议院,洞开言路";政府派人士森有礼嘲讽民权派把《设立民选议院建议书》递交政府,显然不是"由人民自由建立会议",而是要求"政府为人民设立议院",论战双方都把"会议"视为议院②。宪法学者穗积八束称"《五条誓文》实为明治维新之第一宪章",它"上宣明千古固有的国体,下开设议院,万机询于公论。"③穗积不仅把"会议"与议院画了等号,而且指出其天皇主权的前提。

(二)"公论"

中外学者对此的解释,有反对个人独断专行、公共意见或公众舆论等。仅就公论这个词来说,其含义大抵如上,即公平的或公众的议论。

但把它放在特定的历史时空环境中,其义则与上解有所不同。在幕藩领主统治稳定时代,将军之下,由数名老中的月班合议执掌幕政,实行寡头政治。诸藩则由少数家老合议藩政,也不过是藩主的一言堂。此时无所谓公论可言。

开国后,外患与内忧一时俱来。幕府张皇失措,朝廷、雄藩乘机崛起,形成三极政治的新格局。为图存救亡,"公论"观念应运而生,它要求持论者超越某一集团、派别或某藩等"私"的小圈子,立足于整个统治阶级或全民族等"公"的立场发表意见。诸如 1866 年萨摩藩主所谓"方今内忧外患百出之际",应"尽采公议正论,达成变革政体、宾服远戎之中兴事业";岩仓具视所谓"定天下公论"以"建施政指南方针",1867 年德川庆喜所谓"变从来之陋习","广采天下公议"的"公议正论""公论""天下公议"等皆为阶级的或民族

---

① 《由利公正传》,第 434 页。
② 明治文化研究会:《明治文化全集》第 1 卷,"宪政篇",日本评论社,1955 年,第 394、411 页。
③ 明治文化研究会:《明治文化全集》第 1 卷,"宪政篇",第 420 页。

意义上的"公论"。①

但"公论"的含义还不仅限于此。若把它与"广兴会议"联系起来考察，其义为议会政治的议政原则。"广兴会议"条的最初文字表述，见于《船中八策》的第二条"设上下议政局，置议员，使之参赞万机。万机宜决于公论。"②在这里，"会议"与"公论"之间产生了有机联系：后者为议会政治的议政原则，前者则是体现后者的具体形式，两者不可分割。这正如《五条誓文》的姊妹篇《政体书》所规定的"议事制度，乃执行公议舆论之所以也"；③或如民权派所说："公论公议不能独立伸张，必须建立相应制度方能得其势。此制度若何？曰：民选议院也。"④显然，"公论"已从立足全局的超越意识，进而升华为议会政治的议政原则。同时，作为实现"公论"的保障，《政体书》《公议所法则案》等规定了三权分立、议员公选、任职限期四年、每两年改选其半、议案须经五分之三议员通过方有效等有关条文。毋庸赘言，这里的"公论"并不等于战后"主权在民"的资产阶级议会民主，但较之幕府时代无公论可言的寡头政治，又是巨大的历史进步。简言之，"广兴会议，万机决于公论"条集中阐述了建立君主立宪制的政体问题，展现了日本走向议会政治的前进方向。

二、关于"上下""经纶"和"官武一途"

（一）"上下"与"经纶"

此组用语见于誓文第二条"上下一心，盛行经纶"。关于"经纶"，中外学者主要有两种解释：或指国家财政经济、经济福利；或指国是、国务政事、国家政策等。笔者以为，无论从"经纶"的出典、誓文背景，还是从誓文制定者、时人等理解来说，其含义并无财政经济内容，"经纶"应做治国安邦之道解。

---

① 维新史料编纂会：《维新史》第4卷，吉川弘文馆，1982年，第518、755、756页；多田好问编：《岩仓公实记》上卷，1927年，第1042页。
② 山本大：《坂本龙马》，新人物往来社，1977年，第243页。
③ 维新史料编纂会：《维新史》第5卷，第397页。
④ 明治文化研究会：《明治文化全集》第1卷，第397页。

详细的在此不说了,这里仅联系"上下一心",再谈一下"经纶"一词的政治属性。

"上下一心"在由利稿中原为"士民一心"。"士",武士;"民"、庶民。把两者并提,并强调"遂庶民之志",突出了庶民的地位。经福冈修改,"士民一心"变成"上下一心"。木户定稿时原文采用。较之"士民""上下"含义变得有些模糊,但内涵层次却与前者大为不同。

在日语中,"上",有空间的高处;时间或顺序的起始;身份高的人,如天皇、尊长、主君、朝廷官员等意,故天皇近居地称"上方",进京称"上洛"。"下",与上处或起始相对,或指地位低者,如下级官吏、臣民、部下或年少者①。"上下",则指上下左右、君与臣、上位者与下位者、长幼、山泽等。日本传统文化源出中国,故"上下"的基本解释以中国古典《周易·序卦传》的"有君臣,然后有上下"或《淮南子·诊言训》的"上下一心,君臣同志"为据②,"上"专指帝王,"下"专指臣从,"上下"即君臣。臣,也包括庶民。

明治初年,日本人对"上下"的理解即如上述。1868 年 2 月大久保为"一扫数百年来因循守旧的一团腐臭",力主迁都大阪,使"在下苍生"得见"主上"的"龙颜",而使"上下一贯,天下万人感动涕泣"。③ 其中,"主上"指天皇,"在下"者庶民,"上下一贯"即君臣一心。在与誓文同日发表的《宣扬国威宸翰》中,天皇自称应"君臣相亲,上下相爱,德泽天下而光大国威于海外",④"上下"亦指君臣。1869 年 1 月萨长土肥四藩主联名上表奉还版籍,更以大义名分论为准则,称"君臣大义、上下名分,万古不易。"⑤

在弄清"上下"的其义所指后,很难想象"上下一心,盛行经纶"是说君臣一心一意地发展财政经济,大搞经济福利,让天皇带头搞经营买卖。在儒家的传统观念中,历来主张重义轻利,认为"君子以经纶",即为政者应讲究治国安邦之道。誓文的制定者们与当时日本朝野人士一样,自幼深受儒学熏

---

① 《广辞苑》,第 492、1058 页。
② 诸桥辙次:《大汉和辞典》第 1 卷,大修馆书店,1958 年版,第 197 页。
③ 维新史料编纂会:《维新史》第 5 卷,第 432、433 页。
④ 维新史料编纂会:《维新史》第 5 卷,第 432、433、393、393 页。
⑤ 维新史料编纂会:《维新史》第 5 卷,第 701 页。

陶,很难突然间脱离儒学的传统说教,在立国方针中倡导重利轻义。另外,誓文发布时正值江户总攻战前夕,对维新政权来说,当务之急在于分化、孤立幕府势力,扩大政府阵营并鼓舞政府军的士气,故强调尊王名分论,强调君臣一心以克敌制胜、推行治国安邦之道。故"上下一心"条中的"经纶"作为政治概念的施政方针而被提出,乃势使之然。

(二)"官武一途"

此语见于誓文第三条"官武一途以至庶民,各遂其志,务使人心不倦。"我国学者把"官武"解释为公卿与武家、公家与武家、宫廷贵族和封建武士;"一途"解释为同心、结合。有些学者认为此条的实质是取消或废除等级身份制。欧美、苏联学者一般把"官武"理解成文武官僚、文武官员或军事和民政官员;对"一途"未专门解释,也未把此条看成是取消或废除等级身份制。两相比较,我国学者对"官武"的解释更有历史感、更准确,但对此条实质的概括,似乎做了过分的发挥。

"官武一途"条把官、武、庶民并提、纳入"一途"等并不意味着取消或废除身份等级制。一般说来,"官"与"公"基本同义,日语的训读都读作 oyake,指朝廷、官署、官省,"公,公门也。公犹官也。"①"官武"之"官",即官家、公家的略称,主要指朝廷公卿;"武",则是武家的略称,指诸侯、武士。"庶民",泛指非贵族或未任官职的黎民百姓,在这里主要指豪农豪商。"一途",意为同一条道路,转指一心一意、相互一致等。因此,"官武一途以至庶民"是说公家、武家乃至庶民同心同德、无差别的一致合作。强调"一途",是由于实际上存在着公卿、诸侯、武士和庶民等不同等级身份。换言之,与其说"一途"是取消或废除等级身份,不如说是承认其客观存在。在此基础上,实现不分等级地趋向天皇中心的同归而"各遂其志"。此志非他,即《宣扬国威宸翰》中的"汝亿兆能体会朕之志向,相互去私见、采公议,助朕之业,保全神州,告慰列圣神灵。"②意即同心协力,效忠、拥戴皇权,尽为臣之道。而政府

---

① 《大汉和辞典》第 2 卷,株式会社大修馆书店,1985 年,第 26 页。
② 维新史料编纂会:《维新史》第 5 卷,第 393 页。

也在一定范围内实行举贤才不论门第的开明政策,给予遂其志的机会。

"官武一途以至庶民"并不等于"四民平等"。维新初期,明治政府采取过名曰"四民平等"的改革措施。撮其要,即1869年宣布取消士、农、工、商四种身份等级,把公卿、诸侯列为华族,把武士中的平士以上者列为士族,足轻以下者列为卒族,农工商列为平民,1871年废止秽多、非人称呼,把贱民列入平民;又先后取消称姓、着装、职业、婚姻、居住等诸方面的封建限制。废除武士称姓带刀、"切舍御免"等特权。通过"四民平等"的改革,除具有神性、超人身份的天皇和皇族外,其余日本人分属华族、士族、平民三等级。但华族是贵族,不在"民"的范围内。"四民",主要是指普通武士、农工商和贱民,而"官武"中的公卿、诸侯不在其列,只有"武"中的普通武士为"四民平等"的对象。因此,"官武一途以至庶民"与"四民平等"不是一回事。当然,"官武一途"条把庶民也包括在"一途"的范围内,这无疑是对庶民在国家政治生活中的某种地位和权利的认可,是等级森严并不可逾越的封建时代所不可想象的事情。它虽说不上是取消或废除等级身份,但毕竟在施政纲领的层次上透露出打破人为封建藩篱的信息。

总之,"官武一途"条的本意在于强调不分社会等级身份,举国一致地效忠天皇。为进一步把握此一本义,有必要简述与此条有关的三易其稿的意义。在由利初稿中,第一条为"欲使庶民遂其志,人心不倦",第二条为"士民一心,盛行经纶",在前两条中强调庶遂其志并突出庶民的地位。在福冈修改稿中,突出诸侯的地位,故把由利稿关于"公论"的第五条改做第一条,开宗明义地强调"兴列侯会议",第二条为"欲使官武一途以至庶民,各遂其志,人心不倦",再次提到武家中的诸侯且使之处于庶民之前,第三条才提到与天皇有关的"上下一心"。在木户定稿时,强调的是皇权,以及天皇与臣民的一体化,于是第一条删去"列侯",使会议变成天皇君临下的会议,第二条提出天皇高踞其上的"上下一心",第二条才是与诸侯有关的"官武一途"。[①]三易其稿的过程,实际上涉及统治主权的归属问题。由利在某种程度上受西方资产阶级民主思想的影响,提出了比较模糊的带庶民主权色彩的主张;

[①] 维新史料编纂会:《维新史》第5卷,第385、386、390页。

福冈是个强调雄藩领主利益的公议政体论者,坚持主权在诸侯;木户信奉尊王论,自然强调主权在君。在木户的定稿中,前三条集中宣示维新政权的对内方针。三条的排列顺序是:第一、二条阐述以天皇中心为基础的未来政体、治国方针问题,第三条谈官武庶民的政治归属问题。因此,"官武一途以至庶民"的本意在于明确官武庶民皆为天皇的朝臣子民、欲"各遂其志",唯有遵守臣民的名分,匍匐于皇威之下,作为臣民而奋发有为,"人心不倦"。故此条是专门为公卿、诸侯、藩士和庶民明为臣之道而设置,突出的是一君万民意识。

三、关于"天地之公道"和"皇基"

(一)"天地之公道"

此语见于誓文第四条"破旧来之陋习,基于天地之公道"。对此语,我国学者或未做解释,或解释为落脚于天意,暴露出明治政府的反民主神权政治色彩。苏联、欧美学者释之为"公正裁决和不偏不倚"(правосудие и беспристрастие);"国际正义原则"(The principles of international justice)、"自然法"(Laws of Nature)"国际惯例(习惯法)"(international usage)[①]等。那么,哪一种解释更贴近"天地之公道"的原义?

这就得简述一下此条的制定过程以窥其实。在由利、福冈稿中,原无此条规定。到木户定稿时,删掉前两稿的"贡士"或"征士限期,以让贤才"条,增补上"破旧来之陋习,服从宇内之通义"。再经岩仓等审定、润色,又把"服从宇内之通义"改为"基于天地之公道"。

木户增写此条,实非偶然。他出身率先炮击下关外国船舰、屡遭惨败并最早举藩自主开放的长州藩。在激烈而曲折的斗争过程中,木户崭露头角并成为坚定、明智的开国进取论者。1868 年 1 月赴京都担任总裁局顾问

---

① А. Л. Гальбелин:《Очерки новой истории Японии 1640—1917》, Издательство восточной культуры, москва1958, p197; R. M. Spaulding: The inter of the Charter Oath, University of Michigan, p11.

后，对维新政府的外交事务尤为关注。他多次上书，强调"明察宇内大势"，"不可失信于海外诸国"，"不看透此种形势，终将酿成大患。"① 然而就在当时，在政府管辖地区内接连发生备前藩兵与英国人、土佐藩兵与法国兵武装冲突的"神户事件""堺事件"以及浪士在京都袭击英国公使等事件。英法美等国军队占领神户，横滨外国报刊发出"若日本人（继续攘夷）顽固不化，就把日本变成第二个印度"等战争叫嚣②。局势极富爆炸性，列强的军事压力威胁着政府东征江户的军事行动。在这种形势下，兼任外交事务挂的木户再次呼吁应"着眼于长远"、"着眼于根本"，杜绝外衅，否则将"自招灾祸，徒使江户贼徒拍手称快而内外皆遭惨重损失"。故定稿誓文时，木户把原稿有关内政方针的条文四减其一，把对外关系条文由一增为二，申明维新政府要破除攘夷排外的"陋习"，"服从宇内之通义"。③

经岩仓等复古主义公卿们的文字调整，"宇内之通义"被改做语义较为含糊的"天地之公道"，但两者含义并别无二致。在一般字义上，两者相同。"宇内"，即天下、世界、海内；"天地"，也称天壤、霄壤，天空与大地的合称，泛指世界或人世间，"宇内"与"天地"义同。"通义"，即通行的、普遍的公正道理或公道；"公道"，含义为公正的道理或公平合理等，"通义"与"公道"亦同义。因此，"宇内之通义"与"天地之公道"的一般含义相同，都做通行于世界各国的公正道理、普遍原理解。

除字义上的一般意义外，在实践中，两者都被理解成调整日本与列强相互关系的准则，即专指用诸不同场合的万国公法。1867年4月，岩仓得知庆喜在大阪会见外国公使的消息后，立即上《济时策议》为朝廷出谋划策，进行反击。其中指责外国在通商时，只图利其国而不顾日本的利益，幕府妥协退让，故朝廷应针锋相对，坚持"凡通商，以有余弥不足、互谋便利，方为应遵循的天地之公道。"④ 在这里，"天地之公道"成为抵制外商不公平贸易的依据和准则、即国际贸易应遵循的万国公法。1868年2月木户提出处理"堺事件"的意见，

---

① 《松菊木户公传》上卷，第901页。
② 原口清：《戊辰战争》，塙书房，1963年版，第89页。
③ 《松菊木户公传》上卷，第908、909页。
④ 《岩仓公实记》中卷，第27页。

认为政府应"重新申明外交之道"按照宇内之通义,即"以世界普遍通行的公法为据,制定刑法",针对外国驻兵、开港地,以及外国人管理等问题,"确定法规并公布天下","若政府处置得当,国威自然树立,取信天下亦为理所当然"。① 在这里,"宇内之通义"实际上被诠释为用诸外交方面的万国公法。可见,两者因人、因场合不同而提法有异,但所指同一,即万国公法。

幕府末年至明治初年,万国公法观念在日本朝野相当流行。究其因,是列强以炮舰为后盾,以维护万国公法为理由,一再扩大其殖民权益。这就迫使日本有识之士在研制洋式船炮的同时,也急欲弄明万国公法究为何物。故1804年美国旅华传教士丁韪良所译中文本《万国公法》传入日本后,随即被训点翻印,至1868年,又有西周删节订正的《荷兰毕洒林氏万国公法》、堤士志的《万国公法译义》、瓜生三寅的《万国公法全书》等各种日译本出版,赢得大批读者。万国公法一词风靡日本,不亚于明治初年的口头禅"文明开化"。如坂本龙马初以为短刀比长刀实用,继以为西洋手枪杀伤力大于日本刀,最终以为《万国公法》才是治国的最大学问书而极力加以推崇。再如1867年4月纪州藩的"明光"丸故意撞沉海援队的"伊吕波"丸,又依仗御三家之首的威势拒不赔偿。5月双方交涉,海援队以万国公法为据,争取舆论同情,迫使纪州藩赔款33 000两。② "伊吕波"丸索赔成功轰动日本全国,万国公法观念益加传播开来,尽管以国际公法处理国内事件未必妥当。在一些藩,如土佐藩竟把万国公法用于藩政改革,称"诸政以简易为主,参照世界公法改革政法";1868年1月明治政府在《与各国亲善的告谕》中声明"与外国交往时,以宇内之公法为处理方针",③这种理解方见妥当。但不论妥当与否。推崇、传布和运用万国公法,在当时构成热浪滚滚的趋势,它体现出日本民族急欲摆脱闭锁固陋,走向国际社会的强烈愿望。反映在誓文制定中,则是把遵循万国公法,先后表述为"服从宇内之通义"和"基于天地之公道"。由此看来,欧美和苏联学者对"天地之公道"的解释,如"国际司法原则""国际惯例""习惯法""自然法""公平裁决"等,或指出万国公法的特点,

---

① 《松菊木户公传》上卷,第908、909页。
② 山本大:《坂本龙马》,第233—237页。
③ 维新史料编纂会:《维新史》第5卷,第32、631页。

或指出其渊源,他们的解释更恰当。

(二)"皇基"

此语见于誓文第五条"求知识于世界,大振皇基。"我国学者或直译其为"皇基",或释之为天皇统治的民族国家,或认为此语具有对外扩张的军国主义的野心。欧美、苏联学者则译之为"帝国的基础"、"帝国统治的基础"、"天皇政府的基础"等。

在中日两国的古典中,可寻找到"皇基"的用例。汉班固的《两都赋》里,有称颂长安地势险要适以为都的"于是睎秦岭,瞰北阜,挟酆灞,据龙首。图皇基于亿载,度宏规而大起"句①。江户晚期藤田东湖的《和文天祥正气歌》中,有"死为忠义鬼,极天护皇基"句②。两个"皇基"同义,指天子治国的基业。在"朕即国家"的封建时代,天子(皇帝或天皇)的基业即国家基业,故"皇基"也有国家基业的意思。

然而,当"大振皇基"与"求知识于世界"发生联系后,"皇基"的原义虽仍如上述,但"皇基"条已不仅仅是对皇权的讴歌,而是近代日本学习西方、由弱而强、由衰而盛的基本发展路线,即振兴"皇基"的终极目标必须经"求知于世界"的途径来实现。这是当时不同政治派别的有识之士的共识。有此共识,才产生了下列有意义的现象,即誓文制定中其他条文用语变动较大,有的整条被重新写作,但此条只有无关紧要的个别文字变动;由利稿的"广振"在后二稿中改为"大振","求知识于世界"则三稿相同。同时,在条文顺序排列中,由初稿的第三条,修改稿的第四条而排为定稿的第五条,成了整篇誓文所追求的最终目标。

当然,不同政治派别对"皇基"的理解有所侧重。武力倒幕派出于夺取政权和巩固政权的需要,较强调天皇治国基业的"皇基"。1867年6月山县有朋与黑田清隆互相赠诗酬唱,山县诗曰:"一语赠君君善记,回天志在建皇基",黑田诗曰:"出奇处变回天日,共揭锦旗护帝基"③;1868年1月西乡欢

---

① 陈元龙编:《历代赋汇》,江苏古籍出版社,1987年版,第131页。
② 高须房次郎:《藤田东湖全集》第3卷,章华社,1935年,第7页。
③ 德富苏峰:《近世日本国民史·新政曙光篇》,讲谈社,1979年版,第109页。

呼鸟羽、伏见"初战告捷,诚乃建皇运开立之基,可庆可贺"①;4月江户落城,木户认为"大政一新、天下归一"的时机日见成熟,应以"五条誓文为宗旨,建立皇国大兴起的基础"。② 在他们看来,"皇基"即"帝基",个人与天皇同命运,日本国乃"皇国",无处不突出皇权皇威,与该派武力倒幕的"夺玉"计谋同出一辙。公议政体派也是君臣名分论的信仰者,但较突出作为国家基业的"皇基",即山内丰信1867年9月在大政奉还意见书中,提出所谓"恒万世而不耻,临万国而不愧之大根砥";10月,浅野茂长建议幕府"明大义、正名分,权归朝廷"而建立的"坚定不拔之国本"③。不同政治派别皆宣布自己是"皇基"的拥护者,其原因恐怕与"皇基"内涵的庞杂有关。概言之,它把天皇视为国家基业的人格化和国体所在,囊括了尊王论、大义名分论、神国论、皇国国体论等非理性糟粕,也有实现国内统一、振奋民族精神以争取民族独立的合理成分。或许正是由于"皇基"是个汇集不同观念的混合用语,才具有最大的容纳量和吸引力,为不同政治派别所接受。而且无论哪一种"皇基",都少不了"皇"、即天皇。承认天皇是取代将军的国家新元首,在尊王旗号下结束内战并推进日本的近代化,是誓文制定者们对现状的肯定,也是对未来的展望。因此,苏联、欧美学者把"皇基"理解为"帝国的基础"、"天皇政府的基础",我国学者将其解释为天皇统治的民族国家等,其基本意思是正确的,虽稍有过泛,但若斥之为军国主义野心,似有不妥。

总之,"天地之公道"条和"皇基"条集中表述了明治政权的对外总方针,即废除排外攘夷等旧俗,加入万国公法体系国际社会;大力引进欧美文明,振兴天皇治国的基业。

从以上分析可见,理解并把握誓文的有关用语,固然要考究其字义,但更重要的是应把握下述几种情况:

其一,制定、公布誓文的目的何在。誓文是在戊辰战争激烈进行,列强武装介入随时可能发生的情况下,内以聚集可能争取到的所有力量,迅速结束内乱,实现国内的安定与发展;外以争取列强对维新政权的承认,打通走

---

① 日本史籍协会:《大久保利通文书》第2卷,1927年,第17页。
② 日本史籍协会:《木户孝允文书》第8卷,东京大学出版会,1986年,第76页。
③ 维新史料编纂会:《维新史》第4卷,第732、742页。

向国际社会的通路而不失时机地向国内外宣示新政方针。因此,这就要求制定者们在有关条文中贯彻两种基本指导思想:举国一致(即第一、二、三条所体现的);对外开放(即第四、五条所体现的)。

其二,用语文字变动的意义,即它是各派相互妥协、均衡利益的体现。最初成立的明治政府是个不同政治派别的联合体。誓文三易其稿,反映不同政治主张从冲突到相互妥协的过程,最终以武力倒幕派的基本主张为中心,兼收其他派别的主张。因此,其措辞高度概括、富于弹性,为各派留有自由理解用语含义的余地。明治以来日本政府政治行为的传统做法,是政府内不同派系善于在妥协的过程中削弱离心力,增强向心力,从而把派系丛生的离心力量组合成群体力量,推行主流派的主张。此传统始自明治维新,而誓文则是此种政治行为的杰作。

其三,旧文字与新思维的结合。借用儒学、国学等传统学说的旧语言,来表述传自欧美的新思维,或者说善于把传统观念与近代资产阶级意识巧妙结合起来加以贯彻,是制定誓文乃至维新变革的一大特色。这种结合易招致后来人们的误解,但不能不说它正是维新成功的基本经验之一。明治维新之所以成功,既非开历史倒车的国粹化,亦非脱离国情的全盘西化,而是立足本国文化传统,逐步引进并消化吸收先进文明。抓住这一特点,透过陈腐的古老词语去捕捉其新思想,才是把握誓文用语的关键,舍此无他。

(作者宋成有,北京大学历史学系,原文刊于《历史研究》1990年第3期)

试述日本讨幕派

伊文成

关于明治维新的性质,中外史学界争论了半个多世纪,迄今为止未取得一致看法。对讨幕派历史作用的评价,是其中的一个重要问题。本文试图从日本历史特点出发,考察明治维新前夕各阶级的动向和复杂的历史事件,对讨幕派的形成及其历史作用作粗浅剖析。

一

德川家康早在1603年就建立了幕府专制统治,握有的土地占全国耕地面积26%以上,成为当时最大的封建领主。后来,又把其余土地分封给260多个藩主(大名)作为领地,然后将军和大名再将他们的领地或"年贡米"(租税)作为俸禄,分赐给他们的家臣武士,这样就出现了由将军—大名—武士构成的金字塔式的封建统治机构。幕府一面规定了士农工商身份等级制,宣扬尊崇幕府的"大义名分论",强迫臣民应有忠于主君的"忠义";一面派人监视天皇,强迫大名进行"交替参觐"。从表面上看,好像是德川家为他的子孙后代创立了千秋不变的家业,可是在日本封建社会末期出现这种分封割据的政治状态,却蕴藏着不可克服的各种矛盾,阻碍着日本资本主义因素的发展;远离江户的大名也憎恨幕府,其中尤以长州、萨摩、土佐、肥前四个强藩与幕府的矛盾日益深化。这给幕末维新运动带来了深刻的影响。

德川的专制统治是建立在封建的、孤立而分散的小农经济基础上,再加上实行了闭关自守的锁国政策,切断了日本经济同国外市场的联系,因而同欧美国家发达的经济相比,日本是处于停滞的状态。资本主义在日本没有得到迅速发展,没有形成强大的新兴资产阶级,也没有形成全国统一的民族市场,大小诸侯仍然实行封建割据。综合上述,就是德川封建专制主义的主要特点。

尽管德川幕府费尽心机想维持幕藩体制统治,但生产力冲破一切束缚,还是带来了商品货币经济的发展,逐渐破坏了农村的自给自足经济。随着商品货币经济的发展,农民不仅受封建主的剥削,还要受商人高利贷者的剥削,再加上荒年、饥饿、专卖制度、币制紊乱、乡村官吏违法乱纪等,致使农民更陷于贫困,农民阶级分化显著加剧,从农民中分化出富农(豪农)和贫农(水吞)。富者田连阡陌,余粮满仓,贫者无立锥之地,出卖亲生骨肉。农民遭受重重剥削,逼得走投无路,只好起而反抗,因而农民起义频繁发生,此起彼伏,这是导致幕府政权崩溃的最根本的因素。据黑正岩的《农民起义年表》统计,整个德川时代,农民起义和城市贫民暴动达 1,240 次,多半发生在德川时代的后期。

然而,由于幕藩领主的封建割据所造成农民起义的分散性,以及缺乏先进阶级的领导,不能为革命运动提供与之相适应的意识形态和纲领,再加上缺乏严密组织,往往被幕藩领主欺骗和各个击破,这说明农民单独进行革命,很难取得成功。但是,正因为农民和城市贫民长期不断地进行声势浩大的斗争,终于导致幕藩体制崩溃,并赋予明治维新以革命的意义。

"导致幕藩体制崩溃的新的社会分工的形成不在都市,而是在农村中进行的,他的动力就是农村工业。"[①]这是由于幕府对商品经济的发展采取抑制政策,垄断人们生活必需的物资,所以工场手工业首先是在不受行会约束的农村纺织业中出现的。在幕末的日本社会中,既有广泛存在的资本主义家庭劳动,也有在先进地区工业部门中占统治地位的工场手工业。由于这种经济发展水平所限,新型的资产阶级还没有产生,或者说正处于阶级形成

[①] 中村哲:《明治维新的基础构造》日文版,第 19 页。

的初期阶段。这具体表现在：有的豪农和商人从领主那里承包开垦新田的任务，逐渐变成了商人地主，或叫新垦地的地主。他们一面利用自己的资本控制农村的手工业者，以榨取利润；另一方面又凭借自己所占有的土地奴役无地或少地的农民，以剥削地租。这就构成了幕末日本资产阶级的一个最重要的特点，即他们中间一些人常常是地主、资本家一身二任的。在幕末时期，号称棉织品工场手工业最发达的尾西，就有这种情况："工场手工业经营者和上层的农村商人乘着开港引起的旧式棉业的混乱，改营洋纱行、批发行、染坊、榨油厂、当铺、酿酒业等，并且都加紧搜刮土地，迅速走上地主的道路。"①又如，福岛地方从事丝织业的手工业者，就是处于商人化地主和地主化商人的控制之下的。

　　商人地主也好，批发行资本家也好，都是在商品货币经济发展中成长起来的新的阶层。日本史学家把他们称为"豪农""豪商"。豪农豪商是讨幕运动中最值得注意的一支力量，是代表着新生产方式的萌芽。一方面，他们依附于封建领主政权，对农民、手工业者进行封建剥削，与领主有共同利害关系；②另一方面，他们本身也受着领主的剥削和压迫，资产阶级的企业活动又受到种种限制，因而对领主深怀不满。所以，他们是具有两重性的地主资产阶级，与封建领主有矛盾也有融合，但两者之间的矛盾到了幕末时期成为主导的。他们有一定程度的革命要求，其中的许多人和激进的下级武士、浪人一道，参加了讨幕运动。

　　为了研究讨幕派的历史作用，必须对武士等级作阶级分析。武士等级在政治上享有绝对统治权，但在它们内部也有上层武士和中下级武士之分。上层武士把持着藩政，而广大下级武士不能直接参与藩政，不仅在政治上受到压抑，也没有土地，只靠从大名那里领取禄米过活。因此，他们只不过是享有俸禄的世袭职业军人。为数约四十万的武士连同家属共约二百万人，虽然主要是靠剥削农民劳动果实过活，但不应当把下级武士看成像领主阶层一样的统治阶级，他们同领主是一种雇佣关系。

---

① 盐泽、川浦：《寄生地主制论》日文版，第230页。
② 他们或向藩主求借资金，或向藩主献金来博取"苗字带刀"的荣誉，或者购买乡士证书，以图取得武士身份。

幕藩领主为了维持奢侈生活及偿付高利贷利息,除了逐年提高年贡加紧向农民进行搜刮外,对下级武士也进行克扣。一部分下级武士被停发禄米,一部分下级武士被削减禄米三分之一或二分之一,因此使那些靠"主君"禄米生活的广大下级武士,也陷于贫困的境地,有的失去封建特权和生活来源而变为到处流浪的贫穷者,有的变为无产者。下级武士生活的恶化,引起他们对幕藩领主的强烈不满,以至"恨主如恨仇敌"[①]。这就是下级武士参加讨幕运动的重要原因之一。

但是,必须注意中世纪日本的特点,即封建武士不仅担任军务,还是垄断学问的一个阶层。有不少武士浪人成为儒学、国学和兰学的学者,设塾授徒,培养青年藩士。有一批失去禄米的下级武士,干脆改业为教师、医生、作家、西方语言研者,补充了知识分子的队伍。他们接触欧美的资产阶级文化,意识到日本封建割据政权的落后,已经不能挽救民族危亡,因而有的主张摄取西洋技术,有的主张"富国强兵",实行"维新"和变革。如日本洋学家代表人物佐久间象山就认为"仅以和汉之学识,远为不足",倡导"东洋道德、西洋艺术",采用西方学术,以补日本"圣学"之不足,并提出了"以夷之术防夷"的主张。

幕末赫赫有名的吉田松阴,曾主张尊王贱霸,"入则孝、出则忠信"。后来,他受象山的开导,知道攘夷之不可能,应"借彼之术,而谋伐彼",曾想渡美国留学而未达到目的。他在《草莽崛起论》中说:"三千年独立不受羁绊之日本,一旦受人束缚,凡有血性之人怎忍坐视。如不奋起拿破仑之勇而唱自由,则腹闷难医"。他这种爱国思想感染了许多人。从他开设的"松下村塾"当中,出现了一批爱国志士。如高杉晋作和久坂玄瑞被称为"松阴门下的双璧",还有出身低微(足轻)的入江九一、伊藤博文、山县有朋、品川弥二郎、野村和作等;木户孝允、前田一诚、山田显义也曾就学于松阴。这些门生都是讨幕派的领袖。

西南诸藩,地处沿海地区,同西方国家接触较早,出现了一批眼界开阔、要求革新、实行近代国防的先进人物,横井小楠、高杉晋作、坂本龙马便是其

---

① 本利多明:《经世秘策》。

中的代表。横井小楠读了魏源的《海国图志》，思想发生很大变化，曾经提出了"富国强兵"和"殖产兴业"的口号，主张以欧美国家的社会制度为典范，改造日本社会。从当时日本处于民族危机的情况来看，这是切合日本历史实际的，其目的是为了建立一个民族独立富强的国家。

幕末的日本，面临着欧美各国侵略的威胁和幕藩体制瓦解的双重危机。处于这样激烈动荡的时代，各个阶级都发生了重大变化。许多下级武士向资产阶级或资产阶级知识分子转化，许多资产阶级向武士转化，当然妨碍了新兴资产阶级思想的成熟。事实上，工业资产阶级刚在形成，力量非常薄弱，没有形成为独立的革命力量。正是在这种情况下，中下级武士出身的知识分子成为讨幕派的领袖。但是，他们一方面反对封建的幕府，一方面又怕人民群众的彻底革命。而新兴的地主资产阶级（即豪农豪商）和下级武士结成同盟，就是在这样讨幕派领袖人物的领导下，承担了推翻幕府的历史任务。日本史学家把他们称为"草莽志士"。

二

日本被迫开国，首先在下级武士出身的知识分子当中激起了强烈的民族危机意识。那些具有爱国思想的知识分子从救亡图存的立场出发，反对欧美各国的侵略，反对幕府签订丧权辱国的条约，纷纷上书藩主、将军，陈述救国意见，谴责幕府的妥协政策。

但是，井伊直弼任"大老"以后，没有得到天皇批准，就于1858年先后签订了所谓"五国通商条约"，并制造"安政大狱"，处罚具有爱国思想的志士，把桥本左内、吉田松阴等处死，百余人入狱。这种刑戮爱国志士的暴政，使反幕活动更趋激烈。

这时，草莽志士们不问是否属于同一主君，只要志同道合就集结起来，以长州、土佐为基地，会同全国草莽志士与豪农豪商结成联盟，到处奔走呼号，互相串联，冲破阻力，越过了大名而走上了政治第一线。1860年三月三日（旧历），水户和萨摩两藩的浪人在江户城樱田门外，刺死了井伊直弼，就是草莽志士越过大名而走上政治舞台的重要标志。

在井伊直弼被杀后,幕府也改变了策略,想以和宫下嫁为媒介实现"公武"①结合。这样,便在统治阵营中出现了公武合体派,即朝廷和幕府的联盟。这个派别反映了上层武士和特权商人的要求。

朝廷与幕府的妥协(公武合体),激起尊王攘夷派的不满。他们提出倒幕的口号,并在坂下门袭击了老中安藤信行,杀伤外国人的事件也不断发生。经过一系列的斗争,尊攘派志士认识到不能信赖大名,而把希望寄托在天皇身上,想利用天皇的权威打倒幕府。

1863年,尊攘派聚集力量于京都,通过公卿三条实美等把天皇掌握在本派手中,命令幕府限期(五月十日)实行攘夷,并准备在同年八月,策划挟天皇实行攘夷亲征,举兵倒幕,想建立举国一致的中央政府。可是,顽固的孝明天皇厌恶所谓"扰乱"封建秩序的草莽志士,暗中把计划泄露给幕府,使幕府提高了警惕。结果,只有长州藩在五月十日炮击通过下关海峡的外国船,幕府不去攘夷,反而在八月十八日动员萨摩和会津两藩的兵力,把以长州藩为首的尊攘派志士从京都驱走,支持尊攘派的三条实美等七名公卿也被撤职,逃往长州,史称"八·一八政变"。这次政变说明:幕府一面卖国偷生,一面又不惜动用武力,破坏了尊攘派的优势地位,结束了尊王攘夷运动。

长州藩尊攘急进派领袖久坂玄瑞、真木和泉为了反抗幕府的镇压,挽回局势,曾率兵分三路入京都,冲向皇宫的禁门(蛤御门),结果败于幕府和萨摩联军之手,久坂等自杀。"禁门之变"后,长州尊攘派被打上了"朝敌"(即朝廷的敌人)的烙印。

恰在长藩处于这种困难的时候,英、美、荷、法四国联合舰队炮击下关(即史称"马关战争"),进行报复,目的是使尊王攘夷派放弃攘夷计划。幕府又利用长州尊攘派在马关战争中失败的机会,趁火打劫,进行了第一次征长战争。这样,长州尊攘派在内外夹攻之下,遭到失败。

幕藩领主镇压尊攘派,并未能挽救民族危机。英、美、法、荷四国联合舰队攻占下关,索取巨额赔款。继而四国又以联合舰队威逼日本,从而导致天

---

① 幕府想迎娶孝明天皇的妹妹和宫为德川家茂的夫人,借此实现"公武"结合。公指朝廷,武指幕府。

皇批准1865年条约和1866年签订的改税条约。条约规定主要商品的进口税率降低到值百抽五(是过去条约的最低税率),更加损害了日本独立主权,破坏了日本经济,致使日本民族危机更趋激化。

由于"八·一八政变"和多次的流血教训,使草莽志士中的先觉者认识到,尽管天皇脑门上涂有"权威"的神圣光圈,但不可靠,除联合草莽志士起义以外,别无他策。另外,他们也从马关战争中懂得,在与外国武力悬殊的情况下,依赖庸愚保守的天皇进行攘夷,是轻率无谋之举。因此,他们改变了攘夷的战略方针,而要以讨幕本身作为战略目标,只有先集中力量打倒腐朽的卖国幕府,才能建立一个克服民族危机的独立国家。这样,在战略上就由"尊攘论"转为"倒幕论",从改良逐渐走向革命的道路。讨幕派的形成,就是为了扭转尊攘派的战略方针,依靠人民群众的武力,先夺取本藩权力,然后以本藩为根据地,再去推翻幕府。例如,讨幕派在长州藩的形成,就是典型的例证。

"禁门之变"后,在长州藩暂时得势的保守派(即"俗论党")乘机发动政变,一面向幕府请罪投降;一面迫害尊攘派,不仅命令奇兵队和诸队解散,又将三个家老、四个参谋,当作禁门之变的责任者斩首,使奇兵队和诸队陷于瓦解状态。就在这个严峻的时刻,高杉晋作秘密回到下关,得到伊藤博文率领的力士队(18人)和石川小五郎率领的游击队的支持(共约80人),于1864年12月16日晨在下关举行起义。这次起义得到各地人民的积极支持。当起义军攻打藩内保守派时,"人民欣然欢迎各队,或送米粮,或供金钱。他们收下米粮,却退还金钱,或用以赈济贫民,人心更为悦服,拥护各队"。① 可见,奇兵队和诸队的起义反映了人民群众的要求。

到1865年初,起义军打败了保守势力的镇抚军,夺了长州藩的政权。这次起义和夺权,是长州讨幕派形成的重要标志。

讨幕派在长州建立割据政权,对整个幕藩领主阶级来说,表明国内战争已迫在眉睫。加拿大的日本史学家诺曼把讨幕派在长州藩的夺权,看作是全国规模的讨幕斗争的"一次预演",是讨幕派"在全国舞台上胜利的一个

---

① 原口清:《幕末政争考察》,载于《历史教学研究》143号。

先声"。①

讨幕派在长州藩得以形成和夺权，从客观条件来看，是由于当时正处于"群雄割据"的局面，再加上农民起义和市民暴动接连不断，弄得幕府无力进行镇压。在国际方面也存在有利条件：美国忙于国内南北战争，无暇顾及日本；英国由于受中国太平天国革命和印度土兵起义的打击，"给了日本一个极其必要的喘息机会，使它得以摆脱封建制度的束缚"②。这样，讨幕派就可以利用列强的矛盾，取得英国的支持，使当时支持幕府的法国不敢进一步作难。

当然，长州讨幕派之所以能够形成，主要是由下述两个因素起了决定性的作用：依靠奇兵队和诸队的武力夺权以及广大人民的支持；在经济上得到豪农豪商的资助。

首先，从长州奇兵队和诸队来说，它是支撑讨幕派的主要武力。早在1863年5月，当长州尊攘派炮击外国船而遭到报复时，高杉晋作被藩主起用，着手组织新的军队。高杉晋作鉴于民族危机严重，认为"肉食之士都不能任事"，"必须下决心矫正豪门积弊"，"不分武士与平民，一律提高薪俸，专募强健者"。③ 他挑选下级武士和农民、市民中勇敢有志之士，组成一支新式的军队，名为"奇兵队"。这支军队是为了保卫国土而成立的一支革命武装，是在下关到荻城之间对外国军队进行游击的抵抗部队。

除了奇兵队之外，还成立了各种名称的诸队，如膺惩、集义、义勇、游击、金刚、神威、钟秀、多治比、南园、御楯、力士、先锋、乡勇、市勇、屠勇、鸿城等诸队，共有156个④。这些诸队也是为了民族防卫而组织起来的。其中，虽有各种成分，但绝大多数是农民。日本史学家小西四郎认为"武装的农民军"是诸队的"主体"。这些农民虽然多数是豪农豪商的次子和三子，但也包括许多农民、猎户、屠户等下层的人民。如参加屠勇队的"部落民"，就是最下层的贱民。讨幕派就是这样地与豪农豪商结

---

① 诺曼：《日本维新史》中译本，第67页。
② 诺曼：《日本维新史》中译本，第48页。
③ 《东行先生遗文》，第154页。
④ 小西四郎：《日本全史》第八卷，近代Ⅰ，第112页。

成同盟，甚至组成了类似诸队的庶民武装，并以此为媒介，能够掌握普通的农民和商人。这样，讨幕派就把对现实不满的社会各阶层团结到自己的阵营里来。

其次，讨幕派在经济上也得到豪农豪商的支持，主要是濑户内海沿岸的豪农豪商捐献了巨额经费。例如，豪商白石正一郎（航运公司的老板）就以全部财产支援了奇兵队；下关的另一个商人入江和作，也拿出两千两金银支援下关起义；豪农吉富藤兵卫不仅以金银五百两支援奇兵队，还亲自率领农商兵把井上馨从监狱中救出，然后井上馨就把这支兵队编为鸿城军，转战各地。又如小郡的豪农兼大村长林男藏，从1863年以后就动员他所管辖的村长和村公务人员，以金钱支援诸队。为了响应功山寺的起义，在小郡组成了二十八名的"村长同盟"，其中就有著名人物豪农商秋本新藏。他组织了乡勇队参加起义。这些史实说明：濑户内海地区的豪农巨商不仅积极支持起义军，而且实际上就是讨幕派的阶级基础。豪农豪商虽有两重性，但在幕末日本人民反对外国侵略者和幕府的这一斗争形势下，他们也被卷入讨幕的巨浪中，有的取得农民起义的领导权，积极支持讨幕派，保卫长州这块讨幕根据地。

讨幕派夺取藩政权以后，高杉晋作和木户孝允等掌管藩政。他们在"武备恭顺"的口号下，对幕府采取表面恭顺、实则对抗的态度。木户孝允向晋作建议：一是充实军备；二是联合萨藩。他们所施行的新政，就是木户孝允说的"外与萨藩联合，内与岩国和睦"，把兵制改革成为洋式的"三大政策"①。他们转向开国，开放下关，发展贸易，扶植藩内企业，并起用精通西方军事学的大村益次郎担任"军政专务"，积极进行兵制改革，主要是加强由农民、市民编成的新军（奇兵队等），卖掉祖传的盔甲和火绳枪，秘密购入新式武器，改进装备，加速整顿"割据倒幕"的军事体制。长州讨幕派就是这样迅速地成长壮大。

当时，长州讨幕派已有统一全国的设想。如高杉晋作所说："如不将防

---

① 《防长回天史》七，第172页。

长的想法推出于五大洲中,摆出花样阵势来,则大割将不能完成。"①这就是说,他们不仅看到一个藩的"割据倒幕",而且提倡五大洲中的"大割据"。这时,他们已使原来尊攘派所提倡的超越藩的"横断结合论"更发展一步,正在构思整个日本讨幕爱国力量的大联合,建立一个民族独立的统一国家。尽管讨幕派领袖还具有"和魂洋才"的思想,但从当时日本处于民族危机的历史情况来看,讨幕派不是为了某一个阶级的利益,而是为了日本全民族的利益挺身而出,进行斗争,因此既能博得日本人民群众的同情和支持,又能得到豪商豪农即新兴的地主资产阶级的积极援助。如果不重视这点,就很难理解讨幕派的性质和特点。

三

当时,摆在长州讨幕派面前的一个极其重要的任务,就是联合全国的反幕爱国力量,其中具有决定性的步骤,就是萨长两藩的首先联合问题。尤其在面临幕府部署再次征长的威逼下,长州讨幕派如果得不到萨藩支持,很难击败幕府军。

第一次征长战争以后,社会动荡不安,人民群众反封建反侵略的起义遍及全国。这时,幕府是由强硬派小栗忠顺执政,在法国公使罗休支持下一意孤行,企图实行所谓"幕政改革",并以再度征长作为其建立独裁政权的第一步,根本不理萨藩等公武合体派的强藩联合政策,这样就使萨藩与幕府的关系逐渐疏远。西乡隆盛和大久保利通已从公武合体派中分化出来,并控制了萨摩的藩政。

萨摩已从萨英战争的失败中吸取教训,主张学习英国的兵制。武士出身的著名商业家五代友厚,深知世界形势,向萨藩献策,力主开国,购买军舰、大炮和小枪,并订购纺织机、采矿机等,建立洋式机械厂,聘用外国专家,派遣留学生出国。这些改革设想都被大久保利通所接受,并付诸实施。大久保致力于藩政改革,决心先在藩内推行"富国强兵"政策,命令藩士村田经

---

① 《东行先生遗文》,第 148 页。

芳研制新式枪炮,派遣留学生出国研究军事,在长崎没立贸易机构,保护生丝和其他商品出口,设立"开成所"普及军事技术和洋学等。①

恰在这个时候,富有远见的坂本龙马和中冈慎太郎从中斡旋,促使萨长两藩实行联合,共同讨幕。结果于1866年1月,萨长两藩缔结了相互援助的讨幕密约,结成了"萨长同盟",从此讨幕派愈益处于优势。中冈慎太郎在给土佐同志的论策中写道:"自今以后,兴天下者必定是萨长两藩,""他日立国体、灭绝外夷之侮辱,亦此二藩也。"他希望萨长结盟倒幕,以摆脱民族危机。这不单是中冈慎太郎一个人的愿望,也是讨幕派志士共同的愿望。

原来,萨长两藩是互相敌视的。在这次结盟前夕,坂本龙马先请西乡隆盛允许以萨藩名义,在长崎为长州代购军火,西乡也要求长州为萨军购粮,这种相互支援为萨长结盟奠定了基础。长州讨幕派得到萨藩的同意,经英国商人古拉拍之手,秘密购买七千支枪和一艘轮船,以萨藩名义运回长州藩,这是得到英国公使派克斯的默许。英国之所以同意向长州藩秘密出售武器,是因为英国的对日政策有了改变。起初,英国曾设法使幕府停止垄断对外贸易,让各藩都能自由参加,想利用这个办法既能满足英国的自由贸易要求,又能调整幕府和各藩之间的关系,防止日本国内爆发革命。而幕府却勾结法国,力图加强垄断对外贸易。于是,英国抛弃了幕府,与主张对外自由贸易的萨长两藩接近。

为了对抗幕府的垄断贸易政策,萨长讨幕派在经济方面也必须相互支援,结成联盟。首先提出这种主张的是萨藩著名的商业家五代友厚。由于他的倡导,在萨长的经济同盟方面收效很大。如在下关设立萨长合作的商社,目的是建立以萨摩、长崎、下关为中心的西南日本贸易圈,企图切断幕府支配的国内商业网。换句话说,萨长合作的商社,就是要控制整个日本市场,联合对抗幕府的垄断贸易,并在两藩通商中建立互惠关系。这样,萨长两藩讨幕派无论在军事上或者经济上,都形成了左右日本政局的讨幕联合阵线。

原来,不论萨藩的西乡隆盛、大久保利通,还是长州的高杉晋作、木户孝

---

① 参考《大久保利通传》上,第570页。

允，都热衷于加强国内外的商业活动，以应付军事上和财政上的需要。萨藩还组织外藩的乡村商人，加强藩际贸易。这不仅与幕府的垄断贸易政策发生冲突，也受外藩的限制。在这种形势下，废除幕藩领主阶级对市场的控制，确立适应商品经济发展的全国统一的民族市场，既符合讨幕派的经济要求，也反映了豪农豪商即新兴地主资产阶级希望自由发展工商业的要求。讨幕派从"割据倒幕"向萨长联盟的飞跃，是适应了日本社会经济发展的历史趋势。这是具有革命意义的创举。

幕府不惜进一步丧权辱国，同法国殖民主义者勾结，对抗萨长讨幕派。幕府聘用法国军事教官团，着手编成陆军，并在法国支持下，在兵库设立商社，企图垄断整个对外贸易，又在江户、大阪设立专卖机构，企图控制全国市场。同时，幕府为了维护反动统治，企图建立以将军为首的所谓"诸侯协商"的政权，并命令各大名出兵征讨长州藩。可是，幕府既不得民心，又遭到强藩大名的反对。萨藩拒绝出兵，反而接济长藩军火，尾张、越前等藩也不参加。幕府不顾当时的形势，于1866年6月7日，发动了第二次讨伐长州的战争。幕府军士气不振，装备也差，而长州讨幕派的新式军队（奇兵队和诸队），不仅士气旺盛，又英勇善战，同时受到全藩人民的支持。再加上战争正酣时，幕府军后方如大阪、江户及其附近地区爆发人民起义，使幕府军首尾不能相顾，在条条战线上都失利，被长州兵杀得惨败。幕府连续接到失败的消息，进退维谷。恰在这时（七月），德川将军家茂病死，后继者德川庆喜不得不以"将军之丧"的名义退兵，单方面宣告休战。这就暴露了幕府的腐朽无能，完全丧失了民心，征长战争遭到惨败。

幕府发动这次征长战争，是在农民起义和市民暴动急剧高涨的情况下进行的，对其灭亡具有决定性的意义。到明治维新前夕，农民起义和市民暴动的次数比过去五十年间多一倍至两倍。这些起义多数是因米价和其他物价高涨引起的。在米价暴涨最猛烈的兵库、江户、大阪等城市，首先爆发了城市贫民抢米的斗争，然后又迅速蔓延到其他各城市。在武藏、川越、村山、木曾、津山等农村爆发了农民起义，起义者要求减低米价，有的甚至高呼"改造世道"口号。正是由于这些连绵不断的起义，严重地威胁着幕府的统治，再加上讨幕派利用这种局势加速扩充讨幕力量，并向京都集结军队，从而出现了革命的形势。尤其是从 1867 年秋至 1868 年春,日本全国人民突然陷入所谓"还不好吗?"这样一种一时激昂兴奋的群众性的大混乱中,使幕府的军事、警察机能完全陷于瘫痪状态。这时,不论哪个藩,都出现了大大小小的追随讨幕派的势力。

四

在明治维新前夜,讨幕派与幕府之间的斗争日益激烈。幕府在第二次征长失败以后,为了挽救即将灭亡的命运,继续勾结法国,设法加强自己的力量。首先在法国军官指导下,企图建立一支对抗长州奇兵队的新式常备军,还拟将北海道的矿山权利作为抵押,从法国借款六百万美元购买舰船和武器,并成立法日合办的大商业公司,使其垄断生丝贸易,还想让法国从事铁路建战正当幕府加紧投靠法国的时候,讨幕派势力也在不断发展壮大。当幕府再次征长失败以后,长州讨幕派趁机把藩内保守势力彻底打下去,并注意争取群众,关心贫民生活,巩固了讨幕派势力的根据地。土佐藩的板垣退助等讨幕派领袖,以乡士和上层农民为主力,也编组了类似奇兵队的军队。就在这时(1867 年 7 月),西乡隆盛、大久保利通与土佐藩士后藤象二郎、坂本龙马缔结了以实现"奉还大政"为目标的"萨、土盟约"。当时不论在萨藩还是在土佐藩,都出现了脚踏两只船的人物,既想讨幕,又想妥协。但是,长州讨幕派的部分领袖(如井上馨、山县有朋、品川弥二郎等),特别是受豪农豪商支持的奇兵队和诸队是坚决要举兵讨幕。在长州讨幕派的积极影响下,使萨藩讨幕派也坚持举兵讨幕。这样,萨藩讨幕派不仅同土佐藩的讨幕派领袖板垣退助等签订萨土讨幕密约,而且到 1867 年 9 月,终于在萨、长、艺之间,签订了举兵讨幕的协定。甚至像岩仓具视(公卿)那样主张公武合体论的人物,也都参加了讨幕派。讨幕派一面不断地同宫中的岩仓具视等加强秘密联系,进行宫廷工作,一面又以"王政复古""维护朝廷"的名义,为组织讨幕作了一系列军事上的准备。

这时,压制讨幕派的孝明天皇已经死去,由不懂事的十四岁半的明治天皇继位,这就有利于讨幕派。于是,他们通过朝廷中倒向自己的公卿,把这块"玉"操纵在自己手里。他们用"玉"这一隐语称呼天皇,所谓"夺玉""抱玉",就是企图利用天皇的名义,夺取政权。这时的"尊王论"早已成为操纵民众和下级武士的一种策略性的战斗口号。

但是,以妥协方法来取消幕府的运动也在进行,代表人物是土佐的藩主山内容堂及其藩士后藤象二郎。坂本龙马曾向后藤提出船中"八策",希望建立近代中央集权国家,可是后藤以自己的妥协思想加以修改,名义上要将军自动放弃政权,奉还大政,实际上是想要德川氏充当诸侯"封建联邦"的首席,仍叫他继续掌握原有的大部分权力。这样,以萨长为中心的武力讨幕方针,同以土佐藩为中心的大政奉还(即公议政体)方针,互相纠葛在一起,使政局异常紧张。

1867年10月初,讨幕派们在京都召开了秘密会议,制订了以武力推翻幕府的计划,并通过"朝廷"的开明公卿得到一份征讨幕府的秘诏。秘诏中用很激烈的文辞说:"不讨此贼,何以上谢先帝之灵,下报万民之深仇。"

就在1867年10月14日下达秘诏的同一天,德川将军庆喜接受妥协派山内容堂的劝告,提出了"奉还大政"的请求,其目的是先发制人,在名义上把政权奉还天皇,使讨幕派失去举兵讨幕的口号,而自己可以通过列藩会议,仍然掌握实权。

1867年12月9日,在西乡隆盛的指挥下,由萨、土、艺、尾、越五个藩的兵力,先以守护皇宫的名义包围了朝廷,然后发动了所谓"王政复古"政变,宣布废除幕府制,设立了由总裁、议定、参与①组成的天皇政府,确定了"一洗旧弊""百事一新"的施政方针。当天晚上,即召开了"三职"②官员的"小御所"会议,讨论处分德川庆喜的问题。会上,讨幕派和妥协派展开了激烈的争论。争论的要害是叫庆喜"辞官纳地"。因为庆喜手中拥有大量兵力和土地,这个问题不解决,其他一切都是空话。山内容堂提议,应召庆喜列席会议,不能以少数公卿"拥幼冲天子,窃取天下权柄"。岩仓具视事先已受到讨幕派的警告和鼓励,于是他立即指责说:"庆喜只是奉还政权的空名,仍保

---

① "总裁"是明治政府的议长;"议定"是高级国家顾问,高级的参事官;"参与"是下级国家顾向,下级的参事官。
② "三职"是由"总裁""议定""参与"三种官职机构组成的最高国家机关。

有土地、人民的实力,其心术的丑陋,不难察知。"讨幕派领袖之一大久保利通支持岩仓的意见,并且说:如果庆喜表示拒绝,即"将其罪行宣告于天下",对之进行讨伐。

讨幕派提出"辞官纳地",即叫德川庆喜辞去官职,退还土地和人民,这是讨幕派从改良转化为革命的重要标志之一,也是划分革命和改良的重要界线之一。讨幕派领袖这样做,并不意味着他们都是革命家,虽然不都是革命家,也得这样做,这是形势所迫。如果不没收德川庆喜以及其他诸藩的领地,新政府就会变成虚名,毫无实际基础。所以,这是意味着要不要推翻德川封建政权的重大原则问题。山内容堂的方案,不外是建立以诸侯会议为基础的"封建联邦",就是叫失去将军称号的庆喜为议长,继续掌握实权。实际上,这是公武合体派的妥协方案。

当时,两派争论极其激烈,不易得出结论。听到消息的西乡隆盛针对这一争论说:"这时不能用口舌,只能用匕首。"结果,由于讨幕派有武力作为后盾,使会议通过决议,令德川庆喜"辞官纳地",并派人传达给庆喜执行,这等于下达讨幕的命令。果然,德川庆喜拒绝执行"辞官纳地"的决议,战争在所难免。

庆喜在法国公使罗休授意下,一面宣布遵守与外国签订的条约,一面向朝廷提出"讨萨表",决心以武力讨伐萨摩,以"清君侧"。这个萨摩,实际上就是指朝廷和讨幕派的全部势力。这时,以大久保为首的讨幕派坚决主战,并以天皇名义指斥庆喜为"朝敌"(即朝廷的敌人)。1868年1月3日两军在鸟羽、伏见开战。幕府军有一万五千人,新政府军即讨幕派军队只有五千人,双方兵力虽相差悬殊,但经过三天的激战,讨幕军大战,幕府军被打败,再无反攻之力。于是,朝廷下令追讨庆喜,同时命令那些脚踏两只船的诸侯表明去就。因为这一年正值农历戊辰年,所以史称"戊辰战争"。

那些动摇的诸侯看到幕府的大势已去,纷纷响应新政府的号召,参加讨伐庆喜的战争,宣誓"勤王"。新政府中主张"公议政体"的妥协派大名和公卿,请求辞去"议定"职务。木户孝允、井上馨、广泽真臣等讨幕派领袖都被任命为"参与",和原有的"参与"西乡、大久保一起,实际上成为新政府的领导核心,迅速建立新文武官僚机构。讨幕派不仅得到豪农豪商的支持,连三

论岩仓具视从封建贵族到
资产阶级改革家的演变

韩文娟

岩仓具视是日本倒幕维新运动中改革派公卿的著名领袖。岩仓所代表的政治势力同下级武士改革派结成了牢固的政治联盟。他们活跃在朝廷与倒幕阵营之间,巧妙地维系着朝廷与倒幕阵营的政治联系,起到了任何阶层都不能代替的历史作用。

对于这样一个从封建贵族中分化出来的资产阶级改革家,史家们持有不同的评论。有的强调岩仓的保守性,有的又夸大其进步性。[①] 本文拟通过岩仓从封建贵族演变为资产阶级政治家过程的叙述,力图对岩仓的历史作用作出较为公正的评价。本文亦试图提出和论证这样一个观点,即在倒幕维新运动中,如果没有改革派公卿同下级武士改革派这两个阶层的联盟,那么这场变革日本社会性质和决定日本历史命运的明治维新运动,将不能取得成功。

一、皇权主义政治家

岩仓具视是作为坚定的保皇主义者走上政治舞台的。他怀着内奉皇

---

① 我国史学界在研究日本明治维新史及日本近代史时,一般未涉及对岩仓具视的评价问题,至今尚无专文及专著评论岩仓具视。在一些著作中提到岩仓其人时,亦多强调保守的一面。在日本史学界两种观点的对立较为明显,井上清多强调岩仓具视为"宫廷阴谋家,素来阴险","是专耍权术的人",而德富猪一郎、多田好问等人则夸大岩仓具视的历史作用。

权、外拒列强的志愿投身于尊王攘夷运动。后来经过"公武合体",①进而转为主张武力讨幕。应该指出,岩仓参加倒幕的动机,并非由于自觉反对阻碍社会发展的封建制度,而是出于对幕府专制所导致的皇权旁落状况的强烈不满,他的最终目的是要夺回天皇大权,实现所谓"王政复古"。岩仓的主张客观上与其他阶层力主倒幕的大目标相一致,适应了幕末社会斗争形势的需要,符合历史发展潮流。

岩仓具视,1825年10月26日生于京都,是京都下级公卿中纳言堀川康亲的次子。1838年十四岁时过继给参议兼右近卫权中将正三位岩仓具庆为养子,改名为岩仓具视。岩仓自幼好文,兼习武技,凤感王室衰落,愤慨幕府不尊圣命。在前宰相中将岩仓具集的影响下,岩仓十六岁时就立志"王政复古"。维护皇权,成了岩仓的毕生信念。②

1853年1月,岩仓投靠"五摄家"③之一的鹰司政通后,经常获悉朝政内幕,蒙受了上层政治生活的熏陶。同年12月29日,岩仓针对美国培理率舰来浦贺威逼日本开国一事,提出了扩大学习院培养文武人才的建议,颇受鹰司赏识,曾赞誉他:"胆识过人,口若悬河,必成大器。"④翌年,经鹰司推荐,不满三十岁的岩仓担任了宫廷侍从。1857年12月,岩仓又兼任宫廷近习,从此登上全国性的政治舞台。⑤

岩仓步入政治生涯的年代,由于腐朽的幕府统治与欧美列强的侵扰,日本社会危机四伏。继1853年之后,1854年培理再次率舰队到日本逼迫开国。幕府在美国炮舰政策面前,虽然也讲"若终由彼方挑起战争,则我方亦应以小船对付,速决胜负"。但实际上却执行着"切勿酿成战争"的路线。⑥在任命与美国谈判官吏时,事先就把接受培理的条件,作为会谈的方针。

1854年至1856年,幕府先后同美、英、荷等国缔结了一系列不平等条约,这在全国激起了尊王攘夷的新浪潮。攘夷浪潮的兴起,在公卿贵族中产

---

① 公,指以天皇为首的朝;武,指幕府。合体,指合二而一,结为一体。
② 德富猪一郎:《岩仓具视公》,东京民友社,1932年,第13页。
③ 古代日本公卿中,历任"摄政""关白"朝廷大贵族的五个家族,史称"五摄家"。
④ 德富猪一郎:《岩仓具视公》,第18页。
⑤ 大久保利谦:《岩仓具视》,中央公论社,1973年,第21页。
⑥ 信夫清三郎:《日本政治史》第1卷,上海:上海译文出版社,1982年,第213页。

生了强烈反响。久我建通、万里小路、广桥光成、东坊城聪长等朝廷公卿,曾专程访问江户幕府老中①堀田正睦,提出不能同意美国的要求,但被拒绝。②极力倡导攘夷论的公卿三条实美认为,缔结日美条约乃是关系国家兴亡的大事,幕府无权独断专行,外交事宜应经朝议,最后由天皇发布敕谕。三条的意见受到近卫忠熙、鹰司辅熙等公卿的赞同,入道尊融亲王也加入了尊攘论者的行列。岩仓当时虽然只是宫廷的侍从兼近习,但他利用靠近天皇、容易了解政治消息的便利条件,在公卿贵族中积极进行阻止朝廷授权幕府签约的活动。

1858年4月24日傍晚,岩仓紧急拜会久我建通,提议火速发动"列参",自己愿为此而献身。久我深被岩仓的壮举所感动,立即召集中山忠能、三条实爱、大原重德密议,一致赞成岩仓的提议,并责成岩仓、大原二人连夜串通各家公卿,不顾朝廷的禁令,约定次日正午众多公家列集参候。4月25日,八十八名公卿在权大纳言中山忠能起草的阻止幕府签约的谏疏上签名。其中包括岩仓具视的父亲具庆。天皇在众多公卿的压力面前,自然不能轻易批准幕府签约。5月9日,久我、广桥等公卿便把天皇的敕谕面交于幕府老中堀田正睦。这就是历史上有名的"列参运动"。因为这次运动,三十四岁的岩仓具视在维护皇权、抵制幕府方面表现得很坚决,故而一跃成为公卿贵族的著名领袖。

幕府的行径虽然受到朝廷以及公卿贵族中改革派的抵制,可是它更屈服于列强的武力。大老③井伊直弼不顾朝廷与广大民众的反对,于1858年又擅自与美、英、荷、俄、法等国签订了许多不平等条约。幕府的倒行逆施,越来越激起广大爱国志士的反抗。井伊的疯狂镇压,不但没有熄灭反而更加点燃了反幕的烈火。1860年3月24日水户、萨摩藩反幕志士暗杀了幕府大老井伊直弼。

"列参运动"后的岩仓,颇受朝廷重用,皇权主义思想进一步发展,维护皇权,抵制幕府几乎成为他一切行动的出发点。这时的岩仓与大原重德结

---

① 老中,是幕府常设的最高执政官。
② 德富猪一郎:《岩仓具视公》,第22页。
③ 老中的首席代表,是非常设的幕府最高执政官。

为密友。他们同属激进的尊攘派,共同为反对幕府签约而奔忙于京都和大阪之间,力图实现朝廷自主外交。这正是岩仓在"列参"两天后所写《神州万岁坚策》中的主要内容。但是,几年的活动,收效甚少,内忧外患,有增无减。岩仓陷入了痛苦而审慎的思考之中。

二、公武合体论的鼓吹者

井伊被杀后,朝廷与幕府之间,呈现出了暂时的相对均衡状态。"公武合体"论的兴起,就是统治阶级内部这种均衡状态的必然产物。主张公武合体的人们,各有不同的目的和动机,他们分别来自朝廷公卿、幕府官员以及某些藩主。岩仓认为,日本内外交困的根源在于内部分裂、对立,只有从调整内部入手,才能排除外来的欺辱,而调整内部的良策就是"公武合体"。岩仓主张公武合体的目的是发展朝廷势力,进而实现王政复古。岩仓并没有改变他的皇权主义立场,只是把公武合体作为实现王政复古的"应变"措施。幕府中的公武合体论者,则抱有完全不同的目的。他们基于幕府统治日益衰弱,企图借助皇权摆脱困境,以便巩固幕府的统治。真是同床异梦,各藏杀机。

"和宫(孝明天皇之妹)下嫁",是"公武合体"培育出的唯一花朵。岩仓曾亲手把这枝"花朵"从京都送到江户。

1860 年,幕府大老派家臣长野主膳同朝廷关白九条尚忠秘洽,奏请皇妹和宫下嫁将军德川家茂为妻,实行政治性联姻,以缓和幕府和朝廷的矛盾。当时和宫已同有栖川宫炽仁亲王订立婚约,不宜更改。幕府老中安藤信正又通过幕府派驻京都的代表酒井忠义继续同九条密谋,并把老中联署的书翰上奏天皇,强调"联婚一事,首先可使国内人心一致,于防御方面亦可渐有严格之守备"。① 这时,朝廷上下纷纷反对和宫下嫁幕府,认为"和宫下嫁"意味着朝廷对幕府的妥协,天皇顿然失措。8 月 6 日天皇单独召见岩仓,询问对策,岩仓独表赞同。他认为皇妹下嫁幕府有利于稳定国内形势,

---

① 信夫清三郎:《日本政治史》第 1 卷,第 276 页。

增强朝廷实力。天皇采纳了岩仓的建议,并令其护送和宫下嫁幕府。

"和宫下嫁"事件,引起尊攘派的强烈不满,他们对岩仓从激进的尊攘派倒向公武合体很不理解,斥责岩仓和千种有文、久我建通、富小路敬直四人为"四奸",其罪状是勾结幕府、出卖朝廷。岩仓于1862年被迫辞去左近卫权中将官职,剃发蛰居京都郊外的采邑岩仓村,直到1867年底被赦免。应当指出,在两大营垒激烈对立的形势面前,在倒幕运动正向纵深发展的紧要关头,岩仓极力主张公武合体,支持和宫下嫁,起了极为恶劣的作用,表现出了他对幕府态度上的妥协与动摇。

蛰居的五年里,岩仓虽然过着幽囚生活,但从未停止过问政事。在此期间,他有幸广泛结交了大久保利通、西乡隆盛、木户孝允、坂本龙马等倒幕派志士,秘密开展王政复古活动。通过这些活动,岩仓清算了公武合体的政治路线,认识到不打倒幕府,就不可能实现王政复古。这是他转向倒幕派的重要思想基础。当他获得新的认识之后,便立刻全神贯注于未来的斗争。①从此岩仓以及他所代表的改革派公卿便与下级武士改革派结成牢固的政治联盟,在倒幕维新运动中充分显示了它的威力。

三、积极策划王政复古

1863年,幕府在京都策动了一次宫廷政变,形势发生了不利于尊攘派的急剧变化,三条实美等七名改革派公卿以及长州藩尊攘派的志士,均被逐出京都。这样一来,幕府与长州藩之间的矛盾更加激化。

在这种形势下,已转向倒幕派的岩仓为了推动倒幕运动的发展,对幕府发动了政治攻势。

1864年岩仓编录了幕末许多著名爱国志士的诗歌,题名《都气能雄久志》。岩仓借助这些人的诗歌,充分表达了忠君爱国的悲愤心情。②

岩仓蛰居的后期,在全国倒幕运动急剧发展的浪潮中,他的武力讨幕思想趋于成熟,并开始从一个封建贵族向资产阶级改革派转化。1866年,封

---

① 德富猪一郎:《岩仓具视公》,第97页。
② 德富猪一郎:《岩仓具视公》,第112—115页。

建幕府的统治陷入全面危机。物价飞涨，军队负担沉重，从大阪到江户不断发生以农民、手工业工人为主体的反幕斗争。幕府发动的征讨长州战争的失利，促成了萨摩藩与长州藩结成讨幕联盟，进而在西南强藩中实现了更为广泛的联合。蛰居中的岩仓极力传播强藩联合取胜的武力讨幕思想，对激发爱国志士奋起讨幕起了不可忽视的作用。水户藩小林彦林郎曾称赞：只要三条实美和岩仓具视共同协力，国家大事必成。岩仓通过小林又结交了萨摩藩的井上石见，井上也深为岩仓的精辟见解所打动。岩仓很快成为倒幕派颇有声望的重要人物，连坂本龙马也成了他的赞助者。

从"四奸"之一，一跃而为倒幕派志士的领袖，其原因在于岩仓在此期间，经常分析形势，阐述自己的政治见解，广泛结交了新的有识之士。

最能洗刷"四奸"恶名的著作，应首推1865年岩仓所写的《丛里鸣虫》及其续编。《丛里鸣虫》是由岩仓为解释1862年大原重德奉敕东下而草拟的《三事策》草成的。当时岩仓尚在朝廷任职，大原重德奉命为敕使，前往江户传达改革幕政的旨意，岛津久光随同东下。改革幕政的纲领共有三条：(1) 将军进京议定国事；(2) 以沿海五大藩——萨摩、长州、土佐、仙台、加贺的藩主为五大老，采取措施防御夷狄；(3) 任命德川庆喜和松平庆永为将军的监护人和大老。这个《三事策》是根据萨摩、长州两藩的要求和岩仓的建议制定的。孝明天皇改革幕政的目的是，达到"皇国和谐一致，万民一心一德，共同致力于攘夷"，"毫无排除德川于事外之用意"，强调"与关东合为一体，以抗蛮夷"。① 岩仓的《丛里鸣虫》，通过解释《三事策》，系统地表述了他的政治主张，进一步阐发了"王政复古"的思想。岩仓认为萨长二藩的联合，如龙似虎，是讨幕必胜的可靠保证。岩仓的《丛里鸣虫》，可以说是他经过三年蛰居生活后所写的一部政治宣言。《丛里鸣虫》续编，断然提出了依靠萨摩藩和长州藩的军事力量，促进各藩联合，废除幕府的鲜明主张。② 继《丛里鸣虫》正续编之后，岩仓又撰写了《全国联合策》，主张天皇统一政令，以朝廷为中心实行国政一元化的国家体制。③ 1866年还撰写《极秘语》，主张废

---

① 信夫清三郎：《日本政治史》第1卷，第282—294页。
② 多田好问编：《岩仓公实记》上卷，岩仓公史迹保存会，1927年，第909—939页。
③ 大久保利谦：《岩仓具视》，第142页。

除将军制,依靠萨、长两藩武力,实现王政复古。① 岩仓把撰写好的《丛里鸣虫》,通过井上转给大久保利通、小松带刀等倒幕派领袖,听取意见,以期引起共鸣。1867年,倒幕派领袖们,觉察到保守而趋于反动的孝明天皇已成为倒幕维新的阻力,若不扳倒这块"玉",将很难实现王政复古。有的史家记述就是这个岩仓具视,当机立断,使用了暗杀手段,毒死了孝明天皇。暂不论孝明天皇是否被毒死,但从总的形势分析,孝明天皇之死确实使形势发生了有利于倒幕派的根本转变。孝明天皇死后,年仅十四岁的第二皇子明治天皇继位。在幕末混乱局面下,"幼冲天子"登位,有利于倒幕派挟天子以令诸侯,共同打倒幕府,从而加速了王政复古的步伐。1867年11月8日,岩仓等公卿借用天皇名义发出"讨幕密敕",由于泄露了消息,幕府将军德川庆喜将计就计,向朝廷请求"奉还大政"。在幕府的烟幕面前,少数动摇分子认为倒幕任务已经完成,企图结束讨幕运动。然而足智多谋的岩仓及大久保利通、西乡隆盛等人识破了幕府的诡计,决定1868年1月3日发动政变,颁布"王政复古大号令"。可是"政变决不是倒幕的终局,而是真正的序幕",倒幕派领袖"他们始终想诉诸内战,来夺取政权,把灌注在政变上的热诚,再灌注在准备起兵上"。② 果然,在当天晚上的小御所会议上,决定德川庆喜"辞官纳地",一场内战势在必行。在这个三职会议上,作为改革派公卿首领的岩仓,力驳以山内容堂和松平庆永为首的保守派诬指"政变"是"三四个公卿""虚拥幼年的天皇私自专权"③的论调,坚决主张德川庆喜必须辞去官职,交还土地给天皇。只有这样才能从根本上摧毁幕府的政治与经济实力,从而揭穿了庆喜只交还大政这一空名的骗术。大久保对岩仓的主张表示坚决赞同。双方经过争斗,最后决定庆喜"辞官纳地",倒幕运动向前迈进了一大步。岩仓的努力,发挥了极为重要的作用。

四、大学西方 立志改革

讨幕运动的胜利,显示了以下级武士改革派和改革派公卿为代表的广

---

① 郑学稼:《日本史》第5卷,黎明文化事业股份有限公司,1977年,第3页。
② 井上清:《日本现代史》第1卷,吕明译,生活·读书·新知三联书店,1956年,第269页。
③ 井上清:《日本现代史》第1卷,吕明译,1956年,第269页。

泛倒幕统一战线的威力。这个政治联盟并没有因为幕府的垮台而瓦解。相反，在新的历史条件下，岩仓又同下级武士改革派一道继续发展和壮大了这个联盟。只是这个联盟的共同基础已从过去的"尊王攘夷""倒幕维新"，进而发展成为实现"富国强兵"和"与万邦对峙"，以便推进日本资本主义近代化。在明治初年，这两个口号最富有吸引力，最能够被一切爱国的政治势力所接受。

随着维新运动的深入发展，岩仓的政治观发生了重大变化。他已不单纯是一个皇权主义政治家，而是上述两个口号的积极倡导者之一。作为一个民族主义的爱国主义者，岩仓在明治政权建立后，之所以又能顺应时代潮流而前进，是由于他从加强皇权和增强国力出发，觉得应该振兴日本经济，改变日本落后的状况。随着文明开化政策的实施，特别是出使欧美考察，岩仓才逐步增强了变封建的日本为资本主义日本的自觉性，从而他才能够同明治政府第一代和第二代领导人一起，领导日本迅速走上发展资本主义的道路。

"富国强兵""与万邦对峙"这两个口号，体现了当时日本民族的愿望。岩仓认为要实现这一目标，首先必须加强中央集权。1869年身居大纳言要职的岩仓提出了《建国策》，这是一个非常重要的文件，实际上成了明治政府初年的施政方针。他特别强调一切权力统归天皇制政府，改藩制为郡县，全国"民治之规章""财源""兵制""刑罚及人民诉讼之法"以及教育等都必须隶属于天皇制政府各省统辖。[①] 明治政府建立伊始，虽然废除了幕府制，但各藩仍握有大权，实际上日本还处在封建割据状态。岩仓提出的《建国策》要求政权、兵权、财权、立法权等各种权力统统集权中央，这对于扫除列藩的分权局面，瓦解封建幕藩体制有着极为重要的作用。中央集权的政治体制与封建割据相比，无疑是历史的一个进步。但在军阀、贵族手中则不可避免地形成寡头专制，残暴压迫人民，甚至妨碍资产阶级民主，成为军国主义、法西斯的支柱。

当时岩仓曾召见参议木户孝允，共议新政。木户提出两大急务：(1)派

---

① 德富猪一郎：《岩仓具视公》，第191页。

遣使节到朝鲜,促其朝贡;(2)要明确大义名分,各藩主应将版图和户籍献给朝廷,即"版籍奉还"。在这之前,木户的建议已得到参议大久保利通的赞同,他们曾分别对各自的旧藩主进行说服工作,争取强藩带头奉还版籍。岩仓对木户的第一条建议暂且搁置不论,而把第二条建议视为当务之急。①因为尽快建立一个中央集权的统一国家,符合日本实现近代化的客观需要。

"版籍奉还"后,旧的封建领主制并没有彻底废除。岩仓认为,必须依靠强藩势力,由他们带头实行改革。1871年岩仓作为敕使,同大久保利通、木户孝允一起赴萨摩、长州两藩。岩仓抱着集权于中央的目的,在萨摩、长州藩中进行说服,并宣读"废藩置县"的敕书。由于岩仓等人的努力,取得了强藩对"废藩置县"的支持,并由萨摩、长州、土佐藩的藩兵组成亲兵,作为确保"废藩置县"顺利进行的武力后盾。1871年明治天皇宣布"废藩置县"诏书,并命令藩知事一律解职,留住东京。这就实现了岩仓令旧藩主"定居辇下"的设想。为了保证这项改革的顺利进行,明治政府决定保障藩知事的华族身份和家禄。这样一来,在日本终于建立起一个近代府县制政治体制。

要想实现"富国强兵""与万邦对峙"的基本国策,岩仓认为还必须"求知识于世界,大振皇基","制定国家经纶之根本"。② 此时身为外务大臣的岩仓在1871年同外务大辅寺岛宗则、外务少辅山口尚芳等联名,通过太政大臣三条实美向朝廷提出派遣赴欧美使节团的建议。岩仓等人的建议被采纳。1871年11月20日,岩仓被任命为右大臣,并任使节团的特命全权大使,参议大久保利通、木户孝允、工部大辅伊藤博文、外务少辅山口尚芳为全权副使,率大型使节团出访欧美。

岩仓使团出使欧美各国,使明治当权者大开眼界,推动他们相继转化为资产阶级的政治家。这次欧美之行,对于促进日本实现近代化起了巨大作用。

在一年又九个月中,岩仓不顾身患疾病,先后对欧美十几个国家进行了访问和考察,被欧美资本主义的新鲜事物所深深吸引。1873年9月13日回

---

① 德富猪一郎:《岩仓具视公》,第193页。
② 德富猪一郎:《岩仓具视公》,第204页。

到东京。

岩仓使团回国后,积极主张"内治优先"。岩仓认为,日本目前的状况是"国基不坚固","政治不完备"。[1] 解决办法是"努力整治政治,使民力臻于雄厚"。[2] 他们看到欧美各国虽然社会历史条件不同,但都十分重视发展经济。岩仓对英国经济发展的印象最为深刻。他决心以英国为榜样,加速日本经济的近代化。在出访中,他又十分敬慕俄国和德国显赫的皇威,对各国皇室贵族地位和待遇问题尤为关注,并决心以普鲁士为参照模式,结合日本国情,改革日本的政体,把日本政治体制纳入皇权专制主义的轨道中。

五、宪政观上的保守论

如果说岩仓在经济改革问题上属于激进派,那么他在政治改革问题上则倾向于保守主义。

一个公卿,能够在冲击封建羁绊、促进日本资本主义化的斗争中做出重要贡献,这是应该充分肯定的。但是,他毕竟不能完全摆脱传统观念的局限。19世纪90年代前夕,明治政府巩固了自己的统治,经济改革也取得了进展。但是,正当日本进入政治体制改革时,岩仓身上的保守观念却暴露无遗。从此,在岩仓的政治生活中开始了由上升线到下降线的转折。岩仓政治观和经济观上的这种相背性,恰好反映了日本社会改革中的复杂性。在岩仓的思想中,混杂着封建主义和资本主义双重因素。尽管在不同问题上各有不同的比重,但这种两重性的情况,并非岩仓一个人所独有,在日本近代的政治家中似乎是一个带有普遍性的共同特征。

岩仓在宪政观上所表现出来的封建保守因素,无非是他自幼形成的皇权主义合乎逻辑发展的必然结果。可以说岩仓的宪政观严重阻碍了日本近代政治体制的民主化。

岩仓政治主张的核心,是上定君权,下限民权。在自由民权运动蓬勃兴起时期,担任右大臣的岩仓对自由党党纲中倡导民权,利用民权限制君权的

---

[1] 春亩公追颂会编:《伊藤博文传》上卷,原书房,1970年,第1026页。
[2] 春亩公追颂会编:《伊藤博文传》上卷,第1025页。

民主主义思想，十分恐惧。他曾上书太政大臣三条实美和左大臣有栖川宫炽仁亲王，要他们对来自民间的要求，采取妥善对策。他建议朝廷速定开设国会的期限，以日本国体为本起草宪法。岩仓宪政观中的要害，是舍弃欧美各先进国家的民主共和主义，极力鼓吹君主专制主义。不幸的是岩仓的建议得到了明治当权者的赞同，并成了日本宪政改革的指导思想。

岩仓早在 1869 年提出的《政体建定》中就系统地阐明过"定君限民"论。他认为，日本的"国体"，应是万世一系的天皇统治。"天子在上，诸臣在下，君臣之道，上下之分，万古不易。"①姓政体的确立，必须充分适应"君主制"基本国体的总要求。随着资产阶级改革的深入发展，以及"文明开化"思想的广泛传播，西方资产阶级的议会制和宪政观在日本不断深入人心。可是在 1870 年岩仓又提出《明确国体，确立政体》的意见书，再次强调"万世一系的天皇统治"是施政的基础。② 1881 年，岩仓坚决主张以普鲁士宪法为楷模来草拟日本宪法，并否决了元老院参照欧美各国宪法而草拟的宪法草案。

19 世纪 80 年代初期，开设国会，制定宪法，扩大民权的呼声日益高涨，形成了对明治政府的威胁。天皇命令政府参议上奏宪法意见，明治官僚立即分裂成两派。伊藤博文、岩仓具视等为一派，持渐进论；大隈重信等为另一派，主张立即开设国会，制定宪法。1881 年（明治十四年）的政变，岩仓与伊藤博文把大隈及其追随者驱出明治政府。大隈等人并不甘心，他们联合了在"征韩论"政争中下台的板垣退助，形成政府的反对派，并组织了近代资产阶级的在野政党（"民党"），继续同政府较量。③

1881 年政变后，天皇于同年 10 月 12 日发布诏书，宣告 1890 年开设国会，由天皇主持制定宪法，即"钦定宪法"。这份诏书，是经伊藤博文策划，由岩仓的宪法学教师内阁书记官井上毅起草的。岩仓等人企图通过这份诏书，消除统治者内部的纷争，平息日益高涨的自由民权运动。

上述诏书颁布后，岩仓对制定宪法提出了如下原则：(1) 由天皇制定日本国宪法，然后向国民颁布，反对"民定宪法"。(2) 明确规定天皇对国家的

---

① 《人物日本的历史 20·新政的演出》，小学馆，1976 年，第 66 页。
② 大久保利谦：《岩仓具视》，第 214 页。
③ 山本四郎：《日本政党史》（上），教育社，1979 年，第 18—19 页。

统治权,议会的权力缩小到最低限度。(3)否定政党内阁制。(4)实行大臣独立责任制。这些原则如若贯彻,就使日本宪法带上了浓厚的专制主义色彩。1889 年颁布的《明治宪法》,其主要内容均来源于此。

1882 年 12 月 7 日,岩仓在他最后一份致天皇制政府的意见书中,提出了"府县会中止论",主张停止府县会(即地方议会)。他认为不这样就会危及天皇的统治,打开天皇权力下移的大门。① 1883 年 7 月 20 日岩仓病逝后,天皇追赠他正一位太政大臣最高官位。

岩仓在宪政问题上的基本观点来自他根深蒂固的皇权观念。君有君道,父有父道,臣尽忠,子尽孝;尊卑贵贱犹如天地日月不可移等"朱子学"的教义,②幼年的岩仓就信奉为座右铭。他终身为皇室效忠效力,得到的是皇封皇禄。他一生的命运,确实同皇权联结在一起。正是皇权保障他的利益,使得一个旧时公卿能够成为享有特权的显赫人物,并转化为资产阶级的政治代表。当然,也正是由于皇权才使他失去了晚年的政治光彩。岩仓煞费苦心为皇室效忠之事,数不胜数。除上面叙及的言行外,又如 1882 年 2 月,他曾向明治政府提出过建立皇室财产的建议,声称这是为了"巩固皇室之基础,以期在今天防止千秋万载之后大权发生动摇之弊。"③可见岩仓为皇室考虑得多么周到,多么久远。根据岩仓的建议,天皇成了全国最大的地主和资本家,巩固和加强了天皇制的经济基础。

为了维护皇权,自然也要维护天皇制统治的阶级基础的利益。岩仓在欧美考察期间,对英国政府采取优厚条件妥善安置贵族的一系列措施,产生了极大的兴趣。他认为这样做可以协调和缓和上层统治集团内部的矛盾,是关乎天皇地位能否巩固的大事。武士作为一个阶级已在维新改革中被消灭,但他们的上层人物迅速转化为华族、大军阀、大财阀和大官僚。这些人都是天皇统治的重要支柱,因此天皇及其政府必须充分照顾他们的利益,满足他们的要求。岩仓凭借他老练的政治经验,清醒地看到这一点,回国以后积极支持创立日本的华族会馆。1876 年 1 月 5 日华族会馆正式建立。1877

---

① 大久保利谦:《岩仓具视》,第 71 页。
② 参阅近代日本思想史研究会:《近代日本思想史》,商务印书馆,1965 年,第 5—7 页。
③ 多田好问编:《岩仓公实记》下卷,第 822 页。

年10月7日他又创立华族学校,取名学习院。此外,对士族也实行保护政策,在宫内省设劝业院,帮助士族谋生,以求"官民协调",以便巩固天皇制政府的统治。①

岩仓政治观的糟粕,还表现在他极力主张侵略台湾。曾经是民族主义的爱国主义者的岩仓,这时却成了民族利己主义的扩张主义者。

综观岩仓具视的一生,不愧为日本近代历史上一位有特殊作用的政治家。他在错综复杂的历史变幻中,始终坚持并不断完善着皇权专制主义的政治观。岩仓的政治主张,在日本特定的历史条件下,有符合日本社会发展的一面,因而他能够同下级武士改革派结成政治联盟,并在倒幕和维新的改革中取得重大胜利,从而完成了从封建贵族到资产阶级政治家的演变。

19世纪五六十年代,一大批下级武士改革派的政治代表,为了挽救日本民族的危亡,树起"尊王攘夷"和"倒幕维新"两面旗帜,成了团结一切爱国志士和进步力量的政治基础。当时,团结在下级武士改革派周围的除了豪农、豪商、改革派大名、亲王皇族以及农民以外,还有一股人数不多,但却不容忽视的政治力量,这就是以岩仓具视为代表的改革派公卿贵族。

明治维新的成功,可以说是反对德川幕府各种政治势力相互作用、巧妙结合的结果,是以下级武士为核心的广泛倒幕统一战线的历史性胜利。当然,这个胜利不能不借助于农民的力量。不论经济上还是从军事上,如果没有农民的大力支援,要想取得倒幕的胜利是不可能的。但是,下级武士改革派同以岩仓为首的改革派公卿的联盟,实际上构成了倒幕统一战线的领导力量,也是取得倒幕维新成功的重要因素。不仅如此,这两个阶层的联盟,还在推进日本资本主义近代化的过程中,又继续发挥了积极的作用。

这个广泛而复杂的统一战线的形成,是由日本近代历史发展的特点所决定的。当时的日本,与欧美先进国家的政治和经济状况相比,有许多不同之处。资本主义的生产方式不占统治地位,资产阶级很不成熟,没有能力充当革命的领导者和政权的独占者。在这种情况下,变革现实的重担,就历史地落到下级武士改革派的肩上。

---

① 德富猪一郎:《岩仓具视公》,第265—268页。

作为公卿的岩仓等人,之所以能够顺应历史潮流,逐步投身于倒幕维新的变革,除了下级武士政治家们具有宏才大略,对他们采取团结和争取的政策以外,最重要的是出于他们为了维护皇权而对幕府统治和列强入侵的痛恶,以及谋求国家民族强盛的爱国热情。当然,也正因为有他们的参加,不可避免地会给运动带来某些消极因素,增添某些保守色彩。岩仓在宪政观上的落后面,阻碍了日本政治制度的民主化,就是最明显的例证。但是,这并不能抹煞岩仓在倒幕维新中的功绩。正像1889年颁布的"明治宪法"虽然具有浓厚的皇权主义色彩,但仍不失为亚洲第一部资产阶级宪法一样。

(作者韩文娟,北京师范大学,原文刊于《世界历史》1986年第5期)

岩仓使团与日本近代化

孙 承

明治维新后不久，日本向西方派出了以政府首脑岩仓具视为首，包括木户孝允、大久保利通、伊藤博文等人在内的庞大的代表团。据政府的使节派遣《事由书》载，此次出使的目的是：除了出于外交礼仪和为修改幕末与西方缔结的不平等条约进行预备性谈判外，主要是通过实地考察西方资本主义国家，为日本深入进行国内改革，吸取可资借鉴的经验。[1] 为此，从1871年12月（明治四年十一月）到1873年9月，岩仓使团先后访问了美、英、法、比、荷兰、德、俄、丹麦、瑞典、意、奥、瑞士等十二个国家，从外交、政治、经济、文化、军事等方面加深了对西方资本主义社会的了解，这对正处于变革时期的日本社会产生了重大影响。因此，研究岩仓使团美欧之行在日本实现近代化过程中的作用，对于深刻理解明治维新和日本近代化历史是有所帮助的。

一

明治维新是19世纪中期以来，日本社会阶级矛盾和与西方列强的民族矛盾日益激化而发生的一场社会变革。日本中下级武士中的先进分子作为领导这场变革的主要力量起了重要作用。他们的思想由于受西方思想文化的影响和阶级斗争、民族斗争实践的教育，明确认识到要挽救日本的危亡，

---

[1] 参阅大久保利谦：《岩仓使节之研究》，宗高书房，1976年，第161—162页。

只有向当时世界上最先进的西方国家学习,改变日本的社会制度,在日本建立起像西方那样的资本主义制度。另一方面,又由于日本长期的闭关锁国和资本主义生产关系的微弱,他们对西方的认识还多是间接的,对近代资本主义的理解也还是显得肤浅的。这种矛盾在明治新政权成立后愈显突出。虽然在维新初期政府的主要文件《五条誓文》和《政体书》中,都提出学习西方、锐意兴革的主张,但在具体方法上却朦胧不清。维新主要领导人之一的大久保利通曾回忆当时情况说:"自己认为,要打倒幕府建立天皇政治,而且那一事业也大体完成,干了我们应当干的事。但是以后就实在为难了。"[1]但他们并没有徘徊不前,而是为了创建近代新型国家更努力地学习西方。政府陆续向西方派出大批官员和留学生,并招聘外国专家和技术人员来日,从各方面吸取西方经验。例如著名的美籍传教士威尔贝克就担任了政治顾问,经常接受日本领导人就"有关政治诸形态、各外国法律、司法行政、国家相互间的政治平等、教育方法、宗教制度以及其他西欧文明的各种问题的提问"[2],有"明治维新的保姆""日本近代化之父"的称誉。岩仓具视、木户孝允、大久保利通等政府首脑也都先后表示要出国考察学习,以适应新形势的需要。1871年8月,日本废藩置县,国内出现的新局面更迫切地要求全面学习和移植西方资本主义制度,岩仓使团就是为满足这一需要而成行的。

在使团首脑中,除了伊藤博文外,都是初出国门。以留学生身份随同使团出国、后来成了日本杰出的民主主义者的中江兆民回忆当时的情景说:"目睹彼邦数百年来收获蓄积之文明成果,粲然夺目,始惊,次醉,终狂。"[3]他们感到眼前现实要远比以前间接得到的西方知识更为丰富多彩,更有实际意义。木户孝允在抵美后写给国内的信中说:"虽然市街的面貌早有所闻,皆与想象的无特别不同,但至于学校和其他工场则实在是我的拙笔难以尽述。"[4]岩仓具视也说,眼前的现实"与昔日之思虑大相径庭之处

---

[1] 土屋乔雄:《日本资本主义史上的指导者们》,东京:岩波书店,1941年,第25页。
[2] 田中彰:《岩仓使节团》,东京:讲谈社,1977年,第27页。
[3] 小西四郎、远山茂树编:《明治国家的权力与思想》,东京:吉川弘文馆,1979年,第158—159页。
[4] 后藤靖:《士族叛乱之研究》,东京:青木书店,1974年,第16页。

不少。"①日本与西方在各方面的巨大差距,迫使他们深刻反省了日本以往实行的政策。他们认为以前日本并没有从根本上学西方,一些改革措施还"多属皮毛之事"②,因而沉痛地检讨说:"我今日之文明非真正之文明,我今日之开化非真正之开化。"③另一方面,为修约而作出的外交努力的失败,也使日本使节们感慨良多。他们在修约谈判中看到,美英等列强不仅不肯轻易放弃攫取到手的权益,而且步步进逼,企图利用修约的机会把日本进一步推向半殖民地的深渊。木户孝允在同美国谈判失败后的日记中写道:"彼欲者尽与,我之欲者一未能得。"④他们在出国前天真地以为依靠"万国公法"就可以实现修约的幻想在现实面前被碰得粉碎。

与西方在经济文化上的巨大差距和日益深重的民族危机感,成为日本使节们为民族自强而更加努力学习西方文明的动力。他们每每把日本同西方对比,从中找出西方国家致强的原因和可以行之于日本的方法。从而加深了对西方资本主义社会的认识和了解,为日本资本主义改革的深入发展提供了新的思想认识。岩仓使团在思想上获得的新认识是多方面的,下面试从几个主要方面作一初步考察。

第一,进一步认识到"富国"是治国之本,发展工商业是使国家富强的根本途径。

在西方,他们看到虽然各国自然、历史条件不尽相同,但无一例外地都十分重视发展工商业。特别是在当时最发达的资本主义国家、号称"世界工厂"的英国,他们看到"无论到何处,竟无一物产于地上,唯有煤与铁而已,产品皆自他国输入(加工后)再输往他国,工场之盛更甚于以往传闻"⑤。面对英国产量居于世界第一的煤铁,"独擅纺织航海之利,而成雄视横行世界之国"⑥的事实,他们认识到发达的近代工业和繁荣的国际贸易是使西方国家

---

① 石塚裕道:《日本资本主义成立史研究》,东京:吉川弘文馆,1973年,第88页。
② 芳贺彻:《明治维新与日本人》,东京:讲谈社,1980年,第238页。
③ 后藤靖:《士族叛乱之研究》,第16页。
④ 石井孝:《岩仓使团对美交涉始末》,《日本历史》第304期,第17页。
⑤ 林屋辰三郎:《文明开化之研究》,东京:岩波书店,1979年,第83页。
⑥ 久米邦武:《特命全权大使美欧回览实记》(下简称《回览实记》)第二编,宗高书房,1975年,第10页。

致强的根本原因。大久保利通在归国后不久向政府提出的建议中说："大凡国之强弱由于人民之贫富,人民之贫富系于物产之多寡",指出日本以前的政策是"外慕虚饰"①,是"徒拥开明之虚名,竟蒙贫弱之实害"。要想国家富强必须"养根本之实力","而所以养实力者无他,专在殖产厚生之实务而已。"② 这说明经过考察访问,日本领导人已经充分认识到发展经济振兴工商的重要意义,决心要以英国等资本主义国家为榜样,把发展资本主义经济作为近代化政策的核心加以全力推进。

第二,认识到急需改革日本的政治体制,健全法制,实行集权主义统治。

他们在访问中看到,欧美各国相继采用共和制和君主立宪制,封建君主专制已经被取代,资产阶级改革促进了生产力的飞速发展。"欧罗巴洲列国,感触于佛朗西革命,民伸自由之理,国变立宪之体,尔来星霜仅经八十年,中虽奥国保续帝威,二十年来亦已改为立宪之体,俄国之独裁,十年来略图与民自由,欧洲之文明源于此改革之深浅,其精华发而为工艺产物,利源滚滚涌出。"③在这一世界潮流冲击下,他们感到日本亦急需有所改革。他们还根据考察结果提出必须建立法制,特别是日见繁复的近代社会的根本大法宪法。木户孝允引波兰因法制荡然被邻国瓜分的事实为殷鉴,说:"各国事迹虽有大小文鄙之差,然究其所以废兴存亡者,要之唯在于顾其政规典则之隆替得失如何。"④但同时他们也看到了西方政治并非白璧无瑕,也存在许多弊端。特别是由于他们的阶级局限,认为无论是美国式的共和政治还是英国式的君主立宪,都不适合日本的国情,不足以仿效。大久保利通曾说:"民主政治实合天理之本然",但"不适用于习惯旧习,固守宿弊之国民"。⑤ 而对梯也尔、俾斯麦的专制集权统治他却深表赞许,认为"重新经营国家不可不如彼"⑥,尤其对有君主立宪之名,而行专制集权主义统治之实的德国政治感到极大兴趣。注重考察各国宪法的木户孝允也说:"现在罕有

---

① 日本科学史学会编:《日本科学技术史大系》第一卷,第一法规出版公司,1968年版,第 219 页。
② 日本科学史学会编:《日本科学技术史大系》第一卷,第 221—222 页。
③《回览实记》第五编,第 1 页。
④ 大津淳一郎:《大日本宪政史》第一卷,原书房,1969 年复印本,第 828 页。
⑤ 尾佐竹猛:《日本宪政史大纲》上卷,日本评论社,1938 年,第 347 页。
⑥ 田中彰:《岩仓使节团》,第 133 页。

与普国新政比邻者,认为"尤当取者,应以普国为第一"①。

第三,认识到要想改变日本的落后面貌,不仅要实行经济和政治改革,还要移风易俗,改革教育。

他们在考察中看到,造成日本落后的主要因素还在于东方脱离实际的传统思想,和在这种思想指导下的落后教育。"东西洋之风俗性情每相异","西洋人勉有形之理学,东洋人骛无形之理学,使两洋国民之贫富不同,尤觉生于此积习。"②尖锐地指出:"东洋之不及西洋,非才劣,非智钝,唯在于对济生之道用意甚少,于高尚之空理中度日"③所致。在这种思想指导下的东方教育也脱离生产生活实际,"玩无形之理学,高尚之文艺,至于日用生理之事以为猥俗也,不曾虑及。"而西方教育"皆以学知使人之于财产生理无困难,尽国民义务不欠乏为本,务有形之理学,讲营生计理之实事。"④在这种资产阶级实学思想指导下的西方教育,要使国民从少儿时期起就掌握近代科学文化知识和技能,以作为立身处世、繁荣经济的资本。并且特别注重对近代自然科学技术的教育和研究,这成了西方社会文明进步的一个推动力量。使团中专门负责考察教育的田中不二麿说:"历涉殆十数国,立政之体各虽不同,至于其竭力于教育,彼此皆出于一辙。"⑤因此西方教育普及,造就了大批人才,在国家建设中起了重要作用。如美国,"小学校之多,新闻纸之多,入学童子之多,超越诸国。"⑥对照日本,人口与之相差无几,而土地不及美国的百分之三,但是"野有遗利,山有遗宝",得不到充分开发和利用,"上下不免于贫弱",原因就在于"不教之民难使,无能之民不可用"⑦。指出民力虽多,如不经过教育难以使其创造出更大的价值。因此木户孝允认为,日本人"与今日之美欧诸州之人决无不同,只在于学不学而已"。"欲使我国推进全民之开化,开发全民之智慧,以维持国家权力,独立不羁,虽有少数人

---

① 小西四郎、远山茂树:《明治国家的权力与思想》,第144页。
② 《回览实记》第一编,第50页。
③ 《回览实记》第二编,第277页。
④ 《回览实记》第五编,第83页。
⑤ 大久保利谦:《岩仓使节之研究》,第220页。
⑥ 《回览实记》第一编,第36页。
⑦ 《回览实记》第一编,第146页。

才出现仍十分困难",必须大抓全民的智力开发,普及教育,才能为日本的近代化教育事业源源不断地培养出大批人才,以"期其人千载无尽","其为急务者,莫先于学校"。①

第四,更深刻地了解了国际形势,认识到只有国力充实,才能保证国家的独立和发展。

他们在国外看到,不仅像英国那样的资本主义大国的发展是依靠军事力量,就是小国如丹麦、瑞典、比利时等亦积极整军经武。在德国,首相俾斯麦和陆军总参谋长摩尔特克现身说法,向使团成员讲述了作为欧洲后进国的普鲁士为了维护本国利益和发展资本主义,依靠军事实力步入大国行列的历程。俾斯麦说:"方今世界各国,虽皆以亲睦礼仪相交,然全属表面现象,其于阴私则强弱相凌、大小相侮。""彼之所谓公法,虽云保全列国权利之典常,然一旦大国争利,利己则执公法不动,若不利则翻以兵威相见,固无常守。"②弱小的普鲁士靠的就是"振兴国力"即发展经济军事实力,才在这种弱肉强食的国际政治中由弱转强,成为新兴的军事强国的。这更使他们加深了修改不平等条约失败所带来的感受,懂得了国家的发展取决于国家的实力,既要富国,又要强兵,只有国力充实,在外交上才有发言权。

这样,通过考察访问使日本领导人找到了日本近代化的具体途径,使头脑中自幕末以来逐渐形成的以西方国家为榜样建设近代日本的模糊轮廓,更加清晰具体起来。特别是大久保利通,通过考察"彻底觉悟到,要想在这个世界上独立建国,富国强兵之必要自不待言,而要实行富国强兵则务必从殖产兴业上下手,切实谋求其进步发达。建国大业,靠议论辩舌不行,靠勉强筹措不行,靠虚声恐吓不行,靠权谋术数不行。"所以归国后,在他领导下的日本政府着力从"富国的基础"上抓起,"施政方针专在教育、殖产、工业、贸易、航海等事业上,大奖励之"。③ 从而使日本走上了全面近代化发展的道路。

---

① 后藤靖:《士族叛乱之研究》,第16页。
② 《回览实记》第三编,第370至371页。
③ 土屋乔雄:《明治前期经济史研究》第一卷,日本评论社,1944年,第37页。

二

　　岩仓使团归国后不久,日本政府内部即展开了关于征韩问题的论争。要求征韩的主张,是明治政府成立以来一贯的主张。一些维新领导人如木户孝允、大村益次郎等人都曾谈论过对朝鲜的军事侵略。1873年5月,日本认为韩国在布告中使用了侮辱日本的言词,于是征韩言论再起。以前对征韩态度暧昧的西乡隆盛,这时成为主唱征韩的领袖,企图通过对外用兵,将士族阶层中因不满政府改革而引起的"冀内乱之心移向国外"①,并通过征韩来提高士族的政治地位。此外,留守政府没有遵守使团出国时双方订立的"其间尽可能不作新的改革"②的约定,制定并颁布了新的征兵、教育和地税制度等。这些重大改革适应了废藩置县以后日本资本主义要求进一步发展的趋势,当然无可非议,但是应当指出,留守政府对于日本经济发展还注意得较少,未能提出较为成熟的政策,相反强迫实行某些重大的不适宜的措施,使人民力不能堪。因此,各地接连发生起义。1873年各地起义的次数和人数成为废藩置县以来最多的一年。加上士族中间郁积着对政府的不满情绪一触即发,使新政府的统治处于动荡不安之中。

　　因此,考察归来的岩仓具视等人根据在国外所获得的知识和日本国内外的形势,提出应当优先搞好内政的意见,即所谓的"内治优先"论,与西乡隆盛等主张立即对朝鲜用兵的征韩派进行了针锋相对的斗争。岩仓具视在关于朝鲜遣使的奏折中说,此次出使欧美,"就其实地,察其形势,其议改约之难,更出于意料之外,非一朝一夕可以奏功。若不能著实效实力,则竟复国权亦难"。而"夫著实效实力,唯在于努力整备政治,使民力臻于雄厚"。③基于这一思想,他在奏折中提出,在日本目前的情况下,"维新以来才四五年,国基非坚固也,政治非完备也,虽治具似备而警虞难测,方今之时未可轻

---

① 毛利敏彦:《明治六年政变之研究》,有斐阁,1978年,第7页。
② 大久保利谦:《岩仓使节之研究》,第185页。
③ 春亩公追颂会编:《伊藤博文传》上卷,统正社,1944年,第1025页。

图外事也。"①征韩论首唱者之一木户孝允在归国后也一变而力主内治优先。他说:"今日之急务,以节俭为主,经理财务",应当"首先励我治务,厚我国力"②,暂缓外征,"以治内政为第一著"。大久保利通更进而分析了国内外形势,提出反对征韩的七条理由:一、政府基础尚未确立,自前年以来各地骚扰不断发生;二、政府财政困难,债台高筑;三、新政府的改革事业尚未成功,恐因战争而半途中断;四、将使进出口不平衡加剧;五、将使觊觎日本已久的俄国乘虚南下;六、恐使日本的主要债权国英国进而操纵内政;七、方今急务是修改不平等条约,恢复国家的独立③。这些都是新政府在国内外所面临的重大问题。可以看出,岩仓等人的"内治优先"思想反映了他们通过这次国外之行,更深刻地了解了所置身的国际社会和国际形势,要从根本上学习西方的近代化经验,把日本建成独立富强的近代国家的愿望。因此,与其说内治优先派对征韩派的反击是权力之争,还不如说是这些掌握了建设近代国家的最新知识的人们,为了实现自己的政治理想——完成日本近代化而进行的斗争。这场争论和斗争,实质上是为了把日本的近代化推向一个新阶段,在政府内部必然要进行的思想论战和政治准备。

当然,"内治优先"论者决非从此变成和平主义者。他们在反驳征韩论者的同时也丝毫不隐讳外征的企图,声称"先治内,以图民心之安堵与国力之发达,然后徐及之亦决未为迟也。"他们认为"内治整顿,本也;对韩问题,末也。本立则末理。其大而重者治,则小而轻者如破竹之迎刃自解耳。"④可见他们绝不是要改弦更张,放弃对邻国的侵略政策,只是要把这一政策置于更为可靠的政治基础和经济基础之上罢了。但尽管如此,"内治优先"论较之立即征韩论无疑更符合刚刚经过国内战争,新政府初创,政体制度迭经改革的日本的国情。它要在日本建立相对稳定的秩序和发展资本主义的做法无疑还是应予肯定的。

这场征韩论争最后导致明治六年十月的政变,使西乡隆盛、板垣退助、

---

① 春亩公追颂会编:《伊藤博文传》上卷,第1026页。
② 毛利敏彦:《明治六年政变之研究》,第10页。
③ 参见德富猪一郎:《大久保甲东先生》,民友社,1927年,第197—200页。
④ 圆城寺清:《大隈伯昔日谭》,富山房,1938年,第493页。

江藤新平等主张征韩的官员退出政府，"内治优先"论者（主要是岩仓使团成员）掌握了政权。政府内形成了以大久保利通为实际领袖、旨在以西方为模式发展资本主义的核心。

"内治优先"论者取得政权后采取的第一个具体措施就是设置内务省，以参议大久保利通为内务卿。关于设置内务省的具体议案是1872年夏参照左院法国雇员布斯奎特的有关法国内务部的情况介绍写成的。它把户籍寮放在首位，警保、劝业二寮居次。大久保利通在着手设立内务省时，则把警保、劝业二寮作为一等寮，户籍寮为二等寮。警保寮的职责是"预防人民之凶害，保守其权利，看护其健康，使安于营业，保全生命。"劝业寮的职责是"劝奖全国农工商诸业，使确实盛大。"①由此不难看出，大久保在机构设置上的用心所在。主要以维护国内治安和保护民间产业发展为目的的内务省，担负起明治政府推行集权化措施和发展资本主义的重大任务。

在设立内务省的同时，大久保还援引留守政府中最有资本主义经验的实务官僚，同是主张内治优先的大隈重信和在出使期间与己意见相同的伊藤博文为左右臂，分掌大藏和工部二省。这样，内务、大藏、工部三省联成一体，在政府中居主导地位，形成大久保政权的核心。大久保政权的形成在日本资本主义发展史上具有不容忽视的地位。明治政权成立后，虽然明确了以西方为师进行改革的方向，但在当时政府中较为熟悉资本主义、真正认识到在日本发展资本主义重要意义的人，还只是被称为大藏省系统的二三流官员，如大隈重信、伊藤博文、井上馨等为数不多的人。他们积极主张发展经济，促进文明开化，主张模仿西方建立一个近代化的统一的国家。这尽管得到政府最高首脑层特别是木户孝允的理解和支持，但仍遭到政府内外封建士族分子及其代表人物的反对，阻力很大。经过岩仓使团对西方广泛深入的考察，使大久保政权下的政府首脑对近代化有了新的更明确的认识，特别是大久保利通的思想转为激进，使他能够在征韩论政变后的政府中与大隈和伊藤形成一个发展资本主义的领导核心，成为政府内的主流派。从而使有利于近代化的改革措施得到坚决有效的贯彻。据统计，大久保政权中

---

① 石塚裕道：《日本资本主义成立史研究》，第37页。

内务、大藏、工部三省的官员数占政府官员总数的一半以上，三省的年开支额也与海、陆军二省大体相当，约占政府每年总开支的百分之四十以上。[①]可见三省的重要和大久保政权在殖产兴业政策上所倾注的巨大力量。

除了改组政府机构和更换政府主要成员外，大久保还把通晓"洋学"和在地方上改革有成绩的官员拔擢到中央政府里来。例如曾任日田县知事，在推行振兴产业、兴办水利、发展文教方面治绩显著的松方正义，历任武藏、小菅、印藩、群马、入间、熊谷等县知事，计划改良蚕丝、制茶业，奖励畜牧，兴办新式器械纺纱工场的著名地方官河濑秀治，曾在幕末唯一的一所研究传授西方知识的机构"蕃书调所"（后改称开成所）担任总裁，并负责外交、财政的前幕臣大久保一翁，曾任"蕃书调所"教授的神田孝平、箕作麟祥，曾在开成所供职的西周、津田真道，曾任幕府军事总裁的胜海舟和海军奉行的榎本武扬等，大批具有近代资产阶级思想，长于实际业务的学者、技术官僚、军事官僚在政府中担任重要职务，使日本地主资产阶级政府中成员的阶级构成发生前所未有的变化，得以更能胜任这一历史转折时期的重任。

三

岩仓使团对日本的影响是十分广泛的，下面试再从几个主要方面作一考察。

（一）推动了殖产兴业的发展

明治政府成立后，把殖产兴业作为发展经济的一项重要政策。1870年12月（明治三年闰十月）设立工部省，标志着殖产兴业政策开始实行。工部省的主要任务是"劝奖百工，并掌管采矿、制铁、灯塔、铁道、电讯等业务"[②]。重点放在由国家资本经营的与军事有密切关系的重工业方面，因此，它只是在发展近代工业方面起了个开创性的作用，对整个日本经济摆脱外国影响、实现近代化，收效不大。

[①] 石塚裕道：《日本资本主义成立史研究》，第64页。
[②] 守屋典郎：《日本经济史》，周锡卿译，生活·读书·新知三联书店，1963年，第62页。

岩仓使团对西方的考察加深了对发展资本主义经济重要性的理解。他们归国后改组了政府,确立了全力发展经济的体制,开始积极引进西方资本主义制度和生产方式,以及西方国家促进经济发展的许多具体经验。其中对殖产兴业有较明显影响的可以举出以下几点:第一,大力发展煤、铁等基础工业。他们看到"英国之制作,其基本在于煤铁"[1],认识到煤铁是近代大工业生产的基础。第二,重视发展纺织工业。认为"国之生利益者,最重工业,而应以纺织为第一"[2]。认识到纺织工业有利于国家资金的积累。第三,重视农业生产。他们看到西方工业发达国家也非常重视农业,农业生产完全适应资本主义市场的需要,农作物的种植"只在耕种获利最多者",并且是农林牧都有所发展。日本虽然号称农业国,但农业技术和器具都不如西方,而且由于"工商未兴,生意未开",农业"只重谷物"[3],经营品种和方式单一落后。第四,重视贸易。看到英国"国民精神皆倾注于世界贸易"[4],认识到只有通过贸易才能"给予农矿及制作之物以价值,受其实益"[5],应当通过重商政策来促进工农业发展。第五,举办博览会,促进经济技术交流,推动生产发展。指出欧洲各国举办的博览会是"欲盛贸易,励制作,广知见于众,切要之场所"[6]。第六,国家机器在资本主义经济发展中起了重要作用,他们看到"西洋之一令一法,皆审察人民之财产生理,以不失其保护之要旨为主"[7]。指出"西洋为保护之政治",同"东洋为道德之政治"[8],"政治国安之论于财产上常不注意"[9]的传统相反。

由于岩仓使团的考察和日本政局的变化,为殖产兴业的进一步发展提供了新的经验和创造了有利条件,所以大久保政权时期的殖产兴业较之工部省时期有了新的发展,具有新的特点。

---

[1]《回览实记》第二编,第 14 页。
[2]《回览实记》第五编,第 220 页。
[3]《回览实记》第五编,第 192 至 193 页。
[4]《回览实记》第二编,第 438 页。
[5]《回览实记》第一编,第 31 页。
[6]《回览实记》第五编,第 3 页。
[7]《回览实记》第一编,第 89 页。
[8]《回览实记》第五编,第 148 页。
[9]《回览实记》第二编,第 73 页。

首先，将前一时期殖产兴业主要依靠官营的方针转向主要鼓励保护民营的方针。大久保利通在1874年提出的《殖产兴业建议书》中指出，国家的富强在于私人资本主义工商业的发展，而国家应当对私人资本主义发展起重要的保护扶植作用。在日本目前"人民智识未开"，"不能通时势之变，营有益之业"，即在国内缺乏兴办近代产业的知识和资金的条件下，更需要用国家的力量加以扶植。所以，他提出要把保护劝奖政策作为"今日行政上之基干"①。

其次，在发展近代工业时，特别注意发展煤、铁等基础工业。政府先后将釜石铁矿、中小坂铁矿、三池煤矿、油户煤矿等收归国有，并对常磐、筑丰、北海道的煤矿也注意开发。为了确保由国内供应基本原料，政府还引进德国技术扩建釜石铁矿，兴建釜石炼铁厂，还设想把它同长崎的炼钢、三池和香烧的煤联系起来确保发展。由于政府的重视，煤铁业得到发展，以1877年到1886年前后各五年的煤铁产量统计为例，后五年煤的年平均产量较前五年年平均产量增长46.2%，后五年铁的年平均产量虽较前五年有所减少，但官营铁矿的年平均产量却增长了20%，在总产量中所占比率也从24.6%明显增长到33.6%②。

再次，重视农牧业的近代化和发展纺织工业。岩仓使团归国后成立的内务省劝业寮主要负责发展农业、畜牧和纺织三大部门，弥补了前一时期殖产兴业偏重于重工业的不足。这一时期新设和扩大了内藤新宿试验场、三田育种场、三田农具厂、驹场农学校、札幌农学校、下总牧羊场、取香种畜场、福岛县开垦所等从事稻作、谷物、果树、蚕桑、畜产、制丝、土地调查和改良等方面的实验传习机构，聘用外籍教师和技术人员，引进和推广西洋农业技术、器具。各地还陆续举办了种子交换会、农谈会、劝业会等，以极大的热情进行农业改良。在这种积极的劝农政策指导下，一些先进的农业技术得到普及，如畜力耕耘、使用肥料，选用新蚕种和选育新稻种等。兴修水利、改良土地也在大规模地进行，著名的有淀川治理工程和引猪苗代湖水灌溉安积

---

① 《日本科学技术史大系》第一卷，第219页。
② 据古岛敏雄：《体系日本史丛书12·产业史Ⅰ》，山川出版社，1977年，第203页。

1878年公布了初期地方议会组织法《府县会规则》，等等。与此同时，明治政府也愈益加强了政治、经济、军事等方面的集权化。这使维新政权得到最后巩固，也为形成近代天皇制国家奠定了基础。

岩仓使团的考察访向，同日本后来在政治上学习德国也不无关系。使团成员对德国政治有一定的亲近感，随着自由民权运动的发展和政府内保守势力的抬头，德国越来越成为日本效法的样板。1881年7月，日本元老院根据天皇诏敕，"广泛斟酌海外各国成法"①制定的《日本国宪按》草案，遭到了岩仓具视和伊藤博文的非难，认为是"汇集各国宪法加以改窜，丝毫也没有注意我国的国体人情，只是热衷于模仿欧洲的制度，没有顾及将来的治安利害如何"②，而被否决。之后，岩仓向天皇递交了由井上毅在德国顾问罗伊斯莱尔协助下写成的有关宪法的文件。岩仓鉴于自由民权运动高涨，要求实施英国式立宪的呼声甚高的形势，明确提出要以普鲁士宪法为模范从速制定日本宪法。他认为"普鲁士宪法最适于渐进主义"③。次年三月，伊藤受岩仓之嘱渡欧考察宪法，径赴德国。在欧十三个月，其中有八个月是在德奥两国与宪法学者格奈斯特、莫斯和施泰因讨论、学习，从而导致日本最后制定了普鲁士式宪法，形成近代天皇制国家。

日本学者田中彰认为，岩仓使团"虽然有了形成天皇制统一国家的大体轮廓，但一面还在接触各先进国家的实质过程中，探索各种可能性。对于岩仓使节团，必须放在这一位置上加以认识。"④可以认为，岩仓使团通过考察对各国宪法政治有了广泛的了解，从而确定了在日本实行立宪政治的方向，并且也为日本最后选择德国作为宪政的榜样打下了基础。

(三) 促进了近代教育的普及

明治维新当时，在日本虽然有一些传授西方文化知识的学校，但从日本教育的整体来说，基本上还是沿袭旧式的传统教育，因此岩仓使团把考察西

---

① 田中彰：《体系日本历史》第五卷，日本评论社，1943年，第227页。
② 后藤靖：《士族叛乱之研究》，第77页。
③ 笠原一男、安田元久编：《史料日本史》下卷，山川出版社，1979年，第214页。
④ 田中彰：《岩仓使节团》，第95页。

方教育作为一项主要任务。经过考察认识到,要想富国强兵,使日本跻身于世界强国之列,就必须培养出大批的实用人才,必须对原有的教育制度和教育内容进行根本的改革。1872 年,当岩仓使团在国外期间,日本公布了新的学制。他们虽然未能直接从事学制的制定,但对深以为然的西方近代资产阶级国民教育的考察情况无疑很快地传回国内,学制中规定的某些内容,如《学制布告》中规定的"自今以后,一般之人民必期邑无不学之户,家无不学之人"的国民义务教育,和对"动辄唱为国家,而不知立身之基,或趋于词章记诵之末,陷于空理虚谈之途,其论虽似高尚,然不能行之于身施于事者"[1]所持批判态度的资产阶级实学主义教育思想等,显然是在一定程度上受到使团思想的影响。还如,在学制颁布后一个月公布的《小学教则》中,最重要的特色就是重视对学生进行近代科学知识的教育,规定数学等科学知识的教育占总授课时数将近一半。

为了普及教育和培养实用人才,他们开始重视发展师范教育和专门技术教育。继 1872 年在东京设立师范学校之后,1874 年又在大阪、宫城、爱知、广岛、新潟等城市设立了师范学校,并在东京开设了女子师范学校。为了发展本国的技术教育,他们还在国外考察期间就物色和聘请外国技术专家来日。例如由伊藤博文倡导在泰耶尔等九名外国专家帮助下兴办了以近代科学为基础的日本工部大学校,为工科教育奠定了基础。接着日本还创办了一批军事、农业等专门技术教育机构。为了做好留学生工作,为近代化培养优秀人才,他们在国外期间还调查了日本留学生的情况。经过调查,伊藤博文认为,原来的留学生规则不善,"不独不能养育人才,势必舍巨万财用,反招外邦诟笑"[2]。归国后于 1874 年到 1875 年又制定了新的留学生制度,并使前往西方留学的人数剧增。

新学制在全国范围内规定了整齐划一的教育制度并强制推行,它反映了日本政府发展教育的决心。岩仓使团归国后,日本教育一度出现自由主义的倾向。田中不二麿等人对国家强制推行学制的作法持有异议,而对英

---

[1] 笠原一男、安田元久编:《史料日本史》下卷,第 189 页。
[2] 栗原信一:《明治开化史论》,帝国图书公司,1944 年,第 152 页。

谓"维新志士",虽成了执政官员,但在权力分配中被迫屈居于宫廷贵族和藩主(诸侯)之下。后者个别人对倒幕维新运动有较多贡献,但多数只是程度不同地参与、支持或同情这一运动。一些人甚至是曾为"公武合体"①而奔走效劳的保守势力。而且,他们大多怀有强烈的权力欲,企图左右社稷。因此,下级武士改革派出身的新官吏,便同他们展开权力再分配的争斗。其结局如何,将决定明治维新后近代政权建设的成败和能否形成近代的文官制度。

　　1867年12月9日,倒幕派发动政变成功,颁布"王政复古大号令",将政权从德川幕府手里夺了过来。德川幕府末代将军庆喜,被勒令罢官纳地(交出领地)。同时议决,根本废除旧日的摄政、关白和幕府等中央统治机构,建立新的"三职制"②政府机构。所谓"三职制",就是设有总裁、议定和参与三种(级)官职的建制。这是一个充分反映新政权草创期特色的、非常简素的政府机构。政变当天只任用了一名总裁、10名议定和5名参与。之后陆续任用了两名副总裁和不断增加议定和参与的人数。到1868年闰4月21日止,总裁、副总裁和议定,不算兼职,共30人,加上参与95人,两者合计125人。前者人数约为后者的1/3,但政府大权操在他们手里。论成分,他们当中有皇族5人,相当于总理的总裁就是由皇族有栖川官炽仁亲王担任的。还有公卿(宫廷贵族)13人,其中两人(三条实美和岩仓具视)担任了相当于副总理的副总裁。再就是藩主12人,其中多是站在倒幕方面的开明派人物,但也有"公武合体派"。参与多半是领导倒幕维新运动的下级武士改革派,还有一批积极支持倒幕维新运动的中下层宫廷贵族和少数小藩主领主等等。倒幕维新运动的领导骨干下级武士改革派,无一人位列议定。即使王政复古政变的主要策划和发动者,号称"维新三杰"的西乡隆盛、大久保利通、木户孝允和其他著名人物,也概莫能外。这表明,维新政权草创期的权力分配,没有反映倒幕维新运动的实际力量对比。

　　三职制政府诞生后不足一月,就爆发了戊辰国内战争。这是维新政权

---

① "公"指天皇朝廷,"武"指幕府,在两者之间搞调和,企图苟延幕府寿命的活动,史称"公武合体"。
② 自三职制迄三次太政官制的明治初期官制资料,均参见《明治初期主要官职补任表》(载1979年10月版《角川日本史辞典[第二版]》附录)。

和德川幕府之间生死搏斗的一次最后较量。三职制政府在很大程度上便成了以解决战争问题为急务的军政府。尽管如此，它还是着手致力于政府机构体制的建设。先是1868年1月17日，实施三职七科（相当于部）之制。就是在三职不变的情况下，成立神祇事务科、内国事务科（内务）、外国事务科（外交）、海陆军务科、会计事务科（财政）、刑法事务科（司法）、制度事务科（立法），由总裁和副总裁统辖之。同年2月3日撤销七科，改行三职八局之制。就是在三职不变的情况下，设总裁局和神祇、内国、外国、军防、会计、刑法、制度等7个事务局。总裁局由总裁、副总裁领导，是政府的首脑机关。

从十科到八局，维新政权草创期的政府机构初具规模，也是微妙的权力再分配的开始。这实际上是高级官吏队伍的一次整顿。七科时，担任各科领导职务的官职，有总督（相当于部长级）和事务挂（司局级）。如果不计兼职，实际上有59人①担任这两级官职。其中总裁、副总裁和议定共计23人，比原有人数少7人。参与33人，比原有人数少62人。八局时，由于机构扩充，人员大为增加，情况有些变化。八局的领导职位，大体上分四级，总裁局是总裁、副总裁、辅弼、顾问和弁事。其余七局均为督（相当于部长级）、辅（副部长级）、权辅（司局长级）和判事（处长级）。如果不计兼职，实际上担任八局四级领导职位的计有36人，其中总裁、副总裁和议定为22人，比七科时还少一人。参与61人，比七科时增加28人。就是说，原有的参与总数中担任行政领导职务的，已由1/3增为大约2/3。再者，尽管还是很少数，下级武士改革派出身的参与却已开始趋向和议定平起平坐。七科时在总督和事务挂两级领导职位中，事务挂的绝大多数由参与担任。只有两名参与担任总督。在八局时，担任一、二级的领导职务者绝大多数是总裁、副总裁和议定，但已有4名参与跻身这个行列。

1868年4月11日，新政府军开进江户城，德川幕府老巢倾覆，戊辰战争大局已定。于是明治政府内部酝酿新的改组。同年闰4月21日，颁行《政体书》（相当于行政组织法），撤销三职制，按太政官制②实行政府机构大改

---

① 以下数字，均系本文作者根据原始资料核算统计。
② 古代日本于7世纪中叶大化改新后，仿中国唐朝律令制建立过太政官制的古代天皇制统治机构。明治初年又一度参照它来建立新的官制。

组。这次设立的行政机构，总称"七官①二局之制"，算是第一次太政官制政府。七官，即行政官、神祇官、会计官（相当于财政部）、军务官、外国官（相当于外交部）、刑法官（相当于司法部）、民部官。二局，即议政官上局和议政官下局。二局是立法机构，相当于议会的上院和下院。行政官设辅相（相当于政府总理）和弁事，是政府的行政首脑机关。其余六官相当于部级机构，均设知事（相当于部长级）、副知事（副部长级）和判事（司局长级）等领导职位。太政官制政府，是以古时太政官制为蓝本，而建立的政府机构。但是，这不过是旧瓶新酒，实际上是明治政府在近代政权的建设中一次重要的尝试。作为行政组织大法的《政体书》，采用欧美资本主义国家三权分立的原则，并且在政府机构的设置上，力求效仿欧美国家的做法。但是，由于对西方国家议会制度不熟悉，甚至误认议会选举为官吏选举，搞了一次奇迹般的官吏选举，流为资产阶级政治史上的笑柄。三权分立的制度，也由于在日本缺乏社会基础而未能得到贯彻。

不过，饶有兴味的是，在这次政府改组中下级武士改革派出身的人开始进入领导的核心。第一次太政官制政府的领导核心，是议政官的上局（设议定和参与）和下局（设议长和"贡士"即各藩的代表），以及行政官的辅相。先后被任命为上局议定和参与的，各为 22 人。在上局议定中，有三职制时的参与两人，上局参与中有三职制时的参与 16 人。三职制时的议定有 4 人担任上局参与。担任下局议长的有三职制时的参与。在三职七科、八局时没有进入上位的西乡隆盛、大久保利通、木户孝允、大隈重信等，都进了议政官上局。在六官中，三职制时的参与已有人当上了知事和副知事。

从这次政府改组起，出现一个新的现象，就是过去在三职七科、八局中从未担任主要领导职务的一批新人，进入了高级官员的行列。这次七官二局连同侍从职（皇宫内）和公议所一道计算，如果不计兼职，实际上总计 93 人担任政府各级主要领导职位。共中三职制时旧人占 2/3，新增补者占 1/3。这次新增补的 29 人中，多是因戊辰战争中立有军功或从各藩选送来的优秀人才。他们当中有后来成为自由民权运动领袖而声名显赫的板垣退

---

① 这里所谓"官"，是机构之意，非日常所说的"官"。

助,有宣传资产阶级民主的启蒙思想家和近代司法制度创建者等一些著名人物。

二

1869年5月,戊辰战争以新政府军的彻底胜利而宣告结束。未几,同年7月8日政府又进行了一次改组。这次改组的时机,不比寻常。由于戊辰战争的结束,维新政权站稳了脚跟,赢得了一个可以建立中央集权的统一国家和推行资产阶级改革的有利政治环境。同时也由于三权分立政体行不通,而必须实行一次改组。这次改组后的政府机构,可称为第二次太政官制政府。它设有二官七省及集议院等各部门。二官,即神祇官和太政官。神祇官,设伯、大副、少副、大祐四级领导职位。太政官设右大臣、大纳言和参议。七省为民部省、大藏省(财政部)、兵部省、刑部省、宫内省、外务省和工部省。各省(相当于部),均设卿(部长级)、大辅(副部长级)、少辅(司局长级)和大丞(处长级)四级领导职位。集议院设上下两局,是由上届政府的议政官(立法机构)改组而成的。因为三权分立行不通,所以它的地位下降。

这次政府具有一些前所未有的特点。其最大的特点就是,从这次政府改组起,下级武士改革派出身者开始从封建家臣地位摆脱出来,向近代文官转变。说这次政府改组后开始这一转变,是因为具备了两大条件。其一,是在下级武士改革派出身者居多数的同时,原三职制时的参与,在领导中枢里开始占优势。这次改组后担任各部门主要领导职位的高级官员总计64人。其中三职制时的议定只有14人,其余为原参与和新增补者。迄今为止新增补的高级官员,绝大多数也是下级武士改革派出身。这次改组后新设的8名参议,是领导核心的主要部分,全部由原参与担任。同时,原参与中担任省卿、大辅、少辅的更较前大为增加。其二,就是摆脱封建家臣的地位。前近代的封建官僚和近代官僚的重大差别之一,就是前者和主君处于主从的关系。他们是主者的家臣。日本德川幕府时代的将军、藩主和属下的各级武士之间的关系莫如此。即所谓主君之上更有主君,家臣之下又有家臣。作为官僚,他们是主君的私家仆役和财产。近代官僚,则是为整个资产阶级或地主资产阶级(如日本)服务的,非任何一个家族所得而私者。正是在这次太政官制改组的那一年(1869年)2月,经木户孝允等人的推动,终于使萨摩、长州、土佐、肥前这四藩的藩主带头奉还版籍(交出藩的领地)。倒幕维新运动的主力在这四个藩,尤以萨、长两藩为其主要根据地。而领导倒幕维新运动的下级武士改革派,也主要是这四个藩的人。维新后进入新政府做官的,无论参与或议定,其情形大抵亦如是。四藩带头交出领地,是使下级武士改革派出身的新官吏,开始摆脱封建家臣的地位。当然,要彻底切断这条封建家臣的尾巴,则要在下一个时期全面革除封建领主制度时才能做到。

这次改组后成立的第二次太政官制政府,从推行资产阶级改革和近代政权建设来看,担任高级官职者由上届的93人减为64人,减少近1/3,但机构却较前扩充了。加之,有些人有兼职情况,总的说来人少事繁,效率反而高了。尤其是民部省、大藏省和工部省等新部门的设置,是适应资产阶级改革和发展资本主义的需要,使近代政权建设更加前进了一步。再就是在这次改组中新增补的24名高级官员中,有不少后来成为军政的统帅人物和近代国家建设的各种专家。比如,山县有朋出身于下级武士的底层。他少时学习西洋炮术,又就学于吉田松阴门下,倒幕维新运动中担任著名的长州奇兵队军监,在戊辰战争中立过功。他在后来的内阁时代担任内阁总理,又是陆军的元老。黑田清隆,曾在萨英战争①时因防守得力而有功,又在戊辰战争中最后战役的箱馆五棱郭之役(在北海道函信)中立奇功,后来担任内阁总理,并主持过北海道的治理。松方正义,有理财的才能,后来实行通货紧缩政策,在推行资本原始积累方面有显著成效。他在后来的内阁时代,也是一个总理。西乡从道,是西乡隆盛的胞弟,在明治初年的军事建设中,特别在海军方面崭露头角。得能良介,在倒幕维新运动中曾和大久保利通共同奔走国事,后来在明治政府任职,成了日本近代造币事业的先行者和奠基人。这表明,明治政府在推行近代政权建设中,注意网罗人才。

---

① 1863年7月,萨摩藩在鹿儿岛同英国东方舰队之间发生的战争。

三

1871年7月29日，明治政府又实行一次大改组，建立起第三次也是最后一次太政官制政府机构。这次改组是在同年同月14日实行废藩置县在全国范围内完全革除藩的封建领主制度，从而建立中央集权统一国家的重大历史时刻进行的。这是明治维新后近代政权建设的又一个新时期的开始。

第三次太政官制政府存在的时间比较长，直到1885年12月撤销为止，大约有十四五年之久。在此期间，由于"征韩论"引起的分裂（1873年）和明治十四年政变（1881年）等情，曾经有过几次局部的变动，但是总的建制迁异不大。这次太政官制政府，由太政大臣、左大臣、右大臣、内阁顾问和参议组成一个领导核心或首脑部。主要的行政部门，则有十一省（部）一使。这就是：内务省、外务省、大藏省、陆军省、海军省、司法省、文部省、农商务省、工部省、宫内省、神祇省（后改为教部省）和开拓使（北海道）。在这次政府机构中担任各省大辅和开拓使次官即相当于副部长级以上领导职务的总计59人（有些人有兼职）。

第三次太政官制政府的最大特点，是下级武士改革派出身的维新官僚占据了全部参议的职位。而参议是领导核心中的核心，是最高决策的机关，政府的实权完全掌握在他们手里。上届太政官制政府初设参议时，还不能兼任各省卿（部长），这次均可兼任。至此，自三职制时期以来的权力再分配过程，以下级武士改革派出身的维新官僚占据政权中枢而宣告结束。同时，继萨、长、土、肥四藩主交出领地之后，由于1871年7月普遍实行废藩置县，在全国范围内最后废除了封建领主制度。诸侯们奉命纷纷离开领地迁居东京。他们当中在政府担任官职的人也不得不离开政权宝座。这就最后割掉了下级武士改革派出身的维新官僚的封建家臣的尾巴。不仅如此，这次太政官制政府存在期间，又是明治维新后资产阶级改革深入开展的时期。由于颁行征兵令和实施封禄改革等废除武士特权的一系列措施，封建武士作为一个阶级不复存在。由于实行地税改革，建立了新的不同于封建领主的地主土地所有制。由于实行廉价处理官办企业等措施,促进了资本主义的发展和近代资产阶级形成。这一系列社会经济的大变动,不能不使执官界之牛耳的、下级武士改革派出身的维新官僚,开始获得新的社会阶级属性。从此他们不再是封建领主的下级家臣,而演变成为新兴地主资产阶级效劳的官吏。他们是日本第一代近代文官和近代文官制度的创始者。

但是,不仅他们身上还保留着明显的封建胎痣,而且在近代文官开始出现时就产生了一种史称"藩阀"的东西。藩阀,就是官吏们按出身籍贯的藩（诸侯领国）而结成的派阀。由于倒幕维新运动的主力来自萨、长、土、肥四藩,维新后的掌权者也多来自这四个强藩。比如,无论第二次太政官制政府的 8 名参议,还是这次太政官制政府先后任命的 25 名参议,都是萨、长、土、肥四藩出身。而又以萨长两藩的人占优势。即使当时整个官界上层也是这四藩的人占多数。藩阀掌握国家大权,加之权力过分集中而形成"寡头政治",史称"藩阀有司专制"。因此,藩阀具有封建专制的性格,而这主要是来自封建武士出身的历史渊源和结成朋党的派阀性。但还有另外一个不可忽视的重要方面,即结成藩阀的维新官僚,随着社会阶级和社会经济基础的变动,而逐渐从封建领主的家臣演变为地主资产阶级的官僚,即属于近代官僚范畴的新官僚。看不到这一点,便不可能全面地把握日本近代文官制度形成的历史过程,也确定不了结成藩阀的维新官僚在这一历史过程中应处的地位。

第三次太政官制政府还有一个重要的现象,就是新增补的高级官员比较多。在相当于副部长级以上的 59 名高官中,三职制时期旧人只占 35.6%,新增补者（包括前两次增补的少数人在内）占 64.4%。新人不仅数量多,而且多是对学西方推行资产阶级改革有用的人才。例如,大山岩（西乡隆盛所宠爱的表弟）,戊辰战争中作为炮队长参战有功,1870 年被派赴欧洲考察普法战争,后来对日本近代军事建设有所贡献。森有礼,1865 年曾赴英国在伦敦大学过数理化,又在俄国考察过海军技术。他后来成为著名的教育行政专家,对日本近代教育的发展有独特的建树。前岛密,维新后不久被派赴欧洲考察过纸币制度,后来成了日本近代邮政制度的开山祖。日语中邮政、邮票和火车票等用语,均出自他的发明创造。吉田清,1864 年起赴英美留学 7 年，研究语言学、政治经济学和银行保险事业，成了这方面的大专家。青木周藏，少时努力学洋学①和医学，熟悉西方情况，维新后进政府做官，成了外交家。佐野常民，1863 年曾在佐贺藩设计出日本第一艘蒸汽船"凌风丸"。1867 年又借参加巴黎大博览会之机在法国考察工商业和军舰制造情况。维新后他回国担任政府官职，是一个有技术专长的官吏。河濑真孝，1867 年曾留学英国，1871 年回国后担任工部省的重要职务。品川弥次郎，1870 年和大山岩等一道赴欧洲考察普法战争后，先后在德国和英国留学，对欧洲的文物制度比较熟悉。山尾庸三，1863 年曾和伊藤博文、井上馨等赴英国考察，对欧洲的各种近代工业比较熟悉。1870 年回国后在民部省担任重要职务，主持资本主义工商业的发展工作。杉孙七郎，1861 年曾赴欧洲，在英国考察文物制度、器械和航海等技术。维新后他回国担任政府官职，是一个长于技术的官吏。井上胜，1863 年曾和伊藤博文等人赴英国考察，在伦敦着重研究采矿学和交通事业。维新后他进政府做官，是日本近代铁路建设事业的创始者。

新增补的高级官员的经历表明，他们大都是对欧洲资本主义情况比较熟悉和具有各种专长的人才。这无论对于整个资产阶级改革（包括近代政权建设），还是近代文官制度形成，都具有重大意义。

四

自 19 世纪 70 年代起，日本爆发了一次轰轰烈烈的争取资产阶级民主自由的群众性政治运动，史称"自由民权运动"。在这一运动的有力推动下，明治政府加快了近代政权建设的步伐。它在 1881 年颁发许诺在 1890 年开设国会实行立宪政治的诏书后，即着手为此进行准备工作。1885 年 12 月 22 日撤销太政官制政府机构，参照欧美资本主义国家的做法，创设了近代内阁制度。第一届内阁在总理大臣领导下，设 9 省（部）：外务、内务、大藏、陆军、海军、司法、文部、农商务和递信（邮电部），还有内阁书记官长、法制局

---

① 洋学，指通过英、法、德等书籍学习和了解欧洲科技知识，了解西方资本主义国家情况，以区别于过去的"兰学"（指通过荷兰书籍学习欧洲科技知识）。

长官等要职。各省内设局(司)、课(处、科)等部门。总的说来,内阁的建制比太政官制机构大为精干。在实施内阁制的同时,为了适应近代资产阶级国家建设的需要,尤其是建立和维护近代天皇制统治的需要,明治政府着手采取各种立法措施,使近代文官的一套制度进一步健全起来。特别是有关考试、考核和任用等一系列条规,比较突出。

第一届内阁上台后不过四五天时间,明治政府就颁布了《官吏纲要》,对有关官吏的考试、任用和严明官纪等做了具体的规定。过去采取自由任用官吏的原则,实行私人举荐的做法。这种做法,固然不乏"伯乐识马"之例,但单凭私人举荐,往往出现徇私登庸、任人唯亲的弊端。有鉴于此,《官吏纲要》规定,此后要通过考试来录用官吏。它首先指出过去采取自由任用原则,没有确立选叙之法的危害性。申明"选叙之法未定,而人各举其所知(熟人)。然成学之士(人材)或有失其前进之所者。此皆制度尚未健全所致,亦势不可免者也。方今官制既定,官仕有限而仍未确立选叙之法,则徇情舞弊所至将不堪其失,然行政部局而又无由得其人。"①因此,《官吏纲要》规定了经考试任用官吏的做法。在有关考试的一节中,开宗明义第一条,便是"仕进须经由考试"。具体做法是,考试分"学术考试"和"普通考试"两种。学术考试,又分初等考试和高等考试。后来考试制度逐步健全,文官考试主要有两种,即高等文官考试和普通文官考试。高等文官考试合格者,可被采用为高等文官,普通文官考试合格者,可被采用为普通文官。当时除学术考试和普通考试外,还设有专科考试,即选拔需要各种技术专长的官吏时的考试。比如,会计官吏则考簿记法,外交官吏考外国语,等等。为了不埋没人才,还规定报考人除所定考试科目外,得根据本人所学专长请求加试科目。考试委员则与其他科目一起斟酌予以考试。其优秀者另行发给"优等证"。还有,凡经考试仕进的官吏,其出身、籍贯、年龄、操行、健康和才能等项一并经考试委员审查后,予以选用。关于在职文官的考核,也有明文规定。这就是,凡现职判任官②晋升奏任官③者,至少须经过初等学术考试。这本是普

---

① 田中惣五郎:《日本官僚政治史》,第80页。
② 判任官,是普通文(武)官,在奏任官之下。
③ 奏任官,是高等文(武)官,在判任官之上,敕任官之下。

通文官晋升高等文官的考试,理应实行高等学术考试。但考虑到当时在职官吏的学历和学识水平,故有此灵活的照顾。最后,为了杜绝考试中徇私舞弊,规定"严明考试委员纪律,以确保其公正。"①

为了整顿吏治,《官吏纲要》强调"官吏之品格实有关政府威信","各省大臣咸宜奉体圣意,各于其权限内振励监督之。凡官吏有悖离忠顺诚实之大义,不恪守法律,机要之事不慎密,以及执行职务不勤勉者,务须依其情节之轻重予以告诫、谴责或惩罚。赠遗之禁及于巨细。旷废职务之戒,不问其有心无心。老朽不堪勤务者,应退其职。"②

当时,明治政府还设想将所有在职官吏统统罢免,一律通过考试予以任用。但是,这种设想脱离实际,终因政府内部有人反对而作罢。不过,明治政府采用考试办法以选拔官吏的决心之大,可见一斑。

事隔不过两年之后,1887 年 7 月明治政府又颁布了《文官考试试补及见习③规则》。这主要是规定选拔高等文官和普通文官的范围,并特别重视国立大学的学历,给帝国大学及其前身旧东京大学毕业生等以免试的特权。根据这一《规则》,凡在帝国大学的文科大学担任教授三年以上者,无需经过高等考试及实务练习即可直接担任高等文官。凡获得法学博士和文学博士学位者,或帝国大学的法科大学、文科大学以及旧东京大学的法学系和文学系毕业生,均可不经过高等考试而担任试补。④ 而必须经过高等考试才能担任高等文官的试补者,规定有四种人:一是有外国大学或同等学校的毕业证书或所学学科三年以上的修业证书者。二是有国内经文部大臣(文教部长)批准开办的讲授法律学、政治学或理财学(经济学)的私立高等学校毕业证书者。三是有高等中学及东京商业学校的毕业证书者。四是担任判任官五年以上的官吏。

从上面这些规定来看,明治政府有关高等文官的考试,对不同大学的毕业生待遇是有差别的。这是因为国家起初开办东京大学的法学系、文学系

---

① 田中惣五郎:《日本官僚政治史》,第 80—81 页。
② 田中惣五郎:《日本官僚政治史》,第 81 页。
③ 普通文官考试合格者,先任用为见习,然后任判任官,成为中等文官。
④ 高等文官考试合格者,先任用为试补,不久即任奏任官,成为高等文官。

和理财学科以及后来帝国大学的法科大学和文科大学的目的,就是要培养一代新的官吏。加之,官尊民卑的传统,使得私立高等学校不受重视。

关于文官考试问题,有两点情况要说明一下。一是文官考试的新规定中没有技术官的考试。技术官由于技术鉴定比较容易,难以徇情任用,且有单独一套做法,故不必专门设考试制度。不仅考试如此,在其他方面技术官通常也是和一般文官(政法和文教)分开的。比如,1886年颁布的官吏等级薪俸条例就有三种:《高等官官等薪俸令》《技术官官等薪俸令》和《判任官官等薪俸令》。技术官分技监(相当于敕任官)、技师(相当于奏任官)和技手(相当于判任官)三种。二是考试和录用有专门的制度。这就是从1887年起,规定考试和录用分别由不同的官厅负责。高等文官考试的实施,由内阁附设的文官考试委员会①负责。但是,从考试合格者中录用哪些人,这权限由内阁的各省掌握,以便能挑选各省所需的人才。

日本近代文官制度,特别是考试和任用的制度,虽然在近代内阁制度创始后不久即行确立,但高等文官考试由于条件所限,直到19世纪90年代初才算正式开始。1893年明治政府制定了《文官任用令》和《文官考试规则》。这次《文官任用令》规定奏任官须从高等文官考试合格者中任用。这一点很重要,它表明以考试任用高等文官的原则已经确立。只是敕任官仍为自由任用制。同时,根据这次规定的考试办法,帝国大学毕业生免试的特权被废除,该校法科大学毕业生也必须参加高等文官考试,所不同者不必经过预备考试,可直接参加正式考试。这次考试科目的内容也较前更加充实,要求更加严格了。正式考试分笔试和口试(相当于学科答辩)两种。笔试有宪法、刑法、民法、行政法、经济学、国际法等六个科目。此外,还要加一个任选科目,即从财政学、商法、刑事诉讼法、民事诉讼法中任择其一。

这次新的考试规则,对私立高等学校毕业生或有同等学力者的报考高等文官也有些松动。

按照1893年颁布的新的考试规则,1895年第一次正式举行高等文官

---

① 参加考试委员会的考试官,初期多为行政、司法的在职官员,教授很少。后来几乎全由东京帝国大学教授担任。

考试。这使大批帝国大学毕业生进入了高等文官行列。据统计,这一年帝国大学法科大学的毕业生 87 人中,有 41 人担任行政官,19 人担任司法官,合计 60 人,占毕业生总人数的约 67％①。从任官的 60 人当中,日后出了两个内阁总理和两个大臣(部长)。②

19 世纪 90 年代中期日本高等文官考试的正式实施,具有深远的意义。首先,它标志着日本近代文官制度的充实、发展和认真的贯彻执行。而这又是在 1889 年和 1890 年两年开设国会、颁行明治宪法,从而使近代天皇制得以确立之后进行的。因此,逐步趋于完备的日本近代文官制度成了近代天皇制的 个重要组成部分,近代文官成了这 地主资产阶级专政的重要支柱。其次,继过去考试取仕的初步成果之后,1895 年正式开始的高等文官考试的结果,宣告近代高等文官的新一代崭露头角,他们将逐步接替老一代的维新官僚。不言而喻,新老两代文官之间既有联系,又有区别。老一代文官,是下级武士改革派出身,以尊王攘夷的"志士仁人"起家。他们是 19 世纪后期幕末近代民族民主运动的领导骨干,倒幕维新的实践家。在维新后新政府里,他们做了官,掌了权,是近代国家创业时期的实干型的政治家。而这种政治家,又是文武双全的,有时很难区别他们是文官抑或武官。这是因为在封建幕府时代,封建武士都讲究文治武备,下级武士改革派既是佩刀的武士,又是知识分子。他们可谓"上马管军,下马管民"的文武兼备者。作为知识分子,他们从小就受到汉学(儒家经典为主)、国学(日本学)等传统教育。他们很多人悉心研读过孙吴兵法和《资治通鉴》。他们所受教育,使他们对"修(身)齐(家)学"和"治(国)平(天下)术"颇为谙熟。不仅如此,他们在幕末参加近代民族民主运动中,从"师夷之长技以制夷"的观点出发,又通过学习"兰学"和"洋学",渴求有关西方资本主义国家的知识,而且大都注意学西方的兵学和炮术等近代军事知识。总之,老一代的维新官僚也还是有知识的。在维新后的近代资产阶级民族国家建设事业中,他们尽己之所学、所长,为治国兴邦效力。他们的知识也发挥了一定的作用。历史事实说明,

---

① 参见中山茂:《帝国大学的诞生》,第 111 页。百分数,原书有误,已由本文作者订正。
② 中山茂:《帝国大学的诞生》,第 111 页。

他们并非尸位素餐,还是有所成就的,虽然是为新兴的地主资产阶级执箕帚。尤其是,他们深知已有知识的不足,在掌权后又设法予以弥补,到欧美国家进行实地考察和学习。比如,1871年10月在岩仓具视带领下,有大久保利通、木户孝允、伊藤博文等参加的一个大型考察团历访许多欧美国家,详细了解各种文物制度和建设经验。这是最大的一次考察活动。而平时也不断通过在职海外出差方式赴欧美考察留学,形成一种官吏留学的制度。然而,无论如何,老一代维新官僚的知识,对于近代资产阶级国家的管理来说是很不够的,是有很大的时代局限性的。因为和封建国家不同,近代资产阶级国家的职能比较复杂,它对人才即治国官吏的质量要求,不断增高。而通过维新后国家创办的大学所培养的人才,经由考试得以选拔,适应了这种不断增高的要求。

在此后近代文官新的一代逐步接替老一代的过程中,日本近代文官制度也不断演进,但其基本格局一直保持到20世纪40年代中期为止。

五

1899年明治政府①进而修改1893年的《文官任用令》,并制定新的《文官资格保障令》和《文官惩戒令》,即著名的"文官三令"。修改后新的《文官任用令》,申述了必需修改的理由。其中,有一条是"……现行任用令尽管对奏任官及判任官有学识考核之规定,然敕任官则一任阁臣举荐更无资格限制。盖行政官固需谙练经历,且犹如武官任命之制,依勋功自下而上循序累进,事属当然。然则,实有不依等次累进之制,无奏任官资格反而荐之为敕任官者。此非但违反现行任用令精神,亦且终致行政秩序紊乱,官纪废弛。"②这里有一段背景,需要指出。自实行立宪政治以来,在日本也逐渐兴起政党。政党的成员可以通过国会选举经由议员的途径,在组阁时由人举荐而进入内阁担任高级官职。这次主持修改文官任用令的山县有朋对政党十分厌恶,故极力想阻止政党人士进入高等文官行列。另一条理由是:"兹

---

① 第二次山县有朋内阁。
② 参见田中惣五郎:《日本官僚政治史》,第108页。

此行政逐渐达于以专门技术任之之际,是故身为行政官者不得仅凭天赋之才能以履行任务。务须具备行政所需之专门学识。"①同时,特别强调官吏的质量要求,必须有一个大的转变。比如,要求当大臣(部长)的,必须是"英杰之士",既能严格遵守法令,又有能处理错综复杂事务的本领。修改后的《文官任用令》,对任用为敕任官、奏任官和判任官的资格,做了明确的规定。

《文官资格保障令》,对在职文官的资格和地位给予法律上的保障。明确规定只有下列三种人才得免官:一、因残疾或身心衰颓不克执行职务者。二、因伤病不克履行职务,或自愿免官者。三、官制或定员修改,以致产生额外人员时。但是,凡免官者,均须经讨有关机关审查。在职高等文官免官时,须经"高等文官惩戒委员会"审查。在职判任官(中等文官)免官时,须经"普通文官惩戒委员会"审查。

《文官惩戒令》规定,凡属违背职务之义或怠于职守者,要受到惩戒。不问职务之分内分外,凡有丧失官职威严或信用之行为者,要受到惩戒。惩戒的办法有三条:免官,减薪,谴责。同时规定高等文官惩戒委员会及普通文官惩戒委员会的组织办法。

"文官三令",在日本近代文官制度的发展史上有其重要的位置。这主要是对官吏质量的要求更高,而且对专门知识、行政管理技术的要求更加明确了。实际上是在通过法令来促进有大学毕业学历的人更多地担任高等文官。这无疑会有力地推动新老文官两代人的交替过程,同时也是这一历史必然性的体现。

从历史发展的实际来考察,在新老两代文官交替的过程中,与之有联系的,还有一个嬗替过程先于它完结。这就是自三职制时期迄三次太政官制政府的旧人,内阁制时代不断为新增加的成员们所接替。这一过程,大体上在1900年前后完成。1900年10月成立的第10届内阁(第4次伊藤博文内阁)时,只有总理和临时代总理2人是三职制时的参与。其余全是内阁时代开始以来入阁的新人。太政官制时的新增补者也已杳无形迹。这一新旧交替,原因虽不止一端,但自然规律起作用的新陈代谢不失为一个重要的原

---

① 参见田中惣五郎:《日本官僚政治史》,第108页。

万,平均每千人有文官 30.9 人。德国 1921 年有文官 1,753,000 人,全国人口 6,320 万,平均每千人有文官 27.7 人。美国 1921 年有文官 597,000 人,全国人口 10,570 万,平均每千人有文官 5.648 人①。这里,美国只是联邦政府的官吏,各州未计算在内。但不拘如何,日本还是最少。21 年后的 1942 年,日本文官总计达 1,406,864 人②,全国人口 7,230 万③,平均每千人有文官 19.46 人,增加了近 3 倍。其他资本主义国家的文官队伍自然也在不断膨胀。但是,直到第二次世界大战后的今天,日本的官吏队伍人数在主要资本主义国家中仍是最少。据统计,70 年代末期日本人口平均每千人中有国家公务员 44.9 人。英国则是 105.4 人,西德 82.6 人,美国 80.7 人,法国 67.4 人。④ 日本的数字虽比 1942 年增加了 1.3 倍,但不及英国的一半,约为西德的 54.4%。这一统计表明,日本的官吏队伍的效率是相当高的。

六

大约自 1893 年颁行第一个《文官任用令》前后起,在文官队伍的上层(领导层)开始了新老两代交替的过程。领导层的更迭,实际上也就是整个文官队伍的更新。这一交替过程始期的标志,是新一代即日本自己通过帝国大学培养⑤的文官开始担任司局一级的官职。其终期的标志,则是新一代文官开始担任内阁总理,时间上是 20 世纪 20 年代中期前后。

根据文献资料⑥记载,帝国大学(东京帝国大学)毕业的文官开始担任政府司局长,是 1892 年。这当然还只是个别的情形。从 1892 年到 1897 年,少数的司局(如文部省的普通学务局等)比较普遍。大部分司局则是在

---

① 英、法、德、美四国官吏和人口数字见 H. 范奈尔:《现代政府的理论与实践》,1949 年,第 710 页。转引自辻清明:《日本官僚制研究》第 18—19 页。原注:官吏数字不包括陆海军人、司法官、警察官和教员。美国的数字仅为联邦政府的数字。各国人口平均的官吏数字均为本文作者统计。
② 辻清明:《日本官僚制研究》,第 58 页。
③ 日本银行统计局编:《明治以来本邦主要经济统计》,第 13 页。
④ 田原总一郎:《日本的官僚》,第 157 页。
⑤ 在帝国大学(东京帝国大学前身)未培养出文官以前,好些人是在剑桥大学、哈佛大学、柏林大学留学后成材的,他们算是外国培养的高等文官。
⑥ 日本内阁印刷局内朝阳会刊行《历代显官录》。

1897—1907 年期间才普遍出现帝大毕业的文官担任司局长的现象。极少数的司局要到 1907 年以后，才普遍换上来。以各省的次官（副部长）来说，最早的一个帝大毕业者的出现，是在 1900 年，担任外务次官。比较普遍地出现帝大毕业者担任次官的现象，在政府各省也是不平衡的。比如，文部次官自 1901 年起，司法次官自 1903 年起，大藏次官和内务次官自 1906 年起，铁道次官和农林次官自 1907 年起，外务次官自 1908 年起，递信次官自 1911 年起，以后历年几乎全是由帝大毕业的文官担任。帝大毕业的文官担任地方行政长官的，最早在 1901 年前后。当时在 46 个地方行政单位〔其中有三府（东京、京都、大阪）一道（北海道厅）和 42 县〕中，普遍由帝大毕业的文官担任府县知事的，有 27 个单位是在 1901—1910 年间陆续开始的。另外的 19 个单位（包括北海道厅），则是在 1911—1916 年间陆续开始的。这就是说，帝大毕业的文官普遍担任地方行政长官要比中央迟一些。

帝大毕业的文官担任内阁部长级职位开始于 1900 年前后。比如，1900 年加藤高明担任外务大臣和奥田义人担任内阁法制长官，1901 年柴田家门担任内阁书记官长，但为数寥寥。经初步统计，外务大臣是从 1918 年起，内务大臣从 1915 年起，大藏大臣从 1906 年起，司法大臣从 1916 年起，农林大臣从 1922 年起，文部大臣从 1912 年起，铁道大臣从 1913 年起，以后历年大体上全是由帝大毕业的文官担任。

由帝大毕业的文官担任内阁总理，是从 1924 年开始的。这就是同年 6 月上台的第 24 届（加藤高明）内阁。自此以后，不断有帝大毕业者担任总理。从这届内阁到第二次世界大战结束前后的 1945 年的第 44 届内阁止，前后历 21 届，担任总理的共有 16 人。其中，有东京帝国大学毕业经历的 5 人，组阁 8 次，有京都帝国大学毕业经历的 1 人，组阁 3 次，共计 6 人，组阁 11 次。余下的 10 次全是武官组阁。可见，文官总理都是帝大出身。帝国大学毕业的文官一旦能担任内阁总理，部长也就不在话下。因此，可以说到 1924 年第 24 届内阁时，新老两代文官交替的过程大体完结。

新老两代文官交替的过程和老一代内部新旧成分的更迭不同，虽然不无自然规律的作用，但主要是由社会规律所决定。这就是近代资产阶级国家建设的发展，对文官提出新的时代的要求。质而言之，就是要求文官队伍派阀的首脑,明治中期后陆续退居二线,对大政方针有重大影响的九位有元老身份的官僚。藩阀元老政治,即藩阀和元老掌握和操纵国家权力中枢的政治形态。

在1871年改革政府体制时,藩阀就确立了在国家政权中的绝对优势地位。在1885年近代内阁制度建立后,内阁就长期成为藩阀元老掌握国家权力的重要机构。藩阀元老政治持续时间最长,其影响贯穿了从明治新政府成立直到1940年西园寺公望[1]死,出现所谓大政翼赞运动为止的日本近代史的绝大部分时间。明治维新后首先出现藩阀元老政治形态并长期保有巨大的影响力,与当时的历史条件和明治宪法及一系列法律制度密切相关。

其中主要一点是,内阁是国家权力的执行中枢,而内阁又长期处于藩阀元老的控制之下。其控制手段有三,第一个手段是伊藤博文等通过制定明治宪法使内阁只对天皇负责,不对议会负责,天皇亦将"总揽统治权"的责任间接委任予内阁。内阁辅弼天皇行使国家权力,从而内阁的权力是天皇主权派生的权力,不容议会置喙,使得内阁建立后长期成为藩阀的地盘。前七届内阁的总理大臣全部由长州、萨摩藩阀的首脑轮流担任,执政达十二年半之久。七届内阁成员共八十七人(不包括内阁书记官长、官房长官、法制局长官以及军部大臣),长州、萨摩二藩出身者占46%,几达半数,土佐、肥前二藩出身者占21%,上四藩共占67%,占据了内阁席位的大多数。[2] 如果以位置之轻重而论,则内阁中的重要位置多由长州、萨摩二藩出身者把持,如军部大臣长时期内均由该二藩独占。这个事实与黑田清隆、伊藤博文等提出的内阁"超然立于政党之外""希望以政党组织内阁乃最危险之事"的所谓"超然内阁论"[3]是相一致的。

藩阀元老控制内阁的第二个手段是,通过各国务大臣单独辅弼天皇以适当限制总理大臣的权力,"首相既不能左右各相,各相亦不得系属于首

---

[1] 西园寺公望是九位元老中唯一不是出身于长州、萨摩藩阀而出身于名门贵族的元老,也是最后去世的一位元老。但他与藩阀仍有千丝万缕的关系。

[2] 见三宅一郎:《日本内阁的政治、社会结构》,载京都大学人文科学研究所《人文学报》1964年第20号,第218页。

[3] 转引自大津淳一郎:《大日本宪政史》第3卷,原书房1980年复刻版,第258、263、264页。

相"，凡重大问题均须阁议决定，但不是以少数服从多数或总理大臣拍板定案的原则议决，而是必须全体阁员一致。一旦出现无法弥补的分歧，内阁就难以为继。此举的目的是防止出现"攀党联合之力左右天皇大权"的"弊端"。① 质言之，即遏止政党势力在国家政权中发展，通过内阁的频繁的换人换马来加强藩阀元老对内阁的控制能力。②

这与藩阀元老控制内阁的第三个手段有关，即藩阀元老对内阁的组成即由谁组阁握有实权。虽然明治宪法规定天皇"决定行政各部文官制及文武官员之俸给，任免文武官员"，伊藤博文解释为"总理大臣、各省大臣均由天皇选任，各相之进退一由睿虑"③，不过，根据天皇一般情况下不参政的原则，这项权力大部分转移到藩阀元老手中，即首先由元老提名，或由上届总理大臣推荐经元老同意后报天皇批准。名为"提名"或"推荐"，实际是总理大臣人选的决定权。④

由此可见，藩阀元老政治是近代天皇制的重要支柱，藩阀元老是天皇权力转移的对象和实际体现者。藩阀元老政治的表现，除坐镇枢密院，出任内大臣外，主要通过内阁掌握国家权力，通过任命内阁总理大臣操纵政权。因而它与国家权力完全结合的时间，要比政党议会政治、军部法西斯政治要长得多。

政治三元素中的政党议会政治，即地主资产阶级政党，通过议会在日本国家权力系统中发挥作用并以直接组阁的方式执掌国家权力的政治形态。政党议会政治的形成离不开自由民权运动的发展，因为在自由民权运动的推动下而制定的明治宪法赋予议会一定的权力，才造成了政党议会政治形成的前提。但另一方面，政党议会政治与藩阀元老政治也有很深的关系。

---

① 伊藤博文：《宪法义解》，国家学会藏版，丸善株式会社，1947 年，第 84 页。
② 据粗略统计，明治宪法体制下共四十六届内阁，平均每届内阁仅维持一年又四个月，有 1/4 左右的内阁是因阁议不统一辞职的。
③ 伊藤博文：《宪法义解》，第 84 页。明治宪法对内阁的规定比对立法、司法的规定简要得多，这反映出宪法制定者为使藩阀政治少受约束、日后可以通过内阁"方便行事"的目的。参见井上毅编：《起草明治宪法的参考文献》，载清水伸：《明治宪法制定史（中）》，原书房，1981 年，第 392 页。
④ 藩阀元老对总理大臣人选的决定权，前后有所变化，但即使在元老仅存西园寺公望一人时，虽然总理大臣人选由以内大臣为核心的重臣会议推荐，仍需征得西园寺公望同意方可。参见伊藤之雄：《关于元老之形成与变迁的若干考察》，载《史林》，1977 年 3 月第 60 卷第 2 号。

可行。至于"政党内阁制之可否,在今日已是无用之争"。① 所以,他主张顺应形势,组织政府的御用党一决雌雄。山县有朋则坚持超然内阁的主张,不过他的思想也有变化。他也承认在"进步、自由两党联合攻击政府时,我若不树一党以对之,遂不能贯彻维新以来之国是及维持国家",故组织"勤王党(假设之称呼,或称之开国党、文明党、君国党等等)乃势不可免,亦现时之急务",只不过"应以政府以外之人为其首领,若政府内之人为其首领时,则应退其职而于民间与政府内外相援,努力贯彻其主义"②。这一主张和"勤王党"之称反映出山县有朋在藩阀元老政治向政党议会政治转变之初的进退维谷的心情。

  伊藤博文和山县有朋的分歧导致了十四年之久的两派势力的交替组阁。即从第一次大隈重信内阁到第三次桂太郎内阁这十四年是政党内阁与藩阀官僚内阁的有序交替时间。八届内阁成员共七十一人(不包括军部大臣),其中长州、萨摩出身者占25%,土佐、肥前出身者占14%,均比上个时期下降了许多,关东、九州(不包括萨摩、肥前)出身者增加不少,分别达到23%、13%,几乎可同前二者平分秋色。③ 长州和萨摩出身者的比重虽然下降,但政府的最高权力仍旧操纵在伊藤博文、山县有朋等藩阀元老手中。1909年伊藤博文死后,山县有朋独执牛耳十余年,无人能望其项背,政党议会政治的发展因此受到阻滞和压抑。此后,又经过了十一年的第二个转变期,即从第一次山本权兵卫内阁到清浦奎吾内阁的政党内阁与藩阀官僚内阁的无序交替时期。这个时期双方的矛盾更趋尖锐,但由于山县有朋死去,藩阀势力有所衰退,政党势力也在不断分化改组,反映在内阁中则是长州、萨摩、土佐、肥前四藩出身者比重迅速下降,非藩阀成员比例大大增加。这样,经过为期共二十六年的困难重重的两个转变期,从1924年6月第一次加藤高明内阁才进入政党连续组阁时期(即所谓的"宪政常道"时期),实现了明治宪法体制下的政党议会政治。

---

① 转引自升味准之辅:《日本政党史论》第2卷,东京大学出版会,1966年,第295页。
② 转引自升味准之辅:《日本政党史论》第2卷,1966年,第294页。
③ 见三宅一郎:《日本内阁的政治、社会结构》,载京都大学人文科学研究所《人文学报》,1964年第20号,第218页。

这个时期到 1832 年犬养毅内阁辞职为止仅维持了八年,由宪政会——民政党与政友会交替组阁。这个时期六届内阁成员的出身地域已大体呈现全国各地平均分布的状态,阁僚中政党成员的比例也比以往任何时期高。

分析政党制度亦是究明藩阀同政党关系的关键。伊藤博文创立的立宪政友会是日本近代政治史上最重要的政党,它长期占据众议院的多数席位,多次组阁掌握国家权力或成为内阁参与党。政友会实际上是藩阀元老势力和政党议会势力在一定条件下相结合的产物。政友会的出现,与其说是伊藤博文的政权建设思想向政党议会政治转化的结果,不如说是多年来主张政党议会政治的自由党在宪政党分裂后陷入困境,为发展和实现主张而不惜解散该党,向藩阀元老政治做出巨大的原则性让步的结果。所以,立宪政友会是扩大了的藩阀党。

伊藤博文身为藩阀首脑出任政友会总裁,开创了总裁专制的先例。政友会的历届总裁中,伊藤博文和西园寺公望集元老、总理大臣和总裁于一身,原敬、高桥是清、田中义一、犬养毅也都在总裁任期内出任总理大臣组阁。尤其是与井上馨关系密切的原敬,长期握有实权,在未任总裁时以干事长的身份成为政友会中权势炙手可热的人物。

从政友会的核心组成也可看出藩阀元老在政友会中央权力机构中的重要地位。政友会初期的总务委员中,金子坚太郎是伊藤博文的门生,末松谦澄是伊藤博文的女婿,都筑馨六、原敬是井上馨的女婿,西园寺公望与伊藤博文等的关系亦非一般。原宪政党成员则有星亨、松田正久、林有造、片冈健吉、江原素六等。显然,这是以伊藤博文为首的藩阀成员与星亨为首的原宪政成员的混合体,但主要权力长期掌握在前一派手中。

如果进一步考察,以桂太郎 1913 年一手建立的立宪同志会为核心的、1916 年组成的日本近代政治史上的另一重要政党宪政会(1927 年与政友本党合并为立宪民政党),在纲领、特点及组成结构等方面都同政友会相似,不过在议会中的席位互为伯仲而已,故不再详述。

上述分析表明,藩阀元老政治与政党议会政治之间存在着有机联系,后者是前者在特定条件下的产物。即政党势力发展到一定阶段,使得藩阀元老不能继续以旧的方式维持权力,需对掌权形式做某种改变,而政党势力也需依靠藩阀元老势力才能登上政权宝座时，便出现了藩阀元老政治向政党议会政治的转变。

军部法西斯政治同藩阀元老政治的关系则另有不同。明治初期的政府高官，除少数皇族公卿外都是武士出身。无论后来的政府文职高官或军部高官，都是从这些行武者中产生的，而且时文时武，身兼二任者亦不少．例如九名元老中除西园寺公望外都是立有战功的武将，是这些人建立了有封建色彩的近代军事制度，筑成了军部的独特地位。

军部大臣长期被藩阀把持。从1871年改革政府体制到1885年建立内阁制度的十余年中，陆军卿和大辅二职，除和歌山藩出身的津田出曾担任了为时仅三个月的陆军大辅外，均由长州和萨摩出身者山县有朋、西乡从道、大山岩和鸟尾小弥太担任。海军卿和大辅则由胜安芳、榎本武扬（二人幕臣出身），川村纯义、桦山资纪（二人萨摩出身）和中牟田仓之助（肥前出身）担任，二省均以藩阀势力为主，陆军省尤甚。1875年时，陆军将级军官共有十八人，仅五人（包括土佐出身的谷干城）非长州、萨摩出身；海军将级军官七人，其中萨摩出身三人，肥前二人。[①] 可见藩阀势力垄断了军队的高级职务，陆、海军卿和大辅主要出自藩阀就不难理解了。

内阁制度建立后仍是如此。从建立内阁制度到1912年明治时期结束共二十七年，陆军大臣一职始终被长州、萨摩二藩出身者垄断，大山岩曾先后出任六届内阁的陆军大臣，桂太郎出任四届，寺内正毅出任三届，只是在第二次西园寺公望内阁时期，由姬路藩出身的石本新六担任了数月的陆军大臣。海军大臣一职与此类似，前十一届内阁均由长州、萨摩出身者担任，西乡从道先后出任七届，山本权兵卫出任三届。直到1906年第一次西园寺公望内阁，海军大臣才由岩手县出身的、海军兵学校毕业的斋藤实担任（连任五届，到1914年止）。但斋藤实仍属山本系，而且在斋藤实担任海军大臣的大部分时间里，山本权兵卫的女婿财部彪担任海军次官，藩阀势力没有受到什么影响。

参谋本部、教育总监和海军军令部的情况是，自1878年参谋本部从陆

[①] 松下芳男：《日本军制与政治》，黑潮出版社，1960年，第147、148页。

军省独立至 1923 年的四十五年间,参谋本部长和参谋总长一职大部分由长州、萨摩藩阀军人出任。其间 1885 年至 1898 年由亲王担任,则参谋次长主要由萨摩的川上操六担任,掌握实权。因为由皇族成员担任参谋总长或军令部长时,也准用"无答责制"。仅 1906 年至 1912 年由小仓藩出身的奥保巩出任总长。1923 年以后,参谋总长一职才摆脱了藩阀的垄断,直到日本战败投降,始终由陆军大学毕业生担任。而在 1931 年至 1940 年亲王任总长时,次长则主要由陆大毕业生担任。陆军领导系统在 1923 年由藩阀军阀向陆大学阀军阀的转变,与 1922 年陆军巨头山县有朋的死不无关系。教育总监一职与上述情况大致相同,不过,可能是因为重要性不及前者,故转换时间较长,从明治末年经大正时代,虽然主要由非长州、萨摩出身者担任,但直到 1932 年林铣十郎出任教育总监后,陆大毕业生才完全占据了这个席位。海军军令部长一职从 1914 年开始才由非长州、萨摩出身者担任,从大正末期开始逐渐向海军大学毕业生担任军令部长过渡。

以上事实说明,在整个明治时期,军部依赖于藩阀,附着于藩阀,除皇族外的陆军大将中 71% 来自长州、萨摩,海军大将 93% 来自萨摩,[①]形成了所谓的"长州的陆军,萨摩的海军"的局面。大正时期军部中的藩阀势力逐渐减弱,陆军中的陆大学阀作为藩阀在军队中的第三梯队培养起来。学阀军阀的势力不断发展的结果,在大正末期、昭和初期取代藩阀军阀而成了军部的主体。正因为军部的形成和发展同藩阀元老势力有如此密切的关系,军部才能在近代天皇制中占据独特的地位并发挥越来越重要的作用,并最终取代政党议会政治掌握了国家权力,导致军部法西斯政治的出现。

那么,为什么军部法西斯政治出现在政党议会政治之后而未在其前呢?一是因为在藩阀元老势力强大的明治时代,军部势力既无可能也无必要脱离藩阀元老势力而独立,只是在进入大正时期后,随着藩阀元老势力的衰退和学阀军阀取代藩阀军阀,这种必要性才显现出来。二则同大正时期以后的日本国内外形势的发展有关。军部势力的加强和法西斯运动的发展是与国际上二、三十年代初军国主义和法西斯运动的发展同步的,然而,军部与

---

① 松下芳男:《日本军制与政治》,第 158 页。

政党之间虽有分歧与隔阂,但历届政党内阁所采取的对内镇压进步势力,对外侵略扩张的反动政策与军部的主张基本上是一致的,只是实现目的的时间和方法有所不同而已,到了30年代中期,军部势力与法西斯运动相结合,从而取代政党议会政治、建立军部法西斯独裁统治的条件才逐步成熟起来。

三、政治三元素结构的特点及其影响

日本近代天皇制的政治结构不同于一般的资产阶级三权分立的理论模式,而是司法权居于次要地位,出现了内阁的行政权和半立法权,议会的半立法权、军部的军事权这样不平衡的三足鼎立的状态。

伊藤博文为制定明治宪法去德国学习考察,受到德国政治制度及法学思想的深刻影响,即认为三权分立说已过时,"司法权作为行政权的一个支派均属君主统揽","司法不过是行政的一部分"。① 所以,内阁不仅是近代天皇制中的最高行政机关,同时得以控制司法权,掌握了相当部分的立法权。内阁中的法制局则是内阁立法权的体现。法制局中的行政部"掌管起草审查关于外交、内务、劝业、教育、军制、财务、递信之法律命令",法制部"掌管起草审查民法、诉讼法、商法、治罪法及与之有关之命令",司法部"掌管恩赦特典及诸裁判所之官制及行政裁判"。② 这是1885年内阁制度建立时的规定。此后实施宪法、开设议会,这方面的规定虽有变化,但内阁的半立法权力没有被削弱。在明治宪法实施的五十八年中,内阁共向议会提出3421件法律草案,成立件数2856件,占83.5%;反之,众议员仅提出数百件议案,且通过率仅2%~3%左右。③ 内阁的地位如此重要,因而成为藩阀元老操纵国家政治的最重要环节。

军部对天皇制结构中的其他几部分的控制、影响能力最大,受控因素最小。它能够影响天皇,钳制内阁,更不把议会看在眼中。影响天皇的手段是明治宪法体制中的统帅权独立和帷幄上奏的制度,所谓统帅权独立,即军事

---

① 伊藤博文:《宪法义解》,第91页。
② 内阁官房编:《内阁制度九十年资料集》,1976年,第78页。
③ 内阁官房编:《内阁制度九十年资料集》,1976年,第1143—1294页。

大权名义上由天皇、实际上由军部掌握,内阁和议会无权干涉军事;再进一步,则是军事大权中的军令指挥权由参谋本部、海军军令部掌握,内阁中的陆军省、海军省无权。设置战时大本营即为一例。大本营是直属天皇的战争时期的最高军事指挥机构,由参谋总长,海军军令部长,陆、海军大臣,幕僚及各军事机关的高级首脑组成,文官不得参加。中日甲午战争时,总理大臣伊藤博文经天皇特别许可才得以列席大本营会议,而成为一种殊荣。日俄战争时期大本营也没有任何文官参加,仅将部分战报交元老传阅,或偶尔请有关阁员、枢密院议长伊藤博文列席,以便协调军事与政治、外交的关系。1937年第三次设立大本营时,军部仍以统帅权独立为理由拒绝内阁文官出席大本营会议,为各方面的协调,不得不再成立一个大本营政府联络会议,但军部和内阁仍是两张皮合不到一起,内阁只得跟在军部后面跑。而到1941年10月东条英机内阁时军部完全控制了内阁,内阁已成为军部的附属物。

军部钳制内阁的手段还有陆、海军大臣现役武官制。这项制度起自明治初期,1871年7月的《兵部省职员令》规定兵部"卿一人本官少将以上、大辅一人本官大佐以上、少辅二人本官中佐以上"担任。此后关于陆、海军大臣资格的规定时有时无,这个问题也成为政党势力与军部势力斗争的焦点。1900年5月第二次山县有朋内阁修改官制,明确规定陆、海军大臣由现役大、中将担任,不仅政党势力被排除在外,而且消除了非现役将官担任陆、海大臣的可能性。时经十余年,在政党势力的反对下,1912年第一次山本权兵卫内阁在修改官制时削除了"大臣及次官由现役将官担任"的条文,直到二十四年后的1936年才恢复现役武官专任制。不过,"现役"字样的消除只是政党势力在斗争中获得的表面胜利,事实上更补二省大臣时仍以现役武官专任的惯例行事。此期间共有非现役大、中将百余人,但没有一人能出任陆、海大臣(临时兼任者除外)。相反,军部以是否派出现役将官出任陆、海军大臣要挟内阁、致内阁以死命的事例却屡见不鲜。

议会与军部的地位恰恰相反,它的受控因素最大,对外的影响能力最小,它对天皇唯命是从,对内阁无足够的约束力,对军部更无影响力可言。政党势力为谋求发展只能向藩阀元老势力靠拢,甚至做出重大让步与妥协。

所以,政党议会势力先天软弱,藩阀的分聚离合、政坛的风云变幻对它的兴衰进退有直接关系。最终出现的八年的政党议会政治时期,即与最后一名元老西园寺公望倾向于政党议会政治有关。因而这种发展是有限度的,受到根本的制约。

近代天皇制确立后,议会长期成为政党活动的地盘,与政府对抗的基地。除短期的政党议会政治时期外,政府和政党在议会内的明争暗斗、角逐抗衡是十分激烈的。但这些斗争往往以政党被利用、收买或失败告终。其根本原因即在于议会权力很不充分,受到很大制约,政党也未能很好地利用这种权力。明治宪法规定"天皇以帝国议会之协赞行使立法权",伊藤博文的解释是"议会乃参加立法者,非分主权者,有议法之权而无定法之权"。①如果议会与政府作对,政府可以通过天皇发布命令、紧急敕令等形式代替法律,或干脆解散众议院重新大选。议会显然居于国家政治的陪衬地位。从1890年11月第一届议会开幕至1947年3月最后一届议会解散,五十八年中共召集了九十二届议会。其中按规定满四年进行一次的众议院议员大选仅有四次,另外十八次大选则是因为众议院被解散。议会对国家预算的审议权发挥得稍好一些,共有十三年的内阁提出的预算案未能成立占23%。内阁便采取修改原案或采取追加案的形式在本届议会或下届议会上提出通过。但对军费预算则有所不同。除初期议会曾反对过增加军费且以失败告终外,后来对凡有关军事经费的预算几乎无例外地通过。1894年至1945年内阁共提出三十七次临时军费预算案、临时军费预算追加案,仅有四次审议未了,这也是因为其他原因造成众议院被解散而未能审议。昭和时期全部在1937年以后提出,均顺利通过。翼赞政治会组成后的第八十届议会,会期仅二日,就通过了二十五亿日元的临时军费,第八十一届议会则在原定会期结束二周前就顺利通过了四百七十四亿日元的庞大预算案及近九十件法律而闭会,议会已经完全变成了举手、拍手机关,成了军部法西斯政府的应声虫。②

---

① 伊藤博文:《宪法义解》,第15、59页。
② 内阁官房编:《内阁制度九十年资料集》,第1143—1294页。

因此，与上述结构对应的政治三元素结构便以藩阀元老政治为基础，对政党议会势力和军部法西斯势力一抑一扬，造成政党议会政治的软弱性和局限性，军部法西斯政治不受制约的特点。这两个方面是互为因果的，一方的发展必然会使另一方受到抑制。政治三元素结构互相作用的结果，使得政党议会势力发展缓慢，政党议会政治时期很短，且与典型的资产阶级政党议会政治相比很不完全；另一方面，却使军部长期成为权势咄咄逼人的独立王国，对法西斯的思潮和运动推波助澜，最终使军部和法西斯结合，并掌握了国家大权，将日本引上绝路。证之于历史，这个结果在近代天皇制即日本独特的近代政治制度建立之初便启端倪。

政治三元素结构的如上特点导致了近代天皇制的藩阀元老政治—政党议会政治—军部法西斯政治的 S 形的发展转化过程。这样的发展过程既有历史的必然性，又须具备一定的条件。从 1898 年第一次大隈重信内阁开始的藩阀元老政治向政党议会政治的转变，就离不开政党势力的发展、藩阀元老势力同政党势力相结合的客观需要等条件。但由于明治宪法体制的束缚，这个转变缓慢曲折，藩阀元老势力和政党势力的长期交替组阁说明了这一点。政党议会政治维持的时间很短，从 1932 年开始向军部法西斯政治转变。这个转变却是急速短促的。

如果以 1937 年为分界的话，这一转变仅用了五年时间，即使算到 1941 年也不到十年，比前一个转变所需时间要少得多。这说明近代天皇制更有利于第二个转变，这是在近代天皇制的政治体制下最终出现军部法西斯政治的历史必然性的反映。当然，日本最终走上军部法西斯道路还有经济、文化思想和外交等多方面的因素及某些偶然条件。但这并不等于说军部法西斯政治比政党议会政治生命力强，它也仅维持了八年便告垮台。

无论是政党议会政治不完全地取代藩阀元老政治，或是军部法西斯政治完全取代政党议会政治，都是在近代天皇制的政治体制中进行的。但一旦军部法西斯政治占据了主导地位，就再无其他元素可以取代之。近代天皇制的一套政治制度只能有利于军部法西斯政治的登台，不可能阻止或取消。换言之，"有利"最终招致了近代天皇制自身的溃灭。这就是近代天皇制的政治三元素及其结构最终导致的后果。

结语

　　提出近代天皇制的政治三元素说,有助于研究近代天皇制的历史发展道路及其原因,帮助人们进一步理解日本为什么最终会走上对内实行法西斯恐怖统治、对外疯狂侵略扩张的军国主义法西斯的道路。

　　近代天皇制的政治三元素说,还有助于进一步探讨近代天皇制的性质。应该看到,藩阀元老政治、政党议会政治和军部法西斯政治都是近代天皇制的有机组成部分,代表了近代天皇制的不同发展阶段。不能把政党议会政治或军部法西斯政治划到近代天皇制的范围以外去。把握政治三元素结构的整体,应是从政治制度角度研究近代天皇制的一个基本出发点。近代天皇制为什么能包含这三种政治形态呢?这只能从近代天皇制的性质得到解释。因为近代天皇制不同于封建专制体制,本质上属于资产阶级立宪君主制范畴,所以政党议会势力能在其中得到发展并形成政党议会政治形态,但因近代天皇制同时保留了浓厚的军事性和封建性特色,使得藩阀元老政治得以最先建立并能长期维持,政党议会政治得不到充分发展,军部法西斯政治最终登上舞台。换言之,近代天皇制的半封建的资产阶级君主制的性质决定了它难以同资产阶级政党议会政治结合,只能勉强容纳变了形的政党议会政治,受条件制约的政党议会政治,而与藩阀元老政治和军部法西斯政治的结合要自然、顺利得多。

　　本文提出近代天皇制的政治三元素说,是将系统论、控制论、信息论用于历史研究的初次尝试。意欲说明三论的一些思想和方法是可以运用到历史研究中的。不过,在运用三论于历史研究时,并不是非研究由政治、经济、文化三个子系统组成的社会大系统不可,而可以在各个层次上设立系统进行研究,如把政治、经济、文化各立为一个系统,或把政治中的某个方面立为一个系统,从组成它的各子系统之间的相互关系及结构特点中去研究。它是灵活生动的而不是机械枯燥的方法。再者,将三论运用于历史研究,就是在限定的层次上进行分析和综合的过程。只有分析没有综合,就不是运用三论;只有综合没有分析,也无法用好三论。只有先对各子系统进行深入细致的分析,在这个基础上加以综合研究,才能得出最接近事物本质的结论。最后,运用三论研究历史时,若把三论的名词、定律一股脑儿搬过来套用,不见得会有好的结果,甚至会适得其反;而主要在于吸取其中有益的思想和方法,以开拓思路创新方法,为马克思主义的思想方法论和历史唯物主义增添新的内容。

(作者蒋立峰,中国社会科学院世界历史研究所,原文刊于《世界历史》1987年第1期)

论日本近代政治体制的演变

汪 淼

上篇

本文是继《论日本资产阶级运动》之后，用同样的方法论，探讨日本资产阶级革命后创立的政治体制的历史条件、演变的线索、演变阶段、演变形式及各阶段的性质。

这一课题，在日本研究成果较多，论点不一，有的论点一时难以接受；在我国，研究成果很少，且缺少独自见解。本人自不量力，在探索激情的驱使下，在朋友们的鼓励下，把一点粗浅的心得抛出来，与同行们讨论。误谬之处，一定不少。读者倘能不吝赐教，是为至感。

一、王政复古政变与公议政体体制的建立

王政复古政变(1868年1月3日)是由以大久保利通、西乡隆盛为首的讨幕派组织发动的、有反幕派公卿和公议政体派藩主参加的资产阶级改良性质的宫廷政变，是日本资生阶级运动的前驱。

王政复古政变发布了具有反幕联盟共同纲领性质的文告《王政复古大号令》，宣布废除摄关、幕府等旧政权，"暂设总裁、议定、参与三职，处理万机"[①]

[①] 大久保利谦编：《近代史史料》，吉川弘文馆，第46页。

的新政权。特别值得注意的是该文告载明,"诸事应按神武创业之始,无缙绅、武士、堂上、堂下之别,皆须发表至当之公议。"①这表明新政权是"托古改制",即托太政官制之古,建立"公议政体"之制。

《王政复古大号令》还对新政权的人事阵容做了规定,"三职人事阵容:总裁:有栖川帅宫(炽仁亲王)。议定:仁和寺宫(纯仁亲王)、山阶宫(晃亲王)、中山前大纳言(忠能)、正亲町三条前大纳言(实爱)、中御门中纳言(经之)、尾张大纳言(德川庆胜)、越前宰相(松平庆永)、安艺少将(浅野茂勋)、土佐少将(山内丰信)、萨摩少将(岛津茂久)。参与:大原宰相(重德)、万里小路右大辨宰相(博房)、长谷三位(信笃)、岩仓前中将(具视)、桥本少将(实梁)、尾藩三人、越藩三人、艺藩三人、土藩三人、萨藩三人,"②(每藩三人均属士——本文作者注)。按此规定总裁必须由亲王担任,议定须由亲王、公卿、藩主担任,参与由公卿、武士担任。不难看出,这种权力分配的原则带有严格的封建等级界限。亲王、公卿、大名占据高位,公议政体派占据优势(数量上)。但讨幕派因手握兵权,却是新政权中的实力派。

《王政复古大号令》中的改革口号是:"舆论公议""登用人才""广开言路""百事一新""一洗旧弊""安定四民"。③

根据上述资料,从政治体制角度而言,我认为三职政权可以称之为公议政体体制。

所谓"公议政体论",是开国后幕府、藩主、公卿中的改革派提出的调整幕、朝、藩关系的构想,企图以朝、幕、藩联合体制代替幕府专制体制,借以维持危机深重的封建制度。文久年间提出的"公武合体""诸侯会议""上下议院论"等构想,庆应年间坂本龙马的《船中八策》、西周的《议题草案》、津田真道的《日本国总制度》等构想都与公议政体论一脉相承。安政时期公议政体论的代表人物是阿部正弘,文久年间的公议政体论的代表人物是岛津久光,庆应年间的公议政体论的代表人物是山内容堂。

不难看出,三职政权是各种政治势力的松散联盟,没有统一意志,不是

---

① 大久保利谦编:《近代史史料》,第46页。
② 大久保利谦编:《近代史史料》,第46页。
③ 大久保利谦编:《近代史史料》,第46页。

一个有效率的国家实体；《王政复古大号令》仅仅停留在"号令"上面，并没有也不可能落实实施。首先，以德川庆喜为首的幕府，仍然保留全副武装，全部领地和领民，与新政权对峙，待机反扑。其次，以山内丰信为首的公议政体派对改革持消极态度，特别对德川庆喜官职的废黜，甚至持反对态度。这样的联合政府只能是一个过渡性的政权，公议政体体制也只能是一种过渡性的政治体制，绝不是完全意义的近代政治制。

可是，讨幕派在历史的关键时刻勇敢地冲破改良主义藩篱，举起革命旗帜，巧妙地利用三职政府的名义，挟天子令诸侯，与以德川庆喜为首的反动势力展开武装斗争，并在战争中采取了正确的反幕联合阵线政策，最终取得了戊辰战争的胜利。以大久保利通、木户孝允为首的讨幕派，还在战争中不失时机地、逐渐地改造三职政府的性质和体制，使公议政体体制演变成资产阶级官僚专制体制。因此在这里，我们称公议政体体制为近代政治体制的前驱。

二、戊辰战争与资产阶级官僚专制体制的形成

王政复古政变后，两个政权同时并存的局面驱使各种政治势力重新分化组合，社会矛盾日益尖锐复杂，政治形势异常混乱，最终导致戊辰战争。

戊辰战争是讨幕派领导的革命战争，是资产阶级运动从改良到革命的发展。单就政治体制发展史而言，戊辰战争是公议政体体制向资产阶级官僚专制体制演变的过程。

戊辰战争的胜利发展是政治体制改革的前提，政治体制改革是戊辰战争胜利发展的必要条件。因此，初战告捷后，新政府的领导集团便在兵马倥偬中，频频实行政治体制改革。

鸟羽、伏见之战初战告捷，新政府便在1868年1月17日，着手整顿三职政府的机构和人事阵容，实行三职七科改革，即在三职下设立神祇、内国、外国、海陆军、会计、刑法、制度等七科。总裁总揽万机，裁决一切事务；议定分督七科，参与分掌七科权力。

另设徵士、贡士制，和上、下议事所。所谓徵士，是从各藩和都市有才之士中遴选的议员，充任参与或下议事所议事官，任期4～8年。所谓贡士，是

由各藩主指定的议员(大藩 3 人、中藩 2 人、小藩 1 人),充任下议事所议事官,任期不限。徵士和贡士类似官选议员,但不是握有决议权的议会成员,而是咨询官府的官员。上议事所和下议事所,似乎是模仿欧洲立宪政治的两院,前者是公卿藩主的会议机关、行政官府;后者是咨询机关,其目的是标榜"洞开言路"和体现公议政体原则,有利于调动各阶层参加讨幕战争的积极性、扩大讨幕联合战线。

2月3日,又增设总裁局,中央政府成为三职八局。大久保利通、木户孝允先后担任总裁局顾问。

军事体制改革不可忽视。2月,设立大总督府,以统率东征军;设立各道总督府,以统一指挥各藩军队和草莽队。讨幕军是以天皇的名义讨伐幕府的,故各级总督均由亲王或公卿担任,但实际指挥权却掌握在担任各总督府参谋的讨幕派手中,全部讨幕军的指挥大权掌握在大总督府参谋西乡隆盛手里。

通过上述一系列改革,讨幕派进一步掌握了军、政大权,强化了中央集权体制。

3月初,讨幕军兵临江户城下,3月14日发布《五条誓文》;4月11日德川庆喜献城投降,闰4月21日发布《政体书》,实行全面的政治体制改革。

《五条誓文》是继《王政复古大号令》之后,在新形势下制定的共同纲领;《政体书》是《五条誓文》的体制化,有人称之为组织法。《政体书》是在木户孝允领导下,由通晓和、汉、洋制度的福冈孝悌、副岛种臣起草的。拟定前曾征求列藩藩主和志士们的意见,并参考《令义解》《职原抄》《文献通考》《云上明览》《大武鉴》《西洋事情》以及《联邦史略》(汉译北美合众国制度)等古今内外文献。

《政体书》的"政体"部分对政治体制改革作出纲领性的规定,第一"天下之权力皆归太政官,使政令无出二途之患。太政官之权力分为立法、行政、司法三权,使无偏重之患。"[1]为建立中央集权和专制体制提供法律根据。第二重申"公议舆论""登用人才"政策,"非亲王、公卿、诸侯不得升任一等

---

[1] 大久保利谦编:《近代史史料》,第51页。

官,所以敬大臣也。设征士之法,虽藩士、庶人,犹能任二等官,所以贵贤人也。""府、藩、县皆出贡士为议员,建立议事之制","诸官应以四年为任期、用公选投票之法"①,等等。第三为强化中央集权,缩小地方权力,"府、藩、县施行政令,必须遵循誓文,勿以一地之法概行他方,勿私授爵位,勿私铸货币,勿私雇外国人,勿与邻藩或外国订立盟约,目的在于不使小权犯大权,不致紊乱政体也"。②《政体书》的"官职"部分规定了中央政府和地方政府的体制和职权范围。太政官分为七官:一议政官,下设上局下局。上局掌管创立政体、制定法律、决定机务、铨衡三等官以上之官吏及明赏罚、定条约、宣战和。下局承上局之命,所议条款如下:租税之章程、驿递之章程、造货币、定权量、内外通商章程、招兵聚粮、定兵赋、各藩争讼等。③ 二行政官,三神祇官,四会计官,五军务官,六外国官,七刑法官。④ 何地方官制,实行府、藩、县三治一体制,原三都改为府,原幕府直辖领地改为县。

如上所述,《政体书》既采取古制,又模仿西制;既强调中央集权,又保留公议政体成分,其本身矛盾重重。但这并不奇怪,这是当时政治形势的如实反映。它表明《五条誓文》《政体书》的共同纲领性格;它表明改革后的政权和政治体制仍是过渡形式,过渡形式的特点之一就是矛盾重重。另外也表明《政体书》的制定者对西方立宪政治认识肤浅,嫁接笨拙,作风华而不实,故移植来的品种几乎全部没有成活。尽管如此,改革对讨幕战争的胜利、对中央集权化、对政治体制的发展都起了积极作用。

德川庆喜投降后,革命形势发展迅速。1869 年 5 月 27 日,讨幕军攻克敌军最后一个据点五棱廓,宣告革命战争胜利结束。但光靠战场上的胜利,远不能达到彻底推翻封建制度、建立资本主义中央集权国家的目的,还必须"使三百诸侯一举交还土地和人民",⑤和"兵马之权"⑥。于是,6 月 17 日发布《版籍奉还令》,1871 年 7 月 4 日颁布《废藩置县诏书》,彻底摧毁了封建制

---

① 大久保利谦编:《近代史史料》,第 51 页。
② 大久保利谦编:《近代史史料》,第 52 页。
③ 大久保利谦编:《近代史史料》,第 52 页。
④ 大久保利谦编:《近代史史料》,第 52 页。
⑤ 木户孝允:《版籍奉还建议书》,载于大久保利谦编:《近代史史料》,第 55 页。
⑥ 伊藤博文关于废之建议,《伊藤博文传》上卷,第 418 页。

度赖以存在的基础,给中央集权制和资产阶级官僚专制体制的形成创造了最基本的条件。

与此同时,和上述革命形势紧密相伴的是1869年7月8日公布《职员令》、1871年7月27日公布《太政官职制》,这是两次官制改革。《职员令》一反《政体书》模仿欧美政体形式的作法,而模拟大宝古制,采取祭政一致体制、废除行政官和上局会议,代之以神祇、太政二官,且神祇官位于太政官之上,下设集议院和民部、大藏、兵部、刑部、宫内、外务六省。以太政官、左右大臣各一人、大纳言、参议各三人,组成政府中枢机关,直接"辅佐天皇、统理大政",掌管六省。《太政官职制》开宗明义载明"天皇亲临",总揽万机。下设正院、左院、右院,所谓三院制。正院置太政大臣一人,纳言、参议若干人。太政大臣负责"辅佐天皇、总揽庶政,统辖祭祀、外交、宣战、媾和、订约之权,和海陆军事务"[①]。"纳言位大臣之下,大臣缺席时,得代理其事务。"[②]参议"参与大政,审议政务,辅佐大臣纳言,协理庶政。"[③]左院负责审定议案并掌管审议各项立法事务。[④] 右院实际上负责对各省督导责任。太政官下设各省,各设省卿一人,"制定所辖事务法案,审核议案"[⑤]。《太政官职制》重新调整祭政一致体制,将神祇官置于太政官之下。通过这两次改革,公卿、藩主在政府中的权力被削弱了,讨幕派占据了中央政府的要津。按照《太政官职制》规定,三大臣均由公卿出任,参议均由讨幕派出任,各省卿由参议兼任;参议是事实上的国家大政决策人,省卿是国家大政执行人,三大臣按照参议的决策辅弼天皇,天皇接受辅弼发布命令。这样一来,任参议和省卿的讨幕派成了实权派,大臣和天皇统统被架空了。公卿、藩主相继退出政府;萨、长、土、肥的讨幕派领袖形成一个近代官僚群,垄断了国家政权。

随着集权化、专制化进程,政府中的公议体制和议事系统以及三权分立模式,一个接着一个地被废除了。早在《政体书》刚公布的时候,大村益次郎

---

① 伊藤博文关于废之建议,《伊藤博文传》上卷,第76页。
② 伊藤博文关于废之建议,《伊藤博文传》上卷,第76页。
③ 伊藤博文关于废之建议,《伊藤博文传》上卷,第76页。
④ 伊藤博文关于废之建议,《伊藤博文传》上卷,第77页。
⑤ 伊藤博文关于废之建议,《伊藤博文传》上卷,第77页。

便提出警告：三权分立和官吏投票公选法，将会引发出共和思想。岩仓具视利用大村的建议，则在第一次公选官吏后，断然废除了"官吏公选法"。接着又以议政官干犯行政官权限为由，废除议政官，使上下二局隶属于行政官；在太政官官制改革中，干脆废除了三权分立体制，实行太政官一体化体制，议政官代之以集议院，缩小了议政官机构和权限。立法机关实际上是咨询官府，至此一步一步地完成了从公议政体体制向资产阶级官僚专制的演变过程。

最后顺便说明，日本资产阶级官僚专制和英法历史上绝对主义王权是有本质区别的：第一，英法绝对主义王权产生在资产阶级革命之前；日本资产阶级官僚专制产生在资产阶级革命之后。第二，绝对主义王权是以维持封建制度为己任；日本资产阶级官僚专制是以废除封建制度、建立资本主义社会为己任。第三，绝对主义王权是国王意志由一批官僚和官僚机构来实现；日本官僚专制是一批资产阶级官僚利用天皇的名义来实现自己的意志。二者属于两个历史范畴，不容混淆。

三、资本主义改革与资产阶级官僚专制体制定型化、法律化

戊辰战争、废藩置县后，日本资产阶级革命进入资本主义改革阶段或称建国阶段。建国阶段的任务是在经济上、政治上、文化上实行资本主义改革，把旧日本改造成为独立富强的资本主义新日本。但当时明治政府的领导者们胸中尚无具体的建国方案。岩仓使节团就是为制定建国方案出国考察的，所以说岩仓使节团出国是资本主义改革的开端。

政治依制改革是政治改革的重要组成部分，是制宪工作的一部分。因此，我们要按照制宪进程的三个阶段——思想准备阶段、选择和论战阶段、制定明治宪法阶段——来讨论政治体制改革问题。

关于思想准备问题。

首先讨论国民大众的思想准备。戊辰战争不仅推翻了封建制度，而且粉碎了人们思想上的禁锢，加之新政府的"求知识于世界"的开放政策，西方资产阶级启蒙思想如势不可挡的潮水涌入日本列岛。洋学者首先担当起传播"理性之光"的历史使命，他们的著述便成为国民大众思想运动的导向灯

塔。福泽谕吉说:"我们洋学者的目的只有一个,就是介绍西洋实际情况,促使国民有所变通,早日进入开化的大门。"①福泽谕吉在1866年冬出版(1867年发行)《西洋事情》初篇,1968年出版该书外篇,1870年出版外篇的第四册。此书对欧洲各国的政治、经济、社会、文化做了全面介绍和解说,是当时身居日本了解世界的好书,深受人们欢迎。从1870年起,福泽的名著《劝学篇》连续问世。作者从天赋人权思想出发,猛烈抨击封建制度和旧道德伦理观念,发出"天不生人上人,也不生人下人,"的呼声,号召日本人舍身卫国,赶上西方先进国家,使长期被封闭的日本人茅塞顿开,耳目一新。1875年,福泽的另一代表作《文明论概略》问世,号召人们"以西洋为目标","摆脱旧习的迷惑,汲取西洋的文明精神",急起直追。据说福泽的《劝学篇》发行量达到340万册,当时日本总人口只有3500万。影响之大,可见一斑。福泽谕吉被誉为日本的福尔泰。另一位思想家中村正直于1871年出版《西国立志篇》(即穆勒著《自助论》日译本),1872年出版《自由之理》(即穆勒著《自由论》日本译),传播自由主义学说,宣传民主自由思想。《自由之理》是当时出版的译著中发行量最大的书,据说知识分子人手一册,被学校选为教材。著名政治家加藤弘之于1870年著《真政大意》,1875年著《国体新论》,提倡天赋人权学说,主张立宪政体。还有大井宪太郎、箕作麟祥等翻译出版法国的法典之类的书籍。在这一时期出版的有关启蒙思想的书籍很多,传播资产阶级启蒙思想已成为民主文化运动,启发了人们民主意识和参与意识,推动了资本主义改革,为自由民权运动准备了思想武器。启蒙运动推动了民权运动,民权运动造就出民主主义新一代。到了80年代又出现一批像植木枝盛、中江兆民那样的民主主义新秀。他们的著述之多,超过了他们前辈,在推动政治近代化方面立下了不朽功勋。中江兆民被誉为东洋卢梭。

其次讨论政府的立宪思想准备。由于篇幅所限,在此不能探寻明治政府领导者们的立宪思想根源,还是从岩仓使节团出国考察说起。

考察团欧美之行,对明治政府的领导者大久保利通、木户孝允、伊藤博文及岩仓具视等的政治思想影响很大,他们都是明治宪法的设计师。考察

---

① 福泽谕吉:《福泽谕吉自传》,马斌译,北京:商务印书馆,1980年,第288页。

团每到一国,首先接触国家首脑、政府要员和各界知名人士,考察政府组织机构的设计、议会功能的运行、法院的权力、三权分立的机制,等等。对公司、交易所、工厂、矿山、港口、农牧场、兵营、要塞、学校、报社以及福利设施等,均进行考察。考察团成员的思想受到极大的冲击,有人用"始惊、次醉、终狂"来记述,无过之而有不及,所谓不及,应该加上"狂"后的"沉思"。

大久保利通、木户孝允等,通过考察认识到近代经济繁荣与近代政治体制紧密相关。特别是从修改条约谈判中了解到,不建立近代法律体系,想修改不平等条约是困难的,想在国际社会中进行正常交往也是不可能的,"今日之急务首在建立政规典则"。[①] 使节团回国后,木户孝允于1873年7月提出《制定政规典则意见书》,大久保利通于同年11月提出《制定宪法建议书》。这是他们在惊、醉、狂之后,冷静地思考日本应制定什么样的宪法问题。木户孝允在其建议书中把国家分为两类,一是"文明之国",一是"未达到文明化"之国,两者宪法应有所不同,前者"虽有君主,但不专擅其制",后者则"不得不由君主英断"。大久保利通在建议书中说,世界各国政体分为三种类型,即"民主政体""君主政体"和"君民共治之制"。他认为民主政体符合"天理之本然",可以在美国、瑞士的国民中实行,但对于惯于旧习、固守宿弊的国民则不适用,日本现在可以"保持君主专制之体",但随着文明开化,将来应实行"君民共治之制"。所谓"君民共治之制",就是"上定君权,下限民权,至公至正,君民不得而私"。大久保还说:"不能简单模仿欧洲各国的君民共治之制,当按照我国皇统一系的典例和人民开化的程度,斟酌其得失利弊制法宪典章。"伊藤博文也认为"所谓宪法,非云如英吉利式使一切人民均有参与政治之权力,亦即君之权力止于此,人民之参政权也止于此",各国之宪法"应由本国之历史所决定","宪法政治未必就是意大利式或英吉利式;宪法之精髓,首先以日本历史为本"。[②] 当他们考虑所访国家中那个国家的政治体制比较适合日本的时候,初步印象是"尤为可取者,当以普鲁士为第一"(木户语)。短短的一句话,道出了他们考察欧洲时的取向。

[①] 大久保利谦编:《近代史史料》,第80页。
[②] 金子坚太郎:《日本宪法制定之由来》,《史学杂志》第22编,第10号。

大久保利通、木户孝允、伊藤博文、岩仓具视等人的"当以普鲁士为第一"的思想,并非出于偶然,其原因是:第一,日德两国国情相似;第二,在他们身上还存有武士的基因,天然的崇拜武力、崇拜强权,视人民为群氓,民主意识极为淡薄。所以,政府的立宪思想和国民大众的立宪思想,难以共存共荣,在宪法选择上的冲突和论战是不可避免的。

关于宪法论战问题。1874年1月,板垣退助、副岛种臣等提出的《成立民选议院建议书》指出:"方今政权之所归,上不在皇室,下不在人民,而独归有司",一举击中时弊要害,立即引起国民共鸣。星星之火,迅即燃起燎原之势,群众性的宪法论战、群众性的民权运动从此拉开了帷幕。

论战内容很多,摘其要者如下。

(1)"急进论"与"渐进论"之争

板垣退助认为"议院不立,则国法不定,民权不保"。只有立即成立民选议院,才能抵御有司专政。木户孝允主张先建立町村议会、再建立县府议会、后建立国会。接着政府御用文人加藤弘之发表文章说"人民是无知的,选无知者为议员,有百害无一利,须首先教育人民,然后开设议院",现在建立议院"为时尚早"。民权派大井宪太郎立即著文反驳"为时尚早论"说:抵抗强暴是"人民的权利","必须设立人民代议院"。一时报纸成为论战的舞台。

论战有力地推动了民权运动的发展,政府陷于孤立。1875年1月,以大久保利通为首的政府主流派为摆脱困境促成三巨头大阪会议(大久保、木户、板垣),谋求妥协。会议在伊藤博文斡旋下取得成功。4月14日天皇颁布诏敕,宣告"渐次建立国家立宪政体"并提出"既莫泥旧拘古,亦莫轻进急为",缓和两派之争。给人们的印象是建立国会已成定论,时间问题也达成妥协。但论战并未停止,继续向纵深发展。

(2)主权在民还是主权在君之争

1881年,以井上毅为首创办的紫溟会,在《报知新闻》上攻击民权论者说:主权存于国民,法依庶众之欲而成之说,将离间朝野,颠覆社会。《东京横滨每日新闻》社论随声附和说:主权既不在一人也不在万人。首先民权派理论家植木枝盛在《高知新闻》上发表《读紫溟会主旨》一文,据理驳斥说:社会依民约而成乃是天下定则。1882年《东京日日新闻》刊发《主权论》一文说：主权在民之说，是为大谬之见也，主张主权应由天皇掌握。论战甚为激烈。

(3) 私拟宪法

所谓私拟宪法，是指在政府设立的专门制宪机关以外，由社会团体或个人拟定的宪法草案。这是1880年代后期，人民为对抗政府的钦定宪法论而出现的一种斗争形式。先后共拟制出四十多部宪法草案，可分为四种类型，一是主张缩小君权、保障人权、一院制，是最激进的宪法草案；二是以英国立宪君主制为模式的宪法草案；三是主张天皇与议院共有最高立法权的二元君主立宪制宪法草案，四是君主至上主义的宪法草案。私拟宪法既是宪法选择，也是宪法论战。

除上述三大问题的论战外，还在选举法问题上、一院制还是两院制等许多问题上展开论争，在此不一一赘述。论战并没有使政府的立场和立宪思想有所改变，而且还确定以普鲁士宪法模式制定大日本帝国宪法。1881年10月12日颁布《召开国会敕谕》，宣布"以明治二十三年(1890年)为期，集合议员，召开国会"。论战逐渐消沉，政府着手制定钦定宪法。

关于制定明治宪法及宪法性质问题。

14年政变清除了政府中的激进派之后，主流派便按照既定方针着手制宪工作。1882年伊藤博文赴欧考察宪法。早在14年政变的过程中，已确定采用普鲁士式宪法。皇权至上、统帅权独立、非政党内阁定为制宪的基本原则。伊藤赴欧，主要是使既定方针理论化、机构化、条文化。伊藤得到德国法学家古耐斯特、史坦因、摩塞的指导，完成了使命，于1883年返国。1884年制定华族令，为未来组织上院作准备，以便对抗众议院。1885年12月，设立内阁制度，以代替太政官制。1886年整顿地官厅机构，确定近代式的国家机构体制。通过上述一系列措施，完成了行宪的准备工作。1889年2月11日正式颁布《大日本帝国宪法》。

《大日本帝国宪法》是以伊藤博文为首的明治政府的主流派官僚制定和审定的、以天皇的名义颁布的钦定宪法。

《大日本帝国宪法》确认了1868年革命以来所取得的成果，也就是用法律形式确认了天皇、议会、内阁、军队一整套国家机器和其职能及其相互关系;同时也承认了国民的基本人权,是一部完整的资产阶级宪法。

《大日本帝国宪法》载明"天皇神圣不可侵犯""天皇乃国家之元首,总揽统治权""天皇统帅海陆军"。同时《宪法》确认了议会制度和议会的立法权力,"天皇在帝国议会之协助、赞同下行使立法权",因此《大日本帝国宪法》是一部二元君主立宪制宪法。

《大日本帝国宪法》是1868革命以来创立的集权主义制度、官僚专制体制的定型化、法律化和永久化,是一部集权主义、专制主义宪法。

《大日本帝国宪法》把1868年革命以来创立的资产阶级官僚专制体制推上了顶峰。

下篇

本篇继前文[1],论述自1890年行宪至1945年战败,约半个世纪的日本政治体制演变过程。按本人研究心得,这一过程可分为四个阶段:藩阀元老政治阶段,桂园体制阶段,政党内阁阶段,法西斯体制阶役。现分别论述如下。

一、藩阀元老政治(1890—1900)

《大日本帝国宪法》的实施标志着日本近代史发展到一个新阶段,即日本帝国发展阶段。

仅就日本政治体制史而言,行宪后,资产阶级专制体制的性质未变,在专制的层次上有所发展,达到专制的顶峰——元老寡头政治。其特征是,以藩阀元老为一方,以超然主义为理论贯彻非政党内阁原则,构筑元老寡头政治堡垒,另以民党[2]为一方,以众议院为舞台进行反对官僚专制体制、建立政党内阁而斗争,最后以双方妥协而告终。

行宪后,藩阀官僚集团为了推行军国主义国策,一方面标榜立宪主义,

---

[1]《论日本近代政治体的演变》,《史学集刊》,1992年第1期。
[2] 民党和吏党对立而存在,是藩阀专制政府的反对党的通称。

一方面构筑寡头政治。他们以"不偏不党""超然主义"为理论,把宪法中精心设计的一套官僚专制体制的基本结构——天皇、军部、内阁、枢密院、贵族院、宫内大臣等机关,一一按照宪法条文和《宪法义解》的企图,构筑成近代国家机器,分别交给藩阀官僚操纵。他们为了强化官僚的权威性,特以天皇的名义,颁发"元勋优待"诏敕,先后加封长州藩的伊藤博文、山县有朋、井上馨,萨摩藩的黑田清隆、大山岩、松方正义、西乡从道为元老(大正初年又追加西园寺公望、桂太郎二人)。从此,元老就不再是一般的资历概念或称谓了。元老和元老会议便成为超宪法的最高权威的官员和机关,掌握决定国策、推荐首相大权。从 1890 年至 1900 年长萨两藩元老交替组阁,垄断了首相职位,第一任首相是山县有朋,第二任首相是松方正义,第三任首相是伊藤博文,第四位首相是松方正义,第五任首相是伊藤博文,第六任首相是大隈重信,第七任首相是山县有朋,第八任首相是伊藤博文。不仅如此,枢密院议长、贵族院议长和军队统率大权也都牢牢地掌握在元老手中。于是一个极端封闭的寡头政治堡垒筑成了,明治维新以来逐渐形成的资产阶级官僚专制体制达到了顶峰。

然而,历史发展不是一厢情愿的。随着工商业的发展、国民教育的普及,国民参与意识不断增强,新兴的地主和资产阶级再也不甘居只有纳税义务而无参与权利的地位。于是,以自由党、改进党为中心的民党便利用宪法赋予国民的基本权利,以众议院为舞台,以预算审议权为武器展开反对官僚专制、建立政党内阁的斗争。

《宪法》既无政党组阁的条文,也无不允许政党组阁的规定,事实上政党议会斗争是合法的了。从 1890 年至 1900 年,共召开 15 次议会,举行 6 次大选,民党始终占有众议院 300 议席中的多数。民党的口号是"民力休养、节俭政费"。自由党 1890 年纲领提出:"保皇室尊荣,期扩大民权","举代议之实,期政党内阁之成立"[①]。在第 1 次议会上,山县有朋首相用收买部分议员的办法勉强通过了 1890 季度预算,执政一年后便知难而退,挂冠而去。第二任首相松方正义企图用暴力压制民党,先是解散议会,然后以暴力干涉

[①] 大久保利谦:《近代史史料》,第 266 页。

选举,结果民党仍获众议院多数席位,松方反遭议院内外的抨击,一年后被迫辞职。此时,元老们视首相宝座为畏途,互推不就,出现第一次明治政府危机。最后元老们共推元勋第一人伊藤博文组阁,而伊藤提出的条件是元勋全员出动,"实行明治政府的最后一战"。1892年8月8日,伊藤组成除松方正义外全部元老均出任阁僚的"元勋内阁"。阵容之强大,空前绝后。尽管如此,仍焦虑不安。伊藤上任第二天在给松方正义的信中写道:"先生已由地狱升天堂,余则离乐土而坠苦境",他最苦恼的是在众议院中孤立无援。此时伊藤产生亲自到下面组织政党,而实行政治体制改革的构想,但因元老们齐声反对,使其构想暂时搁置。"元勋内阁"仍得不到众议院的支持,伊藤只好抛出最后一张王牌,请天皇下敕诏:"国防一事,苟延一日,将遗恨百年",要求议会与政府"和衷共济",才好不容易地通过预算案。① 此时正逢日中甲午战争前夕,出现了暂时的官僚与民党之间妥协局面,伊藤内阁得以执政四年,完成侵略中国战争的使命。战争期间的"举国一致""官民合作"的稳定局面,与其说是来自天皇的"恩泽",毋宁说是来自于沙文主义。沙文主义是官僚和民党之间妥协的真正媒介。不少名噪一时的民权论者,在战争后抛掉民权大旗,举起沙文主义旗帜为侵略战争摇旗呐喊。

甲午战争后,民党势力发展很快,1896年改进党、革新党、中国进步党联合组成进步党,大隈重信任党首,并发表三大纲领:(1)改革弊政,建立责任内阁;(2)刷新外交,扩张国权;(3)整理财政,发展民业。② 1898年举行第5次大选,民党共获众议院的2/3议席,创历史纪录。同年6月,自由、进步两党合并名为宪政党,其纲领是(摘要):奉戴皇室,拥护宪法;建立政党内阁,严明阁臣责任;保护国权,扩大通商贸易;开辟内外经济通道,振兴产业;适应国势,适当地建设海陆军;普及教育,奖励实业科学等③。纲领显示,民党素质明显提高,社会影响日益扩大。此时,战时的"和衷共济"的局面不见了,官僚政党间的斗争再起。

在此情况下,伊藤博文决心排除万难,实行政治体制改革。1898年6

---

① 《伊藤博文传》中卷,第901页。
② 蜡山政道:《政治史》,第334页。
③ 《伊藤博文传》中卷,第822页。

月24日，伊藤在元老会议上再次提出亲自组织政党的构想，经过多次激烈辩论，得到金子坚太郎、西园寺公望、井上馨、黑田清隆等人的支持，而山县一派坚决反对。会后，伊藤一面向天皇提出"公职、勋位、爵位奉还表"，一面推荐宪政党党魁大隈重信和板垣退助出任组阁，并获天皇批准。伊藤这一出人意料的、大胆的、带有突破性的行动，使得山县一派目瞪口呆，手足无措，只好哀叹道："明治政府终于被攻破了！"

接着，伊藤到全国各地游说，说明改革的本意，并直接和宪政党干部对话，商讨组织政党的具体事宜。1900年8月25日伊藤召开立宪政友会创立委员会，指定出席者有西园寺公望、渡边国武、本多政以、金子坚太郎、松末谦澄、林有造、长谷场纯孝、尾崎行雄、星亨、大冈育造、渡边洪基、都筑馨六、松田正久等13人，其中官僚政党各占一半。会上以伊藤博文名义发表立宪政友会宣言和纲领。9月15日，在帝国饭店举行隆重的立宪政友会成立大会，有1400人参加，宪政党同时宣布解散，大多数党员参加了立宪政友会，会上一致推举伊藤博文为总裁。当天下午，举行游园会，以示庆贺，参加者有内阁总理以下诸大臣、枢密院议长、贵族院议长、众议院议长和议员以及各界代表共400余人。10月19日，伊藤以立宪政友会总裁身份成立内阁，阁臣除陆海大臣和外务大臣外，均属立宪政友会会员，史称"政友会内阁"。

伊藤博文酝酿已久的政治改革终于成为现实，1900年改革结束了元老寡头政治，使政治体制又向前演进了一步，迎来了桂园体制。

上述事实表明，1900年改革是伊藤博文立宪思想的发展结果，但并非是伊藤的个人行动；1900年改革是以伊藤为首的开明派官僚设计的明治政府实行的政治体制改革，是一次耐人寻味的历史事件。

二、桂园体制(1900—1918)

如所周知，自中日甲午战争，经日俄战争，到第一次大战结束是日本帝国高速发展时期，就政治体制史而言，也是一个重要的过渡性历史阶段，可称为桂园体制阶段。

所谓桂园体制，是因桂太郎和西园寺公望交替执政而得名，作为一种政治体制应包括1900年伊藤内阁和1913年的山本权兵卫内阁、1914年的大隈重信内阁、1916年的寺内正毅内阁。从1900年到1918年共经9届内阁，其中桂太郎三次出任首相，西园寺公望出任两次首相和一度代理首相（代理伊藤首相），二者共执政12年，其余4届内阁共执政6年。当然，桂园交替执政仅仅是表面现象而已。

如前所述，桂园体制是伊藤博文1900年改革的产物，因此，欲了解这一体制的实质，必须考察政友会的性质和西园寺公望、桂太郎两种内阁的性质。

立宪政友会是伊藤博文立宪思想发展的产物，也是官僚民党妥协的第一种产物。早在1892年明治政府第一次危机时，伊藤博文便产生亲自出马组织政党的构想，企图用改革官僚专制体制的办法解脱政府危机。1892年2月22日，伊藤入宫上奏说明亲自组党的用意和决心，"博文自身辞职，下至民间，以大成会为基础，组织一个以天皇主权主义为标榜的政党，压倒民权主义之政党而援助政府"。[①] 同时，民党领袖河野广中也产生"同化藩阀"的思想，"拙意以为，对我等意见相左之政府，不宜一一要求按我等意见办事，只求政府摆脱藩阀之弊害。在经济上进行足以取得议会信用之改革，我等即拟对此四项国是积极赞助。我等与政府所争者乃方法手段也"。[②] 这可以说是中日战争前夕官僚民党妥协的苗头，但因时机不够成熟，而不了了之。到了1898年明治政府第二次危机时，伊藤博文力排来自各方面的干扰，断然建立了立宪政友会（如前部分所述）。从立宪政友会宣言可以看出，此时伊藤的立宪思想比1892年有很大发展，宣言上已经没有"以大成会为基础""压倒民权主义之政党"等字样，并且邀请宪政党干部参加立宪政友会创立委员会，接受民党党员参加立宪政友会。宣言中最值得注意的一段文字是"内阁任免乃属于宪法之大权，其选拔择用，或以政党党员，或以党外之士，皆在于元首之自由意。其所举荐以就辅弼之职，或行献替之事，则虽党员政友，亦决不许从外部插嘴。"[③]这段话包含两重意思：一是不允许政党攫取内阁人事任免之大权，保持藩阀元老对内阁的主导权，二是不论党员或党

---

① 《伊藤博文传》中卷，第822页。
② 信夫清三郎：《日本政治史》第3卷，第250页。
③ 《伊藤博文传》下卷，第450页。

外之士只要天皇择用均可入阁,为民党打开入阁之大门,放弃超然主义内阁原则。在伊藤新思想指导下建立的立宪政友会,从党员构成上看,它是一个官僚民党的混合体。二者立党企图各异,官僚企图政友会成为政府党,占据众议院,解脱政府危机;民党则企图乘势打入内阁,打破藩阀垄断内阁的局面,进而实现政党内阁制。所以,政友会的性质是复杂的,是处于发展变化中的政治群体。伊藤博文为了驾驭这个政治团体,曾一再强调总裁独裁制的规则。但随着形势的发展官僚在立宪政友会中的影响日益减弱,1914年西园寺公望将总裁职位让给了原敬,这标志着政友会的领导权从元老手中转移到党人手中,政治体制的演变创造了条件。

西园寺内阁是官僚民党妥协的第二种产物,是伊藤博文创造的一种过渡性内阁模式,而1900年伊藤组成的"政友会内阁"就是后来西园寺组织内阁的榜样,所以,欲考察西园寺内阁必须先着重考察政友会内阁。首先引人注意的是,政友会内阁大臣的成分与藩阀内阁迥然不同,除陆、海、外三大臣外,均属政友会会员;在九大臣中有三个大臣是原宪政党干部,即文部大臣松田正久、农商务大臣林有造、递信大臣星亨和原敬,不能不说这是一个带有突破性的进步,在政治体制史上具有划阶段性的意义。但是,我们又不能因此而判定政友会内阁是政党内阁,理由有三:一、首相仍是元老;二、大臣的大多数是官僚和披着政友会外衣的官僚;三、真正的政党阁员无决策权。后来两届西园寺内阁与此基本相同。因此,我们认为桂园体制是以官僚为主导的官僚政党联合内阁,是从元老寡头政治向政党政治过渡的第一步。

桂太郎内阁是西园寺公望内阁的孪兄弟,有左右之分,无性质之别。桂太郎是山县派的第二代官僚。由于山县一直反对伊藤实行的政治改革,尤其反对政党入阁,他认为"政党内阁制违反我国国体,与钦定宪法精神相悖"。[①] 所以,在三次桂太郎内阁里,无一政党人士。故有人称桂内阁为"小山县内阁"或"超然主义内阁"。山县在伊藤改革后,仍以贵族院为基地,不时向伊藤发起攻击,迫使伊藤在1901年辞去首相、1903年辞去立宪政友会总裁,甚至怂恿保守派宣扬说"伊藤不倒,大事难成"。但仔细考察三次桂内

[①]《伊藤博文传》下卷,第378页。

阁组阁前前后后,又发现没有一次桂内阁是完全离开政党而独立存在的。第一次桂内阁与伊藤私相授受,与政友会合作,取得众议院的支持,顺利完成了日俄战争的使命,是历史上执政时间最长的内阁。第二次桂内阁一面扬言对反对党"纵令几次解散议会,亦在所不辞",一面私下怀柔,与政友会携手渡过26次议会,才有比较平稳的执政三年。第三次桂内阁正逢大正民主运动高潮,在"打倒藩阀""拥护宪法"的声浪中,一贯反对伊藤组织政党的桂太郎却一反过去,效仿伊藤,亲自出马与国民党改革派相勾结,组织同志会,也想当一名总裁、首相、元老三位一体的政治家,以便迎接时代的挑战。行动迅速,异乎寻常,1月20日召见记者发表建立新党声明,自任新党创立委员长,2月7日发表《立宪同志会宣言》,9日被迫辞职,24日发表立宪同志会纲领。可惜桂太郎觉醒迟了一些,等不到新党正式成立,便因患全身贫血病于1913年10月10日离开了人间。上述事实证明,桂内阁并不是从前的超然主义内阁,而是主动勾结政党,先借用政友会为与党,后亲自出马组织政党,步伊藤博文的后尘,桂园两种内阁并无本质区别。

　　大正民主运动打破了桂园体制相对稳定的政治局面,桂辞职后,西园寺以病为由,拒不出面组阁,推荐山本权兵卫、大隈重信,寺内正毅相继组阁,并将政友会总裁让给原敬,这意味着桂园体制发生了危机。大正民主运动和1918年的米骚动起到了摧枯拉朽作用,加速了官僚专制体制的衰亡过程,迎来了政党内阁体制。

三、政党内阁体制(1918—1932)

　　第一次世界大战给日本帝国带来短暂的黄金时代,一跃成为世界五强之一,工业生产在某些领域如(造船、纺织)达到世界先进水平,国际贸易飞快发展,由入超国变为出超国,由债务国变为债权国。

　　国际国内的新形势,给战后日本政治带来了新气象。首先是部分工农大众和先进知识分子对社会主义产生了向往之情,1922年成立了共产党,社会主义运动有了长足发展。其次,随着现代化产生了大量新阶层,如教师、医生、律师、作家、职员等,他们厌恶家族主义,爱好个人主义,排斥儒教道德,追求个人欲望,要求以资产阶级民主政治取代已经走向穷途末路的明治国家体制。还有一部分人，以自由主义为对立面，搞起国家主义运动、国家改造运动。民主主义是战后初期的主流。1918年8月爆发的米骚动，为战后日本政治新时期拉开了帷幕。

1918年9月，战时超然内阁在米骚动中被迫辞职。元老山县有朋首先推荐西园寺组阁，企图延续桂园体制，但西园寺固辞不就，并推荐政友会总裁原敬登台组阁。1918年9月29日，以原敬为首相、除陆海外三大臣外、其余阁臣均属政友会会员的政党内阁正式成立，人称"平民首相内阁"。

原敬内阁标志着日本近代政治体制演变到一个新阶段，即政党内阁体制阶段。

新阶段以原内阁为起点，以1932年犬养毅内阁垮台（犬养首相在"五·一五"兵变中被杀）为终点，历时14年，经12届内阁，其中政党内阁9届共执政12年，另有中间内阁两届超然内阁一届共执政2年。

虽然政党内阁阶段还出现三届官僚内阁，但在原内阁之后出现的官僚内阁已经是强弩之末，失去了生命力，清浦奎梧的贵族内阁（阁僚为贵族院议员垄断），刚一出笼便爆发了由政党领导的第二次护宪运动，该内阁在一片"打倒贵族内阁""拥护宪法"的声浪中，仅存五个月。民政党、政友会、革新俱乐部在护宪运动中三派联合，显示出政党的威力，1924年6月西园寺推荐第一大党总裁加藤高明组成三派联合内阁。从此以后，多数党组阁便成为西园寺推荐首相的准则，政党交替组阁似成惯例，这是政党内阁体制与桂园体制之间最明显的也是最重要的不同点。

政党内阁的人事阵容，值得注意，首相是多数党总裁，阁臣除陆海两大臣外，均属政党党员或专业官僚，次官、局长也多数是党员。元老相继自然淘汰，仅存西园寺一人，而西园寺又隐居于京都坐渔庄，很少来东京过问国事。内阁领导权从官僚手里转初到执政党手里，内阁的性质由以官僚为主导的官僚政党联合内阁变为以政党为主导的政党官僚联合内阁，这是政党内阁体制的基本特征。

政党内阁的政绩不容忽视。护宪三派内阁实行了男子普选权，提出改革贵族院方案，从关键环节上推进了民主进程。但道路坎坷，步履维艰。

政党内阁体制的缺欠也是明显的、严重的，例如，（一）元老奏请权仍然在在，无论是多数党如何强大，不经元老推荐天皇批准是不能组阁的，多数党组阁无法律根据，那种惯例是靠不住的。（二）陆海大臣任免权在军部，首相无权过问，两大臣出任与否，决定组阁的成败。（三）统帅权独立，军部势力越来越大，军人干政势难避免。（四）枢密院、贵族院仍由官僚掌握，可以直接通向天皇，挟天子令诸侯，左右国策。（五）官僚、军部，元老重臣仍是政党以外的独立的政治势力，操纵舆论，限制政党内阁机能的运行。上述种种，决定了政党内阁体制的脆弱性，政党内阁体制还不是在民主政治原则下的政党内阁。要想除掉这些障碍建立真正的政党政治，必须修改《大日本帝国宪法》，有待于实行第三步过渡。

必须指出，政党本身素质不佳是政党内阁体制脆弱的重要基因。政友会民政党无一不是官僚民党妥协的产儿，政党政治家本身民主意识薄弱，领导艺术低下，惧怕工农革命，在国民中没有树立起威信等等，凡此先天缺欠无一不是政党内阁体制夭折的重要因素。

加之，政党内阁正逢国内外多事之秋。大地震、金融恐慌、世界经济危机、亚洲民族解放运动高涨、远东太平洋问题尖锐化等等，接踵而至。右翼势力趁机而上，掀起国家主义运动、国家改造运动、发动兵变。动荡的政局对政党内阁十分不利。"五·一五"兵变一举结束了政党内阁体制。

四、法西斯体制（1932—1945）

综观世界资本主义国家历史，其政治统治形态不外有两种，一种是所谓民主政治，一种是专制体制，有时两种交替使用。法西斯体制是资产阶级专制的一种形态，是民主政治的反动或逆转。

一个国家的统治集团什么时候采取民主政治，什么时候采取专制制度，则以该国当时所处的国际国内形势为转移。

日本法西斯体制的历史背景是：（一）1927年日本金融恐慌，1929年世界经济危机所引发的社会矛盾和阶级矛盾空前激化；（二）亚洲民族解放运动高涨，远东太平洋问题尖锐化；（三）俄国社会主义革命和建设的成功，资产阶级产生了强烈的革命危机感，等等。在此严峻的国际国内形势下，日本统治集团中的一部分人认为民主政治并不是挽救帝国危机的好办法，特别是在军人中间,产生国家主义运动,国家改造运动,甚至提出"昭和维新论",其矛头均指向政党内阁体制;认为专制主义是挽救帝国危机的好办法。

日本法西斯化,大致是通过三条渠道进行的。(一)战争是法西斯化的杠杆,战争可以使军人专制取代政党内阁制"九·一八"事变拉开15年战争的帷幕,并为法西斯化充当了开路先锋。石原莞尔曾说"以这一战争成果提高军部威信,改变国内政治体制"。1932年发生了"一·二八"事变,"五·一五"兵变,犬养首相被杀,政友会内阁被迫下台。当时陆军省军事课长对西园寺秘书说:"绝对排斥现存的政党政治,如果政党单独组阁,恐怕无人就任陆军大臣。"在军人威胁下,元老西园寺改变了推荐多数党组阁的惯例,而推荐海军大将斋藤实组织所谓"举国一致"内阁,即以军人官僚为主导的有政党参加的内阁。"举国一致内阁",是通向法西斯体制的桥梁。1935年侵华战争扩大到华北,1936年发生"二·二六"兵变。1937年2月成立陆军大将林铣十郎内阁,公然排击政党,发表"祭政一致"声明,军部飞扬跋扈,大本营会议具有"超过内阁会议的效力"。"七·七"事变后,政党几乎丧失了发言权,议会名存实亡。1940年政党自动解散,东条英机成立独裁政权,1941年发动太平洋战争。(二)建立战时体制是法西斯化的重要渠道。"九·一八"事变后,革新派军人提出建立自给自足的战时经济,准战时体制,"七·七"事变后,军人政权发布"总动员法",建立战时体制、国防国家、高度国防国家驱使全体国民在经济、政治、思想文化各个领域,支持战争。一切为了战争,一切服从战争,日本变成一个高度一元化的国家垄断资本主义国家。(三)解散所有政党、缩小议会权限、建立"大政翼赞会体制"。1940年近卫文麿提出新体制运动构想,开始时打算效仿纳粹,建立一国一党体制。构想刚出笼,政党便纷纷自动解散,争做新党党员,分享部分权利。但立即遭到右翼分子的批判,认为一国一党违背"一君万民"国体,于是近卫立即放弃了这个构想。最后,在1940年10月成立了一个包括全体国民的翼赞性组织,命名为大政翼赞会。大政翼赞会既不是政党也不是政府机关,而是一个统一国民的统制体。翼赞是对天皇而言,只许拥戴,不许批判。这大概就是日本化了的法西斯形态吧,也是日本法西斯分子的一大创造吧。

一般说法,大翼赞会的成立是法西斯体制形成的标志。

法西斯化的结果,为日本法西斯分子所始料不及,法西斯体制不但没有挽救帝国危机,反而把帝国送进坟墓,法西斯分子自身成为殉葬品。

关于法西斯问题,日本史学界论说繁多,有天皇法西斯说,军部法西斯说,自上而下说,自下而上说,战时体制说,否定论等等,不一而足。上述各说,似乎都有点道理,又都不准确,因为他们提出的东西在日本法西斯躯体上都能找得到,但都是这一大躯体上的一个部件、一个局部的样式、一种因素、一个……却不能包容全部,不能揭示其实质,所以给人以"以一代全""抓住一点不计其余"之感。我以为史学工作者最重要的任务是探讨日本法西斯体制的实质及其因果关系,包括必然性和偶然性。

结语

日本是亚洲古国,具有东方传统文化,在亚洲近代史开端时期,它和其他亚洲国家情况相似,遇到的新问题和困境也大体相同。日本从 19 世纪下半期起,开始与亚洲其他各国分道扬镳,"脱亚入欧"了,并"幸运"地跑在邻国的前头。

日本是亚洲第一个资本主义国家、第一个立宪国家、第一个向资产阶级民主政治过渡的国家、第一个法西斯国家、第一个建立起比较健全的资产阶级民主政治的国家。百年来有过三种政治体制的探索尝试实践经历,其中有成功的经验,也有失败教训。有考察、研究、采用外国经验的尝试,也有承袭、发扬民族历史遗产的经验教训。总之,日本近百年政治史是丰富多彩的,研究起来是十分有趣的。

研究日本近代政治体制史,像研究日本历史一样,要有一个合适的方法论。我在本文前言中说,"本文是继《论日本资产阶级运动》之后,用同样方法论,探讨日本资产阶级革命后创立的政治体制"的。那么本文的方法论是什么?一言以蔽之,"亚洲类型论",即日本资产阶级革命是属于亚洲类型的资产阶级革命。具体言之,亚洲资产阶级革命发生在 19 世纪中期,即资本主义制度在欧洲已经确立、产业革命在欧洲先进国家已经完成、资本主义世界市场已经形成的时代;亚洲资产阶级革命是在资本主义生产关系还不发达、工商业资本家尚未形成阶级的殖民地半殖民地或主权不完整的国土上产生的。也就是说，亚洲资产阶级革命是先进的资本主义欧洲和落后的封建主义亚洲相互矛盾的产物。这是"亚洲类型论"的思想基础。日本近代政治体制是日本资产阶级革命的产物和一大成果，因此，本文也采用了"亚洲类型论"。

不同时代、不同社会发展水平、不同的文化传统，产生不同类型的资产阶级革命；不同类型的资产阶级革命，必然产生不同类型的政治体制。这一道理在日本近代政治体制演变史中得到证实。日本的政治体制具有自己的生成过程，也有自己的特征。

日本的资产阶级革命家政治家（如大久保利通、木户孝允、伊藤博文等），一贯主张向先进的西方国家学习；一贯反对照搬西方现成模式。他们成功之处是，善于把外国先进的东西拿到日本，然后结合日本国情加以改造，创造出各式各样的可行的过渡形式。这是日本近代政治上一个值得研究的大课题。

日本政治体制演变过程与国际影响、民族文化传统、国情以及各个时期国家领导人的素质密不可分，但由于篇幅和笔者能力所限却涉及的很少很少，实在感到遗憾。如能有幸，待他日补救吧。

（作者汪淼，吉林大学，原文分上下两篇，分别刊于《史学集刊》1992年第1、2期）

论日本近代民主制的建立

武 寅

日本自 19 世纪走上资本主义道路以来，不但在经济上融入了资本主义世界市场体系，而且在政治上也最终采用了起源于欧洲的资产阶级议会民主制。作为东方后起的资本主义国家，日本在政体建设的历史过程中表现出来的种种特点，不仅对于研究日本资本主义政权形成的历史条件是必不可少的重要内容，而且为深入认识资本主义国家形态，提供了重要的理论线索。

一

日本在政治上建立近代民主制的进程，大大晚于其经济的资本主义化进程。或者说，日本对在政权建设上采用欧洲式的资产阶级议会民主制，不仅在态度上极其谨慎，而且在行动上也是相当滞后的。下面通过经济与政治两个历史进程的比较，对这一特点的形成做一考察。

首先看经济进程。

日本是在生产力发展水平十分落后的情况下，利用内外矛盾交织形成的历史机遇，一举进入资本主义化进程的，因此对于领导者来说，几乎在所有的领域都面临着亟待解决的发展问题。然而在制定国家发展战略时，日本政府毫不犹豫地把经济的现代化放在了首位。为了能在最短的时间内实现其"富国强兵"的战略目标,日本政府对西方经济制度几乎是采取了全面拿来主义,对妨碍这一制度的封建残余则进行了迅速而有力的清理。

从明治维新的当年起,日本政府就陆续颁布法令,取消商业行会等垄断组织;撤销各藩设立的关卡,废除各藩粮米外运禁令,准许人民自由迁徙、自由择业;允许土地自由买卖、自由种植;废除封建等级制度,取消贱民制,宣布士、农、工、商与皇族、华族在身份上一律平等。所有这些措施,都为商品经济的迅速发展和国内统一市场的形成创造了条件。

最能够说明新政府决心的,是为消灭武士阶级而采取的一系列坚决而有效的措施。武士阶级在幕藩封建体制下是理所当然的统治阶级,幕藩体制的实质是武家政权,因此消灭武士阶级本身就意味着对旧制度的否定。不仅如此,新政府的领导者几乎都出身于武士阶级,因此消灭武士阶级也是对自身的一场革命。另外,明治初期武士阶级约占日本总人口的1/16,而其俸禄总额则达国家财政支出的1/3。① 武士阶级蕴涵的能量,以及对其处理不慎可能给政权与社会带来的风险是显而易见的。新政府正是在这样一种条件下,力排艰险,用8年左右的时间,分三步彻底铲除了武士阶级赖以存在的经济基础。第一步,与废除封建领主土地所有制相结合,改年贡制为俸禄制。即武士被剥夺了年贡征收权后,改由政府发给相当于过去领地收入1/10的俸禄。第二步,改禄米为货币俸禄。在这一过程中,大量削减俸禄额。第三步,改货币俸禄为公债。通过这一实质性的跨越,使封建贡租变成了资本主义原始积累的重要来源。武士阶级则急剧分化,下层武士成为投身农、工、商的自由职业者;上层武士则通过公债向资本的转变,过渡为大资本拥有者和新生资产阶级。就在政府修改"国立银行条例",允许用货币俸禄公债券投资兴办银行后,日本兴起了银行热,三年间成立了153家银行,绝大部分资本是由货币俸禄公债转化而来。另外,政府实施征兵制,剥夺了武士阶级的职业特权;废除封建等级制,剥夺了武士阶级的身份特权,而俸禄制度的改革,与这两者相呼应,最终埋葬了武士阶级,为新制度的登场扫清了道路。

---

① 中村政则等编:《经济构想》,《日本近代思想大系》第8卷,岩波书店,1988年,第111页。

对资本主义经济制度在欧洲所创造的奇迹,日本政府的高层领导人表示"令我等吃惊"①,为了使这一奇迹能够在日本出现,政府倾注了极大的热情。针对日本基础差,水平低,对现代产业知之甚少,甚至一无所知的现实,政府动用了政权的力量,自上而下,强行推进工业化。不懂技术,政府不惜重金,从欧美招聘人才,让其一方面担任经济顾问,一方面协助培养本国技术力量。当时政府最高官员"太政大臣"的月薪为 800 日元,而外国技术人员的最高月薪则可达 2000 日元,为前者的 2.5 倍。日本政府还积极学习西方的经验,通过举办博览会等方式,卓有成效地宣传和推广先进技术。不懂经营,政府就从欧美直接引进现代公司制度,金融制度,直至保险制度等全套西方经济制度。明治维新后的第二年,日本就尝试着成立了通商会社和外汇会社两个具有现代性质的股份有限公司。后来为了普及现代公司制度和有关知识,又陆续颁布了一系列相关条例,包括《立会略则》《会社辩》《股票交易条例》《股票交易所条例》等等。同年,政府还派高级官员伊藤博文去美国考察货币金融制度。伊藤回来后仅两年,日本的第一个《国立银行条例》就颁布实行。另外还颁布了《新币条例》,在历史上首开金本位制的先河。不知现代企业为何物,政府就率先投资,兴办"模范工厂",申明目的是"诱导督促薄弱者,使其致力于工业"②。在政府出资兴办的企业中,大多聘有外籍技师,拥有全套进口先进设备,厂长也多是由政府委派曾经留学欧美、学习有关技术的人员担任。这样的企业起点高、见效快,能够在较短的时间内迅速提高生产力水平,缩短与先进国家的差距。在运营了一段时间后,当政府认为条件成熟时,再把这些企业以近乎白送的低廉价格转让给私人资本经营。在所有重要的产业部门都能够看到日本政府"引进""模仿",甚至是"照搬"西方资本主义经济制度的努力。

就这样,日本政府用了 20 年左右的时间,在经济上走完了三大步,即:扫除封建残余;引进西方制度;建立现代产业。

再看政治进程。

---

① 小西四郎等编:《明治国家的权力与思想》,吉川弘文馆,1979 年,第 125 页。
② 森川英正编:《日本的企业与国家》,日本经济新闻社,1976 年,第 12 页。

在政权建设上,日本政府23年间也走完了三大步,这三步,就其基本特征而言,可以概括为:形式复古、内容复古、实质复古。

第一步,建立了"太政官制"。这是日本公元7世纪"大化革新"后建立的中央集权制统治体制。明治维新后,日本政府在"王政复古"的口号下,重建太政官制,在古体制的框架内,实现权力向中央的集中和强化。古代的太政官制包括2官8省,即神官、太政官两个统合机构,以及中务、式部、治部、民部、兵部、刑部、大藏、宫内8个部门。明治政府重建的太政官制几乎是原样承袭了古制,只是将8省并为6省,使政务更加集中。这种太政官制运行了将近10年,没有出现大的变动,但小的调整却始终没断。说它"形式复古",也主要是针对这些小的调整而言,因为这些小调整给人一种印象,似乎在"太政官制"的外壳下,正在悄悄发生着现代意义上的变化。比如2官8省制在实行了两年后,调整为三院制,即太政官设正院、左院、右院,并再次强调要学习西方的三权分立政体,使之在制度上有所表现。但实际上这一口号始终停留在口头上和纸面上,并没有真正实行。两年后对正院的内部结构再次做了调整,新的《正院事物章程》规定,正院是位于左、右两院之上的最高权力机构,"凡立法事物为本院之特权"[1],其具体实行由正院的高级官员"参议"担任,参议还兼任各行政部门如大藏、内务、外务等省的最高长官,同时还握有司法大权,实际上集立法、司法、行政为一体,这与西方的三权分立毫无共同之处。

第二步,对"太政官制"做重大修改。1877年,明治政府对太政官制进行了成立以来最重要的一次改革,撤销了权倾一时的正院,同时设立元老院作为立法机构,设立大审院作为司法机构,使之与行政机构并列。改革后的体制虽然在名称上还叫太政官制,但是从形式上已看不出古制的影子。然而形式的现代化并不能掩盖内容的陈旧。《元老院章程》规定,元老院是"议法官"办公的场所。"议法"与"立法"虽然只有一字之差,其性质却有天壤之别,"议法"的作用仅仅是为决策提供咨询,说到底是行政权的附属品。这种决策咨询不但古已有之,而且明治维新以后,它一直打着议会政治的幌子,

---

[1] 日本内阁官房编:《内阁制度九十年资料集》,大藏省印刷局,1976年,第22页。

充当学习西方民主政治似是而非的标志物。发展到元老院时代，其名称已历经"议政官"（1868年）、"公议所"（1869年）、"集议院"（1869年）、"左院"（1871年）等等，元老院与它的诸多前身相比，不变的是它的内容。1876年，元老院奉敕起草国宪，这正是考验它究竟有无立法机能的最好机会。而最后的结果是，元老院起草的多稿宪法草案均未被采纳，理由是"不符合国体"。另外，元老院的成员也不是由民选产生，而是由政府任命的元老和地方官组成。这种形式上做了重大改革而内容依旧的太政官制运行了8年左右，于1885年为现代内阁制所取代。

第三步，建立现代内阁制。现代内阁制从形式到内容都与古制有了明显不同，它彻底摒弃了太政官制所使用的古制名称，在内阁总理大臣下设分管各部事务的国务大臣，采取内阁会议的形式进行决策。关于内阁的性质、职能和特点，《内阁官制》等文件虽然已做了详细规定，但是不如1877年即内阁制实行后不久，内阁全体成员给天皇的一份奏折说得更简明、透彻。这份奏折说："内阁乃陛下信任之府，百揆由此而出"，"大臣之说无论是否被采用，只要未经君主特别许可，不得擅自向议会及其他人民公开。一旦违犯此禁，不仅其身为法律上辅相之地位难保，亦为德义所不容。内阁组织应以同心一致为根本。内阁成员无论内部议论有多少异同，其对外宣布及实行时，政治方向定要归一。内阁一致又当以内阁机密最为紧要。尽管立宪国家之政体以公明为要旨，议会按惯例为公开，但内阁会议专以秘密为主。"[①]奏折清楚地表明，内阁只是处理行政事务的场所，它与议会分属两个性质不同的机构，本身自然也不具有议会的职能。另外，内阁臣属于天皇，它只是天皇旨意的一个执行机构，天皇才是最高权力之所在。现代内阁制与太政官制以及改良后的太政官制最大的不同点在于，它第一次明白无误地宣告了一个事实，即明治维新以来将近20年，日本所建立的政治体制与西方的议会民主制格格不入。如果说前两步还试图对这一事实做些遮掩，在内容上或者形式上摆出议会民主的架势，那么现代内阁制则直言不讳它的本质是"君主"，而且它不负有履行代议制政治的义务。那么，是否有一个另外的机构

[①] 日本内阁官房编：《内阁制度九十年资料集》，第84页。

即现代意义上的议会与之同时设立并履行相应的职能呢？没有。日本真正开设议会进行现代民主政治的尝试，是在现代内阁制建立5年之后的事情。而在此之前，内阁接连不断地颁布的大量法令法规，并不需要经过任何机构的审议和监督。

经济进程的迅速资本主义化与政治进程的明显滞后造成了一个奇特的反差：19世纪70年代，当大城市之间铁路已经畅通，电灯已经点亮，现代邮政事业已经开始的时候，在政治领域，日本的高层领导人还在就什么是立宪政治，日本究竟能否实行立宪政治争论不休；80年代，产业革命已经掀起了高潮，铁路资本、矿山资本、航运资本等成倍增长，[1]近代化大工业已经在以纺织业为中心的轻工业部门确立了统治地位，而在政治领域，日本还没有制定出一部自己的宪法。19世纪90年代一开始，日本经济出现了有史以来的第一次经济危机，股市暴跌，金融窘迫，纺织工业因产品滞销而开始第一次压缩生产规模甚至停业。日本经济无论从哪方面看都已经具备了资本主义经济的主要特征，并开始呈现出资本主义经济特有的周期性。而在政治领域，1890年底终于诞生的第一届帝国议会，则刚刚拉开了资产阶级议会民主政治的序幕。

二

从上面的历史过程中可以看到，日本建立近代民主制的尝试是在其资本主义生产方式已经确立，并且具有了相当的基础之后才开始进行的。为什么会出现这一现象呢？为什么两个过程不是同时开始呢？这要从日本作为后发国家的发展特点谈起。

作为后起的资本主义国家，日本的资本主义并不是内部经济关系成熟后的自然产物，而是在一个低水平上，通过直接仿效先进国家，实现一种跳跃式的发展。正因为如此，它就在某种意义上具有了比原创国更多的选择机会。选择，成为后发国家特有的甚至是无可回避的历史出发点。是选择

---

[1] 后藤靖等：《日本资本主义发达史》，有斐阁，1979年，第61页。

某个单一国家为样板,还是博采众长？是把对方的全套做法整个搬来,还是只采用其中的一部分？简言之,学什么？怎样学？学多少？成为摆在日本面前必须解决的现实问题。纵观日本历史,解决这样的问题并非一次。公元8世纪的"大化革新",可以说是日本历史上第一次通过大规模、全方位学习外国而实现跳跃式发展的例子。那一次,日本模仿的样板是中国唐朝,从经济到政治,进行了全面的引进。经济上,模仿唐制,实行班田收授法,废除本国旧有的贵族私有土地制度和部民制,把土地和部民全部收归国有。凡6岁以上公民,由政府颁给口分田,统一租税,实行租庸调制；在政权建设上,以唐朝为蓝本,实行太政官制,废除本国旧有的世袭氏姓贵族制度,建立中央集权的官僚制政治体制。通过全面的学习和引进,很快缩小了日本与唐朝之间的巨大差距,加快了日本的发展步伐。

把明治维新与大化革新相比,可以发现,同样是学习外国,二者所采取的对策却有很大不同。一个很明显的事实就是,日本每次向外国学习,其学习内容都是经过慎重选择的。那么,在政治制度的层面上,影响日本选择的主要因素是什么呢？

首先是本国固有的政治文化传统。日本虽然把英国等欧洲先进国家引为发展经济的样板,但是它与这些国家的历史文化传统截然不同。以英国为例,它在资产阶级革命以后实行议会民主政治毋宁说是在承袭一种历史传统。在英国,中世纪早期的"贤人会议"和后来发展成的"大会议",已经在国家政治生活中发挥着极其重要的作用。至少到13世纪,已经形成了议会,它不仅是封建王权的重要限制因素,而且是维护民主与法治的重要力量。14世纪,议会不仅履行其监督和弹劾行政官员的职能,而且还两次废黜了国王。列举的理由包括"独裁、破坏自由和法律","狂妄地凌驾于法律之上",等等。15世纪和16世纪,是英国封建主义不断衰落,新的资本主义生产方式获得长足的发展,并准备登上历史舞台的激荡时期。这一时期虽然王权也有了极大的加强,但议会的立法机能进一步完善,在国家税收、财政核算、宗教事务等所有重大事务中继续发挥着不可低估的政治作用。17世纪以后,经历了资产阶级革命,议会的作用更是不断增大,中心地位逐渐形成。可见议会民主政治与英国资产阶级政权的结合有其深刻的历史必然性。

除了英国以外,欧洲大陆自古以来也有着民主政治的深厚土壤。从古代星罗棋布的民主共和政体,到中世纪具有相当普遍性的等级会议、等级君主制,对王权的限制,对个人权利的重视,对法律至上的认同,这一切在资产阶级革命以前已经普遍存在。由于欧洲大陆错综复杂的种族与民族关系,教权与世俗权力的相互斗争与利用,地域间经济社会发展的不平衡,使得任何一种专制和极权的努力都难以持久。相反,以平等和相互独立为基础的契约关系,以分权、选举、法治等民主因素为主要内容的政体形式却很容易被接受。因此,当欧洲近代民族国家逐渐形成,当资产阶级革命在这些国家爆发并取得胜利以后,资产阶级国家政权大多实行代议制民主也就不足为奇了。

在日本的历史文化传统中,找不出议会民主政治的影子。这个偏在东亚一隅的岛国,不仅种族与民族关系十分简单,而且从早期国家形成时起,在神与人的关系这个对国家形态有着至关重要的影响方面,日本就与欧洲国家走上了截然不同的发展道路。在日本,神权与人权是二位一体的。在这种二位一体的最高权力面前,任何分权、制衡、限制、监督等等都变得毫无意义。权力的神性内涵,从观念上排除了民主政治产生的可能性,而把敬畏、尊奉、服从、依附作为它运作的基本环境。作为这种特殊权力载体的天皇,在漫长的历史发展过程中,虽然由于现实社会的政治斗争和各方的实力消长,有时会被"尊"到极点,有时又可能被"搁置"一旁,却从来不可能被废除,也不可能被取代。中世纪以后,武家政权兴起,皇权衰微,但尊奉与服从的实质并没有改变,历代幕府统治者都需要从天皇那里讨得"征夷大将军"的封号,以证明其统治的合法性。

与皇权的神性内涵相辅相成的是,它在现实社会中所形成的中央集权官僚制统治。这种统治体制的渊源可以追溯到公元5世纪日本列岛统一后出现的早期国家形态——氏姓制度。以氏族血缘关系和模拟血缘关系为纽带,所有的政治集团最终都归属并听命于天皇(其前身为"君""大君"等等)这个总家长和氏族集团的总头领。共同体内部严格的家族式统治关系,使共同体成员唯上是从。国家大事由天皇任命的各级官吏去决定和管理。大化革新后，中国唐朝的中央集权制统治体制从理论和实践两个方面大大装备和完善了日本原有的氏姓制度，使皇权至上的统治理念由于嫁接了"忠"和"孝"的思想而变得更加巩固。氏姓贵族的统治向着更为严密有效的官僚制演进。按爵位授官，按官职授田，官吏的考绩、监察、奖惩均有法可依，使官尊民卑，上令下从有了更强有力的制度保证。在武士掌权的幕府时代，从中央到地方各级行政机构的官员均由大将军任命。大将军和他的下属通过以"忠""信"为核心的武家法度，结成了生死相许的主从关系。主从之间，只有命令与服从。

在这样一种统治体制下，如果要说有什么"议政""合议"之类的政治形式的话，那就是在官僚体制内部，存在着某种资治佐政性质的政治运作。例如公元604年，圣德太子制定《十七条宪法》，规定"大事不可独断，必与众宣论"。1225年，镰仓幕府执权北条泰时当政时，推行"民主"政治，设立"评定众"制度，规定大事需经过讨论决定。以后足利幕府也效法北条，保留评定众制度。1585年丰臣秀吉任宰相时，设立"五奉行"制度，每遇大事，召集5人合议，等等。但是所有这些形式并不具有决策机能，而只是一种政策咨询，是官僚政治的附属物。它与欧洲的议会制有着本质的不同。

日本政治传统中根深蒂固的道义而非契约关系，共同体观念而非个人权利观念，官僚治国而非民众议政，所有这些，都使欧洲式的议会民主制没有产生的土壤和基础。

其次，政权与政权组织形式之间的关系。任何一个政权的建立，都必须解决两个问题，即政权的性质和政权的组织形式。二者之间并没有必然的逻辑关系。二者中，政权的性质是本质的、决定性的，同时也是相对活跃的部分；相比之下，政权的组织形式则表现出相对的稳定性和延续性，尽管它也会由于历史的发展而向前发展，但这种变化总是相对迟缓和渐进的，它更多地表现出传统的积淀和历史的惯性。日本决心学习欧美，走资本主义道路，这就决定了它要建立的，是一个资产阶级性质的，能够为资本主义经济发展服务的政权，这是它的首要的和带有根本性的任务。而这个任务，由于日本历史发展的特点，并未能随着新政权的建立而自然地、全部地获得解决。也正是由于维新前资产阶级发展的幼稚程度，使新政权不能不把培植资产阶级,以完善政权的阶级基础作为它的首要工作。

明治维新前后的资产阶级,尚处于发育和形成阶段,它正在由几部分力量衍化而来:

一是士族。士族作为一个阶级,处在势将被消灭的历史地位。随着革命的深入,这个代表封建生产关系的没落阶级急剧地分化、蜕变、消亡。一部分站在倒幕维新前列的中下级武士,在痛苦的抉择中,完成着他们从"藩臣"到"朝臣"的转变,即从昔日效忠自家家主的武士,转变到效忠中央政府的维新官僚,这是由封建制度的卫道士向资产阶级代言人的转变,许多人都经历了痛苦的过渡期。如被誉为"维新三杰"之一的木户孝允,曾上书政府,表露自己的矛盾心情,即在效忠新政权的同时,对昔日的旧主"也不得不尽臣子之至情"①。"三杰"之一的大久保利通,在接到旧主的召唤,要其回藩理事时,表示:"若为国家计,此举止关系甚大,事关朝廷之本体;若论私情,累代臣子之情义亦难无动于衷,不能视之度外,是以几乎进退两难,茫然失措。"②这些中下级武士经过脱胎换骨的转变,成为资产阶级的政治代表。但是也有的封建武士不愿意割断他们与旧制度的血脉联系,改革越深入,对他们的切身利益触及越深刻,他们越是本能地进行激烈的反抗。同样是"维新三杰"之一的西乡隆盛,最终成为大规模士族叛乱的总头领。

除部分下级武士经过维新运动的洗礼,或成为新生产关系在政权中的忠实代表,或成为旧制度的卫道士外,不少中上层武士经过奉还版籍、废藩置县、禄制改革、投资兴办实业等步骤,逐渐由封建食利者阶级转化为资本的所有者和运用者,并最终成为资产阶级队伍中的一员。

二是新兴地主。这是一个在封建领主土地所有制内部孕育和产生的群体。随着土地私有权的合法化,他们手中的资本不断膨胀。在采取各种手段继续扩大土地面积的同时,他们也把目光转向城市中日益发展的工商业,通过向新兴产业投资,成为地主资本家一身二任的实力派人物。正如当时著名评论家德富苏峰在一篇影响颇广的专论"田舍绅士"中对他们的评论:

---

① 由井正臣等编:《官僚制・警察》,《日本近代思想大系》第 3 卷,岩波书店,1990 年,第 15 页。
② 由井正臣等编:《官僚制・警察》,《日本近代思想大系》第 3 卷,第 17 页。

"其中的多数人渐渐改变了其封建大名的境遇,无可置疑地变成了经营起家之民。例如,既已种桑,定要养蚕,既已养蚕,定要销售。势已至此,他们定要扩大其农夫之魁的资格,而发展制造贸易的资格,即他们不仅有法国社会那种百姓根性,而且要养成蛇一般敏锐的商卖根性。如此一来,组成一国中等社会的最敏锐、最活泼的要素,则非他们莫属。"①

三是工商业阶层。这里面包括特权商人和高利贷者。在封建制度下,他们作为御用商人,依附于封建领主,并垄断着商品的经营特权。但是他们与商品经济的天然属性和为此而产生的与封建制度之间不可调和的矛盾,使他们具有了在维新后向新的生产方式转变的可能性。在资本主义生产方式建立的过程中产生的大财阀,不少是由这些特权商人转化而来的。另外,维新政权一手扶植起来的"政商",成为新生资产阶级的重要组成部分,他们亦工亦商,凭借手中的资本向各个领域全面出击。最有代表性的如涩泽荣一,他早年经商,参加过尊王攘夷活动,在新政府做过官,以后投身实业界,创办银行、公司,涉足制造业、农业、林业、能源、运输业、进出口贸易、金融等几乎所有重要部门,成为近 100 家银行和公司的大股东和领导者之一②。涩泽荣一在回顾日本资产阶级的成长历程时说:"二三百年来,说到商业,也就是零售大酱一斤,说到农业,也就是种萝卜供腌咸菜之用,说到工业,不过是老媪摇纺车,姑娘织布之类。而今日,我国农工商现状当刮目相看。"③

四是其他已经或正在向资本主义生产方式过渡的社会阶层,如农村和家庭手工业工场主,小商品生产者,向商品生产和流通领域转移的富裕农民,等等。

对于这一新生阶级的政治状况,当时的大藏省高级官僚井上馨与涩泽荣一共同撰文说道:"久惯专擅之余习,长安偏僻之固陋,知识未开,志操未确,进退俯仰,惟遵政府之命,至于所谓权利义务等等,尚不能辨其为何物。政府所令之事,举国奉之,政府所赴之处,举国归之。凡风习、语言、服饰、器

---

① 中村政则等编:《经济构想》,《日本近代思想大系》第 8 卷,第 284 页。
② 森川英正编:《日本的企业与国家》,第 50 页。
③ 中村政则等编:《经济构想》,《日本近代思想大系》第 8 卷,第 326 页。

物乃至日用玩具,无不争先恐后,模仿政府之好尚者"。①

维新政权的当务之急,就是要扶植这些前资产阶级的或准资产阶级的力量尽快成长,使之真正成为政权的阶级基础和经济基础。当时的舆论界在评论政府对新生阶级的扶持时说:"吾等不能不为我政府无微不至的关心所感动,哪怕是从玉川河取一把砂子,在品川湾采一束海带,制一块冰,都要一一给予关照……无论是筹措股金,聘请技师,筹建公司,制图,测量,所有准备工作都离不开政府,若无当局点头,则铁轨绝不能敷,火车绝不能跑,股金绝不能获利。"②

那么,这个代表新的生产关系的政权能不能按照欧洲议会民主制的方式进行运作呢？历史证明,采取何种政权组织形式,最终要根据政权建设的根本任务来决定。即与政权的性质相比,政权的组织形式只能处于从属地位。对引为样板的欧洲资产阶级政权,如果它的组织形式有助于解决日本从封建割据走向统一民族国家的历史过程中,错综复杂的矛盾和问题,有助于日本在落后的条件下,迅速建立起新生产关系的基础,即有助于解决政权性质问题,当然也不妨一并拿来,否则无可避免地要在历史惯性的作用下,承袭传统的政权组织形式,直至这种形式被证明阻碍了继续发展的可能性；而绝不会舍本逐末,单纯模仿西方政权的组织形式。

三

既然日本没有议会民主制的传统,而且在官僚制统治体制下也能够实现经济的跳跃式发展,为什么在明治维新后 20 多年,最终在政体建设上还是采用了西方式的议会民主制呢？

主要原因有两点。

第一,日本统治集团对议会民主制的价值判断。日本真正较大规模地接触和了解欧美资产阶级议会民主制,是始于明治维新前后的思想大活跃期。这一时期以日本知识界为桥梁,西方资产阶级的民主思想源源不断地

---

① 由井正臣等编:《官僚制・警察》,《日本近代思想大系》第 3 卷,第 68 页。
② 中村政则等编:《经济构想》,《日本近代思想大系》第 8 卷,第 286—287 页。

进入日本。仅以启蒙学派代表人物福泽谕吉为例,他的《西洋事情》一书前后发行了十几版,发行量达 25 万册;《劝学篇》发行量达 70 万册。以当时日本人口 3500 万计,平均每 160 人中就有一人持有此书。资产阶级政治学说中一些最基本的理念,如自由、平等、天赋人权、立宪政治、民选政府等等,在日本激进的社会活动家中引起了强烈的震动。他们对这些外来的新思想持积极的和肯定的态度,认为这些思想的广泛传播有助于倒幕维新事业的成功。作为维新运动的中坚和骨干,他们甚至开始尝试把这些新思想写入未来国家的发展蓝图。比较有代表性者,如维新前夕坂本龙马等人提出的"船中八策",其中第 2 条谈到,"应设立上下议政局,置议员参赞万机,万机应决于公论";从荷兰留学归国,后来在新政府任职的津田真道提出的"日本国总制度"设想,其中第 8 条为"制法大权应由上下两院与政府分掌",第 10 条为"下院作为日本全体国民的总代表,应从国民每 10 万人中推举一人"。① 维新前后,这样的言论十分普遍,它所代表的推翻幕府旧制度,建立一个崭新国家的鲜明的革命性,成为动员维新力量的有力武器。

新政府成立后,为了号召天下,把"广兴会议,万机决于公论"列为"五条誓文"之一。第四年,又派出大型使节团遍访欧美,目的之一就是考察其典章制度。与新政权建立前相比,这时的维新领导人对西方的民主制度有了更加深入和系统的了解,对本国的政权建设也考虑得更为现实和长远。维新政府的核心人物岩仓具视从制度建设的长远需要出发,对国体与政体的关系以及未来日本应有的政治制度做了审慎的分析,认为西方的宪政制度与日本的传统体制相比,有它的可取之处。他在给政府的"国事意见书"中谈道,"政体建设必须以国体为基础,但是,……其制度也不得不审时度势,择善而从,因此,虽有自古以来良法美制,如若不适应今日发展,也应该断然废除,……必须确立一种制度,使国家即使无明天子贤丞相出现,也能够维持下去。否则若没有明天子、贤丞相,则国家将面临千里长堤毁于蚁穴之危险,岂可不惧乎?岂可不慎乎?"②岩仓还建议,应该立即着手进行有关西方

---

① 江村荣一:《宪法构想》,《日本近代思想大系》第 9 卷,岩波书店,1989 年,第 32、35 页。
② 江村荣一:《宪法构想》,《日本近代思想大系》第 9 卷,第 46 页。

立宪政体的系统调查，以备将来之需。岩仓的意见代表了维新领导层的主流。

另外还有一种意见，比主流派更为激进。这一派以大隈重信、板垣退助等人为代表，不但认为西方的议会民主制要优于君主专制，而且千方百计要促其在日本立即实现。明治七年板垣等人在"开设民选议院建议书"中说，"夫人民对政府有缴纳租税之义务者，乃有权参与知悉政府之事，是为天下之通说，自不待臣等喋喋赘言"，"即使今日就开设民选议院，恐怕也要待多年后才能够达到十分完善的程度，因此臣等恨不得早一天立即开设民选议院"。大隈重信于明治十四年上书，建议当年制定宪法，年底或次年初公布，此年末召集议员，下一年年初就可以正式召开国会。他还抨击执政者迟迟不愿开设国会有恋权之嫌："方今之时，当施立宪之政，若反立宪国现行之通则，舍其真利，却露恋权之迹，则执政者焉得不为国人所厌忌？更何况其恋权反埋下急速失权之种子。"①然而激进派始终没有得到统治集团中多数人的支持，终至被逐出政府。

纵观两派分歧的实质，不在于要否实现立宪政治，在这一点上，两派的回答都是肯定的，分歧仅仅在于实行的时机和条件。主流派认为时机和条件远未成熟，这不仅仅表现在基础薄弱，形势不稳，而且还表现在国民素质和习惯势力等方面。主流派提出的代表性观点是"尚早论"和"渐进论"，认为"人民尚未文明开化，不得不暂时以君主之英断来表达民意之协和一致，代其条理国务……渐渐将其导入文明之域"，"努力教育生民，使其渐渐脱离品位贱劣之境地，以期全国之大成。""成就君民共治之大局虽吾等之所望，然事关国体之变更，实乃旷古之大事，决不可急躁为之。""应先固基址，次构柱础，终及屋茨，举行之序，固有缓急"②。"履行之期仍需在岁月累积之后"③。正因为如此，维新领导层认为要想建立资产阶级议会民主政治，就必须有一个思想上和物质条件上的准备过程。作为这一过程的开始，新政权建立后不久，围绕立宪政治问题进行的调查研究就列上了日程。到1875

---

① 江村荣一：《宪法构想》，《日本近代思想大系》第9卷，第67—68、69、222页。
② 清水伸：《明治宪法制定史》上卷，原书房，1974年，第160、212页。
③ 大津淳一郎：《大日本宪政史》第2卷，原书房，1969年，第400页。

年至1876年,即明治八年到明治九年,政府第一次以天皇的名义颁布了"立宪诏书",明确提出:"要逐步建立国家立宪之政体。"1882年,派遣伊藤博文赴欧洲考察立宪政治的有关事宜。如果说,明治初期的大型使节团是就西方文明进行的泛泛考察,那么,伊藤的这次欧洲之行则是领导层认为实行立宪政治的时机和条件正在逐渐走向成熟,以往的设想需要最终付诸实行,为此而做的专项调查和最后的准备。伊藤欧洲之行目标明确,任务具体,正如他临行前接受的敕命中所说:"应就欧洲各立宪君主国的宪法,寻其渊源,考其沿革,视其现行状况,研究其利害得失之所在。"①伊藤到欧洲后,先是去德意志,在柏林大学学习了6个月,接着到奥地利,在维也纳大学又学习了一个半月。回国后,便组织了宪法起草小组,正式开始了宪法的编撰工作。从1886年即明治19年秋,到1888年4月,历时一年半左右,完成了宪法草案并提交政府审定。为开设国会实行君主立宪制做好了最后的准备。

从以上的分析中可以看出,正是维新领导层对西方资产阶级民主政治本质的认同,使日本在政体建设上,尽管步履蹒跚,但最终还是采纳了西方模式。

第二,对所效法的样板进行了日本化的改造。伊藤等人奉命调查欧洲宪法,一个很重要的前提,就是要了解欧洲各国的立宪政治究竟是一种什么状况,哪些做法是日本可以学习的,哪些是日本不能接受的。他在调查期间写给政府领导人的信中说:"英、法、德三国虽然都是代议政体。但其精神却大不相同。在英国,所谓政府(指行政)是国会中多数党的领袖实施政治的场所;在法国,政府是国会的臣仆;在德国,政府虽采用众议,却仍有独立行为之权。"②日本领导层通过大量的调查研究,越来越清楚地了解到,所谓欧洲代议制民主政体,并非只有一种模式,而是千差万别,因国而异,故而日本决不可盲目追随。维新政府的主要领导人之一大久保利通在谈到日本的政体建设应采取的方针时说:"所谓政体者,虽有君主民主之异,大抵随土地风俗人情时势而自然成立之,……普鲁士之政体不能行于英国,英国之政体

---

① 江村荣一:《宪法构想》,《日本近代思想大系》第9卷,第485页。
② 江村荣一:《宪法构想》,《日本近代思想大系》第9卷,第486页。

不能用于美国,美国、英国、普鲁士之政体不能用于我国,因此我国也必须根据本国的土地风俗人情时势,来建立我国之政体。"①在对各国政体比较、权衡的基础上,日本决定以普鲁士为主要蓝本,同时又参考欧洲其他国家的做法,最终形成了日本自己的立宪政体。与欧洲各国相比,日本的立宪政治有两个突出的特点,一个是中心权威的存在,一个是行政系统的特殊地位。

在立宪政体中,君主的权力不是无限的,它不同程度地受到宪政体制的种种限制。日本宪法中所规定的皇权的范围尽管已远远超过欧洲立宪君主制中的君权,但它毕竟也受到立宪政体的限制,如明治宪法规定天皇大权必须依宪法条规而行,即立法权实际上由帝国议会来行使,行政权实际上由内阁来行使,等等。宪法起草者对皇权的有限性做了明确的解释:"天皇在行政部设责任宰相,对君主的行政权进行某些限制;在立法部非经议会承认不能制定法律。设此两种限制乃立宪政体之本义,少此两点则非立宪政体,对此两点做任何宪法上的巧饰亦非立宪政体之本义。"②如果单纯从这一点来看,日本的天皇与欧洲的立宪君主并没有什么本质上的区别。然而事情并没有就此完结,关键在于,在有限的皇权之外,日本天皇还被赋予一种宪法承认的无限权威。

当日本从明治二十三年起,第一次开设了国会,开始了其立宪民主制的历史时,它首先要做的,就是以宪法的形式,明确天皇在国家政治体制中的地位和作用。宪法起草者伊藤博文说:"我在起草帝国宪法时从一开始就明确一点,即单纯模仿外国宪法是不够的。我国自有其本身固有的特质,决不能对此视而不见。例如在我国,皇位有比外国更深的一种国史上的根据,在国民脑海中也有一种印象。当我国尚未建立立宪政体,尚未实行封建制度,仍处于神权国家时代时,皇位就是国家的真髓和中枢。"③维新领导者希望天皇在国家政体中所起的最大作用,就是确立一种无可动摇的核心和枢轴地位,而这种作用的发挥仅仅靠立宪政体下有限的皇权是不够的,还必须借助一种传统的统治权威,一种其他任何势力都无法代替的、为天皇本身所特

---

① 由井正臣等编:《官僚制·警察》,《日本近代思想大系》第 3 卷,第 76 页。
② 清水伸:《明治宪法制定史》下卷,原书房,1973 年,第 171 页。
③ 大津淳一郎:《大日本宪政史》第 3 卷,原书房,1969 年,第 84 页。

有的统治力量。这种力量与具体的、有限的宪法权力相比，含有一种无形的、绝对的、超乎物质之上的精神因素。有这种精神因素所依托的统治权，可以成为一种伸缩自如的力量。它所具有的法外效果在于，对于统治对象来说，它不仅仅是有形的、物质的、法的统治，而且是一种彻底的、心灵的支配；对于统治权的行使来说，它自然而然地摆脱了立宪政体的束缚，延伸到它所需要的一切领域。

对天皇权威的认定，集中体现在明治宪法的第1条："大日本帝国由万世一系之天皇统治之"；第3条："天皇神圣不可侵犯"。这些看来不合情理的、近乎神话般的条文规定，构成了日本的立宪君主制不同于欧洲的明显特点。正是这一特点，对日本国家的政治发展产生了极其深刻的影响。

第二个突出特点是行政系统的特殊地位。这种特殊地位首先表现为一种根深蒂固的传统观念，这种观念认为，官吏属于"公家人"；行政官厅是为国家办理"公务"的地方，官吏和官厅所代表的"公"的利益是至高无上的。这种观念在立宪政体下便发展成为行政系统的地位应该在议会、政党等等之上。议会被看作是政党为了一己私利进行争斗的场所，他们所代表的只是局部的利益，或是某一行业的，或是某一地区的。民选的议员也缺乏足够的素质。而行政官僚则被认为是超越政党利益的、着眼全局的和秉公办事的，他们受过系统的教育，严格而正规的选拔程序，业务精通，责任感强，属于社会的精英集团。在这种观念支配下，日本立宪政体中立法权、行政权、司法权三者并非等量齐观，行政权在其中处于主导地位，"而司法权只是行政权的一个分支"[1]。立法权从理论上讲，应该与行政权并列，并对其起制衡作用，但实际情况远非如此。由于行政系统以其"至公至正"的国家利益代言人身份，维系着其在国家权力机构中的传统优势，立法权常常被置于被动和尴尬的地位，正如伊藤博文在宪政实施后所明确表示的那样："不可使政府常受党派之左右"[2]。

在立宪政治初期，这种政高党低的特点就已经表现得十分明显。明治

---

[1] 清水伸：《明治宪法制定史》中卷，原书房，1974年，第135页。
[2] 朝日新闻社编：《史料·明治百年》，朝日新闻社，1966年，第413页。

宪法刚刚颁布，当时的内阁总理大臣黑田清隆就在地方官会议上发表演说，称："政府不可不常取一定之方向，超然立于政党之外，居至公至正之道。各位宜留意于此，以不偏不党之心临于人民，抚驭得宜，以助国家隆盛之治。"①明治后期行政官僚的典型代表都筑馨六撰文说："立宪国之大臣在内治上每以国是为施政之目的，将其意见堂堂正正公之于天下，认准为国是者即努力贯彻之，若自己坚信为不可变更者，则无论议会或舆论如何反对，也要不屈不挠奏请贯彻之。若议会不同意，而这种不同意终将给自己认定为国家所必需之事业造成损害，则必须奏请解散议会，无论解散几次，直至议会同意自己意见为止。"②在明治宪法体制中，行政系统拥有种种优于议会的特权。议会的两大主要权力——立法权和预算审议权，都由于内阁的特权而打了折扣。对于立法权，内阁虽不是立法机构，但是一方面，国务大臣拥有法律的副署权，凡是颁布法律时，若无国务大臣的副署可视为无效。国务大臣通过对重要法律敕令的副署承揽着天皇的行政责任。另一方面，在立法实践中，内阁提出的法案不但在总量上超过议会，在成功率上与议会相比更是占压倒多数。③ 对预算审议，明治宪法也赋予了内阁特殊权力。宪法第 67 条规定："凡基于宪法大权已决定之岁出，以及由于法律之结果或法律上属于政府义务之岁出，非经政府同意，帝国议会不得废除或削减之。"第 71 条规定："议会如未议定预算，或预算不能成立时，政府可照上年度预算施行。"有了这两条规定，一是压缩了议会的预算审定范围，因为只要认定是属于天皇大权范围的需要，内阁就可直接决定，无需经议会通过。这样实际运作的结果，往往"大权所需"占的比例超过需经议会审议的部分。二是年度预算即使议会不通过也无妨，可以继续执行上一年度预算。三是议会在审定某些预算时，为了能征得内阁同意，不得不反过来求助于内阁，或是向内阁让步。

这种从理论上讲行政权与立法权的关系同欧美立宪政治并无二致，而在观念上和政治实践中，议会与内阁相比却始终处于从属地位的情况成为

---

① 朝日新闻社编：《史料·明治百年》，第 413 页。
② 由井正臣等编：《官僚制·警察》，《日本近代思想大系》第 3 卷，第 171 页。
③ 有马学、三谷博等编：《近代日本政治构造》，吉川弘文馆，1993 年，第 22 页。

日本立宪政治的一大特点。

综上所述,日本近代民主制的建立,实质上是以资本主义生产方式的移入为根本目标和中心任务,以西方政体模式为参照和手段,对自身传统的政权组织形式进行扬弃的过程。这是一个伴随资本主义经济关系发育成熟的漫长而曲折的历史过程。在这一过程中,政治传统中不适应新的时代要求的成分抛掉了,而有助于新的历史任务的完成和新的经济基础确立的成分则积淀下来,成为新的上层建筑中不可分割的组成部分,同时也成为反映新的政治体制特点的典型因素。

(作者武寅,中国社会科学院世界历史研究所,原文刊于《中国社会科学》2002年第2期)

论日本自由民权运动的性质及其历史地位

沈才彬

19世纪七八十年代，日本国内爆发了一场以要求开设国会、制定宪法、减轻地税、修改不平等条约、确立地方自治为主要内容的全国规模的群众性政治运动，史称"自由民权运动"。

自由民权运动研究涉及的问题很多，本文仅就运动的性质及其历史地位谈谈自己粗浅的看法。

一

和明治维新一样，自由民权运动一直是历史学家感兴趣的重要研究课题。凡是从事日本近代史研究的史学家，无不对此加以探讨和评价，但各执一端，莫衷一是，从战前一直到战后，迄今仍无定论。大体可分三种观点："革命说"，认为自由民权运动是"根本上变革绝对主义天皇制"的日本"最初的资产阶级民主主义革命"[1]；"反动说"，认为自由民权运动是对明治维新的反动，"未必具有进步的本质"[2]；"前近代说"，认为明治维新也好，自由民权运动也好，都明显地属于前近代

---

[1] 这种观点来自讲座派系统的学者。参见小学馆编：《万有百科大事典》第12卷"自由民权运动"条，1973年。
[2] 楫西光速、加藤俊彦、大岛清、大内力：《日本资本主义的成立》，东京大学出版会，1971年，第514页。

性质。①

　　我认为,自由民权运动是一次日本人民自下而上地争取资产阶级民主自由权利和民族独立的群众性政治运动。就其本质而言,属于具有近代民族民主运动鲜明特点的资产阶级政治改革运动的范畴,或者说是一次与资产阶级改革运动相联系的近代民族民主运动。其目的是要促使明治天皇政府继续完成政治上层建筑范围内的资产阶级改革,建立立宪君主制,以适应日本资本主义发展的需要。

　　理由何在呢?

　　首先,从自由民权运动所处的日本当时内外历史条件来考察。

　　第一,从世界史条件看,19世纪七八十年代发生的日本自由民权运动,正处于世界资本主义从自由资本主义阶段向垄断资本主义即帝国主义阶段过渡的时期。这个时期不仅资本主义要进一步征服全球,征服各民族,而且帝国主义在东方角逐加剧的时代即将到来。在这个新的历史时期,要求摆脱殖民主义压迫、实现民族独立,挣脱封建主义桎梏、实现资本主义近代化的东方民族民主运动方兴未艾。对于日本来说,由明治维新开始的民族民主运动的历史课题必须加紧实现。发生在明治初期的自由民权运动顺应了这股历史潮流。日本人民争取资产阶级民主自由权利的斗争,正是在资产阶级民主主义和资产阶级民族主义两相汇合的历史潮流下应运而生的。

　　第二,在西方,1871年法国巴黎公社的炮声宣告了西欧大陆资产阶级民主革命时代的结束,无产阶级以崭新的面貌登上历史舞台。正如恩格斯所说:"无产阶级和资产阶级间的阶级斗争……在欧洲最发达的国家的历史中升到了首要地位,"②无产阶级已经被认为是"争取统治权的第三战士"。③无产阶级的崛起,使领导革命的任务历史地落到了世界无产阶级的身上。

---

① 参见羽岛卓也:《民权活动家的"精神"》,《论集日本历史》第10卷《自由民权》收录,有精堂,1973年。
② 恩格斯:《反杜林论》,人民出版社,1970年,第23页。
③ 恩格斯:《费尔巴哈和德国古典哲学的终结》,《马克思恩格斯文集》第2卷,人民出版社,1961年,第392页。

自由、民主权利的斗争阶段。因此，自由、平等、人权的政治意识停留在外来的、表面的认识，局限在政治上改革天皇制政权的要求范围之内。且看具体事例：

民权运动最初的纲领《设立民选议院建议书》指出："察方今政权所归，上不在帝室，下不在人民，而独归有司"，有司专制使"帝室渐失尊荣"，人民"困苦无告"，致使"国家有土崩之势"。[①] 作为"振救之道"，只有"立议院，伸张天下公论，确立人民通议权理，鼓舞天下士气，以上下亲近，君臣相爱，维持振起我帝国"。[②]"有司专制"即以萨长为中心的藩阀专制。很明显，自由民权派主张立议院，兴国会，目的在于否定藩阀专制，建立"上下亲近，君臣相爱"的君主立宪政体。

在加波山事件中，起义者散布的《革命举兵檄文》同样说明了这一点。檄文中说道："观察方今我国形势，外条约未改，内国会未开……奸臣弄权，上蔑视圣天子，下不时收敛人民，饿莩横道……壅塞言路，陷志士于逆境。如此而往，再过数年，国运前途不可意料，吾人岂能默视不管。"[③]明明受到了天皇专制政府的镇压和迫害，却不敢反对位于天皇制金字塔顶端的天皇，还要把天皇奉为"圣明"。名曰"革命"，却只是为了打倒"上蔑视圣天子，下不时收敛人民"的"奸臣"。何哉？原因就在于自由民权运动的攻击目标在于圣天子的"君侧之奸"——藩阀专制，而不是天皇制本身。河野广中说得更为直截了当。他和片冈健吉一起，代表国会期成同盟向太政官递交了《开设国会请愿书》，遭拒绝，转呈元老院，也遭拒绝。河野愤怒地喊道："是谁壅塞天门，杜绝言路，破坏君民一致的大义？难道不就是萨长为中心的专制政府当局吗？他们不仅是我天皇陛下的罪人，实际上也是我帝国国民的敌人。"[④]在自由民权派眼里，明治天皇政府被分割成两部分：一是"圣明"的天皇，一是专制的政府。天皇和人民是一致的，并没有根本的利害冲突。只是在君民之间，插入了一个萨长为中心的专制政府，破坏了君民一致的"大

[①] 板垣退助主编：《自由党史》上册，岩波书店，1955年，第89、90、93页。
[②] 板垣退助主编：《自由党史》上册，第89、90、93页。
[③] 有精堂编：《自由民权》，第211页。
[④] 河野盘州传编纂委员编：《河野盘州传》上卷，1923年，第362页。

义",妨碍建立"君民一体"的国家。专制政府是圣天子的"君侧之奸",是天皇和人民的共同敌人。因此,要实现君民一体的立宪主义,就必须"清君侧",开设国会,给资产阶级以自由民主和参政权利。

总之,自由民权运动要求开设国会,目的在于否定藩阀专制,在政治上改革天皇制为立宪天皇制,以适应世界资本主义体系,而不是革明治政府的"命",从根本上否定和推翻天皇制政权。因此,当明治天皇政府于 1881 年 10 月发布关于开设国会的"诏书"后,自由民权运动的领导者满足于天皇制政权作出的许诺,认为改革天皇制的目的已经达到,立宪体制即将实现,而不再进行进一步的斗争。自由民权运动在短时期内凋零下去的原因就在这里。

减轻地税,可以说是自由民权运动的经济纲领。虽然也反映了农民阶级的要求,但主要是豪农商层即资产阶级化的中小地主兼工商者的主张。明治政府向土地所有者征收高额地税,用来扶植和补助特权资本,推行自上而下地发展资本主义的路线,阻碍了豪农商层的自身资本积累和自由发展资本主义的要求。因此,要求减轻地税,成为豪农商层与明治政府的矛盾焦点,也是他们在一定程度上参加自由民权运动的前提条件。减轻地税以及"租税共议"①的要求,虽然带有资产阶级民主主义的成分,但并没有反映出农民"耕者有其田"的土地革命要求,只是要求明治政府在地税改革的基础上进一步进行有利于中小地主资产阶级的改革。当农民群众带着自身的利益和要求,突破这一纲领,起来向明治专制政府作斗争,特别是 1884 年负债农民组织"困民党""借金党",奋起起义,要求一笔勾销借债时,自由党将负债农民的起义视为"国家心腹之病",唯恐演化成地主与佃农之间、贫富贵贱之间的"倾轧",叫嚷应该"扑灭"其势焰②。这就反映了自由民权运动与农民阶级的根本利益和要求不甚合拍,因此也不可能同广大农民的土地要求和起义相结合。

---

① 明确指出这一要求的,是 1880 年 4 月国会期成同盟的《开设国会请愿书》。"请愿书"中写道:"政府既已发行地契,表明天下乃天下人之天下。那么向天下征收租税,以及处置已经征收为国家共有物的租税金,政府不能一己而为之,而必须与全国人民共议之。"见《自由党史》上册,第 287 页。
②《自由新闻》1884 年 10 月 7 日社论《国家心腹之病》。

改订条约，扩张国权，是自由民权运动的外交纲领，更具有资产阶级民族民主运动的鲜明特点。所谓"扩张国权"，首先是向压迫日本的西方列强争取国家和民族独立、保障国民利益的权利，收回本来就属于日本的权利。扩张国权的口号虽然带有一定的民族偏激情绪，却是当时日本人民反抗西方列强压迫和凌辱，要求修改不平等条约的正义呼声，是日本人民爱国心的反映。自由民权运动要求修改不平等条约、争取民族独立的斗争，代表了一条自下而上的路线，它与明治天皇政府推行的自上而下的改订条约的路线显然是不同的。当然，资产阶级民族主义是以资产阶级的阶级利益为其基础的，对外侵略扩张是它的必然归宿，自由民权派也不例外，自由民权运动的"国权"意识好比一把两刃的剑，刀刃的一面对着西方列强，另一面却是对着朝鲜、中国等亚洲国家。这固然是自由民权运动的历史消极面，但这也是资产阶级民族主义的一个侧面及其属性。改订条约，扩张国权的纲领，体现了自由民权运动具有资产阶级民族运动的性质。但它是与资产阶级改革运动相联系的。基本目标和明治政府相同，所不同者是自下而上地进行斗争，并以此促进明治政府的改约活动。

再从运动的全过程来看，自由民权运动的主导思想是君主立宪思想，而非革命共和思想。用河野广中的话来说，就是"我国的立宪政体宜建设于君民一致之间，我等宣传君民一体主义"[1]。

自由民权派草拟的《私拟宪法草案》可以说是自由民权运动思想的集中体现。但所有的"私拟宪法草案"者都主张君主立宪，以渐进、温和为特色的婴鸣社的"宪法草案"和"交询社私拟宪法案"固不待言，就连主张人民有"抵抗权"和"革命权"的最激进的植木枝盛案——《大日本国国宪案》也没有否定天皇，而是主张天皇有行政权和兵权，对于议会的决定可以要求再议，并没有明确提出主权在民的原则。[2] 甚至连自由民权运动的著名理论家中江兆民也认为，虽然共和制比君主制进步，但参照国民现在的政治觉悟程度，还是应该采用立宪君主制。[3] 可见君主立宪的思想和主张，在自由民权运

---

[1]《河野盘州传》上卷，第208页。
[2] 参见远山茂树：《日本近代史》，岩波书店，1975年，第58页。
[3] 参见远山茂树：《日本近代史》，第68页注(28)。

动中处于主导地位。尽管自由民权派的立宪思想比起明治政府来有很大的进步,但由于要天皇、要立宪这一基本点不能从根本上同后者划清界限,便显示出其软弱性和妥协性。

君主立宪指导思想形成的原因是多方面的。日本自由民权的思想是从西方输入的。在输入、传播自由民权思想的过程中,具有两个显著的特点。一是自由民权思想的传入与明治天皇政府有着不可分割的联系,它是在明治政府推行的自上而下的文明开化运动中输入、传播的,也就是说它是在明治政府的"绿灯"下通行的。二是自由民权思想是通过福泽谕吉、加藤弘之等士族出身的知识分子启蒙思想家的媒介传入日本的。由于士族知识分子的阶级地位和历史条件的局限,他们并不像西方启蒙思想家那样"本身都是非常革命的"。日本有影响的启蒙思想家如福泽、加藤、西周、中村正直、箕作麟祥等人,都有曾在幕府做官、维新后又出仕新政府(福泽除外)的共同经历,都曾游历欧美,亲身接触西洋资产阶级文明。他们目击西洋各国的富强皆出自文明的昌盛,便竭力传播西洋文明,以此作为争取民族独立、国家富强的手段。因此,尽管他们都竭力倡导民权、自由和平等之说,但总以不触动天皇制政权的统治为界线,唯恐一过界线就会削弱民族和国家的实力。实际上,他们传播的自由民权思想往往是将西方输入的民主主义思想移花接木于日本的"忠孝道位"。这种土洋结合的思想当然不可能是彻底的资产阶级民主主义思想。这种思想影响在自由民权派身上体现出来,河野广中具有典型的意义。他在自传中谈到,他读了米勒著、中村正直译的《自由之理》,发生了"思想革命","除忠孝道位外,旧有的思想像树叶微尘一样被打得粉碎。"[1]显然,封建社会特有的伦理观念——"忠孝道位"是被河野排除在"思想革命"对象之外的,其他旧思想都被打得粉碎,唯独幕末志士的"尊王忠君"思想被保留下来,并原封不动地带到了自由民权运动中来,和自由民权思想一起作为民权派的信条。还有,日本天皇具有所谓"万世一系"的固有传统,加上明治天皇是被近代民族民主运动的浪潮推上政治舞台的,自由民权派的思想当然也不可能超越时代的局限。总之,来自多方面的因素

---

[1]《河野盘州传》上卷,第 186 页。

促使形成的君主立宪指导思想势必影响和制约自由民权运动的进程和归宿,使之不能超越资产阶级改革运动的范畴,达到资产阶级革命的高度。

另外,从运动的领导成分和领导权的角度来看,自由民权运动与明治维新相比较,尽管两者所处的历史条件不同,但有很多相似之处。明治维新不是资产阶级,而是由从封建领主阶级中分化出来的、倾向资产阶级改革的下级武士领导,其阶级地位属于小资产阶级,代表了新兴地主资产阶级的利益。形成过程中的日本近代资产阶级一没有资格、二没有力量来领导完成倒幕维新的大业,只能同下级武士结盟,为其同路人。自由民权运动的领导权,主要掌握在士族出身的政府官僚(如板垣、大隈等因政见不同而下野的天皇政权内部的反对派)、士族知识分子(如植木枝盛、星亨等)以及被称为"豪农商"层的中小地主资产阶级分子(如河野广中、杉田定一等)手里。严格说来,所谓豪农商层也还不是完全的近代资产阶级,而是资产阶级化的中小地主兼工商业者。自由民权运动兴起时,日本近代资产阶级仍处在形成过程之中,产业资产阶级是在80年代中期明治政府通过廉价处理国营企业后形成的,它是在政府一手扶植和保护下由幕末以来的"政商"特权资本演变而来。明治维新后经过初期资产阶级改革,地方上出现的中小地主资产阶级,虽然和"政商"不同,但也不完全是自由资产阶级。他们为了确保自己的生存和发展,要求政治上的发言权,为此反对官僚专制,反对明治政府勾结和扶植特权资本。他们中的一部分人加入到自由民权运动行列,并通过士族出身的领导人来代表他们的利益。总的说来,自由民权运动的资产阶级成分比起明治维新来要强得多,但在本质上无大的区别。两者都是由较早接受西方资产阶级影响、具有民族独立和资产阶级改革要求的势力所领导。

从自由民权运动的参加者来看,主要是下层士族(主要是士族出身的知识分子)、豪农商层、城市贫民和农民。尽管他们阶级出身不同,阶级利益和要求也不一致,但争取资产阶级的自由民主权利和民族独立自主,则是他们共同的要求和认识。士族民权派(主要是知识分子)较早接受西方资产阶级先进思想的影响,同时深受西方列强的压迫,从而具有强烈的资产阶级民族民主意识。由于士族民权派的启蒙教育,豪农商、城市贫民和农民也有了这种意识。他们是这样认识开设国会和修改不平等条约的必要性和迫切性的:"现今我国之势,不兑换纸币日益下落,正金银年年流失海外,国内膏血尽任外人吸吮。今如不赶快兴国会,省浪费,节开支,救辙鱼之急,则不知我三千五百万同胞之掉尾弃于何处!""国家命脉所系,伸张、巩固人生固有之权利和自由,唯在开设国会一途。"①这种强烈的近代民族民主意识,才是把各种进步力量集合到自由民权旗帜下的"向心力",从而赋予自由民权运动以近代民族民主运动的鲜明特点。但是,构成自由民权运动参加者的成分是复杂的。士族和豪农商层出身的民权派,虽然都已资产阶级化,但身上还有封建烙印,保留着一根尚未脱落的封建主义的脐带。他们与明治天皇政府既有矛盾,又有联系,其阶级地位决定了他们虽有改革天皇制的要求,而无革命的志向。只有农民才是最革命的因素,但实质上农民没有真正成为自由民权运动的主体力量。早期民权运动的主力是士族层(主要是知识分子)。1875年成立的爱国社是纯粹的士族结社,加入爱国社的四十名代表中,"绝无富豪缙绅之流,唯有一剑单身、赤诚许国的士族之徒"②。到了1878年决定重建爱国社的大阪会议,依然是"以土州为首,尽是士族社会,未见平民只影"③。接着是豪农商层取而代之。1880年4月在《开设国会请愿书》上签名的96名"总代"中,平民出身者(多数是豪农)占30%。而到了11月,在《遇难同志抚恤法》上签名的64人中,平民出身者33人,占51%,超过总数的一半。④ 此外,在被排除在立志社——爱国社组织对象之外的,以县会议员为中心的民权政社中,则几乎是清一色的豪农商层。例如在冈山县,作为国会请愿运动组织母体的"两备作三国亲睦会",其委员除两名是士族外,其他全部是豪农商层出身的县会议员。⑤ 诚然,农民也参加了国会请愿运动,1880年开设国会请愿运动获得的24万多名签名者中很大一部分是农民,这是事实。但征集签名的方式值得研究,不少场合是户长、豪农

---

① 转引自内藤正中:《自由民权运动的研究》,青木书店,1964年,第183页。
② 《自由党史》上册,第160页。
③ 有精堂编:《自由民权》,第4页。
④ 有精堂编:《自由民权》,第4页。
⑤ 内藤正中:《自由民权运动的研究》,第150页。

层依靠其职权或名望,将当地农民召集在一起画押按印,或是接受委托一并签名。例如在松本奖匡社,共征集到二万八千余人签名者,其方法是发起人委托各町村的户长、议长、教员等当地有权势者或社会名流,预先将其意通知町村人民,届时集合到村公所、学校等地方,由发起人统一按手印。① 越前自乡社征集到七千余人签名者,从杉田定一家保存的文书(各村署名簿)中可以看出,签名字体出于同一人手迹,也即代签者居压倒多数。② 这种情况表明,农民并不是国会请愿运动的主体。他们之所以跟着签名或找人代签,与发起人的宣传鼓动有很大关系。据政府密探的报告,各地人民几万几千几百,联合同盟,作请愿书呈之政府。推究各地情况,原来"只有一二个煽动者教唆",他们对农民说,文明各国的经验证明国会是"至良之制度",如果开设国会,"就将不许政府浪费国财,不许招募无用之兵士,且全国租税为之减少,这是毫无疑问的"。农民"不知国会为何物,唯喜其减税"③。报告在一定程度上反映了当时日本农民文化素养不足,对资产阶级自由民主的道理还比较生疏,只对减税和免除兵役有理解的实情。只是到了运动后期,即"激化事件"时期,农民和城市贫民才成为起义的主体。而且严格说来只有"秩父事件"和"饭田事件",才是以中农、贫农和小生产者为主体的起义。④ 从重建爱国社到自由党解散,自由民权运动正式的活动时间只有六七年,这一时期的主体力量主要是士族和豪农商层。因此总体来看,在构成自由民权运动的各种阶级力量中,主张改革的势力占优势,并长期居于主导地位。革命的力量并未形成自由民权运动的主流。这是自由民权运动作为一次属于近代民族民主运动范畴的资产阶级改革运动的又一重要原因。

马克思主义从国家和革命的原理出发,向来重视阶级斗争的形式问题,即是用暴力打破旧的政治上层建筑,武装夺取政权,还是合法斗争、和平方

---

① 后藤靖:《关于战后民权运动的研究》,《历史研究》,第 247 号。
② 大槻弘:《民权政社的展开过程和开设国会请愿运动》,《大阪经济大学论集》,第 21 号。
③ 《明治十三年八月国会请愿事件侦探概略》,《早稻田大学图书馆月报》,第 30 号。
④ 井上幸治:《秩父事件》,后藤靖:《饭田事件》(均为明治史料研究联络会编:《自由民权运动》收录,御茶水书房,1978 年改装版)。

式？列宁说过，革命"就是用暴力打碎陈旧的政治上层建筑，即打碎那由于和新的生产关系发生矛盾而到一定的时机就要瓦解的上层建筑"①。但从自由民权运动的发展全过程来看，其斗争方式主要是上书建议、陈情请愿、宣传演说、组织政党团体、制定和发表宪法草案等活动，而不是暴力革命。这些方式具有近代民族民主运动的鲜明特点，但基本上没有超越明治政府许可的合法斗争范围。开设国会请愿运动，虽然声势浩大，轰轰烈烈，具有全国规模，其方式却十分温和。自由民权派说得很清楚，国民要求开设国会，并非是要"像西洋革命那样"，人民"被褫夺权"，而是要求改革天皇制为立宪天皇制，"上下协同，君民一致，大固国基"②。

在自由民权运动后期的"激化事件"中，虽然有些武装斗争的表现，但真正搞起来的很少。只有自由党解散后发生的"秩父事件"是一次组织得较好、规模较大的农民起义，它有自由党员的参加，有严密的军事组织和纪律，有起义纲领。但由于明治专制政府的镇压，历时很短，且局限于关东一隅，并不能代表自由民权运动的整体。除此以外，并没有出现农民土地革命和革命战争的行动，不少激化事件属于少数人搞起来的恐怖行动，严重脱离人民群众，"一般人民毋宁说是厌恶他们，将他们视若维新前的浪人"③。明治维新时尚打了一场"戊辰战争"，历时一年多，倒幕派和幕府军双方战死八千多，也算动过大规模刀兵。而自由民权运动连那样的武装斗争都没有。

最后，考察一下自由民权运动的对立面——明治天皇制政府对待确立立宪体制的态度，这对于搞清自由民权运动的性质也是不无益处的。

自由民仅派高举自由、平等、民权的旗帜，要求开设国会，建立资产阶级的立宪君主制。毫无疑问，自山民权运动代表着进步。但明治政府也并非从根本上反对开设国会、制定宪法。实际上"民选议院"一说并不是板垣等人的首创，而且首先来自政府内部的讨论。倒幕维新后，围绕日应该建立什么样的国家体制问题，明治政府内部展开过讨论，出现了种种不同的意见。"民选议院"一词，首先出自左院少议官兼仪制科科长宫岛诚一郎于1872年

---

① 《列宁选集》第1卷，人民出版社，1972年，第616页。
② 庄司吉之助：《日本政社政党发达史》，御茶水书房，1959年，第154页。
③ 色川大吉：《自由民权》，岩波书店，1981年，第168页。

4月向左院议长提出的"立国宪议"。宫岛认为立国宪是"当务之急",现在"文明开化未及下民,教育之道未成",因此设立民选议院为时尚早,当前应以右院和府县官员代替之,"依国宪行政务"①。翌年6月,左院以议长、副议长的名义向正院提议"设立下议院",认为日本应该效法西欧国家的上下两院制,设立下议院,"以广采下面众议",实施"上下同治之政"②。对于左院的建议,正院予以认可,命令起草规则。于是,左院起草了关于民选议院的规则草案。草案由五编一百二十一章组成,"总论"中说:"召集全国代议人,商议国家之利害与人民之得失,政府亦予以协同",以"行上下一致之政"。③ 在此期间,板垣对于议院的态度是摇摆不定的。当宫岛提出"立国宪议"时,板垣对于议院"大为赞成"④。但"征韩论"起,板垣改变腔调,说什么中央政府需要集权,"议院论应放在第二位"⑤。及至"征韩论"失败,板垣下野,他又提出设立民选议院建议书,显示了一个机会主义者的立场。

同样,起草"君民同治宪法",建立"君民同治之制"的立宪政体的设想,也首先来自明治政府内部。1873年7月,政府决策人物之一的木户孝允从欧美考察回国,马上提出了"制定宪法建议书",他根据欧美的经验和日本的现实,说明只是"五条誓文"已不能作为日本政体之准绳,"今日之急务,在于在五条誓文的基础上增加条目,增定政规"⑥。9月,他又添写道:维新后时日尚浅,设立"人民会议"还需要一些时间。但今日政府有"偏重偏轻之患"。如果决定"以(天皇)英断,迎合民意,条例国务,设置司法,抑制官僚随意",那么现在即使是"专制宪法",到将来"人民协议"兴起之时,将成为君民"同治宪法之根种","人民幸福之基础"。⑦ 又过了三个月,即1873年11月,政府另一决策人物大久保利通向政府提出《关于立宪政体意见书》。在意见书中,大久保认为"民主政体"符合"天理之本然",可以在新建的国家(如美国、

---

① 《明治文化全集》第1卷(宪政篇),第345—346页。
② 田中彰:《通向近代天皇制的历程》,吉川弘文馆,1979年,第149页。
③ 田中彰:《通向近代天皇制的历程》,第149—153页。
④ 田中彰:《通向近代天皇制的历程》,第149—153页。
⑤ 《明治文化全集》第1卷(宪政篇),第343—344页。
⑥ 田中彰:《通向近代天皇制的历程》,第149—153页。
⑦ 田中彰:《通向近代天皇制的历程》,第149—153页。

瑞士)和国民中施行,但对于惯于旧习、固守宿弊的国民不适用;"君主政体"出自人为而非天理,故不能长久保持。日本现在虽然可以"因袭旧套,保持君主专制之体",但随着文明开化,君主政体不能固守,将来应实行"君民共治之制",也即立宪君主制,"上定君权,下限民权,至公至正,君民不得私"。① 1875年1月政府发布天皇诏书,声称要:"渐次建立国家立宪政体。"②这与其说是由前一年板垣等人建议设立民选议院开始的自由民权运动的压力,不如说是明治政府主动采取的方针。1881年10月明治政府面对日益高涨的自由民权运动,不得不作出让步,发布开设国会"诏书"。由此看来,由木户和大久保代表的明治政府内部的开明改革派,在以"同治宪法"或"君民共治之制"也即立宪体制作为明治政府的目标这一点上,都具有资产阶级的开明性和进步性,他们和自由民权派追求的确立立宪天皇制这一大目标上,基本一致。问题是明治政府要搞自上而下的改革,由它一手包办国会的开设和宪法的制定,而自由民权运动则自下而上地要求立即开设国会,通过人民选出的议会来制定宪法,并自主地起草了保障人民自由民主权利的宪法草案。自由民权运动和明治政府在立宪问题上的争论和斗争,体现了自下而上路线和自上而下路线的斗争。但也应该看到,明治天皇政府在立宪问题上的开明性和某种进步性,以及对自由民权运动作出的让步,部分地满足了自由民权派关于建立立宪君主制政体的要求,在一定程度上缓和了自由民权运动与明治天皇政府之间的矛盾,使阶级斗争的形势不致达到非爆发革命不可的程度。这也是自由民权运动局限在资产阶级改革运动范围内的原因之一。

二

自由民权运动虽然在明治天皇政府的残酷镇压下失败了,但它的历史功勋是不可磨灭的。

首先,自由民权运动是日本人民反对明治专制政府的第一次大规模群

---

① 田中彰:《通向近代天皇制的历程》,第155—156页。
②《明治文化全集》第1卷(宪政篇),第422页。

众斗争,是民主与专制的一次针锋相对的较量。它的思想光辉照亮了日本人民斗争的道路,不但为"大正民主运动"的发生奠定了思想基础,而且也为19世纪末20世纪初日本社会主义运动的兴起准备了条件。自由民权派中除女流民权家福田英子外,虽然没有成为社会主义者的,但他们的后代和门徒中却有不少成为著名的社会主义运动的斗士。自由民权派自主起草的宪法草案虽然没有成为明治宪法的底本,但在半个多世纪以后,却为战后民主宪法的制定提供了参考依据。

其次,自由民权运动推动和加快了明治政府改革国家体制的步伐。在自由民权派和人民群众的斗争下,1889年日本颁布了第一部资产阶级宪法,1890年又召开了第一届帝国议会。尽管宪法和议会都还带有明显的封建色彩,但日本毕竟从此走上了立宪君主制的道路。自由民权运动还促进了地税制度和征兵令的进一步改革,同时,自由民权运动作为民间自主性的思想启蒙运动和劝业运动等等,也取得了成果。80年代各地农谈会的结成、农业技术改良、工商业者各种团体的成立和技术、经营的改善,90年代国民就学率的迅速提高,都受到自由民权运动直接或间接的刺激。可以说,自由民权运动促进了明治维新开始的资产阶级改革,从而使日本政治、文化、经济进一步迈向近代化。

再次,自由民权运动反对西方列强压迫、要求修改不平等条约、争取民族独立自主的斗争,不但粉碎了井上外相的屈辱性改约方案,而且也使西方列强看到了日本民众的力量,不能继续小视日本,顽固坚持其无理要求,阻碍不平等条约的修改。1894年7月,日本和英国签订新约,完全废除了治外法权,接着和其他西方国家也签订了同样内容的新约。这样,强加于日本达四十年之久的不平等条约被废除了,日本成为亚洲国家中第一个与欧美国家有平等条约的独立国家,获得了名副其实的民族独立和自主。自由民权运动为争取修改不平等条约、实现民族独立的努力及其爱国热忱,是日本民族复兴、国家富强的重要因素,不仅在日本近代史上占有重要的位置,其影响也远及中国、朝鲜等国,为东亚资产阶级民族运动的兴起作出了贡献。

但是,自由民权的口号是兼有知识分子特性的士族及中小地主资产阶级所倡导的,并被用来作为争取资产阶级自由民主,反对藩阀专制的武器。

因此,从这一口号被提出的那一天起,就具有特定的阶级内容及含义。它所争取的是地主资产阶级的自由和权利,而决不意味着普通劳动人民也享有自由、平等的权利。在民权派草拟的《私拟宪法草案》中,几乎没有主张国民享有完全普选权的,都赞成依财产和学识来确定选举权的有限选举。在一些自由民权派的眼里,诸如车夫、佃农、长工等普通劳动人民,既没有知识,又没有"识别卓见英才的眼力",也不能"胜任评议国家大计",给他们选举权"无异授兵器于孩提,令其赴战场,纵使不为他人所伤,亦必自害其身"[①],暴露了自由民权派头脑中的"愚民观"。因此,自由民权这一口号及其运动本身,具有十分明显的阶级局限性。

在对外方面,自由民权运动的历史消极面尤为明显。如前所述,在民权运动的民族主义、爱国主义潮流深处,潜伏着扩张主义、国家主义的暗流。民族扩张主义的幽灵始终在自由民权运动中徘徊。自由民权派对待1874年日本出兵侵略台湾事件、1875年侵略朝鲜的江华岛事件、1884年的朝鲜甲申事变的态度,以及1885年的大阪事件,都是有力的证明。

(作者沈才彬,中国社会科学院研究生院国际问题教研室,原文刊于《世界历史》1982年第3期)

---

① 《明治文化全集》第2卷(自由民权篇),第307页。

战前日本政党政治的特点及历史地位

姚玉民

所谓政党政治,在资本主义国家里,是指某一资产阶级政党在议会中占据多数席位,上台组织内阁,行使资产阶级权利的一种政治制度。它是近代资产阶级民主政治的典型形式。

战前日本政党政治,自1918年9月原敬政友会内阁成立起,至1932年5月犬养毅政友会内阁倒台止,中间曾被1922年6月到1924年6月连续出现的三届"超然内阁"所隔断,形成前后两个时期。前期包括原敬内阁和高桥是清内阁,即连续两届政友会内阁;后期是从护宪三派内阁到犬养毅内阁的连续7届政党内阁,基本由政友会和宪政会(后改组为民政党)轮流执政。

战后日本资本主义经济的飞速发展令世界瞩目。各国学者纷纷对日本历史、民族和社会进行了深入研究、取得了丰硕成果,但是相比之下,对战前日本政党政治的研究仍是薄弱环节,我国关于这方面的研究更为欠缺。本文试图就战前日本政党政治的特点及历史地位谈些粗浅看法。

一、政党政治与大正民主运动的相关性

明治维新后,日本废除了封建幕藩体制,建立了新的政治制度——太政官制,这是既无宪法也无议会的以天皇为中心、由藩阀掌握政治主导权的"有司专制",因此它无法适应资本主义经济的迅速发展。在自由民权运动

的推动下,1889年日本颁布了《大日本帝国宪法》(即明治宪法)实行君主立宪制,宣告了日本近代资产阶级政治制度——明治宪法体制的成立。

明治宪法中存在着立宪主义和专制主义的对立和矛盾。明治宪法的颁布是日本历史上的巨大进步,它以法律形式肯定了明治维新以来的资产阶级革命成果,同时赋予帝国议会以一定的立法权和政府预算审议权,为政党提供了较大的活动空间,为政党政治形成和发展提供了政治前提,具有一定的资产阶级立宪主义因素;但是日本资产阶级革命毕竟只有20余年的时间,因此必然存在着大量封建残余,明治宪法也反映了这种客观状况。它规定天皇"总揽统治权",集立法、行政、司法和军事统帅权于一身,确立了天皇至高无上的地位,而在"天皇神圣不可侵犯"的借口下,使天皇对国家政务管理不负任何具体政治责任,由藩阀元老组织超然内阁,与枢密院、军部和帝国议会共同行使政治权力,拱卫天皇大权,具有浓厚的天皇专制主义倾向。总之,明治宪法中存在着立宪与专制、民权与君权的严重对立,这反映到明治宪法体制上,就以后者为优势而成为一种畸形的政治结合。它构成了战前日本政治体制的基本框架。

明治宪法为近代日本的发展铺设了政治轨道。由于明治宪法内在矛盾的制约,使近代日本政治发展存在着两种可能性,即在明治宪法体制的范围内,或是最大限度地发展立宪主义因素,实现政党政治,或是顽固坚持天皇专制主义,实行专制统治,把日本导向崩溃。哪种政治形式得以实现,取决于各阶级各阶层力量对比的变化。

明治维新后,日本资本主义迅速发展,资产阶级力量不断壮大,但是直到19世纪末,统治阶级内部仍然是地主阶级在数量上占优势,第一次世界大战前后这一状况发生了根本变化,资本家人数远远超过了地主人数,[①]而且地主阶级队伍中越来越多的人不再把地租收入投放于农业,转而投资于工业或商业,使自己不断资产阶级化。资产阶级控制了全国经济命脉。在质和量上都占据了优势地位的资产阶级必然要求在政治上有更大的发言权,要求更多的资产阶级民主和自由,以有利于资本主义经济的发展。进入

---

① 大桥隆宪:《日本阶级结构》,东京:岩波书店,1978年,第26页统计表。

大正时代后，以资产阶级为首的大正民主运动蓬勃发展。资本主义的发展造就了更多的无产阶级，他们觉悟不断提高，特别是在十月革命的影响下，日本的工农群众运动日益高涨；与此同时，强烈要求对外扩张的右翼分子与军部下层相勾结，形成了一股反动的法西斯运动暗流。整个大正时代，三种运动交错在一起，但是大正民主运动适应了日本社会发展的实际，常常与工农群众运动结合在一起，成为这一时期运动的主流。

　　大正民主运动的发展是战前日本政党政治形成的主要推动力。大正时期曾连续出现三次民主运动高潮，每次都把日本政治发展推到一个新的高度。第一个高潮是发生于1912年的第一次护宪运动。该年底陆军因为要求扩建两个师团的要求被内阁否决，陆相上原勇作行使"帷幄上奏权"，直接向天皇提出辞呈，陆军拒绝推荐后继人选，迫使西园寺内阁总辞职。军部滥用特权搞垮内阁，激起了民众的极大愤慨，以新闻记者、律师和资产阶级民主派为首，轰轰烈烈地开展了要求实现政党内阁的护宪运动。在政治危机形势下，元老们连续10次举行会议最后决定由进入宫中仅4个月的内大臣桂太郎出宫组阁，他以两次接受天皇敕语的方式组成了内阁。这种利用天皇敕语来压制民主、维持专制统治的做法促使护宪运动进一步高涨。政党政治活动家尾崎行雄在议会讲坛上抨击这种做法是"以玉座作为胸甲，以诏书代替弹丸"，①深切击中了藩阀专制统治的要害，"打倒阀族""拥护宪政"②成为政友会、国民党和民众的共同目标。桂太郎恼羞成怒，第三次策动天皇下达敕语，要西园寺协助解决政党与内阁的纠纷，未获成功。当议会再度开会时，数万群众包围了会场，使桂内阁不敢解散议会，反而被迫辞职。成立仅50余天的桂内阁开创了帝国议会以来最短命内阁的记录，桂太郎不久忧愤而死，西园寺也以"违敕"为由辞去政友会总裁，由原敬接任。资产阶级政党借群众运动打倒藩阀内阁，是历史上第一次，它结束了长达12年之久的桂园时代，藩阀元老轮流担任首相的超然内阁消失了，从此他们再也没有出现在日本政治舞台的前台，这是第一次护宪运动的最大政治成果，也使随后

---

① 《大日本帝国议会志》第8卷，第1478页。
② 《犬养木堂传》中卷，第13页。

成立的山本内阁修改了军部大臣现役武官制和文官任用制,限制了军部的发展,为政党扩大在政府中的势力提供了条件。

  第一次世界大战使日本资本主义经济空前繁荣,但民众生活水平却日趋下降,1918年与1914年相比,物价指数上涨1倍,而工资指数仅上升50%;大米价格上涨尤猛,1915年每石为13日元,1918年8月涨到36元,①投机商人此时看到有出兵西伯利亚的苗头也趁机囤积居奇,拒绝售米。米价的上涨把民众逼到生死存亡的边缘。8月3日富山县鱼津町的妇女结队冲向米店,与警察发生冲突,数人受伤。这一事件被当地报纸以"越中妇女暴动"为题披露出来,随之全国各地纷纷出现了抢米风潮,形成了规模浩大的米骚动,在后期甚至演变为矿工暴动。统治阶级惊呼,"不由得使人想起去年(1917年)三月俄国首都发生的粮食暴动。"②据井上清和渡边彻《米骚动研究》一书统计,这次风潮持续50余天,波及全国1道3府37县,参加者超过100万人,被捕者多达25,000人以上。米骚动是日本近代史上规模最大的群众性自发斗争,迫使寺内内阁辞职,造成了统治阶级的政治危机,藩阀集团在米骚动的压力面前不得不出让政权。1918年9月以原敬为首的政友会组成了政党内阁,他本人也成为日本历史上第一位"平民宰相",政党代替藩阀掌握了政治主导权。从自由民权运动以来,资产阶级追求数十年的政党政治终于实现了。

  原敬和高桥是清两届政友会内阁仅执掌了4年政权,1922年至1924年,元老先后推荐海军大将加藤友三郎、山本权兵卫和枢密院议长清浦奎吾组阁,中断了政党政治的正常发展。连续出现三届"超然内阁"并非偶然,它说明藩阀元老不甘心丧失政治主导权,企图继续维持专制统治。西园寺公望和松方正义无视资产阶级政治和政党的发展,推荐藩阀海军大将和枢密院首脑组阁,与政党政治相对抗。这种倒行逆施激起了民众的愤慨,甚至西园寺后来也承认,举荐清浦组成以贵族院成员为主的内阁是自己的"不明"。③ 清浦内阁的成立引起社会不满,认为"这种内阁与立宪主义不相

---

① 吕万和:《简明日本近代史》,天津:天津人民出版社,1984年,第234页。
② 岩波讲座:《日本历史》第19卷,第175页。
③ 冈义武:《大正民主时期的政治:松本刚吉政治日记》,东京:岩波书店,1966年,第287页。

符",它的出现是"贵族院对国民的宣战"①明确指出它是"由与政党毫无关系的堂上公卿号令天下。"②连续三次被排斥于内阁之外的资产阶级政党——立宪政友会(部分人退出另组政友本党支持清浦内阁)、宪政会和革新俱乐部联合起来,发起了第二次护宪运动,目标是"排除贵族专制,打倒清浦内阁","确立政党内阁"。③ 护宪三派纷纷召开大会,各党首脑联袂登台讲演,终于迫使清浦内阁奏请解散众议院,举行大选。护宪三派信心十足,团结一致,不计党利,"本党(得票)多寡不足挂齿,联合军必胜无疑"。④ 大选结果护宪三派获胜,西园寺推荐在众议院获得最多席位的宪政会首脑加藤高明为首相组织内阁,1924年6月护宪三派联合内阁宣告成立。第二次护宪运动是大正时代以来不断高涨的群众性民主运动的继续,它是由资产阶级政党有目的、有组织、有领导地进行的资产阶级民主运动,宣告了明治宪法体制的藩阀专制统治阶段的结束。

二、政党政治前期和后期活动的不同特点

从世界历史来看,日本明治维新迟于欧美资产阶级革命,而政党政治的出现更为滞后。当日本进行资本主义近代化建设的时候,欧美已经出现了若干种比较成熟的政治体制模式,资产阶级政党都是其中不容忽视的政治力量。日本明治维新的功臣们受封建思想的束缚,没有认识到政党在政治生活中的地位和作用,在向西方学习的过程中选择了已经落后于时代的半专制的普鲁士式立宪君主制,以形式上的立宪主义掩盖实质上的天皇专制主义,坚决将政

党摒弃于国家权力中枢之外。首相黑田清隆在宪法颁布后不久发表的演说中表明了这种态度:"宪法当然丝毫不许臣民妄置一词。唯施政方面之意见,人们其说各异,旨趣相同之人集结而组成政党,存立于社会,亦势所难

---

① 冈义武:《转换时期的大正》,东京:东京大学出版会,1969年,第216页。
② 中村菊男:《日本近代政治史的展开》,东京:庆应义塾大学出版社,1973年,第190页。
③ 中村菊男:《日本近代政治史的展开》,第190页。
④ 小泉策太郎:《怀往时淡》,第128页。

免。然而政府应常取一定之方向,超然立于政党之外,居至正至公之道。"①藩阀元老集团虽承认了政党存在的必然性,却打着超然主义旗号,坚决拒绝政党组阁。

明治宪法体制的发展变化也不是宪法起草者所能左右的,政党政治在大正时代出现了"事实出乎(宪法)起草者的预料,大概以此点为甚"②。战前的日本政党政治在前期活动和后期活动中表现着不同的特点。

在政党政治前期,它与藩阀元老的联系比较密切和广泛,表现出对藩阀元老集团某种程度的依附性。在大正民主运动不断高涨的历史条件下,明治宪法体制由藩阀元老专制形态和平地转变为政党政治形态,这既是大正民主运动自下而上推动的结果,又是政党与藩阀元老相互勾结的产物。

日本资产阶级政党不是伴随明治维新产生的,而是在资产阶级统治有所巩固后,追求民主和自由的自由民权运动中产生的,并随着运动失败而跌入低谷,自由党被解散,立宪改进党只剩寥寥数人。明治宪法颁布和帝国议会的设立给资产阶级政党发展带来了生机。第一届帝国议会 300 名众议员中,政党议员为 164 名,超过半数。③ 各政党利用众议院这个阵地,围绕预算问题与藩阀超然政府激烈抗争,顽强地显示自己的政治实力。面对这种情况,藩阀元老集团内部的政治态度发生了分化和转变。以伊藤博文为首的一派,首先认识到了政党的重要地位,"雇佣兵不足恃,非亲兵不可也。"④不能没有自己的政党,因此主张建立"标榜天皇主权大义的政党来压制自由民权主义的政党,援助内阁,"⑤他经过两次失败后,终于在 1900 年建立了以自己为总裁的立宪政友会,部分修改了超然主义:"以山县有朋为首的一派,转变比较缓慢,认为由藩阀元老组建政党,必然启政党内阁之端。而政党内阁违反我国之国体,悖于钦定宪法之精神,"⑥长期坚持超然主义。只是在大正民主运动打击下,他们才有所醒悟,桂太郎在第一次护宪运动中组

---

① 松刚八郎:《明治政党史》,第 244 页。
② 美浓部达吉:《宪法撮要》,1926 年,第 130 页。
③ 蜡山政道:《政党》,东京:有斐阁,1964 年,第 129—130 页。
④ 松刚八郎:《明治政党史》,第 259 页。
⑤ 春亩公追颂会:《伊藤博文传》中卷,东京:统正社,1944 年,第 822—823 页。
⑥ 转引自升味准之辅:《日本政党史论》第 2 卷,东京:东京大学出版会,1967 年,第 295 页。

建了立宪同志会(其本意是对抗运动,但事与愿违,桂死后改组为宪政会,成为政党政治时期主要资产阶级政党之一)。山县有朋在米骚动造成的政治危机下认识到:"政体采取立宪君主制,政治应当是民本主义"①,在此前后他企图建立由政府以外人士领导的第三党,作为自己的御用党,实现"三党鼎立"。② 从政友会成立到原敬内阁成立前,主要政党处于藩阀集团控制下,在政府内外支持藩阀专制统治,虽有党员入阁,但不能视为政党内阁。(隈极内阁是特殊例子)

资产阶级政党脱离藩阀元老的直接控制是政党政治得以实现的政治前提和组织前提。20世纪开始出现的主要资产阶级政党是藩阀元老建立的,在他们的培植下有所发展。因此有人评价道,"政党政治的发展中就包含着藩阀的政党化。"③这只说对了问题的一个方面,我们必须看到,在大正民主运动的打击下,政党领导权发生了转移,使政党从藩阀元老的控制下独立出来,为实现政党政治进行着不懈的努力。在建立政党内阁后,他们努力改善教育,培养资产阶级人才,积极发展资本主义经济,部分扩大资产阶级民主。原敬内阁时修改了选举法,将财产资格限制从10日元降至3日元,使有选举权的人数从120万增加到330万,④并改变了藩阀时期赤裸裸的专制手法,采用更圆滑的手段。如1919年朝鲜爆发"三·一"运动,原内阁增派军队一面加强镇压,另一面使却训令总督长谷川好道:"这次事件,对内对外,需要把它说成轻微问题,实际上要严厉处置,"⑤唯恐在国内外引起连锁反应,危及统治。对于日益高涨的工农运动,统治阶级历来十分害怕,针对"官僚想堵住这个潮流",原敬"则不让它激烈起来,通过相当的疏通,不让它造成巨大危害,"⑥将藩阀坚决镇压的方针改为疏通与结合的方针,并取得了一定成效。如1920年日本发生劳动争议2388件,参加者达33万人次,⑦为

---

① 冈义武:《大正民主时期的政治:松本刚吉政治日记》,第35页。
② 《山公政见》,1917年2月18日。转引自金原左门:《大正时期的政党和国民》,墙书房,1973年,第68页。
③ 石田雄:《近代日本政治结构研究》,东京:未来社,1980年,第151页。
④ 吕万和:《简明日本近代史》,第247页。
⑤ 《原敬日记》,大正八年三月十一日。
⑥ 《原敬日记》,大正六年十月二十二日。
⑦ 《人物历史大系》第6卷,第255页。

二战前之冠,却没有动摇原敬内阁统治。

　　资产阶级政党和藩阀元老曾长期合作,两者之间有机联系是无法割断的。正是这种联系使政党顺利地接替了政治主导权,这与原敬平时"注意以官僚和贵族院感情为本"①有关,他多次拜访实际上的首席元老山县有朋,加深相互了解,使"文武百官悦服原氏的雅量和政友会以国家为重的行动,山县公现在更惊叹原氏的慧眼达识,军部亦望风归随,"各种势力"对原氏和政友会寄予厚望,"②两者之间的联系成为相互谅解、出让政权的基础。也正是这种联系使政党政治前期的内外政策与藩阀专制时期没有本质区别,随处可见到藩阀元老影响的痕迹。在外交上他们步调一致,坚决维护日本帝国主义利益,在巴黎和会上拒不交还大战期间侵占的中国领土,和会后不断扩充军备,1919年和1920年军费支出几乎占财政岁出的一半;③对内镇压工农群众运动,如1920年原敬内阁出动军队镇压了八幡钢铁厂和东京市电工人的罢工,使山县大为赞赏:"原实在了不起。电厂、钢铁厂都安定下来了,原的做法了不起。"④

　　政党政治后期,资产阶级民主有了进一步发展,在第50届众议院会议上通过了普选法案,废除了纳税额的限制,使有选择权者猛增到1200万人,部分修改了贵族院规则,经济上也有了一定的发展,外交上适应一战后帝国主义凡尔赛—华盛顿体系,实行币原协调外交,使政党政治得到长足的发展,但是在这一时期国际国内局势都发生了变化,使政党政治后期活动也具有新的特点,政党内阁与军部之间的关系成为这一时期矛盾的焦点。两者有过初次结合的尝试,也有过尖锐的对立,最后前者被后者所推翻。

　　军部是天皇专制主义的支柱之一,它也是在藩阀元老的卵翼下成长起来的,多数元老先后担任过它的首脑。大正时代由于自然规律的原因和民主运动的打击,藩阀元老集团的政治作用减弱了,特别被视为军队的"大御所"的山县有朋的死亡,使军队失去了庇护者,一时无人能代替他,处于群龙

---

① 《原敬日记》,第498页。
② 《论集日本史》第12卷,有精堂,1977年,第187页。
③ 中央公论社:《日本历史》第21卷,第244页。
④ 冈义武:《大政民主时期的政治:松本刚吉政治日记》,第46页。

无首的境地,这种状况有利于政党政治的发展。军部并不甘心游离于权力中枢之外,但此时形象不允许军部单独执掌政权,恰好政友会缺少筹措政治资金的领导者,这就使他们相互接近有了可能。1925年长期担任军部要职的田中义一大将退役,摇身一变成为政友会总裁。这是战前日本资产阶级政党与军部政治结合的初次尝试。历史证明这种结合而成的内阁具有浓厚的帝国主义性质。田中内阁上台后疯狂镇压共产党和工农群众运动,先后制造了"3·15事件"和"4·16事件",以紧急敕令的非常手段修改了治安维持法,将变更国体罪的处罚由10年徒刑提高到死刑,在各府县新设特高警察课,制造白色恐怖;对外则实行强硬外交,赤裸裸地干涉中国内政,三次出兵中国山东,召开"东方会议"规划了侵略中国称霸世界的步骤。田中内阁新确立的政治方向被后来的法西斯军部所继承、实施和发展。

从20年代起连续遭到经济危机打击的日本垄断资产阶级为了摆脱困境,并不把政党作为唯一的政治代表,特别是新兴财阀更倾向于培植自己的政治代表——法西斯军部。这时军部经过一段时期的分化组合,陆大毕业的新军阀成了军部中坚,与法西斯运动相结合,从藩阀集团中独立出来,迅速成长为新的最大的专制势力。军部利用人们对政党争权夺利、贪污腐化的不满,攻击政党内阁,企图取而代之。1930年滨口内阁与军部围绕伦敦海军条约问题,发生了正面冲突。条约未能完全满足海军的要求,滨口内阁决定对英、美让步,上奏天皇同意签约。但是海军军令部长加藤宽治行使"帷幄上奏权,"指责内阁干犯统帅权并提出辞职。在这次尖锐对立中,滨口内阁坚持立宪主义原则立场,针锋相对,挫败了军部倒阁的企图,把战前政党政治发展推进到最高点。

此后政党政治在军部的压力下,迅速地衰落,政党丧失了斗争勇气,跟在军部后,亦步亦趋。1931年3月军部法西斯分子发动了武装政变(未遂),策划者桥本欣五郎中佐等竟未受到处分,内阁知道后也未予批判和追究,这助长了军部法西斯分子企图用武力"改造国家"的野心,30年代政变叠出不穷。该年9月关东军策划了侵略中国东北的"9·18事变",据陆军刑法规定"司令官随意开启战端,以擅权罪处死"①,但关东军司令官本庄繁和派兵越境支援的林铣十郎却受到奖励,反映了日本统治阶级对外侵略扩张的一致利益。就现有证据看,政党内阁当时未参与策划,可是它追认了这次战争行动。在对外侵略胜利的鼓舞下,军部法西斯分子又策划了"十月事件",企图推翻政党内阁,因被发觉而流产。但军部仅给首谋分子以轻微处分,得知事件真相的若槻首相以"政局安定第一"②为由同意军部的处理,屈从于军部。此时的政友会走得更远。在伦敦海军条约问题上它就与军部、枢密、贵族院站在一起,要滨口内阁"从速负政治责任"③;"9·18事变"发生后,它攻击民政党内阁软弱,表示"全力支持军部的行动"④;犬养毅政友会内阁成立后,积极配合军部扩大侵略中国,在"1·28事变"中与军部站在一起,当军部策划成立"伪满洲国"时也"积极协助"。

政党内阁一味与军部妥协,顺从军部贪得无厌的要求,并未消除他们之间的矛盾。1932年5月15日,部分青年将校发动武装政变,枪杀了首相犬养毅,宣告了政党政治的结束。战前日本政党政治是在与藩阀元老、军部等专制势力的斗争和妥协中形成、发展、崩溃的。同时也表明进入垄断资本主义时期才出现的政党政治,必然带有明显的帝国主义政治性质。

三、天皇大权下的政党政治

战前日本政党政治没有也不可能脱离明治宪法所铺设的政治轨道独立自由地发展,因而实际上是天皇大权下的畸形政党政治,这种不完备性是其最显著的特点。

明治宪法"以君权为轴",⑤天皇大权无处不在,构成了日本近代政治权力的核心。它没有完全遵循资产阶级三权分立原则,在资产阶级权力中突出了行政权、军事权和立法权,将司法权置于次要地位,反映了封建因素的

---

① 转引自大久保利谦:《体系日本史丛书·政治史Ⅰ》,东京:山川出版社,1967年,第433页。
② 刈田彻:《昭和初期政治和外交史研究》,人类科学社,1978年,第206页。
③ 《朝日新闻》,昭和五年四月二十六日。
④ 山浦贯一:《森恪传》,第786页。
⑤ 《伊藤博文传》中卷,第615页。

残存和军事独立原则。具有浓厚的天皇专制主义色彩的明治宪法制约着政党政治的正常发展。从现象上看，这一时期由宪政会（民政党）与政友会轮流执政，政党只有在议会中居于多数席位才能组阁，具备了资产阶级立宪形式。实际上这只是形式上的议会内阁制，明治宪法并未给政党内阁提供法律依据，它的存亡仍然系于天皇大权之下。

其一，明治宪法规定"国务各大臣辅弼天皇以任其责"，即内阁对天皇负责而不是对议会负责，从法律上看是天皇制内阁而不是议会制内阁。因此议会对内阁基本没有约束力，而是由天皇大权来约束内阁。战前天皇一般不直接干预国家政治生活，但昭和天皇曾经三次直接干政，而第一次就是针对田中政友会内阁的。1928年田中在处理关东军策划炸死张作霖的"皇姑屯事件"（日本称"满洲某重大事件"）时，以前后矛盾的处理方针（先从严，后从轻）上奏天皇，受到了天皇斥责，田中义一诚惶诚恐，立即以"烦扰圣虑"为由辞职，内阁因天皇的斥责而倒台，这是日本历史上唯一的一次。

其二，从首相的产生形式来看。明治宪法规定，天皇"任免文武官员"，即首相及国务大臣由天皇选任。因为天皇的神格化，对国家政务管理不负任何具体政治责任，这项权力由藩阀元老行使，首相经元老推荐，奏请天皇任命。政党政治时期依然如此。应该由资产阶级议会行使的权力却为元老所代替，因此各政党不断到西园寺公望（从20年代后期起，他是唯一的元老）住处拜访，揣测他的政治意图。[①] 与其他元老相比，西园寺的资产阶级民主思想较多，因此他依据"宪政常道"，连续推荐政党首脑组阁，使政党政治得以存续。当局势发生变化时，他立即寻求其他政治势力代表，在犬养毅被枪杀后，虽然政友会仍是众议院第一大党，但西园寺反复权衡，没有推荐政友会的铃木喜三郎。而是举荐海军大将斋藤实组织"举国一致内阁"。军部用武力而元老用权力结束了政党政治。

其三，明治宪法中的军事独立原则也影响着政党政治。明治宪法规定"天皇统帅陆军海军""天皇决定陆军海军编制和常备兵员"，确立了军事统帅权独立。支撑统帅权独立的是"帷幄上奏"制度和军部大臣现役武官制。

---

① 升味准之辅：《日本政党史论》第5卷，第12页。

凡是有关军令、军政事项,陆海军首脑可以不经过内阁和议会,各自直接上奏天皇,陈述意见,这就是所谓的"帷幄上奏",它保证了军部以天皇的名义执掌军事权,不容议会和内阁干涉。反之,军部却有权掣肘内阁,这就是关于军部大臣现役武官制的规定,即内阁的陆、海相分别由陆、海军推荐现役大中将担任,1900年第二届山县有朋内阁对此做了明文规定。其后果是,如果陆、海军拒绝推荐人选,内阁只有被迫辞职(在组阁时军队不推荐陆、海相,内阁也无法成立)。这种规定背离了资产阶级政治中文官优先的原则,成为军部压制内阁的强有力手段。虽然在第一次护宪运动的压力下,1913年山本内阁曾作了修正,陆、海军预备役或退役大、中将亦可担任陆、海相,但在政治实践中一直没有实行。军部利用这些权力一直与政党内阁进行着争夺政治主导权的斗争。

可见,明治宪法中残存的封建因素——以"人治"代替"法治"和军事独立原则,是战前日本政党政治不彻底、不完备、无法正常发展的主要根源。

尽管如此,政党政治形态终于出现在日本政治舞台上,取代了藩阀元老专制形态,并被人们所理解和承认。正如当时的著名评论家马场恒吾所说,"清浦内阁之后的宪政会被加藤高明内阁、若槻内阁、田中内阁,这次的滨口内阁,无论谁被推荐,接受政权,在任何人眼中也不是不自然的,建立政党间的相互交替已成为习惯"。① 美浓部达吉更明确地指出:"虽然议会内阁制并未作为宪法上的制度,但作为习俗的规律确实成立了。(如果内阁)得不到议会特别是众议院的信任,就解散众议院而诉诸舆论,不然内阁总辞职,被认为是当然的原则。"② 这也说明了战前日本政党政治缺乏法律的保证,仅仅是作为被人们所承认的"习惯"和"习俗的规律"而存在,因此它在各种专制势力的打击下迅速崩溃就不难理解了。

使人们认识到政党政治存在的重要意义的是大正民主思想家们,他们发掘了明治宪法中的立宪主义因素,并给予有利于资产阶级民主和立宪政治的解释。"大正民主旗手"吉野作造主张"遵照宪法推行政治",即实行宪

---

① 《现代日本人物评论》,第264—265页。
② 《现代日本思想史大系》第3卷,东京:筑摩书房,1966年,第129—130页。

政，为了使宪政完善，"必须深入到宪法最深层的根本精神"，而这个精神就是民本主义。① 他认为欧美语言中的德谟克拉西（Democracy）一词至少有两种含义：一是国家主权法理上在人民，即主权在民；另一个是国家活动的基本目标政治上在人民，即以民为本。前者是民主主义，"从日本的立场上看是危险的"，不适合日本；后者是民本主义，是符合日本国情的。所谓民本主义，又有两个内容，一是关于政治目的，"运用政权的最终目的是为了一般民众"，二是关于政府的决策，"运用政权的最终决定必须取决于一般民众的意向"，即尊重舆论，他认为"即使在君主国，此主义与专制亦无矛盾，其可实行是毫无疑义的"②。另一名重要思想家美浓部达吉把西方的立宪主义宪法学纳入到对明治宪法的解释中去，创立了独特的宪法学体系。他坚持反对天皇主权论者对明治宪法的解释，认为"天皇大权非属于天皇个人之私权，乃是天皇作为国家元首而行使之权能"，③即统治权归属于作为法人的国家，天皇则是依据宪法行使统治权能的最高国家机关，一般将其称为"天皇机关说"或"国家法人说"。美浓部达吉以此为基础，进一步主张议会、内阁应居于国家政治生活中心地位，提出议会不是天皇授予权能的天皇之机关，而是直接依据宪法的国民代表机关，论证内阁应对帝国议会负责，建立议会内阁制即政党政治。这些具有资产阶级民主色彩的立宪思想在社会上得到广泛传播，并成为政党政治的理论基础，为政党政治的实现做出了贡献。

尽管大正民主思想家给予明治宪法以改良主义的解释，但却不敢否定明治宪法，不敢否定天皇大权。吉野作造如此，美浓部达吉如此，其他大正民主思想家和政党政治活动家也是如此。正如美浓部达吉所表白的"我国宪法中，国家统治大权属于天皇。……假若有否定此点者，毫无疑问是叛逆思想。我的著作在任何地方都没有否定此点，相反却反复说明了日本宪法最重要的基本原则"，他认为明治宪法的"最重要基本主义是，作为日本国体基础的君主主权主义，再加上传自西方文明的立宪主义要素，这是日本宪法

---

① 《现代日本思想史大系》第 3 卷，第 205 页。
② 《现代日本思想史大系》第 3 卷，第 205—218 页。
③ 《现代日本思想史大系》第 3 卷，第 276—285 页。

的主要原则,即在君主主权主义之上加之以立宪主义,这是万世不动的。日本开辟以来没有变动,将来永远不会变动"。① 实际上是在承认天皇大权的前提下,赋予明治宪法以有利于实现政党政治的解释,以寻求政治体制的变化。

他们在思想上未能完全冲破天皇专制主义的束缚,在实际行动上也局限在天皇大权范围内。田中政友会内阁在1928年普选法通过后举行的首次大选中,明确提出了"皇室中心主义"政治口号,并非难民政党"实现议会中心政治"的口号与国体不相容。② 这种做法是在否定政党自身立足的政治基础,是屈从于天皇大权的表现,无疑是资产阶级政党的政治自杀行为。而民政党对这一指责也匆忙辩解。民政党议员总会长横山胜太郎公开声明:"我党政纲中明确显示了在天皇统治下实行议会政治,断非否认(天皇)主权,毋宁说是在(天皇)主权的范围内,把一般国民的总意愿反映到帝国议会,实行议会政治。"③民政党所主张的议会政治也是天皇大权下的议会政治。由此可见,无论在思想上还是在行动上,大正民主思想家、政党政治家和资产阶级各政党都将自己限制在天皇大权的范围内,政党内阁所制订和实施的一系列政策都是维护天皇制国家利益和使天皇大权不受侵犯。

缺乏资产阶级法律保证的先天软弱的战前日本政党政治,并没有冲破明治宪法体制的藩篱。因此在天皇大权的制约下,战前日本不可能出现真正意义的资产阶级立宪政治,其政党政治形态不过是明治宪法体制在特定历史条件下的变形。

四、政党政治的历史地位

日本内阁制度是先于明治宪法于1885年建立的。从第一届伊藤博文内阁到1945年战败投降时的铃木贯太郎内阁,共计43届,而所谓政党内阁即使加上限极内阁,也只有10届,不足1/4;从时间上看,政党内阁断断续续

---

① 宫泽俊义:《天皇机关说事件·上》,有斐阁,1971年,第91页。
② 高桥政则:《政党政治的研究》,高文堂,1981年,第51页。
③ 《东京朝日新闻》,昭和三年二月二十日朝刊。转引自:《政党政治的研究》,第51页。

"道"，日本人有自己特有的"情"，但是后来被外来的儒学和佛教所遮蔽，因此必须拂去外来文化，探寻和恢复日本的古道。国学吸收了神国思想，视日本为世界上最优秀的国家，把万世一系的天皇统治这一所谓的"国体"作为日本民族的特性，排斥外来文化，充满了强烈的极端民族主义色彩，对明治以后日本人的自我认识产生很大的影响。

不过，从总体上说，明治前夕的日本与中国、朝鲜等周边国家都处于传统社会，基本上处于同一发展水平，相互之间差别不大，中华文化已经不能构成对日本文化的巨大冲击，难以产生强烈的自我认识的冲动。同时，这些国家都缺乏对世界市场的需求，相互之间的往来保持在较低水平上，加之德川幕府采取锁国政策，使得日本人的对外接触有限，因此自我认识比较零散肤浅。

日本人真正的自我认识是从19世纪中期开始的。已经步入现代社会的西方资本主义敲开了日本的大门，把日本卷进世界体系之中。局限在东亚的传统国际秩序观念被打破，极大地开阔了日本人的眼界，意识到日本是世界众多民族中的一员。西方资本主义的到来引发了整个日本民族的生存危机，只有动员全民族的力量才能摆脱危机，这就使得日本人越出了以往藩国的狭隘意识，增强了日本民族的自觉。这些都为日本人的自我认识提供了必要的认识基础，开始认真地从民族的角度审视自己。

当然，对于日本来说，西力东渐不仅仅是危机，而且也带来了与日本文化以及与其长期接触的中国文化都截然不同的西方现代文明。开国之后，西方现代文明的传入不同于历史上外来文化的传入，它是世界整体化过程中的一个组成部分，是持续的、全面的、大规模的和不可逆转的。在两种异质文化的全面接触碰撞中最容易感受到相互之间的差异，产生探寻各自特点的要求。特别是西方现代文明无论在科学技术方面，还是在思想观念方面，都远远走在了日本的前面，与落后的日本形成的反差极其强烈，传统的自我认识受到冲击。人们不能不在同现代西方文明进行比较的基础上，重新思考日本在世界上处于什么位置。

因此，在日本被纳入到西方为主的现代国际社会以后，日本人在东方文明和西方文明、传统和现代的碰撞中寻找自我，使得日本人的自我认识发生了质的飞跃,改变了明治以前零散个别议论的状态,成了专门的学问和研究领域。

明治时期日本人的自我认识大体经历了三个阶段:

第一阶段是从明治初年到1887年。这一时期日本为了民族独立,以西方为榜样,努力追求现代化。要完成这一任务,必须使日本人从传统中解放出来,实现人的现代化。福泽谕吉为代表的启蒙学者们以西方现代化国家为参照系,对日本的传统文化进行了猛烈的批判,深刻反省了日本人身上表现出来的不利于民族独立和国家现代化的弱点。启蒙学者们的目的不是全面探讨日本人的国民性。他们很少提及日本人的优点,偏重于自我批判。在自我批判中,又侧重于反省对权力的盲目屈从。因此,启蒙学者们有关日本人国民性的论述虽多,但还不是以专门的研究为目的,不能全面反映出日本人的国民性,难以称为严格意义上的自我认识。启蒙学者们的初衷是推动以向西方学习为中心的现代化,并非妄自菲薄。不过,在席卷日本的文明开化潮流中,确实出现了盲目崇拜欧美、完全否定自我的民族虚无主义。曾担任外务卿的井上馨甚至主张"化我帝国和人民,恰如欧洲邦国,恰如欧洲人民"的全盘欧化主义。

第二阶段从1888年到19世纪90年代前期,是国粹主义的自我认识阶段。在现代化道路上的欧化主义使日本人迷失了自我,引起人们强烈的反感。志贺重昂和三宅雪岭于1888年成立了政教社,发行杂志《日本人》,主张国粹主义,力图在推进现代化的同时保持日本的民族性。他们致力于克服前一阶段自我认识中的偏差,重新挖掘日本人和日本文化的优点,尝试全面地对日本人加以评价。需要指出的是,他们主张的"国粹主义"是相对欧化主义而言的,不是顽固倒退的复古主义。他们并不反对向西方学习,立足于扬长补短,在发掘日本人的优点时,也毫不留情地揭露日本人的弱点。国粹主义派弥补了启蒙学者们的不足,正视民族的特性。

第三阶段从甲午中日战争前后到明治末期,是日本人优秀论和国民性反省论尖锐对立的时段。进入19世纪90年代后,日本的现代化取得了显著的进步,经济上处于蓬勃发展的产业革命时期,政治上建立了相对稳定的近代天皇制,对外相继打败了中国和俄国。现代化的成功和战争的胜利使义和国家主义。天眼子甚至要求"庙堂诸老及民间政治家可共除维新豪杰崇拜之念,脱却维新政策之陈套"①,具有明显的反现代化的倾向。

不仅如此,更为危险的是,日本人优秀论把日本民族看作完美无缺的民族,从人种到历史传统都大加颂扬,蔑视和贬低其他民族。他们认为,大和民族的体质容易适应外国的风土,人种是最优秀的,因此经受得了对外征战,有帮助世界发展的责任;日本历史上的立君制度极善极美和地理文物纯善纯美形成了日本的国体和人情,元首和国民如父子般亲密,相互敬爱之情极深,平时恭俭慈爱、勤勉、服从,紧急时举国一致、献身牺牲上战场;武士道表明日本人有忠孝、节义、勇气、廉洁等特性,47位义士的行动是国民性卓越的证据。甚至好战也被他们说成是日本人的长处:好战是因为日本人喜好竞争,而喜好竞争则是因为喜好进步,所以日本人是天生的进步民族。

他们认为,这样优秀的民族自然有权统治其他民族。天眼子主张对外政策也要执"国魂主义","向海外伸张我国威国风,扩充日本化之领域","进取经略非仅限于派遣兵队,割占他国,而应将我国之语言、风俗等有关我国风貌,尽可能向外国扩充之"。②

在日本人优秀论中还有一些人虽然主张向西方学习,但却是为了追求"脱亚入欧",所以他们仍然认为日本是比其他亚洲人优越的民族。曾经是启蒙学者、后来完全转变为政府御用学者的加藤弘之就是这样的一个典型。他用种族主义来为欧洲人统治世界制造舆论,说:"脑的发达因人种而异,其重量和结构也不同。野蛮人种脑小,欧洲人至今脑不断变大,并且其结构也在进步……上等人种的脑大,这是今日欧洲人渐渐称霸世界的原因之所在。现在,欧洲人的藩属地、殖民地之多,已经占有了亚洲、非洲、澳洲、美洲的一半。照此趋势,百年内外,世界必然完全为欧洲人所有,而且下等的人种逐渐被压倒灭绝。今后,欧洲人种越发成为优秀的人种,其他的人种灭亡了,所以在生物等级上紧随欧洲人之后的将是猿。由此来看,天地皆归我有的第二阶段即将到来,即使在同样的人类中间,世界也独归欧洲人所有的时刻

---

① 天眼子:《国民的真精神》,第105页。
② 天眼子:《国民的真精神》,第81—83页。

即将到来。"

加藤看似在吹捧欧洲人种,但项庄舞剑,意在沛公,随后他的话锋一转:"我日本人绝不是劣等人种……与欧洲人同是上等人,是和欧洲人一起横行于世界将天地万物归我所有的伙伴。"①

可见日本人优秀论作为妄自菲薄的日本人劣等论的反动,和传统的国体观念结合在一起,宣扬民族优越以至种族优越,不仅为日本对外侵略扩张提供了理论依据,而且也使得普通日本人飘飘然起来,自我膨胀,不能正视自己,难以与其他民族友好相处。给世界人民带来深重灾难的日本法西斯的侵略理论就深深植根于明治时期产生的日本人优秀论之中。这样惨痛的历史教训是应该牢牢记取的。

三、可贵的国民性反省论

国民性反省论始于启蒙学者。

启蒙运动的旗手福泽谕吉相信,国家的独立来自个人的独立,"为此,必须提高人民的智力","首先在于摆脱旧习的迷惑,汲取西洋的文明精神"。他分析"日本文明和西洋文明相比,一个突出的区别就在于权力偏重这一点","从最大的人的关系一直到最小的人的关系,不论大小,也不论公私,只要有人的关系,就无不存在着权力的偏重"。②"日本人自古以来,就不重视自己的地位,只知趋炎附势,企图依靠他人谋求权势,否则,就取而代之,步前人的后尘,即所谓'以暴易暴',真是卑鄙已极,这与西洋人独立自主的精神相比,确有天壤之别。"日本人"生活在权力偏重的环境中,从不以对人屈从为可耻,这和西洋人爱惜自己的地位,尊重自己的身份,以及维护自己的权利相比,有着显著的区别"③。

批判封建等级制度的束缚、鼓吹人的解放是启蒙学者们反省国民性的中心内容。西周于明治八年在《明六杂志》上发表《国民气风论》,对古人推

---

① 加藤弘之:《加藤弘之文书》3 卷,同朋舍,1990 年,第 100 页。
② 福泽谕吉:《文明论概略》,商务印书馆,1995 年,第 132 页。
③ 福泽谕吉:《文明论概略》,第 151 页。

崇的日本人美德"忠谅易直"进行了批判,他说"在上有专制政府,在下有此等人民。奉戴专制之君上,自视为奴隶,以易直行其身,以忠谅任其事,在专制政府可谓极好最佳的人民之气风。"此气风造就了"福泽先生所说的无气无力的人民。在欲兴民选议院之今日,第一障碍即此气风"。①

值得一提的是,福泽谕吉超越了国学"天皇万世一系、国体优越"的窠臼,对国体观念进行了辛辣的讽刺:"据日本古今的一般论调,都自诩是金瓯无缺,冠绝万邦,大有洋洋得意之概",指出"保卫国体就是不丧失国家的政权",②而不是什么皇统绵延。

19世纪90年代后的国民性反省论继承了启蒙学者的自我批判精神,从观点到立论方法都对日本人优秀论提出了质疑:被一些人大肆宣扬的快活乐天、尚武任侠、忠孝义勇等长处果真是日本人先天的国民性吗?难道这些特点不是历史进化的结果吗?在快活乐天的另一面,日本人也有悲观厌世,不是也不应该忽视吗?尚武任侠与其说是日本固有的特性,莫如说是封建时代的产物。

他们在否认日本人优秀论的基础上,展开了带有反省性的自我认识,其中封建等级观念仍然是批判的重点之一。

1891年出版的《日本风俗改良论》的著者土肥正孝显然受到福泽谕吉的影响,他在书中首先阐述道:"天不造人上人,不造人下人。在均具四肢五官、同有精神智力的人中间,无有阶级之理,其权利无有差别之理。"③这和福泽谕吉在《劝学篇》开宗明义所说的"天不生人上之人,也不生人下之人"完全一致。接着,土肥具体剖析了日本存在的问题:"然因我国人分为华族士族平民,遂有其影响至人权之弊端,成为妨碍人智开发,阻碍国运发展之根基。因之带来骄奢、傲慢、拘谨、因循、卑屈等陋习,进而以至产生官尊民卑、男尊女卑之弊。"④

另一位国民性反省论者片桐正雄在1896年发表了《日本国民品性修养

---

① 西周:《国民气风论》,《西周全集》3卷,三秀舍,1973年,第262页。
② 福泽谕吉:《文明论概略》,第23页。
③ 土肥正孝:《日本风俗改良论》,大空社,1996年,第1页。
④ 土肥正孝:《日本风俗改良论》,第2页。

论》。他十分重视国民性和国民精神的作用,指出:"文物是形体,是死物,品性是精神,是活物","国家的文物即使何等进步,运用它、设置它的人物的品性如果污浊腐败,就会妨碍其活动,损害其效果"。[1] 因此,"发挥独立之气象是我国品性修养上最大的急务","虽法律如降雨一般,成文优秀,但人民不知应重权利义务者多。虽学术进步,教育普及,但人民缺乏独立自治之气象"。[2]

由于时代不同,19世纪90年代以后的国民性反省论的任务已经不仅仅局限在为了向西方学习而批判民族劣根性,它重新审视自身的内容要比启蒙学者们广泛得多。土肥正孝在书中指出了日本人的11大弊端,主要包括倾轧竞争、宗教迷信、醉心西洋、语言不统一、依赖心、自暴自弃、奢侈虚饰等。片桐正雄概括出8项日本人国民性改造的目标,即应克服的弱点,例如男尊女卑、一夫多妻的古来恶习;不能克尽职守、忠于职责;缺乏社会公德,只顾自身利益等等。[3]

19世纪90年代日本已经逐渐进入现代社会,并成为世界大国,日本人是否适应了这一变化？国民性反省论正是在这一背景下,一方面审视日本人不符合现代社会发展的种种弱点,另一方面也对日本人的对外意识进行了检讨。

他们批判日本人重武轻文的军国主义倾向,指出明治维新后勇武受到称赞,但在精神文化方面看不到同样的迹象。他们从集团意识的角度论述了日本人是无我的国民,不是主我的国民,只知道有国家不知道有自己,忘记了还有世界人道;针对甲午中日战争后出现的"爱国"幌子下的战争狂热,他们指出战争是野蛮的、悲惨的、不经济的,傲慢之心和陶醉于日本成了大国非常可怕。爱国心如果脱离了物质的拜金的私欲的精神,一味强调日本魂,只会使人失去宝贵的生命。日本人爱国精神旺盛,但是如果从中除掉国体精神,日本人就没有任何可以向外国夸耀的东西了;他们在一定程度上反对日本恃强凌弱,批评日本人对弱小者,特别是对中国和朝鲜缺乏义侠心。

---

[1] 苦乐道人:《日本国民品行修养论》,大空社,1996年,序言,第5页。
[2] 苦乐道人:《日本国民品行修养论》,序言,第4页。
[3] 参阅苦乐道人:《日本国民品行修养论》。

国民性反省论并不同于日本人劣等论,而是希望改造日本人的国民性,使之适应现代化的进程。在明治时期,启蒙学者的国民性反省论促进了日本由传统社会向现代社会的转变,使日本走上文明开化的道路。19 世纪 90 年代以后的国民性反省论在日本人优秀论大肆泛滥、侵蚀日本民众之时,能够坚持正确地认识自己,是十分难能可贵的。起到了对内推动现代化深入发展、对外摆正日本的位置并与世界各民族友好相处的作用,为大正民主运动时期在民主化基础上的自我认识开辟了道路。时至今日,这种自我反省的精神更值得继承和发扬。

　　在肯定国民性反省论的同时,也应该看到它没有真正触及日本人优秀论的核心问题——国体观念。片桐正雄虽然在国民性改造的目标中仅仅把"尽忠君爱国之道"列为第 6 项,但毕竟仍将其保留。土肥正孝一方面抨击了社会和国民性中的弊端,另一方面又把消除这些弊端的办法寄托在固有道德和日本魂上。可见,社会上占主导地位的统治阶级的意识形态在国民性反省论中留下了深深的印记。

四、扬长补短论

　　19 世纪 80 年代后期兴起的国粹主义并非复古主义。国粹主义的首倡者三宅雪岭表示:"余辈一再倡导国粹论",是为了"发扬日本特有的精神,振兴日本固有的秀质,以此维持国家的独立开达","致力于警戒见他国之秀美,忘却自家之国、忘却自家之身的所谓欧洲主义的人士,挽回今日盛行之流弊"。他特别强调:"以为余辈要保存祖先传下来的旧事物,抵制欧美事物,闭塞今世开化之结果的新种传入之路,不欲其普及传播"是对国粹主义的最大误解。[①]

　　他强调,为本国尽力和为世界尽力、护国和博爱并没有冲突,发扬民族的特色是为了对人类的进步有所裨益。[②] 他曾引用老子的一段话:"故有无

[①] 三宅雪岭:《伪恶丑的日本人》,参见鹿野政直编:《日本的名著》37 卷,中央公论社,1977 年,第 446 页。
[②] 三宅雪岭:《真善美的日本人》,参见鹿野政直编:《日本的名著》,第 286 页。

相生,难易相成,长短相形,高下相倾,音声相和,前后相随",说明在日本人的身上,真善美和伪恶丑是并存的。所以,可以把国粹主义的自我认识称为"扬长补短论"。扬长补短论的代表性著作之一是地理学家志贺重昂的《日本风景论》。全书共 9 章,既是一本介绍日本自然地理的著作,歌颂日本自然环境之美,同时也从地理环境的角度对国民性的形成作出了说明。

志贺在书中强调:"此江山之洵美、植物之多样,是过去、现在和将来涵养日本人审美心的原动力。"①在欧洲,不仅是瑞士人,古代的日耳曼人和现今的俄罗斯人都"在松林之下涵养成豪健硬劲的性情",而"日本松柏科植物之富有实为世界第一","足以成为日本人性情的一个标志"。② 日本山清水秀,不似诗中所描写的"野旷天低日欲西,北风吹雪雁行低。黄河古道行人少,一片寒沙没马蹄"中国北方的景象,所以"举国之民,绝爱山野之美","结伴赏花,单单为探寻自然美而巡礼行脚之盛,世界之中不复见有如日本人之国民者"。③

《日本风景论》出版后引起很大轰动,被誉为"近世名著"。不过,该书侧重于反欧化主义的"扬长",流露出强烈的民族主义情绪。志贺说:"外邦之客,皆以为日本宛如现今世界之极乐土。"④正如内村鉴三所批判的:过分夸大日本的自然之美,以为世界上所有的美均存在于日本。实际上,日本的美是园艺式的、公园式的,缺乏宏大之美。

如果说,志贺重昂的日本人论还带有一定的偏向的话,那么,三宅雪岭既注意到了"扬长",也没有忽视补短。他 7 岁开始学习儒学,12 岁以后又先后进入法语和英语学校,1883 年毕业于东京大学哲学科,受到了传统文化和西方文化的双重教育。毕业后,他致力于探索非欧化的现代化。他在1891 年 3 月出版了《真善美的日本人》一书,颂扬日本民族的优点,仅仅在两个月之后的 1891 年 5 月又出版了《伪恶丑的日本人》,揭露日本人的不足。

---

① 志贺重昂:《日本风景论》,博文馆,1903 年,第 207 页。
② 志贺重昂:《日本风景论》,第 18—19 页。
③ 志贺重昂:《日本风景论》,第 233 页。
④ 志贺重昂:《日本风景论》,第 2 页。

在《真善美的日本人》一书中，他强调"日本人肩负着大大发扬其特长，弥补白人的缺陷，向真极、善极、美极的圆满幸福世界迈进的一大任务"[①]。他深入批驳了认为日本人劣于欧美人，没有承担这一任务能力的观点，呼吁日本人应该拥有自信。

三宅首先以种种事实说明日本人在人种上并不劣于欧美人。接着列举日本人国民性中真善美的一面。所谓真，是指究明理义，探求事物的真谛。日本人在古代输入中国的文物制度，传承印度的学说，咀嚼融化，使之灿然焕发。锁国期间，日本人没有停止探求采择历法、医术、物理等西洋文化。一朝开国，新文化、新学说沓至纷入，制度文物、技艺习俗，一时之间毫无遗漏地全部吸收。这是因为日本人喜好理义，能够毫不踌躇地容纳和采用。

所谓善，是指崇尚正义，主持正义。三宅幻想世界上的人们之间不言非理，不行骄矜，相互无放情恣欲而有守信重义，郁郁乎其文，洋洋乎其声，有条不紊，井然有序。虽然当今世界势力悬殊，恃强凌弱，但是日本有条件有实力，不污邦土之大义，不辱独立之体面，对海外诸强国伸张正义。

所谓美，是指调和培育由美的观念产生出来的许多志趣，淘汰助长，发挥其真粹。日本气候温和，风物清纯，山水之美，了无欠缺，因而熏陶出日本人对美的爱好和追求。即使收入不足以抵一家之口，妻儿因饥寒而泣的贫家，墙壁上也挂着锦绘，壶里也插着应时鲜花。日本的工艺、美术、绘画、诗赋、建筑、雕刻，可以和世界上任何一个国家相媲美[②]。

在《伪恶丑的日本人》中，三宅剖析了日本的缺点。他说，可悲的是，我日本人究明理义的能力虽然不劣于白人，但被掩盖住不能发挥。其原因在于根深蒂固的官本位制至今没有铲除干净。从小学到大学的教职完全比照政府的官位，博士、大博士学位的评定授予者是文部大臣等高级官僚，学术世界成了政府的附庸。世俗中产生了鄙视学术之风，认为学术理论毫无必要。通学理者反而被认为妨碍实务，滞留在下属位置上，闲置不用，得不到发挥的机会。

---

① 三宅雪岭：《真善美的日本人》，第 292 页。
② 参阅三宅雪岭：《真善美的日本人》。

学术社会的境遇也十分可怜。有的学者一味追求晋升,跟在高位者后面亦步亦趋。即使志向不俗、不在乎晋升、专心致力于探究学理的学者,如果地位低,研究条件就恶劣,要改善条件,就不得不寄希望于晋升。这就使得人心越发鄙陋,顺应日常琐碎之事,甘于颠倒是非。这是日本人的"伪"。显然,三宅对官尊民卑的批判是与启蒙思想一脉相通的。

在论述日本人的"恶"时,三宅站在平民主义的立场上,把矛头直指唯利是图的资本家。他说,从表面上看,在日本欧美文化增多,但实际的事业没有进步,人民的衣食不仅没有提高,反而逐年略有下降,贫民穷氓增加,国力逐渐衰弱。造成这种情况的原因,是因为社会中出现了恶分子,也就是绅商。他们假公益之名牟取私利,贿赂官吏,承包官业。他们身无才能,只是出入权贵之门,与权贵勾结,探听他人所不知的官府内情,了解法律政令的所向,钻空子牟取暴利。他们的势力无处不在,但是其势力所及之处,立即变得腐败溃乱,恶臭纷纷。

在关于"丑"的一章中,三宅主要以美术为例,批判了只重视外表忽视内涵的种种现象,例如雕刻者只是一味雕削木材,绘画者只是一味涂红抹绿,音乐家只是一味放出声音,为诗作文者只是一味排列文字,丢掉了内在的精神。三宅把这些现象比作轻薄女子听到几句吹捧,心就飞上了天,得意扬扬,自以为是绝代佳人,插上镀金的细钗,戴上镀金的戒指,说话乔张乔势以示优美之风,行走拿腔作势欲得人之顾盼。在旁观者眼中,这是何等地令人生厌。其外形的鄙陋,精神的鄙陋,使人作呕[①]。

扬长补短论在日本民族受到西方文化的冲击容易产生劣等感的历史背景下,努力弘扬民族优秀传统,振奋了民族精神,提高了民族自尊心,探索日本人既不盲目欧化失去自我,又能够改造为现代化国民的途径。正是因为它具有这种进步性和民族性,才能够一时之间风靡日本。《日本人》杂志在当时成为影响最大的杂志之一,在知识阶层颇受欢迎。

---

① 参阅三宅雪岭:《伪恶丑的日本人》。

小结

明治时期日本人的自我认识是日本在现代社会中自我认识的开端,对以后的日本人的自我认识产生了巨大的影响。

首先,明治时期奠定了自我认识的基本流派。它历经各个历史时期,总是以不同的形式顽强地表现出来,一直延续至今。特别是第二次世界大战后,日本战败,再一次受到西方文化的冲击。日本人的自我认识和明治时期如出一辙。战后初期出现了日本人劣等论和国民性反省论,随着经济的高速发展和日本成为世界大国,日本人优秀论又有所抬头。

其次,在自我认识的方法上,明治时期吸收借助于欧美人文科学新学科的研究手段,开拓了新的研究领域,例如志贺重昂从自然地理环境考察国民性,远藤隆吉运用了社会心理学,等等。这些方法和不断采用新方法的精神也为后人继承发展。

第三,今天许多广为人知的日本人国民性的具体特征,如集团意识、善于吸取外来文化、对自然的崇尚、审美意识等,在明治时期已经基本提了出来。例如,西周就曾指出,日本人"长于袭蹈,巧于模仿,短于自出机轴"[1]。

当然,明治时期日本人的自我认识也存在着很大的局限性,有待于后人克服。

由于这一时期日本处于在西方的冲击下现代化刚刚起步的阶段,日本人的自我认识首先需要回答的是在与西方的比较之中日本人是优是劣的问题,因此缺乏就日本民族特征本身的探讨。即使是扬长补短论,虽然力图全面评价日本人,但也没有摆脱罗列优点缺点的模式。实际上,一个民族的特征很难用好和坏、优点与缺点、长处和短处来概括。由于着眼点集中在优劣上,使得这一时期日本人的自我认识缺乏科学的深入的全面研究。

在论述日本人的国民性时,当时日本与西方的反差极大,所以人们几乎毫无例外地以欧美人作为参照系。日本固然是东方民族,与欧美区别很大,

---

[1] 西周:《以洋字书写国语论》,《西周全集》2卷,三秀舍,1971年。

但是日本与亚洲中国、朝鲜等其他民族也有很大不同。明治时期日本人的自我认识反映了在他们思想深处存在着民族优越感,认为中国和朝鲜已经没有与日本进行比较的资格。

明治时期日本人的自我认识还有一个特点,那就是深受国运的影响,以至出现明显的偏差。在明治初年暴露出日本落后于欧美时,民族自卑感十分强烈。一旦日本成为强国,又从一个极端转向另一个极端,民族主义极度膨胀。从日本现代化的历史来看,后者是更应该警惕的。

(作者杨宁一,北京师范大学历史系,原文刊于《历史研究》2000年第3期)

面向西方世界的诉求与告白[*]
——新渡户稻造的《武士道》与明治日本

戴 宇

武士道作为日本独特的一种思想意识,对日本文化的形成和发展,以及日本国民性的塑造都可谓产生了不可忽视的影响。因此,一般认为不了解武士道,就不能够很好地洞悉日本文化及其国民性。而通常,一提到武士道,恐怕不论是日本人还是外国人,一般都会先想到新渡户稻造的《武士道》一书。的确,自《武士道》英文版于1899年出版以来,已被翻译成多国语言为世界各地人们所阅读。包括日本人在内,今天人们对于日本武士道的理解和认识大多源于此书,说其是人们提到日本武士道时最先想起的一本书也并不为过。但正如近年有学者所指出的那样,《武士道》一书似乎并没有真实地反映出武士道的本来面目:新渡户的"武士道"是与以往的历史断绝的一种新"武士道";[①]新渡户稻造在《武士道》一书中所宣扬的武士道精神同武士思想在本质上没有任何关系;新渡户稻造的论述无论是在文献上,还是在历史上都没有接近武士的实际状态。[②] 那么,新渡户稻造的《武士道》到底是怎样的一本书呢?新渡户稻造为什么要写这本书呢?新渡户稻造的"武士道"是如何被"继承和创造"出来,进而成为大多日本人所信奉的"武士

---

[*] 本文为国家社会科学基金一般项目"传统的继承和创造——日本明治时期武士道论研究"(09BSS009)成果。
[①] 佐伯真一:《戦場の精神史》,东京:NHK出版,2004年,第253页。
[②] 菅野觉明:《武士道の逆襲》,东京:讲谈社,2006年,第11页。

道"的呢？本文将着重在"明治日本"这一大的时代背景下，以"面向西方世界的诉求和告白"这一视角，辅之以同时期的其他类似著述，来对该书进行一定的解读和评析，以期揭示出新渡户稻造《武士道》一书的主题和本质。

一、《武士道》的写作动机和目的

新渡户稻造(1862—1933)生长于盛冈藩（今岩手县中部和青森县东部）的一个武士家庭，为家中三子。其祖父传和父亲十次郎因兴修水利开发稻田而曾得到明治天皇的褒奖，其名稻造即源于此。新渡户稻造少年时即开始学习英语，并展露了语言天分。明治十年（1877年），新渡户稻造作为一期生考入了札幌农学校，并在第二年接受洗礼成为基督教徒。明治十四年，从札幌农学校毕业后，新渡户稻造先后在开拓使、农商务省任职。明治十七年，新渡户稻造赴美国约翰·霍布金斯大学留学。在美留学期间，结识了后来成为其夫人的玛丽·埃尔金顿。明治二十年，新渡户稻造又转而赴德，开始了为期三年的德国留学生活。明治二十四年，完成学业的新渡户稻造回到母校札幌农学校担任教授。但几年后，因过度劳累而患上了脑神经衰弱症，遂于明治三十一年辞去教职，赴美国加利福尼亚疗养。正是在一直待到明治三十三年的这段疗养期间，新渡户稻造用英文写下了《武士道》(BUSHIDO The Soul of Japan)一书。该书于明治三十二年十二月在美国出版后，翌年便由裳华房在日本出版。而最早的日文版则是丁未出版社于明治四十一年出版的由樱井鸥村①翻译的译本。后来较有影响的日文版则是岩波书店于1938年出版的由矢内原忠雄②翻译的译本。

至于《武士道》一书的写作动机和目的，我们可以从该书的序言中略窥一斑：

大约10年前，我得到现已离世的比利时法学大家德·拉弗莱氏的

---

① 樱井鸥村(1872—1929)，本名彦一郎，日本翻译家、儿童文学作家。除《武士道》以外，在明治三十年代还翻译了许多英美的少年冒险小说，如《漂流少年》《航海少年》等。
② 矢内原忠雄(1893—1961)，经济学家、殖民政策学者。在东京大学求学期间，深受新渡户稻造的影响。后作为新渡户稻造的后任，在东京大学主讲殖民政策。1951年任东京大学总长。

邀请，在他府上待了几天。有一天在散步时，我们聊到了宗教问题。这位尊敬的教授向我问道："你是说在你们国家的学校里没有宗教教育吗？"当我回答"没有"时，他马上大吃一惊地停下脚步反复问道："没有宗教？！那如何进行道德教育呢？"其质问声令我至今也难以忘掉。我当时一时憷然而未能立即回答上。这是因为我幼小时候所接受的道德教育并不是在学校进行的。在对形成我的正邪善恶观念的各种因素进行分析后，我才终于意识到是武士道将这些观念注入我脑海之中的。

我写这本小书的直接动机是因为我的妻子经常向我问道：一些思想或风俗习惯为什么在日本普遍盛行呢？我尝试要给德·拉弗莱氏以及我的妻子以满意的回答。但是我知道如果不了解封建制度以及武士道的话，那么现代日本的道德观念就会如同被封存起来的轴画一般（而无从观览）。前有拉夫卡迪奥·赫恩①和休·弗雷泽夫人②，后有埃内斯特·马松·萨托③和张伯伦教授④，在这种情况下用英语写作有关日本的情况真是一件让人感到有些气馁的事情。不过，我惟一比这些著名的日本介绍者有优势的地方就是，与他们仅仅是作为代理人或者是辩护人不同，我却可以持被告人的立场（来为本国辩护的）。⑤⑥

从上可见，新渡户稻造写作《武士道》一书的主要目的和动机就是为了回答包括拉弗莱和自己妻子在内的西方人的相关疑问。但在这段话中更值

---

① 拉夫卡迪奥·赫恩(Lafcadio Hearn, 1850—1904)，英国的作家、新闻记者和日本学学者。与日本女子小泉节子结婚后加入日本籍，改名为小泉八云。先后撰写了向西方介绍日本情况的《不为所知的日本》《日本杂记》等书。——引者注

② 即玛丽·弗雷泽(Mary Fraser)，英国外交官休·弗雷泽(Hugh Fraser, 1837—1894, 1889 至 1894 年期间任驻日公使)的夫人，曾随其丈夫在日本生活了三年，回国后写下了回忆录《英国公使夫人所见到的明治日本》。——引者注

③ 即萨道义爵士(Sir Ernest Mason Satow, 1843—1929)，英国外交官，曾任驻日公使、驻清公使，为英国日本学的创始人。日本名为佐藤爱之助或萨道爱之助。著有《明治日本旅行案内》《一个外交官所看到的明治维新》等。——引者注

④ 张伯伦(Basil Hall Chamberlain, 1850—1935)，英国著名的日本学学者，在日本生活了近40年。著有《日本事物志》等。——引者注

⑤ 译自岩波书店1999年版的矢内原忠雄日译本，翻译时还参阅了奈良本辰也的日译本（东京：三笠书房，1998）和岬龙一郎的日译本（东京：PHP研究所，2006），以及张俊彦的中译本（北京：商务印书馆，1993）。

⑥ 新渡户稻造：《武士道》，矢内原忠雄译，东京：岩波书店，1999年，第11—12页。

得我们留意的是,新渡户稻造坦言与几位向西方世界介绍日本的西方人不同,自己是作为一名"被告人",出于为自己国家辩护的目的而写就此书的。那么,新渡户稻造究竟是要为什么辩护呢？对此,新渡户稻造在书中并没有直接言明,但这却是考察新渡户稻造《武士道》写作背景时一个不可忽视的重要因素。那就是在明治三四十年代,针对甲午战争后西方世界对日本所抱有的负面评价和印象,明治日本的一些知识分子纷纷撰文进行了辩护。这可以说是新渡户稻造写作《武士道》一书的一个主要时代背景。①

二、《武士道》写作的时代背景

（一）"旅顺大屠杀"事件对西方世界日本观的影响

"旅顺大屠杀"是指甲午战争期间的"1894年11月21至24日,日本侵略军在中国辽宁省旅顺口进行了为时四天的野蛮大屠杀,共杀害手无寸铁的无辜中国群众两万余人"②的这一震惊世界的事件。将"旅顺大屠杀"报道给西方世界的主要是美国记者詹姆斯·克里尔曼。他在12月12日的《世界报》上,以"日军大屠杀——〈世界报〉随军记者关于旅顺屠杀事件的报道"为题对此进行了报道：日本军队于11月21日进入旅顺口,全市居民遭到冷酷无情的屠杀。手无寸铁的和平居民在他们的家中遭到杀戮,而且断肢残体不堪言状。连续不断的恣意滥杀一直持续了3天。整个城市伴随着骇人听闻的屠戮和抢掠。这是日本又退回到野蛮的例证。所有为屠杀事实辩解的借口都是虚构的。文明世界将会随着对屠杀详情的了解而感到震惊。③ 克里尔曼的这篇报道"以纽约和华盛顿等地为中心,引起了轩然大

---

① 就《武士道》的这一写作背景,许介麟的《日本"武士道"揭谜》(《日本学刊》,2004年第5期)、娄贵书的《日本武士道和军国主义的辩护词——评新渡户稻造的〈武士道〉》(《贵州大学学报》社会科学版,2010年第12期)、山本博文的《新渡户稻造〈武士道〉》(东京：NHK出版,2012)等均有所提及。
② 引自戚其章：《旅顺大屠杀真相考》,《东岳论丛》,1985年第6期,第52页。
③ 引自戚其章：《西方人眼中的旅顺大屠杀》,《社会科学研究》,2003年第4期,第126页。

波"①。12月20日,《世界报》又以两个整版的篇幅刊载了克里尔曼的题为"旅顺大屠杀"的长篇通讯,对"旅顺大屠杀"进行了更为详细的报道。克里尔曼在文章的一开头便指出:这决不像日本所宣传那样是"文明与野蛮之间的冲突",而是一场"野蛮的征服战争";日本已经撕下了它所蒙的面纱,在刚刚过去的四天里把文明踏在了它的征服军脚下。攻取旅顺的故事将成为历史上最黑暗的一页。② 在《世界报》刊登事件的详细报道之后,伦敦所有晚报皆加以转载报道。不仅如此,报道还飞往世界各地,各国报纸都开始转载克列尔曼的系列报道。③ 可以说,"旅顺大屠杀"事件使西方世界对明治日本的文明形象怀疑起来,以至有舆论认为日本是"披着文明外衣有着野蛮筋骨的怪兽"④。

(二) 明治知识分子的反应:对西方世界的诉求与告白

面对甲午战争后西方世界对日本所抱有的负面印象和评价,明治日本的一些知识分子纷纷以英语撰文来介绍日本的"优秀特质",以消除西方世界对日本所抱有的"偏见"和"误解"。这除了本文所要论述的新渡户稻造的《武士道》以外,还有内村鉴三(1861—1930)的《代表的日本人》(*Representative Men of Japan*)等。内村鉴三同新渡户稻造一样,也是于1860年代出生于一个武士家庭。并且,自小接受的也是儒学等传统教育,后来也同样在札幌农学校接受了西方新式教育。

内村鉴三的《代表的日本人》写于甲午战争期间的1894年,当时名为《日本及日本人》(*Japan and Japanese*),在明治四十一年改订出版时改为现名。在该书序言中,内村鉴三就该书的写作目的这样写道:将此国国民的优秀特质——这是与海外所传言的盲目的忠诚心、好战的爱国心等完全不同的特质——告知外国是写作此书的目的。⑤ 在后文中,内村鉴三还对此

---

① 井上晴树:《旅顺大屠杀》,朴龙根译,大连:大连出版社,2001年,第29页。
② 引自戚其章:《西方人眼中的旅顺大屠杀》,《社会科学研究》,2003年第4期,第128页。
③ 井上晴树:《旅顺大屠杀》,《近代史史料》,第53页。
④ 宗泽亚:《清日战争》,北京:世界图书出版公司,2012年,第341页。
⑤ 内村鉴三:《代表的日本人》,《明治文学全集39 内村鉴三集》,东京:筑摩书房,1967年,第123页。

进一步补充道:本书目的在于研究数名具有代表性的日本人,以此来介绍我们非常重视的"大和魂"的不同侧面。① 可见,通过日本历史上的几位"代表性的日本人",向"海外"(主要是西方世界)展示日本国民的"优秀特质""大和魂"是内村鉴三写作此书的根本目的。为此,在《代表的日本人》一书中,内村鉴三通过对"新日本建设者"西乡隆盛、"封建君主"上杉鹰山、"农圣人"二宫尊德、"乡村教师"中江藤树、"佛教僧人"日莲上人的介绍和评述,展示了日本人所拥有的"优秀特质":西乡隆盛的"寡欲、谦虚、单纯";上杉鹰山的"贤明";二宫尊德的"节约、勤勉、不屈的忍耐力、仁爱、自助、诚实";中江藤树的"无欲、正直、诚实、谦逊";日莲上人的"不屈不挠、孤军奋战、为了信仰敢于斗争的精神"。

此外,与《武士道》《代表的日本人》一并被视为明治时期以英文面向西方世界所写下的三大名著的,还有由冈仓天心(1862—1913)所写的《茶之书》(*The Book of Tea*)一书。尽管《茶之书》是在新渡户稻造《武士道》之后、日俄战争以后的1906年问世的,但作为写于同一时期且又具有同一主题的作品,在此仍有必要有所提及,以便从"明治日本"这一大背景下更全面地解读《武士道》一书。就从"茶道"的角度介绍了日本传统文化和日本人品性的《茶之书》的写作动机和背景,日本学者色川大吉有着如下的分析:日俄战争胜利后,欧美国民的目光瞬间集中于日本,认为日本是一个喜好武士道和剖腹的国度,是好战国民。天心为了驳斥这些言论,遂阐述了日本人自古以来就是热爱茶道、花道的优雅而爱好和平的国民。② 学者金子敏也亦就此指出:《茶之书》通过介绍日本的美术和文化,强调了日本人爱好和平的性格,以缓和日俄战争后骤然升温的日本威胁论。③ 除了《茶之书》以外,冈仓天心的写于日俄战争爆发前后的《日本之觉醒》(*The awakening of Japan*)一书,也同样是要"通过对日本历史、美术和文化的解说来博得美国人对日

---

① 内村鉴三:《代表的日本人》,《明治文学全集 39 内村鉴三集》,第 130 页。
② 色川大吉:《東洋の告知者天心》,《日本の名著 39 岡倉天心》,东京:中央公论社,1979 年,第 41—42 页。
③ 金子敏也:《宗教としての芸術——岡倉天心と明治近代化の光と影》,东京:つなん出版,2007 年,第 400 页。

本的理解和好感"①的一本书,该书"对消除好战国日本之恶名起到了很大的作用"。②

内村鉴三及冈仓天心的这几部作品的共同特征是:一是在不同程度上反映了明治日本人对西方世界的诉求和告白,表明了明治日本对西方世界的向往,以及日本的"文明开化"③;二是宣扬和强调了日本的"美好而独特"的传统文化、国民性和伦理道德等;三是时常刻意强调已是文明国度的日本优越于东方其他国家,是东方传统文化和价值观的代表。概言之,这些作品的基本主题就是要通过展示日本的"优秀特质"求得西方世界的好感,乃至理解和认同,这也可谓是明治日本的一个明显的时代诉求和特征。

三、《武士道》的内容结构、思想来源和特征

在作为时代背景,简要评析了内村鉴三及冈仓天心的几部作品以后,再让我们回过头来分析一下《武士道》一书。

(一)《武士道》的内容结构与思想来源

《武士道》全书共十七章。第一章、第二章应该说是该书的导论,着重介绍了武士道的性质和历史渊源。第三章到第十一章则介绍了"武士的训条",也即"武士道"的一些德目"义、勇、仁、礼、诚、名誉、忠义、智、克己"等。④ 而在第十二章、十三章和十四章,新渡户稻造则分别对一些被西方人

---

① 金子敏也:《宗教としての芸術——岡倉天心と明治近代化の光と影》,第400页。
② 木下顺二解说·解题:《我が天心》,《岡倉天心全集1》,东京:平凡社,1980年,第485页。
③ 在这一点上,实际上在更早的1886年,国粹主义代表人物志贺重昂便用英文写下了《今日之日本》一文,向西方世界展示了明治维新后的日本文明开化之状况。详见戴宇《志贺重昂与〈今日之日本〉》(载《日本学论坛》,2003年第4期)。
④ 山本博文认为(新渡户稻造《武士道》第31、32页):第十章的"武士的教育和训练"可视为德目"智"。笔者则认为第十一章的"克己"也可以看作是武士道的德目之一。新渡户稻造在增订第十版序言中,曾提到未能把"孝"列为武士道德目之一是因为不了解西方人对这种美德的感情状况:"我之所以难以写出'孝'这一章的原因,并不是由于不知道我国国民本身对它的态度,而是由于我不知道西方人对这个美德的感情,从而使我无法进行让自己感到满意的比较。"这从而表明了新渡户稻造在《武士道》一书中所列举出的武士道相关训条、德目等具有一定的"伸缩性、可调性"。在新渡户稻造看来,首要的是以武士道的名义对日本伦理道德加以宣扬,至于武士道的具体内容等倒不是最为重要的。

所不理解和诟病的日本事物进行了解释和辩护,以消除西方的"偏见"和"误解":在第十二章对被西方认为是野蛮的剖腹、复仇等行为进了辩解;在第十三章则对被视为武士之魂的日本刀做了介绍,并将其美化为艺术品;在第十四章则介绍了日本妇女的社会地位和教育情况,并强调了日本妇女的贞洁观、修养、牺牲精神,以及日本社会对女性的尊重。在第十五章、十六章和十七章,新渡户稻造则着重介绍了武士道对日本普通民众所产生的影响,以及日本武士道的现在和将来即武士道影响的持续性问题。

从内容结构上可以看出,在《武士道》一书中,有关武士道德目的论述占了全书很大篇幅,而这也完全符合新渡户稻造在第一章就已经表明的"将要详细探讨武士道的特性及训条"的写作初衷。也就是说,武士道的德目等是新渡户稻造在该书中所要着重论述的重点问题。此外,我们还会发现新渡户稻造所列举出的德目也基本上都是儒教的一些伦理规范。那么,新渡户稻造的"武士道"又是如何与儒教产生关联的呢?要探寻这一点就不能不提及山鹿素行的"士道"。依据武士道的发展史,通常将平安时代末期、镰仓时代、室町时代和安土桃山时代的"武士道"称为"本来的武士道"(菅野觉明语)。这个时期的武士是战场上的战斗者,因此这个时期的"武士道"也是以如何直面死亡为主要内容的。而到了"文恬武嬉"的江户时代,武士则由战场上的"战斗者"变为了日常状态下的"为政者"。这就需要从伦理道德上来提高武士的修养,使其在和平时期也能够成为普通民众的楷模。根据这种需要而建立起来的伦理道德体系就是山鹿素行等所主张的以人伦之道为根本的儒教武士道即士道。自小生长在一个武士家庭的新渡户稻造,也难免要受到这种"士道"的影响和熏陶。可以说,正因为新渡户稻造《武士道》原本就是以"士道"而不是"本来的武士道"为思想源头和素材的,因此才带有浓厚的儒教色彩。这也正如一些学者所言:新渡户稻造武士道论就是以他幼少时期所接受的"士道武士道"为根干,就基督教与武士道共同的德目所进行的论述;[1]新渡户稻造《武士

---

[1] 船津明生:《明治期の武士道についての一考察——新渡户稻造'武士道'を中心に》,《言葉と文化》,2003 年第 4 期,第 26—27 页。

道》实际上是以山鹿素行的士道论为基础的一个基督教徒的日本道德论。①

(二)《武士道》的基本特征

如何取得西方世界的认同,并进而迈入其行列之中,是推翻封建幕府统治后的明治日本所面临的一个主要课题。毫无疑问,明治日本的这一时代诉求也必然会反映在《武士道》一书中,因为归根结底《武士道》是一部表达了明治日本人对西方世界之诉求的书。这是解读和思考《武士道》一书时所要考虑的首要因素,而该书所体现出的基本特征也都与此密切相关。

首先,从《武士道》一书的内容上可以看出,新渡户稻造在介绍日本事物时经常引用西方的典故和事例,以作为比较或者说是衬托的对象,以期能引起西方人的共鸣,并欲证明日本有着同西方一样的伦理道德,进而显示出日本同西方的类似性或同质性。对于《武士道》的这一特征,有学者指出:新渡户稻造《武士道》的立场就是向西洋人介绍日本,以西洋的视角凝视日本文化并为其辩护。《武士道》一书基本上是以从日本及东洋文化中找出一些同西方类似的例子,进行对比的方式写成的。② 其次,新渡户稻造在《武士道》一书中,始终是以一个基督教徒的身份来论述日本道德体系的,他主张日本也有着同西方一样的宗教、道德教育手段——武士道,并且他还认为这是日本接受基督教的思想基础。这也从而表明了"新渡户稻造的《武士道》是一本诉说日本的固有道德能够成为培养基督教信仰之土壤的书。新渡户稻造的本意同当时很多信奉基督教的日本人一样,是欲主张在武士道之上嫁接基督教。"③最后,将武士道"理想化"恐怕是《武士道》一书最为明显的特征了。以儒教伦理道德为主要内容的山鹿素行的"士道"原本已是脱离了战场的已被"净化"和"理想化"了的武士道,而在其基础上形成的新渡户稻造武士道则是有过之而无不及。

对于《武士道》一书的"理想化"等问题,格里菲斯在《武士道》绪言中这样写道:新渡户博士是否将武士道理想化了呢? 其实我们反倒要问:他如何

---

① 小泽富夫:《歴史としての武士道》,东京:ぺりかん社,2005年,第177页。
② 佐伯真一:《戦場の精神史》,第262页。
③ 菅野觉明:《武士道の逆襲》,第275页。

才能不这样做呢？实际上也的确如此，作为一部目的在于向西方展示日本"优秀特质"的书，一定程度上的"理想化"似乎也是情理之中的。但问题是如果一味地对武士道进行美化和拔高，并以偏概全地将其升华为"日本精神"的话，必将会影响人们正确认识武士道的本来面目。就在《武士道》出版后不久，由植村正久①所主持的《福音新报》就刊载了一篇匿名文章，指出了《武士道》所存在的这个问题：

> 日本人以英文著述本国之风俗、人情及其他事项者多为基督教徒。引起争议的《日本新娘》、内村鉴三氏的《悔改始末》等已为世人所熟知。新渡户稻造氏的《武士道》早在去年的《福音新报》上做过介绍，实乃此类英文著述中最为完整、最具文学价值之作。著者明言是以辩护者的立场来论述武士道的。日本人面对外国人时，常常是难免以如同站在法庭上进行辩论的态度和措辞来进行的，这也是情况使然。……英国人等往家里招待日本人时，可以毫无顾虑地展示每个角落，而日本人则不能如此这般无所顾忌地展示自己的住所。……总之，新渡户稻造《武士道》过于以辩护者的态度进行论述，对此余辈感到有些遗憾，但我们也高兴能够得到新渡户稻造这样一位辩护者。②

文中提到的《悔改始末》应是指内村鉴三的《余是如何成为基督教徒的》一书，而《日本新娘》则是指与植村正久、内村鉴三同为基督教会牧师的田村直臣于1893年用英文所写的"The Japanese Bride"一书。田村直臣在该书中不仅向西方人介绍了日本的女性、婚姻等情况，还对日本的封建家族制度进行了揭露。因此该书一问世，就被认为是有意暴露日本的短处而招致了日本社会各界的非议，最终导致田村直臣被迫辞去了教会职务。与因为向西方展示了日本的"优秀特质"而被称为"客厅武士道"的新渡户稻造《武士道》相反，田村直臣的这本书则因为将日本的"丑陋之处"暴露给了西方而被

---

① 植村正久(1858—1925)，日本明治、大正时期的基督教传教士，对创建日本基督教会起到了很大作用，被认为是日本基督教会、日本新教的领导者。主持发行过《日本评论》《福音新报》等，其所著的《真理一斑》被认为是由日本人所撰写的第一本基督教神学书籍。
② 引自太田爱人：《〈武士道〉を読む》，东京：平凡社，2006年，第165—167页。

称为"厨房武士道"。从这篇评论的内容来看,作者对新渡户稻造在《武士道》一书中的过于辩护和"遮丑"的做法显然是不太赞同的。

四、《武士道》的主题及其所产生的影响

将武士道"理想化"的最终结果,便是在客观上使原本只属于某个特定阶层的武士道被提升为了全体国民的道德,也即武士道的"国民道德化"。而与此相对应的是,日本民众在《武士道》一书中所寻求的似乎也并不是有关武士的东西,而是一种被"理想化"为"国民道德"的"武士道"。因此,可以说新渡户稻造写作《武士道》的真正目的并不在于介绍日本的武士及其道德,而是在于宣扬一种他认为全体日本人都(应)具有的日本精神或者说是"大和魂"。这便是《武士道》一书的主题和本质。这也正如有学者所言:新渡户武士道乃是以明治国家体制为根据而产生的一种近代思想,是为了使大日本帝国臣民成为近代文明担当者而创造出来的一种国民道德思想;其与追求做一个真正武士的"本来的武士道"是不同的,而是一种追问国家、国民性的近代思想。[1]

对于武士道的国民道德化及其所带来的问题,有人早在20世纪40年代就曾提出过异议:迄今为止,大多数武士道研究都只是在徒劳地欲填埋武士道与国民道德间所存在的沟壑,尽管二者之间有着本质的差别;[2]有关武士道的书籍可谓汗牛充栋,但都是从伦理道德的角度来论述的,欲将武士道视为普遍的伦理,但这并没有说中武士道的本质。武士道应该是和战争紧密关联,构成士气的一种要素;[3]大多研究武士道的著述都以新渡户稻造的《武士道》为范本,将武士道视为一般国民道德。这是错误的,不能因为日本道德教育基础中有武士道,就把其视为伦理的概念。[4] 实际上,将武士道国民道德化,不独是新渡户稻造《武士道》的问题,也可以说是明治武士道论的

---

[1] 菅野觉明:《武士道の逆襲》,第12—14页。
[2] 古贺斌:《社会学上より観たる武士道の本質》,东京:文芸日本社,1940年,第7页。
[3] 古贺斌:《武士道論考》,东京:小学館,1943年,第3页。
[4] 古贺斌:《武士道論考》,第13—14页。

一个共同现象。明治武士道论的代表人物井上哲次郎等也都主张将武士道国民道德化。

但有趣的是,尽管新稻户稻造的《武士道》一书并没有反映出武士道的本来面目,但今天大多日本人所信奉的武士道则基本上是新渡户稻造所"继承和创造"出来的"武士道"。就《武士道》一书所产生的这般影响,有学者指出:人们开始拥有"武士道"是一高尚的伦理和道德这一印象,主要是受新渡户《武士道》的影响;[1]在听到"武士道"这个词时,今天大多数人首先浮现在脑海中的恐怕就是新渡户稻造的《武士道》。可以说,除了进行学术研究的人以外,一般人尤其是经常把"武士道精神"挂在嘴上的评论家、政治家等所抱有的武士道形象大多来源于新渡户的这本书。[2]《武士道》所产生的影响还不仅仅限于日本国内,其对日本国外所产生的影响也是不容忽视的。甲午战争及日俄战争使西方世界在感到了日本的"野蛮、好战和具有威胁性"的同时,也因其获胜而开始对其"刮目相看",并尝试要解开日本胜利之谜。于是,"武士道"便作为"日本人特质"而被视为了日本获胜的精神来源。在这一背景下,尽管新渡户稻造的《武士道》一书所宣扬的并不是"真实的"武士道,但这似乎并不影响西方人将其视为一部介绍了"日本人特质"的经典之作。

结论

明治日本向西方世界宣传自己,大致可以分为两个阶段:第一阶段是明治初期。在这一时期,为了完成修改不平等条约之夙愿,日本积极地向西方世界展示自己"文明开化"的一面,以求得到西方世界的认同,把自己视为一个文明国家。第二阶段则是甲午战争以后的时期。在这一时期,为了消除甲午战争后西方世界对日本所抱有的负面印象和评价,明治日本的一些知识分子纷纷向西方世界宣传日本的"优秀特质"。除了同第一阶段一样,继续展示日本的"文明开化"以外,其更多的则是论说和宣传日本精神与伦理

---

[1] 佐伯真一:《戦場の精神史》,第262页。
[2] 菅野觉明:《武士道の逆襲》,第10—11页。

道德等,并欲说明它们也同样具有同西方文明一样的价值和意义。如果从这一角度和背景下,对新渡户稻造《武士道》一书加以重新审视和解读的话,我们就会更容易发现《武士道》一书的主题和本质,即与其说该书是一部有关武士道的书,莫如说其实际上是一部以"武士道"的名义来宣扬日本精神与伦理道德的书。但同时,尽管新渡户稻造《武士道》一书并没有真实、客观地反映出武士道的本来面目,但其所起到的作用和产生的影响却是不容忽视的。一方面《武士道》一书向西方世界展示了日本的"良好品德",有针对性地"纠正"了甲午战争后西方世界对日本所抱有的一些"偏见"和"误解",为日本进行了辩护;另一方面,更为重要的是,《武士道》在客观上还使原本是展示给西方人的"理想化"的伦理道德,反倒作为日本的国民道德而被树立起来,成了日本人所憧憬和向往的道德目标。但是,尽管新渡户稻造等人对武士道进行了"净化""美化"等处理,进而"继承和创造"出了一种"新武士道""文明武士道",可在近代日本的历史现实中,却多是"野蛮武士道"的恣意妄为,尤其是在近代日本的对外侵略战争中,其凶残性、野蛮性更是暴露无遗。从这一意义上来讲,"新渡户稻造武士道"只能说是一种"理想化"的"武士道"而已,其并不能全面而客观地反映出日本武士道的真实面目。

(作者戴宇,吉林大学东北亚研究院,原文刊于《东北亚论坛》2013年第4期)

日本的"近代"与"近代的超克"之辩
——以丸山真男的近代观为中心

唐永亮

对近代的批判本是西方社会面对资本主义发展产生的弊端进行自我反思的产物。然而,伴随西方资本主义"把一切民族甚至最野蛮的民族都卷到文明中"①,非西方世界在"接受与应对"西方资本主义后也开始认识近代、反思近代。与欧洲的自我反思、自我批判不同,非西方世界对近代的反思因其同时与超越欧洲的世界支配这一特殊的课题相重复而具有更加复杂的内涵。在日本,第二次世界大战中盛极一时、战后又再度复兴的"近代的超克"(以下简称"超克论")即是如此。无论是战中的"近代的超克",还是战后从各个视角对它的重读,在以"日本对西方"的逻辑寻求日本民族主体性的华丽辞藻下,掩藏的却是为日本帝国主义发动对外发动侵略战争加以辩解之辞。丸山真男作为一位学者,敏锐地认识到"超克论"的上述本质,对其展开了深入批判。

在中国,伴随现代化的发展,知识界也开始认识和反思"现代",亦注意到了日本战后重新认识"超克论"的思想动向。多数人从狭义角度,对战时"超克论"的形成背景、思想流派等做了深入研究。② 也有些学者从广义视

---

① 《马克思恩格斯选集》第 1 卷,人民出版社,1972 年,第 255 页。
② 这方面主要的研究成果,可参考魏育邻:《"现代的超克"的民族主义基调:对其产生背景及有关主要言论的考察》,《日本学刊》2010 年第 2 期;吴玲:《西田几多郎与"近代的超克"》,《北方论丛》2013 年第 3 期;刘超:《"近代的超克"思想谱系中的"满洲浪漫派"》,《外国文学评论》2015 年第 4 期。

角,对战中与战后日本兴起的若干次围绕"超克论"的讨论做了较清晰的梳理和分析。① 但是,很少见围绕"近代"与"近代的超克"之论争的研究。日本学者子安宣邦和中国学者韩毓海虽对此有所关注,②但均未从历史维度对之加以充分展开。本文通过梳理丸山的近代观及其对"超克论"的批判,揭示"超克论"的历史变迁与思想本质,尝试勾画第二次世界大战以来日本知识界近代观的变迁。

一

第二次世界大战期间出现的"超克论"就是所谓狭义的"近代的超克",主要指20世纪三四十年代以"世界史的立场与日本"和"近代的超克"为主题的若干次座谈会所引发的对西方近代原理与近代日本的批判思潮。该思潮是在日本工业化基本实现的背景下出现的。伴随工业化的发展,有些人获得了成功,有些人则作为失败者满怀着对"传统"与"消失故乡"的怀念和感伤。更为直接的政治背景是,这一时期日本企图推动和利用世界秩序的变迁,努力挤进世界霸权体系中,参与新秩序的建构。此外,这一思潮的出现与西方思想影响也不无关系。日本学者铃木贞美认为,德国文化哲学家斯宾格勒(Oswald Spengler)在《西方的没落》一书中对欧洲中心论的猛烈批判在当时日本思想界起到了巨大思想解放作用。③ 而20世纪三四十年代,伴随日德关系的紧密化,反近代主义的纳粹主义思想也涌入日本,无疑对日本思想界产生了深刻影响。④

1941年11月至1942年11月,中央公论社组织高坂正显、西谷启治、高山岩男、铃木成高等京都学派的年轻哲学家、历史学家先后召开了题为"世界史的立场与日本""东亚共荣圈的伦理性与历史性""总力战的哲学"的三

---

① 赵京华:《"近代的超克"与"脱亚入欧":关于东亚现代性问题的思考》,《开放时代》2012年第7期;孙江:《在亚洲超越"近代"?——一个批评性的回顾》,《江苏社会科学》2016年第3期。
② 子安宣邦:《东亚论:日本现代思想批判》,赵京华编译,长春:吉林人民出版社,2011年;韩毓海:《日本"近代的超克"及其变奏》,《21世纪经济报道》2006年10月16日。
③ 铃木贞美:《日本的文化民族主义》,魏大海译,武汉:武汉大学出版社,2008年,第157页。
④ 多田真锄:《〈近代的超克〉的思想——围绕高山岩男教授的言说》,《横滨商科大学纪要》第7卷。

次座谈会。1943年中央公论社将这三次会议上的发言结集出版,名为"世界史的立场与日本"。所谓"世界史的立场"按照西谷启治的理解就是,近代西方"将它的势力向全世界扩展,世界开始出现了一种整体性"。① 日本面对西方帝国主义统治下的世界,面对崇尚物质价值、科学主义、理性主义的西方文明所暴露出的种种弊端,需要回归日本传统,通过"祖先传承下来的民族精神"来克服西方文明给日本带来的危机。② 那么,西方文明究竟有哪些弊端呢?参会学者们对之做了深入分析。高山岩男批判西方近代理性主义所倡导的"惟有理性才是真正正直的人性,其它都是动物性"的观点。他认为,"理性的立场归根结底是必须要尊重的。……但是,理性也是受限制的。在现实世界中,非理性的原理和理性一样具有普遍性和必然性,起着支配作用"③。高山认为,西方近代民主政治有明显的弊端。"由人民掌握的民主国家的主权从一开始就是毫无任何掣肘的至上性存在,由此开启了近代人民专制的时代。伴随大众社会、大众民主政治的发展,掌握着国家主权的'大众'正在成为人类政治史上从未有过的暴君。"④他们认为,西方近代文明观所暗含的"人类至上主义"也是需要深刻反思。"丧失谦虚之心的人类主义陷入到了自私自利的人类至上主义中。从根本上改变这种近代精神的就是精神革命,而在精神革命中最不可或缺的是宗教的精神和虔诚之心。"⑤其于日本而言,就是以"绝对无"立场上的"日本精神"为武器,超越西方近代,创造出以自身为主体的世界史。⑥ 总之,京都学派的学者具有深厚的西学素养,他们对西方近代的批判是深入西方近代思想体系内部的批判。这是京都学派"超克论"的突出特点。

与此同时,1942年7月,日本刚刚对英美宣战不久,《文学界》杂志就组织召开了题为"近代的超克"的座谈会,龟井胜一郎、河上彻太郎、小林秀雄、津村秀夫、吉满义彦、西谷启治、铃木成高、中村光夫等代表参加了会议。会

---

① 西谷启治:《西谷启治著作集》第8卷,东京:中央公论社,1943年,第422页。
② 西谷启治:《西谷启治著作集》第1卷,东京:中央公论社,1943年,第150页。
③ 高山岩男:《哲学式人学》,东京:岩波书店,1938年,第2—4页。
④ 高山岩男:《哲学是什么》,东京:创文社,1977年,第186—187页。
⑤ 高山岩男:《哲学是什么》,第154页。
⑥ 高坂正显:《世界史的立场与日本》,东京:中央公论社,1943年,第205页。

后不久,1943年,由创元社将会议论文与会议记录结集出版,名为"近代的超克"。这次会议与"世界史的立场与日本"系列会议相映成趣,其宗旨是讨论知识界如何应对刚刚爆发的太平洋战争,希冀以此次讨论会掀起一场精神革命,建设"新日本精神之秩序",超越西方。"近代的超克"是上述会议宗旨的高度凝缩。就如河上彻太郎在该书《"近代的超克"结语》一文中所言:"'近代的超克'这惟一的指路明灯,尽管有些朦胧,却穿透各个阻碍同时映入我们的眼帘,这是何等的喜悦!"[1]那么,究竟何谓"近代的超克"呢?铃木成高给出的定义是:对法国革命以后近代的各种倾向,即政治上的民主主义,思想上的自由主义,经济上的资本主义,进行整体上的超克,就是近代超克的思想立足点。[2] 但是,与会者围绕"近代的超克"的词语用法、知识方法论及具体实施操作路径等问题仍存在争论。多数人主张,近代化使日本社会遭到西方文明的"污染",要去除这些"污染",必须回到"纯粹的"日本精神传统当中去;少数人则认为,"近代的超克"绝不是完全肯定"近代"或完全否定近代,而应在承认近代积极性的基础上对之加以扬弃。[3] 因为在日本,欧洲文明已非简单的外来文明,它已深深内化为日本自身的一部分。简单地排斥西方文明的做法是无法解决问题的。[4] 总之,"近代的超克"是沿着"东洋对西洋"的抵抗逻辑来思考问题的,无论是一味批判西方近代,还是以肯定的态度扬弃近代,其目的归根结底在于以东西方对抗的姿态,抵抗西方的冲击,树立日本的主体性。

归根结底,以"世界史的立场与日本"和"近代的超克"为代表的"超克论"作为意识形态与国家政治权力密不可分,其现实目的是为日本帝国主义发动对外侵略战争提供理论支撑。英国著名历史学家汤因比曾指出,一种文明在遭到另一种文明挑战时,会采取以武力回敬武力、孤立主义、以文化

---

[1] 河上彻太郎,竹内好:《近代的超克》,富山房,1979年,第166—168页。
[2] 河上彻太郎,竹内好:《近代的超克》,第175—181页。
[3] 河上彻太郎,竹内好:《近代的超克》,第114页。
[4] 藤田正胜:《座谈会"近代的超克"的思想丧失:围绕近代与近代的超克的对立》,酒井直树等主编:《"近代的超克"与京都学派:近代性·帝国·普遍性》,东京:以文社,2010年,第83页。

领域的反击或创立一种高级宗教的方式来回应武力等抵抗模式。① "超克论"可谓是以文化领域的反击来回应西方挑战模式的重要表现。值得注意的是,"超克论"对西方近代的批判是较全面的,他们对西方近代的认识相比当政者只想打败西方国家但不标榜打倒资本主义体制的认识更全面更复杂。② 而恰如子安宣邦所言,"超克论者"将自己作为"世界史"的审判者在批判西方近代原理时,缺失对"近代国家日本"本身的认识视角。③ 更进一步讲,"超克论"缺乏对东亚各国主体性认可的他者认识视角。日本基于武力征服之上的"东西方对抗"的"超克论"的背后,完全依凭的是弱肉强食的西方逻辑。所以,"超克论"在逻辑上无疑是前后矛盾的。

在"超克论"大为盛行的战争时代,不是所有人都对之委身迎合,包括丸山真男在内,许多日本知识人以各种形式对之展开了批判。丸山毕业于东京帝国大学,他留校任教后,一直从事日本政治学、思想史等的教学研究工作。丸山批判"超克论"主要源于以下几点原因。

首先,从家庭环境看,丸山深受作为新闻记者的父亲丸山干治的影响。干治秉持自由主义立场,在日俄战争时,他作为随军记者赴前线采访,因如实报道战争惨状而被遣返回国。干治与著名反法西斯主义者长谷川如是闲颇有亲交。④ 丸山真男本人也深受长谷川的影响,称他为人生中两大恩师之一。⑤

其次,从学问渊源看,丸山深受马克思主义、自由主义思想影响。他在高中、大学时代曾醉心于马克思主义,甚至因参加"唯物论研究会"的活动而被捕。⑥ 也正因马克思主义的机缘,丸山在上大学三年级时读到德国著名社会学家曼海姆的《意识形态与乌托邦》一书,深受书中"思想的社会制约"之思想史研究方法的影响。⑦ 丸山战后曾感叹,这种研究方法对当时社会

---

① 阿诺德·汤因比:《历史研究》下卷,郭小凌等译,上海:上海人民出版社,2014年,第798—801页。
② 广松涉:《"近代的超克"论:对昭和思想史的片段想法》,朝日出版社,1980年,第23页。
③ 子安宣邦:《东亚论:日本现代思想批判》,赵京华编译,第10页。
④ 《年谱》,《丸山真男集》别卷,岩波书店,1997年,第27页。
⑤ 丸山真男:《长谷川如是闲与父亲和我》,《丸山真男集》第16卷,岩波书店,1996年,第127页。
⑥ 丸山真男:《从师南原先生》,《丸山真男集》第10卷,岩波书店,1996年,第178页。
⑦ 丸山真男:《摸索思想史的方法》,《丸山真男集》第10卷,第324页。

上汹涌泛滥的"日本精神论"和"皇道哲学"之流的思想讨论,在某种程度上是一味解毒剂。① 丸山在东大学习工作期间,亲眼看到老师南原繁等人对法西斯主义思想的抵抗,深深认识到自由主义的可贵。丸山曾回忆说:"在那个正如精神病理学家 E. 克雷奇默精辟指出的'平常我们诊断他们(疯子),非常时期他们诊断我们'的狂热的'非常时期',温暖地包围着我的是东大法学部研究室的自由主义氛围。"② 在马克思主义和自由主义影响下的丸山,对当时日益明显的极权统治,产生了近乎生理上的厌恶感。③

这一时期,丸山已敏锐地认识到"超克论"的本质。他指出,"超克论"是要打倒英、美、法等代表的落后于时代的自由主义诸种意识形态,助力日本德国、意大利等轴心国站在前列不断向前推进的"世界新秩序"的建设。④ 超克论不仅站在轴心国对抗同盟国的立场上,而且还包含着要求日本国内意识形态使之齐一化的含义。其具体建立在两种相互关联的对日本历史与现状的"诊断"之上:(1)"明治以后的日本早已充分近代化,现代日本的最大病患,就是过分吸收西欧近代文化和制度而滋生出了毒素。"(2)"在被'近代'污染以前的日本,古代信仰和以儒学为代表的来自亚洲大陆的'东方精神'浑然融合形成了美好的传统,其虽历经风雨在文化、社会、政治各个领域中仍被保存下来。现在把我们祖先这种美的传统从'近代'的污染中拯救出来,才是日本应对'世界新秩序'建设所应作的贡献。"⑤ 丸山认为"超克论者"上述"诊断"是错误的,近代只是"超克论者"趋炎附势的替罪羊而已。⑥ 他认为,为了抵抗"超克论"以及作为其支撑的极权主义,有责任感的知识分子必须站在拥护近代一边,把拥护它作为自己的义务。

然而,值得注意的是,丸山所拥护的近代是西方近代的"原点",而非工业革命以后的西方近代和近代日本。他在为麻生义辉著《近世日本哲学史》

---

① 丸山真男:《从师南原先生》,《丸山真男集》第 10 卷,第 180 页。
② 丸山真男:《〈日本政治思想史研究〉后记》,《丸山真男集》第 5 卷,岩波书店,1995 年,第 293 页。
③ 丸山真男:《〈日本政治思想史研究〉英文版作者序文》,《丸山真男集》第 12 卷,岩波书店,1996 年版,第 89 页。
④ 丸山真男:《〈日本政治思想史研究〉英文版作者序文》,《丸山真男集》第 12 卷,第 93—94 页。
⑤ 丸山真男:《〈日本政治思想史研究〉英文版作者序文》,《丸山真男集》第 12 卷,第 94 页。
⑥ 丸山真男:《〈日本政治思想史研究〉英文版作者序文》,《丸山真男集》第 12 卷,第 93—94 页。

一书所写的评论中指出,近代日本引入的西方精神文明实际上只是"物质文明的哲学",其并不具有从内部塑造日本国民近代精神的力量。"日本刚刚开始全面接触欧洲文明时恰逢 19 世纪中叶,黑格尔庞大的哲学体系土崩瓦解,欧洲已经失去了内在的支柱,随之而来的是仅仅关注经验和现实生活的哲学荒芜的时代。自然科学取得了令人瞩目的成绩,产业技术变革也带来了物质生活方式上急速的进步,市民对政治生活的广泛参与,这一系列现象归根结底并没有对人的内心产生多大影响。……这一时期兴起的思潮是实证主义、功利主义、机械唯物主义论、进化论。维新后不久,纷纷涌入日本的恰恰是这一时期的欧洲精神。所以说,近代日本最初从欧洲引入的精神层面最深刻的东西实际是物质文明的哲学。在我国国内体制正在急速资本主义化时,这种哲学作为开化国民使之适应时代需要的意识形态是无疑是恰好合适的。但是,重要的是,在这一过程中,人们不知不觉中所学到的仅仅是精于形式与器物的精神,……这些消化过的哲学无论是实证主义、功利主义,还是自然进化论,从其原本的思想性格来看,并不具有从内部制约和改变国民精神的力量。甚至就如福泽谕吉所言,以结果为本位的功利主义思维对日本人从内部培养'独立自尊'精神是不利的。"①由此可见,在这一点上丸山与"超克论者"的观点并非完全矛盾。也恰因如此,丸山曾言:"超克论者"的见解"在当时的我看来也包含着合理的东西"。②

丸山对"超克论"的批判主要基于学问以外的目的,因考虑到当时思想检查的严酷形势,被迫采取了导师南原繁所教导的迂回方式,即"对于涉及时局性学问对象的日本思想史,要加以非时局性的处理。"③丸山将自己对日本当时政治社会状况的担忧困扰都聚集到全身心的历史考察中。④ 他首先从批判"超克论"的时代诊断入手,证明在日本维新以前的日本前近代,也不像超克论者所美化的那样,与"近代"无缘的"东方精神"一成不变地持续

---

① 丸山真男:《读麻生义辉〈近世日本哲学史〉》,《丸山真男集》第 2 卷,岩波书店,1995 年,第 190—194 页。
② 丸山真男:《〈日本政治思想史研究〉英文版作者序文》,《丸山真男集》第 12 卷,第 93 页。
③ 丸山真男:《〈日本政治思想史研究〉后记》,《丸山真男集》第 5 卷,第 293 页。
④ 丸山真男:《〈日本政治思想史研究〉后记》,《丸山真男集》第 5 卷,第 292 页。

着。丸山战后曾感叹:"将无论是多么坚如磐石的体制其自身都包含着崩溃的内在必然性的道理用德川时代——当然是从思想史这一限定的角度——来证实,夸张点说,在当时的环境中,这件事本身就是灵魂的救星"。① 当然,丸山也意识到这样做有超出历史学家最低所需要的"禁欲"之嫌②,但对于这一在"危机意识"与"历史意识"的拮抗中迫不得已的选择,丸山甘愿为之接受非难。③

丸山认为"近代"的核心是"近代精神",即区别"存在"与"价值",以抽象逻辑把握客体的近代主体性思维。④ 而"公"与"私"的分离、"存在"与"价值"或"自然"与"人为"的分离是近代主体性思维形成的关键。基于此种近代认识,丸山高度评价徂徕学在日本思想史上的意义。

丸山在 1940 年写的《近世儒教发展中徂徕学的特质及其同国学的关系》一文中指出,徂徕学与诸如古学派等其他儒学流派相比,有着"质的飞跃"。⑤ 它打破朱子学的"天人合一"观,将"公"与"私"截然区分开。原本朱子学中的"道"被定义为"治国平天下"的政治意涵,"私"被从"天人合一"的连续性结构中解放出来。⑥ 在 1941 年写的《近世日本政治思想中的"自然"与"人为"》一文中丸山进一步分析指出,徂徕学打破朱子学"社会政治秩序是先在的天地自然之所与"的思维模式,确立了"社会政治秩序是主体性的人为创造"的认识。但是,要排除一切非人格理念的优位,将人作为秩序的创造主体,将自由的人格以及人的现实存在本身作为终极根据,就又不可避免地造成最初人格的绝对化。徂徕由此认为社会秩序是由"圣人"这一绝对

---

① 丸山真男:《〈日本政治思想史研究〉后记》,《丸山真男集》第 5 卷,第 290 页。
② 丸山在 1943 年为清原贞雄《〈日本思想史 近世国民的精神生活〉》一书所写的评论中指出:"历史、特别是思想史不可避免的会参入史家自身的价值体系,正因如此更要求思想史家必须要严格地'禁欲'。既然要叙述历史,就不能隐蔽乃至歪曲实际上并非如此的地方。日本思想史特别容易陷入诱惑。那样对待历史的态度,看似忠于自己的国家,实际是对自己国家走到现今的发展史缺乏虔诚敬意,在这一点上反而是对国史的冒渎。"
③ 丸山真男:《〈日本政治思想史研究〉后记》,《丸山真男集》第 5 卷,第 292 页。
④ 丸山真男:《政治学中的国家概念》,《丸山真男集》第 10 卷,第 7 页。
⑤ 丸山真男:《近世儒教发展中徂徕学的特质及其与国学的关联》,《丸山真男集》第 1 卷,岩波书店,1996 年,第 189 页。
⑥ 丸山真男:《近世儒教发展中徂徕学的特质及其与国学的关联》,《丸山真男集》第 1 卷,第 229 页。

化的人格实在创造出来的。① 在现实中,这个圣人就是德川将军。

与前两篇论文不同,丸山在1944年7月应召入伍前写就的《"前期"国民主义的形成》一文基于国民主义的视角将批判的矛头直指幕藩体制。丸山指出近代意义上的"国民"具有两个指标:(1)属于一个国家共同体。(2)相互之间具有对同属一个国家的一体感。这种国民意识既包括基于语言、宗教、风俗、习惯等共通的文化传统之上的文化意识,也包括政治意识。如果把以这种国民意识为背景,主张国民统一和国家独立的思想称为"国民主义"(Nationalism; Principle of Nationality)的话,那么只有它才是近代国家作为近代国家得以存立的"精神动力"。丸山认为,作为政治范畴的"国民"以及主张国家独立的国民主义都是历史发展到一定阶段的产物。它们并不是自然而然地生长出来的,一个国家的政治秩序有时会阻止作为政治范畴的国民的产生,使大多数国民过着没有"人格"的生活。② 幕藩体制恰恰就是这种国家秩序。丸山认为,虽然在幕末时,日本受到来自欧美的"刺激"而出现了诸如"万机决于公论"的思想,但是一旦涉及谁才是国家独立责任的承担者这一核心问题时,封建支配层以外的国民大众仍旧会被排除在权力之外。③ 那如何才能使日本国民成为肩负国家独立之重担的能动的主体呢? 这不仅是明治思想家,也是丸山本人要着力要解决的切实课题。

战后初期,丸山也意识到自己战争期间的近代观中,存在着"把从内部促使封建意识形态解体的思想契机直接看作是近代意识制表征"的机械性认识的问题,④也存在着对"超克论"及其背后的日本法西斯体制批判得不够鲜明、不够彻底的问题。但是,在日本法西斯对内施行高压统治,坚持反战反法西斯统治的知识分子纷纷转向的情况下,丸山仍能坚守立场,将批判的矛头直指为大东亚战争摇旗呐喊的"超克论",也是非常难能可贵的。

丸山这一时期的近代观在战后受到了批判。子安宣邦在《"近代"主义的错误与陷阱》一文中指出,丸山的近代观中"存在着一个围绕'近代'而展

---

① 丸山真男:《近世日本政治思想中的"自然"与"人为"》,《丸山真男集》第2卷,第47—48页。
② 丸山真男:《早期"国民主义"的形成》,《丸山真男集》第2卷,第227—229页。
③ 丸山真男:《早期"国民主义"的形成》,《丸山真男集》第2卷,第266页。
④ 丸山真男:《〈日本政治思想史研究〉后记》,《丸山真男集》第5卷,第290页。

开的抗争性话语图式"。丸山把"超克"近代的言行当作法西斯主义,"超克论"要超越近代,而他则针锋相对地拥护近代。子安宣邦认为在丸山抵抗的话语中,"超克论"所要克服的那个"近代"并没有得到追究,而他所拥护的"近代"概念却被创造出来。① 这种观点有一定合理性,但其中有两个问题值得商榷。

第一个问题,这一时期丸山是不是把"超克论者"的言行视为"法西斯主义"? 要弄清这个问题仅仅关注《日本政治思想史研究》是不够的,还要结合《读麻生义辉的〈近世日本哲学史〉》《政治学中的国家概念》《清原贞雄〈日本思想史 近世国民的精神生活〉上》等丸山这一时期的其他作品来综合判断才行。通过阅读这些作品我们发现,诚然如子安宣邦所言,在丸山的近代观中存在着对抗性的话语图式,他企图通过支持"超克论"批判的"近代",以迂回的方式来抵抗"超克论"背后赖以支撑的极权主义。但是,这并不意味着这一时期丸山把"超克论"的言行都当作法西斯主义。丸山在《〈日本政治思想史研究〉英文版作者序文》中就明言:"超克论者"的见解"在当时的我看来也包含着合理的东西。"②而这种合理的东西就是对近代的认识。这一时期丸山对源自西方世界的"近代"并非无批判地全盘接受。他在为麻生义辉著《近世日本哲学史》写的书评中就明确指出,19世纪中叶以后仅仅关注经验和现实生活的西方近代史哲学荒芜的时代。日本应学习的近代不是物质化的近代,而应是西方近代的原点,要学习文艺复兴时代的近代精神。

第二个问题,丸山是否用自己构建起的"近代"概念来取代"超克论者"所要克服的那个"近代"而使"超克论者"口中的"近代"完全未得到追究? 表面看起来确如子安宣邦所言,丸山在《日本政治思想史研究》中十分强调近代主体性思维的意义,而对西方近代以及日本的近代化问题没有太多述及。但是,这并不能直接推导出丸山对"超克论者"批判的"近代"没有充分"追究"。实际上,这一时期丸山对"近代"的批判似乎比"超克论者"更为彻底。"超克论"批判的近代,既包括西方的近代,也包括日本近代化,但是他们的

---

① 子安宣邦:《东亚论:日本现代思想批判》,赵京华编译,第 223 页。
② 丸山真男:《〈日本政治思想史研究〉英文版作者序文》,《丸山真男集》第 12 卷,第 93 页。

批判在日本模仿西方近代模式走上对外扩张的帝国主义道路问题上却戛然而止。这种批判链条的断裂恰恰暴露出了"超克论"的内在逻辑矛盾与"超克论者"甘愿为日本帝国主义提供注脚的心理动机。与之相对,丸山对法西斯主义持批判态度。也正是基于对法西斯主义、纳粹主义国家观的批判,[①]他于1936年写了《政治学中的国家概念》一文。他在该文中指出,法西斯主义国家观是从自由主义国家观演变来的极权主义国家观。[②] 1943年丸山应时任《三田新闻》编辑的同学林基的请求,写了《福泽所谓的秩序与人》一文,批判当时社会上铺天盖地宣扬福泽的国权论和大陆进军论的论调。他在文中指出,日本要作为近代国家获得正常发展,就要对唤醒那些对政治秩序被动服从的国民大众,使他们自觉自身作为国家成员的主体能动性,[③]由此才可遏制极权的日本法西斯体制。

二

1951年,日本与美英等国单独媾和签订《旧金山媾和条约》,使日本国家主权得到恢复。但是,在一些知识分子看来,日本同时与美国签署的《日美安全保障条约》意味着日本将长期处于美国监管的"次殖民地状态"中[④]。在这一背景下,因战后民主化改革而一时归于沉寂的"超克论"再度兴起。

1952年1月,同样由《文学界》牵头组织了一次讨论会,战中"超克论"的代表人物龟井胜一郎、中村光夫、河上彻太郎等人也参加了这次会议。会议的主题就如会后刊于《文学界》特辑"现代日本的知识命运"的编者按中所言:"和谈条约之成立,虽给予了独立的名义,然众所周知日本所处之地位极不安定。战争之危机依然未去,日本正立于重大的歧路之上。于国际国内两方面问题重重,而文学家对此有何见解与信念?不仅为了讨论现实状况,还为了追究明治以来日本人所备尝之种种悲剧,或认知上的混乱,即所谓

[①] 丸山真男:《从师南原先生》,《丸山真男集》第10卷,第175—176页。
[②] 丸山真男:《政治学中的国家概念》,《丸山真男集》第10卷,第26—31页。
[③] 丸山真男:《福泽之中的秩序与人》,《丸山真男集》第2卷,第220—222页。
[④] 赵京华:《世界秩序的重组与东亚现代性问题:以二战前后日本"近代的超克"论为例》,钱永祥主编:《普遍与特殊的辩证:政治思想的探掘》,第100—101页。

'近代日本'之实体,并为预知与省思未来相互探讨"。① 由此可见,这次会议的主题依旧是批判"近代"。"近代"被视为造成明治以来日本人备尝种种悲剧,认知上产生混乱的"罪魁祸首"。但是,这一暗含着欲为战中"超克论"平反的思潮在"左翼"势力蓬勃发展的20世纪50年代并没有产生多大影响。直到20世纪60年代初,伴随左翼运动在安保斗争中的失败,重新评价"超克论"的思潮再度兴起,其代表人物是竹内好。

竹内好认为,应该将思想维度的"超克论"从历史维度的"超克论"中分离出来,高度评价"超克论"的思想意义。竹内坦陈将思想与历史剥离开的工作是异常困难的,但是"如果不承认思想层面具有与体制有别的相对独立性,不甘愿直面困难将作为实施的思想分离出来,那么就无法从被尘封的思想中提取能量"。② 因此,"在可能的范围内,批判地吸收遗产,作为思想的处理方法是正确的"③。

竹内并不讳言应该对战中"超克论"曾助力战争的历史进行反省,但他同时又极力用"双重结构论"为大东亚战争辩护。他认为大东亚战争具有两重性,日本"一方面对东亚要求统领权,另一方面通过驱逐欧美而称霸世界,两者既是一种互补关系,同时又是一种相互矛盾的关系。"④这种战争的两重性由来于日本近代史的特质。日本对侵略战争负有责任,但是就帝国主义战争而言,这个责任不应该由日本单方面承担。⑤

竹内好基于"近代—传统""西方—东方"的二元对立图式,来认识"超克论"的思想意义。他期望借用"超克论"来唤醒战后日本人的抵抗意识,至少在精神层面达到摆脱日本战后对美从属依赖的目的。竹内指出:"日本在迈向近代的转折点上,曾面对欧洲产生过绝对的劣等意识。从那时起便开始拼命地追赶欧洲。它认定自己只有变成欧洲、更漂亮地变成欧洲才是脱离劣等意识的出路。就是说,试图通过变成奴才的主人而脱离奴才状态。所

---

① 竹内好:《近代的超克》,李冬木等译,生活·读书·新知三联书店,2005年,第296页。
② 竹内好:《近代的超克》,李冬木等译,第301—302页。
③ 竹内好:《近代的超克》,李冬木等译,第313页。
④ 竹内好:《近代的超克》,李冬木等译,第324页。
⑤ 竹内好:《有关战争责任》,《竹内好全集》第8卷,筑摩书房,1980年,第216页。

有解放的幻想都是在这个运动的方向上产生的。"① 但是,竹内认为在这场解放运动中,日本并未形成自己仍是西方"奴才"的自觉,而"安居于自己并非奴才的幻想之中"。这种主体性的缺失,是主体并不具备自我所造成的,而其归根结底是因为主体放弃了自我成为自我的可能,即放弃了抵抗造成的。② 正因如此,竹内反对直接从欧美移植近代精神。③ 他主张日本人自我意识的形成需要建立在日本传统上,要从起始点上培养日本人的自我意识。

由此可见,战后"超克论"虽然不是战中"超克论"的简单复活,但是两者在逻辑上具有同构性,即以"欧洲—亚洲""近代—传统"的二元对立图式,通过西欧的抵抗来培养日本人的自我主体性。

丸山真男与竹内好是同道益友,④ 两个人的近代观有诸多相似之处。竹内认为,"近代"的核心是主体人格的产生,"所谓近代,乃是欧洲在从封建社会中解放自我的过程里(就生产方面而言是自由资本的发生,就人的方面而言是独立平等的个体人格的成立)获得的自我认识"。⑤ 丸山也具有相近的认识,他认为近代主体性思维、主体人格是"近代精神"的核心,精神上的"近代"远比物质上的"近代"更为重要。丸山与竹内对近代日本均持批判态度,就如伊藤虎丸所言,"竹内好批判日本近代缺乏'精神',缺乏'反抗',缺乏'发展',从根本上说,是和丸山真男在《日本的思想》中所指出的'缺乏思想的坐标轴',即思想并没在交锋和积淀的基础上被历史性地构筑起来的'传统'(即思想的'杂居'性)是完全重合的"⑥。

尽管丸山与竹内都致力于树立日本人近代主体人格,但值得注意的是,他们诉诸的实现方式完全不同。竹内主张分割历史与思想,积极评价"超克论"的当代意义,通过以日本传统抵抗近代,促进日本人主体人格的形成。丸山不同意走这条道路。他在《围绕竹内好的谈话》中直言不讳地指出:竹

---

① 竹内好:《近代的超克》,李冬木等译,第 207—208 页。
② 竹内好:《近代的超克》,李冬木等译,第 208 页。
③ 竹内好:《近代的超克》,李冬木等译,第 192 页。
④ 丸山真男:《读竹内日记》,《丸山真男集》第 12 卷,第 37 页。
⑤ 竹内好:《近代的超克》,李冬木等译,第 183 页。
⑥ 伊藤虎丸:《鲁迅与终末论:近代现实主义的成立》,李冬木译,生活·读书·新知三联书店,2008 年,第 227 页。

内好"在《近代的超克》中把思想只是作为思想来看",但若不把思想放在历史中,"就不能做到思想的批判"①。丸山认为从主体性思维而言,日本别说"超克"近代,近代甚至尚未真正形成。但是同时,丸山也反对"近代"与日本毫无关联的"无缘论"的观点。他认为完全看不到日本历史上近代思维的自发成长,容易使日本国民对传统思想的力量丧失信心,这也是危险的。② 也就是说,在丸山看来,对日本而言,既不应简单地言说"超克"近代,也不能机械地认为近代化就等同于西方化,而完全看不到在日本历史上存在着近代思想的自发成长的事实。

竹内主张重建日本传统,丸山却着力批判阻碍日本人主体性思维形成的思想传统和社会结构。丸山在《日本的思想》一文中指出:"我们在探讨思想至今的状态、批判样式或其理解方法时,如果其中存在妨碍思想的积累和形成构造的各种契机,就应对这些契机逐一地不断追寻其问题所在,虽未必能追寻到究极的原因,至少也能从现在我们所处的地点出发,开拓出一条前进的道路。"通过批判阻碍主体性思维形成的思想传统,为主体思维的形成开辟道路,这是丸山的思维逻辑。如果说丸山在战中发表的《"前期"国民主义的形成》一文只是开启了批判社会结构之开端的话,丸山在战后对日本社会病理结构的批判更加深入、犀利。因为在丸山看来,战后日本人获得的"自由"是"他者赋予的自由",作为自由之本质的主体性仍颇为欠缺。③

丸山认为,近代天皇制以及与之相关联的"思想的无构造传统""抑压转嫁平衡"病理和现实主义性格是阻碍日本人主体性思维形成的主要"病根"。丸山在战后不久发表的《超国家主义的逻辑和心理》一文中指出,近代日本国家的政治秩序"是以作为绝对价值体的天皇为中心的、连锁式的自上而下的秩序。万民在相距中心的各种各样的距离上翼赞天皇,距离越远价值就越小。④ 这种天皇制政治传统在在排除异端方面发挥了强大作用,但"它对于人格性主体——无论是自由认识主体上的意义、伦理责任主体的意义,或

---

① 丸山真男:《围绕竹内好的谈话》,《丸山真男集》第 9 卷,岩波书店,1996 年,第 339 页。
② 丸山真男:《近代的思维》,《丸山真男集》第 3 卷,岩波书店,1996 年,第 4 页。
③ 田中久文:《重读丸山真男》,东京:讲谈社,2009 年,第 57 页。
④ 丸山真男:《现代政治的思想与行动》,未来社,1983 年,第 23 页。

是秩序形成的主体意义——的确立,从一开始就包含着成为决定性桎梏的命运"①。

在丸山看来,日本社会结构中的"抑压转嫁平衡"原理是阻碍日本人主体人格形成的社会病理。丸山通过研究发现,在以天皇为权力中心的天皇制政治权力结构下,存在着一种居上位者按顺序向下位者恣意行使暴力,"通过抑压的转嫁保持精神均衡"的集团病理。丸山认为它是"近代日本从封建社会继承过来的最大'遗产'之一"②。日本人缺乏主体意识既是造成这种集团心理产生的原因,也是这一集团心理机制产生的结果。

在思想传统方面,丸山认为,日本人缺乏核心性的思想坐标轴。按照一定时间顺序引进的各种外来思想,在日本人精神世界里无时间顺序地并存的,历史顺序性消失不见,甚至从原理上相互矛盾的思想也和平地并存着。当然,丸山也承认在日本历史上并非没有传统思想对外来思想的反抗,但他认为这种反抗只是一种非原理立场的意识形态上的批判而已。而正是这种非原理立场的意识形态上的批判,否定了现实与规范之间紧张关系本身的意义,由此产生出了两种倾向,即对与生俱来的感性的尊重和对既成统治体制的被动追随。③

丸山还指出,日本人现实主义思维方式也不利于主体人格的养成。他认为日本人现实主义思维方式有三大特征。第一,强调现实的被赋予性。一般而言,现实既具有被赋予性,也有被塑造性。但是,日本人通常重视前者而忽视后者。而仅从赋予性和过去式的角度来理解现实,就很容易形成"现实总是毫无办法改变的过去"的思维定式。丸山认为,正是这种思维方式扼杀了日本人的自由想象力和行动,使抵抗法西斯主义的力量从内部土崩瓦解。④ 第二,现实观的单向度性。社会现实通常是由极其复杂而矛盾的各种动向构成的立体画面,而日本人在叫喊着"直面现实"时,通常头脑里已经有了希望某个方面出现,不希望其他方面出现的价值判断。丸山认为

---

① 丸山真男:《日本的思想》,区建英、刘岳兵译,生活·读书·新知三联书店,2009年,第64页。
② 丸山真男:《超国家主义的逻辑与心理》,《丸山真男集》第3卷,第32—33页。
③ 丸山真男:《日本的思想》,区建英、刘岳兵译,第20—21页。
④ 丸山真男:《军国支配者的精神形态》,《丸山真男集》第4卷,第117页。

无论是第二次世界大战中的日本媒体报道,还是战后围绕媾和问题、再军备问题,都不是现实论和非现实论之争,而只是围绕要做哪种选择的争论。①第三,支配者所选择的方向往往被视为英明的"现实",而反对派选择的方向往往被贴上"观念论"的"非现实"标签,其中隐含着日本人根深蒂固的事大主义和权威主义性格。丸山主张日本人应向这种现实主义思维方式发起正面挑战,拒绝屈从"既成事实"。他认为即使这种"拒绝"可能只是些微不足道的行为,也是有价值的,它能逐渐提高人们自主选择的能力。②

那么,到底该如何来培养日本人主体人格呢?丸山认为,应建构自由多元的市民社会,以主体人格的养成创造环境。丸山在《福泽谕吉其人与思想》一文中指出,只有从"权力偏重"的社会发展到多元的自由并存的社会,民主主义才会免于向"极权主义"倾斜,人的"独立精神"才能从一味盲信的"惑溺"传统中摆脱出来。③ 丸山借用结核菌素阴性反应形象地说明这个道理,"结核菌素阴性反应的状态既不能证明现在状态是健康的,也不能保证将来是健康的。相反,在某种情况下还可能提高感染的危险性。尽管如此仍一味地礼赞"无菌"的阴性状态,会阻碍通过将身体暴露于病菌中,不断提高自身的抵抗力和免疫力的努力。"④当然,丸山也注意到了伴随日本经济高速增长,从"农村型社会"向"都市型社会"转变过程中,"大众规模的自主人格"并未出现,⑤相反却产生了因转型不适而对现实生活怀有恐惧不安和挫折感,对公共生活漠不关心的大众。他由此感叹民主主义革命是没有止歇的。

他还认为,与异文化接触有利于增强人的自主选择能力,而主体性归根结底"是自我从面对的多元价值中自主选择的能力。一般而言,面对的异质性价值越多,就越容易磨炼出选择能力。……主体性的程度与主体适应环境来选择自我发展方向的方法本身息息相关"⑥。具体而言,人通过与异质

---

① 丸山真男:《"现实"主义的陷阱》,《丸山真男集》第5卷,第197页。
② 丸山真男:《"现实"主义的陷阱》,《丸山真男集》第5卷,第200页。
③ 丸山真男:《福泽谕吉其人与思想》,《丸山真男集》第15卷,第291页。
④ 丸山真男:《个人析出的各种模式》,《丸山真男集》第9卷,第417页。
⑤ 丸山真男:《〈现代政治的思想与行动第一部〉追记及补注》,《丸山真男集》第6卷,第272页。
⑥ 丸山真男:《丸山真男讲义录》第6卷,东京大学出版会,2000年,第19页。

文化圈的频繁接触，既可促使人自觉地意识到自己具有有别同一集团内部之"他者"的"自我"个性，也能增进人对更广义的、抽象的社会的归属感。① 也正因如此，丸山主张切断"外在"普遍主义与"内在"土着主义的恶性循环，从"日本之中有世界，世界之中有日本"的意义上来理解"开国"的思想史意义。②

在他看来，日本文化在与外来文化交流接触中存在着底层与上层明显区分的二重结构，底层部分具有很强的同质性和连续性，上层部分则很容易受到外来文化的刺激而产生时代性的变化。丸山将日本文化的底层部分称为日本文化的"原型"（prototype），认为它是阻碍日本人主体人格形成的重要障碍。所谓日本文化的"原型"主要指日本社会的结合样式及政治行动样式的原初形态，以及神话、古代传说中所表现出的思维方式和价值观。③ 后来，丸山意识到"原型"一词带有浓厚的宿命论色彩后，又先后用地层学上的"古层"和音乐学上的"执拗低音"取而代之。丸山认为日本文化的本质就是"执拗低音"的文化，"执拗低音"能改变儒教、佛教、西方思想等外来文化，使其成为日本式的思想。④ 丸山认为这种囿于传统文化的强韧的"执拗低音"在近代成了阻碍日本人主体性思维进一步成长的障碍，其具体表现就是"近代的超克"。他在《日本的思想》一文中就谈到，在近代，当对村落共同体的乡愁被巨大都市的杂然无章进一步刺激后，就形成了隐藏在各种旋律中的"'近代超克'的执拗低音"。⑤ 那么，如何才能突破"执拗低音"的限制进一步培育日本人的主体人格呢？丸山提出了一条对传统进行再解释、再创造的重要路径，其包含以下几层含义。

第一，对不言自明的"常理"进行重新认识和反省，以促使日本人从定式思维中解脱出来。丸山认为："学习思想史的一个意义就是重新认识我们以前未曾反省就作为前提的观念和在刻意宣扬的作为意识形态的'主义'底层

---

① 丸山真男：《开国》，《丸山真男集》第 8 卷，第 66 页。
② 丸山真男：《欠缺普遍意识的日本思想》，《丸山真男集》第 8 卷，第 56 页。
③ 丸山真男：《丸山真男讲义录》第 4 卷，东京大学出版会，1998 年，第 41 页。
④ 丸山真男：《原型・古层・执拗低音：关于日本思想史方法论的我的历程》，《丸山真男集》第 12 卷，第 153 页。
⑤ 丸山真男：《日本的思想》，《丸山真男集》第 7 卷，第 232 页。

所潜藏着的、我们自身尚未意识到的为意识形态所制约的思考方式,以此将我们自身从这些思考方式中解脱出来。"①

第二,积极地与异质思想对话,以培养日本人的主体意识。丸山认为:"只有通过了解与之完全不同的思考方式和世界观,才能做到对现代的真正研究——我们才能真正对现代发挥主体作用。如若不然,就容易产生如下结果:自我受一个个现代情景下的共通观念所制约,使我们错误地认为它们就是我们自己的思想。所谓主体意识(independent minded)并不像嘴上说的那么简单,在报纸、收音机、电视以及其他传递外界信息的通信方式急剧扩大的现代社会,尤甚如此。"②

第三,重读古典,以古观今,以提高日本人认识现代社会的眼界。丸山认为:"阅读古典,从古典中学习的意义——至少有一个意义,那就是将自己与现代隔离开来。所谓'隔离'是主体自身的积极作为,而不是'逃避'。毋宁说,正相反。我们通过有意识地将自己从所生活的现代的氛围中隔离开来,才能够真正养成'有距离地'观察现代之整体状况的眼界。"③

总之,在日本战后宪法颁布、《旧金山条约》签订后,无论是丸山还是竹内都发现日本仍未实现真正独立。两人都企图通过塑造日本人主体性人格,以为实现日本真正的独立提供精神动力。丸山曾明言:"只有一身独立,才能一国独立。我确信竹内好与我抱有同样的想法。竹内好与我工作的领域不同,思想方法也有很大不同,一句话很难说清楚,但是归根结底最不同的是有关民族主义的问题,而就算这个问题我们两人实际上追求的也是一个硬币的两个不同面。"④恰如丸山所言,在塑造日本人主体性人格的问题上,两人选择了不同的道路。竹内主张通过抵抗西方,从不断失败的自觉中塑造日本人的主体意识。丸山则主张回归到近代的"初始点"上,⑤基于"近代"的本质塑造日本人的主体意识。丸山批判竹内的"西方—东方""内—

---

① 丸山真男:《丸山真男讲义录》第6卷,第250页。
② 丸山真男:《丸山真男讲义录》第6卷,第250页。
③ 丸山真男:《怎样从古典中学习》,《丸山真男集》第11卷,第20页。
④ 丸山真男:《我与竹内好的交往》,《丸山真男集》第10卷,第359—360页。
⑤ 丸山真男:《复初之说》,《丸山真男集》第8卷,第351页。

外"的认识图式,主张与异文化接触,以培养日本人的自主选择能力。竹内主张重建传统,而丸山着力批判传统的社会病理。当然,丸山支持重读古典,但这并非出于抵抗西方的目的,而是为给现代日本人提供一个将自己与现实社会隔离开的空间,以古观今来提高他们认识现代社会的眼界。相比战中时期,丸山战后的近代观更加深刻。战中,丸山关注的是幕藩体制对近代主体性人格的制约,而战后他进一步将批判的矛头指向近代天皇制以及基于其上的思想传统、思维习惯与社会结构病理。不仅如此,丸山突破思想史研究的单向度性,将关注横向对比的文化接触论引入研究中,为解决塑造日本人的主体人格的课题找到了新契机。

三

丸山真男是战后思想的象征性存在。[①] 东京大学渡边浩认为,丸山真男的思想是战后思想的坐标,"第二次世界大战以后对于日本思想史的所有研究都是在丸山的影响下展开的。……即使是反对他的人,也全都受到他的影响",研究者们都是根据与丸山先生的关系来自我定位的。[②] 也正因如此,丸山的近代观、"超克论"批判,成为战后日本学界研究甚至批判的对象。期中代表性的是批判他以"西欧近代"为模板,以"欠缺的逻辑"来评判"落后的日本",称其为"近代主义"者。当然,丸山也曾高调宣称自己是"近代主义"者。目的是与社会上兴起的批判近代的"超克论"相对抗,促使人们回到近代的"初始点"上把握"近代"的本质,在思想上重新认识"近代"。"从这个意义上我被称为'近代主义者',毋宁是光荣的。"[③]

然而,通过对丸山发表的诸多著述的分析我们发现,丸山的近代观是较为客观和辩证的,用"近代主义"一词来概括它并不全面。丸山认为"近代"不是高度成熟的资本主义的模式,而是近代社会产生出来的毫无完美可言

[①] 小林一喜:《战后精神中的近代与超近代:从田中角荣看"现地"民主主义的形成及其轨迹》,文艺社,2000年,第61页。
[②] 渡边浩:《渡边浩谈日本思想史研究》,《东方早报》2010年2月21日。
[③] 丸山真男:《5.19与知识人的"轨迹"》,《丸山真男集》第16卷,第33页。

的初始点。① 正是在这个意义上,丸山认为西欧近代原理不应被绝对化。他通过对福泽谕吉的研究指出:"福泽一方面倾尽全力使造成民心惑溺的最大责任者——儒教诸种价值相对化,另一方面又极力避免将欧洲原理绝对化。从他的思想中可以发现这种'自由的辩证法'。无论什么样的思想,什么样的世界观,不管其内容是进步的还是反动的,如果无视自由的辩证法,用自己的意识形态来实现统一的支配,其在福泽看来就是人类进步的敌人。"②丸山认为,对于日本而言,"一方面要提倡在社会的所有方面克服封建制和实现近代化,与此同时,对'近代'(市民社会)本身的扬弃正在成为世界性的课题时,我们也要将其作为自己的课题。"③相比外在的近代化,丸山更加关注"近代"的核心问题。在他看来"近代"的核心是近代精神,而近代精神应追溯到西方文艺复兴时期。倡导自由、理性、怀疑精神、辩证思维的黑格尔哲学④以及建立在多元价值中自主选择能力之上的主体性人格是理解近代精神的关键。⑤ 正因如此,丸山批判日本近代化不得要领。维新不久日本所接受的实证主义、功利主义、机械唯物主义论、进化论只不过是"物质文明的哲学",日本本质上从未与真正意义上的欧洲精神有过对话。⑥ 丸山认为近代化是可以多种多样的,"可以有不同的近代化模式,日本的近代化与中国的近代化不同,也没有必要相同。日本的近代化与欧洲的近代化也是不同的。"⑦丸山批判日本近代化,不是要否定近代,也不是否定已经实现了近代化的方面,而是"要否定近代日本,否定一方面背负着封建的东西,一面又实施着眼花缭乱之近代化的日本"⑧。

丸山本人也认为这个"近代主义者"的称谓,存在着对自己近代观的误读。他在为《日本的思想》写的后记中写道,未料到受此误解,"说我是专门揭露缺点和病理的,或说我把西欧的'近代'理想化了,并以与西欧对比的差

---

① 丸山真男:《5.19 与知识人的"轨迹"》,《丸山真男集》第 16 卷,第 33 页。
② 丸山真男:《福泽谕吉的哲学》,《丸山真男集》第 3 卷,第 186 页。
③ 丸山真男:《丸山真男讲义录》第 1 卷,第 16 页。
④ 丸山真男:《读麻生义辉的〈近世日本哲学史〉》,《丸山真男集》第 2 卷,第 190—194 页。
⑤ 丸山真男:《丸山真男讲义录》第 6 卷,第 19 页。
⑥ 丸山真男:《读麻生义辉的〈近世日本哲学史〉》,《丸山真男集》第 2 卷,第 194 页。
⑦ 丸山真男:《欠缺普遍意识的日本思想》,《丸山真男集》第 16 卷,第 54 页。
⑧ 丸山真男:《点的轨迹:〈冲绳〉观剧所感》,《丸山真男集》第 9 卷,第 137 页。

距来评判日本的思想传统,诸如此类。对其作为现象论式的回答,只能是让他们看看我同样在战后不久发表的论文《陆羯南》和《明治国家的思想》"①。丸山的这两篇论文充分体现了他对日本近代化的客观态度。在《明治国家的思想》一文中,丸山通过对明治时期日本近代化过程的考察指出,虽然明治日本作为近代国家在发展过程中存在着变质和堕落的问题,但与其后的时代相比,明治时代整体上却包含着某种本质上健康进步的精神。② 在《陆羯南》一文中,丸山则明确承认陆羯南的日本主义思想对日本近代化的积极意义。他指出,日本主义思想及运动就如同凶恶的罪犯也有过天真无邪健康的少年时代一样,明治时期陆羯南所揭出的日本主义,与同法西斯专制紧密结合在一起的日本主义相比,包含着健康进步的精神,发挥过积极的社会作用。③

总之,丸山的近代观是辩证的,他既褒扬文艺复兴时代的西方近代精神,又批判自19世纪中叶以来西方近代的"变质"。他既主张日本应该走近代化之路,又批判日本近代化没有抓住近代精神的精髓,批判日本社会中阻碍近代主体人格形成的结构性病理。从这个意义上讲,丸山并不是所谓的以"西欧近代"为模板来评判"落后的日本"的"近代主义者"。当然,丸山前期和后期的近代观发生了巨大变化。围绕着丸山前后期思想的转变是量变还是质变的问题,学界仍存在争论。许多学者将这种变化称为"转向",即丸山从面向西方的"近代主义"者,转变成了面向本土的"日本主义"者。转变前的丸山主张单线的历史发展阶段论,而转变后的丸山强调日本自身的历史特殊性。有学者则认为丸山的前后期思想本质上并没有转向。东京大学的黑柱真就认为丸山思想上的变化并不是一种转向,后期的思想不过是把原本暗伏于《日本政治思想史研究》中的潜形存在变得表面化了而已。"丸山的思索是一贯的,即在与西方、近代的对比过程中,始终如一地带着日本

---

① 丸山真男:《〈日本的思想〉后记》,《丸山真男集》第9卷,第112—114页。
② 丸山真男:《明治国家的思想》,《丸山真男集》第4卷,第94—96页。
③ 丸山真男:《陆羯南:人与思想》,《丸山真男集》第3卷,第93页。

的感觉。'古层'论便正是存在于这一思索延长线上的命题。"[1]实际上,丸山的"古层"论归根结底也是为了解决如何培养日本人近代主体性人格的问题。就如丸山自己所说,受黑格尔思维方式的影响,他认为只有将自己作为对象来认识,才能将自己身上的无意识的东西提升到有意识的水平。就日本思想史研究而言,只有完全弄清楚日本过去思考方式的"构造",才能控制那种思维方式,找到突破"执拗低音"的契机。[2]

与之相关联,丸山对"超克论"的批判也是一贯的。所不同的是,前期的"超克论"批判主要通过揭示日本近世思想中已经孕育出了近代主体性的萌芽,来揭露战中"超克论者"所主张的回归前近代,创造新的世界秩序的欺瞒性。后期的"超克论"批判则着力批判"超克论者"以传统抵抗西方的思维模式。丸山认为日本的传统与近代并不是矛盾关系,而是互补关系。"日本的近代,是在部落共同体的基础之上取得了令人瞩目的发展。……如果把一方作为抵抗另一方的据点来否定近代日本,恰恰就如寄希望于所与的一方来否定另一方面的所与一样。我批判亚洲非洲主义的原因也是因为如此。"[3]丸山进而批判阻碍日本人近代主体意识形成的诸如近代天皇制精神结构、"思想的无结构传统""抑压转嫁平衡病理"等结构性病理,主张通过构建自由多元的市民社会、通过与异质文化思想的接触,来提高日本人面对多元价值的自主选择能力,促进日本人近代主体意识的形成。当然,我们也要看到,丸山"超克论"批判是以日本为中心来考量的,缺乏亚洲视点,从而造成他对"超克论"特别是战中"超克论"之世界观批判不够彻底。从这一点上说,子安宣邦批评丸山真男的近代观缺少对"近代"的追究,[4]也有一定道理。

(作者唐永亮,中国社会科学院日本研究所,原文刊于《世界历史》2017年第2期)

---

[1] 黑柱真:《日本思想及其研究:有关中国的认识》,转引自韩东育:《丸山真男的"原型论"与"日本主义"》,《读书》2002年第10期。
[2] 丸山真男:《日本思想史中的"古层"问题》,《丸山真男集》第11卷,第222—223页。
[3] 丸山真男:《点的轨迹:〈冲绳〉观剧所感》,《丸山真男集》第9卷,第137—138页。
[4] 子安宣邦:《东亚论:日本现代思想批判》,赵京华译,第223页。

日本知识阶层在吸收外来文化中的作用及心态

武安隆

日本以长于吸收外来文化著称于世,以至于人们发出了"在世界历史上,很难在什么地方找到另一个自主的民族,如此成功地有计划地汲取外国文明"①的慨叹。这种"成功地有计划地"吸收外来文化的活动,一方面和政府的主动组织与主持分不开②,另一方面则和知识阶层的积极参与有着密切的关联。本文试图对日本知识阶层在吸收外来文化过程中的作用及心态作一探讨。

一

大体上说,日本知识阶层对于外来文化起着了解学习、介绍传播和改造运用的作用。

从世界史范围来看,日本是较早地形成留学制度和习惯的国家。据文献记载,最早向中国派出留学生(僧)是在公元608年(推古天皇十六年,隋大业三年)。此年,圣德太子遣小野妹子使隋,同时派出留学生(僧)高向玄理、南渊请安、旻等8人赴隋学习③。有隋一代,日本向中国派遣的留学生

---

① 鲁思·本尼迪克特:《菊与刀:日本文化的类型》,吕万和、熊达云、王智新译,北京:商务印书馆,1990年,第41页。
② 参阅武安隆:《日本吸收外来文化的历史观察》,《南开学报》1987年第4期。
③ 《日本书纪》推古天皇十六年九月条。

(僧),在史籍上留下姓名的共 13 人。① 至于唐代,日本派出的留学生(僧)更多,史籍留名的留学生 26 人,学问僧 90 人。② 隋唐时代的日本留学生(僧)学习年限较长,有多至三四十年的,对中国文化有深切的了解。入宋以后,来华者多为僧人,而且不再由政府正式派遣,但受着日本佛教界留学习惯的无形支配,仍然一代接一代地来华学习,学习的内容也不限于佛教,而是包括儒学等在内的广泛的中国文化,故从本质上讲,留学僧也是留学生。两宋时代,留名史册的留学僧共 131 人,③超过了唐代。元代中日两国间虽然发生了战争,但并未影响留学僧的来华,已知的入元僧为 222 人,④创各代日本留学僧最高纪录。明代来华日本留学僧也很可观,已知者为 114 人,⑤值得注意的是,其中有大批禅僧是以政府使者身份来华的。直到清代,因满族入主中原,而日本知识界不以他们为中国文化的正统代表,所以少有来华留学者。幕府末年,在和西方国家通交之后,日本又立即向这些文化发展高于自己的国家派出了留学生。⑥ 据不完全统计,幕末由幕府和各藩派出的留学生为 148 人。⑦ 明治以后,其规模更加扩大,自明治元年(1868 年)至明治七年(1874 年)计派出留学生 585 人。⑧ 如上所见,自第一次派出留学生的公元 608 年至今,已有将近 1400 余年的历史,这样源远流长的留学制度和传统在其他国家的历史上是不多见的。

日本留学生深入他国社会之内,在所在国文化氛围中了解学习该国文化,不少人几乎达到了"无差别境界"。如某些五山禅僧写的汉诗被评为"不带和臭"(日本味),使中国学者也赞赏有加。

日本留学生(僧)在中国留学期间,无不广泛搜购典籍,复制文物,然后车载船装地运回国内,如玄昉回国时,带回经论 1076 部共 5048 卷,其数量

---

① 木宫泰彦:《日中文化交流史》,胡锡年译,北京:商务印书馆,1980 年,第 58—59 页。
② 参阅武安隆:《遣唐使》,哈尔滨:黑龙江人民出版社,1985 年,第 87、111 页。
③ 木宫泰彦:《日中文化交流史》,第 255—258,306—334、422—460、588—604 页。
④ 木宫泰彦:《日中文化交流史》,第 255—258,306—334、422—460、588—604 页。
⑤ 木宫泰彦:《日中文化交流史》,第 255—258,306—334、422—460、588—604 页。
⑥ 万延元年(1860 年)幕府派出幕臣小出千之助赴法学习,似乎是向近代西方国家派出的最早留学生。
⑦ 石附实:《近代日本海外留学史》,ミネルウ书房,1972 年,第 301—309、310—339 页。
⑧ 石附实:《近代日本海外留学史》,ミネルウ书房,1972 年,第 301—309、310—339 页。

差不多等于整个《开元大藏经》。又如园载,因归国时带书奇多,以致引发好友著名诗人陆龟蒙的慨叹,特写《闻元载上人挟儒书及释典归日本国更作一绝以送》诗,形容为"九流三教一时倾,万轴光凌渤澥声",诗作述事不无夸张,但也足见其所携典籍数量之庞大及内容之繁富。再如空海在长安青龙寺学习时,不仅请宫廷画师李真为之临摹佛像,作祖师影,还雇了二十多位经生为之抄写密教经典。平安时代的留唐学僧,有所谓"入唐八家",即除上述的空海外,尚有最澄、常晓、园行、园仁、惠运、园珍、宗睿,均以带回大批典籍文物而闻名史册。总之,这些人除带回自己"满腹经纶"的"软件"外,还进行大规模的搬运中国文化"硬件"的工作。因此,某些在中国已失传的典籍今天尚可在日本找到,其中部分"功绩"就归属于他们。

留学生学习和掌握了外国文化之后,回国后便以不同的方式进行介绍传播。如大化改新的中心人物中大兄和中臣镰足便曾受教于留学隋唐归来的南渊请安,而近代以后的归国留学生充任各级学校教员者不可胜数,有的还自创学塾,讲授与传播西方文化,著名者如新井常之进(谦和社)、木村熊二(小诸义塾)、津田梅子(英学塾)、中江笃介(法兰西学舍)、马场辰猪(明治义塾)等。至于历代留学僧更是把他们得自异域的全部知识和体验传给弟子们。

留学生之外的知识阶层中,也有不少人虽未出国门一步,但却终生坐读外国书籍,研究外国学问并加以传播。如江户时代的兰学家杉田玄白、前野良泽、大槻玄泽、桂川甫周、宇田川玄随、小石元瑞、桥本宗吉、志筑忠雄、吉雄俊藏,以及幕末的伊东玄朴,绪方洪庵等都是这样的西方文化研究家和传播者,他们弟子如云,影响深远。而这样的现象在同时代的中国历史上却是几乎见不到的。

近代以来,日本的知识分子(本文中所说的"知识分子",泛指有见识的"读书人",未必都是学术上定义的严格意义上的知识分子)更通过办报、教学、讲演、著述、翻译等不同方式广为传播外来文化,并以可能的方式推动对外来文化的吸收和日本化。在这方面最为典型的代表人物是福泽谕吉(1835—1901)。他出生于九州中津藩的武士家庭,20 岁时离家前往长崎学习荷兰语,21 岁转入大阪绪方洪庵主持的"适适斋"继续学习兰学,25 岁改学英语,此后至33岁两次赴美,一次赴欧。总之,20岁至33岁是他了解学习西方近代文化的时期。此后,他创办庆应义塾,结"明六社",创《时事新报》,前后写出《西洋旅行指南》《西洋衣食住》《训蒙穷理图解》《万国一览》《世界国尽》《西洋事情》《劝学篇》《文明论概略》等著作计57种100册。他终生致力于介绍、传播、移植西方近代文化,并为由此途径实现日本的近代化而奋斗。正如他自己所说:我们从事西洋学的人的"目的只有一个,就是介绍西洋的实际情况,促使日本国民有所变通,早日进入文明开化的大门。"[①]他还把日本文化与西方文化详加比较,探究日本不如西方之处,指出学习西方的正确途径与方法等。

在吸收外来文化过程中,执政者往往起用对外国事物有较深了解的知识分子作为自己的顾问和智囊,这在日本历史上是屡见不鲜的。如大化改新时代的僧旻、高向玄理被委任为"国博士",成为改新的思想指导者;而平安时代的汉诗文大家菅原道真居于朝廷外交要冲;至于室町时代则多以汉学修养高深的禅僧充任幕府的政治和外交顾问乃至政府使节,如绝海中津、坚中圭密、明室梵亮、龙室道渊、恕中中誓、东洋允澎、天马清启、竺芳妙茂等都是。江户时代也继承了这一传统,硕儒藤原惺窝、林罗山都充当过德川家康的政治顾问。

知识阶层对于输入的外来文化并非简单传播和搬用,而是依据日本的"风土"加以改造,如他们把以"孝"为本的中国儒学伦理观改为以"忠"为本的日本伦理观,把西方的"自然权利"概念通变为日本人易于理解和接受的"天赋人权",如此等等。显然,如果没有这样一番改造运用,外来文化便不能在日本生根并产生影响。

外来文化的吸收,对于知识分子来说,除了要有相当的文化水准和相应的专业知识外,还需要有对本民族的使命感和献身精神。知识分子具有较强的时代意识,他们往往以特有的敏感,在世界潮流中估量本民族所处的地位,进而做出相应的反应和积极的努力,以探索民族的进路。例如,中国在鸦片战争中的失败,在日本引起了极大的反响,日本著名汉学者、当时日本

[①]《福泽谕吉自传》,马斌译,北京:商务印书馆,1980年,第288页。

最高学府昌平黉舍长斋藤竹堂感慨万端地写诗道:"海外之州迹渺茫,忽闻西房势腾骧。蛾眉解作三军帅①,鸟嘴利于千段枪。铁舰胶沙推不动,绒旗委地暗无光。休言胜败属秦越,自古筹边戒履霜。"②可以看出,他对西方国家来势之凶猛,武器之精良留有很深的印象,他立即告诫日本人,勿谓胜败与己无关,严重的民族危亡之秋即将到来。他写了《鸦片始末》《续鸦片始末》等书;其他学者则为之写序作跋,共同呐喊。诗人山田芳谷也写了"勿恃内海多礁砂,支那倾复是前车。浙江一带唯流水,巨舰溯来欧罗巴"③的诗章,呼吁日本国人清醒应变。此外,盐谷宕阴等也告诫说:"西海之烟氛,又庸知不其为东海之霜也哉!"④中国人魏源写的《海国图志》在当时的日本也成了热门书。尽管伯理舰队1853年前来叩关时,日本人仍显得手忙脚乱,但应当看到,由于一批知识分子在鸦片战争后做了十年左右的唤醒工作,日本民族对西方资本主义入侵的心理准备要比中国充分得多,这庶几也是后来两国结局不同的原因之一。又如,著名兰学者佐久间象山在《安政条约》签订之后,力主开国,他认为当今世界科学技术大开,各国势力大伸,这是一种"天运",即不可抗拒的客观规律,日本也奈何不了。日本应当与外国以礼相交,并学习它们的长处,尤其是西方的科技,使日本成为世界大国。这在当时是很卓越的见解。在他应召前往京都准备出山时,更以"天下治乱系于一身"自命。但是,他的活动遭到攘夷派的憎恶。他外出乘马,必用洋式马鞍、马鞭、马靴,更为攘夷派所忌恨,他对此不加理会,活动如常,终于被刺身亡。此外,像横井小楠、森有礼等也都因力主引进外来先进文化而死于攘夷派或顽固守旧分子的刀下⑤。

---

① 当时日本误传着英国公主作为英军主帅参加鸦片战争的消息,所谓"蛾眉解作三军帅"当指此事。有关这一传说详见王晓秋《近代中日启示录》,北京出版社,1987年,第15页。
② 东京大学史学会编:《明治维新史研究》,第439页。
③ 东京大学史学会编:《明治维新史研究》,第439页。
④ 盐谷宕阴:《宕阴存稿》卷四。
⑤ 佐久间象山于1864年7月11日被熊本藩士河上彦斋等暗杀于京都。行刺当日,凶手以"皇国忠义士"之名张贴揭帖于三条桥上,列举的首要"罪名"就是"提倡西洋学,主张开港贸易"。横井小楠于1869年1月5日被十津川乡士集团暗杀于京都,刺客留下的"斩奸状"和被捕后的口供,都直言不讳地说,"横井平四郎博学多才,然热衷于西洋学说,甚而有意弘扬耶稣教,令人痛恨之至"。森有礼也几乎是以同样理由,于1889年2月11日(明治宪法发布之日)在动身参加宪法发布仪式时被西野文太郎杀于官邸。

至于在大规模移植外国先进文化,进行革命性变革和建设时,更需要一大批受过先进文化熏陶的知识分子担当重任。如明治年间,一代留学生在各个不同的领域进行了创造性的移植西方文化的活动,成绩卓著,其著名者如:政治和法制方面的伊藤博文、井上毅,经济方面的涩泽荣一,陆军方面的桂太郎,海军方面的山本权兵卫,民权运动方面的中江兆民、马场辰猪,舆论和教育方面的福泽谕吉、中村正直,美术方面的黑田清辉,文学方面的森鸥外、夏目漱石,自然科学方面的伊藤圭介、菊池大麓,哲学方面的西周等等。这些人物不尽相同,也各有其阶级局限性或历史局限性,但以历史主义的眼光来看,他们无疑在吸收近代西方文化推动日本近代化过程中,作出过很大的努力和贡献。即使存在着为数众多的本国知识分子,但由于在质和量上的不足,便出现了大规模聘任外国知识分子——西方专家帮助移植先进文化的现象。这种现象最好不过地说明了,知识分子在吸收外来文化方面起了重要的作用。

二

对外来文化的大规模吸收,由于是在不同文化的撞击中进行的,并常伴随着政治的经济的和社会的变革,所以在日本的知识阶层内部每每有着极其不同的反响。明治年间,在吸收西方近代文化时,这一点表现得尤其突出。

某些西方文化排斥论者认为,西方的穷理之学只不过是一种"分析术",而拿出显微镜是看不见父子君臣之道的。即使西方的兵法也是学不得的,因为那样做的结果,似得权宜之便,却有伤于"大本"。为了防洋贼,就去学洋术,那岂不等于为了和狗斗就去学狗咬吗?[1] 还有人(如佐田昌介)提出了"洋灯亡国论",认为洋货的输入会导致日本亡国,并坚持佛教的"须弥山世界观",反对西方科学思想的移植和传播。总之,凡西方事物,从"形而上"到"形而下",都应坚决排斥之。与此相反,某些主张"全盘西化"的论者认

---

[1] 大桥讷庵:《辟邪小言》。

为,日本事物"幼稚卑陋",不足以自存。日本文字应该废除,代之以拉丁文(这方面的代表人物首推南部义筹)。日本人种不论在肉体上还是智力上都劣于西洋人种,很难与之竞争,所以,日本男人应明了自然淘汰和适者生存的法则,与自己的日本妻子离婚,而跟具有更优秀的肉体和智力的西洋女子结婚①,云云。连人种都要"西化",其他自不必说了。

当然,这些都是极端的例子,不能代表知识分子的主流。如前所述,在先进外来文化的移植中,知识分子是主动而积极的参与者,同时,由于他们处于外来文化与传统文化交汇的涡流中,心态也常常是飘摇无定和十分复杂的。概而言之,一方面,他们希望通过对外来先进文化的吸收,使本民族赶上时代潮流,飞速进步。另一方面,又忧虑对外来文化的吸收会造成种种弊端,尤其是有可能导致日本传统文化特色的丧失。所以不少知识分子经常不断地修改自己的态度。这种心态在大规模吸收西方文化的明治时代,表现得最为突出。福泽谕吉就是一个典型的例子。众所周知,福泽谕吉在明治初年曾如醉如痴地追求西方文化,但在1877年(明治十年)却告诫日本人要有"抵抗精神"。他说:"察日本近年之情况,被文明的虚伪之说所欺骗,抵抗精神渐趋衰颓,忧国之士不可不讲求防救之术。"②翌年,他对西方文化作了更明确的表态,称:"吾人看法与(西洋文化)醉心论者全然不同,吾人对于我国不是一个新的西洋国家不唯不为之愤嫉,反为试图做西洋国家的想法而深感忧虑。"③好像他自己从来就不曾醉心西方文化,也不曾想使日本做一个西方国家似的。接着他又说:"既已有固有之文明,何故又欲加以抛弃? 以固有之智力而行固有之事,兼采西洋事物以为我固有之物。且弃之者要使其极少,采之者要使其极多。"④这段话虽不长,但含义却很丰富,至少有以下三点值得注意:(一) 对传统文化不能抛弃;(二) 应兼采西方文化使之丰富传统文化;(三) 对传统文化应尽量少抛弃,对西方文化应尽量多吸收,即实行"少弃多采"主义。笔者认为,福泽谕吉在这里提出的文化上的

---

① 高桥义雄:《日本人种改良论》,1884年。
② 福泽谕吉:《丁丑公论》。
③ 福泽谕吉:《通俗国权论》。
④ 福泽谕吉:《通俗国权论》。

"少弃多采"主义,实际上就是自古以来日本处理传统文化与外来文化关系的一贯做法,唯其如此,才有今日日本文化之兼容并蓄的特色。

此外,像加藤弘之、西村茂树等人也都有着由鼓吹外来思想而回归传统思想的经历。在他们之后,明治和大正时代的知识分子,如被称为近代文豪的夏目漱石和森鸥外等人,其思想也多有曲折和惶惑。

夏目漱石汉学修养极深,34~36岁(1900—1903)时前往英国留学二年,专攻英国文学。在留学生活时期,曾深深陷入不同文化的矛盾冲突中而不得安宁。他一生都在体味、描绘和批评日本人在外来文化和传统文化撞击中的感受和表现。作为一个有时代感的知识分子,他承认近代西方文化的先进性,认为"西洋的开化动如行云流水","似花开绽蕾"般的自然,是一种"内发的"文明开化。[1] 因而他反对文化上的"国粹保存主义",指出,"在东西交往的今天,国粹保存主义想把过去的东西原封不动地加以复活是不可能的。因为这种主义只不过是喧嚣一时而并无实效,虽进行反抗,终被时代的大趋势所压倒。这就是一般的形势"[2]。同时,他对于日本文化在与西方文化相交时的态势也有深刻的见解,指出,"当财力、脑力、体力和道德力非常悬殊的民族在鼻尖对鼻尖地相遇时,低的一方就会顷刻丧失自己的过去"。[3] 但是,夏目漱石又是一个个性很强的"感情型"人物,尽管看清了"大趋势"却又十分不甘于在西方文化的浪潮冲击下随波逐流,成为西方文化的简单模仿者。他强调日本人的"自我本位",宣称绝不做"英国人的奴婢",反对成为"日本人的身子配西洋人的脑袋的怪物"。他在一系列作品中表达了对模仿文明的反感和不安。[4] 如他在《现代日本的开化》中不无揶揄地说:"受到这种(外发的)开化的影响的国民必然会有某种空虚感,也必然抱有某种不满及不安之念。有些人似乎以为这种开化是内发的并沾沾自喜,实为不妥。这颇为时髦,但并不得体,既虚伪,又轻薄,就像小孩吸烟一样,连烟味为何物尚且不知,就装出一副大得其味无穷之妙的样子。……日本人真

---

[1]《夏目漱石全集》第10卷,第66页。
[2]《夏目漱石全集》第10卷,第260、30页。
[3]《夏目漱石全集》第10卷,第260、30页。
[4] 参阅严安生:《夏目漱石对日本近代文明的批评》,《外国文学》1986年第9期。

是怪可怜巴巴的民族。"①夏目漱石辛辣嘲讽日本人的轻薄肤浅和"打肿脸充胖子"式的文明开化,归根结底是他有两怕:一怕丧失"自己的过去",二怕丧失"日本人的特性"。为此,他烦恼不安的灵魂,一生未得稍息。那么,他为这个因急于文明开化而患病的日本开了什么良方呢?如他自己所说,"我无良策,只能说点冠冕堂皇的话,就是在尽可能不得神经衰弱的情况下来进行内发性的变化。如此而已,岂有他哉!"②他所说的"内发性的变化",指的是在可以承受的范围内,在保持本民族特色的情况下,求得一些实质性的进步和变革。

与夏目漱石同时代的森鸥外于1884年(明治十七年)前往德国留学,专攻医学,他在途中写的《航西日记》中,记述了他能有机会亲自接触和摄取西欧文明的"欲毋喜不可得也"③的心情。但在获得四年留学体验回国之后,他却自称为"留洋归来的保守主义者",认为"长期存在的东西自有其存在的理由",因之,他反对完全以西欧为模式来改变日本的风习、制度和机构。当然,他也绝不是一个真正的保守主义者,而是积极主张知识分子应具有调和日、西文化的能力,并把这类知识分子看作是理想的学者和希望之所在。如1911年(明治四十四年)他在悼念田口卯吉的文章《鼎轩先生》中写道:"我把近世的学者分为一只脚的学者和两只脚的学者。新的日本是东洋文化和西洋文化汇合之处,因之,既有立足于东洋文化之学者,也有立足于西洋文化的学者,二者都是一只脚着地。不过,虽然是单足独立,但也有像大树那样根深蒂固,脚下有力,推也推不倒的人。这样的人,无论是东洋学家——国学家和汉学家,还是西洋学家,都是有用之才。不过,这种一只脚的学者意见偏颇。因为偏颇,所以他们的意见一旦付诸实践就要出毛病。……现在许多学术上的纠葛和冲突就是这两种因素之争。所以,时代特别需要两只脚的学者,即需要那些一只脚立足于东洋文化,而另一只脚立足于西洋文化的人。……这样的人是现代所必需的调和性因素,然而这样的人又最为

---

① 《夏目漱石全集》第10卷,第69—70页。
② 《夏目漱石全集》第10卷,第69—70页。
③ 《森鸥外全集》第35卷,第76页。

难得。"①森鸥外所推崇的就是像逝者鼎轩先生这样的学者,他还希望能出现踏着田口卯吉足迹前进的"两只脚的学者"。由此,森鸥外认为,在外来文化与传统文化的接合点上活动的学者,应是对两种文化都有深刻的了解,意见不失偏颇,并善于调和和处理二者关系的学者,只有他们才是时代所需要的最理想的学者。

青年时代的森鸥外对醉心西方文化的现象批评较多,这可能和当时适逢"洋风"衰颓、"和风"旺盛的时代背景有关。晚年的森鸥外对西方文化表现出更宽广的胸怀。如他在1914年(大正三年)写的《〈人生记〉序》中说:"吾人已入于世界潮流之中,但不应任自漂流。往者不可追。作为新人,吾人迎来了新的时代,即应站在新的立足点上,宣传新的使命。吾人永远不能墨守偏狭的、顽固的、僵死的习惯和道德,不能逆世界活的潮流而动。吾人也必须了解原来所不了解的事物。"②他又说:"欲觉醒于新道德、新政治、新宗教、新文学,并欲奋起而创造者,首应使自己深刻化,使自己之内涵更加丰富。没有包涵和宽容便没有创造。吾人势必要抛弃旧道德,而接受富有生气之新道德。从此一意义上讲,今日之急务在于,更多地撷取西洋文明之成果以资进行伟大的精神上之刷新。此急务之艰巨,实数倍于明治初年。欲使自己伟大,便须不吝容纳他人之伟大。我等待着一个包容了世界上一切民族之优点的新的民族的出现。"③

要使自己伟大,就要容纳他人之伟大,要使日本成为吸收世界上一切民族优秀之点的新的民族,这就是立足于东西两洋文化的森鸥外所提出的希望和追求。

虽然调和东西方文化是明治时期一代知识分子的追求,但这种调和又殊非易事。1894年(明治二十七年)自杀的青年诗人和评论家北村透谷,在其去世的前一年,曾就日本文化界的现状和他的苦闷在《国民与思想》中写过如下文字:"或曰我恪守英国思想,或曰我传播美国思想,我而何,我而何,各欲依据其所学之思想而指导国民。但若有谁稍提禅道,即被骂为'固陋';

---

① 《森鸥外全集》第26卷,第422页。
② 《森鸥外全集》第38卷,第275页。
③ 《森鸥外全集》第38卷,第275—276页。

稍论元禄文学,即被称作'苟且之复古倾向'。呜呼,不幸的今日之国民呀!非洋上舶来之思想,即应信其不值一顾吗?他们如此被卷入模仿之漩涡欲到何时?今日之思想界,期待明达之士久矣,何不奋然而起,在此民族之上建树起不愧为立足于19世纪之世界的创造性力量。复古,不可期;消化,亦不可期。谁能把犹如珍珠似的西洋思想调和到强韧的东洋情趣之上?出来吧,你诗人呀!出来吧,你真正的国民的大思想家呀!外来的力量和过去的力量,眼下已见得够多了,而缺少的是创造性的力量。"[1]行文之中,表明这位青年文学家在两种文化(即所谓"外来的力量"和"过去的力量")的冲突面前,呼吁和寻觅"创造性力量"的出现,也即摸索出对东西方文化进行综合创新的正确途径。而在这种摸索中,既表现出了他的使命感,又表现出了一种无能为力的失落感和苦闷。

陆羯南对于西方文化也存在着极其矛盾的心理,他一方面称赞"泰西文明的善美",尤其是西方的理学、经济和实业使人艳羡,但另一方面又害怕对西方文化的囫囵吞枣式的吸收可能给日本带来危险:其一是,日本民族将丧失自己的个性,地图上的"日本"将成为仅具空名之岛屿;其二是,资本主义经济的采用将导致君民抗争和劳资对立,破坏国民内部的统一,无力对抗西方列强的侵略。[2]

此后,谷崎润一郎也抱有同样的疑虑,他曾说过,"在感情上我喜欢东方主义,东方人无限留恋东方主义是很自然的事,但如果不想方设法加以保存并维护其独特的文化,那么东方最终将会在精神上成为西方的殖民地。然而如何使今日之诸多方面的社会组织与我们的旧传统调和起来,这正是我的一个疑问"。[3]

总之,上述事实说明,在"洋风"与"和风"的两种文化的撞击中,不仅整个民族,就是每个知识分子自身也处于飘摇不定、无所适从的心态之中。他们一方面具有试图通过吸收外来先进文化进行变革,从而赶上世界进步潮

---

[1] 转引自鹿野政直:《日本近代化的思想》,讲谈社学术文库,1986年,第112—113页。
[2] 陆羯南:《国民的观念》。参阅石田一良编:《日本文化史概论》,吉川弘文馆,1968年,第472—473页。
[3] 谷崎润一郎:《饶舌录》。

流的强烈冲动,另一方面又害怕大规模地吸收外来文化会导致民族文化的"无国籍"化和"精神故土"的丧失,即充满着对传统崩溃的恐惧心理和骚动不安。不过,他们也都在探索着适宜的做法并提出了一些颇有启发性的见解,如福泽谕吉的"少弃多采"主义,夏目漱石的"在不得精神衰弱的情况下进行内发性的变化"的主张,森鸥外的"立足于东西两洋文化"论,以及北村透谷"建树(能够融合传统与外来文化的)创造性力量"的呼吁等,都是发人深省的。由此不难看出,具有使命感的知识界在世界进步的大潮面前,一直在进行着严肃的思考,而思考的中心始终围绕着如何以适宜的方式使传统文化与外来文化实现"对接"与融合,寻求一条既引进外来先进文化而又不丧失自身文化特色的"两全"性的进路。

(作者武安隆,南开大学历史研究所,原文刊于《历史研究》1993年第3期)

近代转型时期日本社会经济分析

李小白

在明治维新研究中,一直有一个巨大的疑问横亘在人们面前,即:资产阶级革命论者在解释明治维新何以发生的阶级前提——社会阶级矛盾时,一方面强调领主与农民的矛盾已发展到尖锐冲突的地步,农村饥馑、农民不堪地租重负纷起以"一揆"形式进行反抗;另一方面却又突出强调农村工业并将经营者解释为早期资产者,这里明显地忽略了贫困的农村与密度颇大的农村工业之间的理论矛盾。而日本现代化"外发后进论"者虽然合理地解释了在社会转折关头精英分子的历史作用,但却明显地忽视了社会物质生产水平在社会转型之中的基础作用。因此,如何历史地评价江户时期日本社会经济发展水平,是笔者试图在本文中说明的问题。

一、经济的发展

根据著名数量历史学者 S.S. 库兹涅茨的推算,今天的发达国家在其踏入近代社会门槛的前夜,国民平均所得是当时其他后发展国家平均收入的数倍以上[①]。这个看似极为普通的数字,实际上对于如何认识世界现代化运动的规律具有重大的意义。从 18 世纪初期开始到 19 世纪中叶止,在日

[①] 石坂昭雄、富岡庄一訳:『西ヨーロッパ工業史——産業革命とその後 1750—1968』、みすず書房、1982 年。

本这个除了"西洋"之外最早的工业国,其社会生产总值缓慢而持续地增长着,而人口也以平稳的速率递增着。说明经济增长的一些全国性统计资料曾经很难得到,所以学者们通常只能借助一些间接性资料进行说明。诸如农业生产中许多阶段性或局部性的技术革新、农村副业的普遍开展、以大阪和江户为首全国商品流通网络的成熟、都市中秩序井然的商业流通组织、一些有助于农业生产和土地利用开发的出版物的发行,乃至都市商人阶层自然主义审美行为和极乐主义消费行为,都曾被用作阐述江户时期社会经济发展的材料。但在众多学者的努力之下,说明该问题的一些精确数字已经被整理出来,请见下表:

表1 江户时代各类经济指数的变化

年份	人口 (N万人)	耕地 (R千町)	实收产量 (Y千石)	R/N (反/人)	Y/N (石/人)	Y/R (石/反)
1600年	1200	2065	19731	1.721	1.644	0.955
1650年	1718	2354	23133	1.370	1.346	0.983
1700年	2769	2841	30630	1.026	1.106	1.078
1720年	3128	2927	32034	0.936	1.024	1.094
1730年	3208	2971	32736	0.926	1.020	1.102
1750年	3110	2991	34140	0.962	1.098	1.141
1800年	3065	3032	37650	0.989	1.228	1.242
1850年	3228	3170	41160	0.982	1.275	1.298
1872年	3311	3234	46812	0.977	1.414	1.447

资料来源:朝陽会編『大日本租税志』第一冊、第二冊,朝陽会1927年;関山直太郎『近世日本の人口構造——徳川時代の人口調査と人口状態に関する研究』,吉川弘文館1958年;中村哲『明治維新の基礎構造——日本資本主義形成の起点』,未来社1968年。

由此,不难看出,从1600年(江户幕府成立以前三年)到1872年(明治维新以后三年)间,人口增加约2100万,耕地面积增加了约120万町,实际农业收获增加了2700万石;而同一时期每反耕地承担的平均人口数量却从1.721人减至0.977人,每石谷物承担的平均人口数量从1.644人减少到1.414人,平均单位(反)土地面积的产量由0.995石上升到1.447石。这些数据充分地证明了一个事实,即明治维新以前,日本的人均产值和人均所得都有了本质性的提高，为形成近代社会而必须展开的工业化运动准备了物质方面的条件。

因此，虽然说在空间上远隔万水千山，在时间上相差百余年，但西欧与日本在近代前夜，为工业化准备条件的社会经济发展和社会变动先后相袭继起般地进行着。然而，同样性质的社会变动，却并非由完全相同的运动形式来体现和完成的。在西欧，伴随着经济发展而来的是都市的显著发展和人口大量向都市移动集聚。例如从 1650 年到 1750 年，伦敦的居住人口比例从 7％上升到 11％。但在日本却呈现出一种完全相反的状态，即经济发展的同时，从 18 世纪到 19 世纪，城下町的居住人口或者停滞，或者减少，几乎所有的城市，尤其是经济较为发展区域的都市，都出现了经济发展而都市衰退的"怪现象"。与之相反，在经济发展相对落后的农村地区，许多规模不大且不为幕府"一国一城令"所认可的乡镇（俗称农村町）却普遍发展起来。

试以例。从 1700 年到 1850 年，广岛的居住人口从 37,155 人减至 24,776 人，降低 33％，而广岛所在的安艺藩的人口却增加了 69％①；上野的居住人口从 11,195 人减少至 8,459 人，降低 24％②（该藩人口变动情况尚未查证）；姬路的人口从 18,769 人减至 14,619 人，降低 26％，而姬路所在的播磨藩人口却增加了 10％③；冈山的人口从 30,112 人减至 20,173 人，降低了 33％，而冈山所在的备前藩人口却增加了 30％④；津山的人口从 16,284 人减至 7,086 人，降低了 56％，而津山所在的美作藩人口增加了 40％⑤；博多的人口从 19,468 人减至 14,619 人，降低了 25％，而博多所在筑前藩的人口增加了 39％⑥；仙台的居住人口从 21,736 人减至 13,749 人，降低了 37％，而仙台藩的人口却增加了 16％⑦；等等。

诸如此类的统计，还可以根据地方史志继续整理。城下町人口的锐减

---

① 広島市史編修委員会：『新修広島市史』第 3 巻『社会経済史編』、広島市役所、1959 年、第 115 頁。
② 上野市史編纂委員会：『上野市史』上野市 1961 年、第 47—48 頁。
③ 姫路市史編集室：『姫路市史』1962 年第 2 巻、第 4—5 頁。
④ 岡山市史編集委員会：『岡山市史』1964 年第 6 巻、第 212 頁。
⑤ 安藤精一：『津山藩における在方商業の発達』、『経済理論』34 号、1956 年 11 月、第 63—64 頁。
⑥ 西日本文化協会編纂：『福岡県史』、1963 年第 2 巻第 2 部、福岡県、第 457 頁。
⑦ 高橋梵仙：『日本人口史之研究』、第 3 巻、日本学術振興会 1962 年、第 36—39 頁。

和农村町人口的激增，这一貌似反常的现象应当受到高度重视。如同所知，江户时代一国一城再加上江户、大阪、京都三都以及一些特殊港口，全国总计接近 280 个都市，是在江户初期急剧地发展和定型的。丰臣政权奉行"兵农分离"政策，德川氏取丰臣氏代之却全面承袭了该项政策。伴随着兵农分离而来的，是城下町令和检地令。武士必须离开土地集中居住到城市来，农民则在接受检地承纳年贡后拥有相对稳定的经营和耕种即土地使用权（在某些情形下，不仅要考虑土地的法律属性，而且亦应考虑土地的实际状态）。如果把幕藩体制视作一张权力网的话，各个城下町则无疑为这张网的网结，在军事上、政治上起着镇守一方向中央集中的作用。所以，江户时代的城下町是在德川幕府特殊的统治政策刺激下发展起来的，具有强烈的人为政治性格。城下町的形成与发展并非经济增长的自然结果，其政治军事都市性质大大强于经济文化都市性质。强大的政治权力是城下町存在与发展的决定性因素。

在强力政治面前，经济发展永远是其隐形敌人。进入 19 世纪后，日本经济发展的显著特点就是均衡性强和密度高的农村工业。翻开任何一张反映该时期经济状况的经济地图，都可以看到农村工商业网点几乎遍布本州和九州地区，四国地区稍疏，而北海道则在靠近本州和航海路地区较为集中。从上举的数字分析，城下町人口减少而藩国人口增加，这说明从城下町流出的人口为某种动机所驱使向农村町流动。这种逆向性人口流动，足以说明当时政治性城市衰退而经济性乡镇发展此消彼长之实态。造成这种状态的原因有以下四点：

第一，随着农村手工业和商业的发展，区域性的农村市场在各农村町逐步形成。在此前提下，某种土特产品必须在某特定城下町运输贩卖的幕府法令，被中间批发商们潜移默化地改变着。例如冈山市，本来是备前藩的商品集散地，但是为了躲避在冈山交易时强行规定的垄断价格，商人们宁肯将本地产品贩运到本藩其他需求地或他藩去。从 1736 年到 1750 年，进入冈山港的货船竟然只有此前的三分之一，是造成冈山人口锐减的直接原因。

第二，18 世纪后半期以后，幕藩当局为了垄断重要的、大宗性商业利益，规定只有拥有营业执照的"问屋"（中间批发商）才有权经营，这些特权商人在收购货物时,经常颐指气使地要求卖方支付礼金和税金,迫使生产者和运输者为躲避不合理收费而将货物贩往其他收购地。

第三,农村町一般都处在比较容易获得廉价原料、便利水路和邻近地区性市场的区域,交易也按照彼此间相互信赖的人格关系作保证。这不仅可以躲避沉重的课税,而且也省却了在城下町贸易时复杂的手续。

第四,由于武士阶级集中居住在城下町,使这些本来意义上的大小"领主"基本上都成了远离自己土地的、依靠幕藩领主发放"俸禄"的"工薪者阶层"。藩主以下的中小领主脱离土地而生活,是江户幕府为了防止"下克上"发生的最得意手段,但因此就造成了武士对租税征收、新田开发和土地生产力提高状况的疏远和陌生。而村落土地经营及年贡征收交纳承包制的普遍盛行,给了农村中富裕农民相对自由活动的空间。国家对地方基层组织统治的松弛,对地方性经济发展无疑具有方便条件。

因此,造成农村町发展和城下町衰退的根本原因在于农村经济的发展。于是,支持农村手工业发展的基础——"剩余"问题,便进入了我们的视野。

二、年贡与剩余

年贡即地租。德川时代年贡苛重,农民交上年贡、扣去生产成本之后,不仅所获无几,甚至还要负债,还要用芋薯类或野菜揉饭团以维持劳动力的再生产,这是经济史学者一般的看法。江户时代农民起义频发,明治时代经济不平衡发展,大正时代民主主义运动的失败,都可以从中找到原因。然而,这种解释忽视了对土地生产率变化的调查,忽略了对地租征收方式的分析,所以同广泛存在的农村家庭式手工业和商业活动,在理论上存在着难以回避的矛盾。学者们在展开论述时,一般都只注意两个数值,即检地当时规定的土地法定产量以及年贡率。而实际上,从 1600 年到 1868 年整整两个半世纪内,由于农业生产技术提高,肥料普遍使用,生产工具改进,单位面积的实际产量远远高出了检地当时的法定产量,某些地区(山阳、安艺)甚至提高了 112%。新田开发同时也刺激了隐田的发展。在兵农分离、检地及村请(承包)制政策长期不变的前提下,农民依靠自己努力而增加的收入基本上成为逃逸在课税范围之外的无地租负担的纯收入。

村落的耕地面积是领主决定该村落年贡总额的基础。每年收获季节，一份称之为"免状"的文书发往各村落。该文书记录了村落的法定总收成以及按年贡率折算的具体年贡量。村落方面接到"免状"之后，就领主要求的负担额以每户农民的耕地保有面积按比率平摊。平摊的结果记录在"割付账"(平均分摊账目)上，实际交纳的贡租额记录在一份称之为"皆济目录"的账本上。这两个账本连同"免状"，是村落经济生活最重要的记录，因此一直被保存下来。我们甚至可以见到连续一个世纪以上年份的年贡记录。每个村落是怎样平均分摊年贡的具体过程虽不得而知，但从年贡交纳总额和生产总额的关系来看，可以肯定：任何一个村落在分摊年贡时并不考虑当年的实际收获量。这就是说，德川幕府以及各藩在17世纪初按当时的生产条件和生产率规定了土地等级(上、中、下)以及各等级平常年头的收获量后，一直是按这个规定以及年贡率来征收年贡的，直至1868年。

试以例。从1641年至1870年，近江藩浅井郡大渔村的法定收获量规定为240石，而年贡率则在30%~50%(三公七民至五公五民)间波动①；出羽藩村山郡山家村的收获量规定为820石，年贡率在30%~50%间波动②；远江藩榛原郡岛村的年收获量规定为440石，年贡率在25%~50%间波动③；远江藩榛原郡星久保村年收获量规定为60石，年贡率在30%~50%间波动④；播磨藩加古郡下西条村规定收获量为750石，年贡率为45%⑤；越后藩蒲原郡深町村规定年收获量为32石，年贡率在10%~30%间波动⑥等等。从这些记录上来看，法定收获量几乎没有任何变化，年贡率呈时高时低的变化，而实际产出却根本不被考虑。这里就形成了生产者努力改进技术和提高生产率的根本动力。

---

① 参见滋贺大学藏：『大渔村文書』。
② 参见国立史料館藏：『山家村文書』。
③ 参见国立史料館藏：『山田家文書』。
④ 参见明治大学刑事博物館藏：『星久保村文書』。
⑤ 参见国立史料館藏：『大西村文書』。
⑥ 参见国立史料館藏：『山口家文書』。

从全国的情形看,1600年全国的法定收获量为1850万石①,而同年实际收获量约为1970万石。明治维新前全国的法定收获量约为3000万石(增加部分为新田开发所增),而1850年全国的实际收获量约为4116万石②,1872年约为4680万石③。从开幕初实收比法定收获量多100万石,到幕末时实收比法定收获量多一千数百万石,"剩余"是怎样程度地在民间积累,是可想而知的。

令人难以理解的是武士阶级一方面处于开支逐年增加而家计日益局促的窘态之中,一方面却又对农民收成熟视无睹。原因大致是:检地时领主已经许诺丰年不增、歉年不减;再度检地需要动员大量行政力量;若废止合同性质的"村请(承包)制"有招致农民反抗之虞。所以自1700年全国性检地结束直至1874年地税改革期间,一直没有再进行检地(新田开发除外)。所以脱离农民实际收入而一味单纯地强调四公六民、五公五民之类的年贡率,并不能十分准确地反映当时的实际情况,难免要影响研究的精确性。

即便拿一直被人们强调的逐年增大的年贡率来说,实际也并不见得普遍地呈绝对上升状态。例如加贺藩辖下共424个村落,从1651年以后,有117个村落的年贡率有所降低,243个村落的年贡率有所上升,而64个村落则保持不变。243个上升的村落中223个增加5%,而降低的117个村落中只有17个村落减少5%以下,37个村落减少了30%以上。④ 就幕领的平均年贡率来说,从1716年到1788年间,最高年份为1752年的38.9%,最低年份为1786年的24.9%,⑤所以四公六民的年贡率是比较稳定的。

除了年贡以外,还有杂役和杂税。杂役主要包括:为参觐交代的大名队伍运输物资;修筑道路和灌溉水路;修建城郭工事。具体地说,修筑道路及水路虽然占用农民的劳动时间,但与农业生产密切相关,客观上应视作能给农民带来长期利益的非自发性投资;修建城池则是在农闲时进行的,并不影

---

① 石井寛治:『日本経済史』、東京大学出版会1991年4月、第49頁。
② 速水融、宮本又郎編集:『日本経済史Ⅰ 経済社会の成立——17—18世紀』、岩波書店、1988年、第44頁。
③ 中村哲:『明治維新の基礎構造』、未来社、1968年、第169—170頁。
④ 金沢市図書館:『藏凤玉郡村村高免記』、『羽鹿両郡高免記』、第66—99頁。
⑤ 新保博、斎藤修編集:『日本経済史2近代成長の胎動』、岩波書店、1990年、第139頁。

响农业生产及收成；而为大名运送物资的确是一个不小的负担。杂税是非耕地（草地、森林、河塘）生产资料的使用费，一般都打入"免状"之中，所以杂役和杂税并不能在本质上加重年贡负担。

因此可以说，除少数年贡和夫役特别苛重的地区，随着时间的推移，剩余就日积月累地出现在农民手中，尽管四公六民的年贡率仍然是一个可怕的数目，但由于它在1700年至1868年一个半以上世纪内，越来越与现实之中的生产率相脱节，两者之间的空隙成为滋生"剩余"的沃土。这即意味着：如果某户农民通过数代人的努力，提高土地的产出能力，获得了两倍于检地当时所规定的法定收成量时，那么他的贡租负担实际上比不思进取的另一户农民减轻了一半。由此，提高劳动生产率，尽可能地扩大实际产量与法定产量之间的差距，对任何人来说都不言自明。二宫尊德提倡的所谓"勤勉革命"劳动伦理说，正是在这一背景下受到人们的广泛注目。

然而怎样估计剩余的规模及其增长的速度，或许是一个根本无法回答的问题。因为农民自我努力增加的收入，在当时不仅未能作出精确的统计，况且带有若干程度逃税非法性。但仍然可以通过其他途径来说明。据记载：从18世纪中叶以后，日本农民开始追求劳动余暇，初期每年只有20~30天，但到幕末时增加到平均40天左右。仙台藩在1805年就已经达到了80天。[1] 在休息期间，人们或去神社寺院，或去各地名胜，或去温泉洗浴，纳凉、赏花、祭祀、舞蹈、茶道、插花等活动也十分兴盛，俗称"行为文化之盛行"。这种文化生活是必须要用"剩余"来支持的。又据记载1840年时，长州藩平均每人日摄入主食530克，其中大米面粉类为420克，芋类为60克，其他是一些传统副食。[2]

库兹涅茨通过精确推算，认为1874年时日本人平均国民产值为74美元，同时期欧美诸国至少已达到200美元（以1965年美元为基准）。日本学者西川俊作依照库氏的方法推算1860年时日本人平均产值已达到54美

---

[1] 古川贞雄：『神遊びから休養日へ——休日増と村共同体』，『週刊朝日百科日本の歴史80』，1988年，第84—88页。
[2] 新保博、斎藤修编集：『日本経済史2 近代成長の胎動』，第299页。

元,若加上物价因素则为 80 美元。这同周边邻国相比是极为可观的数据。[①]

必须指出的是,"剩余"并不是按法定产量与每户农民的土地保有量之间的比率平均分配的。谁的生产经验丰富,谁为提高生产率付出的努力多,或谁在开垦新田方面隐匿实际面积多,谁就能较多地获得剩余。剩余的不平均分配,造成农村两极分化,富者成为幕末时期的"豪农"、明治时期的"地主",贫者则成为幕末时期的"小作人"(佃农)、明治时期的自由雇佣者。幕末时期规模零散但此起彼伏的农民起义与密集分布的农村工业同时并存,亦盖由此而决定。

三、农村工业的意义

从对每天进出大阪市场商品的种目分析,幕末时期商品生产已经达到了分工细密、种类繁多、地方特色明显和工艺水平较高的程度。农民转业成为商人、手工业者和雇佣劳动者从而放弃农业生产者已屡见不鲜。即便在儒学盛行而经济发展相对落后的水户藩国周边地区,单纯依靠农业生产维持生活的农民也几乎已经看不到。[②] 在江户北边的桐生地区,所有农家在经营耕作的同时又兼营养蚕业、丝织业和制造业[③]。

以农村"剩余"为前提,经营收入高而课税轻的副业成为幕末农民的普遍行为。正由于此,村落的行政官吏名主屡屡抱怨农村劳动力不足。[④] 藩主为了加强税收、保护城下町的经济利益,要求各行政村务必将各户农民所经营的副业情况翔实上报。广岛藩佐伯郡 83 个村庄中,除三个村落外,均有特定的副业。[⑤]

农村工商业虽然规模不大,但因密度过甚,集中起来已经成为足以与江户、大阪等大商人对抗的经济力量。如宫津藩 1860 年因财政困难而向全藩

---

① 西川俊作:『日本経済の成長史』,東洋経済新報社,1985 年,第 217—221 頁。
② 木戸田四郎:『明治維新の農業構造』,御茶の水書房,1960 年,第 53 頁。
③ 早稲田大学経済史学会編:『足利織物史』上巻,足利繊維同業会,1960 年,第 22 頁。
④ 藤田幽谷:『勧農或問』,『日本経済大典』,啓明社,1929 年,第 32 巻第 228 頁。
⑤ 野村兼太郎編著:『村明細帳の研究』,有斐閣,1949 年,第 106 頁。

要求捐钱时，许多高额捐款者都是来自城下町以外广大农村地区。从1823年到1828年在日本全国旅行的德国学者西博尔德，曾记录有生产酒、酱油、陶瓷和制铁，雇佣工人达700人以上的大型手工工场存在，① 而经营砂糖、盐、油、蚕和纺织业的小型手工工场，一般雇佣5～20人。② 在农村工业中，最普遍的是经营与生丝业相关的养蚕、种桑、蚕种和缫丝业，以及与纺织业相关的棉花种植和纺纱业等。③

农村工业发展的需要，刺激了人口流动。例如每年夏季，内陆地区的农妇向沿海地区流动，秋季时又回到原来的村庄；九州等地因制腊和制糖业的需要，经常向邻近地区招募季节工。篠山的农民冬季外出从事酿酒业，以至于使藩当局发放百日通行证④。这一类的人口流动具有季节性、规模小的特点，但却明显含有产业性人口流动的性质，所以将其视作近代产业分工进一步细密化的前奏当不为过。

由于农村工业迅速发展，国民生产的构成亦发生着性质的变化。据对全国61个藩的调查，在总产值中工业产出虽然还低于农业总产值，但所占份额却不可轻视。在地税改革尚未正式展开故整体性生产能力同幕末期相比尚未有所改变的1874年，已经有40个县的工业产值达到了40％～50％的程度，其中明治维新的发源地长州藩为40％。而在工业总产值中，大约有25个县由农村工业完成的产值已经达到了70％～90％，其中长州藩为88％。⑤

虽然农村工业并不一定是催发资本主义生产方式的绝对因素，但是在19世纪以后资本主义已经在世界范围内扩大蔓延的国际环境下，资本主义手工工场已经在日本出现的国内环境下。其对于资本主义＝近代社会的崛起所起到的预备性作用是不容忽视的。它是农业人口向他部类生产部门转

---

① 岩生成一：『日本』、雄松堂书店、1979年、第182页。
② 信夫清三郎：『近代日本産業史序説』、日本評論社、1942年、第15页、第27页、第64页、第185页、第207页。
③ 佐佐木潤之介：『幕末社会の展開』第二章「商品生産と地域」、岩波书店、1993年。
④ 速水融：『信州横内村長期人口統計』、『経済学年報』、1968年第10期、第70页。
⑤ 古島敏雄：『諸産業発展の地域性』、『日本産業史大系』第6卷、東京大学出版会、1960年、第366—368页。

移的早期形态，为工业化运动的兴起发挥着初期技术普及的作用，对人们创办各类作坊和手工工场的欲望起到了积极刺激的作用，推动着近代金融机构和制度的产生及初步成熟。其发展程度，直接关系到该国家或地区现代化起点的水平。

更为重要的是，构成农村工业成长的基础即"剩余"，与其说是在生产力本身发展的规律之下所产生的，莫不如说更是在国家的地租征收制度的漏洞中形成的。这一现象不仅能合理地解释农村饥馑与农村工业之间的理论矛盾以及领主贫困与商人富足这一现实矛盾；同时还合乎逻辑地说明了日本现代化及日本封建社会向近代社会转型的农业性起源这一历史特点。

（作者李小白，东北师范大学日本研究所，原文刊于《东北师大学报》1998年第5期）

试论日本的地主制与早期资本主义的发展

王新生

对日本近代史上的地主土地所有制,学术界争论颇多。多数学者认为它是封建制度的残余,它的存在和发展是明治维新这场资产阶级革命不彻底的重要表现。但据近年来的研究成果,我认为有必要对这一课题重新进行探讨。本文试图通过具体分析地主制与早期资本主义发展的关系,阐明地主制的历史地位及作用。

一

日本地主,[①]在领主土地所有制占统治地位的幕藩封建社会中,作为一个新兴的中间剥削阶层,是伴随着社会生产力的提高和商品经济的发展而产生的。它的出现和发展对领主经济是一个瓦解的因素,并为此受到封建统治阶级的限制和打击。因此,新兴的地主阶层在不同程度上参加了推翻幕府的资产阶级革命。尊王攘夷、倒幕运动中的"豪农"就是这一阶层。通过明治维新,他们成为合法的土地所有者,并依仗自己的政治、经济优势,在小农没落的基础上,迅速发展起来。

在日本近代史研究中,一般均把明治维新后地主所有土地的保留视为

[①] 本文论述的地主是指五町步(约五公顷)以上的土地所有者,即日本学术界所说的依赖地租可以生活的寄生地主,参见大桥博:《地方产业的发展和地主制》,京都:临川书店,1982年,第6页。

资产阶级革命不彻底的一种表现。但实际上,在资产阶级领导的资产阶级革命中,领主土地所有制的被废除以及地主土地取得合法地位,几乎是不可避免的现象。即使在被看作最彻底的资产阶级革命——法国大革命中,地主的土地也没有受到触动,从而保留下来。这是因为:

第一,在领主土地所有制占统治地位的国家里,资产阶级革命在变革旧经济基础方面的首要任务,就是废除这种封建的土地所有制,消灭农村共同体诸原则,创造绝对自由的土地私有制,为资本主义的发展开辟道路。至于以何种方式和在多大程度上满足农民的土地要求,则主要依据革命阵营中阶级力量的对比。

第二,资产阶级革命充其量是用一种剥削制度代替另一种剥削制度,它把私有财产看作是神圣不可侵犯的。作为革命的领导者——资产阶级,他们如果否定了并非凭借封建权力形成的地主的土地所有权,势必会危及他们自己的私有财产。更何况他们同地主阶层在经济上有着密切的联系,常常是一身二任的。从某种意义上说,资产阶级与地主是商品货币关系发展带来的一对双胞胎。

第三,在领主土地所有制占统治地位的封建社会中,地主经济是作为领主经济的对立物成长起来的。前者的出现和发展破坏、瓦解了后者,因此,新兴的地主阶层与封建统治者有着尖锐的矛盾。在反对封建制度的资产阶级革命中,地主阶层积极地活跃在政治舞台上,在某种程度上领导了农村中的革命。而且一般说来,在资产阶级革命时期以及革命后的一段时间里,资产阶级大多尚未形成一个成熟的阶级,这样就使得地主阶层在早期资本主义国家中占有举足轻重的地位。他们绝不会将自己的财产拱手送给别人。非但如此,他们还将利用自己的优势,迅速增加自己的财产。如果说地主阶层在封建社会中的成长曾经受到国家权力的压制,那么资产阶级革命后,地主制则是在国家权力的保护下迅速发展起来。

第四,在领主土地所有制占统治地位的条件下,无地农民、佃农不可能成为农民中的多数或主体。因此,他们还没有力量继占有份地的农民之后,也为自己争得土地的所有权。他们虽然参加了反对封建制度的革命,但他们的要求往往受到新政府的压制,得不到实现。

那么,保留地主所有土地是否意味着资产阶级革命不彻底? 或者说,地主制的存在和发展是否阻碍了资本主义的发展呢? 为回答这个问题,有必要对地主制与资本主义发展的相互关系作具体考察和分析。

马克思指出:"土地所有权,从而直接生产者的土地的剥夺——一些人的土地所有权意味着另一些人的土地所有权的丧失——又是资本主义生产方式的基础。"①这段话包含着两层意义:一方面大量土地集中在少数人手中,就为资本主义大农场的出现创造了条件,另一方面,地主土地所有制的发展,加速了劳动者和生产资料的分离,为资本主义的发展提供了大量必需的劳动力。

明治维新后,由于允许土地自由买卖,地主得以迅速集中土地,从而大批失地农民急剧涌现。农民丧失土地以后,其出路之一就是充当雇佣工人。随着资本原始积累和工业革命的展开,适应资本主义工业发展的需求,农村中的破产农民不断流入城市。从 19 世纪 80 年代开始,日本工人总数急剧增长。包括矿业在内,民办及官营工厂的工人数 1886 年约达十万人,1900 年约 53 万人,到 1909 年激增到 115 万人。如果再加上运输、通讯部门的工人,约有一百五十万人。②

从农村来看,1887 年农家户数约占全国总户数的 70.10%,1909 年为 64.07%,到 1912 年下降为 57.72%。③ 仅从 1898 年到 1903 年五年间,农民流入城市的总数达 175,600 人。④

但在另一方面,由于明治初年的资本主义工业尚未发达,再加上直接引进西方先进的技术设备造成资本有机构成高,限制了破产农民转化为雇佣劳动者的数量,使得大量无地农民仍然留在农村,佃耕地以及佃农的数量不断增长。1884 年全国佃耕地率为 35.9%,1982 年达到 40.2%,到 1907 年增加为 44.9%。⑤ 1886 年全国佃耕农户有二百三十九万七千户,到 1891 年

---

① 马克思:《资本论》第 3 卷,北京:人民出版社,1975 年,第 950 页。
② 大石嘉一郎:《日本产业革命的研究》上卷,东京:东京大学出版会,1975 年,第 134 页。
③ 高桥龟吉:《最近的日本经济史》,东京:平凡社,1930 年,第 40 页。
④ 青木惠一郎:《日本农民运动史》第 2 卷,东京:日本评论社,1958 年,第 490 页。
⑤ 古岛敏雄:《资本制生产发展与地主制》,东京:御茶水书房,1963 年,第 191 页。

达到二百四十八万四千户,五年时间增加了近十万户。① 而佃农的增长又加剧了对佃耕地的竞争,使地主有可能不断提高地租。沉重的地租迫使佃农必须在农闲季节出外做工才能维持生活,由于这些"出稼型"(在一定期间离乡出外挣钱)的工人是为了补充家计而临时到工厂做工,就使得城市资本家有可能以低于殖民地工人的工资和形同监狱式的劳动条件雇佣他们,从而降低生产成本,维持高额利润。在这种高额地租与低工资制相互依赖的基础上,形成了资本家与地主的共同利益。

明治初年,由于生产力水平的限制以及上述原因,绝大多数的地主采用出租小块土地给农民耕种的经营方式。地主向佃农征收高达收获量68%的实物地租,其中除少数供自家消费外,其余全部投入市场变为货币。在交纳赋税后,地主手中仍剩有大量货币资金,从以下数字中可以大致估计到地主资金的规模。从1884年到1886年,日本全国农业生产总额平均每年为三亿七千五百万元,②同一时期佃耕地大约占耕地总面积的36%,那么地主土地上的生产额价值应为一亿三千五百万元。其中佃农所得一直为32%,国家所得三年平均为19.6%,地主所得平均为48.4%。③ 由此推算,地主阶层的年纯收入约为六千五百万元。1884年国民收入只有二亿三千四百万元,④这样看来,地主阶层就占其中的近30%。

地主阶层是如何运用这笔巨额资金的呢?他们除了自家消费以及使用一部分继续购买土地、扩大其占有的土地面积外,还有相当一部分用来投资于资本主义工商业,转化为资本。

明治政府对土地的重课以及对工商业少课或免课的税收政策是促使地主资金流往非农业部门的原因之一;另外一个原因则是国家对新兴工业的扶植和保护,使这些新企业能够获得稳定、高额利润,吸引了地主资金的投入,而且高额佃租也使得地主除了购买土地以外,大多不亲自经营土地。因此,地主手中往往有相当数量的资金。例如,岐阜三十町步地主T家,从

---

① 吉野城:《日本农民分化论》,东京:大月书店,1958年,第94页。
② 大石嘉一郎:《日本产业革命的研究》上卷,第44页。
③ 楫西光速等:《日本资本主义的成立》,东京:东京大学出版会,1956年,第469页。
④ 楫西光速等:《日本资本主义的成立》,第469页。

1879年到1884年,农业收入金额扣除包括购买土地的各项支出后,剩余资金每年分别为817元,849元,1910元,1715元,126元和815元,①在上述两个原因的推动下,地主阶层基本上将这些剩余资金转移到农业以外的部门。

银行金融业是地主资金的主要投资场所,明治初年有许多银行是地主阶层兴办的。例如1873年成立的新潟县第四银行,九名最大股东中有六名是四百町步以上的大地主,掌握的股票金额为该行总资本的1/6。90年代成立的新潟中条共立银行,最大的六名股东全是一千町步以上的大地主。②投入银行的资本,在个别地主的资金中占有很大比重。例如岐阜县六十町步地主T家,"农外"(农业以外的部门)投资金额共计两万九千一百二十元,其中银行投资为两万一千五百二十元,约占"农外"总投资的75%。山梨县四十六町步地主奥山家,"农外"投资中的85.9%是投入银行业的。③

在经济比较发达、新兴工业迅速发展的中部地区,地主资金多被吸引到棉纺、制丝等部门。例如冈山县三百七十町步大地主大原家,1889年仓敷纺织公司成立时就开始向这家公司投资,到1896年共投资十二万七千六百元,成为当地纺织业的最大股东。到1902年,大原家的"农外"投资共计四五十万元,其中纺织业投资约占投资总额的43.3%。④

从19世纪90年代起,地主阶层的"农外"投资逐渐超过农业投资,从而使农外部门的收入超过农业收入。例如冈山县一百町步地主媙谷家,从1894年到1897年的总收入中,地租所得为40%—50%,股票收入却为50%—60%。⑤

尽管我们对明治年间地主阶层的"农外"投资总额及其在整个国民经济中所占的比重难以做出准确推算,但根据上面所介绍的种种情况,地主资金在日本资本主义工业化中起到了重要作用,这是毋庸置疑的。也可以看出,明治维新后地主土地所有制的发展在客观上起到了促进资本原始积累的作

---

① 坂井好郎:《日本地主制史研究序说》,东京:御茶水书房,1978年,第56页。
② 守田志郎:《地主经济与地方资本》,东京:御茶水书房,1963年,第86、124页。
③ 坂井好郎:《日本地主制史研究序说》,第212页。
④ 中村政则:《近代日本地主制史研究》,东京:东京大学出版会,1979年,第105—107页。
⑤ 坂井好郎:《日本地主制史研究序说》,第272页。

用。一方面，地主阶层迅速集中土地，制造了大量没有任何生产资料的无产者，为工业生产提供了众多的廉价劳动力；另一方面，地主阶层拼命剥削佃农，将实物地租变为资金，投到工商业，推动了资本主义在这些部门的发展。

地主阶层除采用购买股票的方式投资工商业，坐享股息、红利外，还亲自创办企业，招雇工人进行资本主义生产。例如福岛县五百町步大地主桥本家在1881年创办桥本制丝厂，雇佣工人206名，另外还在1898年和1918年分别创办郡山电气公司和大日本纺织公司。① 中越铁路创办总会成立于1895年，在32名发起人中，除四名是产业资本家和商业资本家外，其余28名全是当地土，年收入超过2000石的就有7名。②

根据1902年的统计，在3179名五十町步以上的大地主中，参与工矿业、商业、酿造业和金融业的有909名，约占总数的28.58%；从事农业经营的、即多半以雇工自营为主的经营地主有1120名，约占总数的35.29%；完全依赖地租生活的有952名，约占总数的29.59%；其余6.28%的地主兼为自由职业者。③

这个统计材料说明，在明治维新后的半个世纪中，伴随着日本资本主义的发展，地主阶层也在很大程度上资产阶级化了。投资于工商业、金融业等的地主，已经兼备了资产阶级的身份。那些从事农业经营的地主，也逐渐采用资本主义的经营方式，这主要表现在使用雇佣工人进行生产上。1902年，在329万农业劳动者中，兼作农业雇工的农民有二百一十六万一千人，兼作农业部门以外工人的农民有五十八万三千人。使用雇工的农家有二十三万户，农忙季节雇工的农家有三十多万户。④ 这些使用雇佣工人的地主正朝着既是土地所有者、又是农业资本家的方向转化。但上述变化对整个地主土地所有制的影响并不是很大，因为进入20世纪以后，出租小块土地给无地或少地的农民耕种，进行高额实物地租剥削，仍是地主的主要经营方

---

① 庄司吉之助：《地方资本主义的发展和地主制》，载《明治维新和地主制》，第310页。
② 高井进：《明治期农民生活的地区研究》，东京：雄山阁，1978年，第56页。
③ 野村耕作：《日本地主土地所有制的危机》，载《日本资本主义与农业问题》，东京：校仓书房，1970年，第100页。
④ 近藤康男：《日本农业论》上卷，东京：御茶水书房，1976年，第356页。

式。因此,所谓日本地主阶层的资产阶级化,主要是指他们中间的一部分人投资工商业,将自己的资金资本化了。他们既是地主又是资本家,而作为地主,则带有许多封建的因素,从而成为一个矛盾的统一体,这种现象从一个侧面反映了日本地主制与早期资本主义的关系。

在地主阶层的积极参与下,日本资本主义得到迅速发展。从19世纪80年代开始进入工业革命时期,到20世纪初,资本主义生产方式在日本基本确立。从国民经济各部门的生产规模来看,资本主义经济已占统治地位。1878年,在三亿九千七百万元的国民生产总额中,农林水产业约占67.5%,矿工商业约占32.5%;到1910年,国民生产总额已达到二十八亿八千八百万元,其中农林水产业为十一亿三千三百万元,约占生产总额的38.7%,工商业为十七亿五千五百万元,约占生产总额的61.3%。①

随着社会经济结构的变化,阶级结构也发生了重大变化。资产阶级业已形成,力量逐渐强大,地主阶层势力相对缩小了。这一状况在国会中的反映则是资产阶级议员的增长和地主议员的减少。1890年第一次国会开幕时,众议院地主议员约占议员总数的48%,资本家和自由职业者议员约占27.7%;1902年分别为31.9%和38.8%;到1920年地主议员下降到20%,资本家和自由职业者议员却上升为57.4%。②

二

地主制虽然在资本与劳动力方面对早期资本主义起到推动作用,但在资本主义生产方式确定以后,情况发生了变化。社会总资本的积累已经取代了主要从农业部门获取资金的方式,劳动力的来源也开始从农村转向雇佣劳动力的再生产。所以,地主制对于资本主义的进一步发展已不是必不可少的,而在其他方面则成为资本主义发展的障碍。

在地主阶层的残酷剥削下,小农生活极为贫困,购买力十分低下,这样就限制了国内商品市场的开发。另外,出租地主的经营方式束缚了直接生

---

① 楫西光速等:《日本资本主义的发展》,东京:东京大学出版会,1955年,第81、360页。
② 岩波讲座:《日本历史·15》,东京:岩波书店,1976年,第323页。

产者的劳动积极性,限制了农业生产力的提高。这样,农业就不能满足工业日益发展的需求,由此加剧了地主制与资本主义的矛盾,例如在粮食市场问题上就是如此。由于日本产业工人的迅速增加,国内产米逐渐供不应求,每年需进口大量粮食,最高年份(1904 年)达到六百万石。地主阶层为了维持国内米价,以保证自己的利益,要求高关税政策。而资产阶级出于支付低廉工资的需要,则主张取消粮食进口税。从 1906 年起,地主阶级同资产阶级的代表在国会中展开激烈斗争,最终资产阶级取得胜利。1914 年第三十次国会通过法案,取消从殖民地朝鲜、台湾、库页岛等地进口谷物的关税。①

另一方面,受资本主义工业发展的影响,地主土地上的直接生产者——佃农为了争取应有的权益也同地主阶级展开斗争,这在经济比较发达的地区尤为明显。到 20 世纪最初十年末,佃农同地主的矛盾迅速激化,日本佃农斗争特有的方式——租佃争议也随之高涨起来。从 1920 年到 1926 年,平均每年发生 1582 件租佃争议。② 佃农在斗争中提出的要求不仅是减轻地租,而且也包括佃耕权、保证租佃农的地位及合法利润等。

在国家政权中已占重要地位的资产阶级,深感地主制的存在是国内商品市场不能发展的原因,也是资本主义继续发展的障碍。所以,在佃农斗争日益高涨的同时,他们也积极活动,主张对地主制加以限制、改革。1920 年国家成立租佃制度调查委员会,这个委员会在翌年提出第一个租佃法方案,主要内容包括佃农对土地拥有佃耕权、对第三者有一定的抵抗力、租佃契约最低为十五年以及承认佃耕地转让的自由等。③

总之,资本主义生产方式确立后的地主制受到内外两方面的夹击,发生变化是必然的。首先由于资产阶级的反对,谷物高价市场已不复存在,而且由于佃农的斗争,地主阶层也不能为所欲为地提高地租。因此,他们过去那种把土地分成小块出租给农民、征收实物地租的做法已不是有利的经营方式,地主阶层只有在自己的土地上采用资本主义的农业经营才能摆脱这一

---

① 原秀三郎:《大系日本国家史第 6 卷·近代 2》,东京:东京大学出版会,1978 年,第 33 页。
② 楫西光速等:《日本资本主义的发展》,闫敬光译,北京:商务印书馆,1963 年,第 219 页。
③ 这个方案由于受到地主的强烈反对而搁浅,仅在 1924 年实施了租佃调停法。参见晖峻众三:《日本农业史》,东京:有斐阁,1981 年,第 158 页。

困境。但地主阶层是否采用资本主义生产方式、地主土地所有制是否转化为资本主义土地所有制,除本身条件外,还有待于其他客观条件的具备。

从世界资本主义发展史来看,地主土地所有制的发展、变化是受农业部门以外的资本主义发展的影响和制约的。在资本主义尚未发达时期,破产农民向雇佣劳动者的转化受到限制,这些无地农民被迫留在农村谋生,必须利用地主的土地以及地主控制的山林、草地、牧场和池塘等,为此他们不得不接受地主提出的租佃条件。在这种情况下,对地主来说,将土地划分成小块出租给无地或少地的农民耕种,往往比自己雇工经营要有利得多。而且资本主义发展初期的生产技术水平还很低,在农村更是如此。租佃小农还必须用自己简陋的农具耕种地主的土地,因此,集中生产显然不如分散经营优越,在地主土地上组织资本主义生产还不具备条件。

当然,随着资本主义的发展,地主土地所有制逐渐发生变化,而最终使地主土地所有制发生根本变化的则是工业革命和工业革命引起的农业革命。

大机器工业对农业的影响是非常大的。一方面,"工业中心的形成、其数目的增加以及它们对人口的吸引,不能不对整个农村结构产生极深远的影响,不能不引起商业性农业和资本主义农业的发展。"[1]另一方面,农业机器的应用,"导致生产集中和资本主义协作在农业中的应用"。[2] "农业中使用机器愈来愈多,使劳动生产率不断提高,结果必然会发展纯粹资本主义的生产关系。"[3]

地主土地所有制就是在上述两个原因的推动下,逐渐发生质的变化的。首先机器大工业的发展,吸引了大批无地农民离开农村流入城市,这样就使地主土地上的劳动力日趋减少,过去那种将土地划成小块出租给农民的经营方式难以维持。同时,由于佃农的抵制,地主也再不能继续获得高额利润。反过来说,大工业的发展能够给农业提供廉价的生产资料,使利用机器进行生产要比工人劳动更为合算。这样,地主逐渐购买大型农具、雇佣农业

---

[1]《列宁全集》第3卷,第20页。
[2]《列宁全集》第3卷,第197页。
[3]《列宁全集》第15卷,第67页。

工人进行生产。而"地主在添置机器或改良农具时,用自己的农具来代替农民(为地主做工者)的农具,这样,他就从工役经济制度过渡到了资本主义经济制度。"[1]因为"所谓资本主义制度,就是雇佣工人(长工、季节工、短工等)用业主的农具来耕种土地"。[2]

即使地主不亲自经营土地,而是将土地出租给农业资本家,由于工业社会的形成,各生产部门之间形成社会平均利润,如果农业资本家投入土地的资本得不到投入工业部门的同等资本所带来的利润,那么他是不会将资本投到农业上,即不会租借土地进行生产了。所以,这时土地所有者得到的地租变成纯粹的资本主义地租,即超过平均利润以上的那部分剩余价值。

但在日本,工业革命后仍有很大一部分地主继续采用出租小块土地给佃农的经营方式,因此,地主土地所有制并没有过渡或转化为资本主义土地所有制,仍然带有浓厚的封建因素。如何理解这一现象呢? 我们认为这主要是由于日本资本主义的后进性造成的。正因为它是后进的,所以形成了日本早期资本主义发展中两个显著的特点:一是资本主义工业主要生产部门的移植性。也就是说,日本自身的经济发展水平并不具备工业革命的条件,而是在国家政权的主导下,从先进资本主义国家购入机器设备,移花接木式地进行工业化。所以,日本的工业革命既不广泛又不彻底,得到迅速发展的只是棉纺等轻工业,而重工业中的机械工业却发展缓慢。例如1909年工业生产额构成为:纺织业49.7%、金属工业2.3%、机械器具业5.2%、窑业3.2%、化学工业11.1%、木材业2.6%、印刷业1.9%、食品业18.8%。到1919年其构成分别为48.9%、5.0%、10.6%、2.6%、11.5%、23%、1.6%和11%。[3] 这样,工业既不能吸收大量破产农民,又不能给农业提供廉价生产资料,遂造成出租小块土地给农民比雇工经营有利得多的特殊情况,从而限制了地主土地所有制向资本主义土地所有制的过渡或转化。

早期日本资本主业发展的另一个显著特点是军事工业的发达。例如,1903年官办军事工厂有职工53,593人,为19,843匹马力;而民营机械厂职

---

[1] 《列宁全集》第8卷,第196页。
[2] 《列宁全集》第8卷,第163页。
[3] 持田惠三:《农业的近代化与日本资本主义的形成》,东京:御茶水书房,1976年,第247页。

工只有32,029人，仅为5494匹马力。① 当日本走上资本主义道路、成为世界资本主义列强一员时，这些军事工业成为日本对外扩张的强力支柱，用武力掠夺来的海外市场暂时弥补了国内市场的不足。因此，尽管20世纪20年代以后，地主制同资本主义的矛盾逐渐激化，但由于当时日本朝野的注意力被吸引到海外的殖民地市场，国内阶级矛盾也因对外侵略获得的巨大利益而得到暂时缓和，紧接着便进入大规模的战时经济体制。虽然日本政府也采取了限制、改革地主土地所有制的法令措施，但没有完全解决地主制与资本主义的矛盾。正是由于上述原因，日本地主制没有过渡或转化为资本主义土地所有制。在这个意义上可以说，战后农地改革是从20世纪初期开始的地主制与资本主义矛盾的最终解决。

三

明治维新后地主土地所有制究竟是什么性质的呢？是"封建性"的，还是"半封建"的，或是"浓厚的封建残余"？

在人与物的关系即在所有者与生产资料的关系方面，纯粹封建的土地所有制和资本主义土地所有制虽然都是由"一些人垄断一定量的土地"，②但也存在着重大的差异。我们知道，封建土地所有制是一种"等级的所有制"，它的一个显著特点是"土地占有的等级结构以及与之有关的武装扈从制度"。③ 即在受封者要履行军事义务的前提下层层分封，而任何一级土地所有者都处于从属和统治的地位，没有完全自由的土地所有权，也就是无权自由处理自己的土地。德川幕府时代的土地制度就是这样一种土地领有制。而资本主义所有制则具有完全自由的土地所有权，这种土地所有权使"土地所有者可以像每个商品所有者处理自己的商品一样处理自己的土地。"④也就是"不仅意味着毫无阻碍和毫无限制地占有土地的可能性，而且

---

① 守屋典郎：《日本经济史》，第179页。
② 马克思：《资本论》第3卷，第695页。
③ 《马克思恩格斯全集》第3卷，第27页。
④ 马克思：《资本论》第3卷，第696页。

也意味着把它出让的可能性。"①"这种关于土地私有权的法律观念","在现代世界只是随着资本主义的发展才出现。"②很显然,在所有者与生产资料的关系上,日本近代地主土地所有制应当属于资本主义的范畴。因为作为土地所有者,明治维新后的地主既获得了法律上承认的土地所有权,又可以自由地处理自己的土地,即有权买卖、转让、出租自己的土地。

但在劳动者和土地的结合方式,以及由此形成的人与人的关系方面,地主土地所有制却呈现出十分复杂的现象。我们先来分析一下这种土地制度上的土地所有者和直接生产者的身份关系。在领主土地所有制占统治地位的封建社会中,封建领主或者把土地划为直属地与农民的份地,通过劳役地租的形式剥削农民的剩余劳动,或者把全部领地均作为份地分给农民耕种,通过征收实物地租的形式剥削农民的剩余产品,日本的幕藩领主采用的是后一种剥削方式。但无论哪一种方式,封建领主都是采用超经济的强制手段,将直接生产者——农民束缚在土地上,并剥夺他们的人身自由,形成人身依附关系。而农业"资本主义生产方式的前提是,实际的耕种者是雇佣工人,他们受雇于一个只是把农业作为资本的特殊场所,作为在一个特殊生产部门投资经营的资本家,即租地农场主。"租地农场主按期向土地所有者交纳一定量的货币——地租。"在这里,我们看到了构成现代社会骨架的三个并存的而又相互对立的阶级——雇佣工人、产业资本家、土地所有者。"③换句话说,在农业中的资本主义生产关系表现为农业资本家凭其握有的一定资本,从土地所有者那里租来土地,雇佣工人进行生产。其结果,工人得到生产价值的一部分,即劳动力价值——工资;资本家获得工人生产的剩余价值的一部分,即利润;而土地所有者占有剩余价值的另一部分,形成地租。

农业资本主义生产关系除上述形式外,还有一种形式就是土地所有者并不出租土地给农业资本家,而是自己雇佣工人进行生产。这样他就独吞了直接生产者所创造的全部剩余价值,而他也就兼有土地所有者和农业资本家的双重身份。无论是出租土地给农业资本家,还是土地所有者自己经

---

① 《马克思恩格斯全集》第 4 卷,第 163 页。
② 马克思:《资本论》第 3 卷,第 696 页。
③ 马克思:《资本论》第 3 卷,第 697 页。

营农场,在其土地上劳动的直接生产者是出卖劳动力的自由雇佣工人。

明治维新后的地主土地所有制也存在着两种不同的经营方式:雇工自营和出租土地。自营地主无疑是兼有土地所有者和农业资本家双重身份的,这种经营方式是资本主义性质的,雇主与直接生产者之间的关系是一种雇佣关系。那么,出租地主与佃农之间的关系是什么性质的呢?不消说,这时的地主与佃农的关系同过去封建领主与农民的关系存在着质的区别。因为明治维新后,农民对封建领主的人身依附关系和封建领主对农民的"超经济的强制"均已消失,农民在法律上是享有身份自由的。在这个前提下,佃农同地主已不是隶属关系,而是一种新型的契约关系,原则上订立和解除这种关系都是自由的。

但是,明治前期的地主与佃农之间的关系绝不是平等的。佃农还没有得到由法律保障的佃耕权,地主将土地卖给第三者时,佃农不能拒绝新土地所有者收回土地的要求,也就是对第三者没有抵抗力。另外,佃农不经过地主的允许,不能转租、让渡租佃地。除歉收外,不能减免地租。欠交地租时,地主可以单方面决定收回土地,在1898年颁布的明治民法中有关佃耕地的条文就是这样规定的。例如契约中没有写明时,不承认对第三者的抵抗力(民法第六百零五条);限制让渡、转佃的自由(第六百一十二条);租佃续借期缩短到二十年以下(第六百零四条);无明确期限的租借,任何时候都可以解约(第六百一十七条);否定地租减免请求权(第六百零九条)等。①

那么,明治维新后地主与直接生产者的经济关系又是怎样的呢?具体地说,租佃农向地主交纳的地租究竟属于什么性质的呢?众所周知,在封建生产方式下,"地租的本质就在于地租是剩余价值或剩余劳动力的唯一的占统治地位的和正常的形式"。② 资本主义地租"是以农业中的资本家和雇佣工人为前提的",是"扣除了企业利润余下的一部分额外价值"。③ 当然,这不排除地主以土地所有者和农业资本家的双重身份独吞直接生产者的全部

---

① 岩本纯明:《近代土地所有制与寄生地主土地所有制》,载《农业经济研究》,1978年第50卷,第8号。
②《马克思恩格斯全集》第25卷,第895页。
③《列宁全集》第3卷,第145页。

剩余价值的现象。资产阶级革命后的自营地主就属于这种类型,尽管这时还谈不到平均利润。

出租地主则不然。他们向佃农征收高达收获量 68% 的实物地租,其地租不仅囊括了佃农的全部剩余产品,甚至还侵吞了一部分必要产品。为什么会出现这种状况呢? 这是因为明治维新后,资本主义刚刚开始发展,资产阶级尚未成为一个成熟的阶级,地主阶层作为早期资本主义国家的主要统治者占有极大优势。在租佃关系上,地主受到国家权力的保护,土地所有权处于优势地位,而土地耕种权是极其微弱的,甚至还没有产生。更为值得注意的是,由于这时的资本主义工业尚未发达,大量的破产农民留在农村,因此加剧了佃耕地的竞争。租佃农的大多数是为求生存的"糊口租佃",而不是为出卖农产品的"经营租佃",即大多数佃农是因为贫困才被迫租佃土地,而在很小程度上是为了获取利润。因此,"租地农民一般还不是产业资本家,或者他的经营还不是资本主义的经营方式",在这里,租地农民以"租金支付给土地所有者的东西,往往不仅占有他的利润——即他自己的剩余劳动,他作为自己劳动工具的所有者对这种劳动享有权力——的一部分,而且还占有他在其他情况下以同等劳动得到的正常工资的一部分。"①

但是,无论如何,"地租在这里已不再表现为一般剩余价值的正常形式"②。也就是说,它已经不再是纯粹的封建地租,是产生在特定历史时期——资本主义发展初期,即资本原始积累时期——的暂时现象,随着资本主义的发展它必然发生变化。

从以上论述中我们可以看到,明治维新后的地主土地所有制是一个多种性质的混合体。它既属于资本主义的范畴,又带有"浓厚的封建因素",特别是表现在出租地主与佃农的经济关系上,在这一点上,可以说它带半封建性质。但综观全局,似不能将其称为半封建的土地所有制。如果一定要明确明治维新后的地主土地所有制性质的话,那我们只能说它是既不同于封建土地所有制,又不同于资本主义土地所有制,然而又兼有两者特色的一种

---

① 马克思:《资本论》第 3 卷,第 705 页。
② 马克思:《资本论》第 3 卷,第 705 页。

(二) 政府财政支出大幅度增加,收支不能相抵

1876年7月至1877年6月,仅西南战费就高达41,567,726日元,以至于明治政府无法将其纳入常规预算,不得不单独核算。1877年7月至1878年6月,因功赏赐年金、军人年金、警察费、偿还公债等几项就使明治政府年度财政支出预算增加2119万日元。1880年7月至1881年6月,由于地税改革实物补助、农商务费、天皇巡幸费、宫殿营造费、军费、秩禄公债、创业公债偿还额的增加,年度支出增加1568万日元。因财政支出的增加,造成明治政府财政收支不能相抵。1875年7月至1876年6月,财政亏空541,655日元。1876年7月至1877年6月,亏空1,130,329日元。该年度临时性支出除西南战费以外尚有2,493,629日元[①]。1878年7月至1879年6月,亏空2,428,592日元,再加上临时性支出4,954,626日元,财政亏空额高达7,383,218日元。巨额亏空给明治政府财政带来巨大压力。

造成日本明治政府财政困难的原因是多方面的。

首先,巨额不兑换纸币引发通货膨胀。

明治政府为瓦解封建制度,建立近代国家,在税收来源不稳定的情况下,不得不通过大量增发不兑换纸币筹措资金。尤其是明治政府为消灭封建残余,筹措西南战争费用发行了巨额不兑换纸币,导致通货膨胀,加深了明治政府的财政危机。

在西南战争爆发前的1876年,政府纸币的流通额已经高达105,147,582日元,银行纸币流通额高达1,744,000日元,纸币流通额合计106,891,582日元。因1877年筹措西南战费又有巨额新纸币和国立银行纸币进入流通领域,1878年,纸币流通额迅速增加到165,697,598日元,其中,政府纸币流通额已经增加到139,418,592日元,银行纸币增加到26,279,006日元[②]。

与纸币流通额急剧增加相反,自1877年始连续5年日本对外贸易出现

[①] 大内兵卫、土屋乔雄:《明治前期财政经济史料集成》第4卷,改造社,1932年,第46页附表。
[②] 《纸币整理始末》,大内兵卫、土屋乔雄:《明治前期财政经济史料集成》第11卷,第2049页。

入超。1877年贸易逆差4072万日元,1880年迅速增加到8231万日元①。正币因此大量外流,1878年正币外流726.8万日元,1879年6140万日元,1880年9644万日元,1881年9585万日元②。导致物价飞涨,纸币大幅度贬值。1878年年初纸币1日元7钱至1日元8钱可兑换1日元银币,1881年4月贬值到1日元79钱兑换1日元银币③。

明治政府财政收入当时主要依赖定额地税,通货膨胀导致"政府财政收入实值减其半"④,而政府财政支出却大幅度增加。以1881年度决算收入71,489,000日元为例,若按1881年4月纸币与银币1.795∶1的比价扣除纸币贬值部分,仅相当于1877年初的40,344,489日元,相反,物价和利息大幅度上涨。以实物米为例,1877年1石米为5.336日元,1881年猛涨到10.593日元,这意味着1881年同1877年相比明治政府财政支出要增加一半以上。

其次,巨额内外债增加了明治政府的财政困难。

明治政府自成立时起,因无稳定的财源,不得不依赖公债和借款。先后举借的外债主要有为筹措修建东京—横滨间的铁路费用举借的外债,先后举借的内债有为废除封建制度而发行的旧公债、新公债,为瓦解封建武士集团而发行的秩禄公债,为兑换维新初期发行的太政官札、民部省札发行的金札兑换公债等。至1875年末,国债余额已经高达5581万日元,其中,内债4091万日元,占国债总额的73.3%,外债1489万日元,占国债总额的26.7%。1877年西南战争爆发,明治政府为筹措战费又举借巨额债务,使得1877年内债余额增加至21,345万日元,占明治政府国债总额的94.1%。1878年为救助华士族,实施士族授产筹措资金募集创业公债,内债累积余额增加到22,474万日元,占国债总额的94.7%。巨额内外债加重了明治政府的财政负担。明治政府用于支付国债的费用逐年递增。

1875年,明治政府用于支付国债利息等方面的财政支出为464万日

---

① 《纸币整理始末》,附表。
② 大岛清、加藤俊彦、大内力:《殖产兴业》,东京大学出版会,1983年,第84页。
③ 《纸币整理始末》,第205页。
④ 大藏省明治财政史编纂委员会:《明治财政史》第11卷,吉川弘文馆,1971年,第81页。

元,占年度财政支出的 6.7%,1876 年增加到 495 万日元,占当年财政支出的 8.4%,1877 年,因增加了金禄公债、借款的利息支付,明治政府用于支付国债利息等方面的财政支出急剧增加到 1677 万日元,占年度财政支出的 34.6%,1878 年,因国债余额过高,明治政府不得不着手偿还,当年预算用于偿还国债的财政支出为 2119 万日元,实际支出 2660 万日元,占当年财政支出的 43.7%,1879 年为 2174 万日元,占 36.1%,1880 年为 2242 万日元,占 35.5%,1881 年为 2774 万日元,占 38.8%。巨额债务及借款的本金偿还与利息支付对明治政府财政构成巨大压力,成为明治政府财政出现困难的一大诱因。

再次,官营示范企业的巨额亏损给明治政府带来财政压力。

明治政府出于富国强兵的目的,先后由工部省、内务省负责,大力移植近代产业,推行以近代化为目标的殖产兴业政策。

到 1880 年 6 月止,明治政府共投入资金 110,563,000 多日元[1]。但是,许多官营示范企业因管理不善,相继出现亏损[2]。到 19 世纪 70 年代末,内务省直属的农牧部门和工部省所属的冶铁、机器制造部门,赤字迭出,几近瘫痪[3],给明治政府带来沉重的财政压力。

日本财政困难的加剧,阻碍了日本资本主义的发展,威胁着日本能否保持和发展维新以来所取得的成果。明治政府的决策者们担忧财政"一朝崩溃之机成熟,其祸患所及实不可测"[4]。

二、新财政政策的建立

围绕政府财政危机,明治政府内部逐渐形成以大隈重信为代表的积极财政政策论、以岩仓具视为代表的米纳论以及以松方正义为代表的紧缩财政政策论。

---

[1] 西川博史、田中修、长冈新吉:《近代日本经济史》,日本经济评论社,1980 年,第 26 页。
[2] 孙承:《日本资本主义国内市场的形成》,东方出版社,1991 年,第 110—111 页。
[3] 《岩波讲座日本历史 16 近代 3》,岩波书店,1967 年,第 44 页。
[4] 大藏省明治财政史编纂委员会:《明治财政史》第 11 卷,第 81 页。

大隈重信将明治政府所遇到的财政困难归结为生产不发达、进出口失衡,金银币大量外流所致。他认为国内产业不发达,本国产品无力同发达国家的产品竞争,才导致西方发达国家廉价商品的大量涌入,西方发达国家廉价商品的涌入导致日本对外贸易入超,入超致使金银正币外流,国内金银正币匮乏,进而导致金银币升值,纸币贬值,增发不兑换纸币和巨额公债进一步加剧了金银币与纸币间的失衡,引发通货膨胀。通货膨胀使政府财政收入减少、财政支出增加,财政负担加重。最好的解决办法"唯有不断努力,修筑、改良道路、海港等,以兴交通运输之便利,振兴农工商各业,增殖物产,或发展出口,或减少外国商品需求数额,乃至修改于我不利的海关税则等"。基于此观点,大隈重信建议重新核定地税、储蓄备荒、回收纸币、节约开支,设立横滨洋银交易所平抑洋银价格,并开始着手回收纸币[1],但是,因无法解决明治政府所面临的通货膨胀等问题,所采取的措施并未奏效,危机进一步加深,大隈的政策以失败告终。

大隈方案流产以后,作为替代方案岩仓具视、大木乔任等人提出了地税米纳论。地税米纳论把政府财政困难的深层次原因归结为地税货币化,主张恢复地税缴纳实物制度。[2] 最终因该举措不符合建立近代财政的发展潮流被否决。

在这一过程中,松方正义的观点逐渐受到关注。松方正义认为解决财政困难的最好办法,就是控制纸币发行,回收不兑换纸币,直至银币、纸币乖离消失为止,然后换成兑换券,调整和确立货币信用制度。[3] 主张尽快实行纸币整理,将公债整理问题与纸币整理问题分开,通过设立中央银行将后者与通货、信用制度的完善结合起来,最终确立近代的通货、信用制度,实现财政统一。[4]

1880年6月,松方正义在《财政管窥概略》中明确反对向外大量借款,主张紧缩财政,依靠节约开支来解决困难。他指出,举借5000万日元外债

---

[1] 大内兵卫、土屋乔雄:《明治前期财政经济史料集成》第11卷,第81页。
[2] 日本史籍协会:《岩仓具视关系文书》第1卷,第432—439页。
[3] 长幸男、住谷一产:《近代日本经济思想史》第1卷,有斐阁,1975年,第60页。
[4] 中村尚美:《大隈重信》,吉川弘文馆,1961年,第95页。

回收纸币的方案是危险方案,"财政之事,变化无常,必须参考过去、洞察未来、了解现状方能施行"[①]。认为财政困难的原因并不是像大隈所主张的,仅仅是由于生产不发达导致进出口不平衡所致,而是乱发纸币造成的。由于物质生产滞后,增发纸币过多,导致纸币贬值,金银币腾贵,金银币腾贵不是原因,应该是结果。

松方正义建议目前必须采取以下措施:1.回收纸币,确保金银币原材料供应,振兴对中国的贸易出口,对重要出口物资如茶、生丝等实施汇兑交易,以此加强正币积累;2.禁止米谷出口,购入米谷作为储备,以防止米价上涨;3.奖励国产,施行士族授产,设立正金银行开展海外汇兑业务,进行直接出口,创办生丝会社、贸易会社,约正币,处理官营企业。

1880年9月6日,松方正义提出《财政议》[②],强调"财政不整,百业不举"。指出纸币下跌,银价上涨引发通货膨胀,而纸币下跌"并非完全是增发的原因,在于政府准备匮乏"。政府准备匮乏又肇因于贸易赤字。出现贸易赤字的根源在于物产不丰富,物产不丰富是由于货币运用不得法,资本流通不畅。松方正义建议,"目前最紧迫的任务是确定运用货币的方法,积累正币,充实回收纸币的资金,振兴物产,达到限制进口的目的"。再次重申:增加正币准备,确立纸币兑换制度,为实现此目标,必须实现产业近代化,实现贸易平衡。松方正义以此为前提,提出财政整理应该确定"运用货币的方法",积累正币,回收纸币,具体措施包括设立日本帝国中央银行、储蓄银行、劝业银行。松方的设想是:将中央银行置于大藏省的管理之下,下辖政府资金出纳部、普通营业部、外国兑换部;储蓄银行集中各地闲散资金,进行资金的回收和供应,同时便于居民储蓄;劝业银行为资本运用提供方便,振兴物产,促进农、工、商、交通运输业的发展,以此确立近代货币、信用制度。

[①] 松方伯财政论策集:《财政管窥概略》,大内兵卫、土屋乔雄:《明治前期财政经济史料集成》第1卷,第531页。
[②] 松方伯财政论策集:《财政议》,大内兵卫、土屋乔雄:《明治前期财政经济史料集成》第1卷,第433页。

三、财政紧缩政策的实施

1881年10月，明治十四年政变以后，松方正义接替大隈主持财政。为克服财政危机，松方正义采取健全财政的方针，依靠新税、增收、节减官厅行政费以图增加国家财政收入，通过促进贸易等手段，增加正币（本位货币）积累，改革、建立新的货币制度、信用制度。

松方出任大藏卿以后，首先着手纸币整理。纸币是国家发行并强制通行，用以代替金属货币执行流通手段职能的货币符号。如果不以流通所需要的金属货币量为限度无限制地肆意发行纸币，就势必造成纸币与金属货币的实际购买力相背离，造成纸币的贬值即通货膨胀。松方正义深知这一道理，松方正义就任大藏卿后，立即着手整理纸币，着力回收纸币，增加正币准备金。

首先，每年从一般财政收入中挤出700万日元左右，将其中的一部分直接用于回收纸币，与此同时，另外一部分用来买入正币，以充实正币储备。

为了从一般会计中挤出前述的700万日元，首先必须严格抑制岁出的膨胀。

于是，明治政府决定从1882年度到1884年度三年间年度支出维持原有水平，抑制膨胀。与此同时，明治政府于1882年新增设了卖药印花税、米商会所以及股份交易所中间人税，并修改了造酒税则、烟草税则。1885年，设立酱油税以及果品税，以增加年度收入。这样，从1881年度到1885年度4年间用年度收入结余回收纸币或者转入"储备金"的数额累计超过了4000万日元。

经过一番努力，1884年度以后，纸币大幅度升值，同年7月银币与纸币的差额仅有四钱七厘。[1]

在纸币基本稳定以后，明治政府决定以后不再用年度收入结余回收纸币，将来的年度收入结余全部用于买入正币。

---

[1] 大岛清、加藤俊彦、大内力：《殖产兴业》，第89—92页。

在处理不兑换纸币的同时,松方也着手解决第二种政府纸币如何回收的问题,①这种纸币是明治政府为了弥补国库出纳上的一时不足而发行的预备纸币。在松方出任大藏卿时,这种纸币的未回收额多达1450万日元。对此,松方决定,1882年以后,改变出纳办理程序,取消以前的对各省的先付制,取而代之的是回收"储备金"中的贷款,另外,出售其保有的公债证书,获得通货,将其用于填补国库一时之不足。通过在支付工程费之前这一期间,周转1883年募集的中山铁路公债资金加以弥补。这样,到1883年1月,成功地全部回收了预备纸币。这时,松方又建议通过出售短期国债,使弥补国库金一时不足的方法制度化,同年9月20日,在松方的推动下,制定了大藏省证券发行规则。

其次,松方通过运用"储备金"扩充正币储备。具体做法是,用该"储备金"作基金,通过横滨正金银行,供给直接出口押汇资金,在海外领取其货款,用正币将其带回国内。详细地说,就是当时的出口品主要是蚕丝、制茶、米等,所以,出口这些物品时,正金银行贷给出口商现款,在当地领取货款时,用当地货币返还。这样一来,就大大增加了"储备金"中的正币。1881年12月,修改储备金规则,决定将"储备金"分为"储备本部"和"减债部"两部。减债部只保留补充经常国债偿还资金的功能,储备本部用于纸币兑换储备。另设周转资金,实现储备本部资金的增值。1882年8月,将储存在减债部的公债证书与储备本部的正币兑换,通过储备本部将该公债出售给民间,吸收正币。1886年2月,将减债部的正币全部归并到储备本部。通过这么安排,"储备金"中的正币大幅度增加。1881年6月,"储备金"额为5579万多日元,其中,正币仅有867万多日元,与此相比,1885年度末,"储备金"额为4878万多日元,其中正币增加到了4226万多日元,纸币只剩下652万多日元。② 银币与纸币的比值也随之由1881年的1∶1.696③减少到1885年的1∶1.055,1886年差价消失。与此同时,贸易也从1882年起由入超转为出超。

---

① 政府预备纸币。
② 大岛清、加藤俊彦、大内力:《殖产兴业》,第94页。
③ 此为年平均数字,纸币与银币兑换最低点是在1881年4月,为银币1元折合纸币1.795元。

纸币整理最后完成的标志是中央银行的设立、兑换制度的实施和以其为基础的币制的统一。

纸币整理的结果是从1882年起纸币流通额逐年减少，1885年末较之1881年末减少了3480万余日元。而国家准备金中的硬通货储备在同期增长了5倍多。由于纸币减少，国家正货储备增加，纸币价值开始回升，银币与纸币的差额逐渐缩小，银币与纸币的比值由1881年4月的最低点1∶1.795上升到1∶1.001,两者的差别几乎消失了。① 纸币的信用已经恢复，与银币等价流通。自维新以来日趋严重的币制紊乱和通货膨胀的危机终于成功地得到了克服。②

松方在推进纸币整理的同时，也着手建立并完善统一的近代货币制度和信用体系，以遏制通货膨胀。松方整理纸币政策的主要目的之一就是通过创设中央发券银行确立正币兑换制度。

松方认为，要解决财政危机，就必须改革和建立新的银行制度，而要改革和建立新的银行制度，关键性措施是建立国家中央银行，构建以该行为中心的银行体系，统一银行券的发行权，打破金融领域的封建割据；建立全国性财政。1882年3月1日，松方正义建议创立日本银行。他在《设立日本银行宗旨书》中指出："现今国立银行大者四五十万日元，小者不过五六万日元，以小资本在各地割据一方，形成群雄相互对峙的状态。"不能充分发挥资本的作用。"观我国银行依如封建状态，一百五十多家银行相互对立有如秦越。""如今虽然政治上郡县已初具规模，但财政上的封建残余尚未绝迹。此为我国财政与政治不能同步的原因所在。若欲消除此弊端，最好设立中央银行，由其充当财政之核心，推动全国银行的融合，改变现在财政上的封建状态。"③

明治政府根据松方的建议于1882年6月27日颁布《日本银行条例》，设立日本银行。

---

① 大藏省明治财政史编纂委员会：《明治财政史》第11卷，第116页。
② 孙承：《日本资本主义国内市场的形成》，第132页。
③ 松方伯财政论策集：《设立日本银行宗旨书》，大内兵卫、土屋乔雄：《明治前期财政经济史料集成》第1卷，第440页。

1883年10月,修改《国立银行条例》,规定现有国立银行自成立之日起,20年后全部转为无发行银行券特权的普通银行,并要各银行根据已发行的银行券数额,向日本银行提供资金,而由日本银行统一兑换和销毁纸币。这就根本改变了滥发纸币的状况,统一了纸币发行权。

1884年5月,公布《兑换银行券条例》。条例明确规定日本银行垄断银行券发行权和与银币兑换(银本位制)。

日本银行作为国家中央银行有统一发行银行券的特权,可以根据政府需要经办国库出纳和对各银行进行业务监督,这就有可能事先控制货币发行量,使市场上流通的货币量与经济发展相适应。

日本银行还通过调整官方利率的办法调节市场货币流通量,通过各种商业活动向产业融资和向政府贷款。日本银行向产业界融资集中在铁路、矿山、纺织、缫丝等战略性产业和出口产业。融资方式主要是通过向普通银行提供股份担保贷款和期票再贴现。据统计,日本银行的国内融资额1887年为2200万日元,其中票据贴现额为550万日元,到1907年两者分别为近7000万日元和5800万日元。[1] 日本银行为政府的军费支出募集公债和向政府提供贷款,1887年向政府贷款2800万日元,其中公债近1800万日元,1907年两者分别为1.3亿日元和0.8亿日元。[2]

日本银行在纸币整理取得进展和拥有的正币增加以后,从1885年5月开始发行兑换银行券,由于该兑换券有较为充足的正币作保证,信用高,发行额迅速增加。通货制度至此完全稳定下来。[3] 进入1886年,政府纸币也开始兑换银币。这样就形成了以日本银行为中心的金融体系,以后的殖产兴业政策主要是得到了来自金融方面的支持。[4]

1890年危机时,日本银行对国立银行和普通银行进行产业贷款,从而占据了"银行中的银行"的地位。日本银行的创立,标志着近代银行制度的确立,同时对确立近代兑换制度具有划时代的意义。到1885年不兑换纸币

---

[1] 大石嘉一郎:《日本产业革命研究》上,第106页。
[2] 孙承:《日本资本主义国内市场的形成》,第213页。
[3] 西川博史、田中修、长冈新吉:《近代日本经济史》,第35页。
[4] 佐佐木宽司:《近代日本经济的步伐》,吉川弘文馆,1996年,第105页。

被注销，兑换制度正式确立。

日本银行的设立，使国立银行及其他私立银行的资力增大，再加上实行国库现金的管理，也促进了财政制度的近代化。

明治政府的货币政策在国家中央银行日本银行成立后，开始由日本银行执行。在金融市场上，银行居主导地位。日本银行制度渐趋完善。日本银行制度的完善对于金融市场的形成起了巨大作用。

由于成立了日本银行和修改了国立银行条例，完善了银行制度，银行在日本资本原始积累过程中所起的作用也就越来越大。各国立银行逐步转为普通银行，在营业方针上发生转变，开始努力吸收民间存款，以图巩固作为普通银行的基础，并在吸收存款的基础上增加了贷款额。从1885年到1889年，各国立银行的贷款额激增了117%。① 表明银行制度的改革加速了资本的积聚和集中，开始成为资本原始积累的杠杆之一。

明治政府为解决财政压力，积极进行整理国债和建立新的公债制度。

明治政府从成立始就面临沉重的财政压力，这一压力来自封建财政负担和资本主义近代化所需经费。明治政府为筹措所需经费从1867年至1886年整理公债条例颁布为止，先后发行有多种数额庞大的公债。公债利率绝大部分明显偏高，年息高达6%～10%，且公债累计数额极为庞大。1885年年末，公债余额累计26,082万日元，②明治政府年度支出预算6111万日元，其中公债费用支出1410万日元，③占年度支出的23%，成为明治政府一大财政负担。明治政府为减轻财政负担，试图引入近代公债制度，对公债加以整理。

1886年9月，松方正义提出《制定整理公债条例的建议》。建议将高息公债转换成低息公债，以减轻财政负担；将过去发行目的、起债条件各异的各种公债加以整理、统一，使之接近近代的公债制度；强调通过高息转低息

---

① 守屋典郎：《日本经济史》，周锡卿译，北京：生活·读书·新知三联书店，1963年，第99页。
② 松方伯财政论策集：《制定整理公债条例的建议》，大内兵卫、土屋乔雄：《明治前期财政经济史料集成》第1卷，第321页。
③ 阿部兴人：《财政始末》，1891年，第8、271页。

而节省的部分充作加强军备的财源。①

明治政府采纳了松方的建议,1886年10月,正式公布实施整理公债条例。

整理公债的发行分为三种类型:1.一般募集;2.临时特别发行;3.证券兑换发行。前两种主要筹措偿还高息公债资金,第三种用整理公债与旧公债兑换。一般募集从1886年10月发布第一次公告始,至1892年7月止共公开募集5次,合计3020多万日元,占起债总额的17%。临时特别发行是日本银行担保,将公债券卖给国库、存款部的一种制度,从1888年至1897年共发行8次,合计1908万日元,占起债总额的10.9%。证券兑换发行是整理公债的主体,合计12,596万日元,占起债总额的73%。这样,前后共发行整理公债17,500万日元。整理公债的发行将带有殖民地和封建色彩的公债转换成近代公债。

明治政府为解决财政困难,除进行税制改革扩大财源以外,还通过处理官营企业,减轻政府财政负担。官营企业的创办使日本近代产业从无到有,但是,由于经营管理不善,像长崎、兵库造船厂、品川火药、赤羽和深川工作局等"示范"部门"不付利息、不计减损……以致白白耗费资财,不知几许"。②

为减轻财政负担,决定将过去的以官营企业为中心的经济政策转变为对资本家经营采取扶植和保护的政策。

1880年大隈重信提出"三议一件"的建议,进而提出"改革财政的建议",其中很重要的一个举措就是处理官营企业。

明治十四年政变以后,松方正义进一步加大了处理力度。1884年7月7日,决定处理矿山。1884年10月3日,废除《工厂处理概则》。此后,官营企业均按极低的价格和无息长期分期支付的办法出售。如品川玻璃厂,估价仅66,305日元,售价仅有79,950日元,支付期长达55年。③

1885年年末,撤销工部省,标志着官营企业处理基本结束。

---

① 大藏省明治财政史编纂委员会:《明治财政史》第8卷,第145页。
② 高桥龟吉:《日本近代经济形成史》第2卷,东洋经济新报社,1968年,第281—282页。
③ 安藤良雄:《近代日本经济史要览》,第57页;坂入长太郎:《明治前期财政史》,1989年,第360页。

处理官营企业减轻了明治政府的财政负担。1867年12月至1873年12月,明治政府用于殖产兴业的财政支出年均8,365,333日元;1874年1月至1880年6月,年均8,119,166日元;1880年7月至1886年3月,年均6,028,166日元。处理官营企业使明治政府省去上述巨额财政支出,并带来9,363,791日元的巨额财政收入。[1] 处理官营企业就是为增加年度收入、节约年度支出而采取的措施。

四、税收的结构性调整

明治政府在大力压缩财政支出的同时,通过税制改革、增设新税试图稳定、扩大财政收入。

为稳定财政收入,明治政府废除了地税改革条例及其与地税相关的法规,1885年,颁布《地税条例》。《地税条例》内容有29条,规定修订地价将提前通告,地税税率仍为地价的2.5%。此后,1888年、1890年两次修订地价,采取了减轻地税的措施。随着间接税收入的提高,地税收入在整个税收中所占比重下降。《地税条例》直至1931年制定地税法为止未做修改,成为征收地税所依据的基本法规。

为扩大财源,明治政府在压缩财政开支的同时,增加烟酒税征收额。1883年12月,明治政府改革造酒税则。1884年10月开始实施。其与税则修改后的烟草税、新设的卖药印花税、米商会所股票交易所中间人税等构成明治政府的重要财源。1886年以后,酒税征收体系基本形成。

1883年、1888年两次修改烟草税则。烟酒税制改革增加了政府的财政收入,对筹措军费、扩充军备起了重要作用。特别是在扩大间接税的比重,构筑以间接税为基础的税收体系方面具有深远意义。

明治政府为增加财政收入,1887年创设所得税。所得税是为消除税负不公现象而主要向资本家征收的税种。松方正义认为,"凡现行税法乃封建

---

[1] 根据石塚裕道:《日本资本主义成立史研究》,第130—131页;石井宽治:《日本经济史》,第73页;安藤良雄:《近代日本经济史要览》,第57页;坂入长太郎:《明治前期财政史》,第360页的相关数据计算而来。

余风未完全消除之时为适合民情所定,对今日之国情已极不适应",现有税法税负不公平。主张应立即修改税法。"制定所得税法,一以增加国库收入,补充经费,一以实现税法改良之目的。"①

大藏省根据松方的建议,起草了所得税法案。该法案1887年3月颁布,1887年7月正式施行。全文共29条。规定实行累进税率制,将年收入分为5个级差,年收入300日元者交纳1%所得税,年收入超过3万日元者交纳年收入3%的所得税。

所得税法案实施以后,实际收入并不多,1887年仅有527,724日元。1888年只有106万日元,在当年租税收入总额中仅占1.6%。在1891年度预算(此为议会召开以后通过的第一个预算)中所得税也仅占税收总额的1.7%。尽管所得税收入占明治政府税收比重不大,但是,在降低地税等传统税收,改善税收结构方面具有重要意义。1891年度预算年度税收总额为6400万日元,其中,地税3700万日元,占税收总额的60%;酒税1400万日元,关税400万日元,烟草税180万日元,酱油税120万日元,以上为间接税,约占税收总额的30%;其余10%为证券印花税、点心税、车税、船税等杂税;所得税为111万日元。同过去相比,在税收结构上,地税等直接税呈下降趋势,间接税所占比重日益提高。

五、近代财政制度的确立

财政制度改革。明治政府为实现从封建体制向近代体制的转型,通过奉还版籍、废藩置县将财权收归中央。明治政府在财政与金融尚未分离的情况下,试图解决在加强中央集权过程中所出现的财政问题,建立、完善财政制度。1873年6月,明治政府公布《1873年度收支预算会计表》。这次预算公开尽管不是基于资本主义议会制下的公开原则公布的预算,但是,从此,公开预算成为惯例。

1874年12月,大藏省制定金谷出纳办理程序,要求省内各寮科从1875

---

① 松方伯财政论策集:《所得税法的建议》,大内兵卫、土屋乔雄:《明治前期财政经济史料集成》第1卷,第420页。

年度始以本年7月至次年6月为一会计年度,在本年度内完成收支结算,制定预算编制程序。

1875年6月,明治政府颁布新货币条例,着手统一货币。1875年9月,实行家禄、赏典禄货币化。

1875年12月,废除实物地租,政府年度收支停止收支实物米。明治政府通过上述举措,清除编制预算的障碍,推进财政货币化。

1876年9月,明治政府制定大藏省出纳条例。大藏省出纳条例作为预算会计法规是对明治政府预算会计制度化的总结。

1879年2月,明治政府公布日本第一个决算报告《1875年度决算报告》。

1880年3月,明治政府废除大藏省检查局,新设会计检查院。

1881年4月,制定会计法。会计法对年度支出中的款项相互挪用加以严格限制。

1884年3月,制定《年度收支预算条规》,1886年实施。①

1884年7月,出台《经费支出条规》。

1885年12月,明治政府进行行政机构改革,废除太政官制度,实施责任内阁制度。1886年3月,出台《年度收支科目条规》②。

1886年3月,松方正义提出《大藏大臣确定年度收支科目的建议》,认为除个别重要科目须经内阁讨论决定以外,多数科目由大藏大臣决定即可,建议颁行《年度收支科目条规》。③《年度收支科目条规》第一章总则,规定变更过去年度收支科目整理方法,废除经常性部分和临时性部分收支分类方法,将年度收入分为第一部门(租税)、第二部门(非租税收入),将年度支出分为第一部(国债本息、年薪、赏赐、各种俸禄)、第二部(皇室御用、神社费用)、第三部(各厅经费)。④ 1885年12月,责任内阁制确立以后,与该体制相适应,宫内大臣独立于内阁之外,负责处理宫内事务,宫内与政府分离。

---

① 大藏省明治财政史编纂委员会:《明治财政史》第1卷,第768页。
② 大藏省明治财政史编纂委员会:《明治财政史》第1卷,第773—785页。
③ 大内兵卫、土屋乔雄:《明治前期财政经济史料集成》第6卷,第498页。
④ 大藏省明治财政史编纂委员会:《明治财政史》第1卷,第773—774页。

在财政上,《年度收支科目条规》也明确将皇室御用与各厅经费区分开来,即明确区分天皇家计与国家财政。

第四章对年度收支决算做出规定。第五章附则对官方资金耗损做出规定。

《会计法》及《年度收支预算条规》成为日本国家预算的基本法规,它的制定与实施标志着日本国家财政制度得到进一步完善。

明治宪法与近代财政制度的确立。近代国家财政应反映全体国民的意愿,必须经由议会控制预算。此时,虽然财政制度日益健全,但是,国家宪法尚未颁布,议会制度没有建立。日本国家财政制度还不能说是近代财政制度。

19世纪后半期,开设国会运动高涨,开设国会势在必行。1881年明治政府宣布最迟于1890年召开国会。1882年3月,伊藤博文奉命前往欧洲考察各国宪法。至1883年8月回国止,历时1年5个月,除考察德国等国的现行宪法外,还拜访了当时著名的宪法学家和财政学家。

1886年,由伊藤博文牵头起草宪法,至1888年春,宪法草案完稿。1888年9月,提交枢密院审议、修改。1889年2月11日颁布,是为明治宪法。

宪法辟出专章(第6章)制定了有关财政的基本原则。如:

第62条规定,须依法征课新税及变更税率,募集国债须经议会批准;

第63条规定,现行租税未经法律修改者照旧征收;

第64条规定,国家年度收支每年须以预算的形式经议会批准,超出预算或预算外支出须经议会认可;

第72条规定,国家年度收支决算由会计检查院检查、核定,然后,政府将其连同检查报告一起提交议会审议,会计检查院的组织及职权由法律确定。

为应对将来国会对预算的审议,1886年末,明治政府成立会计法调查委员会。该调查委员会以现有法规为基础,借鉴欧美相关法规,起草《新会计法修改草案》,1888年5月,提出《制定会计法的建议》[①]。建议的主要内容为不能随意变更草案中已经确定的会计原则,以往的会计法所规定的实

---

① 大内兵卫、土屋乔雄:《明治前期财政经济史料集成》第6卷,第498—499页。

施办法具有法律效力,草案对其中修改频繁的部分进行了完善并固定下来。草案经内阁法制局修改后,1888年9月,提交枢密院。草案经枢密院审议、修改。1889年2月,即明治宪法颁布的同月,新的会计法以宪法附属法规的形式颁布,1890年4月开始实施。新会计法的颁布与实施标志着日本近代财政制度正式确立。

综上所述,这一时期为日本近代政治体制形成期,政治体制的形成需要一个健全而稳定的财政作支撑,为此,明治政府节流与开源并举,实施了财政紧缩政策,整理纸币与国债,处理官营企业,压缩财政开支,进行税收的结构性调整,稳定直接税收入,扩大间接税收入,与此同时,进一步完善财政制度,建立银行制度,实现财政与金融的分离;建立公债制度、预算制度,使财政运营、财政政策的制定和实施走上规范化、法制化轨道,完成了财政向近代财政的转变。

(作者湛贵成,洛阳师范学院历史文化学院,原文刊于《世界历史》2008年第5期)

日本对外战争的隐秘逻辑（1592—1945）*

韩东育

从 1592 年到 1945 年，日本在东亚地区发动了数次战争。由于这些战争时跨前近代和近现代，加之我们已惯常于以时代性质来判断战争性质，因此，虽说对每次战争原因的分头探索和个案讨论均不乏仔细，[①]但战争之间所固有的内在连续性，也不时被人为划定的时代独立性所切断。当每个研究结论的相加之和并不等值于历史本身甚至与历史文脉龃龉横生时，一个综合而连贯的观察视角，或许能给相关研究工作提供某种有意义的启示。尤其在东亚局势风云再起和区域走势扑朔迷离的今天，钩沉战争与战争之间的事实与逻辑隐情，亦将有助于人们对东亚问题的整体认知和规律性把握。

一、日本对战争理由的矛盾陈述

让日本一气跃居东亚舞台中心的历史性事件，莫过于"甲午战争"

---

* 本文为国家社会科学基金重点项目"东亚世界的形成・重组与未来走向研究"（批准号：12AZD093）结项成果之一。
① 参见郑樑生：《明・日関係史の研究》，东京：雄山阁出版，1985 年；西里喜行：《清末中琉日関係史の研究》，京都：京都大学出版会，2005 年；冈本隆司：《馬建忠の中国近代》，京都：京都大学学术出版会，2007 年；戚其章：《甲午战争史》，北京：人民出版社，1990 年；沈予：《日本大陆政策史（1868—1945）》，北京：社会科学文献出版社，2005 年；朴宗根：《日清戦争と朝鮮》，东京：青木书店，1999 年；筒井清忠编：《新昭和史論：どうして戦争をしたのか》，东京：株式会社ウエッジ，2011 年；北冈伸一：《外交的思考》，东京：千仓书房，2012 年；等等。

(1894—1895)和"日俄战争"(1904—1905)。由于这两次对外军事行动不仅打败了亚洲第一大国,也打败了世界第一领土大国,因此,在日本人的历史记忆中,这无疑已凝结成"大和民族"前所未有的"光荣"。然而,无论是当时的政界、军界、舆论界,还是后来的学术界,日本方面在谈及发动这两次战争的理由和根据时,均表述得矛盾重重,甚至自相抵消。"甲午战争"因朝鲜而起,这是常识。可当说到这场战争为什么会因朝鲜而起时,人们却很难从日方关于战争动机及其最直接诱因的"史实"陈述中,找出一般性共识。通常说来,"征韩论"之始作俑者,是明治维新的早期元勋西乡隆盛(1828—1877)。通行于教科书层面的结论说,西乡的"征韩"(1873)名目,缘于明治政府对朝鲜继续"锁国"、不与交通甚至仇视日本等政策的不满。[①] 而进一步的"逻辑"还被表述为:如果朝鲜不开国,日本不但无法以近邻联盟的方式来共同抵御西方,甚至连本国的独立状态亦无法确保。[②] 可结果却如人们所熟知的那样,是"征韩派"(又称"外征派")的下野和"内治派"的胜出。而内治派标榜日本应按照西方的模式实行内部近代化改革而不是对外扩张。持这一观点者,有岩仓具视(1825—1883)、大久保利通(1830—1878)和木户孝允(1833—1877)等人。然而,明治政府时过不久的对朝武装行动,却不仅令人错愕,还使"内治论"的标榜者们迅速走向了自己的反面。1875年,反对西乡"征韩论"的大久保和木户等人,为了敦促朝鲜"开国"(这本是西乡当年主张征韩的堂皇理由之一),竟以炮舰相逼,在通过《江华条约》(1876)达成朝鲜开国目的的同时,还将当年美国人强加给日本的不平等条款,依样画瓢般地压给了朝鲜。可这样一来,西乡的下野原因与朝鲜的被迫开国之间,俨然已构成了某种反讽。而且江华岛事件后西乡写给友人的信笺还一度让人感到,西乡似乎并不比大久保等人更像"征韩论"者。[③] 然而,问题显然并非如此简单。人们注意到,下野后与政府分庭抗礼并引发"西南战争"的西乡隆盛,在死后第12年的1889年,竟被明治天皇以所谓"大赦"的方式和

[①] 佐藤信など:《詳説日本史研究》,东京:山川出版社,2008年,第340页。
[②] 井上寿一:《日本外交史講義》,东京:岩波书店,2003年,第17页。
[③] 参见《篠原冬一郎への書》(明治八年十月八日),大西乡全集刊行会编:《大西鄉全集》第二卷,东京:平凡社,1927年,第842—844页。

"大政复古大功臣"的理由恢复了名誉,并再封为"正三位"。① 明治政府这一戏剧般的转变,很可能是出于天皇本人的意志。黑龙会所辑《东亚先觉志士记传》称,早年,明治天皇曾对西乡有过"适当处置韩国问题"的面谕,甚至还有"委任汝总典韩国事"的授命。② 1873 年西乡拟亲为赴韩使节并准备不惜武力、敦促朝鲜"开国"的决定,虽不能说是在贯彻天皇的命令,但倘无最高权威的默许甚至支持,西乡的"征韩"态度显然不可能如此执着甚至顽固。所以有学者指出,称西乡的主张与天皇的"征韩"意志全无关联,反而与史实不符。③ 这种说法,在有助于解开"征韩派"与"内治派"殊途同归"谜团"的同时,还给研究者留下了进一步追问的余地:如果天皇的意志是这种合流的终极原因,那么天皇何以会形成如此意志?

　　清朝在"甲午战争"中的败北,使日本觊觎朝鲜的传统阻碍力量,被明治兵舰首次逼退。但"三国干涉还辽"事件中俄国的积极表现,④却招来了日本的深深怨恨。这不但因为俄国危及了与日本人"主权线"相依存的"利益线"——朝鲜,⑤还在于其干涉还辽行动把甲午战后划归日本的辽东权益转移到自己手中。1904 年,日俄战争爆发,日本胜利。这意味着,清朝以外能够妨碍日本在朝权益的另一个大国,从此也不再构成妨碍。而正在此时,日本保护朝鲜"独立"的真实目的,才首次和盘托出。1910 年 8 月 22 日,随着《日韩合并条约》的签署,日本以外的国家再行干预朝鲜的可能性,暂且化为乌有;⑥而韩国皇帝也从此被明治天皇降格册封为"李王"。问题是,朝鲜为什么会被日本强征为自己的"利益线"?其册封韩皇的行为,又究竟根植于怎样的历史逻辑和文脉?

---

① 参见小川原正道:《西南戰争》(中公新書),东京:中央公论新社,2007 年,第 227 页。
② 黑龙会编:《東亜先覚志士記傳》上卷,东京:原书房,1974 年,第 44 页。
③ 参见琴秉洞:《耳塚》,东京:二月社,1978 年,第 141 页。
④ 参见《三国干涉一件》《遼東還附一件》,日本外务省外交史料馆编:《日本外交文書》第二十八卷第二册,东京:日本外交文书颁布会,1953 年,第 1—222、464—552 页。
⑤ 山县有朋:《外交政略論》,《日本近代思想大系 12》,东京:岩波书店,2000 年,第 81—86 页。
⑥ 参见《日韓条約締結一件:韓国併合関係》,日本外务省外交史料馆编:《日本外交文書》第四十三卷第一册,东京:日本外交文书颁布会,1962 年,第 659—728 页。

日本此前为独占朝鲜与俄国缔结的"满韩交换"协议,①不但不表明日本对"满洲"无所关心,相反,朝鲜问题解决后的下一个征服目标,恰恰就是"满洲"。日本对俄国的这一权宜策略,早就被美国人冷眼窥破;②而日本对俄战争的胜利,也刚好给日本独占下一个目标——"满洲",创造了前所未有的条件。不仅如此,作为第一次世界大战战胜国的日本,还在1915年向北洋政府提出了足以灭亡中国的"二十一条"。虽然大隈内阁的无理要求不可能获得实现,但"日俄战争"后日本的一连串举动,却把它的更大欲望对象,昭然于天下。为此,它采取了一系列外交手段,诸如出兵西伯利亚(1918—1922),③加入"国际联盟"(1920)、④与英美法组成"四国同盟"(1921)⑤等。但是,日本对中国日益增大的欲望,也进一步招致了欧美国家的侧目。美国在1921年11月至1922年2月所召集的"华盛顿会议"上,首次系统地推出了关于中国问题的《九国条约》。条约中,美国明确提出了对华政策新原则,即"门户开放、领土保全"。由于日本有意将中国本土解释为长城以南地区,于是,日本对"保全领土"原则的认可便意味着既可拥有"满蒙特殊权益",亦没有违背国际公约。换言之,日本接受《九国条约》的一个前提是撤回"二十一条"的核心条款——这似乎表明了日本对"中国本土"的不干涉态度和对欧美压力的屈从,加之日本的牵强解释也未能从根本上损害欧美各国的在华利益,于是,列强间的势力均衡,便最终以中国利益的巨大牺牲而终结。⑥

---

① 参见《朝鮮ニ関スル日露協約雜件》,日本外务省外交史料馆编:《日本外交文書》第二十九卷,东京:日本外交文书颁布会,1954年,第728—842页。
② 参见《米国ノ満州鉄道中立提案一件》,日本外务省外交史料馆编:《日本外交文書》第四十二卷第一册,东京:日本外交文书颁布会,1961年,第722—738页。
③ 参见《シベリア及東支両鉄道管理ニ関スル交渉一件》日本外务省外交史料馆编:《日本外交文書》大正七年第三册,东京:日本外交文书颁布会,1969年,第335—442页。
④ 此间,曾以《武士道》一书蜚声世界的新渡户稻造(1862—1933),即在该机构担任了七年之久的"国际联盟事务局次长"一职。参见《国際連盟理事会ニ関スル件》《国際連盟総会ニ関スル件》,日本外务省外交史料馆编:《日本外交文書》大正九年第三册上卷,东京:日本外交文书颁布会,1973年,第93—315页。
⑤ 参见《太平洋ニ関スル四国条約ノ成立》,日本外务省外交史料馆编:《日本外交文書》之《ワシントン会議》(上),东京:日本外交文书颁布会,1977年,第547—686页。
⑥ "九国"指:日、美、英、法、意、中、比、荷、葡。参见《中国ニ関スル諸問題・中国ニ関スル諸決議ト九国条約ノ成立》,日本外务省外交史料馆编:《日本外交文書》之《ワシントン会議》(下),东京:日本外交文书颁布会,1978年,第24—235页。

然而,1926 年"广州国民政府"所发动的、有苏联顾问参与的北伐战争,却开始令日本坐卧不安。① 因为这意味着,其垂涎已久的"满洲"权益,可能会因为蒋介石的行动和苏俄的介入而化为泡影。为了给"满洲"乃至整个中国问题定调,1927 年 6 月,田中内阁在东京召开了会议,即所谓"东方会议"。② 然而后来发生的"山东出兵"(1928)、"皇姑屯事件"(1928)、"九一八事变"(1931)以及"关东军"五个月占领东北全境并拥立溥仪建立所谓"满洲国"(1932)等事件,却反而给人造成这样一种印象:日本国内上自天皇、下到内阁,已悉数被"军部"和"关东军"的"独走"行为所劫持,正因为如此,才不得不对"既定事实"予以默认。③ 可当这种"不得已"的表白一经被国际联盟派遣的"李顿调查团"所戳穿,④当"满洲国"的主权属于中国的看法已在国际联盟和美国那里成为共识时,⑤特别当关东军于 1933 年 2 月 23 日侵占热河、向国际联盟故意示威时,⑥日本政府在 2 月 24 日退出国联,便具有了事实和逻辑上的双重不可逆性。⑦ 昭和十年(1935)以来日本政府和军队的一系列行动,还意味着,1937 年抗日战争的全面爆发,只不过是时间问题而已。问题在于,日本对中国的侵略,为什么也像对朝鲜一样被视若当然? 石原莞尔凭什么会提出"满蒙乃日本生命线"这一仿佛是"自明"的命题?⑧ 为

---

① 参见《東三省の政情と易幟問題》、《国民革命軍の北伐関係》,日本外务省外交史料馆编:《日本外交文書》昭和期Ⅰ第一部第二卷,东京:日本外务省,1990 年,第 200—288、289—336 页。
② 参见《東方会議》,日本外务省外交史料馆编:《日本外交文書》昭和期Ⅰ第一部第一卷,东京:日本外务省,1989 年,第 1—67 页。
③ 参见《満州国の成立と日本の承認》,日本外务省外交史料馆编:《日本外交文書》之《満州事変》第二卷第一册,东京:日本外务省,1979 年,第 341—651 页。
④《リットン調査団の動向》,日本外务省外交史料馆编:《日本外交文書》之《満州事変》第二卷第一册,第 652—989 页。
⑤ 参见《日中紛争をめぐる米国および各国との交渉ならびに国際連盟における審議状況》,日本外务省外交史料馆编:《日本外交文書》之《満州事変》第二卷第二册,东京:日本外务省,1980 年,第 1—436 页。
⑥ 参见《国際連盟における日中紛争審議状況ならびに列国との交渉・熱河作戦の目的について》,日本外务省外交史料馆编:《日本外交文書》之《満州事変》第三卷,东京:日本外务省,1981 年,第 524 页。
⑦ 参见《国際連盟における日中紛争審議状況ならびに列国との交渉・日本の連盟脱退を憂慮とのゾルフ博士の談話について》,日本外务省外交史料馆编:《日本外交文書》之《満州事変》第三卷,第 527 页。
⑧ 石原六郎等编:《最終戦争論・戦争史大観》,东京:たまいらぼ,1986 年。

什么在《昭和天皇独白录》中，"日本对中国的一次次侵略，被描述成一件件平平常常、自自然然的事"？为什么"日本在华的任何动作，只要不引起英美的干涉，不触发与英美的冲突，就不必有丝毫顾忌"？①

在高度复杂的现代国际局势中，日本行动依据的自我矛盾处比起近代来，无疑更加突出。它一面令人动容地倡导"东洋一家""东亚解放"和"共存共荣"，一面又毫无愧色地侵入疆土、杀人父兄、毁人宗庙；它可以与英国蜜月热恋，亦可以适时解除"英日联盟"；它能够为遏制共产主义苏联而参加"四国同盟"，也能做到与苏联签署"日苏中立条约"；它可以宣称"世界和平"而加入"国际联盟"，也能做到瞬间"脱退"……可是，无论日本怎样一日三变，有一个不易察觉的连贯性却未曾发生过改变。人们注意到，内田康哉外相为了使"满洲国"得到国际承认，曾发表过不惜举国焦土的"焦土外交演说"（1932年8月）；②松冈洋右外相为了使日本独占"满洲国"而不惜退出国联一事，曾被日本民众视为"壮举"，其本人亦一度成为"国民英雄"之象征（1933年2月24日）；③至于日本外务省情报部长天羽英二为垄断中国利益而发表的"天羽声明"，还以"维持东亚和平秩序"乃日本之"使命"的"豪迈气概"，提出了极力反对国际社会对华援助的"亚洲门罗主义"（1934年4月17日）；④而将上述趋势推向逻辑终点的东条英机，则高调地喊出"亚洲民族解放"和"大东亚共荣圈"等口号（1942年1月），甚至不惜"举国玉碎"，实施最后一搏。⑤所有这些，都极为传神地记录了日本这一不曾变奏的连贯音阶，也逐步清晰地勾勒出音阶的起伏流向和萦绕范围。这意味着，对于日本在现代国际局势中的无数即时反应，恐怕已无法再以一连串杂乱无章的偶然性堆积来理解和对待；而一个更长时段和更大背景的探讨，或许才有助于人们触及事情的本来脉络，并从中发现相应的规律。

---

① 参见张振鹍：《日本侵华与昭和天皇的独白》，《抗日战争研究》1993年第2期。
② 参见《帝国議会誌》第一期第十三卷，东京：东洋文化社，1976年。
③ 参见外交问题研究会编：《松冈外相演说集》，东京：日本国际协会，1941年；冈田益吉：《満州事変と国際連盟脱退》，林正義编：《秘められた昭和史》，东京：鹿岛研究所出版会，1965年。
④ 参见《付：天羽情报部長の非正式談話問題》，日本外务省外交史料馆编：《日本外交文書》昭和期 Ⅱ第一部第三卷，东京：日本外务省，2000年，第559—612页。
⑤ 参见《大東亜共栄圏の建設》之《大東亜省設置問題》《大東亜会議》，日本外务省外交史料馆编：《日本外交文書》之《太平洋戦争》第二册，东京：日本外务省，2010年，第1437—1554页。

二、规定明治、昭和走向的"执拗低音"

1868年1月15日,明治天皇宣布了他的"发扬国威"意旨:"宜大力充实军备,光耀国威于海外万国,以应答祖宗先帝之神灵!"[①]3月14日,明治天皇再度发表了他的"海外雄飞"大略:"朕与百官诸侯相誓,意欲继承列祖伟业,不问一身艰难,亲营四方,安抚汝等亿兆,开拓万里波涛,布国威于四方!"[②]而从1926年裕仁天皇即位后所颁布的一系列"诏敕"看,昭和的主张显然延续了明治意志,甚至有过之而无不及:"朕赖皇祖皇宗之威灵,继承万世一系之皇位,总揽帝国统治之大权,以行践祚仪式。率由旧章,聿修先德,庶几无坠祖宗之遗绪。惟以皇祖考叡圣文武之资,恢弘天业。内敷文教,外耀武功,颁千载不灭之宪章,固万邦无比之国体……(今当)明徵皇祖考之遗训,继述丕承皇考之遗志……"[③]"尔臣民宜骋思神武天皇之创业,使皇图宏远,念皇谟之雄深,和衷戮力,日益发挥国体之精华,致力克服时艰,以助国威昂扬,以对祖宗神灵"。[④]"宣扬大义于八纮,以坤舆为一宇,实乃皇祖皇宗之大训"。[⑤]1932年1月8日,昭和天皇还以日本最高统帅的身份,表彰了关东军侵占中国东北之"功绩":"宣扬皇军威武于中外,朕深嘉其忠烈。汝将士宜复坚忍自重,以此确立东亚和平之基础,朕厚有望焉!"[⑥]在上述"诏敕"中,有这样几个共同点值得关注:一是指向性或曰目标性十分明确,即明治与昭和均以"海外雄飞"和"宇内扬威"为职志。其中,明治所奉行的"大日本主义"和昭和着力实践的"大东亚主义",名异而实同。二是连续性

---

① 明治天皇:《対外和親、国威宣揚の布告》,《日本近代思想大系12》,第3页。
② 明治天皇:《維新の勅語》,《列聖全集》之《詔勅集》(下卷),东京:列圣全集编纂会,1916年,第147页。
③ 《践祚後朝見ノ儀ニ於テ賜ハリタル勅語》(1927年1月9日),日本文部省整理、防卫省防卫研究所藏《陸軍省大日記》,陆特—S1-4-28,第1375—1379页。
④ 《2600年纪元节诏书》(1940.2.11),东京:国立公文馆藏《御署名原本·御23258100》(无页码标识)。
⑤ 《日德意三国条约诏书》(1940.9.27),东京:国立公文馆藏《御署名原本·御23265100》(无页码标识)。
⑥ 《満洲事変ニ際シ関東軍賜ハリタル勅語》、小林龍夫など:《現代史資料》7《満州事変》,东京:みすず书房,1965年,第337页。

或曰超时代性特征非常明显,两者都继承了千百年来的"列祖伟业"和"先朝宏谟",时代的变化和当下的妨碍,在祖训之"定量"面前只是"变量",而且是可以藐视的"变量"。三是执着性或曰目的单一性。为了实现锁定的目标,日本需要采取一切可能的手段,排除一切外来的干扰,然后专注目标,为此甚至举国玉碎亦在所不惜。这些特征,无疑有助于我们理解明治和昭和天皇为什么分别成为"甲午战争"和"侵华战争"的发动者或追认者,即使在这一过程当中他们也曾有过看似"消极被动"实则"怯于冒险"的情绪性波动。①

实际上,"八纮一宇"能够成为日本政要思想与行动的自明前提,与历史上曾经发生的"壬辰倭乱"及其败退记忆,有着十分密切的关系。从那个时代遗留下来的大量因由,为我们探索后世难以违拗的深层规定性,提供了令人瞠目的原始记录。

日本历史学者杂贺博爱,早年在《大西乡全传》中谈及西乡隆盛的"理想"时这样写道:"翁之理想,实在于耀皇威于八纮,布道义于四海。翁大陆经营之大理想,亦实存于此。本欲自膺此大任,横刀荒原,怎奈时势不利,事与愿违,终化故山之露。"②杂贺此书出版于1937年5月。2个月后,中日战争全面爆发。这与其说是巧合,不如说是西乡被恢复名誉以来频繁掀起的"西乡热"中一个小插曲而已。事实上,天皇特赦令下达后,颂赞西乡的著作就像决堤之洪水般涌向全国,如《日本伟人传》、《西乡南洲遗训》、《西乡隆盛传》等。而当时流行最广的,莫过于内村鉴三(1861—1930)的《代表的日本人》。书中,西乡隆盛赫然名列榜首,而该书的出版时间,则刚好是"甲午战争"爆发的1894年。内村认为,支配西乡行为的动力有两点:一是统一帝国的实现,二是征服东亚。③"日韩合并"的1910年,是西乡战死第33周年,也是"西乡热"臻于巅峰之年。就在这一年,西乡开始以"国权论"和"亚洲主

---

① 参见井上清:《天皇与日本的侵华战争》,《抗日战争研究》1993年第2期;《昭和天皇独白録》,《文艺春秋》1990年12月号。
② 杂贺博爱:《大西郷全傳》第一册,东京:大西乡全集刊行会,1937年,第5—6页。
③ 参见内村鉴三:《代表的日本人》,铃木范久译,东京:岩波书店,1995年。原作名为《日本及び日本人(Japan and Japanese)》,最早出版于1894年,是面向英语世界的作品。参见《内村鑑三英文著作全集》第二卷,东京:教文馆,2004年。

义"先觉者的名义受到追捧。石原万岳等创作于1911年的《东京铜像唱歌》这样写道:"朝鲜今我有,堪慰吾翁心!"不仅如此,由黑龙会编纂的《西南记传》(1909—1911),还详细记载了西乡"征韩论"之始末,认为西乡的榜样力量将非常有助于对韩政策之最后决断。此外,北一辉对西乡之膜拜,自不待言,头山满、内田良平和荒尾精等大亚洲主义者或大陆浪人们,不但以西乡为偶像,还每每自命为"当代西乡"。后来,三岛由纪夫在《与铜像的对话》中这样感慨:西乡身上"具有能与日本人内心深处最危险要素两相契合的美!"——这其实也在某种程度上决定了三岛本人的终局。[①]

日本近现代史上经久不衰的"西乡热",凸显了以下醒目逻辑:西乡是"大亚洲主义"的先觉者和"八纮一宇"理想的支持者,而这一先觉者和支持者的实践端点,便是"征韩论"的推出。于是,对西乡何以会提出"征韩论"并异常固执的深层背景,便成为一个需要关注的重大问题。历史上,西乡所在的萨摩藩,是一个"征韩"观念普及并深入到每个角落的地方。这固然与作为"朝鲜之役"急先锋的岛津义弘(1535—1619)的军事行动有关,但更与岛津氏留给当地乃至整个日本的、以"征韩"甚至"征明"为主要内容的"乡中教育"传统密不可分。有研究显示,无论是"征韩论"的主张者西乡隆盛还是后来实践者的大久保利通,也无论是"甲午战争"还是"日俄战争"中冲锋陷阵的军事指挥官抑或政治领导者,几乎均程度不等地接受过这类野蛮侵略他国的"乡中教育"。[②] 值得注意的是,明治时期"征韩论"的最坚定支持者,刚好出自九州、四国和"中国"[③]等地。这些地方也恰恰是丰臣秀吉侵朝时"七大番队"将士的主要来源地。经过德川二百余年的历史,番队将领的后人们依然继承着先人的遗愿。这使琴秉洞的下列观点具有了重要的参考意义:单纯以"毗邻朝鲜的地理因素"和"外压转移的政治意图"来解释九州人率先发起的"征韩"行动,显然因忽视了当年的历史因缘而变得十分牵强。[④]

[①] 参见小川原正道:《西南战争》(中公新书),第230—239页。
[②] 参见琴秉洞:《耳塚》,第138—141页。
[③] "中国",是日本律令制时代的区域指代,包括骏河、越前、出云和备后地区,略当今日之本州西部,包括冈山、广岛、山口、鸟取和岛根地区。
[④] 参见琴秉洞:《耳塚》,第20—21页。

那场几成"乡中教育"范本的战事,发生于1592—1598年,日本称"文禄·庆长之役",朝鲜称"壬辰倭乱"和"丁酉再乱",明朝称"万历朝鲜之役"。而埋葬了大量耳鼻的"耳(鼻)塚",位于今日本京都市,是400多年前日本军在朝鲜实施惨烈杀戮行动的最具象征性的物质遗存。关于耳鼻的数量,有人曾做过以下统计:日本发动大军16万人,杀害朝鲜人18.5738万,中国人2.9014万,共计21.4752万人。现埋于平安城(今京都)东大佛殿旁,筑笼土中,上立石塔。① 关于朝鲜民众的反应,林罗山(1583—1657)写道:"朝鲜人来贡之时,到塚下,诵祭文而吊之,哭泣曰:此辈是输死报国者也。"②据研究,"征韩论"被正式提出的前一年,西乡曾与明治天皇一道"西国巡幸"(1872年5月23日—7月12日),行至"耳(鼻)塚"时曾驻足小憩。③ 虽不能仅凭这一点就断言其君臣之间已商定了"征韩"意向,但7月19日,原为"参议"的西乡隆盛,却迅速被拔擢为"陆军元帅兼近卫都督"。从前述黑龙会所辑《东亚先觉志士记传》中的蛛丝马迹、明治天皇面对西乡辞职却依然保留其"大将"职务的不舍心情④以及明治大赦后西乡被盖棺定论为"大政复古大功臣"并再封"正三位"等情形看,西乡被征讨,只是因为与岩仓具视等人的意见相左并最终举兵反叛,而未必真的就有违国家尤其是天皇本人的根本意志。于是,探明天皇的意志与"朝鲜之役"之间的关联等问题,就成为一个不可小视的关键。

丰臣秀吉死后,其当年的支持者后阳成天皇(1571—1617),曾为丰臣氏追赠了"正一位"官品,并授予"丰国大明神"之神号。同时,还在东山阿弥陀峰上建造了占地30万坪(一坪约3.3平方米)、社宇达数十栋规模的"丰国社",丰臣从此被托向神殿。可是,德川政权建立后,不但立即将庙宇拆毁,更将社殿移诸妙法院,神号亦改为"国泰院"。此后二百多年间,盛极一时的丰国大殿,社地荒芜,杂草枝蔓,直到幕末。⑤ 德川幕府之所以会采取以上

---

① 参见大河内秀元:《朝鮮物語》卷之三,东京:早稻田大学出版部,1913年。
② 参见罗山子道春:《豊臣秀吉譜》下,[京]山口市郎兵卫,明历四年(1685)刊。
③ 琴秉洞对此有所考证。(参见《耳塚》,第136—137页)
④ 参见《列聖全集》之《詔勅集》(下卷),第205页。
⑤ 参见仲尾宏:《朝鮮通信使と壬申倭乱》,东京:明石书店,2000年,第97页。

皇和皇后，三呼万岁。于是，"近代天皇制与丰臣秀吉的海外侵略美化行为就这样结合在一起。后来，直到1945年，作为国家神道庇护之根本的秀吉彰显事业，一直与美化侵略行为联袂前行，从未中断。"①而表现在对外行动上，亦如井上清教授所言："日本对中国的侵略自1894年日清战争以来一直就没有间断过。"②

　　这意味着，以下两条线索，或许才构成了明治以来的"接统"对象：一个是观念上的自明前提——"八纮一宇"，另一个则是实践上的行动楷模——"丰太阁"。自明前提的不可质疑性，给对外扩张的思想和行动提供了原理性的支持；而楷模的存在，又无疑会给实践者带去反复起作用的激励。这也就意味着，比起血统上的"万世一系"，观念上的"八纮一宇"才应该是皇统承续的价值前提；而值得承续的皇统代表，则首先必须符合"八纮一宇"原则之杰出践行者丰臣秀吉的标准。据载，少年明治天皇即位之初，不仅接受了木户孝允和西乡隆盛强烈的"征韩论"灌输，而且久而久之，其自身亦对领土扩张表现出极强的欲望。③ 事实上，日本形成今日领土规模的最早"统一"过程，完成于从织田信长到德川家康的四十年间，其中，丰臣秀吉才是主要代表人物。正因为完成了统一，丰臣才能倾全国之力把下一个征服目标投向本土之外的朝鲜、明朝和更大的区域，而以往的历代天皇，显然都不具备这样的能力。④ 明治君臣之所以盛赞丰臣秀吉"继述上古列圣之伟业"和"一贯祖宗国是"，之所以将丰臣秀吉的"武威"迻译为"皇威"乃至将天皇的"万世一系"与丰臣秀吉的"万世不朽"相链接，应该均来自于上述"接统"逻辑的自然延伸。由于这一倾动整个日本的对外侵略行动最后以失败告终，而这一失败的偶然性因素是因为丰臣秀吉的突然死去，所以，除非没有能力，只要条件具备或自认为条件具备，后来的日本权力集团就会反复沉浸于"自明"的目标中，并且会自觉地将自身的"外征"行动视为实现丰臣秀吉遗愿的

---

① 参见仲尾宏：《朝鲜通信使と壬申倭乱》，第99—107页。
② 参见井上清：《天皇与日本的侵华战争》，《抗日战争研究》1993年第2期。
③ 参见元田永孚：《自伝·日记》，《元田永孚文书》第一卷，东京：元田文书研究会，1969年。
④《好太王碑》中记录的公元4世纪高句丽战事和663年的"白村江之战"，都只是规模不大的局部摩擦。

壮举。值得注意的是,这样的反复,还会经常不断地造成无视理性的"执着"。"三国干涉还辽"后,明治天皇曾对臣下讲:"此次战争使我们了解了当地的地理人情。不久的将来,可以期望在朝鲜或其他地区重新开战,那时再取辽东不迟。"①几十年后,当英美通过制裁手段遏制日本的"大东亚战略"时,昭和天皇在"宣战诏书"中亦明确地表达了他的"坚强意志":"朕隐忍久矣……倘如斯推移,帝国为东亚安定所行之积年努力,将化为泡影,帝国之存立亦将濒临危殆。事既至此,帝国当毅然蹶起,自存自卫,破碎一切障碍,而别无选择!"②这无疑是一个隐含着大量真实信息的诏书:首先,朝鲜、"满洲"乃至整个东亚,都是与日本不可分离的部分。这意味着,除日本外,外人是没有资格和权力前来分享和染指的;其次,所有来自外部世界的说三道四和力量制衡,都无法对日本构成真正有效的约束。这意味着,明治以来的政治理念、普世说教、外交应对和折冲樽俎,无非是为了扫清实现既定目标之障碍的手段而已。一俟敷衍成功,既定目标仍是一切。第三,东亚与日本帝国之等式既已成立,那么当"外敌"压"境"时,日本就应当"毅然蹶起"而"别无选择"。于是,"自存自卫"便意味着,东亚问题已不再是别人的问题,而是日本的家事。

三、首尾连贯的日本课题

日本式"东亚观"或曰"既定目标"的早期构想者和亲身实践者,是上文中频繁出现的丰臣秀吉。关于他何以会掀起421年前的那场战争,学界的说法莫衷一是,但丰臣秀吉本人的表达似乎才最为重要。从以下的陈词中不难发现,丰臣秀吉的意志不但十分坚定,而且对自身所要达到的目标亦丝毫不加掩饰,这个目标是:"直以其军进冲朝鲜,席卷明四百余州以为皇国之版图。"③为了顺利实现这一愿望,丰臣秀吉曾以"予当于托胎之时,慈母梦

---

① 津田茂麿:《明治聖上と臣高行》,东京:原书房,1970年。参见井上清:《天皇与日本的侵华战争》,《抗日战争研究》1993年第2期。
② 《宣戦の詔書》(1941年12月8日),历史学研究会编:《日本史史料5》,东京:岩波书店,1997年,第113—114页。
③ 《日明鮮三国ノ関係及日鮮ノ交渉》,《日本戦史》(朝鮮役),东京:日本参谋本部,1978年,第10页。

日轮入怀中,相士曰:日光所及,无不照"的自命不凡口吻,对朝鲜利诱恫吓。① 据说,在发动侵朝战争之初,丰臣秀吉还制订过"七条"约定。其第七条为:"秀吉以鞭影,先取高丽国八道,然后大明国四百余州,然后南蛮、切利支丹国,其外则至于远岛,皆欲奋武运之所极而割取之。"② 而且,出阵前丰臣秀吉还与部将约定,倘攻下明朝,将赐予加藤清正"明土二十国",而作为锅岛直茂参军之彰表,亦许以大明广袤之领地云。当丰臣秀吉闻知占领汉城的消息后,又旋即发布了"明征服二十五条计划"。其第十八、十九条谓:恭迎天皇行幸北京,奉京城周围十国之地以为畿内;以秀次为大唐关白,与之百国之地等等。实际上,按照贯井正之的说法,秀吉欲将中国分与属下的狂想,当萌生于1585年。③ 不仅如此,从《毛利家文书》和《锅岛家文书》的记录中还可得知,在丰臣秀吉的宏大计划中,除朝鲜、明朝和南蛮等地外,印度也被纳入他的征伐对象中。而且据称,丰臣秀吉曾为此做过规模可观的设计。④

以上种种表明,对土地和财产的贪求与占有欲,才是丰臣秀吉发动那场战争的真实动因。在他所圈定的范围中,"切利支丹"与"南蛮"反映了丰臣秀吉对西洋宗教和经济势力的恐惧和嫉恨,所以"征服"云者,更多表达的是如何阻止"异类"侵蚀日本的情绪;印度地绝辽远,难以遂愿,尽管丰臣秀吉曾为此做过相应的设计。至于明朝,恐怕才是最吸引丰臣秀吉的地方;而朝鲜,则不过是"征明"的跳板而已。问题是,丰臣秀吉的征服对象,为什么会是上述国度并且主要集中在东亚地区? 显然,这与他当时的"世界观"有关。中世时期(一般指镰仓、室町时代)的日本人,认为世界上只有三个国家,即所谓"本朝、震旦、天竺"(即日本、中国、印度)。虽然日本在中国、印度和朝鲜的政治文化影响下建立起自身的国家权力,但不久打出的逆转式思考——"神国观",却试图使人承认,日本也是一个可以自律的世界,而且还

---

① 田中健夫编:《善隣国宝記・新訂続善隣国宝記》,东京:集英社,1995年,第372—374页。
② 参见大河内秀元:《朝鮮物語》卷之三。
③ 参见金洪圭编著:《秀吉・耳塚・四百年:豊臣政権の朝鮮侵略と朝鮮人民の闘い》,东京:雄山阁出版株式会社,1998年,第6—7页。
④ 参见辻善之助:《豊臣秀吉の南方経営》,《海外交通史話》(増訂),东京:内外书籍株式会社,1930年,第410—411页。

是其他世界所无法比拟的世界。这在室町时期"三国一"和"三国无双"等流行语里所反映出来的自大情绪中，表现得十分清楚。① 由于日本中世与织田信长和丰臣秀吉所处的安土、桃山时期，首尾相接，加之"应仁之乱"后日本进入"战国时代"，②埋头于"下克上"的征战已变成军事将领的主要课业，因此，指望丰臣秀吉的世界知识会与明治时代媲美，实为困难。③ 毋庸讳言，丰臣秀吉在对外扩张中碰到了前近代"东亚世界"的规则，并且该规则还将一系列难以逾越的"障碍"摆在了他的面前，诸如出兵朝鲜后明朝军队的介入、停战谈判只能在中日双方进行以及和平的前提是日本接受明朝册封等。但是，仅凭丰臣秀吉的卑贱出身就断言他完全不通世情，也不乏臆度之嫌。当我们比照两个不同的"和平条件"版本——丰臣秀吉本人的"大明日本和平条件"和《李朝实录》中由他人改撰的丰臣秀吉"降表"（倭表）时发现，在前者以"求婚"、"准贡"、"割地"为目的的"七条"内容中，④并没有后者"伏望陛下廓日月照临之光，弘天地覆载之量，比照旧例，特赐册封藩王名号"之类的"求封"说法。⑤ 而在明朝，人们也确实无法找到丰臣氏七大讲和条件的文本，所能看到的，除了明廷令日使（内藤忠俊）转达"一，勒倭尽归巢；一，既封不与贡；一，誓无犯朝鲜"这"三事"外，⑥就是现收藏于日本、有"既封之后，不敢别求贡市"（敕谕，万历二十三年正月二十一日）和"兹特封尔为日本国王"（诰命）字样的万历帝册封敕诰。⑦ 表面上看，明廷所见之丰臣秀吉讲和内容，应该是《李朝实录》中的文本⑧或与此相类似、有"乞封关白丰臣为

---

① 参见村井章介：《中世日本の国際意識について》，《歴史学研究》（别册）1982年。
② 从"应仁之乱"（1467—1477）后织田信长驱逐室町将军足利义昭起到日本统一止，前后约一个世纪。
③ 参见西岛定生：《中国古代国家と東アジア世界》，东京：东京大学出版会，1983年，第641页。
④ 参见《大明日本和平条件》，田中健夫编：《善隣国宝記・新訂続善隣国宝記》，第376—378页。
⑤ 《宣祖実録》卷五十一，宣祖二十七年五月，载《李朝実録》第二十八册，东京：学习院东洋文化研究所，1961年，第78页。
⑥ 参见《明史・外国列传・朝鲜》，北京：中华书局，1974年，第8294页。此三条通《明通鉴》卷七十"神宗万历二十二年十月丁卯条"，与《明神宗实录》卷二八"万历二十二年十二月甲辰朔甲寅条"亦颇相仿佛。参见《明神宗实录》，台北："中研院"历史语言研究所，1961年，第5172页。
⑦ 该"敕谕"和"诰命"，现均藏于日本大阪历史博物馆，为日本重要"文化财"。
⑧ 西嶋定生认为，"对秀吉的册封，倘就手续而言，乃是对于这一降表的回答"。参见西嶋定生：《中国古代国家と東アジア世界》，第640页。

日本国王"字样的"小西飞禀帖",①否则,记录于明朝方面的文字和日本收藏之"敕谕"内容中就应该有对"求婚""准贡"和"割地"要求的回应,当然也就不该有丰臣秀吉未曾提及的"册封"了。但是,尽管在中日和谈信息不对称问题上有过林林总总的解说,但以下几点似乎才是关键所在:1. 丰臣秀吉朝鲜出兵的真实目的被掩藏在恢复"勘合贸易"的堂皇理由中;2. 沈惟敬、内藤忠俊和小西行长从中制造了一系列有道理却无效果的欺瞒;3. 丰臣秀吉有意破坏"封贡"规则的冥顽意志使然。其中,第一点决定了第二点,而第三点又从根本上决定了前两点。

明朝军队的出动,使丰臣氏征伐朝鲜、并吞明朝甚至印度的气焰无疑为之大挫。于是,坐下来谈判,就成为他"退而求其次"的权宜之计,也是唯一选择。"勘合贸易"之恢复,无疑是他的条件之一。但作为"封贡体系"的固有规则,"册封"几如入场券一般,乃是嗣后一切关系缔结的前提。室町幕府时代曾有过的中日关系,堪称这类关系的典型。丰臣秀吉和谈条件中所谓"勘合近年断绝矣",表明他对那段历史是有常识的。有常识却不提"册封"而唯求"贡市",只能说明他是有意为之。然而,负责和谈的直接参与者,为了达到目的,便只能在"贡市"的前提——"册封"上下功夫。于是人们看到,"封平秀吉为日本国王",几乎成了这次和谈的核心内容。可这显然不是日本方面的初衷。根据《南旧记玄圃和尚笔》记录可知,文禄二年六月二十一日,日本提出的欲与明朝通婚和割取朝鲜四道的要求,一开始就被明廷代表严词拒绝。丰臣秀吉得知后依然责令日方代表坚持他的意见:"大明日本不行婚嫁礼,则以何表诚意乎?不然,朝鲜八道中,四道者应大明命,可还于朝鲜王,四道者可属太阁幕下,押大明皇帝金印。中分朝鲜国,可割洪沟。结嫁娶盟耶?中分朝鲜耶?两条之中,不随太阁所思,大事难成矣!"②这几近无赖的要求,再次遭到明廷使者的严正驳斥。值得注意的是,在参与此次谈判之预备谈判(5月28日)的日本人中,小西行长赫然名列其间。③ 这意味

---

① 参见宋应昌:《经略复国要编》后附,台北:台湾学生书局,1986年。
② 参见《日明和平谈判笔记》,《法学协会杂志》第15卷第3—4号所收,东京:法学协会,1897年3—4月。
③ 参见小瀬甫庵:《太閤記》,东京:岩波书店,1996年。

着,明廷原则的不可犯渎,他应该比任何人都更清楚。他肯参与同沈惟敬和内藤忠俊的密谋并最后决定呈给明廷前述的文本,①与他了解明朝可能接受的和谈前提有关。在这种情况下,丰臣秀吉听到神宗皇帝要"册封"他为"日本国王"后的"震怒",显然不是因为明廷"既封不与贡"的措辞,而是他的谋略被戳穿和割地条款未逞。事实上,但求"贡市"而不求"册封"的做法,也只能得到明廷的同样对待,于是,"既封之后不敢别求贡市",与其说是明朝在违背"封贡关系"规则,不如说是对丰臣秀吉违规行为的反制手段而已。这样讲的理由还在于,1593年(万历二十一年、文禄二年、宣祖二十六年)11月20日,朝鲜都元帅权慄就已经知道了丰臣秀吉的谈和条件(和亲、割地、求婚、封王、准贡、蟒龙衣、印信等,实为前面两种文本的混合物),并迅速呈递给朝鲜国王宣祖。宣祖知之而明廷反而不知,这在明军舍生忘死驰援朝鲜的情况下是不成立的。实际上,宣祖得到权慄的报告后,旋即召集臣下沈守庆、柳成龙、李恒福、沈忠谦等急议,并且还物色了堪将此讯达至明廷的人选(崔岂、张云翼等)。② 不仅如此,在《宣祖实录》翌年的记录中,已有"许筬陈奏之事,不但专为告急,亦有攻破沈惟敬所赍倭表假作之情。今见闻愈所言,倭贼住在釜山等处,事则皇朝已知之矣"的说法。③ 而明廷应更早知道日本底牌的可能性还在于,在几乎早于朝鲜知情时间近半年的文禄二年六月二十一日那场谈判后,明朝代表谢国梓、徐一贯不可能、也不敢向朝廷隐瞒日本的实情,因为日本不但没有因他们的劝说而改变初衷,而且日方代表还特地嘱咐,"归大明可奏之"。④ 这意味着,明廷既知丰臣秀吉全无诚意,虚与委蛇并严阵以待,就成了唯一可行的对日周旋方式。至于丰臣秀吉听罢明廷"敕谕"后的相关反应,赖山阳这样写道:"……至曰封尔为日本国王,秀吉变色,立脱冕服抛之地,取册书扯裂之,骂曰:'吾掌握日本,欲王则王。何待髯虏之封哉! 且吾而为王,如天朝何!'……逐明韩使者,赐资粮遣归,

---

① 参见赖山阳:《日本外史》(下)卷十六《德川氏前记·豊臣氏中》,东京:有朋堂书店,1925年,第423页。又郑樑生:《明・日関係史の研究》,第537—538页。
② 《宣祖実録》卷四十四,宣祖二十六年十一月,载《李朝実録》第二十七册,东京:学习院东洋文化研究所,1961年,第686页。
③ 《宣祖実録》卷四十八,宣祖二十七年二月,载《李朝実録》第二十八册,第29—30页。
④ 参见《日明和平谈判笔记》,《法学协会杂志》第15卷第3—4号所收。

使谓之曰：'若亟去，告尔君：我将再遣兵屠尔国也！'遂下令西南四道，发兵十四万人，以明年二月，悉会故行台。"①其中，"取册书扯裂之"看来是假的，否则，后人就不可能看到被完好收藏于大阪历史博物馆中的原件。此事若假，则丰臣秀吉因之而大动肝火的发作状，恐怕也应有过度渲染之嫌。但是，其举"西南四道"之大军再行侵略，却并非一时兴起，而是有备而来。这从其一边和谈一边进攻晋州，以及屯兵朝鲜而不动等行为中，不难窥见。而尤当注意者，是"吾掌握日本，欲王则王。何待髯虏之封哉！且吾而为王，如天朝何"的蛮横口吻。某种意义上说，丰臣秀吉的全部观念和行动，均与此有关。而值得关注的还有丰臣秀吉发动"壬辰倭乱"时的历史背景：不单朝鲜，与明朝有封贡关系且奉大明正朔的琉球，也同时与日本有类似的关系，即丰臣氏所说的"入贡"。② 而朝鲜和琉球双边朝贡的局面意味着，在当时的东亚地区，中日之间的偏正两极构造，已初具雏形。③

原本，以中国为核心而形成的"封贡体系"，主要包括朝鲜、越南和日本。如果按照明太祖的说法，后来还虚实并呈，扩展至"十五国"，即："东北朝鲜国；正东偏北：日本国（原注：虽朝实诈，暗通奸臣胡惟庸谋为不轨，故绝之）；正南偏东：大琉球国、小琉球；西南：安南国、真腊国、暹罗国、占城国、苏门答腊国；西洋国：爪哇国、溢亨国、白花国、三弗齐国、渤尼国、西洋琐理（印度）"。④ 前引丰臣秀吉所谓"先取高丽国八道，然后大明国四百余州，然后南蛮、切利支丹国，其外则至于远岛"，范围已与明朝划出的"十五国"颇为相似。这也是丰臣秀吉在对外行动中必然会触及中国中心圈或曰"华夷秩序圈"的原因。然而，从室町幕府(1336—1573)后期的1551年起，日本事实上已从这个圈子中退出，并在政治上进入了自我运转的过程。这意味着，它将自立规则，也一定要生产出与那个圈子有别的价值观。如果把中国式"华夷秩序"赖以维系的纽带视为"礼乐"，那么日本尤其是武士当权的日本，其价

---

① 参见赖山阳：《日本外史》（下）卷十六《德川氏前记·豊臣氏中》，第423—424页。
② 参见赖山阳：《日本外史》（下）卷十六《德川氏前记·豊臣氏中》，第358—359页；田中健夫编：《善邻国宝记·新訂続善邻国宝记》，第362页。
③ 参见韩东育：《关于前近代东亚体系中的伦理问题》，《历史研究》2010年第6期。
④ 《皇明祖训》，张德信等主编：《洪武御制全书》，合肥：黄山书社，1995年，第390页。

值的最高体现便是"武威"。在这种情况下，丰臣秀吉虽然可以迁就"封贡关系"内部的某些规则，诸如讲和时需要与明朝代表交涉而不是直接对朝鲜谈判，①但在与明朝的关系上，却绝不肯被置于中华君臣秩序之下。这也是他只许"贡"而不许"封"等做法的思想基础。他的自尊虽根源于盲目自大，但一种与中华抗衡的心态，要求他只有强硬到底，才不至于使日本重新回到足利义满时代对明朝的臣属状态。这使他在实力不逮时，往往会通过好勇斗狠的方式展示其强势，当然这同时也极易导致他的变态："耳（鼻）塚"的设立，表现了他的心理变态；而对"华夷秩序圈"的全面并吞冲动和由"视若九州，与畿甸同"这一不切实际目标所带来的想象与快感，还使他的政治变态达至峰巅。这里，日本显然存在着一个对中国理解上的误区，以为中国的"天下"概念便意味着对普天之下的占领。它不能理解"华夷秩序"题中应有的伦理属性，不能理解为什么其欲与明朝平分"八道"的方案会令中方代表奇怪不已，②也不能理解明朝为什么在要求日本从朝鲜撤出的同时自己也完全撤出且不占藩邦一寸土地等事实。这种不理解，直到近代森有礼与李鸿章和总理衙门交锋时，仍表现得十分明显，诸如在"属国"概念上中日认识上的鸿沟等。③ 当然，下面的事实对日本而言似乎就更加难以理解，即"清室也和明室一样，为了保护朝鲜，不惜赌国运与日本一战，结果不幸失败。在朝鲜被日本合并的次年，清朝也亡了。"④

然而无论如何，日本这种对土地财产的占有欲及其扩张行动，毕竟有效地利用了中华文化圈的秩序装置。江户时代虽然不失为日本对外和平的典范，但在部分政治家和学者的思想深处，从未停止过丰臣秀吉式的扩张幻想，有时甚至有过之而无不及。德川幕府曾一度想修复与明朝的"勘合贸易"。但其真正目的，是中日贸易再开以及如何实现对明贸易的垄断。其所需的"勘合符"也显然与足利义满时不同，即至多只具有渡航许可证的功能。

---

① 参见赖山阳：《日本外史》（下）卷十六《德川氏前记·豊臣氏中》，第421—422页。
② 参见《日明和平谈判笔记》，《法学协会杂志》第15卷第3—4号所收。
③ 参见王彦威辑：《清季外交史料》卷4第35页，卷5第2—3、6页，北平：洒兹府关东甸七号，总发行人王希隐，1932年1月。
④ 朱云影：《中国文化对日韩越的影响》，桂林：广西师范大学出版社，2007年，第274—275页。

这意味着,和丰臣秀吉一样,明朝皇帝的"册封"显然未能构成日本对明讲和的议事前提。日方的这种态度,特别是"日本国主源家康,一统阖国"、"朝鲜入贡,琉球称臣,安南、交趾、占城、暹罗、吕宋、西洋、柬埔寨等蛮夷之君长酋帅,各无不上书输赆"云者,① 已不啻在向明朝示威,告诉明朝它也拥有了一个日式"华夷秩序圈"这一"事实",并且这一"事实"还与朱元璋"十五不征之国"的范围基本相同。这种表里不一的外交手法,显然无法取得明朝的真正信任。史载,家康未见明朝答复后十分恼怒,竟一度命令岛津氏出兵征伐明朝。虽计划未果,却也舆论汹汹。②

尽管整个德川 260 余年幕府无力进兵中国,③ 但日本所设置的两道"隔离墙",却有效地强固了它的"独立"性格。清朝的建立(1636)及当年 12 月完成的朝鲜"内属"行动,给日本带去了不小的震撼。除其他动因外,1639 年幕府宣布的"锁国令",无疑在日本与清朝之间竖起了一道政治隔离墙。不仅如此,由于"明清鼎革"在日本人眼中不啻"华夷变态",因此,日本朝野还有意在中日之间竖起了一道价值隔离墙。由于清初内部事务的百废待举使它不可能隔海远征日本,因此,政治隔离墙的意义微弱,反而凸显了价值隔离墙的重要作用。正是这道隔离墙,才给日本赋予了"日本才是中华"而"唐土已为夷狄"的文化自信。由于中华价值给前近代东亚地区赋予了"礼乐征伐"的正当性,而这种正当性对日本扩张夙愿的达成又是如此重要,因此,它不但需要大力渲染这一"变态"给东亚造成的震荡烈度,更需要增大对曾经有中、日两属倾向区域(琉球和朝鲜等)的对日"藩属"力度以及如何将其化为己有。值得关注的是,日本的有关舆论不仅醉心于丰臣时代一逞于东亚的刀剑威风,幕府末期,亦有人开始重提征服中国的计划并首次把"满洲"纳入其扩张视野下。其赤裸的丰臣继承论,已全无遮掩。曾师从国学者平田笃胤的江户后期经济学者佐藤信渊(1769—1850),在他撰写的《混同秘

---

① 《遣大明国》,参见京都史迹会编:《林罗山文集》上卷,东京:ぺりかん社,1979 年,第 130—131 页。
② 辻善之助:《海外交通史話》(增订),第 650—651 页。
③ 参见黄宗羲:《行朝录·日本乞师》,《黄宗羲全集》第 2 册,杭州:浙江古籍出版社,2005 年,第 180—181 页;石原道博:《明末清初日本乞師の研究》,东京:富山书房,1945 年,第 120—121 页。

策》中，已把如何吞并"朝鲜""支那""满洲""西域""暹罗"乃至"印度"的具体行动步骤，设计得井井有条，并毫不掩饰其对领土扩张的贪欲："于当今世界万国中，土地最广大、物产最丰饶"者，"未有如支那国者也"！所阙如者，只是"有鞭挞宇内之志"的"后来之英主"而已。① 而以完成丰臣秀吉未遂"宏愿"为己任的幕末尊王论者吉田松阴(1830—1859)，还把自己的"伟大理想"与数百年前那场战争一气贯穿："今之天下，即古之天下。神功、丰国古能为之者，而今不可为乎？……为今日计，不若谨疆域、严条约，以羁縻二虏，乘间垦虾夷、收琉球、取朝鲜、拉满洲、压支那、临印度，以张进取之势，以固退守之基，遂神功之所未遂，果丰国之所未果也。"②松阴在另一处，则将上文中的"拉满洲"表述为"夺满洲"(満州を奪ひ)。③ 松阴的弟子中，有明治重臣木户孝允、高杉晋作、山县有朋和伊藤博文。其中，木户曾建议为丰臣秀吉树碑，而高杉晋作对上海的窥探与山县有朋、伊藤博文对东亚的冲击，似已无须赘言。

令人关注的还有下面一些人士。头悬"启蒙思想家"光环的福泽谕吉，在对外观上的谈吐，竟与上述高论全无异词，甚至令人恐怖："能唤起举国人心且使全员感动者，莫便于对外征战。神功皇后之三韩征伐，固在千七百年前，丰太阁之出师亦历年三百，人民尚不能忘怀之。今世上有征韩论者，是日本人民千百年思古之情与不忘荣辱之明证也。"④事实上，福泽呼吁"今欲守日本岛，当确定之最近防御线者非朝鲜莫属，毋庸置疑"的时间，⑤比"甲午战争"的爆发要早七年，比山县有朋的"利益线"说亦早三年；而"亚细亚东方首魁盟主论"⑥"占其土、领其地"⑦和"我当奋起而逐鹿中原"⑧等极富煽

---

① 参见佐藤信渊：《混同秘策》，《日本思想大系45》，东京：岩波书店，1977年，第428、430、431页。
② 吉田松阳：《丙辰幽室文稿・久坂玄瑞に復する書》，《吉田松陰全集》第4卷，东京：岩波书店，1938年，第151—152页。
③ 吉田松阳：《野山獄文稿・来原良三に與ふる書》，《吉田松陰全集》第4卷，第34页。
④ 福泽谕吉：《通俗国権論》，《福沢諭吉全集》第4卷，东京：岩波书店，1959年，第641页。
⑤ 福泽谕吉：《朝鮮は日本の藩屏なり》，《福沢諭吉全集》第11卷，东京：岩波书店，1960年，第177页。
⑥ 福泽谕吉：《朝鮮の交際を論ず》，《福沢諭吉全集》第8卷，东京：岩波书店，1960年，第30页。
⑦ 福泽谕吉：《時事小言》，《福沢諭吉全集》第5卷，东京：岩波书店，1959年，第108页。
⑧ 福泽谕吉：《兵論》，《福沢諭吉全集》第5卷，第313页。

动力之号召的提出,则早于政治家的相关说法已不知凡几。而且无独有偶,向以博爱著称的基督教信徒内村鉴三,竟也在这个意义上高度认同"甲午战争"中的日方做法,并将丰臣和西乡誉为日本史上两位最伟大的人物。① 福泽的学生那珂通世(1851—1908),是学术素养颇深的东洋史学者。然而,从其成名作《支那通史》的"支那帝国全图"看,他已经用分层设色的方式把清代中国分成了"支那本部"和"满洲"、蒙古、新疆、青海及西藏等部分。② 这寓意诡谲的分断,为后世学者所继承。那珂弟子桑原骘藏(1871—1931)的教科书《中等东洋史》,显然极好地发挥了这一分断,并有意将分断后的部分与部分间关系朝互不统属的平行方向推进。③ 通过教科书的方式传播某一特定的历史观和价值观,是近代以来日本教育体制的惯用手法和有效手段。而桑原的影响能够如此巨大,还凸显了福泽学派在日本近现代史上的政治动员力量和思想渗透深度,致使顾颉刚先生愤然道:"试看我们的东邻蓄意侵略我们,造了'本部'一名来称呼我们的十八省,暗示我们边陲之地不是原有的;我们这群傻子居然承受了他们的麻醉,任何地理教科书上都这样叫起来了。这不是我们的耻辱?"④这种趋势发展到后来,竟出现了"支那无国境论"和"支那非国论"等观点;⑤而内藤湖南的系列讲法,也无法让人相信,他还是一位"同情"中国的真学者。⑥

在学术与政治之间,还有一股民间助推力量在极大地左右着日本的走向甚至东亚的变化。被后世称为"日本法西斯大本营"的"玄洋社"及其直系团体"黑龙会",是这股民间力量的总代表。需要注意的是,这些团体的主要代表人物,均出自有过"征韩"体验的九州福冈地区——丰臣麾下"第五番

---

① 内村指出:"如果从我国历史中挑选两个最伟大的人物,我会毫不犹豫地举出太阁和西乡的名字。两人都拥有对大陆的野望,都曾以世界为活动舞台,也都拥有本国人所无法比拟的伟大。"(参见内村鉴三:《代表的日本人》,第 48 页)
② 参见那珂通世:《支那通史》附图,东京:大日本图书株式会社,1888 年。
③ 参见桑原骘藏:《中等东洋史》上卷,东京:大日本图书株式会社,1898 年,第 1、16 页。又黄东兰:《"吾国无史"乎?》,《"东亚近代知识与制度的形成"国际学术研讨会论文集》,南京大学人文社会科学高级研究院,2011 年 11 月。
④ 顾潮编:《顾颉刚年谱》,北京:中国社会科学出版社,1993 年,第 216 页。
⑤ 参见矢野仁一:《近代支那史》,京都:弘文堂书房,1925 年。
⑥ 参见野村浩一:《近代日本的中国认识》,张学锋译,北京:中央编译出版社,1999 年,第 60—62 页。

队"的主要征集地。"玄洋社"成立于明治十四年（1881），是以头山满、平冈浩太郎和箱田六辅（所谓"玄洋社三杰"）为核心组建而成的"超国家主义"（极端国家主义）民间团体。其中，平冈浩太郎还是后来"黑龙会"（1901）创立者内田良平的叔父。他们的社会基础广泛，明治初年因"废藩"而失业的武士，仅福冈藩就多达数万人。这样才能理解他们早年为什么会裹赞西乡隆盛的"西南战争"、后来又何以将主要精力投向"国权主义"以及派出无数"大陆浪人"。① 1884年朝鲜发生"甲申事变"时，"玄洋社"曾给亡命来日的金玉均等人提供过不少帮助。当得知金玉均遇害后，头山满、平冈浩太郎等人仍坚持对"东学党"实施各种策应。由于他们的连续性行动表现出对朝鲜和大陆的饥渴心情，所以有学者指出，无论是"甲午战争""日俄战争"，还是"日韩合并""满洲事变"，几乎每次东亚事件中，都能看到这些"志士"的身影。②

1927年7月25日，刚刚开完"东方会议"的日本首相田中义一，将据说是日本政治家对华行动宣言的《田中奏折》，提交给昭和天皇。在这道奏折中，田中从军事、经济、铁路、金融、机构设置等方面全面提出了对华扩张的总战略；而其中的"支那富源"论和"惟欲征服支那，必先征服满蒙；如欲征服世界，必先征服支那"云者，亦早已为大家所熟知。③ 关于奏折的真伪问题，历来争论颇多。④ 本文无意于首肯争论双方的任何一派意见，但"东方会议"后，日本在中国东北乃至中国全境所制造的一连串事件，却几乎与《田中奏折》所言契若符节；而石原莞尔炮制于1931年5月的"满洲方案"中，亦有《田中奏折》的明显痕迹。⑤ 然而，当我们仔细梳理完这一过程后会发现，从丰臣秀吉到田中义一，本来是昭然若揭的领土嗜欲，却几乎每次都被包装上了堂皇的说辞。这不但给周遭国家造成了极大的灾难和永远的不理解，也在相当程度上耗尽了日本人自身的智能和体能。

---

① 参见小川原正道：《西南戦争》，第230—239页。
② 参见王屏：《近代日本的亚细亚主义》，北京：商务印书馆，2004年，第153页。
③ 参见《惊心动魄之日本满蒙积极政策：田中义一上奏日皇之奏章》，南京《时事月报》，1929年2月号。
④ 详见沈予：《关于〈田中奏折〉若干问题的再探讨》，《历史研究》1995年第2期。
⑤ 石原莞尔：《満蒙問題私見》，历史学研究会编：《日本史史料》5《现代》，第9—12页。

由于这一系列看似近现代的表述中其实充满了前近代非主流文明的粗野情结,亦由于这种矛盾的思想与行动总会让表达者和观察者反复陷入难以通达的逻辑怪圈,因此,对这类现象所处的时空格局做出结构性分析,就显得十分必要。

四、日本对外战争的结构性分析

关于东亚数百年来何以会发生如此多战事的原因,以往曾有过各类不同的解析。其中,能超越某一特定意识形态和不同时期行为表象的深层规律性研究,逐渐引发关注。东京大学文化人类学者船曳健夫认为,雏形于安土、桃山和江户时期的三种日本类型——织田信长的"国际日本"、丰臣秀吉的"大日本"和德川家康的"小日本",为日后的日本国家走向,提供了结构上的规定性。与无力外顾从而采行封闭式发展模式的"小日本"不同,"国际日本"和"大日本"框架,造成了日本与西方世界和东亚世界之间的不同对立格局。前者以同西方竞争为指归,而后者则以取代中国的东亚地位为目标。至于何以会出现这类情况,船曳认为是日本意识到有三重威胁来自三个不同方向,即中国、俄罗斯和西方。从这个意义上讲,所谓"日清""日俄"和"日美"战争,是不能用善恶标准来判断的,因为横亘其间的硬道理是:"不吞噬对方就要被对方所吞噬"。由于是生存竞争的需要,所以,当中、俄、日争夺朝鲜等地时,"日清""日俄"战争便当然要爆发;而当西方势力和日、俄一道争夺中国与朝鲜时,日本与美、苏之间的战争,也就在所难免。至于西方何以一定要与日本发生冲突的问题,船曳认为,这主要是因为日本在奉行"国际日本"原则的同时,也在扮演着"大日本主义"的角色。而在自认携有全球普世价值的欧美看来,"大日本"价值不但与之相悖,而且也极易导致日本对西方原则的无视恶果。[①] 船曳的观点,在地缘政治学的框架内似不乏逻辑上的圆通,而且其对丰臣秀吉的导入和日本与欧美必然要发生冲突之原因分析,某种程度上亦不失慧眼。但是,这种把人类场域还原成动物世界的社

[①] 参见船曳健夫:《右であれ左であれ、わが祖国日本》,东京:PHP新书,2007年,第2—3章。

会达尔文主义推论,不但把东亚几千年的文明积累瞬间清零,还掩蔽了日本的原始欲望和固有目的。它不能解释在"封贡体制"存在的情况下,长达500余年的明、清两代为什么没有对日本构成过国家安全上的任何威胁,反倒要不断去面对来自日本的兵燹。显然,有关东亚战事的原因问题,还需要我们做出进一步的思索和观察。

与日本的地理位置相似,"明治维新"乃至后来所谓"昭和维新"所面临的真实问题,是东西方两大价值体系和两大国际关系体系遭遇、冲突与汇合后所发生的新旧矛盾纠葛。这意味着,近代以来直至1945年战败投降的日本,事实上一直处于前近代与近现代的交汇处或曰过渡期。正是这一过渡特征,才在某些关键点上决定了日本国家行为的基本性质。前近代东亚地区的成熟文明形态,是以中华文明为核心的"礼乐秩序",而不是以日本原则为核心的"武威秩序";而近现代推展于世界的新文明形态,则是以欧洲"国际法"为依托的"条约体系"而非"法西斯体系"。西力东渐,曾经给东亚各国带来过亡国灭种的担忧,而"民族国家",也同时给该地区输入了国家平等的主权意识。在如此古今中西未尝有过的大变局面前,日本或许有两种处理问题的可能方式:一是真正"联亚拒欧",通过"一衣带水"的亲缘纽带和"相濡以沫"的彼此提携,实现新时期东亚各国的平等联合。二是真正的"脱亚入欧",把自己变身为与西方独立国家完全一致的"民族国家",然后与周边邻国平等相待。人们看到,"大亚洲主义"的第一冲动,本不乏区域联合的真诚,所以,中朝等国为之感动者大有人在,亦自在情理之中。倘日本朝野言行一致,东亚的历史走向或许会呈现出另外一副面貌亦未可知。与此相对,"国家独立"和"民族自决"作为通行于19—20世纪的世界"公理",本不乏近现代国际关系意义上的正面价值,倘若日本成为模范的实践者并恪守规则、富于自律精神,则原则固有的典范意义,或许能够给区域秩序带来平等与和谐。然而,日本的实际变化轨迹却展示给世界以第三种方式,即以"民族国家"的"国际法"名义和"文明野蛮"的"近代化"价值,对周边邻国实施了一整套有计划的吞并和侵略行动。实际上,"封贡体系"的内部矛盾,在欧洲"国际法"东渐前即已经有所显露,并逐渐呈现出"自解体"的趋势。① 从这个意义上讲,"欧法"对东亚固有国际关系体系的解构,只提供了"助力"而非"主力"。然而,由于以西方价值代言人自居的日本的疾速介入,不但使前近代东亚体系加速了解体过程,还使欧美人亦瞠乎其后,并转而用惊异的眼光来打量这位东亚的"暴发户"。这至少带来了两个效果,一是原本可能自然分断的东亚政治伦理纽带,因日本的闪电手段反而获得了强化,诸如"甲午战争"中清朝与朝鲜的同仇敌忾等。另一个则是欧美国家在与日本相互利用的过程中逐渐萌生了对它的警戒心态,尤其当他们了解到日本的真实动机后更是如此。人们注意到,在国家独立、民族自决的时代大势面前,清朝看似在固守"封贡体系",但实际上却在努力适应之。甚至在马建忠帮助朝鲜与欧美各国签订条约的行为中,亦不乏利用列强之间的牵制使其独立而防止被一国吞并的深层含义。② 与此相反,表面大倡"朝鲜独立"的日本,反而于1910年吞并了朝鲜。这一令西方世界大跌眼镜的行动,不但使日本在国际社会上饱失信誉,其欲将中国中心时代虚实参半的"封贡体系"朝实体化方向推进的系列行动,还让欧美国家发现,他们亟欲解构的前近代区域关系体系,正在被日本所重建,而且是霸占式的重建。"二战"期间倾动日本学界的"近代超克论",③还明显地让欧美价值体系感受到了威胁。这些都给日后的日美冲突埋下了可以预料的伏笔。

丰臣秀吉以来呈现于前近代东亚地区的偏正两极结构,引发了日本"去中心化"的"中心化"冲动,④并从此前赴后继地展开了取代中国中心、使日本一极卓立的武装突进过程。然而,问题本身并非如此简单。"封贡体系"的巨大惯性和幕府在"明清鼎革"后垒建于"中华自居"心态下的"价值隔离墙",使日本不但不可能迅速抛却千百年来的区域价值观,其全力以赴取代中华的努力,还在某种程度上强化了它的"宗藩"意识。明治四十三年

---

① 参见韩东育:《"华夷秩序"的东亚构架与自解体内情》,《东北师大学报》2008年第1期。
② 参见马建忠:《东行初录》,沈云龙主编:《近代中国史料丛刊》第16辑《适可斋言纪行》卷4,台北:文海出版社,1968年。
③ 参见竹内好:《近代の超克》,近代日本思想史讲座7《近代化と伝统》,东京:筑摩书房,1959年;子安宣邦:《"近代の超克"とは何か》,东京:青土社,2008年。
④ 参见韩东育:《"去中心化"的"中心化"》,《读书》2009年第8期。

(1910)"日韩合并",明治天皇又于8月29日颁布了册封朝鲜皇帝为"李王"的诏书。① 至于福泽谕吉,当听到"甲午战争"日本战胜的消息后曾一度乐不可支,竟成为战争取得"胜利的最大的欢喜者和满足者"。② 于是,日本近世以来处心积虑构筑的"小中华"体系和为实现这一体系而亟欲颠覆"大中华"体系的焦虑和冲动,终于在福泽的欢娱中,庶几得到了缓释。但这却意味着,明治以来的日本命题,在相当意义上应该是前近代东亚老问题在近代化名义下的翻版,尽管这丝毫不会妨碍明治时代在日本人心目中的"神圣性"。

然而,日本的思想和行动却日益清晰地表现出它的"误算"本质。首先是日本与东亚各国的关系问题。从室町后期到明治,日本脱离"封贡体系"已长达三四百年。如此而突然萌生出利用东亚固有价值网络来确立日本中心的想法,本来就给人以不自然的突兀感。朱元璋早年在说到"十五不征国"时曾对日本附过特殊的说明,其"虽朝实诈,暗通奸臣胡惟庸谋为不轨,故绝之"云者,已不异于把日本排除于"封贡体系"之外,即使后来中日间仍断续保持了百余年的类似关系。这也似乎表明,无论胡惟庸事件的日后解读有哪些可以讨论的疑点,但明朝皇帝的明确态度,实不啻对未来中日关系所作的历史性预言,也不啻对东亚各国所发布的前近代国际关系宣言。在这样的历史延伸线上,日本即便表里如一地与东亚各国真诚合作,尚且难以打消遭受过"壬辰"祸乱者的疑虑,更不要说其屡现迭出的南辕北辙言行了。这意味着,曾经损害过"封贡体系"的日本,其所谓"近现代"的行动还进一步伤害了东亚"后进国"人民的感情。让一个对东亚固有的伦理关系原则全无尊重的国家来统摄东亚,事实上已鲜存可能。此亦如西嶋定生教授所说:"日本可谓东亚世界生下的'鬼子',这个鬼子通过咬破自己母胎的行为和促使东亚世界解体的行动,才变成了近代世界的一员。"③而"近代世界的一员",则正是日本的第二个"误算",它体现在与欧美体系之间的关系问题上。

---

① 《琉球藩王ヲ封ズルノ勅語》,《列聖全集》之《詔勅集》(下卷),第194—195页;《李王册立ノ詔書》,《列聖全集》之《詔勅集》(下卷),第409—410页。
② 参见丸山真男:《福沢諭吉》,《丸山真男集》第5卷,东京:岩波书店,1995年,第332页。
③ 西嶋定生:《中国古代国家と東アジア世界》,第667页。

出于肢解前近代国际关系体系并保持国际均势的考虑，某些西方国家的确借用过日本的力量。可是，当欧美列强发现最后想彻底打破国际均势的国家未必就是中国，而是他们曾经倚重的同盟国日本时，来自欧美的限制甚至制裁，便自在情理之中。如前所述，日本一以贯之的野心是如何吞并琉球、朝鲜、中国台湾、中国东北乃至中国全境，而不是什么文明战胜野蛮等行动。于是，当它的堂皇理由被世界舆论所拆穿，特别当相应的限制和制裁纷至沓来时，日本便会举全国之力，并通过各种外交手段与欧美列强进行各种周旋和交易，一旦手段奏效，便又会回到原来的老路，并为加速实现其既定目标而全力以赴。而当它的全部心机和招数已消耗殆尽时，铤而走险，向一直被它当作道具的"国际法"宣战，便成了日本唯一的选择。重要的是，由于"联亚拒欧"的"兴亚论"骗局早已为东亚各国所识破，特别是当被日本肢解了的传统"华夷秩序"中的东亚各国开始认真对待"国际法"，进而掀起了"国家独立"和"民族自决"等运动时，日本还必须独自面对来自亚洲和欧美的双向挤压。与最终保全了国家独立和版图相对完整的中国不同，利用"兴亚""脱亚"和"征亚"把戏充分玩弄了东西两大国际关系规则的日本，因"二战"战败和美国的军事占领，反而使自身无法保全真正意义上的"民族国家"；而东亚诸国对日本的防范有加，又不断在昭示着该地区在新旧国际关系规则变化过程中曾经遭受过的愚弄，以及对这种愚弄的历史性反弹。

然而，促使那些"愚弄"手段得以出台的潜在力量，似乎才是问题的关键。尤其当我们发现日本的这类做法并非孤例，而是连续不断、首尾一贯时，则阻断阶段与阶段或时代与时代之间事实关联的研究，便不符合历史上日本人自身的说法和做法，却符合现代日本学界的个别表述。有学者认为，"满洲事变"发生后中日战争和太平洋战争均具有不可避免的必然性这一说法是不成立的。因为"卢沟桥事变"当属偶发事件，而世界反法西斯战争与东亚战争也是两场不同的战争。① 这一看似"新见解"的说法，早在竹内好发表于 1959 年的长文中，就已经有过清晰的表述。他说："大东亚战争，既

---

① 参见户部良一：《満州事変から日中戦争へ：日中関係の実像》，筒井清忠编：《新昭和史論：どうして戦争をしたのか》，第 53、62、75—76 页。

是殖民地侵略战争,同时也是对帝国主义的战争。尽管这两个侧面事实上已被一体化,但我们却必须对其做出逻辑上的区分。日本并没有要侵略美国和英国的意图。它虽然从荷兰手中夺取了殖民地,却并无夺取荷兰本国的想法。由帝国主义来打倒帝国主义是不可能的,但由帝国主义来裁判帝国主义,也同样鲜存可能。"① 这无疑是一种错误的表述,因为对战争的个案和碎片化处理,除了使人看不清中日乃至东亚战争的真正原因外,还极易通过"同义反复"式的语言游戏,导致"责任"和"教训"都无从谈起的欺瞒;当然,这也可以说是一种符合实际的表述,因为它以不经意的方式道出了日本的主要目的在于独占东亚这一基本事实。这些无意当中透露出来的真实信息,至少比至今仍貌似"不解"地追问"日本人为什么会走向战争"等说法要诚实一些。②

(作者韩东育,东北师范大学历史文化学院,原文刊于《中国社会科学》2013年第4期)

---

① 参见竹内好:《近代の超克》,近代日本思想史讲座7《近代化と伝统》,第253页。
② 参见NHK取材班编著:《日本人はなぜ戦争へと向かったのか》,东京:NHK出版,2011年。

从《蹇蹇录》看日本侵华的诡秘逻辑

孙立祥

《蹇蹇录》是中日甲午战争期间担任日本外务大臣的陆奥宗光（1844—1897），在战争结束后的数月内抱病撰写的一部个人外交回忆录。"蹇蹇"二字，典出《易经·蹇卦》中的"王臣蹇蹇，匪躬之故"①，取舍身勤王、不畏难苟安之意。该书所述虽系甲午战争期间"日本外交政略之概要"②，其中亦不乏为日本战争当局辩护之处，然对日本战争决策层亡华谋略和外交手腕的揭示尚属客观。正因如此，作者的战争同谋伊藤博文首相及其后的多届日本内阁，只准《蹇蹇录》在外务省内部传阅，直至三十多年后的1929年才允许公之于世。恰如作者在"绪言"中所言：鉴于本书所依据的基本资料外务省公文，"皆用辞委婉，其内在的涵义未必都一目了然"，故"本书取单刀直入之法，直接将所有的事实真相逐一解剖，对内在的奥秘也不作掩饰"，"想必阅后一定所获不菲"。③ 然而，就是这样一部由当年战争对手留下的自曝甲午战争"真相"和"奥秘"的回忆录，国内学术界迄今尚无剖析性研究论文问世。因此，本文对这部极具史料价值的《蹇蹇录》进行深度解剖，并佐之国内外其他相关史料开展立体研究，当有助于厘清甲午战争日本完胜中国的真正原因，尤能从中洞悉日本侵华的诡秘逻辑。

---

① 刘思白：《周易话解》，上海：上海三联书店，2015年，第228页。
② 陆奥宗光：《蹇蹇録》，东京：岩波书店，1963年，第3页。
③ 陆奥宗光：《蹇蹇録》，第4页。

一、"师出有名"的欺世说辞

1894年6月2日召开的日本内阁会议,虽然做出了乘朝鲜生乱和中国出兵对华开战的决策,"但在开战名义、原则、方法等问题上仍不免存在分歧"①。尤其到底用什么"合适的借口"发动才不会给世人留下"由日本强加于人的无名战争"之印象②,也就是如何才能做到既放手侵略又看似"师出有名",这在日本战争决策者看来,是事关能否排除列强"干涉"并锁定战争胜局的关键。为此,日本战争当局打出了两大旗号试图占领这场战争的"道义"制高点。然其不择手段开启战端的自供状,却又自我揭穿了"师出有名"的欺世谎言。

1. 打出"支持朝鲜独立"的旗号

陆奥宗光不但指责中朝关系是"暧昧不清的宗属关系""中朝关系缺乏一般公法认定宗属关系所必需的元素"、中国维护宗藩关系就是在"维持旧有格局"③,而且供称日方"从一开始就预料到中国政府十有八九不会同意我方(关于朝鲜独立)的提案",④暴露出日本当局试图通过无端指责和故意提出中方无法接受的方案诱启战端之意图。日后,陆奥对终于导致"中朝之间的宗属关系消亡,我国政府完全达到了最初的目的"而欣喜万分⑤。只要反复研读《蹇蹇录》就不难发现,明治政府实施的是"两步走"亡朝战略:先主张朝鲜是一个"独立自主"国家,以此斩断中朝宗藩关系的脐带,为自己入侵朝鲜扫清障碍;后又诡称朝鲜朋党之争激烈,"无法作为一个独立的国家履行其职责和职守",需要"友好邻邦"日本帮助其"谋求安宁与和平"⑥,将自己打扮成一个"侠义"之国。值得一提的是,除了陆奥外相外,这个冠冕堂皇

---

① 陆奥宗光:《蹇蹇録》,第108页。
② 中塚明:《还历史的本来面目:日清战争是怎样发生的》,于时化译,天津:天津古籍出版社,2004年,第18页。
③ 陆奥宗光:《蹇蹇録》,第18页。
④ 陆奥宗光:《蹇蹇録》,第41页。
⑤ 陆奥宗光:《蹇蹇録》,第46页。
⑥ 陆奥宗光:《蹇蹇録》,第42页。

的旗号还出现在明治天皇1894年8月1日颁布的"宣战诏书"中①,还由大鸟圭介驻朝公使用更直白、更露骨的话倾吐出来:1876年签订的《江华条约》不是说"朝鲜国是自主之邦"吗?那么现在中国以"保护属邦"为名进驻军队就是违反该条约,朝鲜就应该将清军赶出国门;如果朝鲜没有力量把清军赶出去,那么日军可以代劳将清军赶走;日本政府应迫使朝鲜政府向日本提出正式的"驱逐清军"邀请书。②大鸟公使的这一计策,竟赢得两个战争元凶的首肯:陆奥外相称赞这是一个非常"狡猾""高明""威慑"的手段;伊藤首相致信陆奥说这个办法"最妙"。③日后,日本政府终于以"支持朝鲜独立"为幌子,通过《马关条约》第一款,彻底切断了中朝宗藩关系。

2. 竖起"帮助朝鲜改革"的大旗

1894年6月16日。陆奥外相在召见中国驻日公使汪凤藻时宣称:"我深信(朝鲜)祸乱所潜伏的根源甚深,倘若不从源头上对弊政做彻底的改革,绝对难以求得将来永远的安宁与和平。"④要求中方尽快同意日本政府提出的改革朝鲜内政提案。6月26日,大鸟公使径自谒见朝鲜国王陈述改革的"必要性",甚至提出了连陆奥外相都感到有些"过激"和"过火"的甲、乙两个方案。前者诘问朝鲜政府是否认可中国的"保护属邦"提法,如不认可就"要求其迅速撤离朝鲜";后者则敦促朝鲜政府尽快回复日本政府提出的改革建议,否则日本"将对其实施恐吓手段,责成其务必加以实施"。⑤不过,陆奥最担心的不是中国是否允许,更不是朝鲜能否接受,而是日本这一"纯粹出于政治需要"临时想出来的策略会否陷入欧美国家指责的"四面楚歌的危险境地"。所以,他指示大鸟公使"在劝诫朝鲜政府实行内政改革的时候,必须仔细观察内外形势,要时时注意手段方式的宽猛相济、恰到好处"。⑥至于日本政府到底是不是"为了促进朝鲜内政改革""而不得不与中国交战"

---

① 关杰等主编:《中日甲午战争全史》第2卷,长春:吉林人民出版社,2005年,第275—276页。
② 中塚明:《还历史的本来面目:日清战争是怎样发生的》,于时化译,第18页。
③ 戚其章主编:《中日战争》丛刊续编,北京:中华书局,1994年,第9册,第330页。
④ 陆奥宗光:《蹇蹇録》,第38页。
⑤ 陆奥宗光:《蹇蹇録》,第53—54页。
⑥ 陆奥宗光:《蹇蹇録》,第47—48页。

的①,仅下述史实便可洞穿。在甲午战争尚未决出胜负时,日本政府就已迫不及待地就将来如何处置朝鲜提前进行了谋划。1894年8月17日,陆奥宗光向内阁提交的甲、乙、丙、丁四个"方策",没有一个是为朝鲜着想的。陆奥还盛赞大鸟公使于同年8月26日逼签《日朝两国盟约》是"上策",因为它"将朝鲜牢牢地掌握在了我们的手中"②。至于要将朝鲜具有实际利益的企业"务必掌控在我手中"的想法,更"普遍存在于日本官民之中"③。结果,日本终于以"帮助朝鲜改革"为名,通过逼签《日韩合邦条约》,将朝鲜纳入了自己的版图。

3. 自我揭穿"师出有名"的欺世谎言

1894年7月25日,"吉野"号等三艘日本军舰在朝鲜丰岛海面伏击并重创了"济远"号等四艘中国舰船,揭开了甲午战争的序幕。然而,陆奥宗光在《蹇蹇录》中卸责说:丰岛海战"首先是由中国的'济远'号开启了战端";"这场海战是由中国舰队首先对我舰队发动袭击而引发的"④。陆奥的这番谎言不仅与确凿的历史事实不符,⑤也被自己在同书中的其他供述所洞穿。据陆奥回忆:"内阁中位高权重的同僚,对必须在日中之间挑起一场纷争的看法并无异议"⑥,但也一度为"没有合适的借口可以导致两国互相交战"而苦恼。于是,陆奥外相决心"在外交上谋求某种解决的良策"⑦。1894年7月9日,日本驻华代理公使小村寿太郎在与总理衙门会谈时,故意造成谈判破裂。陆奥获报后"内心窃喜",意识到日本"从此获得了行动上的自

---

① 陆奥宗光:《蹇蹇録》,第134页。
② 陆奥宗光:《蹇蹇録》,第122页。
③ 陆奥宗光:《蹇蹇録》,第131页。
④ 陆奥宗光:《蹇蹇録》,第112—113页。
⑤ 1894年7月25日晨6时20分,"济远""广乙"两艘中国军舰与"吉野""浪速""秋津洲"三艘日本军舰在朝鲜丰岛海面相距3000米时,日本联合舰队第一游击队队长坪井航三还在犹豫打还是不打。因为由这三艘军舰组成的游击编队起航时,日本联合舰队司令伊东祐亨曾发出训令:如果在牙山湾附近遇到战斗力较弱的中国舰队,无需交战;只有当遇到战斗力强大的中国舰队时,再实施攻击。坪井遂问舰队参谋釜谷忠道大尉道:"你看,这两艘中国军舰能算强大吗?"釜谷答称:"究竟是强是弱,都必须通过战争来判断。总之,无论如何也要进击。"坪井航三遂于6时45分命令"吉野"号开炮。6时52分,"济远"号和"广乙"号被迫自卫还击,甲午战争爆发。(藤村道生:《日清战争》,米庆余译,上海:上海译文出版社,1981年,第89页。)
⑥ 陆奥宗光:《蹇蹇録》,第108页。
⑦ 陆奥宗光:《蹇蹇録》,第34页。

由,……不如乘此机会与清国断绝关系,此乃上策"①。7月12日,陆奥一边指示小村向清廷递交"绝交书",一边电令大鸟驻朝公使说:"当务之急就是促成一场日清之间的冲突,为达此目的可不惜采取任何手段,一切责任由我外务大臣来承担,大鸟公使不必有任何顾虑。"②接此训令的大鸟不负所托,立即不择手段诱启战端。7月19日,大鸟公使要求朝鲜政府将清军逐出国境。7月23日,他亲自领兵闯入朝鲜王宫。随后,陆奥不但致函列强颠倒黑白说是"大鸟公使应国王陛下之召见入宫"③,而且对"大鸟公使采取的强硬外交手段很快收到了实效"而倍感欣慰,④对"朝鲜事件由于我国一步步地加深介入,乃至出现了目前的形势"供认不讳⑤。由此,伊藤内阁不但借此扭转了国内反对派激烈抨击的视线,而且处心积虑达成了对华开战的目标。陆奥宗光的上述自供状,自我揭穿了"支持朝鲜独立""帮助朝鲜改革"等惑世说辞;而明治政府不择手段开启战端又反诬中国所为之伎俩,则对其后世侵略者起了示范和引领作用。

笔者还拟指出的是,尽管明治政府当年打出的上述两大旗号暂时混淆了国际视听,也有力地配合了甲午战端的开启和侵略战争的推进,但无论哪一个旗号都掩盖不了华丽外衣下隐藏的铠甲,更改变不了漂亮口号背后的侵略本质。不过,直至今天日本右翼学者还在兜售这一谬论,甚至有个别中国学者亦秉持同样的错误史观,足见120多年前日本侵略者打出的这两大旗号所具有的欺骗性和迷惑力。

二、排除"干涉"的狡黠手法

能否排除欧美列强"干涉"以达成既定侵略目标,是日本战争当局在甲午战争期间面临的一个严峻课题。只要反复研读《蹇蹇录》就会发现,伊藤内阁除了打出上述两大旗号外,还煞费苦心用以下外交手腕排除了来自西

---

① 陆奥宗光:《蹇蹇録》,第69—70页。
② 陆奥宗光:《蹇蹇録》,第109页。
③ 高桥秀直:《日清戦争の道路へ》,东京:创元社,1995年,第384页。
④ 陆奥宗光:《蹇蹇録》,第112页。
⑤ 陆奥宗光:《蹇蹇録》,第134页。

方列强的介入,为其集中精力打赢这场侵略战争扫除了最大障碍。

1. 故意装扮成"被动者"取得列强支持

为确保侵略目的的达成,陆奥外相一再训令手下务必深刻领会和坚决贯彻政府的这一谋略。诸如,"我国政府的政策是,在外交上要尽可能取被动的地位,在军事上则要保持先发制人的态势"①;"我国政府要在外交上总是尽可能处于被动者的位置,而一旦事端发生则要在军事上先发制人";"我国要努力避免与第三国发生纠纷,……要尽可能地处于被动者的位置,让中国来做主动者",从而将中国置于"和平的破坏者"地位。② 至于他指示大鸟公使"不到万不得已的时候,均要以和平的手段来处理事态"③,倒不是陆奥外相热爱和平,而是在贯彻在外交上"要尽可能地处于被动者的位置"之谋略;而日本政府悍然向朝鲜增兵以及大鸟公使领兵闯入朝鲜王宫等强悍行动,则无疑是在贯彻"在军事上先发制人"的策略。对日本政府故意将自己打扮成"被动者"的伎俩,当年英国驻华公使欧格纳拍发给本国外交大臣金伯利的电报,可谓一语道破天机:"我刚收到巴柴特先生的一封电报,从中感到日本放下身段佯装同意谈判,只不过是为了赢得时间而已。"④陆奥外相对麾下在开战前夕殚精竭虑、煞费苦心贯彻自己的这一谋略,深感满意。

2. 用欺骗和利诱手段排除列强干涉

为了不让列强的"调停"成为开启战端的障碍,日本政府在外交政策的施展上可谓苦心孤诣。"欺骗"手段主要用于应对俄国。针对6月25日俄驻日公使希特罗渥奉命提出的第一次撤兵劝告,陆奥信誓旦旦地表示:"我可以对俄国公使毫不犹豫地保证下列两点:(甲)日本政府除了希望确定朝鲜的独立与和平外,别无任何他意。(乙)将来不管清国政府有任何举动,日本政府决不会挑起攻击性的战争;万一以后日清两国不幸开战的话,日本也将保持防御性的地位。"⑤针对6月30日俄使的第二次劝告,陆奥在复函中

---

① 陆奥宗光:《蹇蹇録》,第34页。
② 陆奥宗光:《蹇蹇録》,第17页。
③ 陆奥宗光:《蹇蹇録》,第29—30页。
④ 戚其章主编:《〈中日战争〉丛刊续编》,第11册,北京:中华书局,1996年,第39页。
⑤ 陆奥宗光:《蹇蹇録》,第60—61页。

诡称:"帝国政府之所以向该国派遣军队,实在是出于应对现今局势的无奈之举,绝无侵略疆土之意。"①结果,俄国很快撤出劝告作壁上观了。"投其所好"手腕主要用于对付英国。针对1894年六七月间英驻日临时代办巴柴特奉命提出的撤军劝告,陆奥所谓"日本政府绝不会主动去搅乱和平"②,正投在华拥有巨大商业利益因而不希望东亚出现乱局的英人所好。针对7月23日巴柴特提出的"若日中开战不可将战争扩展至上海及周边地区"③之要求,日本政府立即痛快应允。结果,英国撤出调停转而成为日本侵华的帮凶。此外,日本对美德意等国采取的类似手段也收到了同样的效果。陆奥对列强"与清国虚与委蛇""完全从本国利益出发"的"调停"本质洞若观火④;而德法两国公使私下怂恿日本"给予(中国)重重一击来促其醒悟"之行径,则让陆奥看清了列强"暗中倾向日本的姿态"⑤,也更坚定了日本当局发动甲午战争的决心。

3. 按丛林法则应对俄德法"三国干涉还辽"

1895年4月23日,俄德法"三国干涉还辽"事件爆发。陆奥首先训令驻外公使试探驻在国"真意的深浅",并试图说服三国放弃干涉行动。4月25日,日本驻俄公使西德二郎奉命转告俄府:"日本永久占领辽东半岛,不仅不会妨碍俄国的利益,而且在朝鲜独立方面,日本政府也要尽可能使俄国政府感到充分的满意。"⑥同日,陆奥又电令驻英公使加藤高明向英国政府表示:"通过这次俄国的干涉,可充分推知俄国对满洲东北部以及朝鲜北部所包藏的觊觎之心。在这一问题上,日本政府认为英国政府的利益绝不会与其他欧洲国家相一致。"⑦他还指示加藤公使用贿赂手段利诱英人伸出援手。结果,陆奥用离间手段加深英俄对立、用贿赂手段拉拢英国实施反干涉的外交图谋均未得逞,对其他列强的类似外交努力也都无

---

① 陆奥宗光:《蹇蹇录》,第64页。
② 陆奥宗光:《蹇蹇录》,第69页。
③ 陆奥宗光:《蹇蹇录》,第76页。
④ 陆奥宗光:《蹇蹇录》,第82页。
⑤ 陆奥宗光:《蹇蹇录》,第80页。
⑥ 陆奥宗光:《蹇蹇录》,第257页。
⑦ 陆奥宗光:《蹇蹇录》,第258页。

果而终。在 5 月 4 日召开的京都会议上,陆奥外相的如下建议被采纳:"如今姑且全盘接受三国劝告的要求,首先在外交上将一个葛藤了断;另一方面,在马关条约的批准交换上毫不让步。……对三国的回答,就止于接纳他们忠告一事,不要谈及是否有归还条件。"①该主张实际包藏着一个残酷的法则和一个阴险的计谋:既然俄德法三国态度坚决、无法转圜,英美意等国又作壁上观、拒绝伸出援手,那么就按"避强凌弱"丛林法则行事——"对俄德法三国全然让步,对中国则一步不让"②;在操作手法上,只答复接受三国劝告而无需告知是否索要补偿,即补偿条件只同中国交涉。"陆奥外交"谋略之深,由此可见一斑;而德国外交大臣对青木公使所说德国愿劝告中国支付"赎辽费"③,则又表明他对三国可能就补偿条件提出异议的担心是多余的。随着以三千万两白银作赎金的《中日辽南条约》的签署(11 月 8 日),日本遵循"避强凌弱"丛林法则化解了三国干涉危机。这也符合"只讲输赢、不问是非"这一日本民族性。而 4 月 28 日西德二郎的建言——"放弃占有辽东半岛的决定,但同时大幅增加中国的赔款,让中国长久难以偿清"④,则暴露出明治时代日本侵略者的贪婪性和欲将中国永远踏在脚下的阴险性。

三、危机公关的下作手段

如前所述,排除列强介入始终是萦绕于陆奥宗光等战争决策者脑际的头等外交大事。陆奥外相反复告诫朝野一定"不要去触犯第三方欧美各国的感受"⑤,一定不要为欧美国家介入中日争端提供口实。尽管如此,傲慢狂妄的日本军民还是在甲午战争期间制造了多起突发性事件,迫使日本外务省当局乃至整个朝野不得不绞尽脑汁进行危机公关;而每逢危机发生,陆奥总是抱定"只要不损害日本的威信,纵令压制一下自己的情感,委屈一下

---

① 陆奥宗光:《蹇蹇録》,第 265—266 页。
② 陆奥宗光:《蹇蹇録》,第 265 页。
③ 陆奥宗光:《蹇蹇録》,第 298 页。
④ 陆奥宗光:《蹇蹇録》,第 264 页。
⑤ 陆奥宗光:《蹇蹇録》,第 99 页。

自己的意志,也总要尽可能以妥协的方式加以解决。"①这其中,同样隐含着不可示人的诡秘逻辑。

1."高升"号事件的危机处理

1894年7月25日上午,一艘搭载1200名清军及大量枪炮弹药的英国怡和轮船公司所属商船"高升"号,在驶入朝鲜丰岛海面时被日舰"浪速"号击沉,871名中国官兵和60多名船员葬身海底②。"高升"号事件发生后,英国舆论哗然。为避免酿成日英重大纠纷,除驻英公使青木周藏建议"给予令其相当满意的补偿"外③,陆奥外相立即启动了危机公关机制予以应对。他通过打出一套极具效果的外交"组合拳",迅速化解了由鲁莽军人制造的这起外交危机:(1)命令外务省法制局局长末松谦澄仔细研究并运用国际法与英方周旋,结果很快在英国政府随后举行的听证会上变被动为主动。(2)亲自会见英国驻日公使巴柴特,诡称若经调查确实错在日方,日府愿赔偿全部损失,结果英国国内的嚣嚣舆论很快复归常态。(3)训令驻英公使青木周藏贿买英国媒体《泰晤士报》等替日本辩护,结果英国舆论转而为对方开脱。结果英国法院最终裁决日舰击沉"高升"号符合国际法,英国外交大臣金伯利甚至劝"高升"号船主回过头来向中国索赔。李鸿章无奈,只好让轮船招商局拿出银两"赔偿"怡和轮船公司。此次外交危机的化解,解除了日本侵华的后顾之忧。

2."旅顺大屠杀"事件的危机公关

在甲午战争正酣的1894年11月22日,日美两国签订了新《日美通商航海条约》,准备送交美国元老院审议通过。恰值此时,日军在签约前一天制造的"旅顺大屠杀"事件被媒体披露出来,导致该条约的审议可能受阻。最早报道这一事件的是美国记者克里尔曼。他先后在美国《世界报》上刊发了短篇报道《日本大屠杀》和长篇通讯《旅顺大屠杀》,引发欧美舆论哗然。有的谴责"日本是一个蒙文明皮肤具野蛮筋骨的怪兽",有的

---

① 陆奥宗光:《蹇蹇録》,第92—93页。
② 戚其章:《晚清海军兴衰史》,北京:人民出版社,1998年,第395—396页。
③ 陆奥宗光:《蹇蹇録》,第114页。

指责"日本如今卸下了文明的假面具而露出了野蛮的原形"①,甚至连日前辩称日本击沉"高升"号合法的英国国际法权威胡兰德博士,也刊文(《日清战争中的国际公法》)抨击日军暴行,认为"当时日本官兵的行为实在是越出了度外"②。为此,陆奥外相再次采取一系列措施进行危机公关:(1)训令驻美公使栗野慎一郎对美国政要和议员"施行各种手段"加以利诱,同时指责欧美报纸的报道"失实"、谎称中国被杀者"系脱下军服的清兵"等。③ 结果,新日美条约很快在美国元老院获得通过。(2)一边训令驻欧美各国公使向驻在国解释,一边贿买路透社等西方媒体进行有偿报道。结果,这两手一时淡化了日军暴行。(3)诱骗清廷派使臣赴日媾和,试图将媒体的注意力转移到中日媾和上来。果不其然,在欧美主流报纸上有关"旅顺大屠杀"的文字不见了。从1895年2月,张、邵两位中国使臣赴日后备受刁难并很快被驱逐出境的情形来看,日本扭转媒体视线和混淆国际视听的目的达到了。尽管伊藤内阁的上述公关手段使日本暂时渡过了这场外交危机,但日军的野蛮性和残暴性却永远刻在了中华民族的集体记忆中。

3. "李鸿章遇袭"事件的危机应对

1895年3月24日第三轮媾和谈判结束后,李鸿章在返回下榻的旅馆引接寺途中,遭到日本右翼暴徒小山丰太郎的枪击而身负重伤。李鸿章遇袭事件在日本国内引起巨大震动和恐慌。日本朝野惊人一致地行动起来,给予了李鸿章隆重的"礼遇"。据《蹇蹇录》记载:陆奥外相和伊藤首相立即结伴前往李鸿章的住处表示"亲切慰问",与谈判桌上咄咄逼人的强盗形象判若两人。明治天皇不但派遣御医专为中国使臣治疗枪伤,而且颁布了敬告国民、严惩暴徒之诏书。皇后则派人送去了御制的绷带,还遣护士前往李鸿章床前精心护理。在民间,"许多人汇聚到了中国使臣下榻的旅馆前表示慰问,或者寄来各种各样的慰问品,络绎不绝,无分昼夜,中国使臣居住的旅馆前可谓门庭若市。"昨天还在"对中国官民极尽恶言诽谤之能是,……其言语之污秽几乎令人难以入耳。同样的这些人,今日突然对李鸿章的遇袭深表

---

① 陆奥宗光:《蹇蹇錄》,第101页。
② 陆奥宗光:《蹇蹇錄》,第102页。
③ 陆奥宗光:《蹇蹇錄》,第101—103页。

痛惜,不惜使用近于阿谀的溢美之词。"①那么,日本官民如此豹变的原因究竟何在?陆奥对此毫不隐晦。他继续写道:"这与其说是痛惜李的遇袭,不如说是害怕由此发生的来自海外的谴责。……倘若李鸿章以伤痛为借口中断双方的谈判而中途回国,……要博得两三个欧洲强国的同情亦非难事";而"一旦招致欧洲强国的干涉,我国对中国的要求恐怕也不得不做大幅度的让步。"②为避免即将到手的巨大侵华利益因李鸿章遇袭事件而受损,陆奥和伊藤决定无条件答应此前李鸿章一直恳求而未果的停战要求。结果,日本朝野打出的这张"感情牌"奏效了。当陆奥宗光将该决定面告李鸿章后,"李鸿章半边脸蒙着绷带,绷带外露出的一只眼睛,流露出十分欣喜的神情"③。随后,两国仅用半天时间就谈判签署了停战条约。至此,李鸿章遇袭事件造成的危机被日本朝野化解了。

四、逼吞苦果的鬼蜮伎俩

1. 逼换使臣的卑劣手法

1895 年 2 月 1 日上午,抵日中国媾和使臣张荫桓、邵友濂与日方全权代表伊藤博文、陆奥宗光,在广岛县政府举行第一次会谈。在审查并互换全权委任状时,中国使臣拿出了两处明确写有"全权大臣"字样的"国书"④,日方竟以这是一种君主"信任状"而非"全权委任状"为由拒绝接受。继之,中国使臣又出示了一份同样明确写有"全权大臣"字句的"敕谕"⑤,日方又以这

---

① 陆奥宗光:《蹇蹇録》,第 218—219 页。
② 陆奥宗光:《蹇蹇録》,第 220 页。
③ 陆奥宗光:《蹇蹇録》,第 222 页。
④ "大清国大皇帝谨向大日本国大皇帝致意。彼我两国,谊属同洲,素无嫌怨,近顷以朝鲜一事彼此用兵,劳民伤财,诚非得已。现经美国中间调处,中国派遣全权大臣,与贵国所派之全权大臣会商,妥善结局。兹特派尚书衔总理各国事务大臣户部左侍郎张荫桓、头品顶戴署湖南巡抚邵友濂为全权大臣前往贵国商办。惟愿大皇帝予以接待,以使该使臣得以尽职,是所望也。"(陆奥宗光:《蹇蹇録》,第 205 页。)
⑤ "兹派尚书衔总理各国事务大臣户部左侍郎张荫桓、头品顶戴署湖南巡抚邵友濂为全权大臣,与日本国所派之全权大臣就事件进行会商。尔等一面可电告总理衙门,奏请朕之旨意并遵照施行,随行官员谨听尔等节制。尔等当殚精竭虑,谨慎行事,不可有负委任之命。尔等谨此。特谕。"(陆奥宗光:《蹇蹇録》,第 205—206 页。)

只是一种皇帝"命令状"也非"全权委任状"为由,再次加以拒绝。于是,陆奥宗光立即取出一份备忘录向中国使臣宣读,要求他们书面回答中国皇帝是否赋予了媾和全权。翌日中国使臣送来的一份答复函,让陆奥的"预测果然射中鹄的"①。2日下午举行第二次会谈,伊藤首相对中国使臣发表了长篇演说,极尽侮辱、奚落之能是。伊藤演说结束后,陆奥外相又宣读了一份备忘录,表示这次谈判到此结束。就在中国使臣起身走向户外时,伊藤博文特意留下中国使团中的随员伍廷芳提示说,中国最好派遣"像恭亲王、李中堂这样的人担任全权"②。2月12日,张、邵一行被驱离长崎回国。2月26日,清廷通过美国驻华公使告知日本,已任命李鸿章为头等全权大臣赴日媾和。3月19日,李鸿章一行抵达日本马关。至此,诱使清廷更换媾和使臣的目的达到了。据陆奥宗光在《蹇蹇录》中自供,他在2月1日、2日宣读的两份"备忘录",都是"事先准备好的"③,表明日方拒绝同中国使臣谈判并限期离境是有预谋的。陆奥还直言不讳道出了日方如此行动的真正原因:一是,鉴于"此时我国的一般民众尚未有厌战的气色,一味地呼叫媾和尚早";二是,认为张、邵两位中国使臣,不具备完成如此媾和重任的"胆识和权力"④;三是,缘于伊藤和陆奥的事先谋划,即"细察内外形势,觉得媾和时机尚未成熟",故决定"直接拒绝与他们谈判"⑤。至此,我们明白了:刁难和驱逐张、邵二人早有预案,伊藤首相的奚落和侮辱亦系此次外交布局的一部分。

2. 日本朝野贪婪的媾和欲望

随着战争胜利的天平向日方倾斜,日本朝野的贪婪本性全面暴露出来。海军部主张:"与其割让辽东半岛,不如获得整个台湾岛更有必要"。陆军部提出:辽东半岛"南控朝鲜的侧背,北扼北京的咽喉,从国家的长远角度考虑,一定要占有这一地区"。大藏省"更期待获得巨额的赔款",松方大藏大臣甚至提出"索取十亿两赔款的意见"⑥。驻德公使青木周藏主张:"将盛京

---

① 陆奥宗光:《蹇蹇録》,第197页。
② 陆奥宗光:《蹇蹇録》,第202页。
③ 陆奥宗光:《蹇蹇録》,第197页。
④ 陆奥宗光:《蹇蹇録》,第193页。
⑤ 陆奥宗光:《蹇蹇録》,第193—194页。
⑥ 陆奥宗光:《蹇蹇録》,第183页。

省以及与俄国接壤的吉林省的大部分和直隶省的一部分割让给我国……。赔款为一亿英镑,一半为金元,一半为银圆。"①总之,"希望中国的让步越大越好,帝国的荣耀越辉煌越好"②。政府官员尚且如此,民间政党和普通百姓的"期待"就更无边际了。诸如,"我国必须要有分割其四百余州的思想准备。届时,山东、江苏、福建、广东四省都应归我所有";"应该割让吉林、盛京、黑龙江三省以及台湾,应签订凌驾于欧洲各国条约之上的日中通商条约";"为永久抑制中国的反抗,……至少要将中国东北部重要的疆域盛京省和台湾割让给帝国。军费的赔偿至少要在三亿日元以上"等③。民间的愿望同样是"割地务求其大,赔款务求其多"④。虽然也有谷子爵等极个别有识之士认为"媾和条件过分苛刻非为上策",但整个社会却是"虚妄的欲求几乎达到了顶点"⑤。对此,陆奥曾一再提醒朝野保持冷静,以免引来列强干涉。作为一位外交掌舵人,陆奥宗光能够做到"举国皆醉唯我独醒",亦属不易。

3. 培植"汉奸"的亡华谋略

1895年1月27日,在广岛召开了关于媾和事宜的御前会议。陆奥外相出于侵华长远战略考虑,竟在呈上的媾和条约草案中塞进了暗含培植"汉奸"深意的内容:"清国政府不可对降服我国的官兵和人民进行严苛的处置,对于在日清战争中不管因何原因而与我军发生关系的清国境内的人民,日后不可施行责罚。"⑥其实,陆奥加进的这一条款,是继承了江户后期思想家佐藤信渊的亡华谋略。佐藤在其所著《混同秘策》中建议:天皇所率亲征军的"先锋部队直捣江南地方,速取南京应天府为皇居。……应怜悯新归附的支那人,其有才能者悉数选拔为官。……若能采信此策,十数年间,支那全国可悉数平定矣。"⑦在佐藤信渊的上述建言中,如果说"应怜悯新归附的支

---

① 陆奥宗光:《蹇蹇録》,第184页。
② 陆奥宗光:《蹇蹇録》,第305页。
③ 陆奥宗光:《蹇蹇録》,第185页。
④ 陆奥宗光:《蹇蹇録》,第184页。
⑤ 陆奥宗光:《蹇蹇録》,第305页。
⑥ 陆奥宗光:《蹇蹇録》,第187—188页。
⑦ 佐藤信渊:《混同秘策》,大川周明、横川四郎编《佐藤信渊集》,东京:诚文堂新光社,1935年,第314页。

那人"之主张被甲午战争期间的陆奥宗光所继承,那么"其有才能者悉数选拔为官"之建议则被十四年侵华战争时期的军国主义者不折不扣付诸实施。日军攻陷"南京应天府"后,扶植汪精卫等建立伪南京国民政府,不正是遵循了佐藤"启用支那""有才能者"协助统治的谆谆教导吗?佐藤和陆奥上述亡华谋略之阴险和影响之深远,国人不能不察。其实,基于侵华长远战略考虑提出类似建议者何止外交家陆奥宗光。日本近代思想家福泽谕吉在甲午战争结束不久(1895年11月14日),曾上奏明治天皇建议说:此战获胜"全赖视死如归、视生命轻于鸿毛之精神。……进一步培养这种精神,方为护国之要务;而要养成这一精神,就必须给予战死者及其遗族无限之光荣,使他们感受到死于战场是何等幸福。吾辈恳请大元帅陛下以'祭主'之身份,率文武百官亲临(靖国神社)现场,颁赐敕语彰显死者之功勋,告慰死者之英灵,并招待全国的战死者遗族,赐予他们亲临(靖国神社)现场之殊荣。"①福泽谕吉的这一建言,立即被明治政府所采纳,由此造成了众所周知的严重历史后果:一是,造成战前日本国民踊跃参军参战,并以能为天皇的圣战"欣然赴死"②而"深感愉悦"③,甚至出现了"祈战死"、盼其"勿生还"④极端狂热的局面,给亚洲邻国带来了创深痛巨的战争灾难;二是,导致战后直至今天日本政要参拜靖国神社问题,成为长期恶化日本与周边国家关系最敏感的外交问题。可见,福泽谕吉出于侵华长远战略考虑提出的参拜靖国神社建议,同样产生了不容忽视的历史影响。

4. 迫使李鸿章撤回停战要求的阴险计谋

1895年2月20日,中日议和全权大臣在马关举行第一次会谈。双方查验并互换全权委任状后,李鸿章提出先休战、再议和之主张。为了能够边战边谈以收获最大"战果",伊藤和陆奥在3月21日举行的第二轮会谈中,首先以备忘录的形式提出苛刻停战条件,试图逼退中方的停战请求。备忘录

---

① 安川寿之辅:《福沢諭吉のアジア認識——日本近代史像をとらえ返す》,东京:高文研,2000年,第176—177页。
② 《東史郎日記》,熊本:熊本出版文化会館,2001年,第21页。
③ 大岛孝一:《戦争のなかの青年》,东京:岩波书店,1985年,第118页。
④ 梁启超:《祈战死》,《饮冰室专集》第2册,第37页。

称：日方"并不认为约定休战是媾和谈判获得圆满结局的必要前提"，如果中方仍然坚持原议，"我方声明宜附加以下之条件：日本军队占领大沽、天津、山海关以及该处的城堡，驻扎在上述各处的中国军队将全部武器、军需物品交给日本军队；天津、山海关的铁路归日本军务局管辖；休战期间中国负担所有日军的军事费用。"李鸿章阅毕，惊愕之余"连呼太过分了"。对此，陆奥坦言："他们提出希望停战，……若我们对此冷冷地加以拒绝的话，恐有违各国通常的惯例，因此提出了如此苛刻的条件，迫使他们自己撤回停战的要求。他们见了这份备忘录，连呼太过分了，也并非没有道理。"①李鸿章一再恳请对方再做考虑，但均被伊藤博文粗暴拒绝。结果，在接下来即3月24日举行的第三轮会谈中，李鸿章被迫撤回停战提议，同意直接进入和谈。至此，日方通过提出苛刻条件迫使李鸿章主动撤回停战要求的计谋得逞了。

5. 恫吓中国使臣就范的鬼蜮伎俩

李鸿章遇袭事件引发的危机一经化解即一旦回到谈判桌上，日本议和全权大臣乃至整个朝野立即恢复了强盗者原形。4月1日，伊藤博文向中国使臣抛出了漫天要价的媾和条约草案，并要求必须在三天之内给予答复。4月8日，伊藤恫吓李经方说："我们还是希望中国使臣能够深切地审察今日两国的实际形势，即日本是战胜国、清国是战败国这一事实。……倘若这次谈判不幸破裂，我只要一声令下，我们的六七十艘运输船立即就可搭载增派的大军，浩浩荡荡直奔战场。其结果，我都不忍说北京的安危会是怎样，说得严重一点，谈判破裂之后，中国全权使臣一旦离开此地后，能否安然进出北京城门都很难保证。"②在4月10日的会谈中，伊藤抛出了所谓"最后修正案"并强硬表示："只希望中国使臣对此做出同意与否的回答。"李鸿章问："为何不允许抗辩？"伊藤答曰："对此做出的任何抗辩都不会推翻我们的定见，抗辩也只是徒费口舌。"③李鸿章还是就割地、赔款等条款提出三点修正意见，伊藤立即反驳并威胁道：赔款不能再减，"倘若谈判破裂再次交战的话，其结果是将不得不要求更大金额的赔款"；关

---

① 陆奥宗光：《蹇蹇録》，第213页。
② 陆奥宗光：《蹇蹇録》，第235—236页。
③ 陆奥宗光：《蹇蹇録》，第240页。

于台湾,"割地的要求不必局限于是否是攻取之地,只需考虑战胜者的需要。"翌日,伊藤又致函李鸿章威胁说:"请阁下不要认为今日幸而得到日本允诺的媾和条件,今后也仍然会允诺。"①另据《马关议和中之伊李问答》一书记载,在4月15日的会谈中,围绕究竟是用一个月时间还是两个月时间完成台湾交割手续问题,当李鸿章说"贵国何必急急,台湾已是口中之物",伊藤首相竟答称"尚未下咽,饥甚!"②。据笔者统计,在马关谈判中面对伊藤博文的苦苦相逼,李鸿章不止十次规劝和忠告对方不要威逼太甚、索求过度,否则会种下两国子孙永久的仇恨。诸如,"所开停战条款,未免凌逼太甚"③"我国上下伤心,既和亦难持久"④"岂能将我国人民灭尽呼"⑤"日虽得胜,何必逼人太甚"⑥"我两国比邻,不必如此决裂"⑦"索债太狠,虽和不诚"⑧"如此凶狠条款,签押又必受骂"⑨"出手太狠,使我太过不去"⑩"尔办事太狠,才干太大"⑪"如此口紧手辣,将来必当记及"⑫,等等。对此,伊藤首相和陆奥外相置若罔闻、不为所动。结果,日方逼中国使臣就范的恫吓手段收到了效果。4月14日,李鸿章最后致电总理衙门说:"现约明日午后四时会晤即定,逾期谈判将归破裂,事体甚大。若依日本要求,尚可保京城,不然事态将出意想之外,恐不待赐旨而不得不与其签约。"⑬4月17日,日本逼签《马关条约》事成。确如李鸿章当年忠告所言,马关之耻已经并将永远为炎黄子孙所"记及"。

---

① 陆奥宗光:《蹇蹇録》,第242页。
② 《马关议和中之伊李问答》,桂林:广西师范大学出版社,2008年,第60页。
③ 《马关议和中之伊李问答》,第13页,
④ 《马关议和中之伊李问答》,第15页,
⑤ 《马关议和中之伊李问答》,第25页。
⑥ 《马关议和中之伊李问答》,第36页。
⑦ 《马关议和中之伊李问答》,第42页。
⑧ 《马关议和中之伊李问答》,第42页。
⑨ 《马关议和中之伊李问答》,第46页。
⑩ 《马关议和中之伊李问答》,第48—49页。
⑪ 《马关议和中之伊李问答》,第49页。
⑫ 《马关议和中之伊李问答》,第49页。
⑬ 陆奥宗光:《蹇蹇録》,第245页。

余论

《蹇蹇录》不仅直接自曝了前述日本侵华的诡秘逻辑,还间接揭示了下述导致日本完胜中国的其他重要因素,同样不容忽视。

1. 人才差距

甲午战争期间,就连被视为"富有经验和远见卓识"的"一流人才"李鸿章,[①]尽管早在1871年就已预言"日本尽在肘腋,永为中土之患"[②],在1885年再度提醒"当轴诸公"对日"及早留意"[③],然20多年后不但不曾料到日本会乘朝鲜生乱发动侵华战争,而且昧于世界大势而深陷"以夷制夷"泥潭。相比之下,同样肩负外交重任的陆奥宗光,不但对中国的内政弊端和外交短板洞若观火,而且对欧美列强的侵略本质及其相互间错综复杂的关系了如指掌,与西方大国的外交周旋更是游刃有余。例如,当李鸿章为请求列强居间调停而四处奔走时,陆奥宗光却洞悉了欧美国家的调停"只是与清国虚与委蛇","完全是从本国利益出发"之本质。再从施展外交手腕配合军事进攻、成功化解一系列外交危机以及引经据典命名其回忆录来看,陆奥宗光确系不可多得之外交"天才",整个大清官场无一人能及。可见,人才差距是导致我甲午惨败的要因之一。

2. 宣传差距

中国在甲午战争中惨败、中国人在战争中惨遭杀戮,缘何西方人反而同情日本?这一怪现象的产生并非缘于欧美人是非不辨、善恶不分,而是因为日本战争当局实施的危机公关措施发挥了作用。《蹇蹇录》告诉世人,伊藤内阁通过操纵国内外舆论,不但成功化解了"旅顺大屠杀"等一系列突发性危机,而且让很多战争谎言遮蔽了民众视线、扰乱了国际视听,有力地配合了日本的军事进攻并最终锁定了战争胜局。与此相较,清政府对舆论宣传的漠视达到了令人扼腕叹息的程度。例如,战争期间日本向战地派出从军

[①] 陆奥宗光:《蹇蹇録》,第72页。
[②] 王芸生:《六十年来中国与日本》第1卷,北京:生活·读书·新知三联书店,2005年,第35页。
[③] 王芸生:《六十年来中国与日本》第1卷,第286页。

记者1114人,批准西方随军记者129人,还导演了将北洋舰队司令丁汝昌的灵柩"以礼送回"一类的假戏;而中国方面不但不允许国内外记者随军采访,甚至还将两个误入中方阵地的西方记者予以处决。① 仅此一点便不难看出,甲午战争中国不但败在了枪杆子上,也输在了笔杆子上。② 这就启示我们,每逢中日争端发生,必须迅速抢占舆论制高点,不再自恃正义在手而坐视舆论风向标的逆转。实际上,只要冷静观察今天日本政府在钓鱼岛争端中的宣传路数,就不难看到120多年前陆奥、伊藤等侵略前辈的遗风。

3. 情报差距

情报是战争的灵魂。《蹇蹇录》告诉世人,甲午战争期间日本当局高度重视对对手和第三方的情报搜集。陆奥外相一再训令驻外公使及时准确地掌握驻在国政府对中日战争的态度。正是凭借驻外公使密集发回的情报,日本当局才做出了英国"不会采取干涉手段""俄国的(干涉)意志从一开始就坚定不移"等准确判断③。另外,日方掌握李鸿章与总理衙门往来电报的情况,《蹇蹇录》也有所反映。诸如,李鸿章"在几天前就与北京政府反复通电报","他在4月9日向我方递交了一份修正案,同时也用电报向总理衙门报告了修正案的大意","参照两份电文,可知李鸿章已醒悟到日本的决心不可动摇",从"4月14日李再次致电总理衙门"和"总理衙门给他的回电"可知,"这应是他下定最后决心的时刻了"④,等等。实际上,日本在甲午战前和战争中的情报搜集,不仅使自己在外交运作上游刃有余,也确保了日军在战场上的连战连捷。日本舰队能够先后在"丰岛海战""黄海海战""威海卫战役"中战胜并最终使北洋水师全军覆没,靠的正是石川五一、宗方小太郎、关文炳等日本间谍分别事先提供的绝密情报。可见,甲午战争不仅败在了军事上,也败在了情报上。因此,切实汲取日本凭借情报"软实力"和军事"硬实力"彻底击垮大清帝国的惨痛历史教训,尽快缩小中国"知日"与日本

---

① 阚延华:《背后的故事:"甲午战争文化沉思录"系列文章之六》,《解放军报》2014年4月15日,第11版。
② 阚延华:《背后的故事:"甲午战争文化沉思录"系列文章之六》,《解放军报》2014年4月15日,第11版。
③ 陆奥宗光:《蹇蹇录》,第76—77页。
④ 陆奥宗光:《蹇蹇录》,第227—245页。

"知华"的明显差距,应是今后甲午战争研究的重要课题。

4. 国际法认知和运用差距

当年美国人惠顿出于对人类和平的向往,就交战国双方或多方的战争行为做出了一些原则性规定,如"衅自彼开"等。这在具有和平思想"基因"的中国人这里遇到知音、产生共鸣。于是,清朝决策者将《万国公法》视为金科玉律谨遵不二。清廷尤其李鸿章死守"亮剑不为人先"原则的结果是:战前不备战,战时便挨打,战后被宰割。与清廷如此迷信国际法形成鲜明对照的是,尽管《万国公法》传入日本之初,也曾受到尚处于不平等条约束缚的幕末朝野人士的重视,甚至还流传着"长剑不如短刀,短刀不如手枪,手枪不如《万国公法》"的说法,①但随着明治维新后长期与欧美列强打交道,日本人逐渐明白:弱肉强食是帝国主义国家的生存法则,《万国公法》对按丛林法则行事的列强来说只是一纸空文。用福泽谕吉的话说就是,"百卷万国公法不如数门大炮,几册和亲条约不如一筐弹药。"②而1876年1月24日李鸿章与日本驻北京公使森有礼之间的如下对话,尤能说明这一问题:"森使云:据我看来,和约没甚用处。(李)答云:两国和好全凭条约,如何说没用。森使云:和约不过为通商事,可以照办,至国家举事,只看谁强,不必尽依条约。(李)答云:此是谬论,恃强违约,万国公法所不许。森使云:万国公法亦可不用。(李)答云:叛约背公法,将为万国所不容。"③不过,日本人不迷信国际法并不等于不利用国际法。诸如,1882年"壬午兵变"结束后,正是基于"就国际公法而言很难成立"之考虑,④伊藤博文为首的稳健派才坚决反对激进派立即"对华宣战"之主张。甲午战争期间,正因陆奥宗光之辈常将"万国公法""国际惯例""国际规则"挂在嘴边并娴熟加以运用,才使"旅顺大屠杀"等野蛮行径很快得到西方主流媒体的"谅解",也才使甲午战争完全按日方决策者的意志演进并最终锁定胜局。

---

① 戚其章:《国际法视角下的甲午战争》,北京:人民出版社,2001年,第5页。
② 福泽谕吉:《通俗国権論》,《福沢谕吉全集》,东京:岩波书店,1958年,第4卷,第637页。
③ 茂木敏夫:《中日关系史的语境:19世纪后半叶》,刘杰、三谷博等:《超越国境的历史认识:来自日本学者及海外中国学者的视角》,北京:社会科学文献出版社,2006年,第14页。
④ 林子候:《甲午战争前之中日韩关系(1882—1894)》,嘉义:玉山书局,1990年,第13页。

总之,陆奥宗光被尊奉为"日本外交之父"、甲午日本外交被冠以"陆奥外交"之名以及陆奥外相与伊藤首相的半身铜像迄今并列伫立于马关谈判故地,凡此足以表明这位全程参与甲午战争决策的日本外务大臣的战争元凶地位和作用。而他在生命最后短暂时光里留下的个人战争回忆录——《蹇蹇录》,不仅自曝了明治时代日本侵略者的欺骗性、野蛮性和贪婪性,而且自揭了当年日本决策层策划、发动、推进甲午战争的"真相"和"奥秘"即诡秘逻辑。确如他自己所言,阅后"所获不菲"。

(作者孙立祥,山东师范大学历史与社会发展学院,原文刊于《华中师范大学学报》2018年第1期,《新华文摘》2018年第8期全文转载)

民族扩张理论与明治时期日本思想界[*]

许晓光

有关日本近代对东亚大陆的民族扩张野心和侵略行径,学术界已有较多研究成果。大多数学者认为,日本近代以来的民族扩张,是为了资本主义发展所需要的资源、资金、劳动力和商品销售市场,而不顾其他民族的生存权益,对邻近的大陆展开持续的扩张侵略。[①] 显然,这是从世界资本主义发展的普遍规律视角进行的分析判断,认为日本的侵略扩张与世界各资本主义列强的扩张有着共同之处。不过我们还应当更进一步认识到,日本在维新之后进入资本主义社会时,列强已控制世界各地的大部分资源,包括东亚大陆也正在被列强蚕食和瓜分。所以日本的侵略扩张野心比其他国家更为彰显,贪欲更为强烈,甚至为了快速攫取殖民利益,有排斥其他列强在东亚的殖民利益的企图。有的学者提出,日本侵略扩张是为了脱离原有的东亚

---

[*] 基金来源:四川省哲学社会科学基金项目《日本近代民族主义的复杂性研究》(编号 SC17B082)。
[①] 据笔者了解,持此类观点的研究主要有井上清:《日本の軍国主義》,东京:东京大学出版会,1953年;安丸良夫:《日本ナショナリズムの前夜》,朝日新闻社,1977年;坂野润治:《明治·思想の实像》,创文社,1977年;古屋哲夫:《近代日本のアジア認識》,绿荫书房,1996年;小林道彦:《日本の大陆政策:1895—1914》,南窗社,1996年;荣泽幸二:《近代日本のナショナリズム》,青山社,2001年等。国内有代表性的著作有蒋立峰、汤重南:《日本军国主义论》,石家庄:河北人民出版社,2005年;崔新京等:《日本法西斯思想探源》,北京:社会科学文献出版社,2006年;林庆元、杨齐福:《"大东亚共荣圈"源流》,北京:社会科学文献出版社,2006年;王屏:《近代日本的亚细亚主义》,北京:商务印书馆,2004年;向卿:《日本近代民族主义》,北京:社会科学文献出版社,2007年等。

"华夷秩序",重建"日本式的华夷秩序"。① 其实这种重建新的"华夷秩序"不过是称霸东亚、统治亚洲各民族的另一种说法而已。还有学者认为,日本的民族扩张早在资本主义兴起之前的安土桃山时代已经形成了传统。② 此观点符合客观史实。当然应当注意的是,这种扩张传统不仅仅是一种惯性使然,也总是与本国想要获得的经济、政治利益密切相关,二者须臾不能割裂。

对日本民族扩张持辩护立场的学者也存在不同看法:有人认为是日本为了维护国家对外的威信,建立皇国的"御国体"。③ 这显然是从传统的皇权主义观念(认为天皇是神的后裔,日本是"神国")提出的说法,没有任何合理性。有人认为是由于欧美大国的存在,威胁到了日本的独立。④ 与此相关,有学者认为,正是因为西方列强对东亚的压迫,日本民族主义与欧美列强的对抗不可避免,而对外扩张正是与之对抗的手段。⑤ 这两种说法实际上是日本为了侵略亚洲其他民族寻找的一种流行的借口,甚至在昭和初年还有学者认为,日本对外扩张是为了东亚不同民族相互之间的和睦,⑥这更是粉饰日本民族扩张实质的邪说。

从另一角度看,上述各种观点,一定程度上忽视了日本明治时期思想界为推动日本对外扩张而展开的理论诠释。应当看到,尽管日本在近代以前已经形成对外扩张的传统,但明治初期日本对东亚大陆的侵略扩张的构想,要真正付诸实践,还存在很大障碍。因为要大规模地对外扩张,还存在"师出无名"的问题。而明治日本思想界的新动态,正好迎合了这种需要。有的思想家根据欧美列强对外扩张现实,真心认为自己宣扬的一套弱肉强食理论,是符合世界发展潮流的,而这种理论正好被发动民族扩张的日本统治者所利用;有的人则是刻意密切配合执政者,宣扬一套"理论",以论证日本对外扩张的正当性与合理性。所以对明治日本思想界宣扬民族扩张的"理论"

---

① 王铭:《近代"日本式华夷秩序"的转型逻辑》,《国际政治科学》,2016 年 1 期。
② 韩东育:《日本对外战争的隐秘逻辑(1592—1945)》,《中国社会科学》,2013 年 4 期。
③ 芝原拓自:《日本近代化の世界史的位置》,东京:岩波书店,1982 年。
④ 坂野润治、宫地正人编:《日本近代史における転換期の研究》,东京:山川出版社,1985 年。
⑤ 安丸良夫:《日本ナショナリズムの前夜》,东京:朝日新闻社,1977 年。
⑥ 吉本隆明编:《ナショナリズム》,东京:筑摩书房,1964 年。

做深入剖析，显得十分必要。

　　针对上述问题，以前的学界论著已不同程度地涉及一些日本政治家、思想家对亚洲各国的认识和日本对亚洲各国的外交政策实践。例如田畑忍的《加藤弘之的国家思想》、吉田旷二的《加藤弘之研究》和安川寿之辅的《福泽谕吉的亚洲认识》。[①] 田畑忍的著作重点分析了加藤有关弱肉强食、强力造就权力并缔造国家的思想。吉田旷二的著作只用了一章介绍了加藤弘之的国家思想，比田畑忍的论述更为简略。安川的著作针对丸山真男等学者对福泽谕吉思想的研究，提出了不同的看法，涉及福泽谕吉对国际公法的否定，对东亚中朝两国的一贯蔑视态度以及民族沙文主义思想。但是这些论著都比较重视对人物个案的探讨，在系统梳理日本民族扩张的"理论"方面，尚十分欠缺。国内少数研究成果[②]虽从不同层面对日本近代出现的民族扩张主张进行了批判性研究，但它们对这套扩张"理论"内在逻辑联系的系统论证和全面阐释仍十分欠缺。日本民族扩张的思想动因问题仍未较好解决。因此，有必要依据当时的原始史料，对明治日本思想界宣扬的扩张"理论"的内在逻辑展开系统梳理，揭示日本近代对外扩张的思想动因，同时亦可深度挖掘当今日本为侵略扩张所做种种辩解的思想来源。

一、对西方"弱肉强食"理论的宣传

　　众所周知，英国学者达尔文近代出版的《物种起源》提出了生物进化论，另一位学者赫胥黎对这种理论作了进一步阐释。中国清代学者严复将其翻译为"物竞天演，适者生存，不适者淘汰"的规律。这一理论打破了历来流行的"上帝创造万物"的理论，揭示出生物界从低级向高级演进的客观规律。这无疑是人类对客观世界认识的实质性飞跃。但如果将其理论完全套用于人类社会的演变，则会出现谬误。而稍早一些，英国另一名学者斯宾塞提出

---

① 田畑忍：《加藤弘之の国家思想》，河出书房，1939年；吉田旷二：《加藤弘之の研究》，大原新生社，1976年；安川寿之辅：《福沢諭吉のアジア認識》，高文研，2002年。
② 如前述向卿和林庆元、杨齐福的著作、韩东育的论文，皆批判了福泽谕吉对日本侵略扩张政策的鼓吹。

了"社会进化论",认为人类社会也同生物界一样,存在"弱肉强食"的规律。这一理论无疑对东亚社会造成了影响。

西方的进化论传入日本后,引起很大反响。1877年,美国动物学家莫斯应邀到东京讲课,他介绍的生物进化论风靡日本学术界。正如1913年三宅雪岭(1860—1945)针对当时的社会状况描绘的那样:"进化一词如生翼而飞,留心新知识的人们,动辄将进化挂在口边,认为只要一说进化,仿佛所有问题便迎刃而解。"[1]说明进化论被当时渴望追赶西方先进文明的日本社会接受和容纳。但此时的日本社会的人们很难将科学的生物进化论与存在谬误的社会进化论相区分。所以在生物进化论传播的同时,对社会进化论的宣传也就自然流行起来。

当时西方列强对亚洲的民族扩张趋势愈演愈烈,客观上也深刻刺激了日本社会各阶层,思想界普遍认为这种弱肉强食趋势在所难免。例如1878年2月6日《邮便报知新闻》上有评论文章指出:"盖以蚕食吞并直接致富之术,犹如一个社会之一个人掠夺他人之财产,将其占有以致富。难道不是实在可厌之至耶?然而,此野蛮习俗在今日可云尚未洗涤。虽然列国通好有盟约,万国交际有公法,但绝不会构成维持普遍和平之功用。为了吞并他邦、合并其领土而发动战乱之势,遂不能遏绝。……呜呼!介立于虎狼群中,欲免其伤害,其亦难矣!"[2]也就是说,在资本主义列强兴起和不断扩张后,无论是友好盟约还是国际公法,都不能阻止列强对落后民族的肆意掠夺。这种客观事实和列强掠夺难以避免的论点,无疑也为社会达尔文主义在日本的流行创造了条件。

社会进化论宣传在日本最有力的代表人物是加藤弘之(1836—1916)。这位在明治维新前后大力宣扬"天赋人权"的启蒙思想家,在阅读了大量西方学者的进化论相关论著后,彻底抛弃了早年的天赋人权主张,转向了社会进化论。正如他本人在1897年谈道:"阅读了达尔文及斯宾塞等进化主义的书(余40岁左右的事),越来越明白我们人类本来并非特殊的生物,由于

---

[1] 三宅雪岭:《明治思想小史》,鹿野政直编:《日本の名著》37,东京:中央公论社,1977年,第432页。
[2] 杉山繁:《各国交際の形勢を論ず》,芝原拓自编:《日本近代思想大系》(12),东京:岩波书店,1988年,第117—118页。

进化而形成了我们人类的原因"。① 在1912年他又回顾道："在我40岁之时,即明治八年之前,专信二元主义,有着糊涂的宇宙观。认为在物质上是自然力,在精神上是超自然力在其作用。不仅如此,我还将我们人类视为与其他动物完全不同种类,我们人类存在着与其他动物不同的天赋人权,还具备天命伦理。然而,到40余岁因偶尔阅读巴克尔的《英国文明史》,才开始得到醒悟其错之端绪……因而便逐渐好读达尔文、斯宾塞、赫克尔及其他诸位硕学有关进化主义之书。更加明白宇宙作为唯一自然,绝无超自然之物。从而一点都不怀疑,我们人类并非本来便为万物之灵长,而是完全依据进化才开始成为灵长的。"② 可见加藤大约是在1876年以后,开始接受西方传来的进化论,并开始转变自己以前持有的天赋人权等观念。

之后,加藤弘之多次在自己的论著和讲演中,论证了进化论的合理性。1879年加藤在文章中指出："先于达尔文主张进化论者,乃法国人拉马克以及科弗罗伊·德·海莱瑞,德国人科特以及沃肯。然而详说其理者,乃达尔文。"③ 在同年发行的《日本之开化》中他又提出："我人类决非天孙神裔,也非受天神上帝特惠者。反而是由卑贱之猿类之一种进化者。而且其猿类也亦由下等动物进化,其下等动物也亦由更下等动物进化……"。④ 可见加藤接受进化论思想是颇为深刻的。如果仅仅是探讨科学的生物进化原理,否定人类由神造的谬论,是无可厚非的。但是,加藤弘之在接受进化论后,却吸纳了"弱肉强食"的观念,将其应用于社会进化的理论中,用来反对自己以前极力主张的天赋人权说,并将这种理论适用于不同民族之间的关系中。

加藤弘之认为世界上的资源十分有限,因为凡有机体生存,需要大量资源,包括光热、水、土地等,也有可以充当食物之种种动物。他在1912年公开出版的《自然与伦理》中,总结了自己的进化论思想,并对上述观点进行了解释："然而,上述生存之需要物品,对于要完成时时刻刻不断诞生之有机体

---

① 加藤弘之:《経歴談》,植手通有编:《日本の名著》34,东京:中央公论社,1972年,第488页。
② 加藤弘之:《自然と倫理》,上田胜美编:《加藤弘之文書》第3卷,京都:同朋舍,1990年,第461—462页。
③ 加藤弘之:《疑堂備忘》二,吉田旷二编:《加藤弘之文書》第1卷,京都:同朋舍,1990年,第192页。
④ 加藤弘之:《日本之开化》一,吉田旷二编:《加藤弘之文書》第1卷,第192页。

之生存,是非常不足的。无论如何也不能满足确保诞生总数之千万分之一者之生存。于是作为无可奈何之结果,产生之有机体之绝大多数乃死灭,仅仅有少数得以生长。"①由此可见,加藤的看法是,既然生存必需的资源如此匮乏,那么世界上的人类为了获取比别人更多的生存资源,自然会产生自私自利之心理。在这种心理的驱使下,人们为了争夺生存空间和资源必然相互竞争。

加藤认为这种"唯一利己"恰恰就是包括人类在内的有机体的原始本能:"凡有机体必首先固有唯一利己性根本动向。是即为了完成自己生存之自然力。因此实际上可以称为有机体之原始性本能。"②这种看法并非初次出现,早在1879年,加藤就在东京的一次讲演中指出,这种受原始本能驱动,为了利己而竞争的行为,正是促使社会进步的动因:"若无利己之心,必然不会有开明进步。利己之心产生竞争,竞争产生进步。没有利己之心,便无竞争;没有竞争,便无进步……方今世界,皆由利己之心互相竞争而进步也。"③他认为这种竞争不仅表现在战争中,在学问、工业、通商各方面都会出现竞争。各国之间的竞争产生于各自得利己心即爱国心。当然,这种竞争绝不会是势均力敌的,总会出现强弱区分。加藤的论点,实际上就为日本思想界论证发动侵略扩张之"竞争"行径的合理性埋下了伏笔

具体考察了当时日本所处之国际地位后,加藤在甲午战争爆发前的一次讲演中指出:"吾更从日本在地球上所处位置考察,不得不更增加了将来不安之忧虑。盖在同外国交际上,不仅德义难行甚为明了,而且如与外国关系之事,若优胜劣败之天则最有势力,则文明富强之邦国制约未开贫弱之邦国,实不可避免。虽有如何之宗教,如何之道德,亦无可奈何。"④他强调了国际交往不是靠讲求信誉的仁义道德准则或宗教信仰,而是优胜劣败、弱肉强食的规律在其间发挥作用。所以世界上优等的文明富强国家,往往会控

---

① 加藤弘之:《自然と倫理》,上田胜美编:《加藤弘之文書》第3卷,第508页。
② 加藤弘之:《自然と倫理》,上田胜美编:《加藤弘之文書》第3卷,第507页。
③ 加藤弘之:《天賦人権ナキノ说并善悪ノ别天然ニアラザルノ说》,吉田旷二编:《加藤弘之文書》第1卷,第388—389页。
④ 加藤弘之:《日本の国是》,上田胜美编:《加藤弘之文書》第3卷,第52页。

制所谓劣等的贫弱国家,充分证明了这种规律的不可抗拒性。这种解释虽然十分牵强,却似乎自然就得出了强国对弱国侵略扩张"天然合理"的逻辑结论。

于是在另一次讲演中,加藤弘之提出自己的主张,即弱肉强食乃天则,历史上从不存在天赋人权:古来自然法学派主张所谓天赋之自由平等者,全属妄谈。妄谈者流虽说吾人类天赋自由平等之权利,但吾人类与其他动物相同,绝无天赋之自由平等。在吾人类社会如动物界,特只强者权利之履行。强者常制弱者,盖无疑之天则也……欲得自由权,则必须先成为强者。"①也就是说,人类与动物没有区别,只能遵循倚强凌弱的规律来获取自由权利。加藤弘之由此彻底否定了自己以前大力宣扬的天赋人权学说。

因此加藤提出,这种行使权力的强者自然也就构成社会的主体:"在社会之中,作为有彼之强者、弱者之区别,强者常常控制弱者,故毕竟强者作为社会之主体,弱者不过只能作为服从其者,乃可云在任何社会皆为不可掩盖之事实也。"根据这种"不可掩盖"的事实,加藤得出的结论是:这个社会"只能是强者之社会。无论如何,弱者不过或只能被压制之,或只能听从被保护之。若果然,社会只是强者之集合,弱者只不过作为其从者"。② 从其论述我们可以得知,他认为整个社会的制度设计,包括法律规则的制定,经济利益的分配等,都只能围绕强者考虑,而弱者的权利只能被弃之不顾。

为什么不同民族之间社会发展会呈现出强弱差别?加藤弘之错误地认为是因为人种之间有优劣区分。他在一次讲演中阐述了这种人种优劣论:"人类中既有优等人种,也有劣等人种。由于竞争,优等者乃越发优等,脑的发达随之更加充分。然而,劣等人种脑愈益不发达。随着脑不发达,愈益变得劣等最近不同人种的竞争越来越激烈起来。因此,劣等人种由于所谓智慧之工具被优等所压倒,又因所谓身体之工具被压倒,渐渐人也就被灭掉

---

① 加藤弘之:《強者の権利と自由権との関係》,上田胜美编:《加藤弘之文書》第3卷,第12页。这次讲演具体时间不详,是由加藤弘之的儿子于1900年整理出版。说明讲演均在此之前若干年进行。以下讲演凡未注明具体时间者皆同。
② 加藤弘之:《強者の権利と道德法律との関係》,上田胜美编:《加藤弘之文書》第3卷,第17—18页。

了。而其中也有全部死绝的人种。"①这种因为人种优劣而导致社会发展出现差异的观点,实际上是近代以来,欧美列强为了对落后国家实行扩张寻找的借口。但加藤弘之在此将这种违反科学的观点作为真理加以肯定,实际上也就隐伏着为日本对外扩张寻求正当性与合法性的可能。

因此,加藤弘之将有机体的优胜劣汰竞争规律,应用到国家、民族之间的关系中,必然归结出民族扩张侵略正当合法的理论。在1906年公开出版的《自然界之矛盾与进化》一书中,加藤弘之提出国家和民族之间的侵略和掠夺,实际上是自然进化的现象,与人们通常理解的伦理道德无关:"由是可知,开明人种,压倒未开人种,而掠夺强占其土地物件之事,决不能认为不道德的行为或盗贼的行为,实不外为一种自然行为了。此正与自然界中之动物界一样,无所谓善恶正邪之评判。"②加藤在此将生物进化的原理完全照搬到人类社会中,认为人类与动物毫无区别,没有任何道德伦理可言。这无疑为相对强大的民族对相对弱小的民族实施侵略扩张寻求到了"合理化"借口,做了所谓"正当化"的诠释。

根据这种谬误的逻辑,加藤弘之主张,为了本国利益发动侵略别国的战争无可非难:"固然对于和他国缔结了条约的事项,要想任意地背弃,在所不许。但所谓条约云云,决不可靠。故虽在既经约好的事,假使在觉察到此为自国的不利之时,则不得不采取解约的手续了。即或因他国的不承诺,而出于开战之一途,亦决非可以非难的事。"③也就是说,为了本民族的利益,即便是撕毁条约、发动侵略战争,也成为正当合理的行为。当时日本已经在甲午战争中战胜中国并获得巨额赔款,以后又与沙俄为侵占中国东北爆发日俄战争,加藤的这种为侵略战争辩护的"理论",实际上起到了极力美化日本民族扩张的作用。

加藤后来又在一部似乎学术性更强的著作《自然与伦理》中对其谬论做了进一步阐释:"虽然各国必然在某种程度上谋求他国之健全、幸福,但那完全不过是图谋本国健全、幸福之手段而已。因而假若看到对本国不利,不仅

---

① 加藤弘之:《天地万物皆帰吾有》,上田胜美编:《加藤弘之文書》第3卷,第98—99页。
② 加藤弘之:《自然界之矛盾与进化》,王璧如译,上海:世界书局,1931年,第88—89页。
③ 加藤弘之:《自然界之矛盾与进化》,王璧如译,第94—95页。

丝毫不会为他国图谋,或至不得已,为了本国的利益遂不得不障害他国之利益。那决非不允许,甚或乃理所当然也。"①按照加藤的"理论",在国际交往中,只有维护本国利益才是最高宗旨。即便与他国合作,也仅仅是为了谋求本国利益的权宜之计。为了维护国家利益,不得不损害他国利益的行为,犹如自然界中的弱肉强食规律一样,是天然合理的。

　　日本近代最著名的思想家福泽谕吉(1834—1901)则更直截了当地认为,国际交往准则就是与动物界同样的弱肉强食。1883年10月1日他在《时事新报》评论中明确指出:"世界各国之相对峙,呈现禽兽相食之态势。若食者成为文明之国人,被食者有不文明国,我日本国是要加入其食者行列,与文明国人共同寻求良饵欤?还是要与数千年来萎靡不振之亚细亚古国为伍,共同坚守古风,被文明国人所食欤?是成为猎者狩猎兔鹿欤?还是成为兔鹿被猎者所猎欤?二者不可不抉择其一。"②他将国际的交往关系,偏激地看成禽兽之间你死我活的生存竞争关系,而且明确文明国家就是强者,非文明的传统古国则成为弱者。强者自然就成为"食他者"即猎人,弱者也就必然充当"被食者"即猎物。

　　依据这种逻辑,福泽谕吉认为国际关系纯粹就是上述这种弱肉强食的关系。他在1878年发表的《通俗国权论》中提出:"若然,则万国交际之道,也亦可与此无异。云和亲条约,云万国公法,虽如甚美,但仅为外国之仪式名目。交际之实,不过争权威、贪利益。观察世界古今之事实吧。贫弱无智之小国,没有能充分依赖条约和公法而保全独立体面之先例,皆人所尽知也。不仅小国,连大国与大国之关系,也正是相对立,互窥其嫌隙。一有可乘之隙,绝不会放弃。窥之探之,其之所以未发作,唯在兵力强弱这一点上。没有其他可依赖之便利。百卷万国公法不如数门大炮,几册和亲条约不如一筐弹药。若不主张大炮弹药拥有之道理,乃成为制造无道理之器械也。"③福泽的理论一方面揭示出近代资本主义向帝国主义过渡时期的国际

---

① 加藤弘之:《自然と倫理》,上田胜美编:《加藤弘之文书》第3卷,第602页。
② 福泽谕吉:《外交論》,富田正文他编:《福沢諭吉選集》第7卷,东京:岩波书店,1981年,第184—185页。
③ 福泽谕吉:《通俗国権論》,富田正文他编:《福沢諭吉選集》第7卷,第57页。

关系现实，另一方面也为日本今后应当遵循的国际交往途径指出了一个方向，即只能凭借实力进行弱肉强食的竞争，不受任何国际公法和外交道德的约束。这种强权观念以后逐渐成为日本外交思想的主流意识。

老一代启蒙思想家宣扬这种弱肉强食的民族关系准则，被年轻一代思想家所继承。明治中期以后的著名思想家德富苏峰（1863—1957）虽然早年主张民族平等，但随着国际局势的变化，越来越倾向于弱肉强食的国际政治观念。1913年，他通过考察甲午战争的进程，谈了自己对这个问题的看法："我于是领悟到，无力的道理使有力的无道理获胜，若欲实行道理，必须要有实施它之实力。即领悟到道理其物，几乎不会有自动实行者。只能有待于他力，才开始发挥其妙光。我于是归依了力的福音。假若有实力，连无理也可以贯彻，何况道理焉？假若没有实力，连充分的道理也无法贯彻。"①也就是说，在国际关系中，完全没有任何公理可言。只要有强大的国家实力做后盾，即便是蛮不讲理，任何行为皆可畅行无阻。这就完全否定了国际交往中的诚信原则，将"实力外交"或"暴力外交"推向了不讲丝毫信用、无视任何道德的极致。

这种社会进化论思想，也得到了另一位更年轻的思想家北一辉（1883—1937）的赞同。1906年他在公开出版的书中提出，社会进化与生物进化没有区别："人类乃一生物种属也。社会主义致力于作为一生物种属之人类进化，当然不能脱离生物进化论的所有法则之外，社会进化论乃成为生物进化论卷末之一节。"②他将生物进化论与人类社会进化论混为一谈，实际上抹杀了人类社会发展与生物进化的本质区别。而且北一辉认为，即便是社会主义社会，也不能完全避免这种残酷的生存竞争："社会主义若与生存竞争说相背驰，诚不过应为非科学的空想。即便自称为科学社会主义，其也仅可为经济学、伦理学、历史学等之上所空说者。从构成诸科学之根底的社会哲学上，无论如何也只能是乌托邦。所谓社会主义……当然不能逃逸出包含

---

① 德富苏峰：《時務一家言》，植手通有编：《明治文学全集 34 德富蘇峰集》，东京：筑摩书房，1974年，第277页。
② 北一辉：《國體論及び純正社會主義》，东京：みすず书房，1978年，第130页。

称为人类的生物种属之生物进化论之原理的生存竞争之外。"①这就将生物进化论应用到几乎所有人类社会形态的发展演变中。

这种弱肉强食的民族关系思想,一方面受到西方社会达尔文主义思想的影响;另一方面,也是资本主义制度在世界兴起之后,尤其是资本主义向帝国主义过渡阶段,欧美列强海外扩张的客观反映。如果仅将其作为一种防范外来侵略的国防思想,尚无可指责。但若将这种思想运用来否定国家之间本来应当平等相处的正常关系,便成为十分荒谬的强权政治思想。它实质上是为日本对外扩张寻求所谓"合乎天理"的理论依据。

二、日本的双重国际地位观

在日本思想界描绘的这种优胜劣败、弱肉强食的国际社会中,日本究竟处于什么样的国际地位? 这是日本近代思想界讨论较多的问题。自维新以来,日本思想界不少人依据社会进化论理念认为,日本在世界上具有双重国际地位:一方面对于更为先进的欧美列强,日本虽然尚存一定差距,但通过维新后的一系列改革,正在进入世界"文明国家"行列,摆脱了"被食者"的地位;另一方面,对于亚洲其他相对落后的国家来说,日本由于自身的文明进步,加上大和民族的"优等种属"特性,已具备了"食他者"的资格,肩负着不可推卸的"保护"亚洲其他民族并向其输出"文明"的国际义务。这种观念经过日本各位思想家、政治家的精心论证,似乎找到了其逻辑上的"合理性和必然性"。

首先,日本不少政治家、思想家认为,经过明治维新后的一系列社会改革,日本正在从传统封建社会变成文明国家。在某种程度上,已经开始具备与列强抗衡的实力。所以在国际地位上,应当与欧美列强并驾齐驱。但欧美列强往往却不承认日本这种正在变化的国际地位。因此,有必要通过努力,改变欧美列强的看法。

明治时期著名政治家伊藤博文(1841—1909)在 1883 年访问欧洲后,发

---

① 北一辉:《國體論及び純正社會主義》,第 97 页。

现欧洲人仍然瞧不起日本人,因而抱怨欧美各国不承认日本已进入文明社会:"我抵欧以来,注意测知欧人对我东洋之友爱情谊深浅如何……苟从事东西二洋之交涉,欧土相连横,企图凌驾于孤立之我。其心术毕竟无他,唯在于人种与宗教之异同。"①伊藤认为,欧美列强始终不能将日本视为对等国家进行正常交往,并非因为日本文明不进步,纯粹是因为日本人的宗教信仰与基督教社会不同。为此,他又对比了东南欧巴尔干地区的国家,认为日本文明程度早已超过"彼之保加利亚、塞尔维亚、门第内哥罗、罗马尼亚",但欧美各国非但不承认日本进步,反而却与巴尔干各国有"同宗兄弟之情谊"。这是因为"抑欧洲之所谓文明道德者,悉皆作为耶稣教内之事,并无将之推广于异教人之意。"②也就是说,日本当时的文明发展程度早已超过巴尔干诸国而可与欧美列强并驾齐驱,这种现实之所以仍然不被欧美列强承认,主要是因为日本不属于基督教国家。伊藤尚未认识到文明程度是一种全方位的评价标准,此时日本的各项改革刚起步,社会经济正在转型,近代化国家体制尚未建立,所以欧美列强仍然将日本视为尚未文明开化的国家而持轻视态度。

福泽谕吉提出,日本维新后,社会文明的发展虽然时间不长,但在许多事物上完全能与西方对峙:"兵制、航海、工业、器械制造等,西洋人能生产,难道我不能生产?唯有不及彼者,并非终究不可企及,仅尚未习惯之。"之所以尚未习惯,是因为日本向西方学习的时间很短暂,就像一个努力学习新事物的未成年人,"实行西洋流之事,在制作西洋流之物之练磨中,我日本人之年龄仅如10岁以上、尚不足20岁之少年。"正因为如此,即便文明程度不高,但"行动不老练,固不足咎。"③他认为日本尽管与欧美列强尚存一定差距,但正在进入世界文明国家行列。

与伊藤的观点不同,福泽谕吉认为欧美列强之所以瞧不起日本,并非因为宗教,而是因日本所处地理位置受文明进展迟缓的中、朝两国连累,从而

---

① 伊藤博文:《松方に軍備充実の要を力說す》,春亩公追颂会编:《伊藤博文伝》中卷,东京:原书房,1970年,第337—338页。
② 伊藤博文:《松方に軍備充実の要を力說す》,春亩公追颂会编:《伊藤博文伝》中卷,第338页。
③ 福泽谕吉:《通俗国権論》,富田正文他编:《福沢諭吉選集》第7卷,第40页。

受到不公正评价。1885年他在后来引起诸多评论的著名短文《脱亚论》中表示:"如今中国、朝鲜不仅对我日本一点也没有援助,以西洋文明人眼中看来,由于三国之地理相接,有时或将之视为同一……若中国、朝鲜之政府坚持古代之专制,没有可凭借之法律,西洋人便怀疑日本也是无法律之国家;若中国、朝鲜之士人沉溺甚深,不知科学之类,西洋之学者便认为日本也是阴阳五行之国家;若中国人卑屈而恬不知耻,日本人之爽快也为之被掩盖;若朝鲜国对人处刑很残酷,则日本人也亦被推测同样无情……其影响之事实显现,间接造成我外交上之障碍实在不少。可云为我日本之一大不幸。"①那么,要改变西方列强的看法,福泽认为只有脱离与中朝的传统关系,日本才能振兴亚洲:"为今日之谋,我国不可犹豫,等待邻国之开明而共同振兴亚细亚。宁可脱离其伍而与西洋之文明国共进退。其接触中国、朝鲜之法,用不着因为邻国而特别客气。只能正可按照西洋人与之接触之做法来处理。亲近恶友者,不可免除共有之恶名。我们乃从内心谢绝亚细亚东方之恶友者也。"②福泽表面上是主张日本和亚洲的振兴,但这里说得比较隐晦的"按照西洋人与之接触之做法来处理",实质上就是要日本模仿西方列强的侵略和掠夺方式,对待亚洲相对落后的各民族。所谓"脱亚入欧"就是仿效欧洲列强向亚洲各国扩张的同义语。

不仅如此,福泽甚至还主张日本应凭借实力压制以前曾压制过自己的国家。1882年福泽提出:"在我帝国日本,从事亿万元之贸易,备有千百艘军舰,要将日之丸旌旗飘扬于中国、印度之海面上,出入遥远之西洋诸港,获得大为炫耀国威之势,不仅像彼之英国人那样抵御中国人,现在还要将其英国人当作奴隶压制,束缚其手足,血气之兽心不能自禁也……今日我辈对外国人不平,乃因尚未摆脱彼之压制。我辈之志愿,乃仅在于压制此压制,欲在世界上独自专行压制。"③他强调日本已经强大,不仅要摆脱欧美列强控制,还要反过来控制他国,甚至独霸世界。

为了达到上述目标,福泽认为日本应进一步学习和赶超西洋文明诸国,

---

① 福泽谕吉:《脱亜論》,庆应义塾编:《福沢諭吉全集》第10卷,东京:岩波书店,1970年,第240页。
② 福泽谕吉:《脱亜論》,庆应义塾编:《福沢諭吉全集》第10卷,第240页。
③ 福泽谕吉:《壓制も亦愉快なる哉》,富田正文他编:《福沢諭吉選集》第7卷,第132页。

并与之共同充当"食他者"。在1883年发表的《外交论》中他首先指出,所谓"文明"是与传统的"道义"相悖的:"因各种事情,逼迫各国签订条约,又割地,并对其国民无道又怜悯,于理不可举行之类之讲道理,完全不听,理也非也,西洋文明之人,控制其他不文明国家,作为天成之自然,以不文明国之利,利于文明国之人,作为天与之利,不容怀疑。"①即认为文明的强国,控制不文明的弱国,掠夺其利益,本身就是天经地义,不存在其他传统"道义"可言。既然如此,福泽主张日本为了摆脱"被食者"地位,而在国际关系上成为"食他者",必须摈弃历来的传统观念,深入改革自身现状:"我日本国也开国,与西洋诸国交往,仿效其文明,使我国也变成文明,在世界大剧场中竞争,尝试进步之先后,在一决国势基础上,与文明国交往,亲睦文明之人,读其书,讲其文,行其事,用其器械,从政事、法律、学问、教育之根本,至商工、殖产之业,一切万事,皆不违背西洋文明之宗旨,不可不在亚洲东方,努力始创一新西洋国。"②福泽认为,只有这样,日本才能拉近与欧美的差距,真正做到在国际事务上与欧美列强并驾齐驱。实质上,学习西洋成为文明国家只是手段,能够像列强那样成为"食他者"随意掠夺弱小民族才是最终目的。

加藤弘之则从人种优劣的视角,主张大和民族为优等人种,因此日本在国际上应当具有优越地位:"日本人种绝非劣等人种,实为优等人种。不仅绝不会被西洋人所灭,而且充分具备与西洋人对峙之力量。已经与西洋人有30年左右之交往,人口绝无被灭之模样,反而愈益增殖。还产生出了智慧非常不亚于欧洲人之人。绝不会让欧洲人独自横行世界。与欧洲人同为上等人种,共同横行世界,将天地万物皆作为我据有之同伴。"③如果是仅仅主张与欧美列强相抗衡,鼓吹这种非合理的人种优越论还情有可原,但加藤进一步强调要与列强"共同横行世界",反映出其理论与日本民族扩张实践之间的必然联系。因为日本横行世界的空间不可能在欧美,首要目标就是要在亚洲充当霸主。

民权理论家中江兆民(1847—1901)于1882年撰文谴责西方列强的侵

---

① 福澤諭吉:《外交論》,富田正文他編:《福沢諭吉選集》第7卷,第183页。
② 福澤諭吉:《外交論》,富田正文他編:《福沢諭吉選集》第7卷,第194页。
③ 加藤弘之:《天地万物皆帰吾有》,上田勝美編:《加藤弘之文書》第3卷,第100—101页。

略行径时指出:"恃己之强盛而轻贱人之微弱,夸己之文物而侮辱他国之鄙野,此恶弊因由来已久,欲一朝除去实为不易者。此尤其成为在外交中产生灾害之原因。欧洲诸国之民,动辄加速对亚洲人民之嫉恶之原因,未必不源于此一事。"针对这种不正当的国际关系,他提出日本"苟树独立之旗在国家,则不知背负与经济之理相反之道德之义,乃不得已。平时预备大军以自守,恰恰如准备交战,无他,乃因外交之道尚未得其当,诸国皆妄景慕英雄黩武之事,自以为得计之故也。"①其言下之意,面临弱肉强食的现实国际格局,日本只能以强化武装力量,随时准备战争的态势,来提高自己的国际地位。这种强化军备的措施,即便违背经济发展规律和通常理解的所谓道德伦理也在所不惜。中江兆民的主观本意是强化国防军事力量以对抗列强,当然他并未预料到,日本也可以凭借这种力量从事对外扩张。因为武装力量用于国防或对外扩张,二者之间并没有不可逾越的鸿沟。

一向主张思想开化进步的《自由新闻》也于1884年12月27日刊登文章,强调日本的文明发展足以与欧美先进国家匹敌。文章指出,日本在近20年间,文明开化取得了非同小可的进步。所以那些"徐徐进步,耗费数百年,才获得开化之欧美人,几乎不相信我邦进步开化之确实,以致往往评价为表面开化或模拟开化。如其大众人民看待今日之我国,犹如看待昔日所构成顽陋微弱之我国。"即便日本已经建立起强大的陆军,或者海军已拥有铁甲舰,完全足以保护日本民族的独立,但欧美人一概不相信,"因此,无论我邦说国权损毁,还是论条约修订,彼恬然不顾之,皆曰尚早尚早。要之,不知我邦有如何之开化进步之实,有如何之武力,故如此也。"日本面对这种状况,应当如何应对?文章强调:"现在我邦对外之急务,在于尽可能使彼迅速知道此事。"②其言下之意,应当尽力向欧美国家展示,日本已进入近代文明国家行列,可与列强地位对等。这也代表了日本社会中上层渴望"海外雄飞"的愿望。

其次,在主张日本已可与欧美列强并驾齐驱的同时,思想界又根据"弱

---

① 中江兆民:《論外交》,松永昌三编:《中江兆民全集》14,东京:岩波书店,1985年,第134—135页。
② 无名氏:《日本兵の武力を宇内に示すべし》,芝原拓自编:《日本近代思想大系》(12),第387页。

肉强食"原则强调，日本在亚洲已具备霸主地位和"食他者"资格。正如 1883 年福泽谕吉所强调的那样，日本作为文明国家的目标，是要与欧美列强一样，成为国际事务中的"食他者"："今作为我日本人，若要利用近代利器与西洋人并立，相互争文明之先，不仅不被彼等所食，而且要与彼等一起，形成寻找时机食他狩他之势，除非首先改变我古俗旧惯，从政事法律教育之大体制，至社会日常之小事，限于不出现大障碍而改革之，努力仿效西洋之风，用伟大英明决断，导致亚细亚东方出现一纯粹之新西洋国，不足以完全达此目的。"①也就是说，改革传统社会中"古旧"因素，仿效西洋先进诸国，建立近代化的社会制度，最根本的目的是要使日本成为欧美列强那样的强国，以形成随时可以侵略和掠夺他国的实力和态势。

那么有没有这种可能性呢？福泽对此专门分析了日本区别于亚洲他国的特殊性："日本在东洋诸邦中，乃为一种特殊之国情。其人心活泼而不固陋，见善移之而不固守……从政事法律教育之大体制，工商产业之方法细致，至日常衣食住行之事，逐渐仿效西洋文明之风，遂企划我国开辟以来，连做梦都不会想到之政治大变革。开人民会议参与政事之端绪，已设立府县会，今后还将扩大其趋向，至圣诏降临，批准将国家大政改为立宪政体，实为非常之国势变动……改革千年之古俗旧惯，乃将日本社会组织成为西洋文明之风气也。"②既然日本已经从事了如此多的社会改革，文明取得了巨大进步，独步亚洲而无他国能望其项背，那么称霸亚洲已是指日可待。

接着福泽谕吉顺理成章地提出，日本应当抓紧当前时机称霸东亚："若乘此势更进一步，将彼之文明利器实际运用，开辟亚细亚东方之面目，即便处于今日禽兽相食之世界，限于我日本，无事则退守，一旦逢事变之时，食他也不被他食。不仅与西洋诸国比肩并立，假若为了成为东方文明之魁首，诱导近邻各国，有朝一日可共享天赐之幸福，并非仅仅我日本人有自信，即便作为西洋诸国之有识之士，也往往并非没有属望于我者。"③福泽在这里十分紧迫地强调的"成为东方文明之魁首"，即公然主张日本要成为亚洲之霸

---

① 福泽谕吉：《外交論》，富田正文他编：《福沢諭吉選集》第 7 卷，第 185 页。
② 福泽谕吉：《外交論》，富田正文他编：《福沢諭吉選集》第 7 卷，第 187—188 页。
③ 福泽谕吉：《外交論》，富田正文他编：《福沢諭吉選集》第 7 卷，第 188 页。

主。至于所谓与亚洲各国"共享幸福",不过是为了掩盖控制其他民族之实质,而描绘的美妙蓝图,同时还有希望列强承认日本已经提高的国际地位的目的。

福泽还对比邻近的中国,强调了日本充当亚洲盟主保护东亚的责任不容推辞。1881年他在《时事小言》明确指出:"近年来,中国人虽然稍有企图开化文明之状态,但实际上仅为千万人中之一部分,不容易将其力波及全国。要使中国向近代文明转化,首先必须从根本上改造其人心。不可期待大量引用日本先例而速成。若然,则方今东洋列国,作为文明之中心,充当其魁首而同西洋诸国相抗衡者,非日本国民还能有谁呢?应该认识到,保护亚细亚东方,乃我责任也。"①福泽这里所谓的实施"保护",实际上是"控制"的同义语,是打着保护旗号行扩张之实的巧妙借口,不过是日本充当"食他者"的另一种说法而已。

就连一些被认为具有进步思想的学者,也极力主张日本称霸东亚。如自由主义思想家大井宪太郎(1843—1922)在1891年的演说中强调,没有必要与中国、朝鲜这类落后国家商谈东亚的发展策略,"若伦亚细亚之政略,终须以日本为主来。若不思以我日本掌握东洋之霸权,就不能处置东洋问题。"②他强调关键是要保证日本能掌控亚洲霸权。

当时即便是主张亚洲各国联合以抗衡欧美列强的思想家,也提出日本应当或已经成为亚洲霸主的观念。如草间时福1879年11月19日发表文章,提出东洋合作、与欧美列强相抗衡的主张,他指出:"今我国作为亚细亚诸国开化先进之国,自任又以他人所许,在诸邦中率先担当东洋连横之业。放弃我国又有谁呢?"③他强调,如果东亚各国联合,日本理所当然应当成为这个联合体之首脑。

又如一贯主张黄种人团结一致联合对抗西欧的樽井藤吉,1893年提出

---

① 福泽渝吉:《時事小言》,富田正文他编:《福沢諭吉選集》第5卷,东京:岩波书店.1981年,第259页。
② 大井宪太郎:《新条約に対する批難》,日本社会运动思想史编纂委员会编:《日本社会运动思想史》明治期第2卷,东京:青木书店,1968年,第82—83页。
③ 草间时福:《東洋連衡論》,芝原拓自编:《日本近代思想大系》(12),第267页。

了东亚"合邦"的构想："今天我们日本人，欲使南洋诸岛脱离白人之束缚。然而，与朝鲜合邦以防备俄国，若不与清国相约以分其劳，非独力所能及。我们日本人固然以亲和作为人生当务之要，岂无扩充其道以惠及各种人之念耶？那些白人，欲殄灭黄种人之劣迹历历在目，征兆可寻。我们黄种人若不欲战胜之，则为白人之饵食也。于是，战胜它之道，仅在于培养同种人团结一致之势力。"①这种联合亚洲人对抗欧美列强的构想本无大错，但樽井藤吉认为，日本在亚洲社会发展领先，应当作为"盟主"，引导大东合邦："我日本位于亚洲之东极。作为先觉者，应该打破友国之迷梦，应将其导入富强开明之域。在这东极，冠以东号者乃义务也。何况亲睦联合在东方人之天赋性格中耶？"②他在此虽然只是强调亚洲国家亲睦合作，但在某种程度上为以后日本的主流意识——主张以日本为首，建立所谓"大东亚共荣圈"的理念——奠定了基调。正如当代日本学者山室信一指出："通过关注共同性中存在的差异，在此设定序列，主张日本的优位性、主导性。"③

前述《自由新闻》的评论文章也表明了日本应当充当亚洲霸主的意愿。文章强调："今有关韩城事变，在日清间产生了不容易之交涉，由彼我谈判之状况，将直屈诉诸干戈，为了尝试日本刀之锐利，应需要大力出兵。如果有达到此不得已之场合，将我邦之武力显示于世界，不可不言乃为使傲慢之白种人大吃一惊之好时机。"④该文主张，为了向欧美列强显示日本的武力强大，日本应该向更为弱小的国家进行军事扩张。

总之，在19世纪末20世纪初的日本思想界，关于日本的这种双重国际地位的理论非常流行，它一方面表现出日本社会普遍存在的摆脱欧美列强的不平等条约的压迫，争取民族独立和赶超欧美列强的民族自尊心；另一方面显现出通过维新后取得的一系列社会进步，导致日本思想界唯我独尊、力图争当亚洲霸主的观念日益流行。这不可避免地引导日本社会对外寻求

---

① 樽井藤吉：《大東合邦論》，竹内好编：《現代日本思想大系》(9)，东京：筑摩书房，1963年，第129页。
② 樽井藤吉：《大東合邦論》，竹内好编：《現代日本思想大系》(9)，第115页。
③ 山室信一：《思想課題としてのアジア：基軸・連鎖・投企》，东京：岩波书店，2001年，第9页。
④ 无名氏：《日本兵の武力を宇内に示すべし》，芝原拓自编：《日本近代思想大系》(12)，387页。

"饵食",充当"食他者"的民族扩张欲望迅速膨胀。

三、文明日本充当落后亚洲的"救世主"论

众所周知,世界各不同民族的社会历史发展极不平衡,这原本是世界历史演进的客观规律。但明治日本思想界却将其作为民族扩张"合理化"的借口,提出一套亚洲各国野蛮落后,已经进入文明社会的日本有义务充当救世主,去"保护"和"解放"落后的东亚各国,并向其输出"文明"的理论。这种理论实际上是前述日本应当担当亚洲盟主(霸主)的理论的延伸。既然是盟主,当然有义务像救世主一般去"保护和解放"处于落后状况的亚洲各国。如果说,亚洲盟主论主要是强调日本的国际地位,而"救世主论"则是强调日本应当在具体行动上切实履行盟主义务的霸权主义外交理论。其实质是披着"文明"的外衣,打着解救"野蛮民族"的旗号,对相对落后的民族实施野蛮的侵略扩张。

从宏观理论上考察,加藤弘之认为,文明征服野蛮是历史上多次出现的客观事实,不仅理所当然,而且只会带来更大的文明:"假若欧洲人种遵守所谓人道,将野蛮人民视为与自己同等,敬重其人格、自由,承认其土地所有权利,将会有如何结果?若果然如此,我想,世界之大部分如今仍然是荒芜之地,随之世界之开明也几乎不能充分显现。"于是,加藤似乎找到了世界文明发展演变的规律,他总结道:"如此看来,所谓今日世界之大开明者,其大部分起因于文明人民征服野蛮人民之大事业,余确信此乃不争之事实。换言之,应当承认只有欧洲人不对野蛮人使用人道,为了遵从敬爱全人类之宗旨,世界今日之大开明方能产生。"[1]其言下之意,"文明"的欧洲人对落后的"野蛮"民族的惨无人道的征服,是促进这些野蛮地区文明进步的根本动因。进一步推理,则会得出一种似乎带有"普遍合理性"的十分荒谬的结论:民族征服是促进世界文明进步的原动力。

既然如此,加藤弘之认为,这种民族征服的战争,原本不存在什么正义

---

[1] 加藤弘之:《自然と倫理》,上田胜美编:《加藤弘之文書》第3卷,第606页。

与非正义的本质区别,即使国家发动侵略战争,本国人民也要协助:"如甲国向乙国妄起不义之战,固然为不善之举。因此作为臣民,若能谏止之,那是再好不过。但若终究不能,则断然下决心帮助国家之不义战争,以打倒正义之敌,这当然是作为臣民者应当之义务。当遇到这种可悲之场合,帮助国家之不义,那等于臣民之正义。在组成国家之细胞的我们中间,没有任何东西比国家之生存更重要。"①这种为了狭隘的本国利益而颠倒正义与非正义的逻辑,实际上公开为日本对外扩张提供了"合法化"理论依据。

如果说加藤弘之的主张使民族扩张意图显得更加理论化,那么,另外的思想家则相对现实地提出了一套理论:因为亚洲各国落后,已经进入文明社会的日本应该充当救世主,去"保护"和"解放"落后地区的人民,促使其走向文明和共同繁荣。

哪些亚洲国家需要日本去"保护"呢?首先当然是邻近的朝鲜和中国。它们需要保护的理由就是因为迟迟不走向文明开化。福泽谕吉认为,朝鲜由于长期不实行文明开化的改革,积弱不堪,简直就是砧板上可以食用的肉。1885年他在公开发表的文章中表明了这种观点:"弱肉强食非桌上之谈,乃流行于今日世界而不需要隐瞒之事实也。尤其是近年欧洲各国,利用先进交通工具,急于向东洋求其肉。如朝鲜之弱国,终究不能保全其独立之体,乃甚为易见之事也。"②既然欧洲人要在东亚寻求肉食,日本作为亚洲文明国家就应当捷足先登,而朝鲜当然是日本"食他"时应当首选的"肉"。所以福泽多次主张干涉朝鲜内政。例如1882年他发表文章提出:"与朝鲜国之交际,在我国不仅不能等闲视之,就其国内之治乱兴废,文明之改进退步,并非可以袖手旁观。彼之国势若果然未开,可诱之导之;彼之人民若果然顽陋,可说之谕之。就其诱导说谕,我日本人虽然劳心费神,又耗费钱财,但若无暇顾之,事已至此,亦不可退也。"③他主张即便劳心费神、耗费钱财,也要干涉朝鲜内政。因为福泽认为,干涉朝鲜是为了日本人的安全:"仅在朝鲜,

---

① 加藤弘之:《自然と倫理》,上田胜美编:《加藤弘之文書》第3卷,第603页。
② 福泽谕吉:《朝鮮の滅亡は其国の大勢に於けて免る可らず》,庆应义塾编:《福沢諭吉全集》第10卷,第385页。
③ 福泽谕吉:《朝鮮の交際を論ず》,富田正文他编:《福沢諭吉選集》第7卷,第127页。

我日本人民之安宁,不可云之稳如泰山。若知其不安,为何不尽快准备之耶? 或虽有人认为朝鲜人怯懦,不足忧虑之,但万中之一不可测也。即便或不需要自卫之备,但当彼国人心不稳之时,我显示武威压倒其人心,以我日本之国力,帮助推进邻国之文明,两国交往进展到今天,恰恰可云乃我日本之责任也。"①将干涉别国内政说成是帮助其发展文明,不干涉朝鲜就不能确保日本的安全,福泽的"理论"不仅牵强,而且显得十分霸道,充分表现出急于扩张的日本社会的焦躁。

当然,福泽认为"帮助"朝鲜推进文明并非最终目标。他指出当时西洋诸国文明日益进步,军备也日渐增进,吞并他国的欲望也同时膨胀,这已经成为大势所趋。而西洋各国"逞其欲望之地,已明确在东方亚细亚"。在这危急时刻,要使全亚洲同心协力,以防范西洋人的侵凌,"哪个国家可以更适合充当魁首、成为盟主耶? 我辈丝毫不自夸自国,虚心平气观察,在亚洲东方,担任此魁首盟主者,非我日本莫属。"②他认为这个目标是日本通过干涉东亚各国,进而充当亚洲盟主,与欧美争夺亚洲地盘。以帮助亚洲为名,行充当亚洲霸主之实的企图昭然若揭。

然而,如果日本要将朝鲜作为饵食,必然会遇到当时中国与朝鲜存在的传统宗藩关系的障碍。为了扫清最终吞并朝鲜的障碍,日本首先必须否定这种传统宗藩关系。日本外相陆奥宗光在甲午战争时期曾提出,中国虽然勉强可以作为朝鲜宗主国,但朝鲜自身就并不心甘情愿:"实际上清韩之关系,尽管在普通公法上,欠缺使人确定宗主国与属国关系之要素,但至少在名义上,勉强可将朝鲜认可为其属邦……而清国在朝鲜尽管可以称为宗藩关系,但不仅就连朝鲜本国都尚未甘心于成为完全无缺之属邦,而且常常说存在能够妨碍它的东邻一强国,无论如何也欲将其除去。这对于清国政府是自然而然的事。"③实际上暗示了清朝要想完全控制不甘心俯首称臣的朝鲜,必须消除日本这个障碍。因此,陆奥宗光强调,日本政府不承认清朝中国有保护朝鲜之权利:"清国政府根据《天津条约》第三条向朝鲜派出军队,

---

① 福泽谕吉:《朝鮮の交際を論ず》,富田正文他编:《福沢諭吉選集》第 7 卷,第 128 页。
② 福泽谕吉:《朝鮮の交際を論ず》,富田正文他编:《福沢諭吉選集》第 7 卷,第 128—129 页。
③ 陆奥宗光:《蹇蹇錄》,陆奥广吉编:《伯爵陸奥宗光遺稿》,东京:岩波书店,1929 年,第 296 页。

将行文趣旨直接照会于帝国政府,只是在文书中有'保护属邦'之言辞,但帝国政府附言抗议,未曾承认朝鲜为清国之属邦。"①这就为日本排除中国干扰而独占朝鲜,奠定了"合法"的基调。

除了朝鲜,日本眼中更大的"饵食"仍然是从中世纪晚期以来就觊觎的中国这片辽阔的领土。因此,宣扬中国的落后和日本对其有"拯救"的义务,是日本近代思想界极力要论证的理论。1882年福泽谕吉在《时事新报》社论中提出中国的顽陋妨碍了日本和平进步的理论:"我辈策划百年之大计,并非为了取一时之快。终究重视和平主义,其所要达到之目的,唯在于东洋三国之文明开进。只有中国政府对此文明开进不悦欤? 或知争文明开进之锋,非自国之所长,便一意孤行,坚持顽冥固陋之非欤? 今忘却东洋全面之利害,经营本国一国之私利,其余毒波及于日本和朝鲜之交往中,渐渐双方之间欲抱有不快之念,我辈所最不堪遗憾也。我东洋之政略,不得不云为中国人所害。"②福泽笔下的中国,被描绘成了不仅自私自利、顽冥固陋,而且妨碍到了日本与朝鲜的正常交往,危及东亚的安全。

随着甲午战争的开战,福泽谕吉又于1894年8月5日撰文强调,中国顽固保守,比朝鲜还落后:"中国人千百年来做周公孔子之梦,安眠而未醒。自尊自大,轻蔑他人,以堂堂中华圣人国家而自夸,只会暴露本国之无知蒙昧……呜呼! 仿佛自家之臭味也波及他国,反对邻国之改革,以至妨碍文明开化之事,决不可饶恕!"③对于这种"顽冥不化"的保守国家,福泽认为日本应该向其输出文明。他在8月1日的文章中露骨地表示:"文明之风潮逐渐强大,其动向必借人力之约束。若日本人不承当此事,则必由他国人力推动。"即如果日本不动手,中国迟早会被其他列强染指:"如彼之中国,今日终究不可避免一如既往……彼国人等被千百年来儒教主义腐蚀,完全成为化石,无论接触多少世界之风潮,也不得不认为不会有自新之精神……彼等果

---

① 陆奥宗光:《蹇蹇録》,陆奥广吉编:《伯爵陆奥宗光遗稿》,第303页。
② 福泽谕吉:《東洋の政略果して如何せん》,富田正文他编:《福沢諭吉選集》第7卷,第134—135页。
③ 福泽谕吉:《直に北京を衝く可し》,庆应义塾编:《福沢諭吉全集》第14卷,第500页。

然在不能自动振奋之精神中,决不怀疑,早晚会借他国人之手而大变动。"①这里实际上就是主张不要让西方列强染指,而是凭借日本人之手,促使中国"走向文明"。

甲午战争期间的 1894 年 12 月,德富苏峰发表了著名文章《大日本膨胀论》,鼓吹向中国扩张是正当行为。文章提出:假若有盘踞在我们之前途上,妨害我们国家可能享受之权利和利益者,不问它是何国,皆不能放弃与之为敌。而与清国作战,只因我们保全正当国权之行为及我国运之振作、国民之膨胀,必遭清国敌视也。② 德富苏峰公开宣扬日本利益至上,谁妨碍日本获取利益,谁就成为日本不共戴天之仇敌,就应当被消灭。日本的民族扩张横行无忌,似乎找到了最正当的借口。

甚至就连公认的激进民主主义者植木枝盛(1857—1892)也主张侵略中国的合法性。他在 1887 年发表的文章中,根据被歪曲的事实提出:"吾辈对清国处理朝鲜之事,不仅感到最奇怪,我国大日本之国权,亦且有不可懈怠其注意者。"文章认为中国军队在朝鲜首都对日本国民大肆烧杀奸淫,企图灭亡日本,"其所为不仅对朝鲜不当,而且正是对我日本不可不谓敢于破坏盟约之大罪。若夫一朝事端至此,日本政府无论如何操和平主义,无论如何欲容忍彼国之傲慢,也亦不得默默附和,无需多言。而清国乃不可测度之国家也。"③日本成了和平主义国家,而中国被描绘成不仅愚昧落后,而且随时可能发动侵略的国家。这种颠倒黑白的论点,似乎为日本的民族扩张"师出有名"增添了砝码。

为了更进一步从逻辑上论证日本充当东亚"盟主",而以"保护者"和"解放者"的名义对中国、朝鲜实行民族扩张的正当性,福泽谕吉提出了若干内在逻辑联系密切的理论。

一是"资源共享论"。中朝两国闭关锁国,不与外国通商,所以应将其资

---

① 福泽谕吉:《満清政府の滅亡遠きに非す》,庆应义塾编:《福沢諭吉全集》第 14 卷,第 496—497 页。
② 德富苏峰:《大日本膨脹論》,植手通有编:《明治文学全集 34 德富蘇峰集》,第 271 页。
③ 植木枝盛:《雞林の異報》,家用三郎他编:《植木枝盛集》第 5 卷,东京:岩波书店,1990 年,第 153—155 页。"鸡林"为当时朝鲜的别称。

源攫取共享。1894年7月7日福泽撰文主张:"在如今文明之世界,如果允许如此锁国存在,使私有地球上面之共有物,就会成为所谓暴殄天物者。若要不使人类之幸福和文明进步受到妨碍,就必须用力地举开国之实。故此次出兵,绝非为了压制弱国,吞并其领土。唯以这种出兵,促使彼改革国内百般制度,除去弊政之根源,直至欲真正实行开国之实,此事乃为了人类之幸福、文明之进步,而履行至当之天职也。"①在这一理论中,中国和朝鲜的资源、财物皆属于"全球共有",日本也理所当然拥有。如果这两国采取闭关锁国,日本就可以用武力打开其国门,获取其财富。福泽理直气壮地断言:"彼之老大国也与朝鲜同样,只要有锁国自守,私有世界之共有物,妨碍人类之幸福、文明之进步之事,为了世界之正理公道,自然不得不对之作出处分。"②"处分"实为"掠夺"。这种侵略别国、掠夺财富的强盗行径,在福泽的理论中变成了"世界之正理公道",为了文明进步"而履行至当之天职"。

二是"社会共进论"。亚洲各国必须实行类似日本的社会制度,否则日本有权干涉其内政。这实际上是福泽一贯宣扬的"文明论"的另一种表述方式:既然日本已经模仿欧美各国,实行了先进的文明制度,那么亚洲各国也应当模仿日本实行类似的制度,否则文明的日本就有义务帮助野蛮的民族实行这种制度,"帮助"的手段可以不受限制。

福泽早在1881年就指出,如今欧美列强以武力侵略东亚的严峻形势,"无异于大火蔓延者",然而,东亚各国,尤其是与日本近邻的中国和朝鲜,迟钝而不能抵挡其势,等于木造板屋不堪火灾。所以日本应以武力援助。这并非为了两国,而是为了日本自身安全。因此"必须以武保护之,以文诱导之,使其迅速仿效我例,进入近代文明。"如果万不得已,也可以武力胁迫其进步。"所谓辅车相依、唇齿相助,虽可通用于平等的国与国之间,但如今对中国朝鲜,要希望互相依赖,可云辽阔之甚。有何足以为辅之,又为唇之耶?"③福泽笔下迟钝而因循守旧的中朝两国,落后的社会制度已经不能阻

---

① 福泽谕吉:《世界の共有物を私せしむ可らず》,庆应义塾编:《福沢諭吉全集》第14卷,东京:岩波书店,1970年,第444页。
② 福泽谕吉:《世界の共有物を私せしむ可らず》,庆应义塾编:《福沢諭吉全集》第14卷,第444页。
③ 福泽谕吉:《時事小言》,富田正文他编:《福沢諭吉選集》第5卷,第260页。

挡列强对东亚的扩张,而且很可能导致战火蔓延到日本。为了保障自身利益,日本作为文明民族,应当主动使用武力去保护他们,促使他们仿效日本制度,进入近代文明社会。

三是所谓"文野之战"论。日本对亚洲各落后民族的侵略扩张,是文明民族战胜野蛮民族的正义战争。福泽提出:"此次日清两国战争,也事实上作为文野明暗之战,其胜败如何,若关系到文明日新之气运状况,假若以东洋文明之先进为己任之我国人民,觉悟到不仅是国与国之战,即为了世界文明之战,给予当头一棒,不! 是天灵盖之大打击,若决心开启蒙昧国人之蒙昧,以致使彼等真实悔悟,降伏于文明之门前而不止,终究可成为进步之最重要者。"①这种理论与前述加藤弘之提出的"文明民族征服野蛮是推动进步的动力"之理论如出一辙。宣扬这种"文野之战"的福泽谕吉,听到甲午战争日本打败了中国的战报后,认为"日清战争是官民一致的胜利,愉快和感激难以言表"②。

曾任文部大臣的尾崎行雄发表文章提出,中国和朝鲜落后且骄傲,日本应该打掉其骄傲心:"往年之妄举偶然呈现清人大为增长其倨傲心,颇为轻视日本之状态……中国之权势若行于四方,亚洲决不能振兴。日本之权势若行于四方,亚洲必可振兴"。所以他认为抑制中国和朝鲜的倨傲心,是日本独立也是振兴全亚洲之必要。至于抑制的方法,"仅在于以勇敢决断,扎实控制彼。"③即为了使日本横行东亚,须用武力控制中朝两国。这不过是"文明征服野蛮"的另一种说法而已。

结语

经过明治日本思想界的反复论证,民族扩张的一套理论被系统地提出。这套理论在日本外交史上影响极大。它对当时日本的扩张侵略提供了所谓

---

① 福泽谕吉:《直に北京を衝く可し》,庆应义塾编:《福沢谕吉全集》第 14 卷,第 500 页。
② 福泽谕吉:《福翁自伝》,富田正文他编:《福沢谕吉選集》第 10 卷,东京:岩波书店,1981 年,第 129 页。
③ 尾崎行雄:《支那朝鮮をして倨傲心を增長せしむる勿れ》,芝原拓自编:《日本近代思想大系》(12),第 346—347 页。

正当性与合法性依据。可以看出,理论的逻辑指向与当时统治集团的对外扩张战略十分吻合。日本统治集团正是要将朝鲜作为自己扩张之重点。如日本军国主义代表山县有朋反复强调:"国家独立自卫有二途:一曰守御主权线,不容他人侵害;二曰防护利益线,不失自己之形胜。以何谓主权线?疆土是也。以何谓利益线?接触邻国之势,与我主权线安危紧紧相关之区域是也……我邦利益线之焦点,实在于朝鲜……而朝鲜之独立,要维持之,有何等之保障耶?此岂非感到向我利益线急剧之威胁者耶?"[1]山县这种外交军事观念与思想界提出的理论不谋而合。这套理论在日本外交思想上发挥了"承上启下"的作用:"承上"就是继承了明治以前思想家如佐藤信渊、吉田松荫等人提出的向东亚大陆扩张的设想;"启下"就是为昭和时期日本实施"大陆政策"提供了"合法性"理论依据。

当然,这套理论本身漏洞百出,不能自圆其说。因为如果按照"弱肉强食"的国际关系准则,那么当日本尚未走向文明时,欧美列强是否也理所当然该吞并日本?日本在列强压迫下争取民族独立的所有举措是否也就失去了其合理性和进步性?这一点,明治日本思想界没有也无法做出合理阐释。另外,日本后来在亚洲的所作所为,使这套理论外表罩上的"保护"和"解放"落后的各民族、"促进各国文明"的光环也不攻自破。

但是,受此理论影响,直至当代,日本政界要员、社会右翼势力甚至知识界,不少人仍然不愿承认当年发动侵略战争的非正义性和罪恶性,不愿对受战争侵害深重的亚洲人民表示歉意和忏悔,甚至还极力美化这场给亚洲各国包括日本人民带来巨大灾难的战争。此类事例不胜枚举。例如,曾担任东京都知事的石原慎太郎在流行一时的小册子《日本可以说"不"》里极力美化日本对亚洲各国的侵略,提出:"南朝鲜、台湾、新加坡等经济形势很好的地方,战前都曾被日本统治过。日本的确干过坏事,应该承认与反省。但是不可否认,日本也在那里留下了好的影响"。[2] 法务大臣永野茂门 1994 年 5 月 3 日甚至这样回答记者提问:"把那场战争说成是侵略战争是错误的。说

---

[1] 山县有朋:《外交政略論》,大山梓编:《山縣有朋意見書》,东京:原书房,1966 年,第 196—197 页。
[2] 石原慎太郎、盛田昭夫:《日本可以说"不"》,军事科学院外国军事研究部译,北京:军事科学出版社,1990 年,第 95 页。

发动那场战争的目的是侵略,那是不对的。当时日本真心是想解放殖民地、建立(大东亚)共荣圈。"①永野这番话与近代日本思想界提出的充当救世主、解放亚洲各国人民的"理论"一脉相承。1995年是第二次世界大战结束50周年。当年4月17日担任日本"终战50周年议员联盟会长"的国土厅长官奥野诚亮在答记者问时,居然提出"大东亚战争是自卫战争……日本当时没有侵略的意图"。他还进一步为侵略行为开脱道:"虽然曾经与美英交战,但是,并没有打算侵略亚洲。大东亚战争是日本的自卫战争。虽然从结果来说日本是失败了,但是亚洲的殖民地独立了。"②他坚持宣扬日本侵略亚洲各国是为了对抗欧美列强的扩张,帮助亚洲各国获得民族独立的"正义"行为。不仅日本政府官员有如此态度,就连日本文化教育界也有人认可这套侵略理论。如青山大学教授佐藤和男就认为:"日本是为了生存、自卫而打仗,为亚洲殖民地人民的解放,带来了值得载入世界历史史册的效果。尽管可以说日本国民是失败者,但其对人类秩序的规范进步作出了巨大贡献。总之,侵略战争的说法是错误的。"③可见,近代日本民族扩张的这套理论直到现代仍然有很大舆论市场,其恶劣影响不可低估。

(作者许晓光,四川师范大学历史文化与旅游学院、日本研究中心,原文刊于《历史研究》2019年3期)

---

① 法务大臣永野茂门答记者问,《每日新闻》1994年5月4日。
② 国土厅长官奥野诚亮答记者问,《朝日新闻》1995年4月18日。
③ 佐藤和男1993年11月24日在"日本与亚洲的战争与和平"讨论会上的发言,《正論》1994年2月号。引自祝世璋:《日本部分政要、学者为侵略战争翻案的言论摘编》,《国际资料信息》,1995年第7期。

近代日本中国认识的原型及其变化机制 *

刘岳兵

一、问题之所在

中日之间的相互认识是中日关系史研究的重要课题。相互认识如何，在一定意义上可以说是确立何种相互关系的前提。相互认识当然不可能是一成不变的，它的形成会受到相互交流的程度、各自历史的状况、国际形势的变化等多种因素的影响。在日本近代化过程中，中国因素对于日本所经历的成功与挫折及其在国际舞台上地位的变化可以说是一种关键性的存在，研究近代日本的中国认识不仅有助于反思历史，而且对于构筑理性的中日关系都具有重要的意义。

对近代日本中国认识的研究，已经有不少成果。在日本较早的比较系统的研究，是有目的地通过对近代日本各个领域的典型人物的中国的经验或中国观的分析反思日本近代化进程。① 此后，有对近代日本中国认识的类型进行研究的，② 也有对近代日本中国认识的变迁进行研究

---

* 本文为教育部重大攻关项目"近代以来日本对华认识及行动选择"（06JZD0023）的阶段性成果。
① 竹内好、桥川文三编：《近代日本と中国》（上、下），东京：朝日新闻社，1974 年。
② 野村浩一的《近代日本的中国认识》（张学锋译，北京：中央编译出版社，1999 年）可以说是这方面的代表作。作者在《中文版序》中也明确表示"本书可以说对近代日本所产生的各种类型的中国认识观作了一个比较全面的总结"。中国学者的论著多以类型论为主，如钱婉约的（转下页）

的,①还有人指出对现实中国的侮蔑和对古代中国的尊崇是"明治以来形成的日本人对中国认识的二重构造"②的。近年来,从日本与亚洲各地区的双向交流视角来重新认识亚洲,其中包括重新认识中国,成为学界共同关心的话题。③ 本文的主旨,一方面考察在近代以前日本社会中就已经开始存在的中国认识的原型,以便说明近代日本中国认识的各种类型渊源有自。另一方面,许多研究者将日本中国认识的变化,概括为从崇拜中国到蔑视中国的转变,④而其转变的契机,或者认为是1840年清政府在鸦片战争中的失败,⑤或者认为是1862年幕府向上海派遣"千岁丸"⑥之事,或者认为是明治维新的成功。这些说法在理论上只是将中国的变化,准确地说是将中国的失败和日本的成功"两国的力量对比"作为日本的中国认识变化的基准。其困难在于,它无法解释早在鸦片战争之前日本就已经存在了强烈的蔑视中国的认识这一事实。因此有必要重新思考日本各种中国认识的变化机制。

(接上页)《近代日本的中国观》(见其《从汉学到中国学:近代日本的中国研究》,北京:中华书局,2007年)等。

① 如陶德民在《明治の漢学者と中国:安繹・天囚・湖南の外交論策》(大阪:关西大学出版部,2007年)中以明治的汉学家为例,分析了其中国认识从"邻人"("同文同种"的邻国)意识到"监护人"意识的变化过程。而对所谓"监护人"意识,又指出其有时起"反哺"作用,有时起"反噬"作用。对该书的评论有钱婉约的《当代日本汉学研究的启示》,见《中国图书评论》,2008年第4期。

② 安藤彦太郎:《中国语和近代日本》,张威忠译,济南:济南出版社,1989年,第37页。尾崎秀实早在《现代支那论》(岩波新书,1939年)就认识到:"我们通过汉文所想像而描绘出来的支那社会,与现代的支那社会的隔阂之大,几乎没有任何联系。而且忘掉几千年的事实上的飞跃、隔阂,而将其作为理解现实支那的唯一尺度所常常出现的错觉和造成的误会,是最大的问题。可以说几乎从来都没有为将古典的支那社会和现代支那社会衔接起来而付出巨大的努力。"(《尾崎秀实著作集》第二卷,东京:劲草书房,1977年,第197页。)

③ 这方面的代表作有:山室信一的《思想課題としてのアジア》(东京:岩波书店,2001年)、岩波讲座"'帝国'日本の学知"(共8卷)中的第3卷《東洋学の磁場》(岸本美绪编,岩波书店,2006年)等。

④ 杨栋梁、王美平的《近代社会转型期日本对华观的变迁》(《日本研究》,2008年第3期)分"'仰慕型'对华观的分化""'平视型'对华观的显现""'蔑视型'对华观的确立"三个阶段力图从总体上考察和梳理自德川中后期(即日本史上所说的"近世时期")以来日本对华观的变化,描绘出近代社会转型期日本对华观变动的轨迹,很有参考意义。

⑤ 佐藤三郎:《近代日中交涉史の研究》,东京:吉川弘文馆,1984年,第70页。又,小岛晋治:《日本人の中国観の変化——幕末、維新期を中心に》,《近代中日関係史断章》,东京:岩波书店,2008年,第20、26页。

⑥ 日比野丈夫:《幕末日本における中国観の変化》,《大手前女子大学論集》(西宫),第20号,1986年11月。

二、一个典型的例子:佐藤信渊的中国认识

明治维新以后日本中国认识中的所谓"同盟论""征服论"和"保全论"这些有代表性的观点,在幕末同一个思想家不同时期的著作中都鲜明地表现了出来。这使我们看到,尽管历史时代不同,但对中国的认识却有惊人的相似。这个思想家就是佐藤信渊(1769—1850)。

佐藤信渊是幕末日本有名的经世家,他的思想深受儒学、洋学和国学的影响,农本主义和重商主义、封建制的维持和新的统一国家的构想、科学的性格和非科学的见解、开明的思想和反动的非科学的迷妄,这些相反的思想倾向不可思议地在他的著作中混淆在一起,形成了一种特异的思想形态。①他的思想可以说是丸山真男所谓的"原本存在于日本人精神状况中的杂居的无序性"②的一个很好的注释。

1807年,幕府针对俄罗斯船只的骚扰和要求通商的威胁,12月下达了驱逐俄罗斯船只的命令。这时,佐藤信渊被聘为德岛藩的幕僚,讲授兵学。第二年他著述了许多兵学和海防著作,其中《防海策》(1808年)的中国观很有代表性。他说,日本是洋中的大岛,若兴航海、通商之业,那么日本就是世界上最为便利的国家。而"首先要遣使与清朝、安南、暹罗诸国,厚其礼而丰其聘以结和亲……以通有无、收互市之利。"主张对俄罗斯进行打击,夺取堪察加半岛以绝后患。而对中国则在心存警戒的同时希望拉拢结为同盟。他说:"大清国强大而且临近,万一出现狡猾之主而兴兼并之志,其患之大非俄罗斯所能比。因此对此大清国即便费卑辞厚聘,也要将其变成盟国,通交易以收互市之利,乃今世之要务。"③就是说,为了对付俄罗斯,而主张不惜代价也要与中国结为盟国。

此后,在1815年,他师从国学家平田笃胤并随幕府公认的神道家吉川

---

① 岛崎隆夫:《佐藤信渊》,《日本思想大系·45》,东京:岩波书店,1977年,第605页。
② 丸山真男:《日本的思想》,区建英、刘岳兵译,北京:生活·读书·新知三联书店,2009年,第64页。
③ 鸨田惠吉编:《佐藤信渊选集》,东京:读书新报社出版部,1943年,第327、332页。

源十郎学习神道,这对他的思想产生了极大的影响。1823年的《宇内混同大论》和《宇内混同秘策》充分体现了这种影响。他反复强调"皇国"日本是世界万国的根本,或世界万国以日本为根本。如何使皇国日本实现成为统领全地球的宗主国的目标,他认为使中国臣服是一个重要的基础。为此他提出了侵占中国东北和江南的种种"秘策",他说:

> 西征之先阵,为从小琉球先攻取台湾岛,以此为西略的基础。进而可经略支那国的浙江以南诸州。又以二万人为后阵,通过声援先阵,先攻取岸州(疑为崖州。珠崖,指海南岛——引者注),进而可使经略岭南诸州。如上所云,青森府的精兵二万,从数年前取黑龙江之地,仙台府之兵二万许也作为青森府的援助,可攻取满州之地。沼垂府之兵四万、金泽府之兵四万,各分半而发,以四万许精兵,攻取混同江(松花江汇合黑龙江以后称混同江)、吉林城等地,会合右四府的兵力,且又抚御新附的夷狄之众,进而可经略盛京。……盛京如果已经危急,其王城北京顺天府也必定骚扰如鼎沸。仔细权衡各方兵力,如果探到支那人已经困穷,熊本府之兵再加以亲征的皇军共八万余人,直渡西海,可以攻取江南之地。然后此府之兵六万余人如果能征服南方诸州,则江汉以南其势土崩瓦解,皇军可所向披靡。已经取得州郡之后,大施仁德以抚纳新附的支那人。先立朱氏(皇国明之苗裔甚多,我的亲戚即有一个明之朱氏)一人,封明室之后,厚祭其先祖宗庙,且登用有文才的支那人,令其作制令,以原来皇国讨伐满、清是因明朝遗族之愿请而周檄诸州。江南有许多明之遗民。且郑氏、吴氏余党隐居者也不少,迅速加入皇军的越多,两三年之间江南就可以完全解决。而后,乘胜而渐渐进取,不难荡平整个支那。既而至其极,即便是庸人也足以全统一之大功。①

此外,为了确保能够制服中国,他还提出借助蒙古族即鞑靼的势力的策略。他说:

> 仔细考察世界形势,在四大洲中,土地广大、气候良好、物产丰富、

---

① 鸨田惠吉编:《佐藤信渊选集》,第407—409页。

人民繁盛的国家,实际上以支那为第一。然消灭支那的,每每出自鞑靼部族。由此可见,以鞑靼来制服支那甚为便捷。①

用两、三年的功夫以美食、醇酒来俘虏鞑靼人的心,使之成为"皇国的属州"。……皇国既得鞑靼,很好地抚绥其夷狄,以此众向南,支那国虽然强盛,岂可抗拒? 愚蠢的满奴都能掠取支那,何况以皇国的兵粮、大铳、火药的神威能不成为其后继者吗? 十数年间统一支那全国,也不在话下。②

正是因为上述这些思想,他在第二次世界大战中作为"兴亚的大先觉者"而备受关注。但是到晚年,他注意收集鸦片战争的情况,并在 81 岁高龄写成《存华挫夷论》(1849 年)。其思想也发生了根本性的变化。他对亚洲人和欧洲人的性质作了区分,认为"亚洲人崇礼行义,各自确然守其境界,侵伐他国、夺取他人之物之念寡,故而远涉海外以利欲为业者稀。欧罗巴人好利恣欲,欺夺之念深而贪得无厌……欧罗巴人之心与豺狼全然相同,严密不可备者也。"③这时,他对当时的清朝怀有非常复杂的感情,蔑视、欣赏、同情、利用等意图在下文中和盘托出。他说:

满清亦夷狄也。英吉利亚亦夷狄也。然愚老欲挫英吉利亚而存满清者,以满清之一统中华、仁明之君数世继出,行奉天意之政,使中华之人民大量蕃衍,及古之三倍。故我有赏其功之意。且满清为当今世界之大邦。然不像蒙古的忽必烈那样凌驾我邦。且近来侈然自大而不务外详攘之武事。故英夷侮之而率舟师来侵伐,战而屡屡大败,江南四省流血而满清不能自卫,只好割地赔款乞和。如此以往其国益式微之时,西夷贪得无厌之祸,将东渐而至本邦。故愚老希望满清的君臣苦心积虑,赈贫吊死,上下同甘共苦练兵数年,乃起复仇之义兵,征伐英夷而大破之,收复失地,完全攘除出东洋,这样满清可永远为本邦之西屏。④

综观佐藤信渊上述关于中国认识的三个不同阶段,尽管他对中国的认识和

---

① 鸹田惠吉编:《佐藤信渊選集》,第 411—412 页。
② 鸹田惠吉编:《佐藤信渊選集》,第 413—414 页。
③ 鸹田惠吉编:《佐藤信渊選集》,第 355 页。
④ 鸹田惠吉编:《佐藤信渊選集》,第 355—356 页。

态度在许多方面存在明显的甚至是根本性的不同,但是有如下两个基本的着眼点是不变的。第一,中国是一个强大的邻国,第二,日本的生存与发展与中国密切相关。这两个基本的视点,可以说在日本的中国认识史中一直到今天都没有改变。日本根据自身的利益需要,无论是否切实可行,或者依靠中国(结为盟国),或者利用中国(作为屏障),或者征服中国(称霸世界)这些中国认识的基本类型,早在明治维新之前就已经形成。以上述两个基本视点为前提,各种各样的潜在的或既存的中国认识,根据不同的历史状况或"主体"的需要,其中任何一种都有可能一时成为主流。

三、中国认识变化的机制之一:对象化中国

中国文化对古代日本的确影响深广,但是至少到近世之后,研究日本中国认识的变化,就不能无视日本的"主体性选择"。日本自身的主体性选择是日本中国认识变化的机制之核心所在。

所谓"主体性选择",表现在日本中国认识的变化上,具体而言有以下几层意义。

首先是将中国相对化、对象化,或者叫客体化。日本之所以要将中国对象化,是因为中国文化对日本的影响太深,"唐风"或"汉意"已经融化到日本文化内部,以至在某些方面有"与日本一体化"的倾向。丸山真男在分析佐久间象山的汉诗《读洋书》[①]时,认为这"表明象山打破了通过汉学而多年培养起来的'东洋'与日本的一体化",高度赞扬了其"主体性选择"。[②] 而实际上,这样的想法早在日本所派出的遣隋使携带的国书辞令中就可以看出。607年的日本国书中说:"日出处天子致书日没处天子"(《隋书·倭国传》),而次年其国书改为:"东天皇敬白西皇帝"(《日本书纪》)。国学家本居宣长在《驭戎慨言》(1778年)中分析说:"在后一次的诏书中,改日出处天子为东

---

① 诗曰:"汉土与欧罗。于我俱殊域。皇国崇神教。取善自补朔。彼美固可参。其瑕何须匿。王道无偏党。平平归有极。咄哉陋儒子。无乃怀大惑。"此诗作于1844年。见佐久间象山:《象山先生詩鈔》卷之上,《增訂 象山全集》卷二,长野:信浓每日新闻株式会社,1934年,第12—13页。
② 丸山真男:《丸山真男集》第九卷,东京:岩波书店,1996年,第234、235页。

天皇，日没处天子为西皇帝，盖应闻首次诏书为彼王所不悦，故略加改动，并表敬意。然犹不只称彼王为皇帝，对东而称西。我方既不称倭，亦不称王，犹称天皇，盖憎恶彼王国书中称倭王之无礼，不从之也。"①如木宫泰彦所说，这时"圣德太子一方面向往中国文化，极愿试图吸取，而另一面又始终尊重国家体面，对隋坚持对等态度"。② 后来的日本遣唐使的派遣，也是在接受中国的朝贡体系的同时，还力图保持"外交上的自主、平等的态度"，并为此做出种种努力。③

遣隋使最初的主要目的是为了求佛法，而宋元之间，佛教在日本兴盛，日本不仅有许多入宋、入元僧人，而且中国也有不少禅宗僧侣到日本弘扬佛法。日本镰仓时代末期的五山文学的代表、临济宗僧人虎关师炼（1278—1346），曾师事入籍日本的元朝僧人一山一宁（1247—1317），学问上所受惠泽尤多。其《元亨释书》（1322年）就是受一山一宁启发和刺激而作。该书以汉文记述了自推古朝"达摩渡来"佛教传入日本之说到元亨二年（1322年）约七百余年间各宗派僧侣的传记、评论及相关事项。这部著作不仅是日本佛教史的经典之作，在日本思想史中也备受关注。该书从信奉佛法的角度，将日本与印度和中国进行对比，认为日本最为优越。他说："我国家，圣君贤臣相次间出，皆能钦歆我法。予博见印度支那之诸籍，未有此方之醇淑也。何者？神世一百七十九万二千四百七十余岁，人皇二千年。一刹利种系联禅让，未尝移革，相胤亦然。阎佛界里，岂有如是至治之域乎？"④此外，又从所信纯驳的对比来说明日本虽然面积比印度、中国小，但是"日域纯大（乘）无小（乘）"，盛赞日本为"东方醇淑大乘之疆"。其中同时提到："佛言：东北方有无量住菩萨乘诸男女等。然经文繁衍，恐人不委斯旨。"对此她解

---

① 木宫泰彦：《日中文化交流史》，胡锡年译，北京：商务印书馆，1980年，第55页。见《增补本居宣长全集》第六卷，东京：吉川弘文馆，1926年，第160页。隋炀帝见到小野妹子所呈国书"日出处天子致书日没处天子"，"览之不悦，谓鸿胪卿曰：'夷蛮书有无礼者，无复以闻。'"（《隋书·倭国传》）而隋史裴世清在回访日本时所带的国书中据说是以"皇帝问倭王"（《日本书纪》中改为"倭皇"）的口气，对此，《经籍后传记》载："圣德太子甚恶其黜天子之号为倭王，而不赏其使。"（木宫泰彦：《日中文化交流史》，第55页。）
② 木宫泰彦：《日中文化交流史》，第55页。
③ 参见木宫泰彦：《日中文化交流史》，第99—101页（"日本对唐朝的态度"）。
④ 虎关师炼：《元亨释书》，《新訂增補国史大系》第三十一卷，东京：吉川弘文馆，1930年，第242页。

释说："佛说之东北方者，支那日本并之矣。何也，气候同也。见其气候之同，宜乎吾佛之并言之乎。曰：然则支那又大乘之域乎。曰：支那者大醇而小疵，日本者醇乎醇者也。"①他还批评中国鬻爵贩牒卖号，是"补一时之小厄，贻万代之大疵"，相比而言，他强调"我国家无是等丑，不特土俗之醇淑也，又奉佛者深之使然乎。"②这种中国认识在日本的影响，从佐藤直方（1650—1719）的《中国论集》（1706年）中还提到了《元亨释书》中记述"日本为世界中之最上国，比唐天竺还要优越"，③可见一斑。

德川幕府建立（1603年）之后，儒学（朱子学）逐渐成为维持幕藩体制秩序的官方意识形态。陶德民针对明治以后汉学者的中国认识，指出人们容易设想因为其专业和兴趣而对中国文化有亲近感，那么如果遇到事情似乎就会站在中国一方，而强调"在东亚世界秩序因为近代西洋的侵入而发生了很大的变化的明治即晚清时代，这样的设想未必适合于所有的汉学家，有时甚至可能与事实大相径庭"。④ 实际上，德川时代的日本儒学者接受朱子学，其出发点并不仅仅是为了"祖述"或弘扬朱子学及其所代表的中国文化，而在很大程度上，是利用朱子学的哲学观为日本寻找"主体性"和"利用朱子学的历史观为日本寻找'正统性'"。⑤ 将中国对象化、客体化的情况早在德川初期的儒学者中就存在。例如，藤原惺窝（1561—1619）在给其弟子林罗山（1583—1657）的信中就说："本邦居东海之表、太阳之地，朝暾晨霞之所辉焕、洪涛层澜之所荡潏，其清明纯粹之气，钟已成人才。故昔气运隆盛之日，文物伟器，与中华抗衡。"⑥可见藤原惺窝是用日本的可以与中国匹敌的优

---

① 虎关师炼：《元亨释书》，第449页。
② 虎关师炼：《元亨释书》，第415页。《元亨释书》第414—415页还有如下记载："赵宋初，谥天台智者法空宝觉尊者，或有四字六字师号，不遑枚举。高宗遭金虏之连劫乏经费，建炎二年十一月，敕卖四字师号，价二百千。……昔者孔子罕言利，况我辈乎。……乱离之主助一时之国用，我尚怨诸。买之沙门为谁哉。比丘之浮虚，至于斯矣。我按诛奸谀于既死之刀焉。昔汉武帝伐戎狄而国婆，始鬻爵，史毁之。唐肃宗逢羯獠之寇而贩牒，祖述于汉武矣。宋之卖号，出于二主乎。"
③《山崎闇斋学派》，《日本思想大系·31》，东京：岩波书店，1980年，第421页。
④ 陶德民：《明治の漢学者と中国：安繹·天囚·湖南の外交論策》，大阪：关西大学出版部，2007年，第1页。
⑤ 韩东育：《从"脱儒"到"脱亚"：日本近世以来"去中心化"之思想过程》，台北：台湾大学出版中心，2009年，第63页。
⑥《藤原惺窩林羅山》，《日本思想大系·28》，东京：岩波书店，1975年，第109页。

越的地理人文、文物伟器来将中国相对化。另一方面,他还用"理"的普遍性和同一性来将中国相对化。林罗山记述惺窝之言曰:"理之在也,如天之无不帱、似地之无不载。此邦亦然、朝鲜亦然、安南亦然、中国亦然。"①

德川幕府建立后不久,德川家康于 1610 年即命林罗山起草文书致福建总督。其中说道:"日本国主源家康一统阖国、抚育诸岛、左右文武、经纬纲常,尊往古之遗法,鉴旧时之焖戒,邦富民殷而积九年之蓄,风移俗易而追三代之迹。其化之所及,朝鲜入贡、琉球称臣、安南交趾占城暹罗吕宋西洋柬埔寨等蛮夷之君长酋帅,各无不上书输赟,由是益慕中华而求和平之意,无忘于怀。"其修书的目的在于"索勘合之符",为了达到此目的,说:"我邦虽海隅日出,抑谚所谓蕞尔国也。中华以大事小之意,想其不废乎。然则来岁所为请颁符使来,则东海之幸而黎庶之所仰望也。中华设虽贵重而其不动遐迩博爱之意哉。感激之至在于言外。"② 1625 年,林罗山受命代回福建巡抚的信,要求与中国通好。其中说:"大明无私远照扶桑日出之域,本国为善,久追中华风化之踪,我既有事大畏天之心,人岂无亲仁善邻之好。"上述两封信中,有"以大事小之意"或"事大畏天之心"的说法,这两种说法在 1623 年《答暹罗国》的信中进行了综合,说:"古人交邻之道有事大事小之理,我岂无其意哉。时惟海不扬波,自今每岁市舶风帆当宜问津,有无相易、虚往实还,是岂非彼此之福乎?"③

上述所言"事大事小之理",语出《孟子·梁惠王下》,④可见林罗山是有意识地运用儒家的理义之道来处理与邻国的关系。朱熹对"以大事小"解释说:"仁人之心,宽洪恻怛而无较计大小强弱之私。故小国虽或不恭,而吾所以字之之心,自不能已。"对"以小事大"解释说:"智者明义理、识时势,故大国虽见侵陵,而吾所以事之之礼,尤不敢废。"由此朱熹总结说:"天者理而已

---

① 《藤原惺窝林羅山》,《日本思想大系·28》,第 227 页。
② 《林羅山文集》上卷,東京:ぺりかん社,1979 年,第 130、131 页。
③ 《林羅山文集》上卷,第 137 页。
④ 原文为"齐宣王问曰:交邻国有道乎? 孟子对曰:有。惟仁者为能以大事小,是故汤事葛、文王事昆夷。惟智者为能以小事大,故大王整事獯鬻、勾践事吴。以大事小者,乐天者也;以小事大者,畏天者也。乐天者保天下,畏天者保其国。"(阮元校刻:《十三经注疏 附校勘记》下册,北京:中华书局影印,1980 年,第 2674—2675 页。)

矣。大之字小、小之事大，皆理之当然也。自然合理，故曰乐天；不敢违理，故曰畏天。"①林罗山可以说是日本朱子学的重要奠基者，但是他的思想与朱子的思想存在很大的差异。② 林罗山在这里所讲的作为"交邻之道"的"事大事小之理"，从对中国的认识来看，有以下几点值得注意。

第一，承认中国为大国，为"中华"，相对而言日本为蕞尔小国。但是在这里他力图表现一种以日本为中心的新的朝贡体系的形成。自己虽然是中华体系中的一员，但是随着德川幕府的建立，日本得到统一，一方面"追中华风化之踪"而"有事大畏天之心"，一方面强调日本自身的力量，"化之所及"而使"朝鲜入贡、琉球称臣、安南交趾占城暹罗吕宋西洋柬埔寨等蛮夷之君长酋帅，各无不上书输赆"。以日本为中心的"小中华"呼之欲出。第二，"事大事小之理"是"交邻之道"的一体之两面，在朱子看来是"理之当然"。林罗山将这种"当然之理"以动听的外交言辞据为己有，认为"我既有事大畏天之心"，那么你就应该报之以"以大事小之意""亲仁善邻之好"。具体表现在"海寇"问题上，断然表示"是乃不我蠢民"，认为与日本无关。这也是强词夺理。而且在《答大明福建都督》中这样描述丰臣秀吉欲称霸东亚之妄念："夫前代关白秀吉，有饮马于河渭、藉稻于琅琊之志，而将入贵国，先以声言，试攻朝鲜。"③似乎理也在自己，并引以为自豪。第三，其所论之理、所标榜的通好之意，都是从其自身的国家利益出发，是具有明确的功利性（"索勘合之符"而得通商之利）的主体性选择。

如果说上述将中国对象化的认识还基本上是力图在对等的意义上展开的话，那么，由此推进一步，将日本视为"中国"、而将中国视为"外朝"的思想在古学派的开创者山鹿素行(1622—1685)的《中朝事实》(1669年，原文为汉文)中得到了充分的体现。为什么"本朝"（日本）也可以称为"中国"呢？他在《中朝事实》"中国章"中引用"皇祖高皇产灵尊遂欲立皇孙天津彦彦火琼琼杵尊以为苇原中国之主"(《日本书纪》)这个美丽的神话传说，而下按语曰："是以本朝为中国之谓也。""天地之所运，四时之所交，得其中，则风雨寒暑之会不偏，故水土沃而人物

---

① 朱熹注：《孟子章句集注》，见《四书五经》（宋元人注）上册，天津古籍书店影印，1988年，第10页。
② 参见龚颖：《"似而非"的日本朱子学：林罗山思想研究》，北京：学苑出版社，2008年。
③《林羅山文集》上卷，第136页。

精,是乃可称中国。万邦之众唯本朝及外朝得其中,而本朝神代,既有天御中主尊,二神建国中柱,则本朝之为中国,天地自然之势也。"①他力图要改变传统的"以外朝为宗"的认识,大胆地提出外朝不如本朝的主张。他说:

> 盖国之在地,不可枚举,而其文物古今所称以外朝为宗,日本朝鲜次焉。愚窃考惟,四海之间,唯本朝与外朝共得天地之精秀,神圣一其机,而外朝亦未如本朝之秀真也。凡外朝其封疆太广,连续四夷,无封域之要,故藩屏屯戍甚多,不得守其约,失是一也。近迫四夷,故长城要塞之固,世世劳人民,失是二也。守戍之徒,或通狄构难,或奔狄泄其情,失是三也。匈奴契丹北虏易窥其衅,数以劫夺,其失四也。终削其国,易其姓,而天下左衽,大失其五也。况河海之远,而鱼虾之美,运转之利,不给,故人物亦异其俗,如啖牛羊、衣毳裘、坐榻床,可以见之也。况朝鲜蕞尔乎。独本朝中天之正道,得地之中国,正南面之位,背北阴之险,上西下东,前拥数洲,而利河海,后据绝峭而望大洋,每州悉有运漕之用,故四海之广,犹一家之约,万国之化育,同天地之正位,竟无长城之劳,无戎狄之膺,况鸟兽之美,林木之材,布缕之巧,金木之工,无不备,圣神称美之叹,岂虚哉。②

在这里从政治、军事方面具体提出了"外朝"五大方面的缺点,而且自然、物产、民俗都有不及日本之处,以此来说明"本朝之为中国,天地自然之势也"。如果说在山鹿素行这里还只是从神话传说或具体事例来说明中国与日本"共得天地之精秀"甚至日本更加优越的话,那么山崎闇斋门下的朱子学者浅绒斋(1652—1711)则进一步运用儒家的理论,对以中国为中心的华夷之辨进行了颠覆性的论述,从而提出了"以日本为中国、以他国为夷狄"的主张。

浅见䌷斋在《中国辨》(1701年)中先强调"道"的普遍性,认为"道没有主客彼此之隔",儒者所说的道是天地之道,而且日本"全体的道德礼义不亚于任何外国",指出日本儒者所学的也是天地之道,进而对"以唐为中国、以其他皆为夷狄"从地理和德化两个方面进行了全面的批判。同时提出了他自

---

① 《山鹿素行全集 思想篇》第十三卷,东京:岩波书店,1940年,第234页。
② 《山鹿素行全集 思想篇》第十三卷,东京:岩波书店,1940年,第236—237页。

己的主张:

> 生在哪个国家,就以那个国家为主,他国为客,因此应该有站在他自己的国家的立场的称号。学道就是学实理当然。在我国要知《春秋》之道的话,则我国即主也。我国为主则天下大一统也。从我国来看他国,则是孔子之旨也。不知道这一点,读唐书就成为亲唐派……这全然与孔子《春秋》之旨相反。如果孔子生在日本,则会从日本来立《春秋》之旨。这样才可以说是很好地学习《春秋》。这样的话,现在读《春秋》而说日本是夷狄,不是《春秋》有损于儒者,而是不能很好地读《春秋》者有损于《春秋》。①

以本国为主体、站在本国的立场上思考华夷关系,浅见䌹斋认为这是孔子思想的实质。因此他说:"中国夷狄之名本来是自唐而起。以其名而称我国,这也是模仿唐。只要以我国为内、他国为外,辨明内外宾主,则称我国称他国,怎么称都不违反道理。"虽然"以日本为中国,以他国为夷狄"曾经引起纷争,但是从"名分来说就是如此"。② 为此,他还特意批评说:

> 自古派遣唐使,于足利之末拜受唐的敕封,皆不知名分之误也。如果认为服从唐好的话,那么就该撤销我国帝王之号,年号也不要用,每年都拜倒在唐人的脚下而不抬头才是大义,这样是像是我们的父辈就作为别人的奴仆,以乱贼的名目被践踏蔑视之大罪。……汉唐以来,且不论德之是非,只要是置于唐之下就作为好的国家来表彰,皆是从以唐国为主来说的。我国也可以以我国为主,他国顺从的话加以抚慰,……因此唐要掌控日本是错误的,日本要夺取唐也是无理的。③

---

① 《山崎闇斋学派》,《日本思想大系·31》,第 418 页。
② 《山崎闇斋学派》,《日本思想大系·31》,第 419 页。
③ 《山崎闇斋学派》,《日本思想大系·31》,第 418 页。同出山崎暗斋门下的佐藤直方,则反对"以日本为中国,以他国为夷狄"之说,但是他也强调"日本亦有唐之所不逮之处"。他说:"说唐为中国,外为夷狄,没有什么不好说的。该视为人心之自然。宜哉! 所谓中国夷狄,是圣人考虑天地全体之中而定下中国为中国、外国为夷狄的。变其成说为无忌惮之甚矣。圣人如果是表彰自己所生之国为中国而蔑视外国为夷狄,那样的话可以说是私意之甚也。今日都认可的人,虽说唐为中国而日本为夷狄为自古所规定,但外之夷狄在日本亦有唐之所不逮之处。我虽然生于日本,如果真正立学问之志,也可以达圣贤之境。其时唐中国也会感到羞愧。"(《山崎闇斋学派》,《日本思想大系·31》,第 423 页。)

这样,日本就完全从唐(中国)的影响下独立出来,日本成为一个与中国完全对等的具有主体性的存在,从理论上彻底地完成了对中国的对象化、相对化。这种努力,借用韩东育教授的话,可以说正是日本儒者"'道统'的自立愿望"①的表现,也是儒学日本化的一个重要标志。

四、中国认识变化的机制之二:类型化中国

将中国对象化的过程,实际上就是将中国类型化的过程。所谓"对象化中国"与"类型化中国"只是出于论述的方便所作的逻辑上的区分,事实上,两者是同时进行且互为表里的。或者可以说类型化中国是对象化中国的具体表现形式。类型化中国,本文主要论述其或者从外交或国家战略上敌对化中国,或者如一些儒学者将"文化中国"与现实中国割裂开,在对"文化中国"保持敬意的同时,将现实中国妖魔化;或者如国学者为了彻底清除中国文化的影响而将"圣人之道"也妖魔化。

一些战略家主张应该对中国持有强烈的警戒心,如林子平(1738—1793)在其《海国兵谈》中就说:"我听说近年来唐山(指中国——引者注,以下同)和鞑靼人与欧洲人交往密切。其交往越亲密,唐山、鞑靼英雄豪杰等就可以接受其妙法。而得到了妙法的话,就可能起侵略之心。彼等要是起侵略之心,甚至奔日本而来的话,海路也近、兵马又多。那时我们要是没有防备,任何事情都可能发生。仔细考虑的话,后世企图侵略日本者必定是自唐山、鞑靼之地而起,千万不可怠慢。"②这是将中国看作是假想敌,觉得是一种威胁。

当然如上所述,也有像佐藤信渊那样,要么力图结为盟国、要么妄图主动地进行侵略的中国认识。而近代日本帝国主义思想的最有力的鼓吹者德富苏峰,大言不惭地认为如果要在日本寻找帝国主义者的急先锋,可以直接

---

① 韩东育:《"道统"的自立愿望与朱子学在日本的际遇》,《中国社会科学》,2006 年第 3 期;《"华夷秩序"的东亚构架与自解体内情》,《东北师大学报》(哲学社会科学版),2008 年第 1 期。2009 年台湾大学出版中心出版了韩东育的著作《从"脱儒"到"脱亚":日本近世以来"去中心化"之思想过程》,很值得参考。
② 林子平:《海国兵談》,东京:岩波书店,1939 年,第 25 页。

追溯到战国·安土桃山时代的武将丰臣秀吉①,这可以说是惺惺相惜。丰臣秀吉的计划与行动②,为近代日本的帝国主义者通过征服朝鲜进而占领和征服中国、称霸亚洲,提供了一个颇具诱惑力的"样本"。③ 而更有甚者,在甲午战争之后,日本还有的思想家自豪地宣称"天孙人种"原本就是海上的殖民人种,从历史上强调不仅要认识到殖民是日本人的本性,而且是自己的天职。为此而对"八幡寇"(倭寇)的"海上威名"、对日本人在锁国时代之前对亚洲大陆的"海盗式的侵略"而"毫不仰仗国家的保护"的"先天的冒险精神"充满了无限的敬意。④

将中国对象化之后,为了突出日本的独立性和优越性,想方设法地贬低、批评和谩骂中国,即妖魔化中国,成为日本中国认识中的值得注意的方面。

1813年,幕府的儒者古贺侗庵(1788—1847)就著有一本专门收集中国"政化民风"中的弱点和短处、对所谓"唐人之失"进行大肆"裂眦骂詈"⑤的著作《殷鉴论》,这是一本对中国历史和文化进行综合性批判的集大成之作。侗庵的父亲是宽政三博士之一的古贺精里(1750—1817),侗庵的长子古贺茶溪(1816—1884)也是幕府的儒者,并曾负责处理俄罗斯事务,担任过蕃书调所前身"洋学所"的首任总管。可以说"殷鉴论"是幕府后期的一种具有代表性的中国认识。

儒者对中国的批评,总体上是以儒家的圣人之治、先王之道为依据,"人心世道"是其批判的一个重要方面。如《殷鉴论》中说:"齐州(指中国——引者注,以下同)人心世道,污下溷浊,远不及外国。其在三代,业已民风浇漓、

---

① 德富苏峰:《大正の青年と帝国の前途》,东京:民友社,1916年,序言第255页。
② 丰臣秀吉统一日本后,在1592年(文禄元年)和1597年(庆长二年)两次发动侵略朝鲜的战争,日本史称"文禄、庆长之役";朝鲜称壬辰、丁酉倭乱,而中国明朝称万历朝鲜之役。
③ 姜长斌:《明治维新前日本军国主义的传承——从丰臣秀吉到吉田松阴》,《学习时报》,2005年4月25日。
④ 高山樗牛:《植民的国民としての日本人》(1899年3月),《增補縮刷 樗牛全集》第4卷,东京:博文馆,1915年,第423—429页。
⑤ 古贺侗庵:《殷鑑論》序(1813年)。1882年10月《殷鑑論》作为"天香楼丛书四"由编辑兼出版人竹中邦香公刊。荻生徂徕也有"倭之孩移诸华,迨其长也,性气知识言语嗜好举华也。其见倭人则唾而骂之曰夷。措华之孩于倭亦然。迨其长也,见华人亦唾而骂之外化人。"(《荻生徂徕》,《日本思想大系·36》,东京:岩波书店,1973年,第534页)之语,充分表现了中日两国的敌对感情。

谲诈滋生,治之非易易,观于春秋战国可见已……夫风俗之薄恶,加之施设之乖方,无惑乎其乱之坏极矣。唐人称颂三代不容口,非独佞谀所生之邦,亦其泥于古而然也。"①"三代之治"是儒家理想政治的象征,对"三代"尚有如此尖锐的批评,其他就更不用说了。尽管如此,圣人、先王作为一种理想,在这里还是不可动摇的。他要做的工作是将"圣人"普世化。这有两个方面的意思,首先从人类平等的观点出发,认为圣人是公正的。他在《殷鉴论》开篇第一章就指出:"原夫天之所覆帱、地之所持载、日月之所临照、霜露风雨之所沾被,凡夫含齿而戴发、圆颅而方趾,谁非万物之灵？谁非天心之所仁爱？华夏戎狄钧是人也、类也。庸讵可以自尊而相卑耶。然则诗曰:戎狄是膺、荆舒是惩。孔子曰:微管仲,吾其披发左衽矣。圣人何以汲汲乎内夏外夷也。曰:圣人承天而行者也。天既不有私爱于齐州,圣人焉得独异乎。"②其次,他认为圣人不只是中国才有,而指出:"齐州有圣人,万国亦有圣人。其圣也无别乎。曰:其圣则一也。"其为圣之方具体而言虽有不同,但"圣人之所以为圣,顾其德如何耳"。接着他对日本和西洋的圣人进行论述:

  我神武开天辟地,垂万世之丕基;安宁懿德诸帝,无为之治、不宰之功;崇神德威光被、远夷宾服;仁德劳来辅翼,无一物不获其所;天智经文纬武,同符神武。皆古圣人也。乃天下后世咸被其覆载生成之泽,而人或不知其为圣,此尤圣德之盛,所谓荡荡乎,民无能名焉。帝之力于我何有者,猗欤休矣。不独本邦为然,夫尧舜禅代,唐人嗟称,以为亘古无匹者,虞夏之后,莫能踵行。踵行者,不过莽操懿裕逆篡之徒,假以济其奸而已。而西洋意大里亚等国,自古皆就欧逻巴洲,遴选贤者,立以为君,然而祸乱不作,篡夺不萌,斯其美,比之尧舜不多让焉。断非唐人所能翘企万一也。呜呼,万国大矣,吾不能一一周知,即此一事,吾更有以知他国多圣人,而齐州少圣人矣。③

值得注意的是,上述"亘古无匹"如果是就圣人之"德"而论,虽然无可争辩,

---

① 古贺侗庵:《天香楼叢書四　殷鑑論》,东京:竹中邦香编辑出版,1882年,第9页。
② 古贺侗庵:《天香楼叢書四　殷鑑論》,第1页。
③ 古贺侗庵:《天香楼叢書四　殷鑑論》,第4—5页。

但是就知识见闻而言,圣人也不是没有局限性。所以他说:"盖春秋虽季世,犹有先王之善政流风存焉。当时戎狄,圣人见闻之所及,仅仅不过犬戎猃狁近塞之夷耳。犬戎猃狁或父子聚麀、或兄弟相杀,习以成俗,恬不疑怪。比之齐州,迥乎不及。庸人犹判其优劣,况圣人乎。圣人庸讵预知数百千载之后,齐州反不及外国耶。又庸讵远知天壤间有本邦神圣继承、政俗大度越齐州者耶。"①不仅如此,而且指出中国后世也已经没有圣人了。他在《侗庵笔记》中说:"三代以还,绝无圣人者,非独气运之衰、人才之日污,亦时俗使之然也。古昔风俗仁厚,好成人之美,故圣者相踵;末俗憸忮苛酷,吹毛摘瑕,不一毫假借,故世无完人。欲圣者之出难矣。王充曰:使尧舜更生,恐无圣名也。洵为不易确论。"②因此,他进一步批判说:

> 唐人识见窄狭、夜郎自大,以为宇宙之际,决无强大富赡若我齐州者;又未始知圣人夷夏之辨因时而发,是以抑外国太过,不比为人类,多见其自陷于夏虫坎蛙之见也。夫齐州风气中和、人性聪明、善产才贤,亦未易轻也。顾其治教清明、民风懿美,乃远在三代之前。载籍钦有间,难得而详。若夫秦汉而还,则伦理之悖、侵代之繁(又作"兵戈之扰"),无以异于戎狄;习俗之浇、刑法之惨,翻有甚于戎狄。犹哓哓然,以中国礼义之邦自居,非颜之厚而何也。③

既然中国无异于戎狄、甚至不如戎狄,那么应该如果认识"满清"的统治呢?他认为"满清"虽为戎狄,也正是因为其出于戎狄才能将现实的中国统治得好,不得已也只好认命。他说:

> 齐州习俗浇漓、有言无行,将士疏隔而情不通、约束细苛而不合于要,加之生平沦陷于财利酒色之间,勇灭智竭,远不及戎狄悍鸷之俗、易简之法。以是敌彼,其不能抗也则宜。惟清有天下百六十载于兹,虽多酷虐之政,国势盛强、封域廓大,大胜于汉唐。盖出于戎狄固能然,宜非

---

① 古贺侗庵:《天香楼叢書四　殷鑑論》,第1页。
② 关仪一郎编纂:《続日本儒林叢書》第一册(随笔部第一),东京:东洋图书刊行会,1933年,第26页。
③ 古贺侗庵:《天香楼叢書四　殷鑑論》,第2页。

唐人之所及也。唐人之贱戎狄,至明尤甚,若不齿为人者。今清自满州入代明,举齐州之地莫不辫发而左衽,乃唐人求媚,动称以为五帝三王所不及。虽出于畏死而不得已,其无特操甚矣。虽然,使唐人帝齐州,其治效决不及戎狄,则惟当妥尾帖耳,以媚事满虏可也。奚必以变于夷为恨哉。①

既然作为夷狄的"满清"可以去统治中国,日本作为"神国",即便是被视为"夷狄",去征服中国也没有什么可奇怪的。这种中国认识为也近代的日本侵略者提供了一种心理上的慰藉。

不可否认,《殷鉴论》中对中国的批判也确实有些地方如王韬所言"殊中肯綮",其"识微于远,烛几于先",②表现在对中国的科学知识贫乏和强行比附的批评方面,③可以说是振聋发聩。如他举例说:"万历二十九年,西洋人至,唐人始得闻二仪七曜之定说,旷若发蒙。乃曰:此乃周代司天之官所识知,周之乱,畴人子弟失其职,散之西洋,因存其说于西洋,而中州反亡。可谓强项矣。夫唐人缪妄之说,但自误而已,犹之可也。今乃至传播以荧惑他国,得闻西洋二仪之定说,自耻从前瞽说之可笑,犹之可也。今乃掠其美谓

---

① 古贺侗庵:《天香楼叢書四 殷鑑論》,第 21 页。
② 王韬:《扶桑游记》,钟叔河主编:《日本日记·甲午以前日本游记五种·扶桑游记·日本杂事诗[广注]》,长沙:岳麓书社,1985 年,第 471 页。
③ 洋学者对中国的自然科学(医学)的批判,杉田玄白的《狂医之言》(1775 年)很有代表性。他说:"支那之书者有方无法也,非无法,所以为法者不明也。其法也,人人阿所好设说作论,立以为法也。故十书十说未一定焉,譬如隔铜器察热,或云炭火,或云柴火,或云热汤,或云热饭,不辨汤与火,唯知其热,而论之焉耳。今有一病妇,脉迟而小,且当脐之右上有块,时时疼痛发则微热。试使通支那学者三人诊之,一人云食积,一人云恶血,一人云饮癖。又使之施治,五日与消积之药,不治则十日与破血之药,如此而不治,则又十日与逐水之药也。幸治者,医以为我能知病也,病者亦以为幸遇良医也。若不幸而不治,则医者茫然不知因何死焉,病者亦不知其因何死焉。是其本不明,其法不正也。"(《洋学》上,《日本思想大系·64》,东京:岩波书店,1976 年,第 241 页。)不仅如此,他还就礼乐文物分析说:"腐儒庸医不知天地之大,少闻东洋二三国之事,以支那为万国之冠,又少读其书,则漫然自称曰:夷狄其俗固无礼乐也。夫礼乐文物,以为分尊卑也。何国无尊卑? 何国无礼乐?"因此,他进而指出:"衣冠文物,明尊卑之分,不必以支那为是,以从风土之宜为是也。道者,非支那圣人所立,天地之道也。日月所照,霜露所下,有国有人有道。道者何乎? 去恶进善也。……夫地者一大球也,万国配焉,所居皆中也,何国为中土,支那亦东海一隅之小国也。"(《洋学》上,《日本思想大系·64》,第 239—240 页。)这也是从洋学者的角度来将中国对象化的一个典型的例子。洋学者的相关论述这里仅举此一例,详细可参见韩东育:《两种"实学"的相遇与江户日本的"去中华"由绪》,《社会科学战线》,2008 年第 8 期。

出于我,是之谓下愚不移、是之谓播恶于众。"①

实际上,上述的中国认识中,已经包含着将"文化中国"与现实中国加以分裂的思想。儒家的圣人之治、先王之道作为"文化中国"的象征虽然是被崇敬的对象,但这最多只是在三代之时出现过。② 而三代之后的现实中国,则无异于戎狄,甚至不如戎狄。而这一点,事实上早已经为荻生徂徕(1666—1728)所道破。他一方面自称"幼耽典籍、景慕华风",③同时对"慕华风之深"的状况,强调对"中华"要加以区别,即所谓"三代而后,虽中华亦戎狄猾之,非古中华也。故徒慕中华之名者,亦非也。"④对此吉川幸次郎在《作为民族主义者的徂徕》一文中有非常明晰的分析,认为这就意味着"中国的优越,是在古代的'先王之道'的时代。但是秦始皇以后的中国,因为失去了'先王之道',也就丧失了其优越,而当时重新获得此道的日本的德川王朝,要优越于中国,这就是他的认识。"⑤

古贺侗庵已经不只是停留在从名义上去辩论"华夷"称呼的是非曲直,而直接大张旗鼓地对中国的"政化民风"进行深入批判,其言论之过激,他自己也觉得"近于裂眦骂詈",为什么要这样? 其子古贺茶溪为《殷鉴论》所写的序(1879 年 6 月)说得很明白:

> 我邦与唐山对岸,二千年来,多少受其熏陶。举目所视,凡百事物,过半莫不仿唐山式样。开辟之后先、土壤之大小,亦事理之宜然者也。不必讳言、不必羞言。然迨后代,五洲情状明白之日,则断乎知其不可也。奈我邦儒先依然守唐山旧说,不知所取舍,并其敝风陋俗,亦尊崇过当,贻害弗少。先人当日深为国家忧,终草本论,将大声疾呼,醒世间人之大迷,故其言时似涉过激,救世之念,势不得不出此。⑥

---

① 古贺侗庵:《天香楼叢書四 殷鑑論》,第 14 頁。
② 《殷鑑論》中也说过:"齐州三代之盛,君臣相与有不忍人之心,举以措政是以后世糜及,春秋以还,人心忮忍,毫无仁恩,迨战国极矣。"见古贺侗庵:《天香楼叢書四 殷鑑論》,第 10 頁。
③ 平石直昭编:《徂徠集 付徂徠集拾遺》(近世儒家文集集成第三卷),东京:ぺりかん社,1985 年,第 314 頁。
④ 《荻生徂徕》,《日本思想大系·36》,第 516 頁。
⑤ 吉川幸次郎:《仁斋·徂徕·宣长》,东京:岩波书店,1975 年,第 235 頁。
⑥ 古贺侗庵:《天香楼叢書四 殷鑑論》,古贺茶溪"序"。

侗庵本人也说：

> 予所最虑者，世之儒先，自幼迄老，沈酣唐人之书，阿其所好而不觉其弊。政出于此，卑以为不足视；事出于彼，则叹以为不可及、幸不遭时耳。使之异日得志，以平日之所学所志，施于有政，不察时势、不审事宜，欲以唐人文具无实之治，治当今浮薄之俗，是以水济水，助桀为虐也。即不得志，播扬其说，以诲人道世，其流祸何所不至，此可惧也。①

由此可以看出，对中国的批评实际上是警惕于当时日本儒者受中国文化的影响太深而不知取舍，为救日本自身的"浮薄之俗"，②必须将中国作为一种"殷鉴"，否则，如果不察时势、不审事宜，而用中国的华而不实的旧观念来指导日本，将会助桀为虐、流祸不止。站在日本本国的立场上，其忧国之情、救国之念是他批判中国的出发点。其情之切，以至于他不惜对"三代之治"也提出批评。他说："三代之毁誉，何预吾事而辩驳乃尔也。盖今之儒先文人，称颂三代、墨守成迹，而不审事势，一旦得位莅政，守株刻舷、冥行摘埴，以误天下后世，或如汉之王莽、宋之王安石。吾为此惧，庸讵得不辩乎。"③其用心可见一斑。

日本儒学力图突破"宋学"的藩篱而出现了上述山鹿素行、荻生徂徕这样的"古学家"，受古学的影响，复古国学也得到了发展。国学家将对中国的批判推向了极端。如果说日本儒学家对中国的批判还是以儒家的理念来进行，而国学家对中国的批判则基本上是情绪性的，是一种毫无根据的自以为是的妄念。其目的在于彻底地清洗掉附着在日本的"唐心"或"汉意"。如被认为是国学的确立者的贺茂真渊（1697—1769）就认为儒教、汉意过于狭隘和理性化，作为政道在现实中是无力的，仁义礼智信这些五常之道反而成为祸乱世界之源。他说："唐国之学始于人心，所作成者，棱角分明，容易理解。

---

① 古贺侗庵：《天香樓叢書四 殷鑑論》，"自序"，第 1 页。
② 德川时代中期，随着日本商品经济发展，出现了新兴的町人文化（商人文化），"商人文化中既有大众性的健康的一面，同时也难免表现出浓厚的享乐倾向。"家永三郎：《日本文化史》，刘绩生译，北京：商务印书馆，1992 年，第 152 页。
③ 古贺侗庵：《天香樓叢書四 殷鑑論》，第 9 页。

我皇国之古道,完全平和,听凭天地,人心之言难以言尽,后人难以理解。"①并且主张"唐国因为是心地丑恶的国家,即便深入教化,也只是表面上好看,终究是大大的坏事,使得社会秩序混乱。我国本来是很单纯的国家,即便只有很少的教化,都能够很好地遵守。而且因为是随天地而行,不行教化也可以。"②本居宣长(1730—1801)将这种思想进一步发挥,在其《直毗灵》(1771年)中得到充分的体现。

本居宣长在这里将批判的矛头直接指向"圣人"和"圣人之道"。他说:

> 外国因为不是天照大神之国,没有固定的主子,像夏天的苍蝇那样成群骚然的神得意洋洋,举止粗暴,因此人心险恶,风气杂乱,因为一旦夺取国家,身份低的臣下也可以直接成为主君,地位高的人防止地位低的人夺位,地位低的人则想乘机而动,互为仇敌,所以自古以来国家难以治理。其中有威力而深谋远虑、使人驯服、夺取他人之国,或者只是专注于不被他人夺取,在短时间内很好地统治国家,而可为后世之法者,在唐土称为圣人。③

因此,在他看来,圣人并不是什么神圣的,不具有什么神奇的德威,只不过是善于玩弄各种手段而已。而且认为中国的圣人有意识地创造出来的"道"的宗旨,"归根结底不过是力图夺取他人之国和力图不为他人所夺这两种意义而已。"进而他进一步分析说,这种为了夺取他人之国而绞尽脑汁、身心憔悴,与人尽善是为了驯服、统治他人。这样,圣人听起来像是善人,而其作成的"道"看上去也很完备卓越,他指出"无论如何,由于自己先违背了此道,以消灭主君夺取国家为目的,因此所有的都是谎言,圣人不是善人,而是非常残酷的恶人。本来因为是以丑恶的心所作成的欺人之道,后世之人也只是在表面上遵从,而实际上没有一个人去努力遵守。因此也不能对国家有什么助益,只是其名称被推广,

---

① 贺茂真渊:《国意考》(1765年),《近世神道论 前期国学》,《日本思想大系·39》,东京:岩波书店,1972年,第384页。
② 《近世神道论 前期国学》,《日本思想大系·39》,第383页。
③ 鹫尾顺敬编:《日本思想闘争史料》第7卷,东京:名著刊行会,1969年,第67—68页。

结果并未为世上所采用,圣人之道只是无端地成为那些说人坏话的儒学者们的话柄。"①

在思维方式上,国学与儒学的合理思想完全不同,本居宣长认为"所谓天地之理本来皆为神之所为,是全然奇妙、神秘而不可思议,不能用人的有限的智慧来推测,不可能尽其极而知之。因此,无论如何都将圣人之言视为理之至极而加以尊信,这是非常愚蠢的……中国因为对所有的事情过于细心,进行各种议论来加以决定,总体上看上去像是贤明,但实际反而使事情扭曲、恶化,结果使得国家更加难以治理。圣人之道是为了力图统一国家而作成的,反而成为导致国家混乱的原因。"②其最终的目的就是呼吁要"排除污秽的汉籍心,而以清爽的神国心来充分地学习古典"。③ 因为只有以"神之道"而不是"圣人之道"为基准,才能确立日本优于万国、为世界之宗主国的地位。④

将圣人说成是恶人,将圣人之道说成是欺人之道、祸国之源,这就从文化的根基上彻底地将中国妖魔化了。⑤

后来的水户学一方面继承了国学的神国思想,但同时对本居宣长提出了批评。会泽正志斋(1782—1863)就指出其用心"专在诽谤圣人",认为"直

---

① 鹫尾顺敬编:《日本思想闘争史料》第7卷,第68—69页。
② 鹫尾顺敬编:《日本思想闘争史料》第7卷,第69—70页。
③ 鹫尾顺敬编:《日本思想闘争史料》第7卷,第86页。
④ 国学者中也有重视自己的经验感觉和事实而对复古国学的狭隘性进行批判的。上田秋成(1734—1809)与本居宣长就日本国在世界上的地位进行争论("日神论争"),1787—1790年间由宣长编成《呵刈葭》一书,非常有名。秋成以荷兰的地图来说明:"如果来看看我皇国在地图中的什么地方的话,只不过如开阔的池塘水面是散落的一片树叶那样的小岛而已。然而却对外国人说正是此小岛开辟于万邦之先,这里是临照大千世界的日月出现的本国,因此万邦无不接受吾国之恩光,故而要奉贡来朝。"他认为这样的说教当然没有哪一国会信服。见《上田秋成全集》第一,东京:国书刊行会,1969年,第425—426页。
⑤ 本居宣长的《直毗灵》是直接针对荻生徂徕的弟子太宰春台(1680—1747)的《辩道书》(1735年)而作。《辩道书》中说:"大凡今人以神道为我国之道,欲与儒佛道并列为一道,此大谬也。神道本来在圣人之道中。"又说:"神道实际上笼于圣人之道之中,并非在圣人之道之外别有一种神道。"又说:"日本本来无道。虽然近来说神道者堂皇之地将我国之道说得非常高妙,皆为出自后世的虚谈妄说。"又说:"毕竟不论是诸子百家还是佛道、神道,不拥戴尧舜之道,就无从立于世间。这样的话,无论是中华之古代还是日本之今世,天下总是以尧舜之道而治。无论是学诸子百家者,还是僧道、巫祝,皆为王者之民,不出王法之外。若治国之人,不学尧舜之道而喜欢诸子百家,或好佛道、神道,是为其国乱之端。"(见鹫尾顺敬编:《日本思想闘争史料》第3卷,第44、45、46、66、71页。)这可以看做是"慕华"(崇尚"文化中国")的一个典型。

毗灵所论,说皇统之正胜于万国,是极为卓见正论,但是诽谤圣人之道,另以私见而创立一个道,真是可惜! 人伦之道乃天地自然,为人者一日不可离之大道,尧舜以来,圣人立五典五教之名而为教。于天道人情无丝毫之过差,为人人所践行,与天朝自上古以来之道暗合。"[1]会泽正志斋早在其《新论》(1825 年)中,就一方面认为"神州(指日本——引者注)者太阳之所出,元气之所始,天日之嗣,世御宸极,终古不易,固大地之元首,而万国之纲纪也。诚宜照临宇内皇化所暨无有远迩矣。"[2]但同时,他冷静地分析世界形势,认为日本与中国应该是唇齿相依的关系。因为法国、西班牙、英国、俄罗斯所信奉的宗教大同小异,其"假法教以逞吞并则一矣",因此"其动与相合,必然之势也。"所以,他认为日本处于各列强之中,要想生存发展,"若夫未尝沾染回回逻马之法(指伊斯兰教与基督教——引者注)者,则神州之外,独有满清。是以与神州相为唇齿者,清也。"[3]而中日联盟且以日本为盟主,又成为近代日本中国认识的一个基本框架。

五、简单的结语

综上所述,我们可以看出,明治维新之后日本中国认识的种种类型实际上至少已经在近世日本思想史上存在过。在近代以前,日本是否存在过一条"仰慕中华、效仿中华、追赶中华"的"对华观的主线"[4]且另当别论,各种类型的中国认识的变化,至少不是简单地以鸦片战争的失败或明治维新的崛起这样的重大历史事件所造成的"两国的力量对比发生逆转"来决定的。有人认为,不管是日本的儒者还是国学家,"其日本中心主义只不过是对中国的自卑感在心理上的表现而已,在他们的心里根深蒂固地存在着对中国文物的尊敬"。[5] 日本如何认识中国,实际上也是与日本如何认识其自身以

---

[1] 会泽正志斋:《読直毗霊》(1858 年),鹫尾顺敬编:《日本思想闘争史料》第 7 卷,第 122、155 页。
[2]《水户学》,《日本思想大系·53》,东京:岩波书店,1973 年,第 381 页。
[3]《水户学》,《日本思想大系·53》,第 398 页。
[4] 杨栋梁、王美平:《近代社会转型期日本对华观的变迁》,《日本研究》2008 年第 3 期。
[5] 植手通有:《日本近代思想の形成》,东京:岩波书店,1974 年,第 241 页。

及国际形势的变化分不开的。这一点已经引起了中日学界的重视。① 日本中国认识的类型转化，只有从日本自身的"主体性选择"出发才能够找到其内在机制。

（作者刘岳兵，南开大学日本研究院，原文刊于《历史研究》2010 年第 6 期）

---

① 中国学界以前面提到的韩东育的系列研究成果为代表，日本学界有荒野泰典的《近世日本と東アジア》（东京：东京大学出版会，1988 年）、山室信一的《思想課題としてのアジア——基軸・連鎖・投企》、桂岛宣弘的《自他認識の歴史——日本ナショナリズムの生成と東アジア》（东京：有志舍，2008 年）等研究成果值得关注。

何如璋是否向日本人提供过情报
——与孔祥吉先生商榷

刘晓峰

孔祥吉先生在 2004 年 3 月 23 日《光明日报》发表《两封不该发出的信——叹何如璋之不慎失足》一文，文中依据"日本外务省档案馆所藏何如璋两封信"，指称中法战争前夕，曾任驻日公使的何如璋有向日本情报人员提供机密情报之事。同年 4 月，孔祥吉先生与日本学者村田雄二郎合著《罕为人知的中日结盟及其他：晚清中日关系史新探》一书出版，该书"首任驻日公使何如璋"一节，再次据日本所藏信函指称何如璋提供情报之事，文中称："他作为首任驻日公使，在金钱诱惑面前，本应保持自己的人格和尊严，对日本情报人员让其设法取得清廷机密文报的无理要求，应当严厉拒绝，痛加驳斥。而他却反其道而行之，尽其所知，写给日本的情报人员。这种举动实在令人吃惊与不解。"①

孔先生的最新研究在学界引起了不小的反响。但是，笔者认为，指称何如璋"向日本提供过情报"的说法恐靠不住，有重加考量的必要。因事关历史人物之名节，兹事体大，所以不揣浅陋，在此谨陈管见。不当之处，还请方家指正。

---

① 孔祥吉、村田雄二郎：《罕为人知的中日结盟及其他：晚清中日关系史新探》，成都：巴蜀书社，2004年，第 29—30 页。另，孔祥吉先生又撰《首任驻日公使何如璋新论》，刊发于《广东社会科学》2004年第 3 期，内容与前引著作基本一致。

一、对两封信的误读

孔祥吉先生所据的两封信藏于日本外务省档案馆，两信内容如下：

其一：李爵相鸿章，由上海三次五百里陈奏越南事件，原折系皇太后存留宫中，除军机大臣以及总理各国事务衙门大臣得以筹划商办外，其余臣工概不得与闻。漫云百余金，即数百金亦无从得其底稿，万难设法，有负委任，尚望原情格外。总理各国事务衙门大臣主战者多，主和者少，至六部九卿科道等官，亦各有议论。如指定何人及如何立论，无从得知，不敢妄言。

其二：前日周炳麟来访何侍读，炳麟盖在越南数日前归京者也。侍读问彼访西贡、河内、东京等之事，其所答不甚分明，亦无奇闻可称。炳麟又问侍读曰：琉球之事如何？侍读曰：议论纷扰，总要打仗而决已。昨日又有人来问越南事。侍读曰：吾闻似归和议，左中堂不要起行，李中堂上书，书中所言，吾亦不得听之云云。

这两封信反映的是日本方面在中法战争爆发前夕设法在中国搜集情报的相关情况。所谓李鸿章"由上海三次五百里陈奏越南事件"指的是光绪九年（1883年）三四月间李在上海与法使谈判情况向朝廷的奏报。孔先生提到，第一封信后用朱笔注明"右者系支那之某官，致渡部书记生的内报"，它由驻北京的日本公使馆，直接寄送到日本外务省。按照惯例，驻北京公使馆对此类来自中国方面的情报，在呈交给它的上司日本外务省时，只称"支那某官""某人"，而通常不明言情报提供者的姓名，即使对亲朋好友，亦不能有任何泄露；第二封信后朱笔注明"右者，何如璋氏，经井上生致渡部书记生之内报也。侍读者，乃何如璋自称"。孔先生特别强调，正是由于第二封情报的特殊文体，日本在北京的公使馆情报人员才特别注明系何如璋提供。这两封密信紧密排列在一起，书写于"大清国日本公使馆"的信纸上，书写十分工整，字体完全相同；收信人渡部书记生应为日本驻北京公使馆的中下级官员。孔先生认为，何如璋作为首任驻日公使，在东京三年之久，颇多熟悉之人。与他联络的渡部书记生，应即其熟人之一。何如璋有出使日本的经历，与李鸿章长期共事,曾有较为密切的接触,故渡部敢于用金钱进行尝试。①

以上即是孔先生对两封函件的解读逻辑。简言之,他根据第二封信的朱笔说明,认定该封信为何如璋亲笔,又从两信笔迹相同,且均系使用"大清国日本公使馆"的信笺,认定第一封信同为何如璋的"亲笔密信",并从第一封信"漫云百余金,即数百金亦无从得其底稿,万难设法,有负委任,尚望原情格外"这段话中,推断何氏已经拿过日本人的"百余金"。然而,问题似乎并非如此简单。

首先,信件本身白纸黑字,没有问题,应是确实可信的历史档案。而且,从照片上可以看到,两封信笔迹完全相同。孔先生在文中说,这两封信使用的是"大清国日本公使馆"的信笺。如果是"大清国日本公使馆"的信笺,那么因为何如璋曾做过驻日公使,这信笺无疑为何如璋为日本人提供情报的说法提供了某种佐证。但从《罕为人知的中日结盟及其他:晚清中日关系史新探》一书中提供的原信照片可清楚确认,这两封信使用的实际上都是"在清国日本公使馆"的信笺。"大"与"在"一字之差,意义却相反。② "在清国日本公使馆"实际上说明情报是写在日本人的信纸上的,试问,何如璋为日本人提供情报,何以要一次次使用日本驻北京公使馆的信笺呢?对此恐怕找不出合理解释来。

其次,将这两封信与何如璋的"亲笔"产生联系的关键,是孔先生从第二封信的"特殊文体"中认定作者是何如璋,而所谓"特殊文体"则与对第二封信朱笔说明的辨识和翻译直接相关。孔文中,第二封信末尾朱笔所注译为"右者,何如璋氏,经井上生致渡部书记生之内报也。侍读者,乃何如璋自称"。但根据孔先生提供的原信照片,所引"朱笔注"从辨识到点断明显有误。正确的读法应当是"右者何如璋氏方ニ寓居致居候井上生ヨリ渡部书记生共之内报也。侍读トハ何如璋ヲイウ",意即"右者为借寓何如璋氏寓

---

① 孔祥吉、村田雄二郎:《罕为人知的中日结盟及其他:晚清中日关系史新探》,第 24—29 页。以下引用日本外务省档案馆所藏信件及孔先生的观点均据该著,不另注。
② 需要说明的是,在 2004 年第 3 期《广东社会科学》所刊《首任驻日公使何如璋新论》一文中,此处孔先生用的是"在清国日本公使馆",为何改动,原因不详。但在分析说明时,似乎还是按照"大清国日本公使馆"来解释的,与前引论著无异。

所之井上生给渡部书记生等之内报也。所谓侍读是指何如璋"。这句话把情报来源交代得非常清楚——即它是由寄居何如璋家的"井上生"传给在北京日本公使馆渡部书记生的。孔先生作出错误的判断主要与这段朱笔注的错误点断、翻译有关。

其实,分析第二封信的具体内容,也能发现问题。这封信主要写了两件事:一是周炳麟访问何如璋,信中介绍了二人的谈话;二是有人至何如璋处询问越南事,信中记录了何如璋的回答。但从叙事口吻来分析,写信者很明显不是谈话者本人,而是当时一位旁听者。因为如果是何如璋本人写作这封信,他一定不会自称"何侍读"的,也不会用"周炳麟来访何侍读"这样的口吻叙事。孔先生其实也注意到了这点,可惜他没有正面对待这中间的矛盾,而是用"情报的特殊文体"这种模糊的说法加以解释。至此,应该可以得出结论,第二封信不可能是何如璋本人所写。

从第一封信的字面,本来看不出收取贿赂出卖情报之事与何如璋有关。然而,由于两封信笔迹相同,通过对第二封信作者的确认,便将第一封信也记在同一作者的头上,这就是孔文的逻辑脉络。指证何如璋"收取金钱"的证据就这样被推导出来,武断之嫌自然在所难免。事实上,也不能因为这两份情报字迹相同并"紧密排在一起",就认定二者出于同一情报源。第二封信系由"井上生"转至渡部的,第一封信没有明言情报提供者的姓名,仅仅说"支那某官""某人",可以认定这份情报是一位被日本人收买的中国官员亲自交给渡部的,渡部应是日本北京公使馆负责情报收集的书记官。两封信中所记情报存在双重来源的可能性,而且,这两封信不应该是情报提供者本人的亲笔信函。比较合理的解释是,两封信均为中法战争相关情报,是由渡部汇总后交由日本使馆人员统一抄写,再送回日本国内的。两封信是报送外务省的抄件,由书记员抄写,信纸为"在清国日本公使馆"的公文用纸。可作为旁证的是,孔先生同书所引日本驻华公使矢野文雄向日本外务大臣清木周藏寄送的报告翁同龢开缺情况的密件,也是写在印有"日本国驻清公使馆"的信纸上,也应是书记员所抄。[①] 日本驻华公使馆书记员的抄件,应属

---

① 参见孔祥吉、村田雄二郎:《罕为人知的中日结盟及其他:晚清中日关系史新探》,文前插页。

公文,怎会是何如璋的"亲笔信件"?

二、"井上生"其人

从第二封信的内容来分析,相关情报的泄露肯定与何如璋有关。这需要还原一下1883年何如璋的生活环境,找出问题真正的线索。其实,更具体的答案就在后面的"井上生给渡部书记生等之内报也"这行字内。出现在信件中的"井上生",是进一步澄清问题的关键人物。

这里的"井上生",其实是近代日本"中国通"中一位著名的人物。"井上生"真名楢原陈政(1862—1900),又名井上陈政,在中国的名字叫陈子德。他既是日本情报人员,收集中国情报卓有成绩,又是文人,是清末大儒俞樾的学生。俞樾《曲园自述诗》记其事道:"甲申岁,日本东京大藏省留学生井上陈政字子德,奉其国命,游学中华,愿受业于余门下,辞之不可,遂留之。其人颇好学,能为古文。"[①]1882年他来到中国,在华先后达6年之久。其间曾远赴直隶、山东、陕西、山西、河南、湖北、江苏、浙江、福建、广东、江西、安徽等省收集中国情报,归国后写成《禹城通纂》上下册,分政体、财政、内治、外交、刑法、学制、兵备、通商、水路、运输、物产、风俗等12部,共2033页,另有附录353页,为清朝当政各员传略。此书1888年由日本大藏省出版,可谓甲午战争前日本收集中国情报的"代表作"。这期间,他曾化装成中国人,使用陈子德的名字远赴浙江、福建、江西、安徽各省,冒充中国贩纸商人刺探中国宣纸制作技艺,回国后写成《清国制纸法》。[②] 1890年俞曲园七十寿辰,也是这位楢原陈政编撰了《曲园自选诗》在东京博文馆出版,他还在日本动员了包括明治开国元勋胜海舟在内的几十位日本学者,为纪念俞曲园古稀寿诞写作诗文,编辑成集,此即今天编在《春在堂全书》中的《东海投桃集》。

[①] 俞樾:《曲园自述诗》,第29页,《春在堂全书》,光绪二十三年石印本。有关俞樾与楢原陈政的交往,参见桑兵:《国学与汉学:近代中外学界交往录》,杭州:浙江人民出版社,1999年,第255—256页。

[②] 楢原陈政的这一做法是违背中日协议的。因中国各地方言多歧,而中日人士外形相同,难以区别,1871年中日订立的修好条约第11条,应李鸿章要求,明文日人"不准改换衣冠",即禁止日本人在华着中装。参见王芸生:《六十年来中国与日本》,北京:生活·读书·新知三联书店,1979年,第46页。

因为送长女婿之葬,俞曲园七十寿辰本来是想"不觞一客,亦不受一诗一文之赠"的。他在《东海投桃集》序中说:"不图日本有旧隶门下之井上陈子德,为我遍征诗文,余固不知也。至明年八月,由李伯行星使寄至姑苏。余不禁哑然而笑。曰:在本国则却之,在彼国则受之,其谓我何?虽然,余七十生辰固在去年也,而东国诗文之来,则在今年,是可例之寻常投赠,而不必以寿言论矣。自惟卅载虚名流布海外,承东瀛诸君子不我遐弃,雕锥朽木,刻画无盐,其雅意亦何可负哉。因编次其诗文为一卷,题曰东海投桃集,以识诸君爱我之情,亦见中外同文之盛。"[1]1891 年,楢原陈政随伊藤博文再度来华,归国后向日本政府提出了《清国商况视察复命书》。1895 年 4 月 17 日上午 10 时,在日本下关春帆楼上,中日全权使臣举行中日甲午战争最后一次谈判。日方 7 名出席人员中,赫然有楢原陈政其人,足见 33 岁的楢原已经成为日本处理中国关系的核心人物。1900 年,楢原死于北京义和团运动中。时任日本公使馆二等书记官,年 38 岁。[2]

　　楢原陈政才是这起间谍事件的核心人物。1877 年何如璋出任驻日公使,副使张斯桂及参赞黄遵宪、杨守敬等人均精于学问,多与日本汉学家往还唱和。席中就有时任日本大藏省造币局局长的得能良介。得能良介是明治政府中领导组织日本造纸业和印刷业完成技术革新和进步的重要人物。在他的领导下,明治日本摆脱了国家货币的用纸和印刷均依靠外国,日本政府只是在做好的钞票上盖上印章的落后局面,并反过来向世界出口优质货币用纸。何如璋关心日本明治维新后的种种新的变化和进步,其中一项就是关注日本造纸与制币技术的进步,所以和得能良介交往颇深。得能良介也积极对何如璋讲述如何改造中国币制、纸币制造用纸技术,甚至给何如璋提供了详细介绍机器的文件和图纸。两人由是成为好友。何寿朋《先府君子峨公行述》记载说,当年楢原陈政是因为不容于继母,才由鹿儿岛藩士、时任日本大藏省造币局局长的得能良介托付给何如璋的。何寿朋所言当有所据,但"不容于继母"这个说法很明显是不真实的,大概是得能良介当年编给

---

[1] 俞樾:《〈东海投桃集〉序》,《曲园自述诗》,第 1 页,收于《春在堂全书》。
[2] 《清国制纸法——井上陈政调查》,手稿卷首,成田洁英序,《清国制纸法》,手稿影印本,日本财团法人制纸博物馆藏。

何如璋听的故事。楢原陈政1862年9月25日出生于江户,是幕臣楢原仪兵卫的长男。因家计穷困,被过继给曾是德川臣下,后经营制造灯笼的井上臣光。幼年的陈政曾入作为明治推广小学教育的模范校浅草育英小学校学习。但因家境日衰,陈政不得不放弃学业,应募到大藏省纸币局制版部当童工。在为童工办的学习班中,陈政凭其聪颖和对汉学方面异常的素养得到得能良介的赏识。

1879年,一位16岁的少年来到清公使馆专门研习汉学,这个人就是秉承日本大藏省命令,经由得能良介特殊介绍的当时叫作"井上陈政"的楢原陈政。1882年何如璋归国。楢原陈政又由大藏省派遣随何如璋同船来华继续学习。① 孔祥吉先生所发现的两封信件发出的时间是光绪九年上半年,其时楢原陈政正在北京何如璋身边随他学习制度掌故。根据孔先生介绍,前引第二封信,在日本外务省档案中排于1883年7月8—9日之间,那么这封信所记载的,应当就是楢原陈政从何如璋处刺探的情报。同年10月9日,清廷任命何如璋赴福建督办船政,12月25日,何如璋经由海路到达马尾。② 楢原陈政则效顾炎武沿陆路开始了他的中国情报收集之旅。在福建与何如璋会合后,楢原陈政在马尾何如璋处亲眼看见了中法战争大清国的失败。到这时候,何如璋以戴罪之身已经没有能力再照顾陈政。就在这一年,在何如璋的介绍下,楢原陈政赴杭州去俞樾那里学习。何如璋之于楢原陈政,先于公馆抚养之,后带他回国教育之,对他实有养育之恩。也许正因如此,在任职北京日本公使馆期间,楢原陈政曾专程南下凭吊中法战争中获罪遣戍、期满归乡后物故的何如璋。其时楢原陈政"伏诣墓门,涕泪横流",并出资在何如璋墓前建起两座石狮。③

审度楢原陈政生平,很明显他是一名受中国文化浸润很深的文人,又是为日本明治政府收集了大量中国情报的情报人员。了解了何如璋生活中上

---

① 下中弥三郎编:《书道全集》第25卷(明治大正卷)卷末年表记载"明治十五年二月,何如璋任期已满,黎庶昌作为第二代公使来朝。""同三月,楢原陈政从何如璋赴清国留学。"详见该书(东京:平凡社,1957年)第9—10页。
② 俞政:《何如璋传》,南京:南京大学出版社,1991年,第201页。
③ 何寿朋:《先府君子峨公行述》,《何宫詹公家书》,卷末,转引自俞政:《何如璋传》,第168页。

述相关的背景资料,"右者为借寓何如璋氏寓所之井上生给渡部书记生等之内报也。所谓侍读是指何如璋"这句朱笔注的意思就清楚了。孔祥吉先生发现的第二封信,情报来源就是楢原陈政。这一结论与第二封信的第三者之口吻也完全相合。这样便可清楚日本人是如何在何如璋身边刺探情报的。

退而言之,如果说何如璋与日本人搜集情报难脱干系的话,充其量也只能说他保密意识不强,特别是他对身边的日本人"井上生"完全没有警惕性,致使日本的情报人员有了可乘之机。总之,孔先生利用日本外务省档案馆所藏两封信件认定何如璋向日本人提供情报的说法不能成立。

(作者刘晓峰,清华大学历史系,原文刊于《历史研究》2006年第3期)

清末琉球王国在华的复国运动 *

赖正维

明洪武五年(1372年),琉球接受明太祖诏谕,中山王察度派其弟泰期使杨载入贡中国。① 永乐元年(1403年),琉球世子武宁遣侄三吾良叠讣告中山王察度薨。次年,明成祖遣行人时中赴琉球吊祭察度,"赙以布帛,逐诏武宁袭爵"。② 此为琉球"始受册封之大典,著为例"。③ 此后,明清五百余年,每位琉球"国王嗣立,皆请命册封",④ 而明清政府也多应其请,先后派遣册封使臣23次、43人前去主持册封大礼,从而形成了中琉之间长达数百年的朝贡和册封关系。

明万历三十七年(1609年),萨摩藩岛津氏出兵入侵琉球。萨摩军攻占首里王城后,大劫七日,一切可动财物,如典籍字画等,全部装箱运走。萨摩军将琉球尚宁王等百余官员俘至鹿儿岛,直至1611年尚宁王等被迫出具效忠"誓文"后,才得以释放生还。此后,萨摩藩强占琉球北方鬼界、大岛、德岛、永启岛、与论五岛,迫使琉球每年向萨摩藩纳贡,并盘剥中琉间朝贡贸易利润。1632年始,萨摩藩在那霸设立"在番奉行","以监视(琉球)内政和督

---

* 本文为国家社科基金项目"清末中琉日关系研究"(项目批准号:14BZS081)的阶段性研究成果。
① 《明史》卷324《外国四》。
② 《明太祖实录》卷28,永乐二年三月壬辰。
③ 《中山世谱》卷3,伊波普猷等编:《琉球史料丛书》(第4),东京美术刊,1973年,第46页。
④ 《明太祖实录》卷164,永乐十三年五月乙酉。

励进贡贸易最为重要"。① 不过,江户幕府和萨摩藩顾忌当时琉球王国与明朝的宗藩关系,更为了攫取中琉贸易的实际经济利益,对入侵琉球采取了隐蔽政策。于是,琉球被迫以两属的形态维持其王国体制。

19世纪中下叶,日本实行明治维新,从而走上了近代资本主义道路。国力日益强盛的日本很快产生了吞并琉球王国的野心。1872年,日本突然宣布将琉球国王改封为藩王,并于1875年派遣内务大丞松田道之赴琉球,命令断绝琉球与中国的册封关系。为避免亡国命运,1876年琉球国王尚泰密遣向德宏等人前往福州,报告日本阻贡行为,并请求救援,琉球王国在华复国运动就此展开,并持续近20年。

有关清末琉球在华复国运动的研究目前在我国仅散见于个别学者的研究专著及论文中,而日本学者,尤其是冲绳学者有关此问题的许多研究值得借鉴。② 本文在上述研究基础上,对《琉球救国请愿书集成》以及清末中日外交交涉的史料等原始资料进行重新解读,以期对清末琉球在华复国运动进行深入探究。

一、琉球复国运动的缘起

1868年,近代日本天皇制政权宣告成立。同年,改元明治。很快,日本新政权便相继公布了一系列旨在对外扩张的基本方针,宣称:"国威之立与不立,苍生之安与不安,皆在朕之尽与不尽天职。日夜不安,寝食甚劳心思。朕虽不肖,然欲继承列圣之余业、先帝之遗志,内以安抚列藩百姓,外使国威耀于海外……外国交际,有如布告,将来处置,尤为重大。为天下万姓,朕欲凌驾万里波涛……誓将国威振张海外,以对祖宗先帝之神灵。汝等列藩,当佐朕之不逮,同心协力,各尽其分,奋为国家"。③ 明治三年(1870年),日本

---

① 宫城荣昌:《琉球的历史》,东京:吉川弘文馆,1977年,第108页。
② 如米庆余:《琉球问题研究》,天津:天津人民出版社,1998年;谢必震:《中国与琉球》,厦门:厦门大学出版社,1996年;西里喜行:《清末中琉日关系史研究》,京都:京都大学学术出版会,2005年;赤岭守:《琉球归属问题交涉与脱清人》,《第九届中琉历史关系国际学术会议论文集》,北京:海洋出版社,2005年。
③ 指原安三编:《明治政史》(一),庆应书房,1943年,第47页。

外务省官员佐田白茅在其"征韩论"中更是露骨指出,若以日本为一大城池,那么,虾夷、吕宋、琉球、"满清"、朝鲜,"皆可为皇国之藩屏也","满清可交,朝鲜可伐,吕宋、琉球可唾手而取也"。①

很快,日本就开始了吞并琉球的一系列准备活动。明治五年(1872年)五月三十日,在日本政府通过鹿儿岛县向琉球国不断加压迫使其实行所谓"施以适应因革厘正之政"的同时,时任大藏大辅的井上馨也向明治政府建议,要求采取措施变琉球王国为日本所属,"速收其版籍,明确归我所辖,扶正制度,使之国郡制度、租税调贡等,悉如内地一轨,一视同仁,以治浃皇化"。② 与此同时,在日本政府指示下,鹿儿岛县参事大山纲良派遣县吏,携带其信件劝琉球王国尚泰遣使到东京庆贺明治新政权。

明治五年(1872年)九月十四日,日本政府借不明真相的琉球正使伊江王子尚健、副使宜野湾亲方向有恒等人抵达东京拜见天皇之际,突然宣布改变以往的日琉关系,册封琉球国王为藩王,并列入华族。天皇颁诏称曰:③

  朕膺上天景命,克绍万世一系之帝祚,奄有四海,君临八荒。今琉球近在南服,乞类相同,文言无殊,世世为萨藩之附庸。而尔尚泰,能致勤诚,宜与显爵,着升为琉球藩王,叙列华族。咨尔尚泰,其任藩王之重,立于众庶之上,切体朕意,永辅王室。钦哉。

明治五年壬申九月十四日

这是日本强行改变日琉关系并为吞并琉球迈出的第一步,而1871年的"牡丹社事件"为日本进犯台湾继而吞并琉球提供了最佳借口。

1871年9月,琉球太平山岛人遭风飘至台湾,误入牡丹社被原住民围杀54人,余12人因躲在土民杨友旺家始得保全。后被送至凤山县衙门妥当安置,并辗转护送至闽省馆驿,候船送回。之后,福建地方政府下令台湾镇府道,对牡丹社原住民见生人嗜杀的陋习认真查办。④

---

① 日本外务省编:《日本外交文书》卷3,日本国际联合协会,1938年,第139—140页。
② 下村富士男编:《明治文化资料丛书》卷4,"外交编",风间书房,1962年,第8页。
③ 指原安三编:《明治政史》(一),第367页。
④ 中国第一历史档案馆:《清代中琉关系档案选编》,北京:中华书局,1993年,第1080页。

虽然历史上台湾原住民误杀遭风飘至台湾的琉球人或其他登陆商客的事件时有发生,但 1874 年日本政府通过《台湾番地处分要略》宣称要惩治杀害"日本属国难民"的台湾"生番"。清廷一方面任命沈葆桢为钦差办理台湾等处海防兼理各国事务大臣,全权处理台湾事务,同时调集清兵及兵舰,加强战备。由于日本出兵在国际外交上较为孤立被动,同时亦顾忌清廷在台湾的军事力量,因此希望通过外交手段达到目的。清朝一方,也担心"兵连祸结",故也希望通过谈判尽早了结此事。最终在英国公使威妥玛的积极斡旋下,1874 年 10 月 31 日,中方恭亲王奕䜣与日方大久保利通正式签定了《北京专条》。大久保利通归国后不久,即于 1874 年 12 月 15 日,向日本太政大臣三条实美提出了有关处置琉球的新建议,即强令琉球国断绝与中国之关系。

1875 年 7 月 10 日,在大久保利通的直接指挥下,内务大丞松田道之等抵达琉球那霸,宣布日本政府决定:今后禁止隔年向中国朝贡、派遣使节或清帝即位时派遣庆贺使;今后藩王更替时,禁止接受中国册封;琉球应奉行明治年号,年中礼仪概当遵照布告行事;为调查实施刑法定律,当派遣二三名承担者进京;废止福州琉球馆;在琉球设置镇台分营;要求琉球王进京谢恩;按照另纸规定,实行藩制改革等。① 对此,琉球方面反复与松田道之交涉,不肯断绝与中国的关系,要求保持琉球国体、政体。8 月 5 日,琉球王尚泰特意致书松田道之,内称"今后不得向中国进贡,不得派遣庆贺使节,禁止向中国请求册封,必然弃绝父子之道,忘却中国累世之厚恩,失却信义,实乃心痛。请谅察前情之实,准允向中国进贡、派遣庆贺使节,以及接受中国册封等一如既往……而谓藩制改革,则小邦人心迷乱,每事不周……请与内地有别,一如既往"。②

1876 年 6 月,日本政府派遣内务少丞木梨精一郎,率领警官、巡查若干人前往琉球,宣布琉球"藩内人民相互发生民事纠纷及藩内人民与其他府县人民之间的刑事案件和民事纠纷,皆当直接向内务省派出所申诉",③以此控制琉球的司法裁判权。1877 年 10 月,日本政府又将琉球的司法权,纳入大阪高等

---

① 下村富士男编:《明治文化资料丛书》卷 4,"外交编",第 104—107 页。
② 下村富士男编:《明治文化资料丛书》卷 4,"外交编",第 118 页。
③ 下村富士男编:《明治文化资料丛书》卷 4,"外交编",第 174 页。

法院的管辖之内。此外,日本在琉球强制实行"海外旅行券制度",凡是琉球人前往中国,必须向日本政府申请护照,以此控制中琉之间往来。

眼看亡国形势加剧,1876年12月10日,琉球王尚泰派遣姐婿幸地亲方,即紫巾官向德宏等,秘密前往福州。

表1　1876年12月10日秘密赴华人员名单①

序号	姓名	中国名	族籍	官位	职业	备注
1	幸地朝常	向德宏	首里仪保村士族	亲方	物奉行	1891年4月17日在清去世
2	嵩原朝克		首里大中村士族	亲云上	评定所笔者	
3	祝岭春教		首里桃原村士族	亲云上	评定所笔者	归国
4	伊计大鼎	蔡大鼎	那霸久米村士族	亲云上	庆贺使大夫	在清去世
5	名城世功	林世功	那霸久米村士族	里之子亲云上	通事	1880年11月20日北京自尽
6	伊计锡书	蔡锡书	那霸久米村士族	里主	无役	蔡大鼎长男,归国
7	龟山某		首里山川村士族	亲云上	评定主取	1879年旧历5月乘津嘉山船归国
8	神谷仁王		真和志间切真和志村士族	亲云上	无役	
9	宫城喜政		首里当藏村士族	亲云上	医师	
10	花城政喜		首里仪保村士族	亲云上	幸地与力	
11	野崎真雄		首里仪保村士族	亲云上	幸地从者	
12	宫城宽昆		那霸若狭村士族	亲云上	伊计从者	1881年7月在福州去世
13	真荣城喜章		首里汀良次村士族		不明	1879年7月在福州去世

① 参见冲绳县教育委员会:《冲绳县史》卷13,1966年,第274页。

续表

序号	姓名	中国名	族籍	官位	职业	备注
14	浦崎政裕		首里崎山村士族		不明	1881年6月乘定宇良船归国
15	宫城太良		首里仪保村士族		祝岭从仆	
16	岸本惠福		那霸泉崎村士族		伊计从仆	
17	与仪牛		首里桃原村士族		不明	1879年旧历5月乘津嘉山船归国
18	翁长某		首里崎山村士族		不明	1879年旧历5月乘津嘉山船归国
19	山城某		首里山川村平民	筑登上	不明	1879年旧历5月乘津嘉山船归国
20	新垣ムタ（武太）		西原间切平良村平民		幸地从仆	1884年6月乘小桥川船归国
21	系救		西原间切小波津村平民		幸地从仆	
22	比嘉山		西原间切末吉村平民		嵩岛从仆	
23	与那岭		西原间切津花村平民		幸地从仆	
24	具志坚加那		那霸西村平民		不明	1879年旧历5月乘津嘉山船归国
25	内间某		知念间切久高村平民		不明	1879年旧历5月乘津嘉山船归国
26	城间子		大里间切与那原村平民		不明	1879年旧历5月乘津嘉山船归国
27	中西山		那霸东村平民		船夫	1881年6月乘宇良船归国

向德宏等于翌年四月抵达福州,即向闽浙总督何璟和福州巡抚丁日昌递交琉球尚泰王密咨。1877年6月24日,何璟、丁日昌联名将此事上报总署,请求由即将出任日本公使的何如璋"于前往日本之便,将琉球向隶藩属,该国不应阻贡,与之恺切理论,并邀集泰西驻倭诸使,按照万国公法,与评曲直"。① 此建议得到清廷的支持。

此时的琉球王国,在百般无奈情况下,亦开始向国际社会求援。1878年,琉球三司官毛凤来和马兼才抵达东京,向西方驻日各国公使递交投诉,内容大致如下:②

琉球国法司官毛凤来、马兼才等,为小国危急,切请有约大国俯赐怜鉴。窃琉球小国,自明洪武五年(1372)入贡中国,永乐二年(1399)我前王武宁,受册封为中山王,相承至今,向列外藩。遵用中国年号、历朔、文字,惟国内政令,许小国自治。大清以来,定例进贡土物,二年一次。逢大清国大皇帝登极,专遣陪臣,行庆贺之礼。敝国国王嗣位,请膺封典,大清国皇帝遣使,册封嗣王为中山王。又时召陪臣子弟,入北京国子监读书。遇有漂船遭风难民,大清国各省督抚,皆优加抚恤,给粮修船,妥善遣使回国。自列中国外藩以来,至今五百余年不改。此前咸丰九年(1859),大荷兰国钦奉全权公使大臣白加良,来小国互市,会蒙许立条约七款,条约即用汉文及大清国年号。谅贵公使有案可以考查。大众公国、大法兰西国亦会与敝国立约。敝国之于日本,旧与萨摩藩往来。同治十一年(1872),日本废萨摩藩,逼令敝国改隶东京,册封我国主为藩王,列入华族,事与外务省交涉。同治十二年(1873),日本勒令将敝国与大荷兰国、大众合国、大法兰西国所立条约原书,交送外务省。同治十三年(1874)九月,又强以琉球事务改附内务省。至光绪元年(1875),日本太政官告诸琉球国曰:"琉球进贡清国及受清国册封,自今即行停止。"又曰:"藩中宜用明治年号及日本法律,藩中职官宜行

---

① 《清光绪朝中日交涉史料》卷1,1932年影印本,杨家骆主编:《中国近代史文献汇编·清光绪朝文献汇编》第17册,鼎文书局,1979年,第21页。
② 下村富士男编:《明治文化资料丛书》卷4,"外交编",第179—180页。

改革。敝国屡次上书,遣使泣求日本,无奈国小力弱,日本决不允从。切念敝国虽小,自为一国,遵用大清国年号,大清国天恩高厚,许敝国自治,今日本国逼令改革。查敝国与大荷兰立约,系用大清国年号、文字,今若大清国封贡之事,不能照旧举行,则前约几同废纸,小国无以自存,即恐得罪大国,且无以面对大清国,实深惶恐。小国弹丸之地,当时大荷兰国不行拒弃,待为列国,允与立约,至今感荷厚情。现今事处危急,唯有仰仗大国劝谕日本,使琉球国一切照旧。阖国臣民,戴德无极。除别备文禀,求大清国钦差大臣及大法兰西国全权公使、大合众国全权公使外,相应具禀,求请恩准施行。"

上述琉球王国投诉,引起了国际反应。美国公使就表示要将此事报告本国政府。① 而日本为避免琉球问题国际化,则加快了吞并琉球的步伐。

1879年1月25日,松田第二次奉命出使琉球。他此行任务是,督责琉球断绝与中国的关系,并且向日本交接裁判事宜。② 松田威逼国王尚泰"对另纸通知书之答复,当限定为下月三日,过期仍不回答,则视为不予从命"。③ 2月3日,琉球国王仍拒不从命。2月4日,松田离开那霸返回东京。

1879年2月18日,日本政府决定"处分"琉球。3月8日,日本政府派遣松田第三次出使琉球。11日,太政大臣向松田指令"处分"事项,其内容包括:"让旧藩王履行向县令交接土地、人民及官方账簿等手续";"旧藩王或旧藩吏若抗拒此一处分,拒不退离居城,拒不交接土地、人民及官方账簿等,本人可交付警察部拘留,若有谋反凶暴行为,则当与分营商议,使用武力处分"。3月25日,松田等人抵达那霸。27日,松田在首里城向琉球王代理今归仁王子宣布废藩决定,命令其交出有关土地、人民等一切文书,并且当场责令藩吏作向导,由随行人员加封、监管。此外,下令琉球王尚泰移居东京。④

1879年4月4日,日本宣布琉球改为冲绳县,日人锅岛直彬为第一任县

---

① 喜舍场朝贤:《琉球见闻录》,东京:至言社,1977年,第142页。
② 下村富士男编:《明治文化资料丛书》卷4,"外交编",第189页。
③ 下村富士男编:《明治文化资料丛书》卷4,"外交编",第189页。
④ 下村富士男编:《明治文化资料丛书》卷4,"外交编",第219—222页。

令。5月27日,尚泰被迫抱病前往东京,琉球古国就此灭亡。同年9月,琉球耳目官毛精长、通事蔡大鼎等在向中国总署的告急文书中,描述了日本在琉球的种种暴行:"敝国惨遭日本侵灭,已将国主世子执赴该国。屡次哀请回国,不肯允准……讵意日人于六月十四日,率领巡查兵役,突入世子宫,先将各门紧守,迫索历朝颁赐诏敕。此乃小邦镇国之宝,虔诚供奉,岂敢轻示于人。当即再三恳请,日人不听,各官与之据理论争。日人大怒,立召巡查数十名,毒打各官,直行抻去,至天朝钦赐御书、匾额、宝印,亦恐被其夺掠……又近日上自法司等官,下至绅耆士庶……多被日人劫至各处衙置,严行拷审,或有固执忠义,自刎而死者。又将诸署所有簿册暨仓库所藏钱粮,一概胁取,且驰赴诸郡,迫以投纳赋税,即行严责,复将所积米谷,擅行劫去……既吞国执主,复囚官害民,苛责掠夺,无所不至。"①

二、琉球复国运动的主要内容

向德宏、蔡大鼎、林世功等人于光绪二年(1876年)到闽救援。在得知琉球亡国、国王被俘后,向德宏等人不顾清廷是否恩准他们进京面呈,决定化装商贩,一路潜行。蔡大鼎在其《北上杂记》中记载:②

……丙子年(光绪二年)国王特遣陈情使紫金官向德宏、都通事蔡大鼎、通事林世功等,捧赍咨文,旨闽告急……讵嗣后,本国官吏先后抵闽报称,日本遣派兵,废藩为其夺据王城,甚则执去国王世子,囚官虐民,其状不忍尽述。当即叠次哀恳大宪,迅赐拯救。惟念在闽守候多年,竟致国灭主辱,若不晋京请救,难期再造邦国。因欲禀请闽宪,又恐多需时日,缓不济急,而况未必允准,不如薙发改装,密为北上。业已己卯年(光绪五年)八月十四日,率同蔡大鼎、林世功、大文李文达,茂才蔡以正,传译通事谢维垣,驱使笃实之人陈学诚,从人仲村渠等,三更时分坐驾河船,万寿桥放棹,次日黎明到马尾,转搭海定轮船,即日开洋,十

---

① 王芸生:《六十年来中国与日本》卷1,大公报社,1932年,第131—132页。
② 蔡大鼎:《北上杂记》,冲绳县立图书馆收藏。

七日至上海……二十七日移寓河北（天津）宏盛客店……九月初二日，河北启程……初五日四十里至都，由沙锅门进城，寓西问沿福来客栈。

光绪五年（1879年），向德宏、蔡大鼎、林世功等人离开福建，进入天津、北京。此后，琉球的救国图存活动主要在京津地区展开。

（一）向各府衙呈送《琉球救国请愿书》

奔走于各府衙禀呈救援书，是琉球志士在华活动的主要内容。据琉球大学西里喜行教授《琉球救国请愿书》统计，[①] 上书时间从 1876 年 11 月 30 日始，至 1885 年 7 月 10 日止，合计 31 件。

1876 年上书一件，请愿者为琉球中山王尚泰，请愿书呈送福建等处承宣布政司，主要内容是说因为日本阻贡，特派遣向德宏等赴华求援。1879 年上书六件，请愿者为琉球紫巾官向德宏以及毛精长、蔡大鼎、林世功，请愿书呈送北洋大臣李鸿章、总理衙门恭亲王奕䜣及礼部等，主要内容是述说琉球被灭亡经过，乞师救援，并且要求暂留北京，延期回福州。1880 年上书七件，请愿者为毛精长、蔡大鼎、林世功，请愿书呈送总理衙门恭亲王奕䜣等，主要内容包括恳请出兵救助琉球、反对分岛方案，要求与驻京日使交涉。其中 1880 年 11 月 20 日林世功呈总理衙门恭亲王奕䜣的以死乞师以救琉球、以全臣节之誓死请愿书，荡气回肠，令人嘘唏不已。1881 年上书四件，请愿者为毛精长、蔡大鼎，请愿者呈送驻日清国公使许景澄、大学士左宗棠、总理衙门恭亲王奕䜣等，请愿书主要内容包括请求与日本交涉、请求出兵以复国；反对琉球分岛方案；请允准着丧服向东太后致哀。1882 年上书一件，请愿者毛精长、蔡大鼎，呈送总理衙门恭亲王奕䜣等，主要内容反对分岛方案，要求琉球复国。1883 年上书两件，请愿者为向德宏、蔡德昌、蔡锡书、向文光、魏元才等，呈送福建布政司及礼部，主要内容是请代奏八重山请愿书；禀告琉球国王密咨内容，乞求复国。1884 年上书一件，请愿者有向德宏、向有德、蔡德昌、郑辉煌、金德辉，呈送福建军

[①] 西里喜行编：《琉球救国请愿书集成》，《冲绳研究资料 13》，法政大学冲绳文化研究所，1992 年，第 29—146 页。

务左宗棠,乞征讨日本以救琉球国。1885 年上书最多,合计八件,请愿者包括向德宏、向有德、蔡德昌、郑辉煌、蔡以证、向龙光、郑辉炳、魏元才、毛凤来、王大业、蔡大鼎,呈送福建军务左宗棠、闽浙总督杨昌浚、北洋大臣李鸿章及总理衙门等,呈请内容包括援引朝鲜、越南例救琉球;清法战争结束,请救琉球;日本统治下琉球惨状,乞救琉球;强调琉球战略地位的重要,乞救。

(二) 向德宏反驳《说略》及阻止琉球分岛条约的签订

面对日本的强行吞并及琉球国的不断呼吁,基于历史上长期存在的对琉球的保护义务,清廷朝野发表各自见解,寻求解决办法。以驻日公使何如璋为首的清廷官吏主张对日本采取强硬政策。何如璋出任公使后,经过一段时间的观察思考,于 1878 年 5 月致函李鸿章,认为"日本阻贡不已,必灭琉球","琉球既灭,行及朝鲜……又况琉球迫近台湾,我苟弃之,日人改为郡县,练民兵,球人因我拒绝,甘心从敌,彼皆习劳苦耐风涛之人,他时日本一强,资以船炮,扰我边陲,台澎之间将求一夕之安不可得。"①他还提出了对付日本人的上、中、下三套方案:"一为先遣兵船责问琉球,征其入贡,示日本以必争;一为据理与言,明约琉球,令其夹攻,示日本以必救;一为反复辩论,徐为开导,若不听命,或援万国公法以相纠责,或约各国使臣与之评理。"②编修陆廷黻呈上《请征日本以张国威折》,列举征讨理由:其一,"岂有大一统之天下甘受小邦之侵侮之理";其二,"不服日本何以复琉球";其三,"若不征,东南数省遭害必同明代(倭患)";其四,"泰西诸国自通商以来,非特给之,以恩示之,以信仰亦慑之以威耳,而彼日夜窥我动静,我强则退,我柔则进,使日本一小国而犹不能制,益将轻我而启戎心,何以弭伺我者之隙";其五,"朝鲜国小而贫,屡为敌国所觊觎,而臣服于我最久最固,实为我东隅之屏蔽。若坐视琉球之亡而不救,朝鲜必为其续矣。他箸安南诸国惧有揣志矣。何以坚服我

---

① 《李文忠公全集》"译署函稿"卷 8,沈云龙主编:《近代中国史料丛刊续编》第 696 册,台北:文海出版社,1975 年版,第 3032—3033 页。
② 王亮楫:《清季外交史料(光绪朝)》卷 13,北平外交史料编纂处,1935 年铅印本,第 30 页。

之心?"①

但是,掌握清廷通商、外交、海防等大权的直隶总督兼北洋通商事务大臣李鸿章为代表的一派却认为"日本近在肘腋,永为中土之患","笼络之或为我用,拒绝之则必为我仇",②而"琉球以黑子弹丸之地,孤悬海外,远于中国,而迩于日本,昔春秋时卫人灭邢,莒人灭鄫,以齐晋之强大不能过问,盖虽欲恤邻救患,而地势足以阻之",况且"中国受琉球朝贡本无大利","尚属可有可无","即使从此不贡不封,亦无关于国家之轻重,原可以大度包之"。③ 不过,考虑到1871年中日立约中曾规定两国所属邦土不可侵越,担心日本人得寸近尺,援例而及朝鲜,并且多少考虑到对琉球的义务及清廷的体面,琉球"徒以其恭顺二百余年,不忍弃诸化外,且此次委屈陈情,颇昭忠悃,若拒之过甚,转恐泰西诸国,谓我不能庇护属邦"。④ 所以李鸿章虽不同意何如璋的上、中二策,认为"遣兵舶,责问及约琉球人以必救似皆小题大做,转涉张皇","以威利相角,争小国区区之贡,务虚名而勤远略,非惟不暇,亦且无谓",但他赞同采纳何如璋之下策,"惟言之不听时复言之,日人自知理绌,或不敢遽废藩制改郡县,俾球人得保其土,亦不藉寇以兵,此虽似下策,实为今日一定办法","若言之不听,再由子峨(即何如璋)援公法商会各国公使,申明大义,各使虽未必助我以抑日本,而日本人必虑各国生心,不至灭球国而占其地"。⑤ 总署根据李鸿章之意见,亦认为"日本自台湾事结后,尚无别项衅端,似不宜遽思用武。再四思维,自以据理诘问为正办",⑥并函示何如璋等相机审办。

何如璋根据清廷的指示,从光绪四年(1878年)九月起,与日本外务卿

---

① 《清光绪朝中日交涉史料》卷2,杨家骆主编:《中国近代史文献汇编·清光绪朝文献汇编》第17册,第39页。
② 《李文忠公全集》"奏稿"卷17,沈云龙主编:《近代中国史料丛刊续编》第691册,第600页。
③ 《李文忠公全集》"译署函稿"卷8,沈云龙主编:《近代中国史料丛刊续编》第696册,第3032—3033页。
④ 《清光绪朝中日交涉史料》卷1,杨家骆主编:《中国近代史文献汇编·清光绪朝文献汇编》第17册,第21页。
⑤ 《李文忠公全集》"译署函稿"卷8,沈云龙主编:《近代中国史料丛刊续编》第696册,第3031—3034页。
⑥ 《清光绪朝中日交涉史料》卷1,杨家骆主编:《中国近代史文献汇编·清光绪朝文献汇编》第17册,第12页。

寺岛宗则进行了反复的谈判。十月,何如璋在向日本外务省提出的质询琉球案的照会中,严正指出:"日本堂堂大国谅不肯背邻交欺弱国,为此不信不义无情无理之事"。① 希望日方能待琉球以礼,俾琉球国体、政体一切率循旧章,并不准阻碍中琉双方朝贡事宜。日方对此十分不满,导致谈判陷入僵局。

光绪五年(1879年)七月,向德宏抵达天津,两次上书李鸿章,发誓"生不愿为日国属人,死不愿为日国属鬼,虽糜身碎首亦所不辞",②请求清廷尽早出兵,他自愿充当先锋,还表示琉球官民仰仗天朝兵威,必能协心齐力,尽逐日兵出境,自无不克者。

针对清朝总理衙门及何如璋持续不断的抗议,日本外务省于1879年7月16日向日本驻华公使宍户玑提供琉球为日本专属的《说略》。其内容除记述萨摩岛津氏攻占琉球后颁布的十五条规及琉球尚宁王、三司官被迫对岛津氏服从之宣誓书以外,还从王统、地理、语言、神教、风俗等方面说明琉球专属日本。8月2日,宍户玑将《说略》转交清朝总理衙门。

由于1609年萨摩藩攻占琉球后,萨琉双方对清均采取了严格的隐蔽政策,清朝总理衙门对《说略》中之许多内情并不知晓,故难以逐一反驳。李鸿章收到《说略》后,将此文传给当时正滞留在天津请愿的向德宏,请他"阅览辩驳"。为此,向德宏完成《节略》,以驳斥日本之《说略》。在《节略》中,向德宏针对《说略》中所提"琉球对日本朝贡""琉球的地理位置""琉球之开辟始祖与正统""尚宁之誓文与宗藩关系""神教""风俗""文字""语言""日本之赈恤与台湾战役""琉球之国体与政体"等逐一进行反驳。8月11日,向德宏将完成的《节略》提呈李鸿章。8月22日,李鸿章将《节略》及向德宏请愿书《第一、二次禀稿》,一同作为上奏文之附文上呈。8月22日,总理衙门即对日公使宍户玑发出琉球仍两属之照会,反对日本政府琉球专属论观点。照会中还引用日本外务省负责琉球处分事务之萨摩藩士伊地知贞馨所著《冲绳志》中的记载:"琉球自明清以来,世世受其

---

① 岩仓公旧迹保存会:《岩仓公实记》下卷,1927年,第578—579页。
② 西里喜行编:《琉球救国请愿书集成》,《冲绳研究资料13》,第43—44页。

封爵……故琉球世世而为两属之地。琉球虽为蕞尔小国,但具备有自主之国体"。① 而将《冲绳志》之自序及卷中相关记载呈送李鸿章者也正是滞留于天津之向德宏。

1879年5月,美国前总统格兰特(U. S. Grant)来华游历,并拟东渡日本。奕䜣、李鸿章先后会晤格兰特,请他出面调停中日争端。李鸿章在谈话中还特别指出,日本灭琉球,不但与中国启衅,且将搅乱美通商大局,以期引起美方之重视。实际上格兰特当时仅仅以私人身份游历东方,并不能代表美国政府的立场,并且在其调解前,日美双方已达成协议,日方保证不损害美国在琉球所享有的权利,而美国对于中日间的琉球交涉,保持中立。因此,虽然格兰特提出了"分岛方案",即将琉球国一分为三,北部日本占据的五岛由日本统辖;中部诸岛让琉球立国;南部的宫古岛及八重山列岛划归中国。但是,当格兰特返回美国时,日方并未接受"分岛方案"。

1880年2月,日本人竹添进一受外务省派遣,突然来华向李鸿章提出:"愿将南岛归于中国,而欲更改约章,增内地通商各款。"②即日方愿将琉球最南端两岛宫古岛与八重山岛划归中国,但条件是修改1871年《中日通商条约》,允许日本商民如西人入中国内地经商贸易,并且也未提及由琉球国王立国事宜。与此同时,日本公使宍户玑亦专程到北京总理衙门商议此事。1871年日本与中国签订了《中日通商条约》过程中,日方一直企图将"内地通商"及"利益均沾"条文列入,以取得同西方列强一致的在华权益,均遭到中方拒绝。《中日通商条约》中规定日本人不准入内地通商,日本货不准入内地,日本人亦不准入内地置买中国特产。日本政府对条约深感不满,日使伊达宗城因此被免职。条约签订的第二年,日方即请求改约,但始终未能如愿。现在,日方重新在"球案"谈判的条件中提出改约,可以说是经过深思熟虑的。当时中俄关系十分紧张,俄国战舰威逼中国沿海,日本充分利用这个时机以贫瘠荒凉的两个小岛换取清政府对其吞并琉球的承认,并要在中国取得与欧洲列强相同的地位与权益。李鸿章认为:第一,"事已至此,在日本

---

① 伊地知贞馨:《冲绳志》,国会刊行会,1973年,第146—147页。
② 《清光绪朝中日交涉史料》卷2,杨家骆主编:《中国近代史文献汇编·清光绪朝文献汇编》第17册,第20页。

已算退让，恐别无结局之法"①；第二，希望能"割南岛以封琉王，并附益以首里王城，使得归其故宫祀其宗社"②；第三，"现在事势中国若拒日本太甚，日本必结俄益深"，认为"此举既以存球，并以防俄"，③所以被迫同意与日本谈判"分岛改约"。这样，8月中旬开始"分岛改约谈判"，10月，清廷草草拟定了《球案条约》，接受了日本人提出的条件。

应该说，"分岛改约"谈判，李鸿章的态度至关重要。8月28日，李鸿章还提出"如准所谈，似应由中国仍将南部交还琉王驻守，籍存宗祀，庶两国体面稍得保全"，④力主总理衙门将分割后的南部恢复为琉球王国。但是，在北京谈判结束(1880年10月21日)的前两天，李鸿章态度突变，奏上"琉案宜缓允摺"，提出了几点看法。第一，1871年签定的《中日通商条约》是绝对不能修改的。"从前中国与英法两国立约，皆先兵戎而后玉帛，被其迫协，兼受蒙蔽，所定条款吃亏过巨，往往有出地球公法之外者。厥后美德诸国及荷兰、比利时诸小国相继来华立约。斯时中国于外务利弊未甚请求，率以利益均沾一系列约内。一国所得，诸国安坐享之；一国所求，诸国群起而助之，遂使协以谋我有固结不解之势"。对于内地通商，李鸿章认为，"西人以置买丝茶为大宗，资本较富，稍顾体面，日本密迩东隅，文字、语言略同，其人贫穷，贪利无耻，一开此例，势必纷至沓来，与吾民争利，或更包揽商税、为作奸犯科之事"，这势必会造成社会困扰，遗患无穷。⑤ 第二，李鸿章在征求琉方向德宏意见后，意识到分岛方案实际上是行不通的，因为宫古、八重山地瘠产微，由当地土民自主，已有食用不足之感，再以该地为建国基地，非但与土民争利，且建国及王室需费完全落空；况且，日本人又不肯释还琉球王及其世

---

① 《李文忠公全集》"译署函稿"卷10，沈云龙主编：《近代中国史料丛刊续编》第696册，第3093—3094页。
② 《李文忠公全集》"译署函稿"卷13，沈云龙主编：《近代中国史料丛刊续编》第696册，第3154—3156页。
③ 《清光绪朝中日交涉史料》卷2，杨家骆主编：《中国近代史文献汇编·清光绪朝文献汇编》第17册，第23页。
④ 《李文忠公全集》"译署函稿"卷11，沈云龙主编：《近代中国史料丛刊续编》第696册，第3116—3117页。
⑤ 《李文忠公全集》"奏稿"卷39，沈云龙主编：《近代中国史料丛刊续编》第692册，第1213—1215页。

子,如宫古、八重山小岛另立王子,不仅王家不愿,概其阖国臣民亦会不服。李鸿章清楚地看到,"今得南岛以封球,而球人不愿,势不能不派员管理。既蹈义始利终之嫌,不免为日人分谤。且以有用之兵饷,守此瓯脱不毛之土,劳费正自无穷,且道里辽远,音问隔绝,实觉孤危可虑。若惮其劳费而弃之不守,适堕日人狡谋,且恐西人踞之经营垦辟,扼我太平洋咽喉,亦非中国之利。"①因此,李鸿章认为,分岛问题,琉王臣民非但无以付出片许助力,况且日本还能借此深入中国内地经商,取得与西方列强相同的权益,此法不可取。第三,李鸿章赞同陈宝琛论日俄关系的意见,他也不相信联日可以增强抗俄的效果,判断日本助俄之说多出于当时的香港报纸宣传及日人的恫吓,日本所能助俄不过以长崎借俄囤兵船,购给米煤而已。"俄事之能了与否,实关全局。俄事了,而日本与各国皆戢其戎心;俄事未了,则日本与各国将萌其诡计",即使"多让于倭而倭不能助我以拒俄",②李鸿章也反对向日本让步了。但是此时球案专条与改约各款的案稿已定,日使专候签约,李鸿章建议清廷声明此约须"由御笔批准,于三个月限内互换","用支展之法,专听俄事消息",三个月限满俄议未成,则"或与商展限,或再交廷议",以此拖延;若俄事于三个月内即可议结,再拟请旨明示其不能批约之理由,宣示该使。③

　　许多学者对李鸿章态度转变进行了深入探讨。琉球大学西里喜行教授认为,"李鸿章豹变的直接原因在于向德宏的泣诉"。④ 笔者亦认为,李鸿章变化的主要原因并不是出于对伊犁领土问题的考量,更大程度是因为征求了向德宏意见后,意识到分岛条约实际上是行不通的。有关这点,从李鸿章10月19日向总理衙门提交的"请球案缓结"书函中可窥见:⑤

---

① 《清光绪朝中日交涉史料》卷2,杨家骆主编:《中国近代史文献汇编·清光绪朝文献汇编》第17册,第27页。
② 《清光绪朝中日交涉史料》卷2,杨家骆主编:《中国近代史文献汇编·清光绪朝文献汇编》第17册,第27页。
③ 《李文忠公全集》"奏稿"卷39,沈云龙主编:《近代中国史料丛刊续编》第692册,第1213—1215页。
④ 西里喜行:《清末中琉日关系的研究》,京都大学学术出版会,2005年,第374页。
⑤ 《李文志公全集》"译署函稿"卷11,沈云龙主编:《近代中国史料丛刊续编》第696册,第3121页。

抄示初一日以后与颉刚来往电信五件,并照会俄使稿谨已聆悉。宍户议论球案仅能归我南岛,仍许彼加约二条。询以琉王及子嗣,坚称不能交出,乃谓球王宗族避尚姓为向姓,向之人各处皆有云云,似明指在津之向德宏而言。此外,未闻有向姓,亦无如德宏名位者属。即设法询问,查向德宏自去秋踵门求救,泣涕出血以后,鸿章即妥为安置署西大王庙内。伊屡来乞援,愧无以应,令人劝其回球,或赴他处,亦苦守不动。闻资斧告匮。日食不继,量如济助,而未忍数数接见之也。其忠贞坚忍之操视包胥殆有过焉。顷属津海关郑道从旁以己意咨,一切笔谈问答具载十四、十五日另折。又自绘草图一纸恭呈鉴阅。向德宏确系球王族属至戚,前为紫中官亦甚显,明白事体,忠义有守,可谓贤矣,若图另无逾越此者。然所称八重,宫古二岛,土产贫瘠无能自立,尤以割南岛另立监国,断断不能遵行。竟又伏地大哭不起,仁贤可敬,而孤忠亦可悯。尊处如尚未与宍户定议,此事似以宕缓为宜。言者虽请速结球案,究未深悉其中曲折。即使俄人开衅,似无须借助日本。而日本畏忌俄人最深,其隐衷亦难与合从中国之力实不敌俄,宁可屈志于俄,亦何必计及日本之有无扛帮耶?若照现议,球王不复,无论另立某某,南岛枯瘠不足自存,不数年必仍旧日本耳。若由中国另行设官置防,徒增后累。而以内地通商均沾之实惠,易一瓯脱无用之荒岛,于义奚取。既承下问,敢贡其愚,伏惟裁择。应否令向德宏赴京备询之处,仍俟后命。

李鸿章的意见得到清廷许多重臣的赞许。江苏巡抚吴元炳复奏道:"俄足制倭、倭不足以制俄",并赞赏李鸿章之看法为"老谋深算,出于万全"。[1] 福州将军穆图善、闽浙总督何璟、福建巡抚勒方锜联奏,支持李鸿章的"支展之法",认为"具有深意"。[2] 两广总督张树声和广东巡抚裕宽亦联名上奏,认为球案与改约不能并议,更不赞同缔结球案与改约。[3] 因此清廷很快接

---

[1] 《清光绪朝中日交涉史料》卷2,杨家骆主编:《中国近代史文献汇编·清光绪朝文献汇编》第17册,第28页。
[2] 《清光绪朝中日交涉史料》卷2,杨家骆主编:《中国近代史文献汇编·清光绪朝文献汇编》第17册,第32页。
[3] 《清光绪朝中日交涉史料》卷2,杨家骆主编:《中国近代史文献汇编·清光绪朝文献汇编》第17册,第31页。

纳了李鸿章的建议，决定对球案采取拖延政策。光绪七年（1881年）二月，中俄签订《伊犁条约》，中俄关系有所缓和，李鸿章重新提出了"延宕之法"："今则俄事方殷，中国之力暂难兼顾，且日人多所要求，允之则大受其损，拒之则多树一敌，惟有用延宕之一法最为相宜"。① 李鸿章还寄希望于未来，希望数年之后，清廷船械齐集，水师练成，声威既壮，则日本嚣张之气，当为之稍平。客观地说，政治腐败、经济衰竭、国力日益衰落的清朝在当时的复杂情况下是很难圆满解决"球案"的，因此清廷也只能采用李鸿章的"延宕之法"，宣布拒绝批准总理衙门和日本已议写的"球案草约"底稿。从光绪七年（1881年）至光绪十二年（1886年），日方多次遣使来华重提琉事，但由于日本人提出的条件关键点在于决不允许琉球人复国，与中方"存琉祀"的出发点是针锋相对的，故中日双方始终未能达成共识。

（三）林世功以死殉国

就在向德宏不断向李鸿章陈诉，力阻琉球分岛条约谈判的同时，滞留在北京的毛精长、蔡大鼎、林世功等人亦在积极行动。1880年11月18日，毛精长、蔡大鼎、林世功三人联名向总理衙门呈递请愿书：②

> 窃（毛精）长等入都（北京）以来，屡次冒叩辕下，禀请救援节经奉有宪谕有妥为办理等因。惟是仰候逾一载，然作何办法，尚未蒙谕示，实深焦急也。恻念敝国主及世子为倭所胁迫，流离、播越至今已二年。仰望天朝之救，日日更甚，艰楚万状，惨不忍言。且至国人，亦更苦其戾虐，皆不堪命，切齿同仇，待拯孔殷。（毛精）长等夙夜忧惶，万分迫切。惟泣恳王爷及大人，洞察前由，传召驻京之倭使，谕之以大义，威之以声灵，俯准妥速筹办，还我君主，复我国都。

自光绪五年（1879年）始，蔡大鼎、林世功等人化装北上，入京后长跪东华门外不起，伺大臣入朝时，均痛哭求助，并且常常奔走于各府衙禀呈救援。

---

① 《清光绪朝中日交涉史料》卷2，杨家骆主编：《中国近代史文献汇编·清光绪朝文献汇编》第17册，第27页。
② 西里喜行编：《琉球救国请愿书集成》，《冲绳研究资料13》，第75—78页。

此外，每月朔或望，还前往正阳门内关帝庙祈祷国事。但是，在京苦苦乞求一年无结果。笃于君忧臣辱、君辱臣死之义，悲愤绝望的林世功决定以死阻止琉球分岛条约签署。11月20日，林世功单独写了一份誓死请愿书，寄给了总理衙门：①

  琉球国陈情通事林世功谨禀，为一死泣请天恩迅赐救亡存国以全臣节事：窃功因主辱国亡，已于客岁九月，随同前进贡正史耳目官毛精长等改装入都叠次匍叩宪辕号乞赐救各在案，惟是作何办法，尚未蒙谕示。昕夕焦灼，寝馈俱废，泣念奉王命抵闽告急已历三年，敝国惨遭日人益肆张，一则宗社成墟，二则国王世子见执东行，继则百姓受其暴虐。皆由功不能痛哭请救所致，已属死有余罪，然国主未返，世子拘留，犹期雪耻以图存，未敢捐躯以塞责，今晋京守候，又逾一载，仍復未克济事，何以为臣？计惟有以死泣请王爷暨大人俯准，据情其题，传告驻京倭使，谕之以大义，威之以声灵，妥为筹办，还我君王，复我国都，以全臣节。则功虽死无憾矣。谨禀。

同时，林世功还为家人留下两首绝命诗："古来忠孝几人全，忧国思家已五年。一死犹期存社稷，高堂端赖弟兄贤。""廿年定省半违规，自认乾坤一罪人，老泪忆儿双白发，又闻噩耗更伤神。"②

11月20日早8点，林世功为救国大义献身。林世功是久米村人，道光二十年（1840年）出生。同治七年（1868年），与其兄林世忠以及琉球贵族子弟毛启祥、葛非庆，同为官生入北京国子监学习。五年后林世功归国，深受重用，成为琉球国学宗师。同治十二年（1873年），林世功的《琉球诗录》《琉球诗课》刊行。其中《琉球诗录》中的"京师得家书"，深情表达了其在北京国子监学习期间对故乡及亲人的思念之情。

"球案"发生后，林世功成为反日中坚派，屈任通事，随贡使向德宏、都通事蔡大鼎等密谋入闽求救。最终抛下衰亲妻儿，大义殉国。蔡大鼎在其《北上杂记》中特撰文《林子叙在京辞世记》以悼念之。在林世功自尽一周年祀

---

① 西里喜行编：《琉球救国请愿书集成》，《冲绳研究资料13》，第76—77页。
② 蔡大鼎：《北上杂记》，冲绳县立图书馆收藏。

日,蔡大鼎再次撰文表示哀悼。①

三、琉球复国运动的失败

琉球王国人士在华救国运动,尤其是向德宏向李鸿章力陈反对分岛方案及林世功殉国,都对中日外交交涉产生了影响,导致李鸿章在分岛改约谈判中态度转变,最终提出"延宕之法"。"延宕之法"既拒绝了日本企图达到与西方国家在华既得利益均沾的目的,又粉碎了日本因中国分占部分球岛而不再反对其对琉球吞并的图谋。同时,它也反映出到了近代,国力日衰的清朝在后起的日本帝国主义及西方列强的凌厉攻势下难以维持其与周边国家的传统关系。分岛改约方案搁置后,琉球志士惟恐此方案再提,持续不断地进行反对分岛案的请愿。1881年2月22日,毛精长、蔡大鼎向即将出任驻日公使许景澄上呈请愿书,重申"俾敝国全土可复,主君可归,贡职永修,世守勿替"。②

导致琉球复国运动失败的因素很多,其中既有中日两国间的军事、外交角力,也有琉球王国的内部因素。

首先,1895年甲午战争中方失败是直接造成琉球救国运动失败之最重要原因。鸦片战争之败被迫签订的一系列不平等条约,导致环中国"朝贡国"及"属国"逐渐丧失。中法战争后,1886年签订的《天津条约》中,中国被迫承认法国对越南的保护权。而朝鲜是清宗藩体系的最后一块基石,关系琉球复国运动的命运。只要中国能继续维持对朝鲜的宗主权,琉球在清宗藩体制下的复国亦有实现的可能。1894年8月22日,中国《申报》发表社论《天诛篇》,评论琉球问题应派遣军事力量以求速战速决。而琉球社会更是遍传大清"黄色舰队"即将袭击琉球。琉球本土复国运动的团体更是每朔望之日必赴寺庙参拜,祈求中国获胜。但甲午战争最终日本获胜,1895年4月17日,中日在下关签订了《马关条约》,其第一条中日本政府即要求中国承认放弃对朝鲜的宗主权。③ 至此,中国的宗藩体制全面崩溃已成事实,琉

---

① 蔡大鼎:《北上杂记》,冲绳县立图书馆收藏。
② 西里喜行编:《琉球救国请愿书集成》,《冲绳研究资料13》,第78—81页。
③ 日本外务省编:《日本外交文书》卷28,第363页。

球复国运动也因此遭受毁灭性打击。

信夫清三郎在《日本外交史》中评价道,"《马关条约》第一打破了中国对朝鲜之宗主权,日本打开了进出朝鲜之通道;第二决定了琉球最后之归属,确定了日本固有之领域"。① 但事实上《马关条约》中并未针对琉球之归属做任何协定。而中国政府即使在甲午战争失败后,也不承认琉球归属问题已经解决,不承认日本对琉球的吞并。1898年3月17日,琉球人与世田等18人因遭风漂流至浙江省,浙江巡抚廖寿丰还于同年5月30日在其奏折中报告,"十八人均琉球国首里府人",应照"琉球国遭风难民之例抚恤"。② 不过,1895年清朝的战败确实给了在华琉球志士的救国图存运动最致命打击。据统计,1884年在华琉球复国运动志士人数为124人,③但至1896年4月,仅存24人。④ 此时琉球复国运动中心人物向德宏、毛凤来、毛精长、蔡大鼎已客死中国,另一重要人物向有德亦于1896年离开了复国运动的重要据点福州琉球馆。

围绕琉球复国运动,中日双方也展开了外交博弈。当时清朝外患频繁,除了琉球问题外,伊犁问题及朝鲜的壬午政变与甲申政变、越南问题等,接踵而至,清廷无暇顾及琉球。加之清廷对日本武力过高估计,又顾虑台湾被侵,故对琉球问题一开始就极为消极,定位于"自以据理诘问为正办"。⑤ 对在华琉球人的复国运动,清廷除极力安抚及庇护外,并未采取任何具体援琉活动。反之日本方面,处心积虑,步步紧逼。日本对琉球本土的抵抗运动及在华琉球人的复国运动,采取了血腥镇压及怀柔拉拢两手策略。1889年12月20日,时任冲绳县令的西村舍三就曾上书外务卿井上馨及内务卿山县有朋、司法卿山田

---

① 信夫清三郎:《日本外交史》,东京:每日新闻社,1974年,第183页。
② 中国第一历史档案馆编:《清代中琉关系档案选编》,第1177页。
③ 冲绳县教育委员会:《冲绳县史》卷13,第274—282页。
④ 日本外交史料馆:《本人邦海外—密航关系杂件》卷3,外务省记录分类三·八·八·四。转引自赤岭守:《琉球归属问题交涉与脱清人》,《第九届中琉历史关系国际学术会议论文集》,北京:海洋出版社,2005年版,第344页。
⑤ 《清光绪朝中日交涉史料》卷1,杨家骆主编:《中国近代史文献汇编·清光绪朝文献汇编》第17册,第12页。

显义,建议对"脱清"分子①严加惩治:"本县顽民'脱清'行动,实为颠覆政府之举。如任由彼等出入他国政府衙门诬告本国政府,一旦清廷采信其言而重开琉球案之谈判,则无论是战是和,其祸害之大与内地叛乱犯并无不同。如此不化顽民,任其胡作非为必导致无政府状态,内地虽无相当之刑律可为约束,但可参照本地原有之'他领渡海'(偷渡他国)刑法,于适用范围以内予以裁处。"②该建议获得山县有朋首肯。山县有朋还指出,琉球复国运动中不乏旧藩政时代的政要,影响殊大不可轻视。③ 其后数年,日本在琉球大肆搜捕抗日分子,并施以酷刑,"每当夜深人静,时闻惨嚎之声"。④

与此同时,日本人也极力拉拢琉球王族、旧官吏及士族,采用所谓的旧惯温存与抚慰政策。日本政府除交付给国王尚家 20 万元的金禄公债外,每年再支付 2 万元的金禄,并将中城御殿、大美御殿等尚家的府邸别墅 6 所和寺院 7 座以及墓地 5 处指定为尚家的私有财产。据 1880 年的《冲绳县统计概表》所示,冲绳县当时共有 74,626 户,355,179 人。其中,有禄士族大约 370 户。为拉拢作为旧王府统治基础这一部分人,明治政府宣布自 1885 年始,每年支付这部分士族金禄年额 16 万元。通过上述手段,日本不仅抚慰了王族与有禄士族,同时亦达到将有禄士族与民众分开的目的。此外,日本还实行同化政策及皇民化教育,大力推广日文,提出"日琉同祖论",强调冲绳人"自古"就是日本人的一部分。

琉球亡国后,琉球国内各种抗议活动处于日本军警高压控制下,琉球志士认为复国的唯一希望在于宗主国武力介入,因此纷纷密航至中国。日本外务省担心由此造成中日交涉加剧,所以大规模展开搜查琉球志士的活动。日方对向德宏等人动向极为关注,竹添进一曾借口探问中方对琉球问题处置意见,打听向德宏的消息,并向外务省报告。此外,日本外务卿还派遣美国人约翰·彼得曼(John Pltaman),并雇用其他公使馆之外国雇员收集北

---

① "脱清"是明治政府警察用语,意为逃脱至清朝。"脱清"人专指逃亡至清从事琉球复国运动的琉球人。
② 冲绳县教育委员会:《冲绳县史》卷 13,第 271—272 页。
③ 冲绳县教育委员会:《冲绳县史》卷 13,第 269—270 页。
④ 蔡璋:《琉球亡国史谭》,台北:正中书店,1951 年版,第 11 页。

京方面有关琉球复国运动的相关情报。日本公使馆总监督乔文彬还曾装扮成商人居住北京庆隆客栈以收集琉球志士情报。① 在此形势下,李鸿章为保护向德宏,曾命天津海关郑操如等将向德宏安置于总理衙门西侧之大王庙内。上海租界委员陈丞福还奉命呼吁德国总领事勿协助日本领事馆搜捕琉球志士。虽然这些亦仅为保护措施,并不能从根本上解决问题,但从中可见清廷官员对琉球志士的同情。

再从琉球王国方面看,琉球官员和士族面对明治政府颁布的"废藩置县"令,普遍表现出不合作的态度。许多官吏称病不出,"各役所悉闭户,无一人应其布告"。② 日本处分官松田道之要求浦添亲方、富川亲方、与那原亲方三位三司官交出各种政府文件,三位三司官与众官吏商议后决定拒绝日本命令,以待清朝援兵。众士族群情绪激昂,立下生死誓约,连署按印。这种誓死抵抗的协议书,称之"血判书"。其誓约:"如尊奉日本命令,接受官禄,惟斩首不赦。若遭日本迫害,因义而死,以共有金抚恤救助妻儿。"③

然而,琉球王国在甲午战争前,亦出现了所谓的"开化党",即主张归属日本的新体制派,其重要角色之一是尚泰国王第四子尚顺。"开化党"出版《琉球新报》,对琉球复国运动展开批判。由于尚顺的特殊地位,新体制派对琉球复国运动产生了消极影响。此外,1884 年 7 月 23 日,一直不准返乡的琉球王尚泰首次获准回琉球休假百日。明治政府此番目的是借助琉球国王的影响力对抗琉球士民的反日复国行动。11 月 1 日,琉球被废黜国王尚泰被迫诏告琉球民众:"本县士民当守本分各务其业,不应有为害县制之举,本王曾于八月谕达中剀切训谕。近日脱琉渡清者甚众,为警署提调询问者不乏其人,此举实属愚昧之至。尔等所思偏差,行动乖张,致使本王受累,忧心不已。望汝等谨遵所谕各项,万勿执迷不悟,此旨。"④尽管许多反日人士坚信尚泰此番告谕是被迫的,但无论如何,王室的屈服给了琉球复国运动不小

---

① 西里喜行:《琉球救国运动与日本、清国》,《冲绳文化研究 13》,政法大学冲绳文化研究所,1987 年版,第 74 页。
② 喜舍场朝贤:《琉球见闻录》,第 118 页。
③ 喜舍场朝贤:《琉球见闻录》,第 132 页。
④ 冲绳县教育委员会:《冲绳县史》卷 13,第 318 页。

的打击,从内部瓦解了琉球王国的复国运动。

2011年,笔者和琉球大学中琉关系历史遗址调查小组对北京张家湾琉球人墓地遗址进行了调查,在通州博物馆发现了琉球复国运动参加者王大业的墓碑。据通州博物馆馆长周良先生介绍,该墓碑是在张家湾琉球人墓地遗址发现,后被移送至此。石碑上"琉球国陈情都通官王公大业"几个大字仍清晰可见。此外,福建省福州市仓山琉球墓园内迄今依然保存着参与救国图存活动的琉球志士毛有庆之墓碑,上刻"琉球国光绪十九年癸巳陈情赞仪官龟川里之子亲云上毛有庆之墓七月十九日卒"。这些墓碑仿佛时刻提醒人们不要忘记琉球王国的这段悲惨历史以及琉球志士忠君保国的顽强抗争与英勇牺牲之精神。

(作者赖正维,福建师范大学社会历史学院,原文刊于《中国边疆史地研究》2015年第1期)

琉球漂民事件与日军入侵台湾
(1871—1874)

米庆余

1871年琉球漂流民被台湾土著杀害事件,实属中琉间的刑事案件,原本与日本国无涉。但这一事件却成为日本政府出兵台湾、变琉球为日本所属的借口。

一、琉球漂民被杀事件与日本的反应

同治十一年(1872年)二月二十五日,福州将军兼署闽浙总督文煜等人向北京奏报同治十年(1871年)十一月八日琉球国漂流船民在台湾被杀一事,"据难夷岛袋供:同船上下六十九人,伊是船主,琉球国太平山岛人,伊等坐驾小海船一只,装载方物,往中山府交纳,事竣,于十年十月二十九日由该处开行。是夜陡遇飓风,漂出大洋,船只倾覆,淹毙同伴三人。伊等六十六人凫水登山,十一月初七日,误入牡丹社生番乡内。初八日,生番将伊等身上衣物剥去,伊等惊避保力庄地方,生番探知,率众围住,上下被杀五十四人,只剩伊等十一人,因躲在土民杨友旺家,始得保全。二十一日,将伊等送至凤山县衙门,转送台湾县安顿,均蒙给有衣食,由台护送来省,现在馆驿等供,由布政使潘蔚造册,详情具奏,声明:牡丹社生番,围杀球夷,应由台湾文武前往查办等情前来。"[①]京城邸报对此作了转载。

---

① 第一历史档案馆编:《清代中琉关系档案选编》第1卷,北京:中华书局,1993年,第1079—1080页。

京城刊载琉球漂民受害事件后,时在北京的日本外务少丞柳原前光(因欲修改始订不久的中日修好条规而来),立即将之报告本国外务省。稍后,出使琉球的鹿儿岛县吏奈良幸五郎、伊地知贞馨(壮之丞)也把此事报告县厅。1872年8月31日,县参事大山纲良率先作出反应,请求"出师问罪",①"但朝议未臻成熟,议论纷纭,以为确定生番是否属于清国版图,实为先决问题,所以没有允准"②。但是,1873年3月9日,日本政府派遣外务卿副岛种臣,前往中国交换中日修好条规批准书时,天皇则特别授意:"朕闻台湾岛生番,数次屠杀我国人民,若弃之不问,后患何极。今委尔种臣全权,尔种臣当前往伸理,以副朕之保民之意。"③同日日本天皇又下达敕语,宣布"委任要旨":

"清国政府若以台湾全岛为其所属之地,接受这一谈判,并采取处置,则应责其为遭到残杀者采取充分申冤处置。但上述处置应给犯人以相当处置,对遭到残死者的遗族,应付予若干扶助金,且应予以管束,坚决保证尔后不再发生此类暴逆事件。清国政府若以政权之不及,不以其为所属之地,不接受这一谈判时,则当任从朕作处置。清国政府若以台湾全岛为其属地,左右推托其事,不接受有关谈判时,应辩明清政府失政情况,且论责生番无道暴逆之罪,如其不服,此后处置则当依任朕意。"④1873年4月20日,副岛种臣抵达天津,随行人员有美籍顾问李仙得、外务少丞平井希昌、郑永宁,以及"龙骧""筑波"舰水兵600余人。按照郑永宁的说法是:"我国派遣大使,驾本国军舰出海,以今为始,本国军舰航行海外,也以今为始。更何况,各国众人所闻者,大使已奉伐番之旨,将有事于台湾。"⑤而副岛本人则在航海途中作诗:"风声鼓涛涛声奔,火轮一帮舰旗翻。圣言切至在臣耳,保护海南新建藩。"⑥可见,副岛种臣率领军兵来华,名为换约而实为军事演习,且与大山请兵征伐台湾以及占有琉球的企图同出一辙。6月8日,副岛在京会见英

---

① 下村富士男编:《明治文化资料丛书》第4卷外交编,东京:风间书房,1962年,第9—10页。
② 东亚同文会编:《对华回忆录》中译本,胡锡年译,北京:商务印书馆,1959年,第38页。
③ 《对华回忆录》,第24页。
④ 《对华回忆录》,第24—25页。
⑤ 《副岛大使适清概略》,《明治文化全集》第11卷外交篇,东京:评论新社,1956年,第66页。
⑥ 《明治文化全集》第11卷外交篇,第66页。

仍是只谈台湾生番,避而不谈琉球的归属问题。

可见,副岛此次来华换约以及参加中国皇帝亲政大典,实乃心怀叵测。对此,郑永宁也完全承认:"副岛大使之适清,换约为名,谒帝也为名也。惟因筹划征伐生番而有此行。"①

二、日军入侵台湾与中日交涉

副岛归国后因内部矛盾而辞职,但这并没有影响日本政府推行既定的对外政策。1874年1月,太政大臣三条实美、右大臣岩仓具视,鉴于国内形势和所谓要在"海外发扬国威的意义",都认为"对生番兴问罪之师,实为必要"②。于是责成大久保利通(政府参议、内务卿)和大隈重信(政府参议、大藏卿),负责此事的调查研究。同年2月6日,大久保等人提交一份《台湾番地处分要略》③,其主要内容是:第一,台湾土番部落,乃是清国政府不逮之地。故将之视为无主之地,道理具备。因此,报复我藩属琉球人民被杀,乃日本帝国政府之义务,而征番之公理,亦于兹获得主要依据。第二,清国官吏若问及琉球之所属与否,当准照去年出使之辞,言明琉球自古为我帝国所属,且言明现今累沐皇恩之实。第三,清国官吏若以琉球向本国遣使纳贡为由,主张两属之说,当不予理睬,以不应其议论为佳。无论如何,由我帝国完全控制琉球之实权,且使之中止遣使纳贡之非礼,乃是台湾处分后之目的,不可与清国政府空为辩论。第四,清国政府若论及台湾处分,当确守去年之议,收集其政权判然不逮番地之证据,不为所动。

日本政府认为上述要略"极其得当",并确定了逐条实施的大体步骤④。4月4日,任命陆军大辅西乡从道为陆军中将、台湾番地事务都督。翌日,又任命陆军少将谷干城、海军少将赤松则良为参军,且设置台湾番地事务局,以大隈重信为事务局长官。同日,太政大臣三条实美奉天皇之命,向西

---

① 《明治文化资料丛书》第4卷,"外交编",第44—45页。
② 《对华回忆录》,第38页。
③ 据东亚同文会编:《日本外交文书》第7卷第1号文书;《对华回忆录》,第38—40页。
④ 《对华回忆录》,第40页。

乡从道颁发委任状。内称："就台湾番地处分之事,命汝从道为事务都督,凡陆海军务以至赏罚诸事,皆委以全权,当遵奉委任条款,黾勉从事,克奏成功。可问暴杀我国人之罪,行相当之处分;彼若不服其罪,可临机以兵力讨之;应确立尔后我国之人至彼地时,不再蒙受土人残害之方法"①。

至此,日本政府开始采取军事行动。4月9日,西乡从道率领军舰开赴长崎。大隈重信亦于17日赴长崎就任事务局长。此外,任命柳原前光为驻华公使,福岛九成为驻厦门领事。

英国驻日公使巴库斯,闻讯日本将要出兵台湾,于4月9日致函日本新任外务卿寺岛宗则,称"在台湾之通商港口,我国人民持有不少货物利益,贵国政府将军队开赴台湾岛,拟作何事? 又,运送军队军粮之外国船只,将开赴何港或开赴何地? 拟向阁下探询,请予急切注意"②。美国、意大利、俄国和西班牙等国公使或代理公使,也先后质问日本外务省。英、美等国公使的态度,使日本"朝野为之动摇,决定暂且停止出师台湾,先与中国政府交涉"。4月19日,三条实美派出权少内史金井之恭赶赴长崎,命令大隈重信回京,并令西乡延缓出兵,以待后命。但是,业已率兵集结在长崎的西乡坚持强硬态度,声称"从道拜受大命,不辱节钺之任。出师在途,未及数日,则搁置大命乎? 且延留本港……恐士气沮丧,何以等待后命焉? 从道既奉铃玺敕书,已非前日之从道,今日纵使太政大臣自来传谕,也不敢奉之"③。26日,西乡传令各舰积储煤炭用水,翌日,又命270名军兵搭乘"有功丸"先行,福岛九成也一并随船前往厦门。

是时,三条实美又加派大久保利通前往长崎。而西乡得悉消息后,却于5月2日命令"日进""孟春""明光"和"三邦"4舰,在谷干城等人的指挥下,开往台湾社寮港。5月3日,大久保抵达长崎,经与西乡、大隈商议后,反而赞同西乡的意见,也即督促柳原前光急速赴任;西乡雇佣或购买船只向台湾进发;"如酿出难题,则由大久保首任其责"④。

---

① 岩仓公实迹保存会编:《岩仓公实记》下卷,1927年,第130页。
② 《日本外交文书》第7卷第16号文书。
③ 《岩仓公实记》下卷,第145—146页。
④ 《岩仓公实记》下卷,第150—151页。

5月17日,西乡以"高砂丸"(原英国商船 DELTA 号)为旗舰,率兵开往台湾。日军最先抵达台湾社寮的,是福岛九成搭乘的"有功丸",5月6日,该舰从厦门转道台湾。此前的5月3日,福岛在厦门会见知府李钟霖,递交了西乡致闽浙总督李鹤年的照会,内称"本中将谨遵钦旨,即率亲兵,将由水路直进番地,至若船通贵境,固无他意,应毋阻拒。恐闻巷之说或有触动贵国诧异,特兹备文报明。为此照会贵大臣,希即察照,转饬各地方官,咸使知之可也"①。与此同时,福岛还递交了一份附件,言称"兹我政府独怪土番幸人之灾,肆行劫杀,若置之不问,安所底止。是以遣使往攻其心,庶使感发天良,知有人道而已……但所虑者,有各国及外国商民在台湾所开口岸运货出入者,或见我国此间行事,伊等便思从中窃与土番互通交易,资助敌人军需,则我国不得不备兵捕之。务望贵大臣遍行晓谕台湾府县、沿道口岸各地所在中外商民,勿得毫犯。又所恳者,倘有生番偶被我兵追赶,逃入台湾府县境内潜匿者,烦该地方随即捕交我兵屯营是望。"②

西乡的照会与福岛的附件,可谓首开近代中日关系史的恶例。明是非法侵入中国领土,却称"固无他意";明是企图报复,却称"使有人道"。尤为甚者,竟传谕中国地方官员,有被迫逃难者,也要"捕交"日本兵营等等,目中全无中国主权。

5月22日,西乡率舰抵达社寮港,随即开始进攻牡丹社人,包括牡丹社头人父子在内的20余人被杀死,但番人仍不屈从。6月1日,谷干城率日军5个小队,从风港进攻;2日,日军又兵分三路,攻击牡丹社,以致"生番皆弃家逃奔山谷"③。西乡遂遣谷干城、桦山资纪回东京报告,又派将赤松则良、福岛九成前往北京,辅佐公使柳原前光对华交涉,而其本人则率部进行所谓"拓殖事业"④,以期久留。

清政府从英国驻华公使的信函中获悉日本将要出兵台湾。同年5月14日(旧历三月二十九日),总署恭亲王等在奏折中言称:"窃查本年三月初五

---

① 《岩仓公实记》下卷,第148页。
② 《岩仓公实记》下卷,第149页。
③ 《岩仓公实记》下卷,第154页。
④ 《岩仓公实记》下卷,第154页。

日,臣衙门接据英国使臣威妥玛函称,现准驻日本国之英国使臣电报,知日本运兵赴台湾沿海迆东地方,有事生番,并询及生番居住之地,是否隶入中国版图,东洋兴师,曾向中国商议准行与否,宜如何斟酌之处,迅为见复,以便用电线移复等语。当经臣衙门函复该使,答以上年日本使臣住京时,从未议及有派兵赴台湾生番地方之举。究系因何兴师,未据来文知照。"进而又称:"此时,该国动兵与否,尚未明言,固未便操之过急,而事必期于有备,患当杜于方萌。应如何按约据理相机辩阻及如何先事筹备……拟请钦派闻望素著、熟悉洋情之大员,带领轮船,前往台湾生番一带,察看情况,妥筹办理。"①

这一奏折说明清政府对日军入侵台湾所知甚少、甚迟,而且并无奋起对抗之意。尔后的事实进一步证明,中日之间有关日军入侵台湾问题的交涉,正是在日军依恃武力,而清政府却想"按约据理"的情况下进行的。

5月8日,李鹤年收到福岛转递的西乡照会,11日致函西乡,内称"本部堂查台湾全地久隶我国版图,虽其土著有生熟番之别,然同为食毛践土,已二百余年,犹之粤楚云贵边界瑶、僮、苗、黎之属,皆古所谓我中国荒服羁縻之地也。查万国公法云,凡疆内植物动物居民,无论生斯土者,自外来者,按理皆当归地方律法管辖。又载发得耳云……各国自主其事,自任其责。据此各条,则台湾为中国疆土,生番定归中国隶属,当以中国律法管辖,不得任听别国越俎代谋……贵国政府并未与总理衙门商允作何办理,径行命将统兵前往,既与万国公法违背,亦与同治十年所换和约内第一第三两条不和"。李鹤年明确指出:"琉球岛,即我属国中山国疆土,该国世守外藩,甚为恭顺,本部堂一视同仁,已严檄该地方官,责成生番头人,赶紧勒限交出首凶议抵。总之,台湾在中国,应由中国自办,毋庸贵国代谋……应请贵中将撤兵回国,以符条约而固邦交可也。"②

李鹤年的上述复函,充分体现了清政府"按约据理"的方针,同时也表明了清政府对于琉球漂民被害事件,并非不作处理。但是,西乡接到这一复函

---

① 《同治朝筹办夷务始末》卷九三,第26—28页。
② 《日本外交文书》第7卷,第56号文书。

(5月23日)之后,不仅没有撤兵之意,反而加紧了剿杀台湾土著的行径。5月28日,日本公使柳原前光到达上海。江苏布政司应宝时和上海道台沈秉成,于31日会见柳原时,也一并指出"客年在北京虽就台湾之事略开论绪,但未明言举兵之事。今者,不发照会而入台湾,乃是违背万国公法,侵犯他国主权,非缔约国之所为也"。柳原却称:"客年既已告诸总理衙门,今年又照会福建总督,如此慎重,何背好谊。今也,贵国迫我退兵,是欲妨碍义举也。"①

是时,清政府任命福州船政大臣沈葆桢为钦差全权台湾事务办理大臣,福建布政使潘蔚为帮办,并知照日本外务省。6月6日,潘蔚专程抵达上海会晤柳原前光。柳原言称:西乡只管军事,没有交涉之权。解决西乡所奉敕谕中的三项任务及其善后措施的一切交涉完全由他负责。②

翌日,柳原在给潘蔚的信中又称:"方今东西海舶傍舞,该地蓄此蛮种……若不即事下手惩办,后患何极。此我朝之所以断然实施也。从前英美两国亦有此举,非创见也。"

继而又称:"兹闻5月18日,即贵国四月三日,我兵已与生番交战……本大臣以为,我国士兵既已到达番地开始战争,且因西乡接受君命,纵有如何事情,也不能退却一步。"柳原还具体谈了所谓西乡要办的三项任务,即:"逮捕前年杀害我民者,诛之";"以对抗我军者为敌,杀之";"番俗反复难制,必须严设取缔之道,确定使之永誓不再劫杀难民之策"。③

在这种情况下,潘蔚转回福州与沈葆桢商议后前往台湾。7月1日(五月十八日)致函柳原,称"本帮办以为,此次贵国用兵前来,既是专为牡丹社生番,杀害琉球国难民一事,现在该社已经痛办,似可泄忿。若穷兵不已,无论牡丹余番畏兵潜匿,不能剿尽,亦万无此种办法。前经贵大臣所订第三条,立保护、不准再有剿杀等事……当经本帮办派员,将各番社头人带到……本帮办谕以利害……各番社头目,真心向化,均各出具切结,共有十

---

① 《岩仓公实记》下卷,第175—176页。
② 《对华回忆录》,第53页。
③ 《日本外交文书》第7卷,第70号文书。

五社。惟牡丹、中社、里乃三社,因贵国用兵,不敢出来"①。

从潘蔚的上述信件照会可知,清政府任命的办理大臣,在日方用兵剿杀台湾土著的情况下,根据日本公使提出的三项事宜,业已作了相应处理。按照国际惯例、公法,日方当就此了结,罢兵归国。然而,当时率兵侵台的西乡,在潘蔚的诘问之下,不仅拿不出"番社并非中国版图"的证据,反而勒索"贴补",拒不撤兵。②而7月10日柳原在答复潘蔚的信中,则认为潘蔚的上述处理不合程序,言称"交涉两国和好事宜",当由本大臣从善处理。潘蔚应该"会同沈大臣将该三件事宜,商定应作如何办理尔后,与沈联名照会交付本大臣,以便转请本朝","今送此种书翰,完全与前言相反,故而本大臣遽难准信"③,并且节外生枝,声称潘蔚"不足为信""不足与谈",④执意进京交涉。

三、日本政府的战争准备与蓄谋

7月9日,日本政府讨论"善后策"。此时,日本政府业已知悉前述闽浙总督(日方记称福建总督)李鹤年5月11日对西乡的复照,以及潘蔚7月1日致柳原的信件内容,但是,不仅没有就此罢兵的意图,反而决定了《出师之议》。其中,除了重复所谓侵台"原由"外,还认为潘蔚"胸中含蓄战心,斗胆包藏骄气,故而显形于外"。并由此推测,"现今柳原公使仅以舌战笔斗,将是极为困难,或者彼我议论果真分歧之时,则和交将随之破裂,而一旦破裂,则有不测之祸,实难预料,不可不为深虑也"。进而认定:"事理形势迫至于斯,不以兵权壅制于彼,何以破彼之骄气,又焉能确立帝国所以为帝国之体耶"。这就是说,此时的日本政府业已准备对中国进行一场战争。⑤

同日,日本政府向陆海军两省下达备战训令,并于16日派遣外务省四等出仕田边太一来华,向柳原传达政府的上述决议,以及对华谈判要领、须知。其谈判要领如下:"台番凶暴残虐,绝无人理,不独我民罹致其毒,万国同为所

---

① 《日本外交文书》第7卷,第87号文书。为便于阅读,对其所载文字略有调整。
② 《日本外交文书》第7卷,第87号文书。
③ 《日本外交文书》第7卷,第93号文书。
④ 《对华回忆录》,第53页。
⑤ 全文见《大久保利通文书》6,日本史籍协会,1928年,第30—35页。

见,天人俱怒也。清国既已共接其壤,何以久而傍观不问耶? 岂非恐其强悍,而肆其恣乎? 尤有甚者,竟至托言不易俗之古语。是乃我皇帝陛下遂派都督亲临其地,而问其罪之所以也。也即,以保我民为义务,为匹夫匹妇而报其仇,进而为东洋航海者,长远除去此害,以惠万国人民。故而不厌费财,竟从其事。今已剿抚得所,全番悉向我化。该地清国既视之化外而不理,则不得言其所属无疑。而今占领此地,教化此人之权,果当属谁耶? 我日本政府不得不任之也。也即,建官、置兵、布政、设刑,皆乃不得已之义务。是决乃利其地而非贪其人也。再者,立使番民不再恣其猖狂之法,乃日本政府之志。故而,清国政府为固其疆场,因我在此地而有危惧不安之情。若举其地而予之,固不足惜,但唯是尔后如何处置? 即如潘蔚照会中所云,设营、派遣兵船,以望楼灯塔等戒备不虞,充实便利通航之备,乃是以期代我日本政府之义务。又,时至今日,清国政府在其接壤之地,依然怠于教化其人,因而我日本政府不得不行剿抚怀柔。我日本政府所糜资材,所耗人命,也当由清国政府支付相当补偿。"①

此外,日本政府在给柳原的谈判须知中,对一些具体问题作了明确规定,其主要内容有:第一,与清国委员谈判番地处分,概当准照别纸要领(即如前述),不得丝毫屈挠,且应致力议决,无故不得拖延立约盖章。第二,谈判之要领,在于获得偿金及让与攻取之地,但不可始有欲求偿金之色,是欲无取议论把柄于我。第三,谈判逐渐涉及偿金数额时,虽在要求所费之外,但不能由我提出,宜将彼之所云报告政府,以伺机决定若干。第四,谈判若达到要领之所欲,当从速立约。第五,前文条约成立,当公然通知政府,政府乃命都督撤退台地之兵……但不可预定兵员退了期限,当伺政府旨意。第六,当以此次机会,断绝琉球两属之渊源,开启朝鲜自新之门户。此乃朝廷之微衷,当职者之秘计。第七,据命达意,虽因谈判而失两国和好,除尽力注意外,责任不归公使,政府自当其责,可相机处理,无需顾虑。②

这一须知进一步证实了日本借故侵台的种种蓄谋,不仅企图借机切断中琉关系,以达到占有琉球的目的,而且还要打开朝鲜门户,向大陆扩张,并对中

---

① 《岩仓公实记》下卷,第 179—180 页。
② 《岩仓公实记》下卷,第 180—182 页。

国索取偿金乃至占有台湾之地。

1874年7月30日,柳原进京,并开设日本驻华公使馆,尔后始与总署交涉。8月7日,柳原照会总署恭亲王,称:"上年我副岛大臣在京议论觐见事宜,初因礼节不合通例,克欲束装谢辞回国,特派本大臣至贵衙门,代陈台湾生番之事,是与副岛大臣亲口相告原无差别。是时,本大臣云:我国属民既受生番枉害,必须派差查办,以尽政府义务。此举意在除凶安良。唯是番地不奉贵国政教,划地自居。鉴于我国此行恐触贵国嫌疑,故特相告而去"。"我国以为,伐一野番,本不欲告诸他人之国,然我副岛大臣笃念两国和谊。乃尔相告。至带兵与不带,唯我所欲,且贵王大臣当时并无细论,又无异议,于我何所再言?况且特为防范嫌疑而相告,本无请允查办之意,又何烦文书往来?……有如来文所称:贵大臣此次来华,如谓修好,则现在用兵焚掠中国土地,又将何说等。本大臣查,贵国从前弃番地于化外,是属无主野番,故而戕害我琉球民五十余名,强夺备中难民衣物,悯〔冥〕不知罪。为一国者,杀人偿命,捉贼见赃……何乃置之度外,从未惩治,是无政纪又无法典焉……故而,我国视为野番,振旅而伐之也。"①

柳原的上述照会,可谓振振有词。一曰"我国属民既受生番枉害,必须派差查办";二曰"番地不奉贵国政教,划地自居……是属无主野蛮";三曰中国王大臣"并无细论,又无异议"。如是说来,日本也就可以"振旅而伐"了。然而,重新核对日方有关柳原与总署大臣的谈话记录,便可以发现:柳原的上述说法,实属自欺欺人。其一,中国总署大臣当时曾明确表示:"本大臣等只闻生番掠杀琉球国民,不知与贵国人有何干系。琉球国乃我国藩属",显然,这是对日本所谓"我国属民"的否定。其二,中国总署大臣明确言称:台湾"番民有生熟两种,从前服我王化者谓为熟番,置府县而治之,其未服者为生番,置之化外,未甚治理"。此种回答,虽被日方作为把柄、口实,但也不能说明是为"无主野蛮"。其三,据日方记录,柳原也曾明确言称:"贵大臣以琉球为属国……而今非与贵国议论(琉球)两属之归着也。"这说明中国总署大臣与柳原前光曾有争论,何谓中国大臣并无异议?再者,中国总署大臣本欲他日再作答复,而柳原

---

① 《日本外交文书》第7卷第109号文书。

等人却"语毕乃别"①,又何从谈起中国王大臣"并无细论"?

由此可见,柳原直接与总署交涉,实无自省之心,反有强人之意。8月15日,柳原与中国大臣会晤后,再次向总署递交照会,称"本大臣前次所称既无政教,又无法典一语,正指生番而言。总之,以我堂堂独立之国,伐一无主野蛮,何用邻国允许?唯以其地连结,恐生嫌疑,故特相告而已。其地果真属于贵国,何不当时闻告、立即坚行辞却?迨我国命将惩办,将次慑服,纷纷异议、言其不可,抑已无及"。"本国政府既视台湾生番为野蛮无主之地,现已奉诏惩办,今日贵国虽引经据典加以拒绝,我军也决不废止此事。俯冀贵国政府因此定欲如何,即为裁示"②。

8月20日,柳原又照会恭亲王等,督促清政府尽快作出"定欲如何"的答复,并限定3日"即给明确决定之回文,如过三日不见裁复",则"断为贵国朝廷并无异议"③。8月22日,恭亲王等答复:"现在下场办法,自应还问贵国,缘兵事之端,非中国发之,而由贵国发之也。若欲中国决定裁复,则曰台湾生番确为中国地方,若问后局方法,则曰唯有贵国退兵后,由中国妥为查办,查办既妥,各国皆有利益。况中国既不深求,而贵国所云恤民之心已白,并不徒劳,足可下场。至来函……期以三日即给明确决定之回文,如过三日不见裁复,即断为贵国朝廷并无异议等语……揆之情理,岂可谓平乎?仍请贵大臣酌之。"④恭亲王等人的上述答复,可谓据理力争。惟是在尔后的中日交涉中,未能坚持。

8月24日,柳原在复文中依然言称,"兹特所以明告者:我国既已依仗自主之权,伐一无主野蛮,奚容他国物议?"⑤可见,在中日有关日军侵台事件的交涉中,日本政府自始便是恣意诡辩,旨在压迫中国。

---

① 关于柳原前光与总署大臣的谈话记录,日方现有两种:一是《柳原前光郑永宁等在总理衙门问答颠末》,一是《副岛大使适清概略》,分别收入《明治文化资料丛书》第4卷,"外交编",第27—28、33—35页。本文皆有参准。
② 《日本外交文书》第7卷第119号文书。
③ 《日本外交文书》第7卷第123号文书。
④ 《日本外交文书》第7卷第125号文书。
⑤ 《日本外交文书》第7卷第127号文书。

四、中日议立台事条约

1874年8月1日,日本政府任命要员大久保利通为全权办理大臣。8月5日,向其发布任命敕语、委任状及委任权限。其中明确规定:(一)对全权公使柳原前光之密敕及田边太一所传递之件,乃是纲领不动之要旨,但据实际不得已之情况,有相机取舍谈判之权(另件记载为议决之权——本文注)。(二)谈判虽以保全两国亲近为主,但不得已时,有决定和战之权。(三)根据时机事宜,有指挥在华官员人等进退之权。(四)事实不得已时,虽是武官也有指挥其进退之权。(五)李仙得虽有委任,但相机也有使之进退之权。[1] 这说明,日本政府派遣实力人物大久保来华,实际是赋之以更大的权限来推行既定的对华政策。

9月10日大久保抵达北京。9月14日至10月23日,中日双方一共进行了7次交涉。历时1个月之久。大久保一开始便采取先发制人、反客为主的策略,不再妄谈日本出兵侵台的"理由",而是率先提问:"贵国政府实地于生番有几许处分",从而把谈判的话题完全转向中国内政;而总署大臣文祥答称"若问实地处分,一时难以俱悉"[2],又恰好被大久保的谈判策略所左右。因此,中日关于台事条约的交涉,自始便是在日本居于主动,清政府处于被动的情况下进行的。

大久保在首次交涉中便提出如下问题:(一)"贵国既以生番之地谓为版图之内,何以迄今未曾开化番民?(夫谓一国版图之地,不得不由其主设官化导,不识贵国于生番果真实施几许政教乎?)"(二)"万国已开交友,人人互相往来,即于各国,无不保护航海者安宁。何况贵国素以仁义道德闻于全球,怜悯援救外国漂民,固所深求,而见生番屡害漂民,置之度外,不曾惩办,乃是不悯他国之民,唯养生番残暴之心,有是理乎?"[3]

然而,在大久保有备而来的情况下,总署未能探寻日本政府的动机和目

---

[1]《明治文化全集》第11卷,"外交篇",第82页。
[2] 金井之恭:《使清办理始末》,《明治文化全集》第11卷,"外交篇",第85页。
[3]《使清办理始末》,《明治文化全集》第11卷,"外交篇",第87页。

的，以致陷于被动。当总署就上述说法表明"台湾生番地方，中国宜其风俗，听其生聚。其力能输饷者，则岁纳社饷，其质佼佼秀良者，即遴入社学，是为宽大之政，以寓教养之意。各归就近厅州县分辖，并非不设官也"，并说明"中国与各国通商交好，遇有各国官商民人船只，意外遭风及交涉案件，各国商民受到亏损等事，一经各国大臣将详细事由照会本衙门，必为立即行文查明，妥善办理，办理虽有难易迟速不同，却从无搁置不办。如生番此案，贵国如有详晰照会前来，本衙门无不查办。而且，本衙门甚为不愿发生此等事情，此后尚需设法妥善筹措保护，以善将来"①。之后，大久保在第三次会晤（9月19日）时，反而得寸进尺，复又提出："因对过日贵方之答复不满之处很多，犹有咨问"（旋即有长篇质疑），而且言称："就台湾番地确为贵国版图而言，前日之答复，终究难以冰解……公法云，政权不及之地，不能认作版图。我坚信非为贵国版图"。②

此外，据日方记载，中日双方进行第三次会晤交涉时，总署还曾专门出示多达数十卷的户部文书，也即台湾收税簿记，以证实台湾番地为中国领土的一部分。然而，在场的日方翻译官郑永宁，竟然（应是秉承大久保之意）"斥之无暇观看"③。进而，则针对总署的答复，日方再次提出种种诘问。

诸如：总署答复"宜其风俗，听其生聚"。而大久保则称："此二语奚足以为属土之征"。

总署答复"力能输饷者，岁纳社饷"。而大久保认为："所称社饷者……如弱者而馈献于强者，不得称为税也。其或不出于民，独出于酋首，或有往来两间贸易……献其所获，借名社饷，以图混冒，愿闻其详"。

总署答复"质佼佼秀良者，遴入社学"。而大久保则谓："如取二三番儿入学，不足以为教养之征"。

总署答复"中国与各国通商，遇有各国商民受到亏损，一经照会，必为立即查明，妥善办理"。而大久保则称："犯而后罪，不如先事教化之便，告而后办，不如未告先究之捷，既不教化于未然，又不查究于已发，反责他人不详晰

---

① 《使清办理始末》，《明治文化全集》第11卷，"外交篇"，第91页。
② 《使清办理始末》，《明治文化全集》第11卷，"外交篇"，第93页。
③ 《使清办理始末》，《明治文化全集》第11卷，"外交篇"，第96页。

照会,此非搁置不办而何？虽云设法妥善筹措,以善将来,本大臣未便据信"等等①。

由此可见,日方完全是强词夺理,以掩饰其出兵入侵台湾之本意。

9月22日,总署根据大久保的诘问再次作出答复:"夫台湾之事,贵国之兵,涉我土地,中国并未一矢加遣,且生番地方本属中国,无论事前事后,不待本衙门论及,久为中外所共知。贵大臣开列条款,逐层诘问,本衙门仅止逐条答复,并未别条转诘,原望妥恰办事,曲全和好。若如此诘责,几等问官讯供矣,政事应听其国自主之谓何？……倘再如此,则本衙门不敢领教,以免徒滋辩论,致伤和睦"②。

然而,大久保在接到复照后,不仅没有就此了结,又于9月27日及10月4日两次向总署提出照会,并在10月5日的第四次交涉中扬言:"与贵大臣等几经议论,仍不能决,因而将于近期归国。"③但当总署大臣文祥表示"我等并无不应贵问之事。至于归国,非所强驻"④时,大久保于10月10日提出了"第三次照会"。再次重复"版图之义,果确无疑耶？""番土非贵国所辖治也",并在文末言称:"本大臣输诚致款,不为不竭,启衅滋端,其咎孰任？""今期五日,欲知贵王大臣果欲保全好谊,必翻然改图,别有两便办法"⑤。一面把交涉难以进展的责任推卸给中国,一面又想达到本国的目的。

为此,大久保在总署作出"稍迟数日"答复后,则利用时机于10月14日分别拜访英、法驻华公使,并向两国公使言称:此次日本出兵,"花费莫大经费,非有可使我国政府满足之处,非有对人民可以辩解之理,尚难退兵",以及所谓"此举原为我国之义举……若能保全我国此种名誉,则可退兵"⑥,以期英、法公使出面,迫使中国总署就范。而英国公使威妥玛也正是在这种情况下,开始介入中日台事交涉的。

10月16日总署答复大久保的"第三次照会",并由文祥致书大久保:

---

① 《明治文化全集》第11卷,"外交篇",第96—97页。
② 《同治朝筹办夷务始末》卷九七,第39—48页;《明治文化全集》第11卷,"外交篇",第97—100页。
③ 《明治文化全集》第11卷,"外交篇",第110页。
④ 《明治文化全集》第11卷,"外交篇",第110页。
⑤ 《明治文化全集》第11卷,"外交篇",第110—112页。
⑥ 《明治文化全集》第11卷,"外交篇",第116页。

"贵大臣果真欲求两便办法，彼此自可详细熟商，或由贵大臣函定一日，本衙门大臣等，尚可赴贵馆面谈，如果定议，则从前往返辩论之词，彼此挚回，免存痕迹，亦无不可。不然，亦望即行告知，并不勉强"。当日，大久保复函："贵衙门如果另有两便办法，本大臣岂不乐闻？即择17、18两日内，于一点钟祗候惠临聆教。"①于是，双方于18日又进行第五次交涉。据载，当时双方都想首先听取对方的"两便办法"，临近会晤结束时，大久保提出赔偿问题，而总署大臣认为不经查办，难以详答可否。

10月20日，双方在总理衙门举行第六次交涉。据日方记载，席间，总署大臣出示4条方案：（一）贵国从前兵到台湾番境，既系认为台番为无主野蛮，并非明知是中国地方而加兵。不知是中国地方而加兵，与明知是中国地方而加兵不同。此一节可不算日本之不是。（二）今既说明地属中国，将来贵国退兵之后，中国断然不再提起从前加兵之事。贵国亦不可谓此系情让中国之事。（三）此事由台番伤害漂民而起，贵国退兵之后，中国仍为查办。（四）贵国从前被害之人，将来查明，中国大皇帝恩典酌量抚恤。② 这固然是为了解决台事纠纷，但对日态度过分迁就，以致次日大久保派遣郑永宁到总理衙门，开口便索要300万洋元。③

23日，双方进行第七次交涉。总署大臣答应设法"抚恤"，但不同意支付兵费赔偿。大久保言称，"如此实出意外"，并称有关"办法之议，当只限于今日。我为番地处分贯彻始终，将益加扩充当初之目的，特此预先禀告"④。至此，双方交涉几近决裂，而大久保的态度，反而愈加强硬。究其原因，显与英国威妥玛公使有关。

10月24日，大久保前往英国公使馆，名为告别实为向威妥玛讲述对华交涉情况。大久保对威妥玛称：日本对华"请求"（即要求赔偿）之宗旨，"在于此举我国也耗费莫大费用，而且惩戒番人、修建道路、构筑营地等事颇多，中国领有，即皆为彼之利益……彼等在18日会晤时，虽不说此种请求为不

---

① 《明治文化全集》第11卷，"外交篇"，第117页。
② 《明治文化全集》第11卷，"外交篇"，第129页。
③ 《明治文化全集》第11卷，"外交篇"，第129—130页。中文资料记载200万。
④ 《使清办理始末》，《明治文化全集》第11卷，"外交篇"，第13页。

是,但云非经查办,不能应之。而随后之交涉,则首先希望撤兵,又以关系中国脸面为由,可称皇帝恩典,实出本大臣意外,且关系我国内人心,故而(本大臣)云:专重和好,敝人以一己之独断而任其责,若能给予可资证明彼等所望之书面文字,并非不予撤兵,但终究未能结局,终使昨日之商议,成为以前对话之结束。拒绝赠给作为证明将来之紧要文字,则敝人复命无道……"①显然,这是暗示英国公使给予帮助,以求转圜交涉僵局。

后来,东亚同文会在《对华回忆录》中记称:"中国方面狼狈万分,向英国公使威妥玛哭诉,请求仲裁,并授予解决方案,要其与日本进行幕后交涉"②。此种说法并无根据。因为日方资料并未留下威妥玛言及总署大臣"哭诉"的记载,而中文资料则是"英国使臣威妥玛,尤于此事始终关说,意欲居间。臣等亦曾将与日本往来文信通行抄录,照会各国使臣,与之委迤虚与,在若即若离之间。既使各使臣欲为调停,亦系彼国所求,而非出自中国之意。十六、十七等日(即10月25、26日),日本两使臣已悻悻然作登车之计。威妥玛来衙门,初示关切,续为恫喝之词,并谓日本所欲二百万两,数并不多,非此不能了局。臣等一以镇静处之,直至威妥玛辞去时,坚欲问中国允给之数,臣等权衡利害轻重,揣其情势迫切,若不稍予转机,不独日本铤而走险,事在意中,在我武备未有把握,随在堪虞,且令威妥玛无颜而去,转足坚彼之援,益我之敌。遂告以中国既允抚恤,只能实办抚恤,即使加优,数不能逾十万两。该国于此事轻举妄动,现时无以回国,自亦实在苦情。中国不乘人之急,再允将该国在番社所有修道建房等件,留为中国之用,给银四十万两,总共不得逾五十万两之数,愿否听之。威妥玛旋至该使臣寓所,议论许久,复称抚恤等费数目,日本使臣业经应允。嗣经议立结案办法三条。另立付银凭单一纸。该使臣欲付银后退兵,臣等则谓必须退兵后付银。往返相持,又经威妥玛居间,始得议就凭单,言明先付抚恤银十万两,其余修道建房等件四十万两,定于十一月十二日,即日本国12月20日,日本兵全数退回,中国银两全数付给,并声明该国之兵如不全退,中国银两亦不全给,奏明

---

①《使清办理始末》,《明治文化全集》第11卷,"外交篇",第135页。
②《对华回忆录》,第63页。

后彼此画押，各执一纸，于本月二十一日（10月30日）定议"。①

上述恭亲王等人10月31日的奏折所述，与日方保存的10月25日威妥玛与大久保的谈话记录完全吻合。据载，威妥玛言称："本日前往总理衙门，长谈之后，衙门诸大臣嘱我一事可向阁下陈述，但并非衙门大臣来我处托请。根据昨日阁下所说，向中国政府要求数额为300万元，其名义可据中国之要求，答应让诸彼意，且不妨稍许减少数额，但希望（中国）于证书之上记载一定银额。而中国政府予以拒绝。故而，逼问何故不出答应日本政府希望之证书？衙门大臣答曰：贵公使何以只助日本之论，而不助我？……渐经熟谈之后，中国政府允给难民10万两，此外40万两，作为日本诸项杂费，证书亦允给予，但10万两立即偿与，40万两退兵后偿与。嘱我将此事向阁下陈述，如此这般，尊意如何？"②

由此可见，威妥玛对这场中日交涉的结果，的确起了重要作用。但从上述记载可知，威妥玛的居间调停并非总署所请，而是大久保借助威妥玛的势力压迫中国。③ 然而，恭亲王等却只知威妥玛"从中说合"，而不知其幕后与大久保相互串通。

10月26日，大久保通过威妥玛转给总署的议决方案，便是10月25日晚8时，再次前往英国使馆，与威妥玛共同议定的。其中，含有所谓"日本国此次所办义举，中国不指以为不是"。据日方记载，这句话首先是由威妥玛拟定的。当时，威妥玛将之写成英文，经过日方太田资政的译读，大久保表示认可。随后，双方又共同确定了议决方案的大略，并将之译成中文。④

10月27日，总署致书大久保，内称"台湾一节，系本月十六、十七、十八等日，英国威大臣与贵大臣先后商议，各层代为述明，本王大臣等自无不能

---

① 《同治朝筹办夷务始末》卷九八，第11—16页。
② 《使清办理始末》，《明治文化全集》第11卷，"外交篇"，第139页。
③ 大久保在日记中写道："此次奉命，实为不易之重大事件，谈判不能终结而至斯归朝，则使命未了自不待论，而最为可忧者，是为国内人心……如收束无术，终将立至不得不开启战端之期。胜败之上，固然无所畏惧。但是在名义上，由我宣战之名义，并不充分……且终将蒙受外国诽谤，受到意外妨害，以至不免最终招致损我独立权之祸"（见《大久保利通文书》6，第146—147页）。这说明此时大久保利通的内心也十分复杂，惟是总署大臣未能察觉，也未加认真分析而已。
④ 《明治文化全集》第11卷，"外交篇"，第140—141页。关于大久保与威妥玛的相互串通，《对华回忆录》第64—65页也有记述。

办理之处。为此,今将三面议明各条底稿照录,函送备查,并希贵大臣示复……",所谓"三面议明"(即总署、日本全权代表和英国公使)的各条内容是:(一)日本国此次所办,原为保民义举起见,中国不指以为不是。(二)前次所有遇害难民之家,中国定给抚恤银两,日本所有在该处修道建房等件,中国愿留自用,先行议定筹补银两,别有议办之据。(三)所有此事两国一切往来公文,彼此撤回注销,永为罢论。至于该处生番,中国自宜设法妥为约束,以期永保航客不能再受凶害。

这三条底稿,也即 1874 年 10 月 31 日经由总署大臣与大久保、柳原前光签字画押的台事专条的原始文本。而所谓的"保民义举"和"中国不指以为不是"的始作俑者,则是英国公使威妥玛。

除了上述三条专约之外,中日双方还签字画押了"会议凭证"。其内容是:"台番一事,现在业经英国威大臣同两国议明,并本日互立办法文据。日本国从前被害难民之家,中国先准给抚恤银十万两。又日本退兵,在台湾所有修道建房等件,中国愿留自用,准给费银四十万两,亦经议定,准于日本国明治七年十二月二十日,日本国全行退兵;中国同治十三年十一月十二日,中国全数付给,不得愆期。日本国兵未经全数退尽之时,中国银两亦不全数付给。立此为据,彼此各执一纸存照。"①

1874 年 11 月 7 日,大久保抵达上海,从上海税关先行攫取 10 万银两。尔后,前往台湾琅峤港,向西乡通报交涉结果。11 月 27 日,大久保回到东京,受到日本政府的隆重迎接。天皇敕语称:"其功可谓大矣"②。

日本政府从借故出兵入侵台湾,至大久保来华交涉,借助强援压迫清政府立约,说到底,乃是强权与军事并用,效尤西方列强,为尔后占有琉球制造借口,并强行蹂躏中国主权。

(作者米庆余,南开大学历史研究所,原文刊于《历史研究》1999 年第 1 期)

---

① 《明治文化全集》第 11 卷,"外交篇",第 146 页。
② 《岩仓公实记》下卷,第 210 页。

甲午战争前后日本对华观的变迁[*]
——以报刊舆论为中心

王美平

甲午战争在日本的对华观及对华政策变迁史上具有分水岭性的意义，它不仅对日本形成蔑视型对华观起到了决定性作用，而且拉开了近代日本侵略中国本土的序幕。曾经处于华夷秩序中的日本何以敢于发动甲午战争？所谓的"泱泱大国"中国为何惨败？战后日本缘何以蛇吞象不断采取侵华政策？对此，部分学者以多种视角进行了翔实而又深入的研究[①]，但从日本对华观入手进行的探研尚显不足[②]。

事实上，观念构建利益，利益驱动行动，日本的对华观与侵华政策之间存在密不可分的互动关系。如果不解析甲午战争前后日本对华观的状况，就难以从思想认识层面理解日本发动甲午战争、并在此后长达50年的时间

---

[*] 本文系教育部重大攻关课题"近代以来日本的对华认识及其行动选择研究"（06JZD0023）阶段性研究成果。

[①] 近年来有关甲午战争的主要研究成果有戚其章：《甲午战争史》（上海人民出版社，2005年）；关捷等编：《中日甲午战争全史》6卷本（吉林人民出版社，2005年）；戚其章主编：《甲午战争九十周年纪念论文集》（齐鲁书社，1986年）；解放军海军军事学术研究所主编：《甲午海战与中国海防——纪念甲午海战一百周年学术研讨会论文集》（解放军出版社，1995年）；戚其章、王如绘主编：《甲午战争与近代中国和世界——甲午战争100周年国际学术讨论会文集》（人民出版社，1995年）等著作。另外有大量探讨甲午战争起因、胜负原因及其影响的论文，其中以孔祥吉：《甲午战争中北洋水师上层人物的心态》（《近代史研究》2000年第6期）、陈政生：《北洋海军与甲午战争》（《国防》1994年第9期）、戚其章：《从制海权看甲午海战的结局》（《东岳论丛》1996年第4期）、苏小东、陈美惠：《北洋海军在甲午战争中的后路保障》（《军史历史研究》2005年第3期）等为代表。

[②] 近年来严绍璗、王晓秋、王屏、高增杰、史桂芳等学者开始重视日本的对华观研究，但尚缺乏对甲午战争前后日本对华观之转变过程的详细考证。

里不断推行侵华政策的原因。随着日本各大报刊、从军日志及政论意见书等相关资料的整理与挖掘,探究甲午战争前后日本政界、知识界与普通民众之对华观的转变过程及其影响,进而深入分析日本发动侵华战争的思想根源成为可能。

一、甲午战争前日本对华观的转换

步入近代以前,中国在东亚范围内以高度发达的农业文明辐射、影响周边邻国,建立了以王道思想为基础、朝贡册封为形式的华夷秩序。在长达两千年的中日交流史上,日本虽在政治层面及民族心理上不甘于属国或边缘国地位,制造出"神国观念"等抗衡中国,不断追求对华平等乃至优越地位,甚至两次发起挑战引起大规模战争,却始终无法撼动中国的中心地位,也未能从根本上打破因文明差距决定的中日间"师生关系",在文化上仰慕中华、效仿中华、追赶中华亦构成近代以前日本对华观的主线。① 然而,近代"西学东至"与"西力东渐"动摇了中华文明在东亚地区的中心地位。尤其是在两次鸦片战争中,日本闻讯号称"天朝上国"的中国被"西夷"英法打败,举国在惊愕之余不但较为彻底地抛弃了慕华观,而且将中国作为反面教材以为警训②。旨在学习西方文明的"和魂洋才"也取代了曾长期主导日本文化发展方向的"和魂汉才"成为新时代的流行语,并迅速上升为治国安邦的战略口号。1868年,西方列强入侵的危机与日本国内"倒幕"之声四起,导致以儒学为官学维护封建统治的德川幕府覆灭。东亚传统文明的追捧者寿终正寝,西方文明影响日本的时代即将来临。

明治维新后不久,日本明确将学习追赶的对象转为欧美,确立了"西方文明中心观",并将之纳入国家统治意识形态。1871年,明治政府派遣阵容庞大的岩仓使节团对欧美12国进行了将近两年的考察,不仅发现西方的经

---

① 关于近代以前的日本对华观可参见王屏:《论日本人"中国观"的历史变迁》,《日本学刊》2003年3月25日;朱莉丽:《1369—1599日本各阶层对华观初探》,山东大学博士论文,2007年5月;杨栋梁、王美平:《近代社会转型期日本对华观的变迁》,《日本研究》2008年第3期等。
② 有关鸦片战争对日本对华观的影响可参见王晓秋:《アヘン戦争から辛亥革命:日本人の中国観と中国人の日本観》,中曽根幸子、田村玲子译,东京:东方书店,1991年。

济、教育、文化制度优于东方,①而且赞叹欧美各国之政治制度亦"超绝于我东洋",决心将此"开明之风"移入日本,促使国民"迅速进步而至同等开化之域"②。在这一方针的指引下,日本进行了"富国强兵""殖产兴业""文明开化"等一系列旨在发展资本主义、建立近代国家的改革。

日本知识界也于明治初年确立了西方文明中心观。思想启蒙家福泽谕吉在1875年写下举世闻名的《文明论概略》一书,将世界文明划为文明、半开化、野蛮三个层次,欧美各国属于文明国,中国、日本等亚洲国家属于半开化国,非洲及澳洲属于野蛮国③。福泽认为"野蛮—半开化—文明"是人类发展的阶梯,处于野蛮与半开化状态的国家都只有朝着文明的方向发展方可维护国家独立,故他宣扬"西洋国是吾国之师"④,呼吁改换门庭,脱胎换骨,向欧美学习。该书作为当年最畅销的书,对日本社会产生了一次可谓洗脑性的精神冲击。此后,"顺文明者昌,逆文明者亡"成为日本社会的普遍认知⑤。

世界文明中心观之西移,势必影响日本对华观。日本学界对明治维新到甲午战争前日本对华观的变化进行了深入研究,其中有三种观点颇具代表性。芝原拓自通过对明治维新后至1885年间政府要员、中央五大报纸⑥等相关资料的编辑考察,认为福泽谕吉发表《脱亚论》具有划时代意义,此后日本对华观由"仰慕"转为"蔑视"。⑦ 伊藤之雄则在利用上述史料的同时,进一步挖掘自由民权运动中自由党、改进党的机关报,并将福泽谕吉、陆羯南分别作为引领近代日本发展方向的两大思想流派"脱亚入欧"与"亚洲主义"之代表,并探讨了1868年至1893年间日本的对华观,认为日本在出兵

---

① 久米邦武:《美欧回览实记》第1卷,东京:岩波书店,1978年,第82页。
② 春畝公追颂会:《伊藤博文传》上,东京:统正社,1944年,第638页。
③ 石田雄编:《近代日本思想大系2 福沢谕吉集》,东京:筑摩书房,1975年,第89页。
④ 福沢谕吉:《时事小言》,庆应义塾编:《福沢谕吉全集》第5卷,东京:岩波书店,1959年,第212页。
⑤ 本山幸彦:《明治前半期におけるアジア观の诸相》,京都大学人文科学研究所《人文学报》第30号,1970年3月,第52页。
⑥ 中央五大报纸是指:《东京日日新闻》《邮便报知新闻》《朝野新闻》《东京曙新闻》《东京横滨每日新闻》,日均发行量都在5千到1万份之间。
⑦ 芝原拓自:《対外観とナショナリズム》,芝原拓自、猪饲隆明、池田正博校注:《日本近代思想大系:対外観》,东京:岩波书店,1996年。

台湾后即已形成"蔑华观",虽然在壬午兵变及甲申政变中遭受了挫折,但在1893年春又全面恢复了对华优越感。① 小松裕则利用戏剧、文学作品、报纸、漫画杂志等资料,着力于考察对华蔑称"猪尾奴"②的产生、发展过程,得出甲午战后"蔑华观"在民间定型的结论。③ 上述研究在史料挖掘及观点论证方面均可资借鉴,但前二者之结论令人甚为质疑,后者则因其考察对象囿于对华蔑称,故而留下了拓展与深化余地。在日本已有研究中,普遍存有忽视当时"语境"而被"后见之明"所左右,以甲午战后长期存在的"蔑华观"来臆测甲午战前的对华观,从而使其论述产生了重视"蔑视"大潮,而忽视"畏惧"暗流之弊病,同时对于"蔑视"与"畏惧"的对象又不加细分,致使其叙述难以解释为何在确立所谓"蔑华观"之后依然存在"畏惧"之声的乖戾。

甲午战前日本的对华观着实错综复杂、充满矛盾,既有"蔑视"又有"畏惧",但亦非一团乱麻,不可理清。若细加区分辨别即可发现,其"蔑视"对象主要体现于精神文明领域,而"畏惧"则主要体现于物质文明领域。这种精神观与物质观的分裂,是基本贯穿甲午战前日本对华观的重要特征。

甲午战争前近代日本对华观大致可划分为三个阶段。从明治维新到壬午兵变是第一阶段。该阶段日本在争取对华对等地位的同时,精英阶层因其对近代化改革的态度积极于中国而形成对华优越感,并在"台湾出兵"与"琉球处分"中得到了"自以为是"的"验证"。但这种优越感主要体现于精神领域。

明治维新以后,日本政府急切地推进与中国的外交谈判,欲用重视横向关系的近代西方国际关系模式取代东亚传统的纵向朝贡模式,以摆脱历史上长期存在的"属国"或"边缘国"地位。1871年,中日双方签订《中日修好条规》,日本成功实现了梦寐以求的对华对等地位。与此同时,日本政府及知识界在东西文明对比中产生了显著的"劣亚"自觉与强烈的"脱亚"欲望,

---

① 参见伊藤之雄:《日清戦争前の中国、朝鮮認識の形成と外交論》,古屋哲夫編:《近代日本のアジア認識》,京都大学人文科学研究所,1994年。
② 所谓"猪尾奴",音为"tyantyan",是对清朝男子扎辫子风俗的形容与嗤笑,以此蔑称中国人。
③ 小松裕:《近代日本のレイシズム——民衆の中国(人)観を例に》,《熊本大学文学部文学部論叢》歴史学篇,2003年3月。

这驱使日本对于受到西方压迫却依然守旧、专制、怠惰的中国、朝鲜留下了负面印象。在外交上，早已习染了"失之于西偿之以东"战略的日本政府欲将"西方文明—东方野蛮"的对立图式移植于东亚内部，铸造一种"日本文明—中、韩野蛮"的文明范式以及与之相随的"日本盟主—中、韩附庸"的东亚国际关系模式。1874 年 5 月，日本政府利用中国北疆告急的"有利形势"出兵台湾并侥幸得手，这使其产生了一股"蔑华"风潮。1875 年 2 月 14 日，《新闻杂志》发表了题为《台湾事件大成功》的报道，称"日本人自满得意，猪尾奴终于屈服。四百余州已为囊中之物，恭亲王、李鸿章之类如同小儿不足为惧"，对于清朝赔偿一事，则称"此事使其丧失第一名义，在各国面前丢尽颜面"[①]。同年 8 月，日本又挑起江华岛事件，迫使朝鲜签订含有不平等内容的《日朝修好条约》。中国虽是朝鲜的宗主国，却未能阻止签约，从而客观上助长了日本的蔑华之风。同年，日本政府强令琉球断绝与中国的关系，1879 年，又将琉球彻底吞并。

以伊藤之雄为代表的一部分学者因出兵台湾后日本出现了上述"蔑华"风潮及东京部分城市居民开始使用"猪尾奴"蔑指华人，就认定此时日本已经形成"蔑视型对华观"。然而，正如德富苏峰所自白的那样，日本国民性里流淌着一种"外尊内卑"的血液，但为解脱长期被压抑的自我"劣等感"，一旦获得机会其"自轻自贱"与"崇洋媚外"就会转为"自我迷恋根性"与"贬低他国"以自尊、求大、泄愤的心理，而导致这一国民性形成的最大根源就是历史上长期存在的强大邻国中国。[②] 因此，在出兵台湾之后，都市圈的媒体及部分民众掀起的"蔑华"风潮，也可以被理解为是对因历史上长期"仰视"、"敬畏"中国而积郁成疾的释放行为。而且，当时日本在国际上依然是一个遭受列强欺凌的弱国，在东亚也只是一个刚实现对华对等地位的小国，客观说来，此时日本的实力不足以支撑其"蔑华观"在全民中间推广开来。

再者，日本此时的"蔑华"内容基本是对中国面对西力东渐的强压却仍在近代化问题上裹足不前、墨守成规的耻笑。对于以军事力量为中心的综

---

① 《台湾事件大成功》，《新闻杂志》1875 年 2 月 14 日，收于中山泰昌编著：《新闻集成明治编年史》第二卷，东京：本邦书籍株式会社，1982 年，第 230 页。另外，所谓"四百余州"是指中国。
② 德富猪一郎：《败战学校》，法云社，1938 年，第 37—38 页。

合实力对比,日本还难以确信优于中国。1876年,清朝派遣"扬武号"访日,日本对该舰做了如此评价:"此为支那产之第17艘军舰,制造坚固精密,为我国龙骧舰等所不及。舰中可装大炮,运转轻便,器械齐备。又士官等均为正规海军士官,无人不懂英语,就连记账、日期亦均用英语,极为熟练,非我海军士官可比及。"①由于在军事、经济等领域缺乏自信,日本社会出现了讽谏蔑华之风的力量。1875年11月,《东京日日新闻》发表了题为《支那决不可轻侮》的文章,内称:"国人以于东洋之开明先进,颇带自满之状,轻蔑东洋诸国,而支那人愤懑于日本抢先,渐呈奋发之势。夫轻蔑与奋发孰为保全独立之良策,愚人亦明。吾切望国人早日舍弃轻蔑邻邦之恶念。"②1878年1月,《邮便报知新闻》也发表了题为《论清国不可轻视》的文章,指出日本文明开化过快有招致"内贫"的危险,而步履缓慢的中国反而会保存实力,潜力巨大,因此"欲奉告有轻视清人思想者,交际各国中最可惧者即为清国"③。也正是基于对中国物质力量的较高评估,1878年成立的"振亚社"才积极提倡以"日清提携"、共御列强为主要内容的"亚洲主义"④。

1882年7月,日本在壬午兵变中武力挑战中国而未能得逞,其对华观随之进入第二阶段。该阶段日本在精神上对中国的蔑视与对中国军事等领域的畏惧之间的龟裂进一步拉大,对中国的敌对意识显著增强,此种状况一直持续到1893年。

壬午兵变后,日本舆论界在精神层面极尽贬低中国之能事,对于清朝固守封建性的政治、思想、文化、教育等产生了强烈的蔑视感。福泽谕吉可谓嘲讽中国"夜郎自大""固步自封"的领军人物。1882年9月,他在《时事新

---

① 《支那揚武号来航》,《東京曙新聞》1876年1月7日,收于中山泰昌编著:《新聞集成明治編年史》第二卷,第467页。
② 《支那決して軽侮すべからざるなり》,《東京日日新聞》1875年11月28日,收于《対外観》,第257页。
③ 杉山繁:《清国軽視す可らざる論》,《郵便報知新聞》1878年1月12日,收于《対外観》,第260—262页。
④ 有关国内对于"兴亚派"的研究可参见王屏:《近代日本的亚细亚主义》,北京:商务印书馆,2004年。盛邦和:《19世纪与20世纪之交的日本亚洲主义》,《历史研究》2000年第3期。戚其章:《日本大亚细亚主义探析:兼与盛邦和先生商榷》,《历史研究》2004年第3期。盛邦和:《日本亚洲主义与右翼思想源流:兼对戚其章先生的回应》,《历史研究》2005年第3期。杨栋梁、王美平:《日本"早期亚洲主义"思潮辨析——兼与盛邦和、戚其章先生商榷》,《日本学刊》2009年第3期等。

报》上刊登今泉一瓢的漫画《北京梦枕》,讽刺清朝在列强不断东侵的形势下依然高枕酣睡、自负傲慢。1883 年,福泽提出"中国历史停滞论",评价中国"将二千余年前尚处于蒙昧未开时代之古圣人语录,定为管束人间言行之万世不易之规则,政治主义、社会组织,有史以来未尝进行一次局部性改革。亿兆生民将二千余年间之劳力,皆消耗于几百遍周而复始之同一长途"①。

在壬午兵变前后,日本舆论界在对中国大肆声讨的同时,也为争夺对朝鲜的"指导权"并缓减中国的仇日情绪而倡导"亚洲主义"。1880 年,"亚洲主义"的典型组织兴亚会成立。1882 年 3 月,福泽谕吉也在《时事新报》上发表《论对朝鲜外交》一文倡导"亚洲连带"论。但不论是兴亚会还是福泽谕吉,二者都基于对中国的蔑视,而将日本定位为"东洋盟主"。兴亚会的重要成员草间时福便称:"以我国为东洋盟主,卓然立于执其牛耳地位者,舍东洋连横,尚有其他良谋善策乎?"②福泽谕吉也宣扬"亚洲应齐心协力以御西洋人之侵凌……亚洲东方堪当此魁首盟主者唯我日本"③。

1884 年 12 月,日本趁中法战争正酣、清朝无暇顾及朝鲜之机,鼓动金玉均等开化党人发动甲申政变挑战中国,最终不敌清朝而失败。日本政界、舆论界恼羞成怒,对于中国在中法战争中的"不败而败"大加鞭挞与嘲讽。福泽谕吉更是发表"告别东方恶友"的《脱亚论》,大声呼号"为成今日之谋,我国不可待邻国开化而与之共兴亚细亚,莫如脱其行伍,与西洋文明国共进退。"④人们在考察《脱亚论》时往往关注的是它对日本走上"脱亚入欧"道路的意义及它对日本产生蔑华观的推动作用,而忽略了其"脱亚"论述的前提,即对清朝与朝鲜的蔑视内容:"吾日本国虽位于亚细亚东部,国民精神却已摆脱亚细亚之固陋而移入西洋文明。然不幸此处有近邻二国,一曰支那,一曰朝鲜。此二国人民古来受亚细亚之政教风俗所滋养,与我日本国民无异,然或由人种来历不同,虽处同一政教风俗,遗传因子却不同。比较日、支、韩三国,支那与朝鲜相似,其共性在于一身一国皆不知改进之道,处于交通极

---

① 庆应义塾编:《福沢谕吉全集》第 9 卷,东京:岩波书店,1960 年,第 23—24 页。
② 草间时福:《东洋连衡论》,《邮便报知新闻》1879 年 1 月 19 日,收于《对外観》,第 267—268 页。
③ 庆应义塾编:《福沢谕吉全集》第 8 卷,东京:岩波书店,1960 年,第 28、30 页。
④ 庆应义塾编:《福沢谕吉全集》第 10 卷,东京:岩波书店,1960 年,第 240 页。

便之世,耳闻目睹文明事物却不为心动,留恋古风旧习之状千百年未变。当今世界文明日新月异,此二国却依稀论教育则曰儒教主义,论学校教旨则称仁义礼智,由内而外皆为虚饰,道德扫地、残酷又不知廉耻,尚傲然自尊毫无反省之念。以余观之,此二国在此文明东渐之风中,难有维护独立之道。"①可见,福泽谕吉对于中国的蔑视依然主要停留在精神领域,即批判中国固守传统而惰于革新。

值得关注的是,从壬午兵变到甲申政变,日本对华观在精神领域的"蔑视"得到强化的同时,在军事、经济等领域的"畏惧"及"敌视"也大为升级。其"畏惧"的对象主要是中国广阔的国土、新锐武器的进口、北洋舰队的兴建以及庞大的陆军,②其中对北洋舰队的"警戒"尤为突出。

清政府从1879年开始大力扩充海军,其效果在壬午兵变及甲申政变中得到了很好地体现。壬午兵变后,日本便认识到中国的军事实力得到了强化,对华敌对意识显著增强。1882年11月,《自由新闻》发表了如下言论:清国为抗衡日、俄而扩张海军,"根据1881年的调查,我国海军战舰仅有24艘,而清国则有大小船舰60余艘"③。就连向来对中国嗤之以鼻的福泽谕吉也在该年发表的《兵论》中注意到"支那近来非常致力于制造新式兵器",承认中国物产丰富、国富民勤,担忧中国凭借丰厚的资本引进西方军械及其制造方法,"骤然间于东洋出现一大强国。"④1883年6月5日,近代陆军的缔造者山县有朋在《对清意见书》中清醒地认识到"对清作战的胜利并不简单"⑤,从而摒弃、抑制了陆军中下层要求立即对清开战的意见,同时开始实施增税以扩军备战。

及至甲申政变后,随着中国对定远、镇远两艘超级铁甲舰的购入,中日海军力量的差距进一步拉大,又兼清军将士在中法战争中顽强抵抗,使得日

---

① 庆应义塾编:《福沢諭吉全集》第10卷,东京:岩波书店,1960年,第239—240页。
② 具体参见曇五里:《日清戦争前後の亜細亜(上):日清戦争前の亜細亜》,《日本》1895年6月15日社论,第1版。
③《自由新聞》1882年11月18日。转引自伊藤之雄:《日清戦争前の中国、朝鮮認識の形成と外交論》,古屋哲夫编:《近代日本のアジア認識》,第114页。
④ 庆应义塾编:《福沢諭吉全集》第5卷,东京:岩波书店,1959年,第307页。
⑤ 大山梓编:《山県有朋意見書》,东京:原书房,1966年,第137—138页。

本颇感"震惊"。1885年6月,《自由之灯》评价"清国首次让欧美各国公认其东洋大帝国之价值",且"迩来清政府深感不可轻视陆海军建设,竭尽国力购买战舰弹药,并大力开发矿山、铁道等工业资源,加之人民勤俭、士兵众多,本不可侮。"①1887年1月,已经发表《脱亚论》的福泽谕吉亦对中国"拥有东洋一流海军"流露了复杂心情,发现世人通过中法战争"吃惊地看到清国并不弱,法国并不强,尊敬支那之念大有所增。"②同年3月,《东京日日新闻》公开承认了中国对于日本的军事优势,即:"若论将士之勇猛、操作之熟练,我国海军无疑处于优势地位。然论舰队大小、速度快慢、装炮轻重等物质方面,则需承认清国处于优势地位。而当今世界之发明日新月异,海军物质力量成为决胜之关键,则东洋海军当推支那为第一。"③随着中国军事优势的日趋显著,日本出现了"中国威胁论"。1891年,德富苏峰宣扬中国旺盛的人口繁殖力、勤勉的国民气质与强劲的忍耐力、外交政略上的"狡猾"等,都使其成为一个值得恐惧的国家,将来在对外贸易竞争中必将成为日本的劲敌。④ 正是鉴于在军事力量上的劣势,日本政府从甲申政变结束签订《天津条约》到1893年间,在大力进行针对中国的扩军备战以将朝鲜化为本国殖民地的同时,又不得不暂时默认中国在朝鲜问题上的主导地位。⑤

由是观之,截止到1890年代初期,日本对于中国的蔑视与畏惧是并存的。因此,若将福泽谕吉发表《脱亚论》作为日本对华观发生全面逆转之标志,则有失全面性,忽略了日本对以军事力量为代表的中国物质文明存在"畏惧"的一面。

1893年,随着日本以中国为目标的既定扩军计划的完成,日本政界及民间舆论对于中日两国以军事实力为标志的物质文明对比评估发生戏剧性变化,日本的对华观进入第三阶段。

---

① 千代田正:《清国は復具下の旧阿蒙にあらず》,《自由の燈》1885年6月27日,社论。
② 福泽谕吉:《外国との戦争必ずしも危事凶事ならず》,《時事新報》1887年1月7日,庆应义塾编:《福沢諭吉全集》第11卷,东京:岩波书店,1970年。
③ 《海軍拡張》,《東京日日新聞》1887年3月17日,社论。
④ 德富苏峰:《对外政策の方針》,《国民之友》第126号,1891年8月3日,第1—6页。
⑤ 参见伊藤之雄:《日清戦争前の中国、朝鮮認識の形成と外交論》,古屋哲夫编:《近代日本のアジア認識》,第128页。

是年 10 月,山县有朋在《军备意见书》中根据相关情报确信清朝于 1885 年后在军事上无可观投资与重大建树,军人吸食鸦片,精神颓废,士气衰微,而"兵要在于精炼,此绝非二、三年即可练就"①。与中国在军事上的不思进取相反,日本却受中国购买定远、镇远两艘巨型铁甲舰组建"东洋一流"海军的刺激,上自天皇、军部、政府下至舆论界都致力于以中国为假想敌加强陆海军备。1886 年,日本制订了第六次海军扩张计划。1893 年,严岛、松岛、吉野三艘 4000 吨位的巡航舰都已竣工,桥立、秋津洲等巡航舰也将于 1894 年竣工。至此,山县认为今后十年内堪称敌者已非中国而是英、法、俄,在军事领域表现了对华优越感。② 基于此,1894 年 6 月 15 日,伊藤博文内阁决定了对清开战方针。

此外,1889 年 12 月,日本颁布基于近代立宪主义思想之上的《大日本帝国宪法》,次年 11 月 29 日开始实施,召开第一次帝国议会,政党开始正式登上日本政治舞台。此时,日本政党也因政治近代化的推进及军事力量的增强而对中国充满了自信,并在发动侵略战争问题上与其宿敌——藩阀势力达成一致。③ 1894 年 8 月,大隈重信领导下的改进党煽动对清开战称:清国"政治是君主独裁,国民缺乏爱国精神,少有勤王之念",清法战争中,李鸿章袖手旁观,未派北洋舰队援助南洋舰队,据此可知清国国民缺乏团结,且"陆军号称百万,但采用洋式操练、使用巨炮洋枪者不过李鸿章手下三万兵,余者皆为手持大刀长矛的旧式兵",而日军却"纪律严明、进退去就都得到充分锻炼",故日本攻打中国无异于"虎狼驱赶羊群、疾风席卷落叶"。④

日本民间舆论对于中日军事实力对比的评估于 1893 年后亦发生了类似于政界的变化,⑤从而形成了对华优越感。值得注意的是,他们在敌视中

---

① 大山梓编:《山県有朋意見書》,东京:原书房,1966 年,第 218—219 页。
② 伊藤之雄:《日清戦前の中国・朝鮮認識の形成と外交論》,古屋哲夫编:《近代日本のアジア認識》,第 128 页。
③ 萨摩、长州、土佐、肥前四藩领导层主导了明治维新,他们以各自的出身藩为依托形成派系,被称为"藩阀",由藩阀占据多数的内阁被称为藩阀政府或藩阀内阁,该政治形态被讥为"藩阀专制"。
④ 丸山名政:《朝鮮国の保護を論して日清の戦争に及ふ》,《立憲改進党党報》第 31 号,1894 年 8 月 7 日,第 10 页。
⑤ 具体可参见伊藤之雄:《日清戦前の中国・朝鮮認識の形成と外交論》,古屋哲夫编:《近代日本のアジア認識》。

国,尤其是在挑战中国、发动侵略战争问题上与日本政府并无重大分歧,其态度甚至比政府更为猖狂。

早在甲申政变之际,日本精英阶层就已出现要求开战的呼声。1884年12月,自由民权运动的舆论代言《自由新闻》主张开战:"清国虽军舰众多、武器充备,然徒于虚饰外表,并无巧操战舰、妙用军队之将校,亦无熟练操作枪炮之士兵,若一旦战机来临,吾国就当以精兵强将驱逐驻守韩国之支那兵,进而横跨鸭绿江,长驱直入进北京。"①

东学党起义后,日本舆论更是大张旗鼓地煽动对清开战。德富苏峰本为追求平民主义而创办《国民之友》杂志,但在甲午战争期间却转向"国权主义",诬蔑中国的历史是"一部侵略史",中国人是"具有山贼般天性的侵略者",称"清国大为觉醒之时,乃最为危险之日",②宣扬在亚洲建设"大日本"是老天赐给日本的特权,而清朝是阻碍这一特权的敌人,主张对清开战。③与德富苏峰着眼于"中国威胁论"主张对清开战不同,当时大多数主导民间舆论的知识分子用"文野之战论"赋予这场侵略战争以"正义性"。"脱亚论"者福泽谕吉诡辩甲午战争"是文明开化之谋求者与阻碍者之间的战争"。④原本主张"日清提携"的亚洲主义者陆羯南,此时也污蔑清朝是"东洋之一大野蛮国",极力煽动战争,宣扬"王师之胜败乃文明之胜败也"。⑤ 后来转为反战主义的基督教信徒内村鉴三此时也用英文公开附会这是一场义战,认为日本是代表新文明的小国,而清朝是代表旧文明的大国,二者的冲突难以避免,宣扬"支那不知今之圣人之道,文明国对于此不诚不信之国民唯有一途,即铁血之道也,以铁血求正义之途也"。⑥

总之,"文野之战"论是包括脱亚入欧、国粹主义、亚洲主义、国权主义等各派知识分子的共同主张,也是日本政界共有的口实。日本人的对华观是

---

① 《朝鮮処分》,《自由新聞》1884年12月19日。
② 《支那論》,《国民之友》第15卷第231号,第7页。竹越与三郎:《支那論》,东京:民友社,1894年,第32页。
③ 《支那論》(1),《国民之友》第14卷第230号,第8—9页。竹越与三郎:《支那論》,第5页。
④ 庆应义塾编:《福沢諭吉全集》第14卷,东京:岩波书店,1961年,第491—492页。
⑤ 西田长寿他编:《陸羯南全集》第4卷,东京:みすず书房,1970年,第579页。
⑥ 《日清戦争之義》,《国民之友》第234号,1894年9月3日。

一种心理认知状态,它会上升为意识形态并转化为一种行动激情。① 甲午战争前夕日本政府及精英舆论有关中日两国之对比评估的逆转,是日本敢于发动甲午战争的精神驱动。尽管这场战争的爆发原因不在所谓文明与野蛮的对立,而在日本向亚洲扩张的战略与贪婪欲望,但精英阶层所宣扬的"文野之战"论,不仅为日本政府发动甲午战争提供了舆论、智力与理论支持,而且它所树立的"日本文明、中国野蛮"的对立图式,构成日本民众对华观逆转的重要语境,引领其对华观朝着蔑视方向发展。

二、战争报道与民众对华观的逆转

上文已述,日本政界及精英舆论于1893年后已滋生对华优越感,但若将该年作为日本对华观全面逆转之标志则仍有欠妥当。这主要基于以下原因。其一,政界、精英层之对华优越感毕竟尚未经过战争检验,故其底气未必充足。其二,精英阶层的对华优越感需要经历一个由高层到低层、由中心到边缘的辐射过程。目前在探讨甲午战前的日本对华观时,可资利用的史料主要局限于政府文件、精英论集、报刊资料,其中报刊资料虽在一定程度上能够反映城市民意,但由于当时购买报纸尚未成为底层民众及农村边远地区民众的习惯,故无法确定当时精英阶层的对华优越感已经渗透到普通民众当中。其三,根据一些回忆记录,在甲午战前普通民众对华并无蔑视感。例如,荒畑胜三少年时代生活于华人聚居区横滨,他回忆说:"甲午战争前支那人一般是受到极大欢迎与友待的……他们至少比富山卖药的受到了更多的亲善与友待。"②在群马县沼田渡过少年时代的生方敏郎也回忆说:"甲午战争开始之前,我们对于支那人并无恶感,更遑论憎恶了",那时,在小学学习的是汉字,每晚回家由父亲教习《大学》《中庸》《论语》等中国典籍,在学校、家里都聆听过孟母三迁的故事;家中所用高档屏风画的是"唐人""唐童"游戏图,数枚漂亮餐碟是南京制造;在庆祝夏天到来的节日里,各町抬出的车辇舆轿上摆设的大都是诸如汉高祖刘邦、楚霸王项羽、关羽、张飞、史

---

① 严绍璗:《战后60年来日本的中国观》,《粤海风》2006年第5期,第32页。
② 荒畑寒村:《寒村自伝》上,《荒畑寒村著作集》第9卷,东京:平凡社,1977年,第41—42页。

进、鲁智深等中国古代英雄人物。总之，在甲午战争前，中国对于日本老百姓而言是一种"伟大、浪漫与英雄"的存在。① 其四，甲午战前普通民众之所以对中国具有此种亲切感与友爱感，主要源于古代中国在文物、制度、思想等方面对于日本的深度影响及随之而来的"中华"形象。江户时代，《千字文》、四书五经、《唐诗选》及记载中国历史的《十八史略》被各地庶民小学引为教材，民众所能触及的是儒家经典所展现的理想王国，中国成为其憧憬对象也属合理推断，且在后世日本的论著中亦常如此回忆。当然，他们亦受"元寇来袭"、丰臣秀吉"伐朝叩明"等历史事件的影响对现实中国不无畏惧或轻蔑，且随着明治维新后日本近代教育的实施与《西洋事情》《劝学篇》等具有思想启蒙意义的书籍被引为教材，有不足一半的儿童②接受了福泽谕吉关于"文明与野蛮"的世界观，从而对中国形成一定的轻蔑情结，但这与形成全民性的蔑视型对华观尚有距离。

然而，战争的胜负可以改变一个国家的国际地位及国家形象。甲午战争作为中日间规模空前的武力角逐而日本大获全胜，这对日本民众的对华观实现从"仰慕"到"蔑视"的历史性逆转起到了决定性作用。

报纸、杂志及参战士兵寄给亲友的信件在向日本民众传播甲午战争的消息并使之形成共有的对华观过程中发挥了重要作用。甲午战争期间日本66家报社派出从军记者114人，其中以《朝日新闻》《中央新闻》为最，次之为德富苏峰的《国民新闻》与陆羯南的《日本》。③ 各大报纸、杂志根据战地记者传回的消息持续不断地报道战争的进展状况、战斗经过、双方死伤人数、俘获战利品、俘虏处置及战地情形等，其中对日本民众的对华观产生重大影响的报道主要有以下三个方面。

首先是有关中国不堪一击、连战连败的报道，极大地助长了日本民众的自负心理。

从1894年7月25日，日本海军第一游击队在丰岛海面对北洋舰队发

---

① 生方敏郎：《明治大正見聞史》，东京：中公文库，1978年，第33—34页。
② 1891年日本小学义务教育的入学率达到50%。
③ 陆军省编：《日清戦争統計集：明治二十七、二十八年戦役統計》下卷2，东京：海路书院，2005年，第1106—1107页。

动突然袭击挑起战争,至1895年4月17日签订《马关条约》,甲午战争历经近9个月、三大阶段。[①] 日本各大报刊一般都在头版头条的位置、用放大的字体报道战胜的消息。在开战之际,日本民众还因对中国持有敬畏之念而高度紧张,故对丰岛海战与成欢、牙山之战的胜利惊喜万分。9月17日黄海海战爆发,《东京朝日新闻》报道中日双方激战5个小时,号称"东洋首席"海军的北洋舰队大败于日本联合舰队,宣称中国"海军战斗力已经消亡"。[②]

黄海海战后,日本对甲午战争的胜负结局已有确凿把握,各大媒体纷纷叫嚣扩大战争、入主内陆、占领北京,完成丰臣秀吉之迁都北京的历史遗梦。竹越与三郎早在成欢、牙山之战后就扬言"海陆并进,日章旗插上北京城头之日绝不遥远"。[③]《东京朝日新闻》发表社论称"不论是陆军在平壤的大捷,还是海军在黄海的大胜,皆可测知清国战斗力之低下。若如此势如破竹直捣其巢穴亦非难事。"[④]日军从10月下旬开始越过鸭绿江发动侵略中国本土的战争,中国连失九连城、凤凰城、金州、大连、旅顺等战略要地,尤其是在11月22日旅顺要塞失陷后,《东京朝日新闻》评论道:旅顺系"清国咽喉要塞","防御设施冠绝东洋",却未费吹灰之力攻陷,令世界"瞠目结舌","清国海军之元气尚未恢复,却又丢失如此要港,则渤海湾之制海权业已由我掌握,由此以势如破竹之势迅猛攻破其根据地北京,为期不远矣"。[⑤]

在1895年1月20至2月上旬进行的威海卫之战中,北洋舰队在日本陆海夹击、腹背受敌的情况下,在已成孤岛的刘公岛上鏖战多日,最终失败。日本各大报纸以头条新闻连日报道,向民众传达了北洋舰队全军覆没的消息。

北洋舰队覆没后,日本眼中已无中国,[⑥]要求进攻北京的呼声更加高涨。《团团珍闻》登载了日军吞食中国失地的漫画,其中便包括北京,并鼓励日军驱使占领地的中国人攻打北京。第一军参谋福岛安正也致书山县有

[①] 有关阶段划分可参见戚其章:《甲午战争史》,北京:人民出版社,1990年,第586页。
[②]《東京朝日新聞》1894年9月22日,第1版。
[③] 竹越与三郎:《支那論に題す》,《支那論》,第1页。
[④] 破扇子:《前途有望の時期に際して》,《東京朝日新聞》1894年9月25日社论,第2版。
[⑤] 破扇子:《旅順口の占領に就て》,《東京朝日新聞》1894年11月27日,第3版。
[⑥]《眼中清国なし》,《自由党党报》第79号,第41页。

朋,认为北京守军号称 18 万,但可谓劲旅者不及四五万,故日军"以 3 个师团的兵力即可轻取北京"。①

在一系列战争报道中,日本民众作为受众,当然不会无所表现。对于日本陆海军的连战连胜,他们开始时抱有侥幸心理,但随着战争频频得手而增加了自信,至攻陷旅顺则已确信日本优越于中国。② 陆奥宗光写道:"平壤、黄海战胜前,暗自担忧战局胜败的国民,现已毫不怀疑战争的胜利了,而是关注我国旭日军旗何时插到北京城头。人们都充满了雄心壮志、快乐狂欢、骄傲高慢,迷醉于欢声凯歌之中,对于将来的欲望急剧膨胀。"③在"日军每战必胜、中国每战必败"的宣传中,日本民众"对中国转为极其蔑视的心态"④,这甚至表露于日常生活。黄海海战后,儿童在玩耍奔跑竞赛、相扑游戏时,辱骂失败者是"支那"。在一种名叫"面子"的游戏中,"支那兵投降图""我国骑兵蹂躏豚军图""黄海击沉清舰图"等面具流行一时。即便在成年人之间,撒谎者也会被谩骂为"支那政府",吹牛者会被嘲讽为"李鸿章"。⑤ 庆祝日军胜利的国民大会更是充斥于各地。

其次是有关中国军纪涣散、贪污腐败、临阵脱逃等现象的刻画与宣传。

《日清战争记实》以"清兵在军营携带玩具"为题做了如下描述:有将军携带妓女的,有打着蝙蝠伞的,有带着鸟笼的,队伍里有唱歌的,有怒骂的,有快走的,有慢走的,千差万别、千奇百怪。⑥ 丰岛海战后《邮便报知新闻》讥讽中国"军舰外貌修饰得堪与泰西各国媲美,但舰内设备极不完备。大炮

---

① 尚友俱乐部山县有朋关系文书编纂委员会:《山県有朋関係文書》3,东京:山川出版社,2008 年 2 月,第 156 页。
② 《何故に我は清に勝てりや》,《国民之友》第 15 卷第 240 号,第 5 页。
③ 陆奥宗光:《蹇蹇録》,东京:岩波书店,1941 年,126 页。
④ 藤村道生:《日本アジア観の変遷》,上智大学史学会:《上智史学》第 22 卷,1977 年 11 月,第 29 页。
⑤ 《東京朝日新聞》1894 年 10 月 7 日,第 3 版。
⑥ 《清兵軍中に玩具を携ふ》,《日清戦争記実》第 4 编,博文馆,1895 年 2 月 21 日,第 95 页。另外,陈悦在"X 档案——甲午战争失败疑云"节目中为致远舰管带邓世昌养宠物狗正名而列举日本松岛旗舰上的牛也是宠物。根据松岛舰水雷艇艇长木村浩吉的观战记录,该舰上的牛并非宠物,而是食物储备,同舰还带有屠夫。木村浩吉:《黄海海戦ニ於ケル松島艦内ノ状況》,东京:内田芳兵卫,1896 年 2 月。

看似完美，内部却早已生锈，枪筒内全已腐蚀，实际根本不抵用。"①还有报道称中国文武官员十指都留着长指甲，任其自然生长，"以平时拱手闲坐为风韵体面"。②

甲午战争中，中国陆海军不同程度地发生了临阵脱逃事件，这对讲究杀身成仁、推崇武士道精神的日本民众来说，是可资笑谈与鄙夷的绝佳材料。《日清战争记实》写道："支那大将身形高大、力气超群，貌似可指挥三军，然一旦开战就变成弱虫一条，尚未听到枪声就已逃之夭夭，甚至披上妇女衣装，企图蒙混过关。"③从军记者山本忠辅如是描绘了成欢、牙山之战中堪称精锐部队的李鸿章旗下"练军"之丑态④：

> 清将聂（士成——作者注）仅次于清军副将叶志超，是李（鸿章）总督旗下的名将，欧美人无不知其姓名者，在征讨马贼过程中屡立奇功。然……聂之狼狈真是徒有虚名……当我军围攻聂营发起猛攻时，聂迅即弃营而逃，还脱掉军服，连大将寸刻不能离手的文书包也弃之不管……清兵逃跑时，军服靴帽扔得到处都是，钻进农家，抢走朝鲜人衣服，改装而逃。……牙山是其根据地，本以为要背水一战，……岂料到牙山一看，他们竟丢下几十万发弹丸、六七百袋（七斗一袋）军粮逃跑了。……呜呼，凭此等羸弱之兵还欲在弱肉强食之世界夸耀独立，妄想将朝鲜作为属邦与我国一争高下，实在是愚昧之极，令人忍俊不禁。

战火蔓延到中国本土后，清军也未能遏制逃跑现象。《东京朝日新闻》报道在金州之战中，清十营"新募兵一听到我军进攻金州城的炮声便落魄而逃"。⑤ 大连之战中，清军在日军"枪剑尚未进逼到壁垒时就已逃遁"，大连炮台"兵不血刃"为日军所获。该炮台"系用洋式近代筑城法建筑，壁垒坚固，大炮、弹药完备"，故该报慨叹"清军所据炮台如此坚固，且具备各种口径

---

① 《外見ばかりの清艦：内部は腐蝕朽廃》，《郵便報知新聞》1894 年 7 月 29 日。
② 《長爪と清国軍人》，《日清戦争記実》第 3 編，第 96—97 頁。
③ 《支那の大将株》，《日清戦争記実》第 4 編，第 95—96 頁。
④ 山本忠輔：《成歓激戦の実況》，《東京朝日新聞》1894 年 8 月 9 日，第 1 版。
⑤ 山本忠輔：《第二軍随従記》第 7，《東京朝日新聞》1894 年 11 月 22 日，第 2 版。

大炮,却不能顽强防御而以逃跑为事,着实令人震惊"。①

不仅陆军,北洋舰队出现的临阵脱逃现象也颇为严重。黄海海战中,济远、广甲两舰就不服从命令先行逃跑。② 根据日舰高千穗的从军记者佐伯安报道:清军将卒"惜命不惜名,开战之初来势凶猛,一旦露出败相便争先恐后逃跑,不服从长官命令,阵形紊乱秩序失调,导致愈益失败"。③ 在威海卫海战中,被日军抓获的逃兵为保全性命,将极为重要的机密泄露给阵前大敌。④ 北洋海军保存完整的十艘鱼雷艇支队在战争中毫无建树,却在刘公岛决战中由管带王平、蔡廷干率领结伙逃跑,结果被日本抓获。⑤

中国官员的腐败也给日本民众的对华观带来了重大影响。《日本》以如下报道揭示、嘲讽清军的腐败。"淮军一将卫汝贵身率十余营于平壤,而私囊营兵粮饷奉银十余万两不发,将之秘送于上海,托于外国银行汇兑,转至家乡以为家计。营兵愤懑由内而溃⋯⋯又有天津道台盛宣怀负责从德国购买三十万挺小枪及附属弹药,却买来废旧枪支与粗劣弹药充数,私囊二百万弗。事败露,李鸿章怒而掌其颊,⋯⋯却终不纠其罪。"⑥小室重弘在《自由党党报》中批判中国将帅"并不把战争视为国家忧患,而是为自家营利的大好时机,仅带二、三千兵却声称一、二万,虚报兵数,狡狯地私囊银给,榨取国帑⋯⋯实为国家蠹虫。"⑦

最后,日本媒体对中国的丑化性报道,也严重地影响了盲从的日本民众。战争报道、小说及从军日志,大多为煽动民众而对中国使用了侮蔑性言

---

① 山本忠辅:《第二軍随従記・大連湾砲台の陥落》第6,《東京朝日新聞》1894年11月25日,第1版。
② 国内关于黄海海战中是否是方伯谦所率济远舰首先逃跑的问题存在分歧。根据高千穗舰上的从军记者记载:日军游击队四艘两侧分别架有速射炮的巡洋舰首先集中火力进攻超勇、扬威,二舰受重创起火,超勇沉没,扬威"逃向"西北方向的浅滩。北洋水师阵形大乱,日军趁机发起猛烈进攻,旗舰定远及经远起火,平远、致远损毁严重,北洋舰队不能支应,呈现败势,济远、广甲首先朝着西南方向败走。《黄海戦記》,《東京日日新聞》1894年11月11日,第7版。
③ 《黄海戦記》,《東京日日新聞》1894年11月11日,第7版。
④ 日军从来自刘公岛的逃兵处探知:"同地支那军舰有镇远、定远、济远、平远、威远、广济八艘,镇远坐礁受损后用'水泥'填补,故不能发射大炮,来远尚未修好,广济无大炮,还有其他炮舰6艘及大型水雷艇7艘与小型水雷艇4艘,镇远舰长林太曾自杀是事实"。《敵艦の消息》,《自由党党報》第78号,第29页。
⑤ 青山好恵:《海洋島海戦記補遺》,《東京朝日新聞》1894年9月28日,第1版。
⑥ 孤憤子:《隣に視れば笑ふべし、自ら省みなば奈何》,《日本》1895年1月5日社论,第1版。
⑦ 小室重弘:《支那の愛国者》,《自由党党報》第70号,社论,11页。

辞。日本民众在上述战争报道及参战家属来信中形成了中国愚昧、落后、腐败、懦弱等认识，盲目地接受了政府及传媒所导向的蔑视型对华观，从而决定了他们不可能成为日本侵华政策的牵制者，而只能成为随波逐流者乃至推波助澜者，成为近代日本不断推行侵华政策的"社会基础"。

三、对中国病症的分析与蔑华观的固化

日本对甲午战争的关注并未停滞于对事物表象的描述与渲染上，还深度分析了双方胜负原因。了解之，既有利于把握日本蔑华观定型固化的过程，也有助于更为客观地审视自我、反省不足。

一般认为，包括军力与财力在内的国家实力是决定战争胜负的重要因素。就此日本首相伊藤博文曾说：中国地大物博，"聘西人教习泰西兵法，与我国均历二十余年，人数既多于我，而饷糈又厚于我"，至于旅顺、威海"系天然险阻，若奋力据守，非一年半载断难得手，今乃取之如拾芥固"，然"非我国之强，亦非中国之弱，不过中国让我成功耳"。[1] 改进党高干岛田三郎亦认为中国占据了地利、武器与粮饷优势。[2] 从军记者渡边久太郎目睹旅顺军港繁华得如同神户、横滨，房屋鳞次栉比，行人服饰华美，其心境如同乡下人来到东京，并感叹旅顺的沟堑炮台值得日本学习。[3] 此状并不局限于旅顺，《万朝报》还惊讶地发现："所到之处陆地防备极为坚固。各地都筑有炮台城郭，设有数十门乃至百余门巨炮，很多日本兵器反而落后不及。至于海岸防御，大连湾、旅顺口、威海卫等姑且不论，就连名不见经传之地都设有炮台守军，不知支那于何时将海防建设得如此周密。"[4]

可见，在日本眼里，当时中国的军事设备及经济发展水平并不落后，人口及国土资源更是数倍于日本，但战争的结果却令世界触目惊心，中国以大败小，以"强"负"弱"，导致在国家实力与战争胜负之间出现一个看似悖论的

---

[1]《述议和时问答语》，《申报》，1895年4月8日（光绪二十一年三月十四日），第1版。
[2] 岛田三郎：《日清勝敗の原因》，《立憲改進党党報》第40号，1895年3月10日，第1页。
[3] 渡边久太郎：《北進記》，《万朝報》1895年5月10日。
[4]《支那の軍備拡張について》，《万朝报》1895年9月7日，第1版。

结果。人们百余年来一直在探讨这场影响了中国历史命运之战的胜负原因,却很少涉足亲历战场的对手——日本对该问题的看法。事实上,日本有大量的从军记者、政治家、浪人等从思想、制度及国民性层面深度挖掘了中国战败的原因。

其一,在思想层面上,认为清朝拘泥于妄自尊大的华夷思想,消极对待精神与制度层面的近代化改革是导致战败的根源。

《万朝报》直陈中国倨傲自大,"自称中华,视他国为夷狄,尝不能摆脱中华不以夷狄为敌的迷信",而这种迷信转为自满心理,自满心理又转为士气沮丧,士气沮丧化为国防颓废,国防颓废化为兵制紊乱,兵制紊乱带来连战连败。① 该分析虽不全面,但切中要害。明治维新后,日本不仅认识到引进欧美器械文明的必要性,而且意识到只有首先学习西方自由进取的精神风气与民主的政治制度,方可水到渠成地获取西方物质文明,②所以在政治、军事、经济、教育等领域自上而下地推行了一系列资本主义性质的改革,取得了显著成效。反观清政府在两次鸦片战争后未能摆脱"华夷思想"之束缚,仍以"中华"自居,墨守成规,恪守旧制,轻视除近代军工业以外的西方文明,嘲笑日本的政治改革是"轻佻燥进",鄙夷其为"模拟欧洲文明之皮相的小岛夷国"。③ 这种认识决定了清朝无法像日本那样及时采取全方位的近代化路线,而是坚持"中体西用"的理念,固守封建专制统治。正是由于中日在面对强势的西方文明时采取了上述两种不同态度,导致两国在近代国家的形成及近代化建设上走上了不同的道路。在发动甲午战争之际,日本已渐趋完成近代国家的建设并确立资本主义制度,④清朝却在封建专制体制上原地踏步。因此,甲午战争是近代国民国家对传统封建帝制国家的侵略战争,日本以"小"胜"大"也就不足为奇。日本联合舰队司令长官伊东佑亨

---

① 《清国之将来を卜す》,《万朝報》1895 年 2 月 3 日社论,第 1 版。
② 福泽认为"文明"可分为有形的物质文明与无形的精神文明。衣服、饮食、器械、住所及政令法律等都是物质文明,而人民自由、进取之"风气"是精神文明。物质文明易取而精神文明难求,但若先易后难会导致踌躇不前、走走停停甚至后退的结果,故"欲求西欧文明,必先难后易,先变革人心,而后改革政令,最后至有形物质。"参见福泽谕吉:《文明论概略》,北京编译社译,北京:商务印书馆,1992 年,第 8—10 页。
③ 陆奥宗光:《蹇蹇録》,东京:岩波书店,1977 年,第 44—45 页。
④ 依田憙家:《日中両国近代化の比較研究序説》,东京:龙溪书社,1993 年 3 月,第 135—136 页。

在致丁汝昌的劝降书中谈及：日本在三十年前就已切实废弃旧治道，吸收新事物，并将此作为维护国家独立的首要任务，方才带来了连战连胜。而清朝之所以有今日，并非一君一臣之罪，而是固守旧道所致。① 福泽谕吉也在庆应义塾大学出身的贵、众议员的同窗会上分析日本的战胜是"文明开化所赐"。② 自由党看到中国虽有慧眼之士要求革新，但清政府却不积极，原因在于一旦改革，其命运就危在旦夕，他们"只怕丢掉爱新觉罗所征服的版图，无暇顾及国民的命运"。③

其二，在军事制度方面，认为封建性的军制导致了清朝的战败。

首先，军制的封建割据导致中国无法举全国之力抵御日本。日清贸易研究所的创始人荒尾精凭其多年在华侦探经验，于1894年10月写下《对清意见》一书，分析清朝军制存在如下弊病：清政府由于害怕改革军制、将全国兵权总揽于中央打破祖宗遗法、破坏全国均衡，从而动摇满族统治，故在军制上维护封建割据状态，"在各省设置总督巡抚，任以兵马权，统领绿营军，恐其背叛，割财政权予布政使、储粮权予粮储道、武器权予兵备道"。④ 为遏制各省联合叛乱，又规定各营以防卫各自驻地为本职，一省需从他省借调援兵，须上谕准许方可进行，即便接到应援谕旨，若出于本省防务之需，亦可拒绝赴援。因此，甲午战争期间中国未能举国一致共抗日本。山路爱山在《支那论》一书中就此写道：大多数中国人未觉这是中国与日本帝国之间的战争，"各省大员认为那是直隶、满洲跟日本之间的战事，与己无关，故既不出粮饷，也不出军队"。⑤ 改进党骨干尾崎行雄也看到日本"并不是在与支那而是与直隶省作战，而后随着战线的扩大，才开始与支那（也只不过东海岸数省）相战"。⑥

其次，军制割据导致中国未能建立统率全局的作战指挥系统，陆海军之

---

① 《我聯合艦隊司令長官伊東中將が丁汝昌へ与えたる勸降書》，《東京日日新聞》1895年2月8日，第2版。该劝降书实由第二军司令官大山严命令法律顾问有贺长雄起草。
② 《福沢翁の時事意見》，《太陽》第2号，第156页。
③ 《清国形勢論》，《自由党党報》第73号，1894年11月30日，第1页。
④ 荒尾精：《对清意见》，东京：博文馆，1894年10月，第50页。
⑤ 山路爱山：《支那論》，东京：民友社，1916年，第7页。
⑥ 尾崎行雄：《支那处分案》，东京：博文馆，1895年，第115—116页。

间及内部都缺乏协同作战机制。威海卫之战,中国陆海军各自为战,日军首先轻松突破陆上防御,占领周边主要炮台,致使北洋舰队腹背受敌。日军在花园口和荣成湾大部队登陆时,竟未遭到北洋舰队与岸上陆军的联合阻击,致使日军无一伤亡便轻松拿下荣成。① 陆军内部各营也都各事其主,旅顺失陷前,清军共 30 余营,但"六统领不相系属","诸将互观望","致以北洋屏障拱手让人"。② 南洋、福建、广东三水师对北洋战事如同隔岸观火,拒不增援。海军衙门会办大臣李鸿章承认"华船分隶数省,畛域各判,号令不一"。③ 尾崎行雄亦发觉清朝四支水师各自为阵,"皆处于半独立状态,甚至暗地里将对方视为敌人"。④ 荒尾精分析清军这种"即便中央政府,亦难使其服从一将统一指挥"的情况,是由兵权分属各地总督、缺乏统一造成的。⑤

再次,军事割据导致中国未能建立统一的兵法与武器规格体系,这极不利于近代大规模作战。根据日本现存相关写实绘画等资料可以发现,当时日军武器与服制都已近代化,武器是带有刺刀的枪支,枪柄较长,刀锋锐利,既利于长距离射击,又利于近距离搏斗。清军武器与服制则均未完全近代化,传统武器矛头短钝,⑥近代武器种类和规格千差万别,枪炮不通用,子弹不对号,兵法不一,难以统一号令。荒尾精分析这是由各地总督巡抚"各自任意制定兵制,进行训练"造成的。他还看到清朝全国有八旗绿营共八十余万兵,但除"练军"外,"皆为手执大刀长矛的旧式兵,士气操练均无可观之处"。⑦

武器兵法不一,则难以组织统一训练,又兼仓促应战,导致清军技术不及日本。改进党要人、早稻田大学校长高田早苗讲道:甲午战争"犹如大力士与柔术手格斗,清国拥有四亿人口,力量自然胜于我国,然彼不懂战术,我则熟知之,故以我之有术抵其无术,恰如柔术手击毙大力士"。⑧ 成欢之战,

---

① 《荣成湾上陆の公报》,《自由党党报》第 77 号,第 33 页。
② 中国近代史资料丛刊:《中日甲午战争》第 1 册,上海人民出版社,1961 年,第 39 页、第 156 页。
③ 中国近代史资料丛刊:《洋务运动》第 2 册,上海人民出版社,1961 年,第 527 页。
④ 尾崎行雄:《支那处分案》,第 115—118 页。
⑤ 荒尾精:《対清意见》,第 42—43 页。
⑥ 铃木华屯电画作、迟塚丽水说明:《日清战争绘卷》第 1 卷(京城之卷),春阳堂,1895 年 1 月。
⑦ 荒尾精:《対清意见》,东京:博文馆,1894 年 10 月,第 41—42 页。
⑧ 高田早苗:《戦争と経済》,《立憲改進党党报》第 32 号,1894 年 10 月 20 日,第 17 页。

日军见地势险要,以为短期内难以攻克,但清炮兵不懂战术,据地利却不攻击日军炮营,只朝其步兵射击,还算错距离,日军无一伤亡。① 清军所持乃连发枪,日军所持不过是名为"村田"的单发枪②,清军却"不懂射击方法,命令一下便将七发子弹全部打尽",日军则在清军射击时伏于地面,乘其重安子弹时袭击,颇为有效。③ 金州之战,城头设有36门大炮,日军处于射程之内,炮弹却"始终落在固定位置",丝毫不能阻挡日军前进。④

北洋舰队在军事技术上也与日本海军存有差距。黄海海战,北洋舰队初遇日舰时,在双方远距5000—6000米处便开始发炮,即便旗舰定远发出的巨炮亦不能击中日舰,⑤日军则为确保命中率在驶进3000米处才开始发炮。⑥ 蔡廷干作为北洋舰队鱼雷支队的负责人,却不懂鱼雷夜间偷袭的功效,被俘后反问日本为何趁夜偷袭蜗居于威海卫的北洋舰队,结果贻笑大方。⑦ 因此,有日本人认为"技术的不熟练"是北洋舰队大败的要因。⑧

此外,清朝没有建立近代征兵制,延用封建旧兵制,未能确保兵员质量。近代征兵制与武器的近代化及国民国家的诞生紧密相关。日本于1873年发布旨在建立全民皆兵体制的征兵令,1889年对男性国民赋予了全民皆兵义务,这对其在甲午战争中取胜起到了重要作用。《国民之友》分析道:"征兵令使平民接受了武士训练。过去作为士族特长的武士道通过征兵令渗透到平民中间。平民曾认为执抢上阵杀敌,死于主君马前只是武士的职责,但现在平民亦知自己与武士具有同等任务。"⑨日本在甲午战争时人口不及中国十分之一,但通过征兵制确保了兵员数量及质量。清军由于遭到热兵器攻击,伤亡远大于日本,故不断使用传统的募兵制招兵。荒尾精分析这些兵

---

① 《清国砲兵戦術を知らず》,《日清戦争記実》第3编,第96页。
② 山本忠輔:《日清戦闘余聞》,《東京朝日新聞》1894年8月21日社论,第2版。
③ 《清兵射撃之巧拙》,《日清戦争記実》第3编,第96—97页。
④ 山本忠輔:《第二军随従記·金州城攻撃》第6,《東京朝日新聞》1894年11月25日,第1版。
⑤ 《黄海戦記》,《東京日日新聞》1894年11月11日,第6版。日本有关北洋水师开炮的距离也有4000米的说法。
⑥ 《海戦大捷の詳報:松村少尉の奏上》,《東京朝日新聞》1894年9月25日,第1版。
⑦ 天野皎著、天野徳三编:《入清日記等》全,兵库:壺外书屋,1929年11月15日,第179页。
⑧ 《海军の実力》,《自由党党报》第78号,第11页。
⑨ 《何故に我は清に勝てりや》,《国民之友》第15卷第240号,第7页。

员大多"不解武器用法,不知兵法为何","平时充溢于各省,不是鼠窃狗盗扰乱地方,就是赌博淫酒败坏风俗"。① 山本忠辅有关金州之战中新募兵逃跑的报道也证明了募兵制的弱点。《团团珍闻》还以漫画的形式讽刺募兵制,应募者为钱而来,其中还有残疾者。

其三,日本还从民族性出发分析中国战败的原因。首先,清人无近代国家思想,无爱国观念。尾崎行雄在1895年的《支那处分案》一书中写道:一个国家要想在列强竞争如此激烈的时代维护独立,人民就必须具备国家思想;若无国家思想,其国必亡。但中国人"知道有朝廷,而不知有国家","尚不知国家为何物,焉有国家思想乎?"② 在北洋舰队投降交接时,广丙号舰长以"我舰属广东舰队,不属北洋舰队"为由,拒绝交舰,日本将此作为"支那人无支那概念之确证"。③ 小室重弘嘲讽清朝的封建专制导致人民缺乏爱国心:"在专制国内,天下非天下之天下,乃君主一人之天下,国家非国民之国家,乃君主一人之财产。是以唯其主人君主才独爱其国,余者庶民百姓……视国家之安危存亡,不过君主自身之安危存亡矣。"④

尾崎与小室的上述分析可谓切中时弊。日本的近代化改革确实留有许多封建残余,但毕竟于甲午战争之际基本完成了由封建国家向近代国家的转型。尤其是其近代教育制度的实施培养了国民的近代国家思想,为主君献身的封建武士道精神被嫁接到天皇制近代国家身上,打造出全民性的"忠君爱国"精神,日本士兵"了解护国义务,明白士兵职分,理解国家荣辱……心系国家利益"⑤。中国则依然处于封建专制统治之下,固守科举制,没有建立旨在培养近代国民的教育制度,所以绝大多数士兵"并非出于国民义务、为爱国精神驱使参战,而是为获得给银,以私自家囊中"。⑥ 这导致了大量不战而逃的现象,从而带来了连战连败。《东京朝日新闻》便认为"清之军

---

① 荒尾精:《对清意见》,46—47页。自由党党报也注意到"清国无征兵制,通过佣兵制招集的人都是无产穷民、无赖贱夫"。《清国形势论》,《自由党党报》第73号,1894年11月30日,第4页。
② 尾崎行雄:《支那処分案》,第17—18页。
③ 島田三郎:《日清勝敗の原因》,《立憲改進党報》第40号,1895年3月10日,第2页。
④ 小室重弘:《支那の愛国者》,《自由党党報》第70号,社论,第10—11页。
⑤ 《何故に我は清に勝てりや》,《国民之友》第15卷第240号,第7页。
⑥ 小室重弘:《支那の愛国者》,《自由党党報》第70号,社论,第10页。

舰、炮台、连发枪及武器,均有超出我国者,却屡战屡败,皆由将卒怯懦所致。"①

其次,清朝吏治腐败。尾崎行雄就尖锐地指出清朝吏治腐败,丑陋至极。② 驻华公使大鸟圭介批判科举制度造成官吏社会乃至整个国家的腐败。③ 自由党也批评中国人"多年耗财修学及第,为官目的在于名利,故收敛贪污之臣成群"。④ 荒尾精从财政制度上分析了清朝吏治腐败的原因:户部岁入不过一亿三千余万圆,过半被充作军费,官吏俸银甚少。清政府明知各省官吏悉为利禄而仕,于是默许其以各种名目聚敛民财。此策可使清政府博得廉洁之名,免招民怨,但人民所受苛捐杂税却至少超过正税5倍,悉为大小官吏私吞。⑤

再次,清人具有文弱的民族性情。尾崎行雄评价清人"乃尚文之民,非尚武之民,乃好利之民,非好战之民",批判中国在漫长的历史中未能制造出一击置人于死地的锋利武器,不以战场为"杀人场"而是"旗鼓竞赛会"。⑥ 荒尾精在批判中国文弱气质的同时,分析其成因:中国历代有贵文贱武之风,俗谚有云"好铁不打钉,好人不当兵",清政府对此大加利用,诱导汉人日益朝着文弱的方向发展,采取"贵文贱武""以文抑武"的政策,甚至连用兵都任文官为统帅。然而太平日久,文弱之风已成。文官平生不是贪污受贿、中饱私囊,就是在诗酒之间较量指甲长短,向来不留意军务。又有武人通过骑射考试录用之制,但高级将校大多目不识丁,平时沉溺于酒色与赌博,毫无志气与操练,故洪秀全一介"草贼"便可崛起横行,所到之处文武百官弃城而逃。荒尾认为"若不彻底改革文弱之弊",中国就无旺盛之元气,但清政府害怕尚武风气会让汉人强盛起来危及大清江山,故即使面临外来侵略也断不会实施真正的军制改革。⑦

―――――――――――
① 山本忠辅:《第二军随从记》第7,《東京朝日新聞》1894年11月22日,第2版。
② 尾崎行雄:《支那処分案》,第20—26页。
③ 大鸟圭介:《日清教育の比較》,《太陽》第9号,第154—155页。
④ 《清国形勢論》,《自由党党報》第73号,1894年11月30日,第4页。
⑤ 荒尾精:《対清意見》,第51—56页。
⑥ 尾崎行雄:《支那処分案》,第26—28页。
⑦ 荒尾精:《対清意見》,第37—40页。

由上观之，日本对中国战败原因的分析是较为深入的。但是，这种分析在促使蔑视型对华观定型固化的同时，还给其对华政策带来了深远的不良影响。上述诸种病症在此后中国展开的一系列近代化改革与革命中逐步得到改善，日本却为其侵华欲望蒙蔽了双眼，长期未能改变诸如中国人文弱、无爱国心等观念。这种观念误导日本深信可以轻易征服中国，成为使其进一步采取侵华行动的认识诱因。

四、蔑视型对华观的升级及其影响

甲午战争拉开了近代日本侵略中国本土的黑幕。在此后的50年间，日本不断推行侵华政策，甚至胆大妄为地发起全面侵华战争。近代日本为何对偌大的中国施以野蛮的侵略行径？除此前被广为论及的国际环境、近代天皇制、国家战略、近代化缺陷、皇国观念、武士道精神及军国主义传统等因素之外，蔑视型对华观在日本政界升级、病变为"侵略客体观"，也是不容忽视的思想动因。

甲午战争期间日本政治处于"藩阀专制"的鼎盛时期，以伊藤博文、山县有朋为代表的藩阀执掌内政外交，自由党、改进党等大地主、大资产阶级政党构成推动议会民主制发展的基本力量。藩阀与政党在国内民主问题上争执不下，但在对华扩张上却高度一致。甲午战争后政界除与普通民众一样形成蔑视型对华观外，其对华认识还在以下两个方面发生了变化。

其一，中国的东亚大国地位已为日本取代，确立了妄自尊大的"东洋盟主观"。

如前所述，日本早在1880年代既已兴起"东洋盟主"意识，但当时不论是在东亚国家还是在欧美列强看来，属于儒家文明圈的东亚地区，其盟主当属该文明的发源地且长期主导该地区国际秩序的中国。但是，甲午战争不仅打破了中国仅存的属国朝鲜与之长期维持的朝贡关系，而且扭转了欧美国家的对日、对华观。日本对中国及中华民族亦表现出极端否定与歧视的态度，而对大和民族的自豪、对天皇制的推崇及对武士道的盛赞却无以复加地充斥于各界,①"东洋盟主论"随之甚嚣尘上。

自由党作为众议院第一大党在甲午战争期间就已公开表达了称霸东亚的野心:"我国作为东洋文明之先导,为鼓吹亚细亚革命而奋起,即要……将旭日旗插上喜马拉雅山顶,称霸东洋,驰骋于世界强国之竞争舞台。"②改进党作为众议院第二大党所显示的东亚盟主意识更为强烈,其喉舌《每日新闻》在开战前就鼓吹"日本实乃东洋之盟主也、先进也",③在战争过程中该报愈益狂妄,宣称"通过此次征服清国,东洋大局已定。值此之际,苟有阻碍我国前进者,就应断然排斥之,唯有贯彻独自之本领,方能掌握东洋之霸权,以与欧洲列强争雄"。④伊藤博文内阁的喉舌《东京日日新闻》也表达了极度膨胀的"东洋盟主"野心:"朝鲜之北、台湾之南,无不可取,若将清之中枢各部收归于我,扩大规模,遂大日本问题可得正当解决。"⑤

为确保"东洋盟主"地位,日本企图通过割地、赔款等方式沉重而残酷地打击中国,使之不能东山再起。黄海海战后,政界开始探讨"北京城下之盟",即占领北京后的媾和问题。国民协会首领品川弥二郎在接受综合杂志《太阳》采访时,继承吉田松阴之遗志,扬言将"天皇圣驾迁到支那本部",为防止中国"卷土重来"、对日复仇,须"割其版图要地为我所有"。⑥改进党提议除割地外还需"在财政上收取足以使之屈服的赔偿",以使中国"永不翻身、永不复仇"。⑦ 其党首大隈重信强调"攻占盛京、直隶两省之要地,进攻威海卫占领山东、进入江苏,同时派遣第三军团,速占台湾"。⑧ 该党骨干岛田三郎还强调了占领台湾对于维护其"东洋盟主"的意义:"从清国割占全岛,可与琉球八重山诸岛连为一体成为东洋第一藩镇,据此可控东洋制海

---

① 如自由党铃木充美宣称:"日本确实拥有大和魂这种应受尊崇的优良特性……而支那具有何种特性呢? 他们贪得无厌、唯利是图,不知羞耻"(铃木充美:《朝鲜改革論》,《自由党党報》第75号,1894年12月25日)。
② 梅田又次郎:《日清事件の終局を論ず》,《自由党党報》第67号,1894年8月25日,第11页。还可参考《朝鮮条約》(党論),《自由党党報》第67号,1894年8月25日。
③ 《国民思想の進步》,《毎日新聞》1894年7月8日社论。
④ 《英国の挙動》,《毎日新聞》1894年10月11日社论。
⑤ 《大大日本》,《東京日日新聞》1894年12月8日。
⑥ 《征清の結局奈何:品川子の談》,《太陽》第1号,第161—162页。
⑦ 尾崎行雄:《北京城下の盟約》,《立憲改進党党報》第36号,1894年12月28日,第6—7页。
⑧ 《大隈伯時事談》,《立憲改進党党報》第35号,1894年12月8日。

权,我国之一喜一忧迅即牵动东洋之治乱兴衰。"① 自由党也为防止中国重新崛起提出如下媾和条件:割取盛京省及台湾;对日赔偿5亿圆;赔偿全部还清之前,日本驻军于中国各要地,军费由中国负担。② 该党森本骏明确阐释了占领台湾对于防止中国复仇的意义:"他日清国复与我滋生事端,最便于侵袭我国冲绳诸岛","尤清国于冲绳问题至今因琉球案件不能释怀",而台湾与冲绳相邻,"是真正的一衣带水之地",故"他日清国向冲绳进攻,必以台湾为根据地,若无此地,将来即使恢复国力,亦难出兵"。③ 上述主要意见均被日本政府纳入谈判,并落实于《马关条约》中。

1896年后,盛极一时的"东洋盟主论"因受"三国干涉"的打击而受挫。此时,日本学界掀起了文明层面上的"东洋盟主论"。1902年,冈仓天心提出以日本为金字塔尖的"亚洲一体论"④,强调日本文明在亚洲内部的优越性,贬斥中国由于历朝战乱及外族入侵导致"除文献与废墟之外,无任何可使人想起唐代帝王之荣华与宋代社会之典雅的标识",褒扬日本才是"真正承载亚洲思想与文化的仓库"、是"亚洲文明的博物馆"。⑤ 1905年,日本打败俄国,在政治及军事上确立了世界大国与东北亚霸权地位,其"东洋盟主观"亦从迷梦变为"现实"。由此,日本更加确信其文明的优越性,以大隈重信为代表的政、学界要人纷纷宣扬"东西文明调和论",认为世界只有日本调和了东西两大文明,⑥故日本"于东洋是西洋文明的中介,于西洋是东洋文明的代表","在东西文明融合中,处于绝对主导地位"。⑦ 此后,日本便企图在东亚地区以其特有的皇国思想、武士道精神与西方文明之"先觉"为由,用日式霸道文化取代中国王道文化,建立以其为盟主的新秩序,最终演化为黄粱一梦的"大东亚共荣圈"。

其二,中国从竞争对手沦为行将亡国的"破落户",建立了"中国亡

---

① 岛田三郎:《講和の条件》,《立憲改進党党報》第37号,1895年1月25日,第8页。
② 森本骏:《北京城下盟私議》,《自由党党報》第71号,1894年10月25日,第3页。
③ 森本骏:《北京城下盟私議》,《自由党党報》第71号,1894年10月25日,第6—7页。
④ 冈仓天心著,桶谷秀昭、桥川文三译:《東洋の理想》,东京:平凡社,1983年,第11页。
⑤ 冈仓天心著,桶谷秀昭、桥川文三译:《東洋の理想》,第13、14页。
⑥ 大隈重信:《大隈伯演説集》,东京:早稻田大学出版部,1907年,第514—515页。
⑦ 大隈重信:《東西文明》,《新日本》第1卷第2号,1911年5月1日,第6页。

国观"。

甲午战争以前,尽管日本屡次挑战中国的东亚大国地位,但无论在朝鲜问题上,还是在国际权重上,中国于日本而言在客观上依然是一个强大的竞争对手。但战后,日本政界普遍认为中国会遭到列强瓜分与内部分裂的双重危机走向灭亡。改进党的尾崎行雄早在中法战争中就通过实地考察发现,清朝纲纪败坏、道德腐败、民族分裂,必定走向灭亡。他认为中法战争后中国之所以未亡,是列强不了解清朝真相所致,然甲午战争曝光了清朝的腐败无能,故"由列国之误解与救护而维持余生的清国,至此势必灭亡"。① 自由党也认为中国行将亡国,"惨败衰颓的清朝,只不过是一个空然拥有庞大国土却不能自立的国家。土崩瓦解之势已成,必然走向四分五裂"。② 伊藤博文系下的《东京日日新闻》在攻陷旅顺后旋即做出如此判断:"清国陆海军都如此缺乏战斗力,其行政几乎不能统辖庶民,有土崩瓦解、四分五裂之势,欧洲国家必定乘机制造各种口实瓜分狮子。"③1899 年 5 月,时任首相的山县有朋亦于《关于清朝特使的意见书》中,在"中国亡国观"的判断基础上阐述了长期对华扩张政策:"观清国形势,欧洲列强于清国版图内到处扩张利益线,显然,清国地图最终将被赤、橙、蓝分开,其国将如犹太人国亡而人种存。值此之际,我国将来亦当尽量扩张利益线。"④

民间亦充斥着"中国亡国观"与侵华论调。吉野作造如是回忆:"维新后吾人停止了对最早引进文物制度的老师——支那的尊敬,唯有武力一点难以轻侮,但通过此次战争,就连这点体面也悲惨地剥落了。西洋人曰沉睡的雄狮是错误的,狮子已经疾死。"⑤《大阪朝日新闻》还以甲午战争导致中国面临亡国危机为借口,恬不知耻地倡导日本应尽"东洋盟主"的"天职","做好将来把支那分成若干独立国或分建附庸国的觉悟与准备"。⑥

可见,甲午战争后,日本在"东洋盟主"欲望的极度膨胀中,产生了"中国

---

① 尾崎行雄:《对清政策》,《太陽》第 1 号,第 41—42 页。
② 《東洋の禍機》,《自由党党報》第 73 号,第 32 页。
③ 《今後の对清策》,《東京日日新聞》1894 年 11 月 15 日,第 2 版。
④ 大山梓编:《山県有朋意見書》,第 251 页。
⑤ 吉野作造:《吉野作造博士民主主義論集》第 6 卷,第 10 页。
⑥ 《所謂東洋の平和は何か》(二),《大阪朝日新聞》1894 年 12 月 22 日。

必亡"的错觉,不再将中国视为竞争对手,而是可以无视主体性与感情的侵略对象,从而形成了"侵略客体型"对华观。

上述对华观在此后的50年间始终未能得到修正,并被嵌入日本对华战略及决策的制度框架。1897—1898年,列强掀起瓜分中国的狂潮更加强化了日本的"中国亡国观"与"侵略客体观"。此后,中国面临亡国危机,先后掀起戊戌变法、义和团运动、清末新政、辛亥革命、国民革命等救亡图存的改革与革命运动,但日本政界、军界乃至知识界的主流对其积极意义均予否定,甚至以表象为据反向理解各种革新运动会促使中国更为迅速地走向分裂与崩溃,坚持中国无法建立近代统一国家以得重生的陈腐观念。由于这些势力或直接位于决策地位制定政策,或处于决策周边提出议案,或置身于驻华使馆及军事机构提供相关情报,或活跃于言论界主导舆论,故上述对华观通过各种渠道融入日本对华战略及决策的制度框架。当观念被嵌入制度却又缺乏"新陈代谢"时,就会规定政策的方向,并排斥其他的政策选择。[1] 日本通过甲午战争形成、巩固的"蔑华观",升级、病变为"东洋盟主观"与"中国亡国观",进而形成"侵略客体观",最终演化为导致其在近代不断推行侵华政策,进而发动侵华战争的认识根源与思想鸦片。甲午战争开始后的50年,日本走上了不断发动侵华战争的不归之路,错误的认知、反动的政策、罪恶的军事侵略最终导致日本在第二次世界大战中的彻底失败。

(作者王美平,南开大学历史学院,原文刊于《历史研究》2012年第1期)

---

[1] 朱迪斯·戈尔茨坦、罗伯特·O. 基欧汉:《观念与外交政策:分析框架》,朱迪斯·戈尔茨坦、罗伯特·O. 基欧汉编:《观念与外交政策:信念、制度与政治变迁》,刘东国、于军译,北京大学出版社,2005年,第13页。

康有为《日本书目志》资料来源考

王宝平

一

《日本书目志》,光绪二十二年(1896年)开始编撰,①翌年五月末完稿,②同年冬刻成,③光绪二十四年(1898年)春发行,④是康有为的代表作之一。该书15卷,8册,⑤每半叶13行,每行30字,内封题:日本书目志(A面)、上海大同译书局刊(B面),由自序、⑥总目、分卷目录和正文组成。各卷首题:南海康有为长素辑;卷末署:弟子赵秀伟、陈国镛初校,汤辅朝、欧榘甲覆校。每卷分为若干小类,依次著录书名、册数、著者、著作方式和定价。小类之后,有康有为撰写的"按语",对所列书目进行议论。各卷统计如次:

---

① "光绪二十二年丙申,三十九岁。……十二月游广西。自丙戌年(光绪十二年,1886)编《日本变政记》,披罗事迹,至今十年。至是年所得日本书甚多,乃令长女同薇译之,稿乃具。又撰《日本书目志》"。《我史》,《康有为全集》第5集,北京:中国人民大学出版社,2007年,第88页。
② "光绪二十三年丁酉,四十岁。……时五月杪也。编《春秋考义》《春秋考文》成,撰《日本书目志》成"。《我史》,《康有为全集》第5集,第88页。
③ "是冬幼博(康广仁——引者注)在上海大同译书局刻《孔子改制考》《春秋董氏学》《日本书目志》成……"。《我史》,《康有为全集》第5集,第90页。
④ 《申报》光绪二十四年(1898)闰三月初一日"大同译书局新出各书"广告:"日本书目志一元四角"。
⑤ 据中国国家图书馆藏《日本书目志》(目93.1\\916\\部五)卷末图书广告:"日本书目志,八本,洋壹圆肆角"。
⑥ 自序未署时间,但光绪二十三年十月二十一日(1897年11月15日)出版的《时务报》第45册,刊登了梁启超《读〈日本书目志〉书后》。《书后》全文引述了康序,可知康序当写于此日之前。

表 1 《日本书目志》基本情况统计表

卷次	分类	类	种	按语（条）
第一卷	第一门生理	36	366	4
第二卷	第二门理学	24	392①	17
第三卷	第三门宗教	5	108	2
第四卷	第四门图史	25	901	9
第五卷	第五门政治	17	436②	14
第六卷	第六门法律	32	449③	3
第七卷	第七门农业	19	404	17④
第八卷	第八门工业	11	227	10
第九卷	第九门商业	9	157	7
第十卷	第十门教育	17	740	8
第十一卷	第十一门文学	18	903	2
第十二卷	第十二门文字语言	14	833⑤	3
第十三卷	第十三门美术	18	720	7
第十四卷	第十四门小说	1	1056⑥	1
第十五卷	第十五门兵书	4	52	4
总计		251	7744	109

《日本书目志》迄今有以下 4 种版本问世：上海大同译书局光绪二十三年（1897 年）刻本、台湾宏业书局 1976 年影印本、上海古籍出版社

---

① 《日本书目志》于每门卷末记有：凡×类×种,此处遗漏。此外,第四门至第十一门、第十三门及第十五门亦遗漏。据统计,理学门共著录 400 种,但人类学中"究理人身论"至"人身生理书"共 8 种（《日本书目志》,第 644—645 页）与第一门生理学（《日本书目志》,第 592 页）重复,故实际为 392 种。又,本文《日本书目志》标有页码者,皆指上海古籍出版社 1992 年版。
② 含《日本书目志》等遗漏的第五门政治最后一页 12 种。
③ 《公证人规则述义》一书在"裁判所构成法"类（《日本书目志》,第 802 页）和"登记法及公证人规则书"类（《日本书目志》,第 806 页）中重复出现,计算时去掉前者。
④ 卷七农业门前另有康有为撰《农工商总序》。
⑤ 原书作"凡语言文字学十四类八百六十种",据核验,应为 14 类 833 种。
⑥ 大同译书局光绪二十三年刻本作 1058 种,上海古籍出版社,《日本书目志》（第 1212 页）正为 1056 种,据核验,后者正确。

1992年标点本以及中国人民大学出版社2007年标点本。刻本中,个别版本卷一生理门目录处欠最后一页;影印本存在3点不足:卷一生理门目录欠最后一页、卷五政治门错简、欠卷五政治门最后一页以及康有为的10行按语;而两种标点本同样沿袭影印本第一和第三点不足,详见表2。

表2 《日本书目志》版本

版本	存在问题
上海大同译书局光绪二十三年(1897年)刻本	有足本和欠本两种。后者卷一生理门目录欠最后一页12类目录:产婆学、妇人科学、小儿科学、育儿法、法医学裁判医学附、精神病学、医学沿革史、显微镜、医用辞书、医学杂书、针灸书、兽医书。
台湾宏业书局1976年影印本(《康南海先生遗著汇刊》第11)	1. 卷一生理门目录欠最后一页12类目录("产婆学"至"兽医书"),疑据刻本中欠本影印所致。 2. 将卷十四小说门"欧洲小说黄蔷薇"至"转宅丛谈"等26种误订于卷五政治门末页。 3. 欠卷五政治门最后一页12种:小学裁缝书小学校用、小学裁缝教授本、新定裁缝书小学校用、小学校用运针练习书小学校用、妇女手艺法女学全书十篇、日本裁缝女礼、衣服裁缝独案内、衣服裁缝独案内(石田孝二郎著)、日本裁缝独案内(内藤加我编辑)、裁缝独稽古附诸礼式、日本西洋裁缝独稽古、毛系编物独案内,以及此类后康有为的10行按语。
上海古籍出版社1992年标点本(《康有为全集》第3集)	1. 卷一生理门目录欠最后一页12类目录("产婆学"至"兽医书")。 2. 欠卷五政治门最后一页("小学裁缝书"等12种),以及此类后康有为的10行按语。 底本疑据台湾影印本。
中国人民大学出版社2007年标点本(国家清史编纂委员会·文献丛刊《康有为全集》第3集)	1. 卷一生理门目录欠最后一页("产婆学"至"兽医书"12类目录)。 2. 欠卷五政治门最后一页("小学裁缝书"等12种),以及此类后康有为的10行按语。 疑据上海古籍出版社标点本。

《日本书目志》由于内容特殊,卷帙庞大,与康有为的《日本变政考》等著作相比,虽未成为学界的研究热点,但长期以来,它依然吸引了不少学者的关注。管见所及,从分类学角度进行研究的有姚名达、白国应、陈耀

盛、左玉河、坂出祥伸等。姚先生主张《日本书目志》"首创新分类法"①;白先生高度评价康著"编类独特,按实际图书立类","体系新颖,按新学科定名","辨类清楚,按实际用途归类"②;陈先生称《日本书目志》建立了"书目分类新体系,其立类根据康有为的哲学与政治见解,其分类新体系则比较接近所引进的欧美新的知识体系和图书分类体系"③;左先生对《日本书目志》赞美有加:"如此精细的图书分类,如此专门的分门别类,说明以康有为为代表之许多晚清学人,不仅已经接受了西方学术分科观念,而且开始按照初步掌握的分科方法来对传统典籍分类法进行改造了"④;坂出先生认为:"(《日本书目志》)在中国图书分类法上,与梁启超光绪二十二年刊行的《西学书目表》同样,完全摆脱传统的四部分类法,是一个革故鼎新的分类。"⑤

此外,从思想视角进行探讨的有彭泽周、村田雄二郎、竹内弘行等。他们在论及《日本书目志》书目来源时,多主张据康氏藏书所编。如彭先生认为:"根据以上所列的书目一览表可知,康有为收集了相当数量的日本图书。这些书是康有为通过在日经商同乡所获得的目录,托他购买的"⑥;村田先生认为:"本书是康有为在弟子欧榘甲、长女同薇的帮助下,根据当时搞到手的日本图书分类整理而成"⑦;竹内先生也大致持相同的观点⑧。

---

① 姚名达:《中国目录学史》,上海:上海书店,1984年,第142页。又,关于中国近代首创新分类法问题,罗铀松、林申清《〈日本书目志〉与〈西学书目表〉:成书先后问题》(上海图书馆《图书馆杂志》第3期,1982年7月)认为,梁启超的《西学书目表》1896年成书发表,略早于《日本书目志》。
② 白国应:《康有为〈日本书目志〉分类的研究》,《山西图书馆学刊》,1982年第4期,第23—24页。
③ 陈耀盛:《试论康有为的目录思想》,《华南师范大学学报》(社会科学版),1995年第2期,第118页。
④ 左玉河:《从四部之学到七科之学》,上海:上海书店,2003年,第159页。又,从目录学角度进行探讨的还有以下2篇论文:孟绍晋:《康有为的目录学思想》,《图书馆论坛》1993年第4期;陈耀盛:《扬变法、启民智,构建"参采中西"新体系:论康有为目录学思想》,《四川图书馆学报》1995年第1期。
⑤ 坂出祥伸:《改订增补中国近代的思想和科学》,京都:朋友书店,2001年,第588页。
⑥ 彭泽周:《中国的近代化和明治维新》,京都:同朋舍,1976年,第91页。
⑦ 村田雄二郎:《康有为和"东学":以〈日本书目志〉为中心》,《外国语科研究纪要·中国语教室论文集》,1992年第5期,第5页。
⑧ 竹内弘行:《康有为〈日本书目志〉小考》,《名古屋大学文学部研究论集》(哲学),2003年总第147期,第2页。

由上可知,《日本书目志》据康氏藏书所编,分类独创,这似已成为学界的主流观点。应该说,此说最早由康氏本人提出,后之学者遂相因为说。康有为云：

> 昔在圣明御极之时,琉球被灭之际,臣有乡人,商于日本,携示书目,臣托购求,且读且骇,知其变政之勇猛,而成効已著也。①

> 乙未和议成,大搜日本群书,臣女同薇,粗通东文,译而集成,阅今三年,乃得见日本变法曲折次第。②

> 光绪二十二年丙申,三十九岁。……自丙戌年编《日本变政记》,披罗事迹,至今十年。至是年所得日本书甚多,乃令长女同薇译之,稿乃具。又撰《日本书目志》。③

这三段文字给人这样的印象：康氏在 1879 年琉球国被灭之际,托"商于日本"的乡人从日本购买日籍,"且读且骇",内心受到很大的震动。1895 年(乙未)甲午一役后更是"大搜日本群书",由"粗通东文"的康同薇"译而集成",至翌年(光绪二十二年,1896)"所得日本书甚多",开始编撰《日本书目志》。如果说,上述说辞还存在着模棱两可、值得推敲之处的话,康氏《日本书目志》的自序,明白无误地向世人表明：《日本书目志》源于自己购求的日籍：

> 购求日本书至多,为撰提要,欲吾人共通之。因《汉志》之例,撮其精要,剪其无用,先著简明之目,以待忧国者求焉。④

二

《日本书目志》果真如康氏所云,据自己购求的日籍所编吗？答案显然是否定的。由于康有为早期藏书楼万木草堂于戊戌维新后查封遭损,我们已无法知道康氏购置了多少日本书籍。⑤ 但是,日本关西大学沈国威教授

---

① 康有为：《进呈〈日本变政考〉序》,《康有为全集》(第 4 集),北京：中国人民大学出版社,2007 年,第 104 页。
② 康有为：《进呈〈日本变政考〉序》,《康有为全集》(第 4 集),第 103 页。
③ 康有为：《我史》,《康有为全集》(第 5 集),第 88 页。
④ 康有为：《自序》,《日本书目志》,上海：上海古籍出版社,1992 年,第 585 页。
⑤ 李耀彬、蔡公天《康有为藏书考》(《图书馆学研究》1987 年 5 期)一文亦未言及康氏日本图书收藏情况。

认为：在当时的中国，日本书籍的流通渠道和销售机关均未建立，图书的购入主要依靠两国往来人员，这就使得康有为不具备构筑《日本书目志》著录的近8千册日本藏书的条件，他购买日籍的总数不会超过数百册。由此他认为："康有为的书目志直接取材于日本书肆的图书目录。虽然未能最后确认康有为使用了何种图书目录，但是，经过翻检当时的图书目录，可以断定在分类排列上，康有为并没有做实质性的改动。"①

笔者在研究黄遵宪《日本国志》（1887年成书）卷32《经说书目》以及傅云龙《游历日本图经》（1889年刊）卷21《日本艺文志》所载日本书目源流时，意外地发现，《日本书目志》竟然出自日本《东京书籍出版营业者组合员书籍总目录》一书，由此为沈国威教授的上述推测提供了有力的佐证。

《东京书籍出版营业者组合员书籍总目录》（以下简称《书籍总目录》）由东京书籍出版营业者组合事务所于明治二十六年（光绪十九年，1893）7月编辑出版。该组织成立于明治二十年（1887）11月，②是全日本首家近代书肆行会组织。明治前期的日本书肆，秉承江户时代的遗绪，集书店销售和出版于一身，或以出版为主，或侧重于销售，两者业务尚未严格区分。③明治维新后，新书如雨后春笋般地涌现，各书肆间亟需一个联合目录，于是该组织于明治二十五年（光绪十八年，1892）12月5日决定由早矢仕民治担纲此事。早矢仕为东京神田区宫本町五番地"丛书阁"书肆的店主，编辑《器物图式》（1888年）、《英和语学独案内》（1897年）、《新编电信イロハ暗号》（1915年）等书，具有良好的文化素养。他根据各会员提供的书肆目录，经过半年的努力，于明治二十六年7月完成了近代日本第一部出版发行联合目录。该目录所载图书以各书肆库存书目为主，间含少量将出书目，④定价栏中载有"近刻"二字者如《中等教科化学》即是。⑤

---

① 沈国威：《康有为与〈日本书目志〉》，《或问》，2003年第5期，第67页，第56页。
② 东京书籍出版营业者组合于明治35年（1902）改为东京书籍商组合。
③ 朝仓治彦：《解题》，《明治前期书目集成》（补卷之四上），东京：明治文献，1975年，第2页。
④ 朝仓治彦：《日本书籍分类总目录》解题，《日本书籍分类总目录》（明治篇别卷），东京：日本图书中心，1988年，第15页。
⑤ 康有为：《日本书目志》，第630页。又，《书籍总目录》间有价格阙如者，它或为将出书目，如白井规矩郎著《音乐教科书》（《日本书目志》，第1116页），明治二十六年6月刊；或为已出图书，如三遊亭圆朝著《欧洲小说黄蔷薇》（《日本书目志》，第1178页），东京金泉堂明治二十年4月刊，不一而足。

《书籍总目录》由以下 10 部分构成：

① 《书籍总目录序》。论述索引之意义、编纂此目录之经纬。署款为"东京书籍出版营业者组合事务所"，时间：明治二十六年七月。

② 凡例。凡例 19 条，明治二十六年七月撰。据第 10 条，《书籍总目录》的分类系在参照各会员提供的书籍目录的基础上统一而成。亦即，该书采用的是当时书肆通行的图书分类法。又据第 11 条，为便于检索，有些图书分属两类。如《百人一首てにをは解》（斋藤，正价八钱，汲古堂）、《和歌初学てにをは手引草》（菱田，正价十钱，中西堂）两书，既著录在第十一门第 158 页"文典及假名遣"类中，也出现在同一门第 90 页"歌学及歌集"类中。

③ いろは分索引。书名索引，以日语假名いろは为序，著录书名、著者和定价。为便于进一步查阅，还录有《发行所分索引》页码。因版面限制，著者项仅录姓氏；册数、著作方式及出版社未录。

④ 横文书 ABC 分索引。西文原版图书索引，以 ABC 为序，用西文著录著者、书名、定价、发行所分索引页码，共计 382 种。据凡例第 4 条，该目录中用西文撰写的西书书名，已被统一译为日文，为防止译文不统一难于查到西书原文，特编此索引。据此索引可窥知日本明治二十六年前引进西文原版图书的数量、内容和特征。

⑤ 发行所分索引。书店索引，收录《书籍总目录》所载东京 122 家书店营业书目。以日语假名いろは为序，先载店名、店主和详细地址，后分别著录该书店出版发行的图书名、著者、著作方式（编、著、译等）、册数和定价，是全书著录最为完备的索引。

⑥ 分类索引。分类索引，全书分凡 20 门 251 类 78 目，收书一万余种，著录书名、著者、定价、发行所。因版面限制，著者项仅录姓氏；发行所记简称；册数和著作方式未录。

⑦ 分类目次。本书分类目录，分门、类、目三级，凡 20 门 251 类 78 目。

⑧ 追加书目。本书正文收明治二十六年一月前书目，追加书目补充此后至同年七月半年间东京 34 家书店出版的 392 种图书，著录书名、著者、著作方式、册数和定价。

⑨ 出版及版权法。载日本政府明治二十六年四月二十日颁布的出版

及版权法。

⑩ 全国同业者姓名。载京都、大阪、北海道等全国各地同行中赞成编撰《书籍总目录》并定购此书的业主姓名(店名)和地址。

由上可知,《书籍总目录》是一部载有书名、著者、著作方式、册数和定价等完整信息,具有书名(日文、西文)、发行所、分类三大检索功能的图书目录。该目录经过明治三十一年(光绪二十四年,1898)修订后,明治三十九年(光绪三十二年,1906)改名为《图书总目录》发行,明治四十四年(宣统三年,1911)又推出第4版,逐渐发展为日本全国出版目录,赓续至今。迄今为止,明治二十六年版《书籍总目录》先后有以下3种影印本问世:《明治前期书目集成(补卷之四)》(东京:明治文献1975年版)、《明治书籍总目录》(东京:ゆまに书房1985年版)、《日本书籍分类总目录(明治篇)》(东京:日本图书中心1988年版),本文使用明治文献1975年版。

据考,除《小学作文教科书》①《女之未来》②和《情之世界》③3种溢出《书籍总目录》外,《日本书目志》其余书目全部出自《书籍总目录》。它主要依据《分类索引》编纂,去掉其中的发行所,再根据《发行所分目录》补上该索引中欠缺的著者名、著作方式(编、著、译等)和册数,完成了《日本书目志》一书。如《分类索引》卷首第一种著录为:鳌杰儿生理学,长谷川,定价一圆九十钱,丸善书店④,而《发行所分目录》"丸善商社书店"处对该书著录为:鳌杰儿生理学,长谷川泰译,全二册,正价一圆九十钱⑤。《日本书目志》据此合为:鳌杰儿生理学,二册,长谷川泰译,一圆九角⑥。以下试作进一步具体考察:

(一) 未收书目

经逐一勘核,《日本书目志》对《书籍总目录》共计2398种未收,它们分别是:

---

① 小学作文教科书,一角八分,《日本书目志》,第1041页。
② 《女之未来》,一册,加藤政之助著,四角,《日本书目志》,第762页。
③ 《情之世界》,一册,版部诚一著,二角八分,《日本书目志》,第762页。
④ 《书籍总目录》(分类索引,下同),第3页。
⑤ 《书籍总目录》(发行所分目录),第421页。
⑥ 康有为:《日本书目志》,第591页。

1. 数学图书。第十九门为数学书,设有算术书、珠算术、代数学、几何学、几何画法、三角法、高等数学、对数表、数学杂书、横文(西文,括号内引者译,以下同)等 10 类,共 404 种,如《四则应用二百五十题集》《理论应用中等算术》《改正洋算例题》《军队教科算术书》《高等算术教科书》等。①《日本书目志》对第十九门数学书悉数未收。

2. 外语图书。第二十门为外国语学书,分设スペリング(拼法)、リーダー(课本)、文典、作文书、英和(英日)尺牍、英语独习书、直译及独案内书(自习入门书)、文学书、习字本、英字书、英和和英(英日日英)对译字书、英语会话书、独乙文(德语)书、独乙学独习书(德语学自习书)、独和(德日)对译字书、独乙(德语)会话书、佛兰西会话书、佛兰西文书、佛和(法日)字书、露和(俄日)对译书、支那语学书、朝鲜语学书等 22 类,计 508 种。涉及英、德、法、俄、中、朝等六国语种,如《英文东西八十杰论》《德逸读本》《佛和会话捷径》《露和阶梯》《支那文典》《日韩英三国对话》等,②《日本书目志》对第二十门外国语学书悉数未收。

3. 假名图书。全书 18 门中,凡书名中出现假名的图书,多数未收。如《和歌初学てにをは手引草》《てにをは教科书》《てにをは紐鏡》《字音仮名つかひ》《字音仮名づかひ》等,③共计 281 种未收。对于有些汉字与假名混杂的图书,《日本书目志》则采用去假名、存汉字的方法予以收录。如《金满家になる秘訣》《英国バッタの跡形》,分别变成《金满家秘訣》《英国跡形》,④使原意变得支离破碎;有些如《モーレー氏地理书》《ミッチェル氏地理书》《ミッチェルブリーマー地理书》,去掉假名后,全变成同名的《地理书》,⑤难于区分。除书名外,著者项中凡出现假名,《日本书目志》也一概删去。如宗教门中的《宗教哲学》《十戒真论》《天地大原因论》《神学总论》《自然神学》原书著有西人著者,因系假名,《日本书目志》予以舍去。⑥

---

① 以上《书籍总目录》,第 50 页。
② 以上《书籍总目录》,第 267 页、第 272—第 275 页。
③ 以上《书籍总目录》,第 58 页。
④《书籍总目录》,第 90 页,《日本书目志》,第 769—第 770 页。
⑤《书籍总目录》,第 31—32 页,《日本书目志》,第 680 页。
⑥《书籍总目录》第十五门,第 215 页,《日本书目志》卷三,第 661—662 页。

4. 中国图书。指有关中国思想、历史、文学等内容的图书,如第十三门中"经学"类图书(《论语古说》《论语集注》《道德经》《中庸》等),第七门中"支那历史"类图书(《汉文读本班马史抄》《增注标记二十二史略》《汉史一斑》等),第十一门中"汉文学"类图书(《八大家文讲义》《日本八大家文读本》《二十七松堂文集》《方谷遗稿》等),第十四门中"习字本"类图书(《赤壁赋》《兰亭记》《百家姓》《草书千字文》等)。① 全书18门中,凡770种未收。

5. 西文图书。指用西语(英文、法文等)撰述的著作,如《第一高等中学校一栏英文》等。② 它多集中在"横文"("西文"之意)类图书中,如第二门"横文法律书"(33种)、第七门"横文历史"(16种)、"横文传记书"(26种)等,③共计77种未收。

6. 宗教图书。《书籍总目录》第十五门为宗教及神道,分设6类,收书332种,它们是:宗教总记(34种)、佛教历史(20种)、因明书(2种)、佛教书(197种)、神道书(32种)、外国教(47种)。康氏分别收宗教总记30种、佛教历史20种(全收)、佛教书15种、神道书32种(全收)、外国教11种,共计111种。而因明书2种(《因明入正理论科注校本》《活用讲述因明学全书》)、"佛教书"中52种"经文"类(《因果经》《般若心经》《法华经要品》等)图书,④以及其他的图书共计221种未收。

7. 汉字图书。指书名全为汉字、内容主要与日本有关的图书,共计137种未收。它分散在8门中,尤其集中出现在第十一门"读书字类",以及第七门"小学校用历史"类图书中。前者如《鳌头插画日本外史字类大全》《东京府地志略字引》《高等小学读本字引》《中学用读本字引》《删定家道训字引》《神奈川县管内地志略字引》,⑤计26种未收;后者如《日本历史》《日本历史用挂图》《日本史要》《小学校用日本史谈》《日本小历史》,⑥48种悉数未收。以上未收书目2398种统计如下:

---

① 以上《书籍总目录》,第186页、第57页、第141页、第201页。
②《书籍总目录》第九门,第87页。
③《书籍总目录》,第26页、第61页、第65页。
④《书籍总目录》,第220页。
⑤《书籍总目录》,第164—165页。
⑥《书籍总目录》,第60页。

表3 《日本书目志》未收书目统计表　　　　　　　　　　（单位：种）

《书籍总目录》门	数学图书	外语图学	假名图书	汉字图书	中国图书	西文图书	宗教图书	总计
第一门 医学			1	2				3
第二门 法律书			1	11①		33		45
第三门 兵书及航海书								0
第四门 地理地文地图及纪行			7	5				12
第五门 理学			1					1
第六门 家政学及裁缝书			3					3
第七门 历史传记及年代记			13	49	66	42		170
第八门 农业商业及簿记学			4	4		1		9
第九门 群书类书随笔报告书			16	2		1		19
第十门 经济及统计学			1					1
第十一门 文学及语学			192	63	140			395
第十二门 工业								0
第十三门 哲学及教育学			19	1	236			256
第十四门 读本习字往来物及画学手本			1		328			329
第十五门 宗教及神道			2				221	223
第十六门 美术及诸艺			15					15
第十七门 政治财政及社会			5					5
第十八门 占考书								0
第十九门 数学书	404							404
第二十门 外国语学书		508						508
总　　计	404	508	281	137	770	77	221	2398

以上康氏未收的所有数学图书和外语图书，以及众多的中国图书、宗教图书，编者或认为与拯救时弊无直接关联；日语假名图书未收，显示出编者

---

① 《公证人规则述义》一书在"裁判所构成法"类（《日本书目志》，第802页）和"登记法及公证人规则书"（《日本书目志》，第806页）类中重复出现，应去掉前者。

不通日语的无奈;西文图书未收,体现了康氏欲通过介绍日籍推动维新变法的思想。至于缘何未收用汉字命名的137种图书,笔者献疑于此,冀求教于方家。

(二) 改动之处

当然,康氏并非完全机械地移译《书籍总目录》,而是基于他对西学的理解和政治改革的需要,对原书作了一番"撮其精要,剪其无用"①的重新组合。这除了对上述书目进行一番删减外,还主要体现在以下几方面:

首先,补著者名。如前所述,《分类索引》受篇幅限制,只记姓,未录名,并且未著录册数和著作方式。为了给读者提供更为完整的信息,《日本书目志》根据《发行所分索引》予以一一补全。如第一生理门中的《简明生理学》《究理人身论》,《书籍总目录》著录为"吉冈、丸茂"和"山本",②对此,《日本书目志》分别补为"二册,吉冈荒太纂著、丸茂文良校","二册,山本义俊译"③等等,不一而足。《日本书目志》共录图书7740余种,逐一补录,工作量之大,不难想象。

其次,拆三级分类。《书籍总目录》图书多做二级分类,但亦下设三级类目,达78个之多,《日本书目志》将它们一并改为二级分类。如第四门"地理地文地图及纪行"下设地理总记、日本地理、万国地理、日本地图等13类,其中"日本地图"又在全国地图之后分设3目:"东京图""府县及分国图"和"北海道图"。康氏将它们统一升为二级分类,与"日本地图"并级。

再次,改门名。《书籍总目录》共设20门,除去《日本书目志》未收的两门——第十九门数学书和第二十门外国语学书外,康氏将《书籍总目录》18门改为15门。如表4所示,其中除第二门理学、第六门法律和第八门工业承袭《书籍总目录》外,其余12门均作了大规模的合并。

---

① 康有为:《自序》,《日本书目志》,上海:上海古籍出版社,1992年,第585页。
② 《书籍总目录》第一门医学,第3页。
③ 康有为:《日本书目志》,第591页。

表 4 《书籍总目录》与《日本书目志》分类对照表

《书籍总目录》(方括号内表示《日本书目志》相对应的分类)	《日本书目志》(方括号内表示《书籍总目录》相对应的分类)
第一门医学[第一门生理]	第一门生理[第一门医学]
第二门法律书[第六门法律]	第六门法律[第二门法律书、第十七门政治财政及社会学(1)]
第三门兵书及航海书[第十五门兵书]	第十五门兵书[第三门兵书及航海书、第八门农业商业及簿记学(1)]
第四门地理地文地图及纪行[第四门图史]	第四门图史[第四门地理地文地图及纪行、第七门历史传记及年代记、第九门群书类书随笔报告书(1)]
第五门理学[第二门理学]	第二门理学[第五门理学、第十三门哲学及教育学(1)]
第六门家政学及裁缝书[第五门政治]	
第七门历史传记及年代记[第四门图史]	并入第五门政治
第八门农业商业及簿记学[第七门农业、第八门工业、第九门商业、第十五门兵书]	并入第四门图史
	第七门农业[第八门农业商业及簿记学(2)]
第九门群书类书随笔报告书[第四门图史、第十门教育、第十四门小说]	第九门商业[第八门农业商业及簿记学(3)]
	并入第四门图史、第十四门小说
	并入第五门政治
第十门经济及统计学[第五门政治]	第十一门文学[第十一门文学及语学(1)、第十四门读本习字往来物及画学手本(1)]
第十一门文学及语学[第十一门文学、第十二门文字语言、第十四门小说、第十门教育]	第十二门文字语言[第十一门文学及语学(2)]
	第十四门小说门[第十一门文学及语学(3)、第九门群书类书随笔报告书(2)、第十四门读本习字往来物及画学手本(2)]
第十二门工业[第八门工业、第五门政治]	第八门工业[第十二门工业(1)、第八门农业商业及簿记学(4)]
第十三门哲学及教育学[第二门理学、第十门教育]	第十门教育[第十三门哲学及教育学(2)、第十四门读本习字往来物及画学手本(3)、第九门群书类书随笔报告书(3)、第十一门文学及语学(4)]
第十四门读本习字往来物及画学手本[第十门教育、第十一门文学、第十三门美术、第十四门小说]	
第十五门宗教及神道[第三门宗教]	并入第十门教育、第十一门文学、第十三门美术、第十四门小说 第三门宗教[第十五门宗教及神道]
第十六门美术及诸艺[第十三门美术]	
第十七门政治财政及社会学[第五门政治、第六门法律]	第十三门美术[第十六门美术及诸艺、第十四门读本习字往来物及画学手本(4)、第十八门占考书]
第十八门占考书[第十三门美术]	
第十九门数学书[未收]	
第二十门外国语学书[未收]	第五门政治[第十七门政治财政及社会学(2)、第六门家政学及裁缝书、第十门经济及统计学、第十二门工业(2)]
	并入第十三门美术

以上归并中变化最多的为第八门（农业商业及簿记学）、第十一门（文学及语学）和第十四门（读本习字往来物及画学手本），分别被归入四门之中。通过上述合并，康氏共拆除原书六门，它们是：第六门家政学及裁缝书、第七门历史传记及年代记、第九门群书类书随笔报告书、第十门经济及统计学、第十四门读本习字往来物及画学手本、第十八门占考书。此外，康氏新设三门：第四门图史、第一门生理、第十四门小说。前者为康氏新设，后两者为《书籍总目录》第一门和第十一门中的二级类名，康氏将它们提升为一级门名。

应该说，康氏对《书籍总目录》分类的大规模改变，有它合理的一面。《书籍总目录》为营业书目，它一方面承袭日本的传统分类法，另一方面，为适应社会的变化，更注重实用性、大众性和便捷性，因此不像大学、公共图书馆的书目那样严谨、系统。门的名称不一，即为其中之一。如，法律书、占考书、航海书、裁缝书、报告书等只称"书"，而医学、理学、家政学、簿记学、统计学、文学、语学、教育学、社会学等称"学"，显得不够协调。康氏对此作了统一，较好地予以了解决。①

此外，概括性不强是《书籍总目录》门名存在的又一问题。除第一门医学、第二门法律书、第五门理学、第十二门工业以及第十八门占考书，设为一类一门外，其余十三门皆由两类或两类以上内容组成。前者有：第三门兵书及航海书、第六门家政学及裁缝书、第十门经济及统计学、第十一门文学及语学、第十三门哲学及教育学、第十五门宗教及神道、第十六门美术及诸艺，共7门；后者有：第七门历史传记及年代记、第四门地理地文地图及纪行、第八门农业商业及簿记学、第九门群书类书随笔报告书、第十四门读本习字往来物及画学手本、第十七门政治财政及社会学，凡六门，门名显得冗长，概括性不够。个别门的设置欠严谨。如第九门群书类书随笔报告书、第十四门读本习字往来物及画学手本、第十八门占考书等，可以并入他类，似无单独

---

① 《书籍总目录》除门名外，在类目名称上也存在不够统一的问题。如，医用化学及分析书、治疗书，医用辞书、医学杂书等称"书"，而生理学、解剖学、组织学、药物学等称"学"，还有的只称类，如烟草类、书画类等等。由于《日本书目志》在类目上抄袭《书籍总目录》，因此问题依然存在。关于《日本书目志》类目名称不一的问题，参见白国应：《康有为〈日本书目志〉分类的研究》，第24页。

设门的需要。

鉴于此,康氏对《书籍总目录》的门名做了较大的调整,除原封不动地保留第五门理学、第十二门工业这两门名称外,其余程度不等地做了变更:有的做了微调,如将第二门法律书改为"法律"(第六门);有的合二为一,如把第十五门宗教及神道合为宗教一门;有的将一门中的多类内容分拆成多门,单独命名,如把第八门农业商业一门,改为农业门、商业门二门等;有的拆除门类,归入他类,如上述的第六门家政学及裁缝书等六门。经过如此处理,《日本书目志》门的命名远较原书简练,并具有更强的概括性和科学性。

但是,《日本书目志》的分类万变不离其宗,十五门中,十二项名称直接源自原书的门名,第四门图史、第一门生理、第十四门小说虽为康氏新设,但前者似仅为地图和历史的简单叠加;①后两者为《书籍总目录》第一门和第十一门中的二级类名,康氏将它们提升为一级而已。至于二级类目的设置,除将工艺及制造书(第十二门工业)改为匠学书(第八门工业)、土水学(第十二门工业)改为土木学(第八门工业)等少数用例外,250余个类目亦庶几因袭《书籍总目录》。因此,《日本书目志》在分类上未见实质性的创新。

此外,《日本书目志》存在类目归纳不够科学之弊病,把哲学、论理学、心理学、伦理学附属于理学门;把财政学、社会学、风俗学、经济学、统计学、专卖特许书、家政学、料理法、裁缝书置于政治门;把和文学(日本文学)不附属于文学而归于文字语言门;把占筮书、方鉴书、观相书、大杂书并入美术门下,问题最为明显,遭后人诟病。对于《日本书目志》的分类,80年前姚名达有过较为公允的评价:

(《日本书目志》)凡十五门,每门各分子目,自数项至数十项不等。特其用意在使中国人知日本有此种要籍而译读之,故吾人不能以分类之当否律之。如小说不附于文学,交通附属于商业,社会、经济、家政等学附属于政治,皆不甚妥恰。尤以并物理、理化、天文、历、气象、地质、矿山、地震、博物、生物、人类、动物、植物、哲、论理、心理、伦理等学,合称理学,漫无自然、社会

---

① 关于康氏设图史门,竹内弘行认为可能受古代中国"左图右史"思想的影响。竹内弘行:《康有为〈日本书目志〉小考》,第6页。